生态文明法律制度建设研究丛书

生态文明
法律制度建设研究

SHENGTAI WENMING
FALÜ ZHIDU JIANSHE YANJIU

黄锡生●等著

重庆大学出版社

图书在版编目（CIP）数据

生态文明法律制度建设研究 / 黄锡生等著. -- 重庆：重
庆大学出版社,2022.12
（生态文明法律制度建设研究丛书）
ISBN 978-7-5689-3432-9

Ⅰ.①生…　Ⅱ.①黄…　Ⅲ.①生态环境建设—环境保
护法—研究—中国　Ⅳ.①D922.680.4

中国版本图书馆CIP数据核字（2022）第171816号

生态文明法律制度建设研究

黄锡生 等著

策划编辑：孙英姿　张慧梓　许璐

责任编辑：张家钧　黄菊香　版式设计：张晗

责任校对：谢芳　　　　　责任印制：张策

*

重庆大学出版社出版发行

出版人：饶帮华

社址：重庆市沙坪坝区大学城西路21号

邮编：401331

电话：（023）88617190　88617185（中小学）

传真：（023）88617186　88617166

网址：http://www.cqup.com.cn

邮箱：fxk@cqup.com.cn（营销中心）

全国新华书店经销

重庆升光电力印务有限公司印刷

*

开本：720mm×960mm　1/16　印张：57　字数：772千

2022年12月第1版　2022年12月第1次印刷

ISBN 978-7-5689-3432-9　定价：198.00元（上、下）

丛书编委会

主要作者简介

  黄锡生，男，1964 年 11 月生，江西石城人，西南政法大学法学博士、中国社会科学院法学研究所博士后，美国波士顿大学和英国牛津大学访问学者。现任重庆大学法学院院长，二级教授、博士生导师、博士后合作导师，重庆大学环境与资源保护法学科带头人，重庆市人文社科重点研究基地——西部环境资源法制建设研究中心主任。目前主要从事环境资源保护法学、能源法学的教学与研究。出版学术专著 10 余部、教材 20 余部，在《法学评论》《现代法学》《法律科学》等学术期刊上发表学术论文 200 余篇（其中 SSCI、CSSCI 论文 100 余篇）。主持国家社科基金项目 4 项（其中重大项目 2 项，一般项目 2 项），最高人民法院重大项目 2 项，教育部、司法部、中国法学会等课题 10 余项，获省部级科研奖 4 项。兼任国家社会科学基金、教育部、司法部项目通讯评审专家，中国法学会理事，重庆市法学会副会长，中国自然资源学会资源法学专业委员会主任，国务院发展研究中心智库专家组专家，中国环境科学学会环境法分会副主任委员，中国水利学会水法研究专业委员会副主任委员，中国法学会环境资源法学研究会常务理事，中国法学会能源法研究会常务理事，中国法学会法学教育研究会常务理事，中华环保联合会法律专家委员会委员，中共重庆市委法律顾问，重庆市人大常委会立法咨询专家，重庆市人民政府立法评审委员，重庆大学首席法律顾问。

  主要荣誉和奖励有：国务院政府特殊津贴（2020），重庆市第三届"十大法治人物"（2020），最高人民法院"全国法院第十一次优秀司法统计分析评选"二等奖（2019），中达环境法学者（2016）等十余项。

总　序

  "生态兴则文明兴，生态衰则文明衰。"良好的生态环境是人类生存和发展的基础。《联合国人类环境会议宣言》中写道："环境给予人以维持生存的东西，并给他提供了在智力、道德、社会和精神等方面获得发展的机会。"一部人类文明的发展史，就是一部人与自然的关系史。细数人类历史上的四大古文明，无一不发源于水量丰沛、沃野千里、生态良好的地区。生态可载文明之舟，亦可覆舟。随着发源地环境的恶化，几大古文明几近消失。恩格斯在《自然辩证法》中曾有描述："美索不达米亚、希腊、小亚细亚以及其他各地的居民，为了得到耕地，毁灭了森林，但是他们做梦也想不到，这些地方今天竟因此成了不毛之地。"过度放牧、过度伐木、过度垦荒和盲目灌溉等，让植被锐减、洪水泛滥、河渠淤塞、气候失调、土地沙化……生态惨遭破坏，它所支持的生活和生产也难以为继，并最终导致文明的衰落或中心的转移。

  作为唯一从未间断传承下来的古文明，中华文明始终关心人与自然的关系。早在5000多年前，伟大的中华民族就已经进入了农耕文明时代。长期的农耕文化所形成的天人合一、相生相克、阴阳五行等观念包含着丰富的生态文明思想。儒家形成了以仁爱为核心的人与自然和谐发展的思想体系，主要表现为和谐共生的顺应生态思想、仁民爱物的保护生态思想、取物有节的尊重生态思想。道家以"道法自然"的生态观为核心，强调万物平等的公平观和自然无为的行为观，认为道是世间万物的本源，人也由道产生，是自然的组成部分。墨家在长期的发展中形成"兼相爱，交相利""天志""爱无差等"的生态思想，对当代我们共同努力探寻的环境危机解决方案具有较高的实用价值。正是古贤的智慧，让中华民族形成了"敬畏自然、行有所止"的自然观，使中华民族能够生生不息、繁荣壮大。

中华人民共和国成立以来，党中央历代领导集体从我国的实际国情出发，深刻把握人类社会发展规律，持续关注人与自然关系，着眼于不同历史时期社会主要矛盾的发展变化，总结我国发展实践，从提出"对自然不能只讲索取不讲投入、只讲利用不讲建设"到认识到"人与自然和谐相处"，从"协调发展"到"可持续发展"，从"科学发展观"到"新发展理念"和坚持"绿色发展"，都表明我国环境保护和生态文明建设作为一种执政理念和实践形态，贯穿于中国共产党带领全国各族人民实现全面建成小康社会的奋斗目标过程中，贯穿于实现中华民族伟大复兴的中国梦的历史愿景中。党的十八大以来，以习近平同志为核心的党中央高度重视生态文明建设，把推进生态文明建设纳入国家发展大计，并提出美丽中国建设的目标。习近平总书记在党的十九大报告中，就生态文明建设提出新论断，坚持人与自然和谐共生成为新时代坚持和发展中国特色社会主义基本方略的重要组成部分，并专门用一部分内容论述"加快生态文明体制改革，建设美丽中国"。习近平总书记就生态文明建设提出的一系列新理念新思想新战略，深刻回答了为什么建设生态文明、建设什么样的生态文明、怎样建设生态文明等重大问题，形成了系统完整的生态文明思想，成为习近平新时代中国特色社会主义思想的重要组成部分。

生态文明是在传统的发展模式出现了严重弊病之后，为寻求与自然和谐相处、适应生态平衡的客观要求，在物质、精神、行为、观念与制度等诸多方面以及人与人、人与自然良性互动关系上所取得进步的价值尺度以及相应的价值指引。生态文明以可持续发展原则为指导，树立人与自然的平等观，把发展和生态保护紧密结合起来，在发展的基础上改善生态环境。因此，生态文明的本质就是要重新梳理人与自然的关系，实现人类社会的可持续发展。它既是对中华优秀传统文化的继承和发扬，也为未来人类社会的发展指明了方向。

党的十八大以来，"生态文明建设"相继被写入《中国共产党章程》和《中华人民共和国宪法》，这标志着生态文明建设在新时代的背景下日益规范化、制度化和法治化。党的十八大提出，大力推进生态文明建设，把生态文明建设放在突出地位，融入经济建设、政治建设、文化建设、社会建设各方面和全过程，努力建设美丽中国，实现中华民族永续发展。党的十八届三中全会提出，必须建立系统完整的"生态文明制度体系"，用制度保护生态环境。党的十八届四中全会将生态文明建设置于"依法治国"的大背景下，进一步提出"用严格的法律制度保护生态环境"。可见，生态文明法律制度建设的脚步不断加快。为此，本人于2014年牵头成立了"生态文明法律制度建设研究"课题组，并成功中标2014年度国家社科基金重大项目，本套丛书即是该项目的研究成果。

本套丛书包含19本专著，即《生态文明法律制度建设研究》《监管与自治：乡村振兴视域下农村环保监管模式法治构建》《保护与利用：自然资源制度完善的进路》《管理与变革：生态文明视野下矿业用地法律制度研究》《保护与分配：新时代中国矿产资源法的重构与前瞻》《过程与管控：我国核能安全法律制度研究》《补偿与发展：生态补偿制度建设研究》《冲突与衡平：国际河流生态补偿制度的构建与中国应对》《激励与约束：环境空气质量生态补偿法律机制》《控制与救济：我国农业用地土壤污染防治制度建设》《多元与合作：环境规制创新研究》《协同与治理：区域环境治理法律制度研究》《互制与互动：民众参与环境风险管制的法治表达》

《指导与管控：国土空间规划制价值意蕴》《矛盾与协调：中国环境监测预警制度研究》《协商与共识：环境行政决策的治理规则》《主导或参与：自然保护地社区协调发展之模式选择》《困境与突破：生态损害司法救济路径之完善》《疏离与统合：环境公益诉讼的程序整合》，主要从"生态文明法治建设研究总论""资源法制研究""环境法制研究""相关诉讼法制研究"四大板块，探讨了生态义明法律制度建设的相关议题。本套丛书的出版契合了当下生态文明建设的实践需求和理论供给，具有重要的时代意义，也希望本套丛书的出版能为我国法治理论创新和学术繁荣做出贡献。

2022 年 9 月 于山城重庆

前　言

　　生态文明是人类活动与自然环境的一种互利耦合形态，"生态文明建设"相继被写入《中国共产党章程》和《中华人民共和国宪法》，这标志着生态文明建设在新时代的背景下日益规范化、制度化和法治化。党的十八大提出，大力推进生态文明建设，把生态文明建设放在突出地位，融入经济建设、政治建设、文化建设、社会建设各方面和全过程，努力建设美丽中国，实现中华民族永续发展。党的十八届三中全会提出，必须建立系统完整的"生态文明制度体系"，用制度保护生态环境。党的十八届四中全会将生态文明建设置于"依法治国"的大背景下，进一步提出"用严格的法律制度保护生态环境"。可见，在决策层面，对生态文明建设逐层递进的思路是"生态文明建设→生态文明制度建设→生态文明法律制度建设"。由此，生态文明法律制度建设就成为生态文明制度建设的重点和突破口。为此，本人于2014年牵头成立了"生态文明法律制度建设研究"课题组，并成功中标2014年度国家社科基金重大项目，本书是该项目的最终成果之一。

　　课题启动后，本人作为课题组首席专家，动员子课题负责人胡德胜教授、唐绍均教授、史玉成教授等以及大量的研究生，积极参与资料收集、整理以及课题的研究。由于本项目是一项宏大的社会科学研究工程，其涉及政治学、社会学、经济学、生态学和法学等诸多领域，因此本项目历经四年磨砺才得以完成，最终形成了七十余万字的研究成果。2019年1月21日，全国哲学社会科学工作办公室审核了项目最终成果，准予结项并颁发了结项证书。

课题组的重要研究成果获得了理论界和实务界的认可。立项至今，课题组共发表与主题相关的学术论文 80 余篇，其中发表在 CSSCI 来源或扩展版期刊的论文 69 篇，发表在《中国法学》《法制与社会发展》《现代法学》《法律科学》《法学评论》等法学类核心期刊的论文 13 篇，人大复印报刊资料（经济法学、劳动法学）转载论文 7 篇。此外，课题组成员还分别获得中国法学会第十三届法学家论坛一等奖、三等奖和优秀奖等奖项。同时，本人积极将课题研究结论运用于生态环境保护实践中，如 2017 年本人受广安市人民代表大会常务委员会之托，领衔起草《广安市集中式饮用水安全管理条例（草案）》，本人将生态文明法律制度建设相关思想融入草案之中，草案内容得到了四川省第十二届人民代表大会常务委员会的肯定并获批准正式施行。

本书的主要内容

针对"生态文明法律制度建设"这一主题，本书基于总（生态文明法律制度建设的基础理论、生态文明法律体系的基本架构、生态文明法律制度的实施体制）—分（自然资源产权与用途管制制度、生态红线与环境预警制度、生态补偿制度、生态环境保护责任和环境损害赔偿制度）—总（生态环境保护法律保障体系架构）的研究思路，对生态文明、生态利益衡平、资源社会性等基本理念，与自然资源产权和用途管制、生态红线与环境预警等基本制度，以及生态文明法律体系建设等展开了系统研究。

具体而言，本书以习近平生态文明思想为指导，围绕"生态文明法律制度建设"这一主题，主要展开了以下四个方面的研究：

第一，生态文明法律制度建设的基础理论研究，包括：生态文明的理论溯源及其内涵解析；生态文明理念的基本原则、价值目标；生态文明法律制度建设的规范内涵、重点问题和指导原则等内容。

第二，生态文明法律体系的基本架构研究，包括：生态文明法律体系的基本内容、典型特征；生态文明法律体系建构的逻辑起点、逻辑辩证、逻辑演进和逻辑功能；生态文明法律体系的要素、构成和完善路径等内容。

第三，生态文明法律制度的实施体制研究，包括：生态文明执法体制、生态文明司法体制和生态文明守法体制的现状考察、域外经验和改革动向等内容。

第四，生态文明法律制度建设的实践考察与问题反思，包括：我国生态文明法律制度建设的现实镜像；西方国家生态文明政策法律的演进；我国生态文明法律制度建设的问题检视等内容。

同时，本书以新时代生态文明建设为目标，提炼出当前理论研究最为薄弱、实践需求中最为迫切的生态文明法律制度进行创新研究。研究内容包括：自然资源物权制度研究、自然资源用途管制制度研究、生态红线法律制度研究、环境预警法律制度研究、生态补偿制度研究、环境行政问责制度研究、生态环境损害赔偿制度研究以及生态文明法律体系建设研究。

本书的主要创新观点

结合生态伦理学、生态政治学、生态经济学等学科的基础理论，本书提出如下理论创新观点：

第一，重构"生态文明观"，并将其作为生态文明法律制度建设的统摄性理念。生态文明本质上既是人与自然、人与社会的关系发展进步的评判尺度，又是发展人与人、人与自然关系的价值指引。传统理论将生态文明视为渔猎文明、农业文明、工业文明之后的下一种文明形态的"线性生态文明观"，面临着难以自圆其说的逻辑漏洞。本书认为，随着社会形态的多元化，不再可能出现一种单一文明主导社会的现象，而应当是一种"大文明"，即生态文明连同信息文明、物质文明、精神文明等，组成共同反映未来社会的多向度文明形态。这一"系统生态文明观"应当成为指引、统摄和形塑生态文明法律制度建设的基本理念。

第二，提出生态利益衡平理念，并论证其作为生态文明法律制度建设指导理念的正当性、合理性和实现路径。生态利益衡平理念从利益分析的视角出发，认为环境问题产生并加剧的根源，在于人们对生态环境和自然资源的不同利益诉求及其冲突。生态文明法律所调整的利益即"环境利益"，可以进一步界定为"资源利益"和"生态利益"，"生态利益"是随着经济社会发展和当代环境问题的显现，而在不同社会主体之间产生普遍需求和广泛冲突的一种新的利益类型，应当受到法律的全面调整进而成为环境法的"实定法益"。构建生态利益的有效供给、公平分享和合理补偿制度，是对不同的利益诉求进行动态协调和衡平的可行策略。

第三，深化资源社会性理念，探讨自然资源产权和用途管制的理论基础和建构策略。本书提出，自然资源为全社会共同享有，资源的开发利用应当增进全社会成员的福利。从资源社会性理念出发，任何人只有节约和合理利用资源的义务，而没有浪费资源的权利。资源的社会化属性可以通过资源在社会中的存在价值、运动变化、资源问题的产生及影响等方面得到证成。资源社会性理念要求转变现行"所有权绝对"的立法理念，建立基于社会公益的自然资源节约与合理利用法律制度，这就为构建自然资源产权和用途管制制度奠定了坚实的理论基础。

结合我国当前的生态环境现状及生态环境管理体制弊端，本书提出如下对策建议：

第一，完善生态环境保护法律体系，引领和保障新时代生态文明建设。我国生态环境保护法律体系存在法律体系系统化程度不高、整体协调性与逻辑自洽性不足、法律体系不周延和重要领域立法缺失等问题。生态环境保护法律体系的完善应当从以下方面入手：

①制定生态环境基本法，化解生态环境立法分散化问题；②推动环境法适度法典化，提升生态文明法律体系的系统化程度；③完善生态环境保护的配套体制机制，促成环境多元共治的范式转型。

第二，制定《自然资源法》，完善具有中国特色的自然资源物权制度。针对当前民事法律与行政法律交错配置自然资源物权的立法模式存在的对国家所有者权益保护乏力等问题，本书提出：①制定《自然资源法》，构筑体现自然资源本质属性的所有权和开发利用权制度；②将自然资源区分为消耗性自然资源与非消耗性自然资源；③以合同制度作为消耗性自然资源物权的实现和保障机制；④围绕资源双重价值，展开非消耗性自然资源使用权的流转。

第三，以自然资源部成立为契机，完善自然资源用途管制制度。明确政府和市场在自然资源用途管制中的各自作用，是加强自然资源用途管制制度建设的关键。本书提出：①厘清不同管理部门在自然资源用途管制中的职权界限，并把各部门的自然资源用途管制措施有机协调起来；②理顺用途管制中的央地关系，处理好中央与地方的利益平衡；③充分发挥市场机制在资源配置中的决定性作用，并按照供给侧结构性改革的要求调整自然资源的开发利用格局，防止出现产能过剩。

第四，运用"底线思维"和"红线意识"，完善生态红线法律制度。我国的生态红线制度存在重生态功能红线法律制度、轻资源利用红线和环境质量红线法律制度等弊病。完善生态红线法律制度应当从以下方面入手：①确立划定与修改主体相统一、修改依据要法定、生态评估需前置的红线管理原则；②建立健全生态红线差异化管理、监测评估、应急协调、信息公开和公众参与等运行机制；③构建生态红线的动态调整机制，并辅之以生态红线的"越线责任追究"制度。

第五，以环境预警立法体系化为导向，完善环境预警制度。我国环境预警制度存在预警信息发布主体模糊、监测与预警脱节、预警标准性质不明、预警后应激管理措施不完善等弊端。本书提出：①确立"谁监测、谁预警"原则；②细化突发环境事件预警级别的划分标准，并以遵循比例原则为宗旨，完善预警后的应急措施；③建立以"会商机制"为主导的环境预警公众参与制度；④通过环境保护基本法与单行法相结合的方式对环境预警进行规定，实现环境预警的立法体系化。

第六，制定《生态保护补偿条例》，规范和指导生态保护补偿实践。当前我国的生态保护补偿实践存在市场化、社会化补偿机制发育缓慢，补偿标准不合理，补偿机制运行不畅等弊端。《生态保护补偿条例》应当涵盖以下内容：①对生态保护补偿实行中央政府领导、部际协调、地方分级负责、生态保护相关利益主体参与的运行机制；②针对生态保护补偿的统计与监测指标体系，建立生态保护补偿统计指标体系和信息发布机制；③完善财政资金的分配办法，建立生态保护补偿转移支付的稳定增长机制；④探索建立横向生态保护补偿，推动市场补偿和社会补偿从情景走向现实。

第七，借力环境行政问责"监管环境监管者"。我国的环境行政问责制度存在问责范围过窄、外部问责缺失、问责方式单一、问责程序不规范的弊病。本书提出：①确立权责一致原则、比例原则和正当程序原则；②创新问责方式，重视问责制度的事前激励和预防功能；③处理好专门问责机构与现有问责主体之间的协调关系；④完善行政问责程序，避免问责主体与问责对象之间权利（力）义务失衡。

第八，采取环境基本法和特别法相结合的立法模式，推进生态环境损害赔偿。由于缺乏整体上的制度支撑，我国的生态环境损害赔偿制度仍然停留于草创式的"宏观立法"层面，具象化、可操作的制度规则严重缺乏。本书提出：①界分并衔接环境民事公益诉讼与生态环境损害赔偿诉讼，明确生态环境损害赔偿的启动主体、适用范围和赔偿标准；②完善生态环境损害鉴定评估的市场准入、机构管理等相关制度；③构建生态环境损害赔偿磋商的主体规则、程序性规则和监督机制；④衔接生态环境损害公益诉讼制度与生态环境损害赔偿磋商制度。

致谢及几点说明

本书完稿之际正值新冠肺炎病毒肆虐全球。而新冠肺炎疫情在世界范围内的蔓延一方面生动诠释了"人类命运共同体"理念，另一方面则为新时代生态文明建设这一宏大主题与野生动植物保护等子议题提出了新的要求和期待。本书的研究仅是推动新时代生态文明建设的开始，"生态文明法律制度"这一主题仍然有进一步研究的空间。

本书从完成到出版实属不易，除了本人的勤勉之外，更离不开子课题负责人、课题组成员和学界同仁的诸多帮助，可以说，本书是集体智慧的结晶。本书各章撰写分工如下：

导　论　黄锡生　史玉成

第一章　黄锡生　峥嵘

第二章　黄锡生　史玉成　蒋春华　任洪涛

第三章　黄锡生　韩卫平　陈璐

第四章　黄锡生　胡德胜　叶轶　庄海洋

第五章　落志筠　黄锡生

第六章　施志源　黄锡生

第七章　黄锡生　唐绍均　陈先根

第八章　黄锡生　唐绍均　张真源

第九章　史玉成　杨睿　谢玲　龚微

第十章　邓禾　邓可祝

第十一章　邓禾　段小兵　韩英夫　何江

第十二章　邓禾　周海华　郭甜

本书的完成需要感谢诸多师友的支持。特别感谢上海财经大学蔡守秋教授、王树义教授以及中国人民大学周珂教授对本书的推荐；特别感谢西南政法大学陈廷辉副教授对本书提出的宝贵意见；感谢重庆大学法学院诸多同事的支持。当然，本书的出版离不开重庆大学出版社诸多同人的付出，感谢雷少波副总编以及孙英资、张慧梓编辑为本书的出版给予的大力支持与帮助，且本书的出版得到了 2020 年度国家出版基金资助，在此一并表达感谢。

"路漫漫其修远兮，吾将上下而求索"，尽管《生态文明法律制度建设研究》通过了全国哲学社会科学工作办公室的鉴定，但是本书仍有不少需要进一步展开和探讨的地方，敬请方家指教。

2022 年 9 月

简明目录

目 录

上

第三章 生态文明法律制度的实施体制研究

第六章　自然资源用途管制制度研究

导论　生态文明法律制度建设是新时代生态文明建设的重点和突破口

　　生态文明是人类活动与自然环境的一种互利耦合形态。面对资源约束趋紧、环境污染严重、生态系统退化的严峻态势，党的十八大提出大力推进生态文明建设，把生态文明建设放在突出地位，融入经济建设、政治建设、文化建设、社会建设各方面和全过程，努力建设美丽中国，实现中华民族永续发展。党的十八届三中全会强调必须建立系统完整的生态文明制度体系，用制度保护生态环境，把资源产权、用途管制、生态红线、有偿使用、生态补偿、管理体制等充实到生态文明制度体系中来。党的十八届四中全会将生态文明建设置于"依法治国"的大背景下，会议通过的《中共中央关于全面推进依法治国若干重大问题的决定》进一步提出"用严格的法律制度保护生态环境，加快建立有效约束开发行为和促进绿色发展、循环发展、低碳发展的生态文明法律制度，强化生产者环境保护的法律责任，大幅度提高违法成本。建立健全自然资源产权法律制度，完善国土空间开发保护方面的法律制度，制定完善生态补偿和土壤、水、大气污染防治及海洋生态环境保护等法律法规，促进生态文明建设"。党的十九大进一步要求，要加快生态文明体制改革，建设美丽中国，推进绿色发展，着力解决突出环境问题，加大生态系统保护力度，改革生态环境监管体制，推动形成人与自然和谐发展现代化建设新格局。可见，在决策层面，对生态文明建设逐层递进的思路是"生态文明建设→生态文明制度建设→生态文明法律制度建设"。由此，生态文明法律制度建设就成为生态文明建设的重点和突破口。

生态环境保护法律制度是生态文明法律制度的重要组成部分。检视我国当前的生态环境保护法律制度现状，可以发现其在基础理论、制度架构、体系建设等方面存在着结构性缺陷，离新时代生态文明建设的目标相去甚远。

现行生态文明法律制度建设基础理论指导乏力。指导生态环境法律制度建设思想的理论基础，主要来源于环境科学和经济学的理论，环境科学的理论将环境问题的产生原因归结为人类开发利用自然的行为超过了自然产出、供给能力和消纳污染物的能力，这种技术主义的认识揭示了自然具有满足人类需求的多样性的功能。经济学的理论将环境问题的产生和发展归结为基于产权不明导致的政府失灵和市场失灵，说明了环境问题的综合性和制度性原因。从法学的视角审视，我国现行生态环境保护法律在立法价值理念上仍带有浓厚的强人类中心主义的痕迹，人与自然和谐发展的生态文明理念、可持续发展理念、生态系统综合管理理念、生态环境多元共治理念、生态利益衡平理念等生态环境法律制度应当秉持的理念未能很好地体现在立法价值目标中。其后果是生态环境法律制度体系不能完全体现环境问题的关联性、综合性、区域性、利益区分性等，由此生成的生态环境法律也就难以担当推动新时代生态文明建设的重任。

现行生态文明法律制度体系存在结构性缺陷。生态文明法律制度体系是一系列较为成型且彼此联结、互为补充的法律制度所共同组成的有机整体。目前我国的生态文明法律制度体系存在重命令管制手段轻市场机制和公众参与、重污染防治轻生态保护、重经济利益轻生态利益、重反向惩罚轻正向激励等结构性缺陷。详言之，我国的生态环境法律制度在 20 世纪 90 年代前基本表现为以命令强制制度为主导，20 世纪 90 年代以后，逐步转向命令强制制度与市场激励制度相结合，并开始重视公众参与制度的作用。这些制度在生态环境保护实践中发挥了重要作用，但也存在很多不足，不能完全适应生态文明建设的需要。比如，在制度功能上，以基于重点区域控制和个体责任的"点源控制"和"谁污染，谁治理"为指导原则，以生产环节控制和"排放控制"为基本要求和内容，功能单调，适用范围窄，不能全面有效地控制污染和生态破坏。已经建立并运行的制度往往"头痛医头、脚痛医脚"，制度之间缺乏内在的关联性和协调性，配套性差，特别是环境污染防治与自然资源保护的法律制度之间相互割裂，各成体系，严重削弱了制度的综合效率和效力。一些重要的制度如生态修复与生态补偿制度、生态红线和环境预警制度、生态环境损害责任制度还没有完全建立或铺开，普遍存在"轻重不均"的问题。

现行生态文明法律保障体系难谓周全。针对"生态文明建设法律制度研究"这一宏观主题，本书主要从两个层面来把握：一是生态文明法律制度体系，即根据生态环境保护法的基本原则，由调整特定生态环境社会关系的一系列法律规范组成的相对完整的规则系统。二是生态文明法律保障体系，即以生态环境保护法律为核心的一系列法律法规组成的相互衔接、协调统一的有机整体；法律体系是生态文明制度体系的基本架构，法律制度则是生态文明制度体系的内核，前者是后者的依托和保障，后者是前者的基石和内容，二者是"骨骼"与"血肉"的关系。生态环境保护法律体系是生态文明法律体系的核心，也是生态文明法律制度体系的保障体系。我国的生态环境保护法律体系经过多年发展，已成为中国特色社会主义法律体系的一个重要组成部分。尽管近几年我国生态环境有明显改善，但我国的生态环境多年来的环境污染状况、资源约束趋紧、生态环境面临严峻形势等没有得到根本性改变。以生态文明的基本理念审视，现有生态环境保护法律保障体系存在很多不足，是环境保护不力的制度根源之一。如生态环境保护法律体系的周延性、协调性、整体性不足，影响了法律的实施效果。因此，在完善生态环境保护微观制度的同时，建立健全周延、融洽的生态文明法律体系，亦是新时代生态文明建设的重要路径。

概言之，生态文明法律制度建设的目的，是通过相关法律制度的建设，发挥制度的导向、约束和规范作用，影响人的价值趋向，规范人的行为模式，实现人与人、人与社会、人与自然的和谐发展。针对当前生态文明法律制度建设存在的基础理论指导乏力、制度体系存在结构性缺陷以及保障体系难谓周全的问题，课题组首先以新时代生态文明建设理念和生态利益衡平理念为指导，探讨生态文明法律制度建设的理论基础；其次在对我国生态环境保护法律制度展开类型化梳理的基础上，重点从制度内容和功能、调控手段、参与主体、利益调整、责任机制等角度，对制度缺陷和因应之策做深入剖析；最后，以新时代生态文明理念和生态环境保护实践所需为圭臬，研究如何构建一个逻辑自洽、体系周延、彼此协调的生态文明法律体系。

第一章　生态文明法律制度建设的基础理论研究

第一节　生态文明的理论溯源及其内涵解析

工业革命以降，人类顺应、改造和征服自然的能力陡增，一方面使人类获得了让自然资源"地尽其利""为我所用"的主观能动性，另一方面，役使自然的热情、欲望和实践无可避免地带来了影响人类可持续发展的生态环境问题。面对严峻的生态环境危机，世界各国均不同程度地审视和反思工业文明发展带来的种种弊端，并不断地探索一种与生态环境和谐统一的文明发展之路。20世纪尾声迈入现代化进程的中国，不仅未能基于其"后发优势"幸免于这场环境危机，反而因为"压缩的现代化"使其面临的环境问题更为严峻和紧迫。考虑到我国仅用改革开放以来的几十年时间，走完了西方国家历时数百年的现代化进程，因此我国的现代化被学者冠以"压缩的现代化"之名，"这种现代化既加强了风险的生产，又没有给风险的制度化预期和管理留下时间"[1]。具体到环境议题中，一方面，西方各国历时态出现的生态环境问题共时态地存在于我国，使我国面临的生态环境问题纷繁复杂、规模浩大；另一方面，新中国立法经验和法治实践的匮乏，使政府治理生态环境问题的意识薄弱、制度阙如。我国的自然环境由此进

[1]　贝克、邓正来、沈国麟：《风险社会与中国——与德国社会学家乌尔里希·贝克的对话》，《社会学研究》2010年第5期，第208-231页。

入大范围生态退化和复合型环境污染阶段。生态环境问题已然成为实现我国经济可持续发展和中华民族伟大复兴的瓶颈，亟待一场变革打破桎梏，带来经济发展、资源开发和环境保护新的平衡。

虽然历代中央领导集体对生态环境保护都予以高度关注，但生态文明建设理念作为生态环境保护工作的指导理念，是在党的十七大以后逐步提出、确立和践行的。面对资源约束趋紧、环境污染严重、生态系统退化的严峻态势，党的十七大报告首次提出"建设生态文明"，使"生态文明观念在全社会牢固树立"。习近平同志担任总书记之后，将生态文明建设提到前所未有的高度。

从制度变迁的角度来看，在中央决策层面，对生态文明建设逐层递进的思路是"生态文明观念→生态文明建设→生态文明制度建设→生态文明法律制度建设"。这一进程标志着生态文明由宏观的思想观念逐步走向微观的制度安排，在生态文明建设这一议题上具有里程碑式的意义。随着生态文明建设的不断推进，生态文明的思想理论体系也得到了丰富和发展，并为生态文明制度建设尤其是法律制度建设提供了源源不断的智力支持和理论源泉。然而，目前我国关于生态文明这一核心理念的研究仍不成熟，对诸多问题亦尚未达成共识。例如生态文明的规范内涵为何、历史定位何在、现实意义如何等，都是亟待深入解答的问题。如果不先厘清这些基础性理论问题，生态文明建设、生态文明制度建设和生态文明法律制度建设，就可能沦为无源之水、无本之木。因此，本章拟通过语义分析和历史分析相结合的方式，明晰"文明""生态文明""制度"等基本概念的规范内涵，并在此基础上提出生态文明法律制度建设的基本内容和指导原则。

一、"文明"词义考

生态文明理论作为生态文明法律制度建设的基础理论，对生态文明建设的微观制度安排和宏观制度结构都起着基础性作用。这样的基础地位也折射出生态文明理论研究的复杂和困难程度。目前，对于生态文明的基本概念、本质特征、外部边界及历史地位等本体论、认识论和方法论的研究并不成熟，关于生态文明何以指导法律制度建设也存在分歧，理论的薄弱最终制约着生态文明法律制度建设的进程。因此，有必要对当前的生态文明理论进行梳理和重塑，进而为生态文明法律制度建设扫清理论障碍。概念是理论研究的逻辑起点和基本单元，任何理论研究都离不开对概念的厘定和批判。生态文明的概念脱胎于"文明"一词的概念框架，"文明"的概念决定了生态文明概念的维度和范畴。因此，下文拟对"文明"一词进行词义考究，在厘定"文明"的内涵和外延的前提下，界定生态文明的规范内涵。

（一）"文明"的概念流变

在中国，"文明"在汉语典籍中，较早在《周易》中两处出现。[1]其一是在《周易·乾卦·文言》："天下文明"。这里"文明"本为"文采光明"之意，后被唐代孔颖达解读为"天下文明者，阳气在田，始生万物，故天下文章而光明也"，即社会进化到定居的农耕生活，方得生产出维持人们生存的万物，而定居的生活方式要有符合共同利益的制度规范，方能谋求社会和谐稳定发展的光明前途。依此说，"文明"是用于治人的。其二是在《周易·贲卦·象》："文明以止，人文也"，这里"文明""以止"分别是指构成贲卦的两卦——离卦和艮卦。离卦的本义与太阳或日月的光辉、"文""明"的意思相同；而艮卦义同静止，故曰"以止"。同时，"止"与"治"的意思相同，故引申为文明而治。后魏晋时期王弼、韩康伯解读为，"止物不以威武，而以文明，人之文也，以止良也。用以文明之道，裁止于人。是人之文德之教"。依此说，则"文明"是用于治物的。后世历代多用"文明"一词，只是意义各不相同。如前蜀杜光庭《贺黄云表》有云："柔远

---

[1]　何新：《中外文化知识词典》，哈尔滨：黑龙江人民出版社，1989 年，第 24 页。

俗以文明，慑凶奴以武略。"这里"文明"指文治教化。又如汉焦赣《易林·节之颐》："文明之世，销锋铸镝。"这里"文明"指文教昌明，等等。

近代以来，伴随着西方列强的入侵，受"西学东渐"历史潮流的影响，"文明"一词被赋予新的含义。如清朝李渔《闲情偶寄》："辟草昧而致文明。"这里的"文明"与愚昧、野蛮相对，指人类的进步程度。康有为《孔子改制考》："三代文明，皆藉孔子发扬之，实则茫昧也。"这里的"文明"与茫昧相对，意指开化、进步的状态。梁启超《论变法必自平满汉之界始》："一世界中，其种族之差别愈多，则其争乱愈甚，而文明之进愈难，其种族之差别愈少，则其争乱愈息，而文明之进愈速，全世界且然。"这里的"文明"被解读为人类创造的物质财富和精神财富的总和。[1]胡适进一步作系统阐述："凡一种文明的造成，必有两个因素，一是物质的，包括种种自然界的势力与质料。一是精神的，包括一个民族的聪明才智、感情和理想。凡文明都是人的心思智力运用之自然界的质与力的作品；没有一种文明是精神的，也没有一种文明单是物质的。"[2]胡适对"文明"含义的理解不言自明，对当代定义"文明"影响甚深。

在西方，"文明"一词的渊源是古拉丁文"civis（名词）"及后来的"civilis（形容词）"，主要有三层意思：市民的、公民的；公共的、政治的；有礼貌的。之后，几经演变派生出动词"civilizare"，其本义是"使刑事事件变为民事事件"，引申为"使……进入一种社会组织"[3]，后被引申为"教化、开化、文明化"之意。[4]15世纪以后，"civilizare"的完成被动时态"civilizatus"再加上后缀"-io"，变成动名词，与后来英文和法文中"civilization"一词十分接近。关于西方

---

[1] 黄河清：《近现代辞源》，上海：上海辞书出版社，2010年。

[2] 胡适：《我们对于西洋近代文明的态度》，《现代评论》1926年第4卷第83期，第3-11页。

[3] 〔英〕雷蒙·威廉斯：《关键词：文化与社会的词汇》，刘建基译，北京：生活·读书·新知三联书店，2005年，第45页。

[4] 易建平：《从词源角度看"文明"与"国家"》，载《历史研究》2010年第6期，第27-35页，190页。

国家最早使用"文明"一词存在两种观点：一是霍布斯在《利维坦》中提出"文明社会"的概念，是指与战争相对立的和平状态；二是法国于 1732 年前后使用"civilization"，指裁判惯例。[1] 真正将"文明"一词推广的是法国政治经济学家米拉波伯爵（Mirabeau）在其著作《人类之友》（也译作《论人口》）中使用了"文明的原动力"一词，给文明赋予了道德的原则和形式，为人们所普遍接受。[2]

中西方在词源上将"文明"与"civilization"对应，应该是在晚清民初时期。严复在其译著《天演论》中写道："大抵未有文字之先，草昧敦庞，多为游猎之世。游，故散而无大群；猎，则戕杀而鲜食，凡此皆无化之民也。迨文字既兴，斯为文明之世。文者以言其条理，明者所以别于草昧。"这里的"文明"一词，即英文"civilization"的对译。[3] 陈独秀在《法兰西人与近世文明》一书中曾直言，"文明云者，异于蒙昧未开化之称也。La civilization，汉译为文明、开化、教化诸义。世界各国，无东西今古，但有教化之国，即不得谓之无文明"[4]。此后的英汉词典则直接将"civilization"译为"文明"。

（二）东西方文明观评介

"文明"一词在中西方经历了不同的词义演变，直至近代方得"牵手"对接。但受社会背景、历史环境、专业领域、主观目的等诸多因素的影响，人们赋予"文明"的内涵和外延存在较大差异，进而形成了不同的文明理论体系和文明观，如欲解析"文明"之规范内涵，就必须对现有研究进行梳理和归类。

概括起来，学界存在如下几种文明观：

（1）"进步状态论"，即文明表明人类社会发展的进步状态。有学者就此指出，"文明随着社会发展或进步不断丰富和深化，是衡

---

[1][2][4]　杨海蛟、王琦：《论文明与文化》，《学习与探索》2006 年第 1 期，第 66–73 页。

[3]　黄兴涛：《晚清民初现代"文明"和"文化"概念的形成及其历史实践》，《近代史研究》2006 年第 6 期，第 1–34 页。

量社会发展或进步的综合尺度"[1]；还有学者认为，文明是人类自身进化的内容和尺度，反映人类认识、理解、应用自然规律、社会规律成就的程度[2]。此外，国内较有影响的辞书典籍也多采此义。如《中国大百科全书》（哲学Ⅱ）的"文明"词条即有"人类改造世界的物质和精神成果的总和，社会进步和人类开化的标志"的表述。《现代汉语词典》（第7版）中，"文明"的词义之一是指"社会发展到较高阶段和具有较高文化的，如文明国家"。《辞源》（正续编·合订本）关于"文明"的词义有"有文化的状态，与'野蛮'相对"的解释。

（2）"动静结合论"，即文明包含人类社会不断进化发展的动态过程和静态成果。有学者认为："从静态的角度看，文明是人类社会创造的一切进步成果；从动态角度看，文明是人类社会不断进化发展的过程。"[3]或者如某些学者所言，"按照一般的用法，'文明'既是人类社会发展的过程，也是人类社会发展的结果"[4]。

（3）"文明价值论"，即文明包含人类追求真、善、美等价值所达到的高度，或者本身就是一种价值体系。前者把"文明"与"文化"对照起来阐述——文化是个人活动和集体活动创造出来并使个体的人在其中运行的"关系场"，而文明则是依据人的活动及其文化构成的价值判断尺度。[5]这一解释既展示出文明与文化的亲缘关系，又展示出文明包含真、善、美等价值观；而后者认为，文明是"人群在特定历史时期的生存方式以及居主导地位的主流价值观。这里所谓的生存方式包括生活方式、生产方式和组织方式"[6]。这一解释赋予文明以价值属性。

与中国相比，西方关于"文明"的研究要早得多，在马克思主义

---

[1] 张华金、王淼洋：《社会发展论纲》，上海：上海社会科学院出版社，1996年，第149页。

[2] 万斌：《论社会主义文明》，北京：群众出版社，1986年，第7页。

[3] 虞崇胜：《政治文明论》，武汉：武汉大学出版社，2003年，第50页。

[4] 李剑鸣：《文明的概念与文明史研究》，《华中师范大学学报（人文社会科学版）》2016年第1期，第108–116页。

[5] 刘建军：《关于文化、文明及其比较研究等问题》，《东北师大学报（哲学社会科学版）》2002年第2期，第5–12页。

[6] 叶文虎：《论人类文明的演变与演替》，《中国人口·资源与环境》2010年第4期，第106–109页。

产生前就已经形成诸多文明理论[1]，国内学者将其概括为三大具有代表性的学说。[2]其一是"进步状态说"，如摩尔根认为文明是与蒙昧状态、野蛮状态相对立的进步社会状态；其二是"要素构成说"，如汤因比认为文明是经济、政治和文化因素构成并保持平衡的整体；其三是"文明文化一体说"，如亨廷顿认为文明是一个最广泛的文化实体。随着社会的发展，人们对文明概念的理解也不断深入，并伴随着学科和视角的不同而呈现出不同的面向。如社会学者认为文明是人类作为群体的组织、结构、权力分配和生活方式的发展过程及其结果；心理学者认为文明是人类的行为习惯及其相应的观念经历了改善性的变化，从粗野、肮脏走向文雅、礼貌、卫生；人类学者所称文明，则是指人类奠基于长期积累的知识和技术之上的行为方式；政治经济学者的文明概念侧重于以生产方式为核心的人类社会形态，如农业文明、工业文明；还有学者用文明来区分文化，即以某种文化或族群为中心来区分不同的文化复合体，如伊斯兰文明、犹太文明等。[3]但这并不妨碍我们将其大致归类到不同的学说中去，如将社会学者、政治经济学者的观点归类到"进步状态说"，将用文明来区分文化的观点归类到"文明文化一体说"。

综观中西方不同的文明观，分别触及文明的部分特征，对正确认识和理解文明具有重要的参考价值，但其局限性也是显而易见的，主要表现在以下几个方面。第一，"进步状态说""动静结合说"都看到文明进步的一面，反映社会发展的积极成果，却把文明单纯看作对社会发展进步状况的"历史投影"，或者是客观描述社会发展的过程或成果，而没有看到文明对社会发展的前瞻性和引领作用，从而使文

---

[1]　主要包括卢梭的文明批判论、孔德的实证文明论、傅里叶的文明批判论、摩尔根的文明起源论、福泽谕吉的文明进化论、斯宾格勒的文明没落论、汤因比的文明形态史观、马尔库塞的批判的文明理论、亨廷顿的文明冲突论等。参见杨海蛟，王琦：《论文明与文化》，《学习与探索》2006年第1期，第66–73页。

[2]　杨海蛟、王琦：《论文明与文化》，《学习与探索》2006年第1期，第66–73页。

[3]　李剑鸣：《文明的概念与文明史研究》，《华中师范大学学报（人文社会科学版）》2016年第1期，第108–116页。

明如"丫鬟"一般在社会发展面前亦步亦趋，毫无建树。第二，"要素构成说"看到了文明由社会经济、政治、文化等方面构成以及相互之间的平衡关系，但对文明的发展进步趋势和各构成要素之间的动态变化有所忽略，从而使文明陷入毫无生机和活力的僵化状态，至于文明对社会的教化引领作用更是彻底被抛弃。第三，"文明价值论"承认了文明某些方面的价值属性，并从侧面揭示了部分价值内涵，暗示着文明对社会发展的引领作用，但它们要么仅仅将其看作衡量价值的尺度，使文明沦为衡量社会发展程度的工具，从而倒向"进步状态说"一边，要么强调文明的整体性，而对其实质内容则未予足够重视和深入发掘。第四，"文明文化一体说"看到了文明与文化之间天然的亲缘关系，但要么像巴格比那样把文明说成是"大规模的、复杂的、都市化的（通常是有文字的）文化"[1]，使文明成为文化的一部分，要么像亨廷顿那样把文明看成不同种类、不同层次的文化复合体，从而抹杀了文化与文明之间的界限和本质区别。第五，至于那些从不同学科和研究视域解读文明的文明观，由于不同学科研究背景及场域的先天局限性，决定了各类文明观的出发点、主观目的迥异，难以对文明予以全方位透视，因此所阐述的文明在内容上不全面、在逻辑结构上不严谨，其结果难免盲人摸象、管中窥豹。

（三）"文明"的内涵解析

从以上关于文明的词源和不同文明观的梳理中不难看出，文明围绕人和人类社会而展开，其内涵极其丰富，而外延又难以准确把握。

在现代汉语当中，"文明"一词已与"文采光明"相去甚远。其中"文"与"野"相对，有教化、教养之意，指"有教养的"，因此有"文而不野"之说；"明"与"暗"相对，古有"兼听则明"一说，意指广泛听取多数人的意见，就能明白事情的真相，"明"与"谬"

---

[1] 〔美〕菲利普·巴格比：《文化：历史的投影》，夏克、李天纲、陈江岚译，上海：上海人民出版社，1987年，第25页。

相对，意味着"正确"，故有"明而不谬"之说。在西方文化语境下，"文明"也同样具有与"野蛮"相对的类似含义。从进化论角度看，在人类社会发展初期，人类的始祖——类人猿还没有完全脱离动物的野性，同其他动物一样处于食物链的某一环节，以采摘果实或猎食其他弱小动物为生。但限于生产力低下，能够通过采摘或狩猎获得的食物相对较少，相互之间常常为争夺食物而发生争斗，因而这个时期的历史是野蛮的。随着采摘、狩猎技能的提高，类人猿群开始使用石头、木棒等工具，并最终发展到有意识地制造工具。制造和使用生产工具不仅是人类产生的根本标志，而且因为提高了生产能力可获取较多的食物，相互之间的野蛮争斗大为减少，从而开启了人类走向文明的大门，人类社会的发展史自然也就成了人类文明的发展史。从此，人类就经历着不断摆脱动物的属性——野性，形成和发展人的属性——人性的过程，人类发展的每一次进步都意味着脱离野性和强化人性，使人类具有不同于动物的内在本质——文明。从这个意义上讲，文明是人类具有的不同于动物的本质属性。

从社会发展角度看，人类产生以后，其内在本质属性不断外化为人类的社会实践，导致两个关系发生变化。一方面，人与自然的关系发生了微妙的变化，先前人同其他动物一样，是自然界的一部分，为了生存而赤裸裸地"弱肉强食"，现在则改变单纯从自然界攫取食物的做法，而是有意识地培育、生产自身所需的物质资料，如栽种谷物、饲养牲畜等，这些都是人类文明发展的成果。另一方面，人与自然关系变化引起人与人之间的关系也发生变化。随着生产力的发展和社会分工的出现，人们的阶层和地位不断分化，不仅出现了不同生产部门、行业，还出现了阶级、国家、制度等政治概念。这种变化还延伸到经济、社会和生活的方方面面，使物质产品、精神产品与日俱增，政治、经济、文化和社会等诸要素协调共进，成为人类文明最为显著的成果。从这个意义上讲，文明的发展就是人与自然、人与人的关系的发展，文明成为社会进步的过程和尺度。

无论是人性的发展还是人与自然、人与人的关系发展，都不是直线上升的，而呈现出一种螺旋式的渐进式发展。人性与野性处于长期的对立和博弈状态：当人们处于理性状态时，人性战胜野性不断获得发展，体现在道德弘扬、素质提升等诸多方面；当人们处于非理性状态时，则野性可能战胜人性给人类自身乃至整个社会造成灾难。人与自然在多数情况下和谐发展，但也不排除人类涸泽而渔、焚林而猎等不理智行为的发生，由此造成人与自然关系的紧张；人与人之间的关系多数情况下处于相互包容、和平共处的状态，但也存在战争、掠夺等现象。历史时刻昭示着人们，在人性泯灭，人与自然、人与人关系紧张的条件下，文明往往会遭遇浩劫甚至倒退。但无论文明遭到何种破坏，总的发展趋势是积极的、进步的，而且引领着人们对人类社会美好未来的憧憬和追求。从这个意义上讲，文明既蕴含着综合的价值判断，又给以必要的价值指引，是人们不断追求的理想境界。

综上，我们可以给文明一个较为清晰的定义，即文明是人类不同于动物的本质属性，是人类社会整体的发展尺度、价值指引及其内外部要素结构之间的平衡关系。其中，发展尺度体现了社会物质、精神、制度等方面的进步程度和发展成果，价值指引体现了社会发展方向从野蛮的原始状态向理性的高级阶段发展的历史轨迹和未来趋势，而平衡关系则体现了社会政治、经济、文化等内部要素之间、社会与外部自然界之间的良性关系。

从文明概念的演绎过程中，我们不难把握文明的一些本质特征。第一，文明具有实践性。无论人们的文明观如何，文明本质上都是人类认识和改造客观世界的产物。人类为了满足自身生存和发展的需要，不断地同自然作斗争，在改变客观世界的同时也改变了自身，使人类社会由野蛮走向文明，这一过程在马克思那里被称作"实践"。因此，文明具有极强的实践性。第二，文明具有社会性。以实践性为基础，文明与社会存在不可分割的天然联系，文明体现了社会发展的过程、结果以及社会不同要素结构之间的平衡关系，甚至成为表征社会发展不同过程和阶段的重要标志，如渔猎文明、农业文明、工业文明等等。所以，文明呈现出一定的社会性。第三，文明具有历史性。文明不是一开始就有的，而是社会发展到一定阶段后不断脱离原始野蛮状态的产物。同时，由于社会的发展并非一帆风顺，而是在曲折中前行的，作为社会进步状况标志的文明同样可能遭受破坏甚至消失，或者被其他文明所取代。因此，文明呈现出极强的历史性。第四，文明具有包容性。文明不分民族、种族和意识形态等因素，汉族能够创造文明，藏族同样能够创造文明；白种人能够创造文明，黑种人同样能够创造文明；不光有资本主义文明，还有社会主义文明。文明也不分领域，无论是政治、经济、文化、艺术和社会领域，还是物质方面、精神方面、社会制度方面都存在文明。因此，文明是包容的产物。第五，文明具有发展性。在人类社会发展的历史长河中，文明是一个不断累积的过程。不同的历史阶段的文明之间存在着继承性，前一文明为后一文明的发展奠定基础，后一文明在前一文明的基础上继承和发展，从而使整个人类文明不断发展进步。因此，文明还具有发展性。

二、"生态文明"的概念解析

（一）生态文明的理论溯源

从世界范围来看，20 世纪中后期，随着第二次世界大战的结束，世界各国迎来了较长的恢复和发展机遇期。第三次科技革命更是极大地提高了人类改造自然的能力，激发了人类征服自然的欲求。然而由于环保意识薄弱，人类在征服自然的幻梦中逐渐迷失。人类在世界八大公害及数不尽的微小环境侵害引发的灾难性后果面前，被迫调整行政议程，日益将生态环境保护作为一项政府应当提供的公共产品。然而此时政府已然面对的是难以消化的环境污染"满汉全席"了。美国生物学家蕾切尔·卡逊（Rachel Carson）于1962年发表的《寂静的春天》无疑推动了这场环境保护热潮。卡逊用触目惊心的案例阐述大量杀虫剂对人类和环境造成的不可逆的影响，从而揭示了资本主义工业繁荣背后人与自然的对立和冲突，这不仅使传统的"向自然宣战"和"征服自然"等理念黯然失色，也敲响了唯发展马首是瞻的工业文明丧钟。1972年联合国人类环境会议让世界主要国家达成环境规制共识，学术界也开始从社会文明形态的高度来反思工业文明。同年，罗马俱乐部发表《增长的极限》研究报告，对工业文明发展模式的不可持续进行了批判，并提出"全球均衡"理念，认为"价值观的改变是人类走出目前困境的关键因素"。1995年，美国学者罗伊·莫里森（Roy Morrison）在《生态民主》一书中指出，"生态文明社会"将成为代替工业文明的新型文明形态。

从国内来看，中华人民共和国成立之初毁林开荒、大炼钢铁等活动严重危害了我国的自然资源和生态环境，加之人口过快增长等因素，给本就脆弱的生态环境和稀缺的自然资源带来了巨大负担。改革开放之后，要在技术相对落后条件下实现经济的高速发展，我国不得不延续资源能源消耗大、产出率低的粗放型经济发展模式，虽然年度GDP增长率较高，但是科学家、经济学家和世界银行估算，"环境退化和污染使中国每年付出GDP的8%~12%的代价"[1]。严峻的环境形势使我国开始反思既有的经济发展方式。1987年，生态学家叶谦吉在全国生态农业研讨会上指出，生态文明是指人类对待自然资源和生态环境时，需要既"获利"又"还利"，保持人与自然的和谐统一，并疾呼"大力提倡生态文明建设"[2]。发轫于此，随着物质生活和精神文化生活的

---

[1] 〔美〕易明：《一江黑水：中国未来的环境挑战》，姜智芹译，南京：江苏人民出版社，2012年，第12页。
[2] 刘思华：《对建设社会主义生态文明论的若干回忆——兼述我的"马克思主义生态文明观"》，中国地质大学学报（社会科学版）2008年第4期，第18–30页。

日益丰富，"生态文明建设"成为眼下备受瞩目的公共话语，不仅引起学术界的关注，官方文件也日益青睐这一表达时代精神的词语。

在对工业文明的反思中，对生态文明的认识大致存在两种不同的模式。[1]其一是修补式、应对式模式，即以服从和支持经济增长范式为前提，由此形成相应的理论——资源经济学和环境经济学。由于该理论仅仅从技术上提出治标性的对策，容易陷入"头痛医头，脚痛医脚"的困境，因此这种模式并未成为生态文明建设的主流模式。其二是变革式、预防式模式，即针对环境问题的本源，提出从技术到体制再到生产和生活方式进行全方位、系统性变革，由此形成生态经济学理论。相比之下，后一种模式对生态文明概念的影响更大。

与"文明"的概念类似，受学科背景、研究视域和关注角度等因素的影响，学术界对生态文明理论也存在不同的认识。[2]①从社会发展中产业演进的视角，学者把生态文明视为以农业、工业的生态化为特征的生态文明时代。其中又分成"生态文明是人类文明发展的新阶段"和"生态文明是未来文明的新特征"两种观点，前者把生态文明视为即将到来的第三种文明形态[3]，而后者则将生态文明视为工业文明的生态化，或者生态文明与工业文明的结合[4]。②从文明的构成要素和内外部关系角度来分类，以仅包含单纯的人与自然的关系还是包含人与自然、人与人、人与社会的关系，以及仅包含单纯的精神成果还是既包含物质成果又包含精神成果，形成了三种关于生态文明的观点：一是将生态文明指称人与自然关系的精神成果，认为生态文明不仅是生态环境保护工作的指导思想，也是一种重要的治国理念[5]；二是将生态文明指称人与自然关系的物质成果和精神成果的总和，包括

---

[1] 诸大建：《生态文明：需要深入勘探的学术疆域——深化生态文明研究的10个思考》，《探索与争鸣》2008年第6期，第5-11页。
[2] 毛明芳：《生态文明的内涵、特征与地位——生态文明理论研究综述》，《中国浦东干部学院学报》2010年第5期，第92-96页。
[3] 马拥军：《生态文明：马克思主义理论建设的新起点》，《理论视野》2007年第12期，第20-22页。
[4] 陈昌曙：《哲学视野中的可持续发展》，北京：中国社会科学出版社，2000年，第42页。
[5] 夏光：《生态文明是一个重要的治国理念》，《环境保护》2007年第21期，第36-37页。

生态意识文明、生态制度文明和生态行为文明[1]；三是将生态文明指称人与自然、人与人、人与社会的物质成果和精神成果的总和[2]。③从广义和狭义两个角度，认为文明既可看作在工业文明之后，人类改善和优化人与自然、人与人及人与社会关系在生态环境保护方面所取得的物质和精神成果的总和，也可看作人类单纯处理人与自然关系所取得的进步状态，并将其与物质文明、精神文明及政治文明并列。[3]

客观地讲，上述观点都认识到生态文明作为文明的实践性、社会性、历史性、进步性等特征，概括出文明的物质、制度、行为等构成要素，也触及生态文明作为人类文明发展新阶段、新形式所体现出来的新特征，但仍然没有全面揭示生态文明的基本内涵和本质特征，且存在逻辑上不周延的问题，因而不足以作为形塑生态文明法律制度的基础概念。

（二）生态文明的概念解析

根据前述关于生态文明概念的探讨，结合文明的定义范式，我们给生态文明下的定义为：生态文明是在传统的发展模式出现了严重弊病之后，为寻求与自然和谐相处，适应生态平衡的客观要求，在物质、精神、行为、观念与制度等诸多方面以及人与人、人与自然良性互动关系上所取得进步的价值尺度以及相应的价值指引。

前已论及，文明是人性发展的体现，人性在其发展过程中可能因为野性的膨胀而遭致泯灭，从而阻碍文明的发展进程。在人与自然的关系上，虽然人类的任何生产活动都可能导致自然资源和生态环境的局部受损，但只要不超出自然的自我修复能力，人与自然的关系总体上就可以处于和谐稳定的状态；而当人类的活动丧失理智，无节制地开采自然资源，大规模地污染环境时，则可能超出自然资源和生态环

---

[1] 陈寿朋：《浅析生态文明的基本内涵》，《人民日报》，2008-01-08。
[2] 薛惠锋：《生态文明：中国环境与发展战略的抉择》，中国人大网，2008 年 7 月 11 日。
[3] 毛明芳：《生态文明的内涵、特征与地位——生态文明理论研究综述》，《中国浦东干部学院学报》2010 年第 5 期，第 92—96 页。

境所能承受的限度，从而引发严重的环境污染和生态危机，如土壤沙漠化、气候变暖等，不仅如此，被破坏的生态环境还会反作用于人类，危及人类的生存发展，如雾霾天气危及人类健康、沙尘暴影响生产活动等，造成人与自然关系的紧张，文明发展进程也受到阻碍。

在人与人的关系上，理性、和谐的社会关系更有利于自然资源和生态环境，例如合理地配置生产资料会促进资源的良性利用，而不是资源浪费；相反，如果政治、经济、文化等社会关系存在非理性因素，则容易纵容"野性"淹没"人性"，导致环境资源开发利用过程中非理性行为的发生，对自然环境造成损害，如"公地的悲剧"中掠夺性放牧、侵略战争行为、破坏性开采自然资源等，严重阻碍生态文明的发展进程。同时，人与人的关系以人与自然的关系为基础——如资源的稀缺性、地域性等特征——决定生产资料的制度设计；反过来，人与自然的关系又影响人与人的关系发展，如资源分配影响生产关系，资源紧张导致掠夺、战争等，两者直接关系着生态文明的发展。因此，生态文明从根本上讲仍然是人的本质属性，本质上仍然反映、评价和引领人与自然、人与人的关系发展。换句话说，生态文明并非对以往文明成果的彻底否定，而是对渔猎文明、农业文明、工业文明的反思与发展，是人与自然、人与人之间关系以及人类自身的生态化。

与文明一样，生态文明也包含物质与精神的，政治、经济与文化的，意识、行为与制度等诸多内容，外延十分广泛。根据学术界的整理和归纳，生态文明可以分为深层结构和表层结构，其中"深层结构包括生态意识、生态道德和生态文化，表层结构包括生态物质文明、生态行为文明和生态制度文明"[1]。客观地讲，用分层结构来描述生态文明的外延值得赞扬和提倡，因为其能给人对于生态文明更直观的感受。但其分层标准的局限性也是显而易见的。一方面，标准不统一，逻辑不周延，无法展示生态文明的所有内容及其相互之间的界限。如

---

[1]　张首先：《生态文明：内涵、结构及其基本特性》，《山西师大学报（社会科学版）》2010 年第 1 期，第 26-29 页。

生态文明的范围极其广泛，既可能体现为道德价值观，也可能体现为制度、行为等。因此，既不能片面地将其归类到深层结构或表层结构，也不能只将其归结到意识领域或制度领域。另一方面，上述分类没有体现出生态文明内涵中的人与自然、人与社会及其相互关系，让人无法清晰地把握生态文明的外延。

基于上述认识，我们不妨从生态文明的概念出发，运用辩证唯物主义和历史唯物主义理论来剖析生态文明的构成，并将其分解成生态自然文明（人与自然的关系生态化）、生态社会文明（人与人的关系生态化）和生态主体文明（人类自身的生态化），从而厘清生态文明的外延和边界。其中，生态自然文明和生态社会文明作为生态文明客体的文明，从对象上看主要包括物质文明和制度文明等内容，而从领域上讲主要包括生态政治、生态技术、生态经济及生态文化，是人与自然、社会等关系良性互动发展的成果。生态主体文明主要是人与人的关系、人与自然的关系中的主体文明，主要包括生态意识、生态道德以及生态行为，体现了人类自身文明发展进步的成果。当然，这三方面并不是孤立的，而是互相联系、相互作用的。生态主体文明中，生态意识和生态道德是在人与自然、人与社会的关系中逐步培养形成的，而生态行为则是生态意识和生态道德的外化，并成为正确地处理人与自然、人与社会关系的行动指引；生态自然文明和生态社会文明不仅为生态意识、生态道德的培养提供了外部条件，还将生态意识、生态道德外化为生态行为并达到作用于自然、社会的客观效果。生态自然文明、生态社会文明、生态主体文明共同构成人与自然、人与社会以及人类本身进一步发展进步的目标导向，从而推动世界朝着生态化的方向迈进。

明晰生态文明的特征有助于加深我们对生态文明概念的理解。学界对生态文明特征的描述主要有以下四类。其一，从生态文明的内在构成角度来描述，认为生态文明具有较高的环保意识，可持续的经济发展模式，全民自觉的保护和消费行动以及公正合理的制度保障等特征[1]；其二，从生态文明的运行状态角度来描述，将生态文明的特征概括为"审视的整体性、调控的综合性、物质的循环性和发展的知识性"[2]；其三，从整体观的角度来描述，主张生态文明特征应包括"以人与自然、人与人（社会）和谐共生、良性循环、全面发展、持续繁荣为基本宗旨，以建立可持续的经济发展模式、健康合理的消费模式及和睦和谐的人际关系为主要内涵，以建设资源节约型、环境友好型及天人和谐、人际和谐型社会为目标"[3]；其四，从生态文明的本质特性角度来描述，将生态文明的特征概括为实践性与反思性、系统性与和谐性、持续性与高效性、规律性与创造性的有机统一[4]。我们认为，这些描述大致抓住了生态文明特征的某些方面，如基本承认人与自然、人与人（社会）的和谐关系是生态文明的根本特征，但没有将其与工业文明、农业文明等对照起来考察，甚至仍然停留在文明的基本特征之上，如实践性、系统性、反思性即文明的基本特征，这些特征在工业文明和农业文明也有体现，因而不能将其作为生态文明的基本特征。通过将生态文明与传统的农业文明、工业文明相比较，生态文明的基本特征更加凸显，即表现为系统性和全面性、批判性和自觉性、协调性和可持续性的统一。

　　系统性是指生态文明既把人看作社会系统的一部分，也把人看作自然生态系统的一部分，并将人、自然与社会三者统一起来，实现人、自然与社会的和谐与平衡，兼顾自然资源与生态环境的良性发展。全面性是指生态文明的内容涉及自然、社会的各个领域和各个方面，不仅包括政治、经济、文化、科技和制度，还包括行为、道德、意识和

---

[1] 王玉平：《"生态文明"解读》，《地学哲学通讯》2007年第4期，第12页。
[2] 姜春云：《跨入生态文明新时代——关于生态文明建设若干问题的探讨》，《求是》2008年第21期，第19-24页。
[3] 刘湘溶：《我国生态文明建设应当致力于"一个构建"和"六个推进"》，《湖南师范大学社会科学学报》2008年第4期，第6-8页。
[4] 张首先：《生态文明：内涵、结构及基本特性》，《山西师大学报（社会科学版）》2010年第1期，第26-29页。

观念，不仅涉及生产领域、生活领域，还涉及国防、外交和国际关系，不仅涉及人类自身，还涉及其他动物、植物等。系统性和全面性是生态文明在范围、结构上的规定性。

批判性是指生态文明在对传统文明发展方式进行批判继承的基础上不断地向前发展，是对农业文明、工业文明破坏自然资源、污染生态环境进行反思基础上的探索、扬弃和矫正，从而实现文明的良性健康发展。自觉性是指生态文明的发展并非沿着农业文明、工业文明的老路——依靠人性的自由扩张而任意妄为、自发进行，而是在正确认识人与自然、人与人（社会）及其相互之间关系的基础上，对传统文明发展方式及其后果进行反思，充分考虑自然、社会及人类自身等各方面的发展需求，从而把协调人与自然、人与社会之间的关系转变为人类的自觉行动的文明发展方式。批判性和自觉性是生态文明所蕴含的理性的表达。

协调性是指生态文明摒弃农业社会、工业社会背景下单纯强调人类自身的生存发展和欲望满足等错误做法，根据自然和社会的运动变化规律，充分考虑社会发展程度、生态环境的承载力和人类自身需求之间的关系，进而协调人的主观认识，实现社会发展、环境保护和人类需求满足三方面的平衡。可持续性是指生态文明在尊重自然生态规律的前提下，合理安排人类的生产和生活，在保护自然生态环境的同时，做到既保障经济发展，又满足人类生活需求，从而使自然生态系统持续为人类生存发展提供优良的自然环境和优质的物质基础，最终实现自然、社会和人类自身的永续、健康与良性发展。协调性和可持续性是生态文明追求的价值目标所在。

（三）生态文明的历史地位

关于生态文明的历史地位，学者们众说纷纭，这从人们对生态文明概念的理解中亦可看出端倪。学者们的观点主要包括以下几类：其一是阶段说，认为生态文明是比农业文明、工业文明更发达更先进的相对独立的阶段；其二是种类说，认为生态文明是区别于农业文明、工业文明的新的文明类型，是一个独立的文明形态；其三是依附说，认为生态文明既不是独立的文明形态，也不是独立的文明阶段，而是处于一种依附状态，渗透到政治文明、物质文明和精神文明等领域，并与其相互依存、共同发展。笔者认为，生态文明的历史地位，不仅是生态文明的历史价值和重要程度的问题，更准确地说是对生态文明本质及文明发展史的一种再认识，是厘清与其他文明类型、其他领域文明之间关系的问题。

第一，从文明的人性本质角度看，虽然生态文明的概念是在对农业文明、工业文明进行反思的基础上提出来的，但人类有关保护自然资源和生态环境的思想由来已久。"先王之法，不掩群而取麛，不涸泽而渔，不焚林而猎"（《文子·上仁》），是农业文明时代产生的朴素生态文明思想。只是近代以来，自然资源消耗和生态环境破坏愈演愈烈，人们对生态保护更为重视，生态建设的需求更为迫切，才使生态文明进入大众视野。换句话说，无论农业社会、工业社会还是生态社会，农业、工业作为社会发展的产业都将存在，正确处理好人与自然和人与人之间的关系，实现人性的进一步发展是文明发展的重要目标和任务。因此，不能说生态文明绝对独立于其他文明形态。

第二，从文明发展史角度看，随着生产力发展和社会分工持续深化，人类社会相继进入以农业、工业为主导的发展时期，相应地被称作农业社会、工业社会。然而，所谓的农业社会、工业社会仅仅是以农业、工业为主要经济形式的社会发展阶段，彼此并不绝对独立，而是互相渗透，即在农业社会有工业的孕育和发展，在工业社会也有农业的发展和支撑，两者之间也不存在十分明确的界限。换句话说，农业文明、工业文明之间是先继承后并存的关系。同样，保护自然资源和生态环境仍然离不开农业和工业的发展，生态文明同样要继承和吸收农业文明和工业文明的发展成果，并在此基础上实现农业、工业等生产方式的生态化。因此，不能说生态文明是完全独立的发展阶段。

第三，从文明的内在构成和内容看，同农业文明、工业文明一样，生态文明既要正确处理好人与人的关系，更要处理好人与自然的关系，从而实现人类自身的发展进步。落实到具体的构成要素上，既要发展生产创造出日益丰富的物质文明成果，以维持人类自身的生存和发展，又要创造出大量优秀的精神文明成果，以满足人类身心愉悦、提升精神境界、实现自我价值等需要；既要促进政治组织形式和经济发展方式的最优化，又要追求人类自身思想意识、道德观念和外在行为的正当性等；所有这些都是在生态文明的框架下完成的。因此，生态文明既不因物质文明、精神文明、政治文明和制度文明的存在而存在，也不因这些具体文明的内容而存在，而是作为一种文明形式，将这一形式下蕴含的理念渗透到具体的文明内容之中，并成为文明的发展方向。

综上，生态文明是在对农业文明、工业文明进行批判性继承的基础上产生的文明形式，是对农业文明、工业文明的继承和发展。生态文明不仅强调从技术上对生态破坏、环境污染进行治理，也强调从理念到制度再到行为上对传统农业文明、工业文明进行全面变革，是文明的一种进步和创新。生态文明所反映的既是社会的进步状况，也是社会发展的一种理念以及人、自然、社会之间的平衡关系。生态文明除了具有农业文明和工业文明的现实性外，还具有农业文明和工业文明所不具备的全面性与前瞻性。

三、生态文明理念的规范内涵

生态文明经历了一个从观念到理论再到理念的进化过程，作为理念的生态文明将指引、统摄和形塑生态文明法律制度建设。为此，下文将通过明晰生态文明理念的基本原则、价值目标等内容，为生态文明法律制度建构提供理念指引。

（一）生态文明理念的证成

通览关于理念的学说，我们可以得出理念的规范内涵，其是指人们通过实践和对理性思维的感悟，掌握的决定事物存在和发展的原则和精神。其中，原则是外在的，是人们行动的基本准则；精神是内在的，是人们行动的价值追求。具体而言，理念应当包含以下属性：理念是人类思维的结果，是比观念更具本源性、稳定性、客观性和指导性的理性思维；理念是人类在实践活动中对客观物质的本质及其发展规律的认识，是人脑对客观物质应然性和规定性的反映和判断；理念在反映事物发展的过程中，自身也不断丰富和发展，因而理念是历史的、开放的和发展的；理念反映的是客观事物的本源，决定着事物的现实内容、发展方向和价值目标；理念的内容并非平行的，而是有层次性的，各自有各自的位阶，相互之间存在着服从与指导、含摄与支撑的关系。一言以蔽之，理念是对客观事物的抽象总结和概括，其揭示客观事物的本质，预示着客观事物发展的方向。

生态文明如欲作为一种理念引领文明发展，就必须具备为人们提供行动准则和价值追求的品格。从生态文明的属性来看，一方面，较之于农业文明和工业文明，生态文明基于人、自然和社会之间的物质循环和能量流动关系，要求将人、自然和社会作为完整的生态系统进行通盘考虑，并将其固化为保护自然资源和生态环境的生态制度规范，以缓和资源开发、经济发展与环境保护的内在张力，这就为人们提供了外在的行为准则。另一方面，在反思和批判农业文明和工业文明的基础上，生态文明倡导运用生态意识、生态道德、生态伦理等对以往社会的文明发展成果进行价值判断，从而形塑出可持续发展的手段、模式、方向和道路，给予未来文明发展的方向指引，这就为人们提供了内在的精神指引。

综上，生态文明具备理念所必需的内涵和属性，并承担起理念给予人类活动以引领、指导和统摄功能，其作为一种全新的社会发展、文明进步理念得以形成。生态文明理念是指人们在实践中通过思维创新实现人、自然和社会相统一的理性观念，强调人是自然生态系统的一部分，人的活动应当适应生态平衡的客观要求，与其他自然存在物和谐相处，从而通过人性与生态性的有机统一，实现人与自然、人与社会关系的良性循环。

（二）生态文明理念的内容

生态文明理念是一个复杂的逻辑体系，欲对其内容进行全面概说，可能因为任务的繁多而使论述失之针对性。为此，笔者拟重点对生态文明理念中最具统摄作用的基本原则和价值目标进行论述，以期对生态文明理念进行既有针对性又有指导意义的解析。

1.生态文明理念的基本原则

生态文明理念的基本原则为人类文明发展设定了外在的宏观行为准则，是人们在文明建设发展中普遍遵守的行为模式。概括起来，生态文明理念应当包含生态整体主义原则、和谐统一原则和可持续发展原则。

生态整体主义原则是指在文明发展过程中，将人与自然、社会视为有机统一整体，以此来规范、约束人们的行为，达到人与自然、社会的和谐。生态整体主义认为自然生态系统作为有机整体，人类只是自然生态系统的一部分，人类的活动要服从并服务于自然生态系统的客观规律。人与自然的关系在这个系统中起着基础性作用，人与人之间的关系是在人与自然之间关系基础上的延伸和发展，同样要服从和尊重自然生态系统的客观规律。由此，生态整体主义就从根本上区别于先前的人类中心主义、自然权利论、动物权利论和生态中心主义。人类中心主义将人看作人与自然、社会关系的核心，认为人是自然界的绝对主体，可以主宰自然生态系统，一切事物、一切行动都要为人类服务，从而把人与人的关系、人与自然的关系割裂开来，使人类走向自然的对立面。自然权利论将自然物看作与人无差别的存在物，认为自然物通过代理人以自己的权利可以具有当事人适用资格[1]，从而忽略了人与自然物之间存在基本的主客体关系，甚至陷入人类不能利用自然获得进步的悖论。动物权利论则承认包括人类在内的动物与其他自然存在物之间的区别，这在自然权利论的基础上有所进步。动物权利论主张任何动物的所有者均不得以任何方式虐待动物，但是把动物看作与人类无差别的主体，从而忽略了人与动物之间必要的界限。生态中心主义认为世界以生态为中心，人、其他动物和自然物都围绕生态系统而展开，但却"将原来人类的价值体系、道德情感等移情地适用于其他生命体和自然体"[2]，最终走向与自然权利论合流的道路。生态整体主义基于人、自然、社会之间的物质循环和能量流动关系，承认自然生态系统是人、其他动物和自然物存在的物质基础，但不将自然生态系统的本源关系和基础性地位绝对化，主张人类在尊重自然生态规律的前提下应当优先于其他动植物获得发展的机会，从而避免人类在其自身发展进程中动辄得咎的立场。

　　和谐统一原则是指在整个文明发展进程中，在坚持生态整体主义的前提下维护生态要素之间的动态平衡，从而实现生态系统的和谐统一。生态要素间的平衡是指生态系统内生物、种群和环境之间，通过物质循环、能量流动等方式相互作用，形成统一和谐的动态平衡关系。具体而言，各组成成分之间保持一定的比例关系，结构和功能相对稳定，即便受到外来干扰，也可通过自我调节恢复到初始状态。其中，维护生态系统的生物多样性便是重要任务之一。生物多样性是指特定时间和区域内生物物种及其遗传变异和生态系统复杂性的总称，包括物种的多样性、遗传的多样性和生态系统的多样性。生态要素间的平衡体现的是自然生态系统的稳定性与进步程度，二者共同代表着自然生态系统内部的和谐统一，并反映自然生态系统作为人类社会发展的

---

[1]　〔日〕岩佐茂：《环境的思想：环境保护与马克思主义的结合处》，韩立新、张桂权、刘荣华译，北京：中央编译出版社，1997年，第93页。
[2]　李可：《马克思恩格斯环境法哲学初探》，北京：法律出版社，2006年，第61页。

物质基础等品质。和谐统一原则要求人类文明发展进程中尊重自然生态系统中的生态平衡和生物多样性两大客观规律，从而为人类社会发展提供更好的物质基础。

可持续发展原则是指人类文明发展过程中，在尊重自然生态规律和保障生态平衡与生物多样性前提下，使自然生态系统能够为人、自然与社会的共同发展提供实践价值，并实现三者的可持续发展。最初提出的"可持续发展"，主要着眼点在于"人"，是指一种既满足当代人的需要，又不对后代人满足其需要的能力构成威胁的发展模式。随着人类认识的深化，可持续发展原则根据严峻的环境现实进行了优化，现阶段的可持续发展原则的内涵更加丰富和理性，其着眼点不再局限于人类社会和人类自身的发展，而是涵盖了人与自然关系的发展，甚至自然自身的发展（主要是指自然的自净能力的永续发展）。因此，可持续发展原则的最终目的是要实现人、自然与社会的全面协调可持续发展。

2. 生态文明理念的价值目标

生态文明理念的价值目标，是指在文明发展过程中给人类绝对超越的指向和内在的精神指引。严格地讲，能够给人类文明发展以绝对超越指向和内在精神指引的理念很多，如生态民主、环境正义等，但在当前自然资源和生态环境遭受破坏的严峻形势下，生态文明理念的选择与确立具有某种历史必然性。但是生态文明理念也存在价值抉择，应当将尊重生态规律、建设生态文明最迫切需要的价值指引作为生态文明理念的价值目标，概括起来，主要包括以下几个方面。

生态文明理念的首要价值目标是生态安全。安全总是相对于危险而言的。农业文明、工业文明时期对自然生态环境造成的严重不利影响，已经危及整个人类社会的生存和发展，所以生态安全成为生态文明理念的首要价值目标。生态安全包括两方面的内容：其一是自然生态系统自身的安全，即自然资源和生态环境免受外来威胁和侵害；其二是自然生态系统相对于人类社会的安全，主要指自然资源和生态环境能够满足人类可持续发展的需要。事实上两者是相辅相成的，前者是后者的前提和基础，只有自然资源、生态环境自身不受外来侵害和威胁，才能为人类社会提供持续稳定的物质循环、能量流动和信息传递服务；后者则是前者的保障和升华，只有自然生态系统为人类提供稳定的物质、能量、信息来源，自然生态系统的自身安全才能得到进一步保障和发展。生态安全要求人们在开采自然资源、利用生态环境时要以其承载能力为限，方能在保障自然生态系统安全的前提下保障人类社会的可持续发展。

　　生态文明理念的核心价值目标是生态公平。公平价值源于"人类共同拥有一个地球"的客观现实，体现的是生态整体主义原则。这意味着人类作为自然生态系统的一分子，理应平等地与自然生态系统进行物质循环、能量流动和信息交换。具体而言，生态公平包含以下四个方面的内容。其一，代内公平，即当代人与当代人在享受自然生态系统提供的物质、能量、信息等"福利"的过程中应当趋于公平。这一公平形态主要针对当前社会中存在的诸多环境非正义现象，例如污染向落后地区聚集等侵害社会弱势群体的问题。代内公平是最基本的生态公平。其二，代际公平，即当代人与后代人在享受自然生态系统提供的"福利"上也应当保持大体公平，当代人的发展要以不构成对后代人发展机会的威胁为限，这是较深层次的生态公平。其三，国际公平，即在国与国之间，无论是发达国家还是发展中国家，都应当公平地享有自然生态系统提供的"福利"，这是超越国家地域范围的生态公平。其四，种际公平，即不仅人与人之间要实现公平，人与其他动物乃至其他物种之间也要实现公平，这应当是最高层次的生态公平。需说明的是，我们并不是说人与其他动物、其他物种之间享有完全绝对的平等权利，而是说各物种之间享有平等的发展机会。从某种意义上说，这里的公平都是指相对公平而非绝对公平，即机会公平而非结果公平，其强调的是人类的发展以尊重其他物种各自发展规律为前提，给予其他物种自我发展的机会而不至于萎缩甚至毁灭。

生态文明理念的根本价值目标是生态秩序。秩序是指事物存在状态的稳定性和运动变化的规律性。生态秩序价值是生态安全和生态公平的延伸，因为良好的生态秩序本身就意味着生态安全和生态公平。生态秩序主要包括两个方面的内容。一是自然生态系统的内部秩序。这是自然生态系统本身存在状态的稳定性和规律性问题，主要是指生态系统的平衡和生物多样性问题。在生态系统中，人是其中的重要一环，而在生物多样性条件下，人是其中的物种之一，同样受遗传多样性、人种多样性等规律支配。因此，在自然生态系统内部，人也要遵循其内在的秩序，谓之为规律性或规定性。二是人类社会系统的内部秩序。这是在自然生态系统的支撑下人与人在对自然资源、生态环境的占有、使用、收益、处分问题上建立起来的秩序，虽然是人与人的关系，但仍然摆脱不了人与自然关系的印记。在这一秩序下，根据标准的不同，又可细分为诸多秩序层级。如依据主体的权能来划分，包括占有、使用、流转、处置等秩序，占有秩序有利于保护生态系统不受外来侵犯，使用秩序是为了规范从生态系统获取生态利益的行为，流转秩序是为了使生态系统的效用最大化，处置秩序则是明确保护生态系统免受不当处置，实现效益最大化。因此，生态秩序既是生态文明理念的价值追求，也是生态文明法律制度建构的根本目的。

生态文明理念的基本价值目标是生态效益。生态效益是衡量自然生态系统为人类带来收益的程度。之所以要提出生态效益，是因为生态资源具有稀缺性、有限性和时空分布不均衡性等特点，并能引起生态安全、生态公平和生态秩序等问题。经济学上有一个关于效益的解释，即资源配置达到了"不损人就不利己"的状态，也即帕累托最优[1]，此时的效益最好、效率最佳。生态效益就是要实现自然生态系

---

[1]　尹伯成：《西方经济学》，上海：格致出版社、上海人民出版社，2008年，第148页。

统为人类提供物质、能量和信息等"福利"的最大化。生态效益与生态安全、生态公平、生态秩序密切相关。一方面，生态安全、生态公平和生态秩序是生态效益的前提、基础和保障，没有生态安全就没有生态公平和生态秩序，因而也就无所谓生态效益。另一方面，生态效益又是生态安全、生态公平和生态秩序的结果和实现途径。生态效益有利于实现生态利益的最大化，为生态公平和生态秩序的实现奠定基础，同时生态效益的最大化能够最大限度地实现生态公平、生态秩序，有助于人们理性地对待自然生态系统，从而更加有利于生态安全。因此，在某种意义上，生态效益是生态文明理念最为基础的价值目标。

（三）生态文明理念的意义

习近平总书记在党的十九大报告中指出，中国特色社会主义进入新时代，我国社会主要矛盾已转化为人民日益增长的美好生活需要和不平衡不充分的发展之间的矛盾。随着新时代的稳步向前，困扰我国十几亿人的温饱问题已成历史，小康社会的建成则会极大地增进人们的物质财富。然而，人的经济价值的不断提高无可避免地会带来物质财富边际效用的降低，其他商品（如良好、适宜的生态环境）的边际效用则会逐渐提高。物质财富与生态环境相对价格的变化将改变人们之间的激励结构，讨价还价能力的提升也为重新缔约创造了条件。此时，有欲求和能力改善自身福利的一方，会用对环境利益的追求部分替代对物质财富的追求，并最终推动环境法律的制度变迁。可见，当整体上的个人经济利益大于环境利益时，人民及其代理人不得不在经济贫困和环境恶化的"两害相权"中最终选择略显疲软的环境法律制度；相反，当无数经济人的经济价值提高到一定临界点时，人民会产生强化环境利益的制度变迁观念及实践。正是在这样的背景下，"生态文明"相继被写入《中国共产党章程》和《中华人民共和国宪法》，这标志着生态文明建设在新时代的背景下日益规范化、制度化和法治化。笔者认为，生态文明理念的形成对于微观的人民、中观的国家和宏观的自然生态系统，均具有无可比拟的重要意义。

第一，生态文明理念是实现美丽中国的价值指引。改革开放以来，我国经济快速发展，取得了举世瞩目的成绩，然而以"三高"为支撑的发展模式导致的资源消耗过度、环境污染、生态破坏等一系列严峻的环境问题，已经成为我国经济社会可持续发展的"瓶颈"。党的十九大报告指出要加快生态文明体制改革，建设美丽中国。生态是自然界的存在状态，文明是人类社会的进步状态，生态文明则是人类文明中反映人类进步与自然存在和谐状态的指向标。新时代生态文明建设就是要通过生态环境保护体制机制的建设，发挥体制机制的导向、约束和规范作用，影响人的价值趋向，规范人的行为模式，实现人与人、人与社会、人与自然的和谐发展。新时代生态文明建设必须在生态文明理念的指导下，建立一整套科学、完善的生态环境保护体制机制，让生态保护者得到补偿，让生态破坏者得到惩罚，让资源占有者支付对价，让生态受益者分担成本，以形成良性的生态循环，实现把我国建设成富强民主文明和谐美丽的社会主义现代化强国的宏伟目标。

第二，生态文明理念是践行中国特色社会主义"五位一体"总体布局的行动准则。随着经济社会发展和人民生活水平不断提高，人民群众对环境问题更加关注，生态环境在群众生活幸福指数中的地位日益凸显。而我国发展过程中积累了不少生态环境问题，有些已经影响甚至危害群众健康，社会反应十分强烈。因此，树立尊重自然、顺应自然、保护自然的生态文明理念，把新时代生态文明建设和生态环境保护体制机制建设融合贯穿到经济、政治、文化、社会建设的各方面和全过程，大力保护和修复自然生态系统，建立科学合理的生态补偿机制，形成节约资源和保护环境的空间格局、产业结构、生产方式及生活方式，方能从源头上扭转生态环境恶化的趋势。

第三，生态文明理念是关系人民福祉、民族未来和世界大同的基本方略。新时代生态文明建设事关"两个一百年"奋斗目标的实现和中华民族永续发展，必须紧盯不放。本世纪中叶，我国要建设成为富强民主文明和谐美丽的社会主义现代化强国，要实现中华民族伟大复兴，这是一项绝无仅有、史无前例、空前伟大的事业。我国的人口总量是世界第一，如果我国的现代化建设走的是消耗资源、污染环境的发展道路，那么中华民族的永续发展将难以为继。因此，新时代生态文明建设和生态环境保护体制机制建设是站在关系人民福祉、民族未来的高度，大力推进新时代生态文明体制建设，为顺应人民群众新期待而做出的战略决策，也为子孙后代永享优美宜居的生活空间、山清水秀的生态空间提供了科学的世界观和方法论。生态文明理念正是为维护生态系统可持续发展提供制度性保障的理论前提。

第二节　生态文明法律制度建设的基础理论

如前所述，生态文明本质上既是人与自然、人与社会关系发展进步的评判尺度，又是发展人与人、人与自然关系的价值指引，其核心构成是生态意识、生态道德和生态制度。笔者认为，生态文明的发展要自在自为、自我实现，除了内在的生态意识、生态道德作为精神指引外，还必须有生态制度对生态行为进行外部约束，从而实现人、自然与社会的和谐发展。简言之，生态文明制度建设是生态文明建设得以成功的制度保障，在"依法治国"的大背景下，此处的"制度"，主要是指"法律制度"。

一、"制度"词义考

2018 年 5 月，在全国生态环境保护大会上，习近平总书记指出："建设生态文明，重在建章立制，用最严格的制度、最严密的法治保护生态环境。""制度"一词常常见诸官方文件、新闻报道和学术论文中，那么，"制度"一词究竟为何意呢？"生态文明制度"与"生态文明法律制度"又与"生态文明建设"存在何种关联？下文拟对上述不那么吸引人但实际上起着基础性作用的问题予以解答。

（一）制度的概念

在中国古汉语中，"制度"一词较早见于《周易·象传下·节》："天地节，而四时成。节以制度，不伤财，不害民。"从上下文看，该词是"制"和"度"的合成，"制"是指模式、式样，"度"是指范围、程度，二者合起来，指秩序、模式、范畴。随着时间的推移，"制度"一词被用来指行为的模式、规范、规则、标准等。在西方文化语境下，制度则往往包含传统、惯例、习俗、规范等意涵。

学术界关于制度定义的开先河者，当属凡勃仑，其将制度定义为"就是个人或社会对有关的某些关系或某些作用的一般思想习惯"，这种"制度"定义很宽泛，似乎对人的行为产生影响的因素都是制度。[1]而康芒斯则这样理解制度，"如果我们要找出一种普遍的原则，适用于一切所谓属于'制度'的行为，我们可以把制度解释为集体行动控制个体行动"[2]，从而揭示出制度是行为规则的本质特征。经济史学家道格拉斯·C.诺思将凡勃仑和康芒斯的观点进行了扩充，他在其著作《制度、制度变迁与经济绩效》的开篇中指出："制度是一个社会的博弈规则，或者更规范地说，它是一些人为设计的、形塑人们互动关系的约束。"[3]具体而言，制度是由道德、禁忌、习惯、传统等非正式约束，以及宪法、法令和产权等正式法规构成的总和。虽然这些定义或多或少地捕捉到了制度的一个或多个特征，但始终没有超出经济学特别是微观经济学的范畴，仅仅停留在成本与收益比较视野下去诠释制度及其作用效能，没有真正揭示制度的全部本质，因而不能完全让人信服和接受。

---

[1] 李志昌：《制度功能之哲学分析》，《哲学分析》2011 年第 4 期，第 93–105，200 页。
[2] 费维照：《习俗与制度创新》，《学术界》1995 年第 5 期，第 58–61 页。
[3] 〔美〕道格拉斯·C.诺思：《制度、制度变迁与经济绩效》，杭行译、韦森审校，上海：格致出版社、上海人民出版社，2008 年，第 3 页。

　　要准确地把握制度的概念，既要回归制度产生的经济根源去探寻，又要从派生于经济而支撑的各个方面去认识制度。马克思理论认为，制度是建立在一定的生产方式基础上，满足人的生产和生活需要的产物。从发生学上看，在人类社会形成之初，由于生产力水平低下，人们大多从事集体采集、狩猎等生产活动，获得的劳动成果也只能归氏族成员共同所有，由此形成相应的生产资料占有、生产和分配规则，这可以视为制度的雏形。随着生产力的发展，社会分工不断显现，生产的社会分工、生产资料的占有、产品的分配与交换等诸多方面也发生着深刻的变化，形成了生产资料私有制及相应的社会规则，制度也在生产方式的变革中不断发展。可见，制度是以一定的物质条件为基础而生成的规范人们相互行为的规则，理论上讲，有着怎样的经济基础，就会产生与之相适应的政治、经济制度；反过来说，无论怎样的政治、经济制度，都应当服务于产生它的经济基础。

　　随着人与人之间的关系日趋复杂化，制度也呈现出体系化、网络化和复杂化的格局。一方面，社会经济结构日趋复杂化催生出混合型制度。虽然在各个历史阶段都存在着一种占主导地位的所有制，但是从微观层面来看，不同的所有制可能并存于某一特定时期。如欧洲中世纪与中国先秦时期都是奴隶制与封建制并存的时段。不同的所有制往往会形成不尽相同的经济制度，即便在某种单一的所有制内，往往也需要混合、杂糅的经济制度。例如在中国古代分别采用分封制和井田制作为最基本的土地制度。另一方面，制度不断从经济领域逐渐向政治、社会、军事、外交、文化等领域渗透。在阶级和国家产生之后，鉴于制度"控制个人行动"的绝对优势，经济上占统治地位的阶级特别注重利用制度来维护自己的经济基础和政治优势，从而形成相应的等级制度。但无论人与人之间的关系多么复杂，制度体系和网络多么复杂庞大，制度都服务于产生它的经济基础，并影响着人与人之间的其他关系。综上所述，我们可以给制度一个较为明确的概念：所谓制度是在一定的生产方式下产生的，为满足生产生活的需要，对人们行为加以规范的规则。

（二）制度的构造

所谓构造，是指事物各个组成部分的形态及其相互结合的方式和特征。从形式上看，制度是由系列规则构成的逻辑体系，但仅从这一角度去理解制度的内涵还远远不够，要深入研究制度，就必须对制度的构造进行解析。

制度的构造有别于制度的逻辑结构。制度构造是从宏观上分析和把握制度的逻辑体系构成，而制度的逻辑结构是建立在对制度微观规则的解析基础上的。制度的微观规则一般包含三个要素：条件、行为指向和后果。其中条件是指制度规则适用的条件，也是指示行为指向的条件。行为指向是指在既定条件下的行为目的、方式、手段等指向，是制度规则适用的核心。后果是指违反行为指向可能遭遇的结果，也可以看作既定条件下相反行为的指向。如税收制度中的条件就是在某区域或领域内从事某活动，行为指向是应当按照指定税率、期限、方式纳税，而后果就是针对从事某种活动未按指定税率、期限、方式纳税可能导致的结果。鉴于前两者都与行为人的行为密切相关，因而可将二者合称为行为模式。

制度构造主要包括制度的构成要素、构成方式和构成原理。从构成要素看，依据不同的划分标准而有所不同，如根据制度是否成文可以划分为诺思归纳的非正式约束和正式约束，根据制度发挥作用的领域可以分为政治制度、经济制度、文化制度和宗教制度等。当然，这并不是说制度的构成要素包罗万象，而是旨在强调制度因其本质不同而构成要素有所区别。从构成方式看，不同的制度内部构成方式存在一定的差别，如政治领域的制度逻辑体系必须严谨，否则将引发权力真空或政治冲突，而文化领域的制度逻辑体系则不那么细密、烦琐，因为构成复杂的文化制度往往意味着限制和约束过多，可能窒息文化发展的空间和活力。制度的构成方式还涉及不同层面、不同领域的制度之间的组合、衔接与协调问题，使制度延伸至整个人类社会的各个角落，从而形塑整个社会的制度结构。制度的构成原理是指影响制度存在和发生作用的规律或联系，主要包括两个方面：其一，促成制度应当这样构成而不是那样构成的影响机理，即制度形成的原理，这是制度的静态构成原理；其二，促成制度发挥功能和作用的影响机理，即制度运行的原理，此乃制度的动态构成原理。制度的动态和静态构成原理的共同作用，决定了制度的产生、发展和功能变迁，并主宰着人类社会制度的历史演进。

（三）制度的功能

制度的功能是指制度的存在和运行所产生的影响与效果。学界对制度的功能的研究由来已久，总体而言，可以将制度的功能归纳为以下三个层面。其一，从制度概念出发引申出制度的功能，即制度承担着约束人们行为的功能。这是最直观意义的制度的功能，也是最狭义的功能观。其二，结合制度的本质和特征引申出制度的功能，即制度承担着降低交易成本、促进合作的功能，制度经济学派持此种观点。降低交易成本功能，是由于制度存在预期性和重复适用性。所谓预期性是指制度逻辑结构中的行为模式能够给人们以合理预期，从而减少交易中的不确定性并抑制人们的非理性选择，降低机会成本以避免不必要的损失或成本。所谓重复适用性是指制度逻辑结构提供了同样情形、同样适用的模式，降低人们行为选择中的试错成本，同时提高交易的效率。促进合作的功能则把制度认为是人们在社会分工与协作过程中多次博弈后达成的契约总和，不仅为人们提供了一个基本的规则框架，还通过规范人与人的关系，进而减少信息成本和不确定性，促进合作的顺利进行。其三，从制度适用的效果引申出制度具备惩罚功能、激励功能和评价功能。这主要是由于制度在微观层面上具备的逻辑结构与法律条文的结构模式相近，反映出制度与法律条文之间存在的亲缘关系。制度与法律的关系主要体现在以下三个方面：一是制度等同于法律，一部法律即规定一项制度；二是制度大于法律，一项制度由多部法律共同确定；三是制度小于法律，一部法律确立多项制度。虽然制度与法律之间存在错综复杂的关系，但也反映出制度具备与法律相似乃至相同的功能。惩罚功能是基于制度遭受悖逆后所呈现出的负向功能，一般体现为否定性的适用结果，如不按规定缴纳所得税，则可能产生滞纳金。激励功能则是基于制度适用可能给行为人带来期待利益，从而给人们以从事某种行为的内在推动力的功能，如某项制度规定见义勇为可获得见义勇为奖金，用以鼓励社会上的帮扶义举。评价功能是指制度能够帮助人们形成他们对自己行为合理把握的预期和评价的功能，鉴于这一功能最终能增强人们内心的安全感，因而也被称作"保险功能"。

笔者认为，上述三个层面的制度的功能认知，是基于特定角度而产生的价值判断。实际上，第一层面的制度的功能是基础性功能，第二层面的制度的功能是目的功能，而第三层面的制度的功能可以视为整合功能，三者存在着一种递进、延伸关系。此外，制度的功能并非一成不变的。随着时代的发展、条件的变化以及利益集团博弈的影响，制度的功能都将随之变迁。虽然上述关于制度的功能的界定存在挂一漏万之虞，但是大体上仍然揭示了制度在现代社会愈发重要的根源。

二、生态文明制度建设的基础理论

前已述及，从制度变迁的角度来看，在中央决策层面，对生态文明建设逐层递进的思路是"生态文明观念→生态文明建设→生态文明制度建设→生态文明法律制度建设"。之前的章节对"文明""生态文明""制度""法律制度"等基础性概念进行了解析，下文将从微观走向宏观，探究"生态文明制度建设"与"生态文明法律制度建设"的规范内涵。

（一）生态文明制度建设的内涵

党的十八届三中全会公报指出，建设生态文明，必须建立系统完整的生态文明制度体系。同时，公报还列举了数项亟待建立和完善的生态文明制度，如生态补偿制度等。虽然"生态文明制度"一词被官方收录使用，但对其规范内涵尚未出现有说服力的见解，诸多学者仍然根据自身的研究场域对该词进行研究和阐释。下文将在这些研究的基础上，提出具有包容性的生态文明制度的内涵。

第一，生态文明制度是社会制度的有机组成部分，该制度的特殊性在于其适用领域。前文已述，经济史学家诺思认为，"制度是指一种社会的游戏规则"，其是为决定人们相互关系而人为设定的制约。制度可以分为正式制度和非正式制度。一些学者从上述新制度经济学的观点出发来考察生态文明制度的内涵，认为生态文明制度是推进生态文明建设而人为设定的、规范人们相互关系的行为规则。具体而言，生态文明制度又可以分为保护生态环境的意识、观念、习惯、风俗和伦理的非正式制度，以及法律、规章和政策等的正式制度。

第二，生态文明制度体现人与自然良性互动关系的行为模式与价值取向。有学者从生态文明制度蕴含的明确目的与价值倾向出发对生态文明制度进行解析，认为生态文明制度是人类社会在长期与大自然博弈过程中逐渐形成的一些理念、政策和做法，目的是为构建有利于环境保护和资源节约的系统、完整及科学的制度体系，从而为环保政策、资源政策的出台与落实提供保障，形成全社会"齐抓共管"的行为模式。也有学者从尊重自然、保护自然的角度出发去诠释生态文明制度的内涵，提出生态文明制度是以追求经济、社会、环境等效益为基础的制度，是以"人类中心主义"的价值取向为实质内容的一种制度安排。

第三，生态文明制度是生态文明建设中具体制度的总和。有论者立足于中国国情，从政治学的角度着手，结合国家对生态文明制度的重视程度，从当前生态文明建设议题着手对其加以诠释，认为生态文明制度是党和国家推动生态文明建设的目标与战略决策相符的各项制度形式。这一界定比较清晰、直观，例如后文将重点阐释的自然资源物权制度、自然资源用途管制制度、生态红线法律制度、环境预警法律制度、生态补偿制度、环境行政问责制度、生态环境损害赔偿制度，都属于典型的生态文明制度。但问题在于，这一制度论述角度有适用范围狭窄之虞，其无法囊括诸多非正式的生态文明制度形态。

笔者认为，生态文明制度是指在全社会自发和强制形成的，有利于支持、推动和保障生态文明建设的行为规范的总和。生态文明制度既是生态文明建设的基石，又是衡量人类文明发展水平的标尺。需要特别说明的是，理论和实务界存在一种错误倾向，即将生态文明建设与生态环境保护等同，认为只要生态环境得以改善，生态文明水平就必将相应提高。实际上，生态文明建设与生态环境保护既有联系，也有区别。生态文明建设的重心在于"文明"，更多地反映人类社会的进步状态，这就区别于生态环境保护的目的指向，即对生态环境的客观保护。生态环境的改善并不必然意味着生态意识、环境法律法规水平的相应提高，生态文明水平可能仍然停留在较低层面。故而，生态文明制度服务于生态环境保护，而生态文明制度建设本身也构成生态文明的重要方面。因此，应当建设系统、完整的生态文明制度体系，从而推动生态环境保护，最终实现生态文明建设。

（二）生态文明制度建设的缘由

党的十八大提出要加强生态文明制度建设，之后伴随着"生态文明"写入宪法和党章的历史性举措，意味着生态文明建设已经开始从理论走向全面实践。重经济发展轻环境保护的结果使我国的生态环境持续恶化。作为因应之策，生态文明理论研究日益丰富，同时在科学技术和制度建设等方面也展开实践。然而，技术崇拜使制度建设长期处于生态文明建设中的弱势地位。即使中央政府自上而下地开展生态文明制度建设，也存在制度规范层级不高、制度本身操作性不强、制度落实不力等障碍，而用制度保护生态环境是生态文明建设的核心举措。党的十八大敏锐地觉察到这一问题，并提出"加强生态文明制度建设"。党的十九大进一步指出，"加快生态文明体制改革，建设美丽中国"。新制度经济学认为，"制度安排'嵌在'制度结构中"[1]。生态文明体制可以视为生态文明制度结构的具体样态，而微观、具体的生态文明制度构成了生态文明体制。可见，从国家的顶层设计来看，保障我国生态文明建设从"情景"走向"现实"的关键是形成生态文明体制，而生态文明体制建设的关键是生态文明制度的构建和完善。概言之，生态文明建设有赖于单项的生态文明制度形塑出完善的生态文明制度结构和制度体系。

第一，生态文明制度是生态文明发展的重要方面。从前述文明的概念看，文明不仅是人类社会整体的发展尺度、价值指引，还将调整内外部要素结构之间的平衡关系。其中，发展尺度体现社会物质、精神、制度等方面的进步程度和发展成果，换言之，制度也是文明的重要内容，制度的发展程度在一定意义上体现文明的发展程度，可见，没有制度的文明是有缺陷的文明，是不完善的文明。从生态文明的概念和构成看，行为、观念与制度等方面取得的进步尺度直接决定生态文明的进步尺度。前已述及，生态文明由生态主体文明（人类自身的生态化）、生态自然文明（人与自然关系的生态化）和生态社会文明（人与人关系的生态化）三部分构成，而生态文明制度是生态社会文明的重要内容。因此，生态文明制度缺失的文明不是真正意义上的生态文明，生态文明建设应当包含生态文明制度建设，唯有此，方能保持生态文明的整体性、完整性和进步性。

第二，生态文明建设仰赖生态文明制度建设。这是由生态文明制

---

[1] 林毅夫：《关于制度变迁的经济学理论：诱致性变迁与强制性变迁》，载《财产权利与制度变迁》，罗纳德·H.科斯等著，刘守英等译，上海：格致出版社、上海三联书店、上海人民出版社，2014年，第269页。

度的特殊地位决定的。每一种文明都有相应的经济形态作为其发展的经济基础，而经济基础的存在决定了与之相适应的上层建筑。前已述及，生态文明是在对农业文明、工业文明成果进行批判性继承基础上产生的文明形式，生态经济作为生态文明的重要基础和重要内容之一，必然有相应的上层建筑与之相适应，服从和服务于生态经济。生态文明制度是上层建筑的重要组成部分，其通过规范人们的行为，调节人与自然、人与人之间的关系，维护健康的生态秩序，确认和维护生态经济基础，从而推动生态文明向前发展。在这个过程中，生态文明制度自身也成为体现生态文明的发展成果和发展程度。

第三，生态文明理念的落实、贯彻需要生态文明制度来实现。首先，生态文明包含着生态安全、生态公平、生态秩序、生态效益等价值，这些价值必然贯穿生态文明的各个领域，既包括物质层面也包括精神层面，既包括经济、文化领域，也包括政治、制度领域。不仅如此，制度本身也具有秩序、效率、正义等价值取向，这与生态文明的内在发展要求是一致的。因此，生态文明制度具有承载和贯彻生态文明发展理念的作用。其次，从制度的构成看，制度的构成原理决定了制度的产生发展和功能变迁，并主宰着人类社会制度的历史演进。这里的构成原理主要包括影响制度存在和运行的因素，包含但不限于制度背后承载的理念。就生态文明制度而言，生态文明理念同样成为其构成原理的重要组成部分，决定着生态文明制度的存在、发展和运行。因此，生态文明制度的内涵应承载和贯彻生态文明理念。

第四，生态文明发展需要生态文明制度作为保障。现代社会的高度专业化、技术化，决定了生态文明建设要成为社会整体的发展目标，必须依靠全社会协同努力才能实现。而现实社会是一个利益重叠、冲突极其严重的综合体，社会成员之间、社会成员与整体之间的利益并非始终一致，生态文明建设的顺利推进必须要协调处理好各种复杂的利益关系。如前所述，制度的功能主要包含约束行为、降低成本、促进合作、惩罚、教育及评价等。因此，制度能够发挥其约束功能，迫使人们抑制其对生态文明建设不利的不当利益和行为；制度能够发挥其惩罚功能，对个体行为造成的不良后果予以责难和惩戒；制度能够发挥其激励功能，鼓励人们做出有利于生态文明建设和发展的行为；制度能够发挥其评价功能，促使人们在采取或不采取某种行为时，对其后果进行反思、评价和规范，从而实现不同利益主体之间的合作、共赢。因此，生态文明制度是生态文明社会背景下各种利益的调节器，也是生态文明得以实现的重要保障。

概言之，生态文明建设水平的高低最终取决于生态文明制度的优良程度。先进的制度体系既代表文明的先进性，又体现生态文明的软实力水平。生态文明要不断向前推进，就必须建立与之相适应的系统、完整的制度体系，这是由生态文明发展的多样性和复杂性决定的。如今，生态环境问题复杂多样，无论是大气污染、水污染，还是自然灾害、生态系统退化等，都值得我们高度重视。如果不建立良好的制度对生态环境问题进行规制，不仅难以实现生态文明、美丽中国、环境友好型社会等高层次建设，就是低层次的物质需求也将受到波及和不利影响。因此，生态文明建设的根本，是推动和完善生态文明制度建设。

（三）生态文明制度建设的特征

制度一般具有适用性、针对性和稳定性。适用性是指"（制度）是可认识的……正常的公民能够清晰地看懂制度的信号，知道违规的后果，并能恰当地使自己的行为与之对号"[1]。针对性是指制度具有明确的调整对象和调整手段，一般不会针对同一规制事项设置两项重复的制度。稳定性是指制度在特定时期内是固定不变的，从而为被规制对象提供稳定的预期。然而，这些制度普遍存在的特性在生态文明制度上却不甚明显甚至相反。

---

[1] 〔德〕柯武刚、史漫飞：《制度经济学——社会秩序与公共政策》，韩朝华译，北京：商务印书馆，2000 年，第 148 页。

第一，生态文明制度具有科学技术性。技术变迁是诱发环境法律制度变迁的一个重要诱因。生产力的发展必然引起制度变化是马克思主义的一个基本命题。[1] 制度变迁是一个外部利润内在化的过程，新的和更为有效的技术会释放新的收入流，一方面诱发制度革新以吸纳技术变迁附带的潜在收益，另一方面，技术变迁使某些旧的制度安排低效或不再起作用，于是新旧制度更替就成为必然。[2] 对于技术和制度的相互关系，有一种"截然对立"的看法，即合理的环境制度将刺激企业的技术创新，基于技术创新带来的补偿效果甚至能够超过环境规制施行所施加给企业的成本。此时，制度诱发技术变迁，而非相反。[3] 这一学说被学者称为"波特假说"。实际上，技术变迁与制度变迁之间的相互依赖性很高，必须在一个持续的相互作用的逻辑中进行分析。[4] 生态文明制度一方面是技术发展的结果，另一方面，根据"波特假说"，生态文明制度又推动着环境科学技术的发展升级，从这一角度来看，生态文明制度具有高度的科学技术性。制度存在的科学技术性消解了制度所欲实现的适用性。实践中，公众缺乏足够的时间、经历和能力了解技术化的环境制度，最终结果是降低了制度的可适用性。

第二，生态文明制度具有公私法融合属性。传统理论认为，生态环境是一种典型的公共产品，其最大的特色是其外部性特征。根据这一理论，生态环境的保护因为成本和受益主体的分离，不得不依赖政府充当管制者，通过"父爱主义式"关怀，实现对生态环境这一公共产品的周全保护。然而，随着理论认识的深入和科学技术的发展，将生态环境保护看作纯属公域的观点正在遭受挑战。理论认识方面，虽

---

[1] 卢现祥：《西方新制度经济学》，北京：中国发展出版社，2003 年，第 100 页。
[2] 弗龙·W. 拉坦：《诱致性制度变迁理论》，载《财产权利与制度变迁》，罗纳德·H. 科斯等著，刘守英等译，上海：格致出版社、上海三联书店、上海人民出版社，2014 年，第 270 页。
[3] Michael E, and Class van der Linde: Towards a New Conception of the Environment-Competitiveness Relationship. Journal of Economic Perspectives 1995, 9(4): 97–118.
[4] 史晋川、沈国兵：《论制度变迁理论与制度变迁方式划分标准》，《经济学家》2002 年第 1 期，第 41–46 页。

然国家的介入，可以有效弥补私人在公共事务面前出现的"集体行动困境"，然而，"诺思悖论"同样揭示了政府作为具有自身利益诉求和行为逻辑的团体，难以避免出现因为寻租偏好、资源有限、能力不足的制约而出现政府失灵。科学技术方面，将生态环境视为公域的传统看法，随着科学技术的不断升级已经被部分或全部地摒弃。例如生态环境容量长期被视为政府应当充当所有人并提供保护的社会公共财产，但是现阶段，将某一特定地区的生态环境容量进行评估，并通过污染源排放自动在线监测系统，已经能够实现将生态环境容量私有化的目的。于是，生态文明制度逐渐成为公私融合性制度，一方面延续着通过环境行政手段保护生态环境的传统，另一方面拓展出排污权交易、私人执法等新的极具私法色彩的生态文明制度。

第三，生态文明制度具有频繁变动性。生态文明建设的程度取决于社会整体对经济发展和环境保护关系的认知。倘若经济落后，优先发展经济就是理性选择；相反，倘若经济兴盛，优先保护生态环境就是合理状态。这一基础性认知的波动，不可避免地带来了生态文明制度的频繁变动。例如，我国对一次性发泡塑料餐具的规制就经历了一个从严格规制到放松规制的过程。1999 年，国家经济贸易委员会发布"第 6 号令"，将一次性发泡塑料餐具列入限期淘汰的目录中，并在2005 年和 2007 年的产业结构调整目录中重申了这一决定。然而，在2011 年的产业结构调整目录征求稿中，却将这一项目予以删除，最终导致发泡塑料餐具"死灰复燃"。[1] 当然，更趋严格的正向环境规制亦不在少数，例如，国家对雾霾的规制就经历了从 PM10 到 PM2.5 的转变。值得一提的是，我国诸多生态文明制度或环境标准直接规定有"日落条款"，使政府或立法机关在制度或标准适用一段时间之后，根据社会发展需要重新立法成为一种法定义务，从而避免制度或标准

---

[1] 杨立华、申鹏云：《制度变迁的回退效应和防退机制：一个环境领域的跨案例分析》，《公共行政评论》2015 年第 1 期，第 60–87，206 页。

"超期服役"。[1] 从这一角度来看，生态文明制度的"变动不居"源于生态环境问题及其治理手段的特殊性和动态性。

三、生态文明法律制度建设的基础理论

法制是一个使用广泛且含义丰富甚至略显零乱的词语。法制用作名词，是"法律制度"的简称，这种法制是法治实现的前提和条件。法制用作动词，是指"用法律来统治"，此时的法制是一个缺乏价值判断的中性词。因为倘若法是"恶法"，"法律的统治"就只能是为暴政进行正当性背书的装点门面的形式；倘若法是"良法"，"法律的统治"就应当理解为以共同体的公意形成的法律调整人与人之间关系的过程，此时的"法制"就等同于"法治"。亚里士多德在其著作《政治学》中就指出，"法治应该包含两重意义，即已成立的法律获得普遍的服从，而大家所服从的法律又应该是本身制订得良好的法律"。循此逻辑，"依法治国"中的"法治"至少包含着以下内容：法律来自公意，政府权力受法律约束，公民因为法律的正当性而服从。那么，党的十八届四中全会提出的生态文明法律制度建设究竟有着怎样的内涵，下文拟就此问题进行分析。

（一）生态文明法律制度建设的规范内涵

党的十八届四中全会指出："用严格的法律制度保护生活环境"，并强调"建立有效约束开发行为和促进绿色发展、循环发展、低碳发展的生态文明法律制度"。笔者认为，中央从之前惯常使用的"环境法律制度"升格为现在的"生态文明法律制度"，至少具备以下意涵：其一，调整范围的增大。从本质上说，"环境法律制度"是规范人们环境利用行为法律规范的总称。"生态文明法律制度"是在社会发展

---

[1] 黄锡生、谢玲：《论环境标准制度中"日落条款"的设置》，《重庆大学学报（社会科学版）》2016 年第 1 期，第 152–158 页。

至生态文明时代，对建设和巩固生态文明这一主导形态的相关行为规范的总称。其二，参与主体的扩张。"环境法律制度"的参与主体主要指向生态环境保护部门及其规制对象，"生态文明法律制度"的参与主体以生态环境保护部门为核心，并涵盖其他具有资源节约和环境保护职能的部门以及所有对生态环境造成有利或不利影响的私人行为。此时，企业与公民不再是被动地受环境法律规范的对象，而成为"生态文明法律制度"的重要参与力量。其三，规制力度的加大。"环境法律制度"的主要目的是保障人类在适宜的生态环境下生存繁衍，而"生态文明法律制度"将良好、适宜的生态环境作为人应当获得保障的一种精神健康和一项基本权利，由此对制度的规制强度提出了更高的要求。具体而言，可以从以下几个方面来具体诠释生态文明法律制度。

第一，生态文明法律制度是生态文明建设的规范化和制度化。根据依法治国理念，实现中国特色社会主义事业"五位一体"的总体布局，需要在政治、经济、文化、社会和生态文明方面确保依法治理。只有借助法律的权威性、稳定性和强制性，才能克服生态文明建设过程中的重重阻力。因此，法制化是生态文明建设的必由之路。在1992年联合国环境与发展大会上，我国曾向世界宣布："中国已经形成具有中国特色的环境法治理体系。"但经过二十多年的发展，我国环境立法"碎片化"现象依然严重，数目繁多的环境保护法律法规和地方性法规，并未能使环境污染和生态破坏的现状得到有效遏制。为此，生态文明建设的规范化和制度化可以从以下两方面着力：其一，借助强制性制度变迁克服"集体行动难题"。制度经济学将制度变迁分为强制性变迁和诱致性变迁。前者是指制度由一批通过政治过程获得权威的代理人设计和确立，并被自上而下地强加和执行引起的变迁；后者是指群体在响应由制度不均衡引发的获利机会时，所进行的自下而上的自发性变迁。[1] 生态环境的公共物品属性，使对其保护的诱致性变迁难以规避"集体行动难题"，为此，应当通过"权力"因素的介入，使强制性变迁成为生态文明法律制度建设的主导模式。其二，通过法律移植实现制度的"供需均衡"。我国"压缩的现代化"使我国具备法律制度建构上的"后发者优势"，即我国可以通过移植西方已经成熟的生态文明法律制度，减少制度的设计和试错成本。目前我国积极采用的环境影响评价制度、排污权交易制度等，都是借鉴西方环境治理经验的突出表征。在生态文明建设时期，我国政府亦应主动采取制度移植的方式，实现生态文明法治的"制度供需均衡"。

第二，生态文明法律制度是对既有法律体系的生态化和绿色化。生态文明建设是一项系统性任务，仅仅依靠环境法律制度变迁是难以响应、落实和推动生态文明建设的，其他法律领域，如民法、合同法、行政法、经济法、诉讼法等，都有能力和义务为生态文明建设"添砖加瓦"。然而，目前在传统法律制度生态化议题上，仍存在诸多缺失，如"宪法相关法的生态化还没有取得重大突破，环境资源法的生态化阻力较大，其他部门法的生态化进展缓慢"。只有整个法律制度体系向生态化转向，生态文明建设才能成为可实现的目标。以民法为例，传统的民法三大原则——所有权绝对原则、契约自由原则、自己责任原则——都是服务于个人主义价值观的。然而，这样的价值观在生态文明社会不断遭到挑战。所有权绝对原则旨在最大限度地保障权利人合法地占有、使用、收益和处分其所有之物，这一原则与个人主义价值观两相激荡，碰撞出浪费资源、寻求物欲的社会现象。资源具有社会性，任何人对资源的使用都应当以环境友好、资源节约为准则。[2] 于是，现代法治文明对所有权绝对原则进行了适度修正，要求所有权之行使，不得违背"绿色原则"。同理，契约自由原则逐渐附带了环

---

[1] 林毅夫：《关于制度变迁的经济学理论：诱致性变迁与强制性变迁》，载《财产权利与制度变迁》，罗纳德·H.科斯等著，刘守英等译，上海：格致出版社、上海三联书店、上海人民出版社，2014年，第269页。
[2] 黄锡生、峥嵘：《论资源社会性理念及其立法实现》，《法学评论》2011年第3期，第87-93页。

境友好原则，自己责任原则根据环境侵权的特殊性，逐渐被环境责任的社会化所取代。可见，经过绿色化的改造，传统民法也会为生态文明建设做出法律上的贡献。《中华人民共和国民法总则》（以下简称《民法总则》）已经在第九条中确立了"绿色原则"，《中华人民共和国民法典》（以下简称《民法典》）第九条保留了这一原则。例如进一步完善自然资源国家所有权制度，构建侵权责任法中的"赋权 + 救济"环境治理手段，建立物权行使的绿色原则，落实环境合同制度等环境友好型制度。[1]

　　第三，生态文明法律制度自身必须是弘扬法治精神的"良法"。学界对"法治"的理解各不相同[2]，这不难理解，因为每个人都会面临词义表达的局限、理解的偏差和归纳方法的不统一等问题。但对于"法治精神"，虽表述不一，但始终存在一些共通的、达成共识的、普遍遵守的思想内核，如"法律至上、人人平等、权力制约、程序正当"等。这些法治精神体现了"善治"的基本取向，是"依法治国"必须遵循的基本原则，同样也是生态文明法律制度建设和完善的目标与方向。详言之，从"法治"理论出发，法治包含法律制度和法治精神两个层面，二者相互促进、互为依托。离开法律制度，法治精神就成为无源之水、无本之木；离开法治精神支撑，法律制度就成为无法形成"向心力"的纸面上的法。[3]法律制度和法治精神是辩证统一的关系。一方面，法治精神是法律制度创建的理性基础。缺乏法治精神建构的法律制度可能沦为"恶法"，反而会成为社会进步的障碍。[4]因此，法治精神需要在法律制度的创建、施行过程中体现，施行的法律也必须是有利于推动社会前进的"良法"。另一方面，法律制度是法治精神的载体。法治精神能否得以传承和实现，需要稳固的法律制度体系

---

[1] 吕忠梅课题组：《"绿色原则"在民法典中的贯彻论纲》，《中国法学》2018 年第 1 期，第 5–27 页。

[2] 笔者注：学界对法治精神的理解分别有"主观说""客观说"和"主客观说"几种。

[3] 陈红英：《"法治中国"语境下社会法治精神的重构——以"信访不信法"，"唯权不唯法"为切入点》，《中国人民公安大学学报（社会科学版）》2014 年第 2 期，第 139–145 页。

[4] 江必新：《法治精神的属性、内涵与弘扬》，《法学家》2013 年第 4 期，第 1–10 页。

和法治实践。生态文明法律制度作为法律制度的一部分，也应体现和弘扬法治精神，而且必须认识到"体现"是前提，"弘扬"是结果，二者相辅相成，彼此渗透，辩证统一。由此观之，生态法制更多地体现的是法治的刚性和强制性一面，而生态法治则更多地以公民的环境权为出发点和归宿，体现法治的柔情和以人为本的治国理念。循此逻辑，生态文明法律制度应当充分体现人民意志，实现权力制约和权利保障，通过科学的制度设计，寻求生态文明建设中的公平正义。这里的公平正义，应当涵盖前文所述及的代内公平、代际公平、国际公平和种际公平。

概言之，一方面，生态文明法律制度应充分吸纳工业文明时代法律制度的优良一面；另一方面，生态文明法律制度应当以生态文明理念作为价值取向，对旧的法律制度中出现的与生态文明建设相悖逆的地方进行修改和完善。同时，健全完善生态文明法律制度，必须将法治精神以及生态整体价值观融入立法中，从大局出发，统筹兼顾部门利益和社会可持续发展，进而建立分工明确的环境保护管理体系与协调统一的生态文明法律体系。

（二）生态文明法律制度建设的理论基础

作为应对环境问题的正式制度，毫无疑问，生态文明法律的制度安排和实施效果是解决环境问题的核心和关键。我国的环境法学理论研究和生态文明法治实践尚存在诸多不足。就理论建树而言，一方面，缘起于后现代主义的思想启蒙，环境法学领域掀起了"主客体一体化""生态化模式"等研究范式的变革，以及整体主义视角下对人与自然关系的重新解读，在观念导向上颇具超前色彩，并形成对传统的法律原则和法律制度的冲击和挑战；另一方面，作为草创时期的部门法学，环境法学远远没有完成作为现代法学的"建构"性任务，理论自足性严重不足，自身概念体系和理论基础极不完备。就法制实践而言，我国已经形成了一个涵盖污染防治、自然资源保护、生态保护、资源循环利用、节能减排等领域的门类相对齐全、结构较为完整的生态文明法律体系，但立法体系的渐趋"完备"和立法内容的保守性、冲突性、滞后性并存；环境法的实施效果不能尽如人意，没有改变环境问题总体上日趋严重的状况。之所以有如此反差，显然与我国法治建设的大环境有关。从当前我国的生态文明法律制度及其实施效果的角度审视，生态文明法律在制度设计上缺乏利益衡平功能，尤其是对生态危机时代应当普受关注的生态利益的保护和调整不足，是导致环境保护不力的根本原因之一。我国现有的环境法律无论是基本法还是各单行法均体现出强烈的政府管制色彩，而不是既规范政府管制又规范私人行为的"利益衡平法"。政府管制手段对于解决环境问题当然是不可或缺的，但缺少对不同主体合理利益诉求的恰当关注，生态文明法律制度难以内化为公众的自觉意识与行动，是现代环境问题愈演愈烈的制度根源。因此，关注生态文明法律制度对生态利益的保护和协调，研究生态文明法律的利益衡平功能，其理论和现实意义是不言而喻的。

1. 生态利益衡平的基本理论

生态利益是法学利益谱系中的新型利益。生态系统的服务功能在满足人的需要时，应当成为受环境法保护和调整的正当利益即"环境利益"。其中，供给服务功能、支持服务功能提供了人类生存和发展所必需的自然资源和物质基础，与其对应的利益类型可以称为"资源利益"；调节服务功能、文化服务功能则体现为满足人的生态安全需求和精神需求，其对应的利益类型即"生态利益"。由此，生态利益应当界定为生态系统对人的非物质性需求的满足，包括生态安全利益和生态精神利益。[1]生态利益有公共性、间接性、潜在性、潜伏性的特征。资源利益与生态利益的共同载体是生态环境系统，但资源利益体现为物质利益，可以通过权属制度进行分割，而生态利益属于非物质利益，

---

[1] 史玉成：《生态利益衡平：原理、进路与展开》，《政法论坛》2014 年第 2 期，第 28-37 页。

具有非排他性、不可分割的特点。法的主要任务是衡平利益，生态利益应当成为法学对生态问题关注的核心。

生态利益衡平是指在生态文明建设的背景下，环境立法过程中对不同主体之间的生态利益进行确认、保护、限制和救济，以及对生态利益、资源利益、经济利益等不同类型的利益进行动态平衡与合理配置的过程。生态利益的产生、增进和减损，受制于自然规律和人为活动两个方面的交互影响。其中因人为活动造成生态利益增进或减损的后果，往往会对他人利益或社会公共利益产生一定的有利或不利影响，在不同主体之间产生利益的冲突。当这种冲突严重威胁到某类社会关系或社会秩序的稳定时，法律的介入就有了必要性和正当性。生态利益衡平的方法主要有利益位阶确认、成本效益分析、利益综合兼顾、利益倾斜保护等。生态利益衡平主要涉及两组关系。依利益类型划分，生态利益衡平包含生态利益与资源利益、经济利益的衡平等。依利益主体划分，生态利益衡平包含不同主体之间、不同区域之间、不同代际之间的衡平。生态利益衡平的基本价值目标，在于促进人与自然和谐发展，实现环境权利与环境义务的统一，达到环境正义目标。[1]

生态利益衡平有生态学、经济学、哲学、法学等多维度的学理依据。从外部证成的角度分析，生态利益衡平是实现生态价值的必然要求，是协调生态利益冲突的必然要求，是回应生态利益诉求的必然要求，具有目标合理性。从内部证成的角度分析，生态利益作为应受环境法保护和调整的正当环境利益，应成为环境法中的重要法益，而生态利益衡平是环境法法益保护的重要制度设计，具有法理正当性。

2. 生态利益衡平的法制路径与制度检讨

生态利益衡平的法制路径。生态文明建设统摄下的生态利益衡平理念需要立法来体现和倡导，不同主体、不同区域、不同代际的生态利益衡平依赖法制保障。法制路径下生态利益衡平的目标包括协调生

---

[1] 邓禾、韩卫平：《法学利益谱系中生态利益的识别与定位》，《法学评论》2013 年第 5 期，第 109–115 页。

态利益的现实冲突、保障生态利益的公平分享、实现生态利益的合理补偿和实现生态文明战略目标。生态利益衡平应遵循的原则有源头和总量控制原则、普遍保护和利益衡量相结合原则、经济刺激原则、考虑社会经济条件与"成本—收益"相协调原则、政府主导和社会参与并重原则。基于环境法权利本位和义务重心理论的契合，生态利益衡平法制保障的基本框架应从三个层面进行架构，即生态利益有效供给制度、生态利益公平分享制度和生态利益合理补偿制度。

生态利益失衡的制度检讨。现行环境法律中的各种制度对生态利益衡平有一定的调整功能，但制度设计缺乏对生态利益的整体关照，普遍存在资源利益、经济利益优先而生态利益保护不足的状况，对生态利益的保护不充分甚至存在制度缺失。在立法理念上，生态利益衡平理念并未得到全面落实；在立法体系上，法律规范体系不够协调统一；在立法内容上，存在权利和义务失衡现象；在制度设计上，生态利益的有效供给制度保障不足，公平分享制度不健全，补偿制度不合理。从利益冲突的视角审视，当下生态利益失衡的根源，在于作为正式制度的环境法背后所反映的各种利益的冲突。[1] 在生态文明建设的各种利益冲突中，社会变迁引起经济利益与生态利益冲突，个体经济理性增强引起生态利益与个人利益冲突，传统发展方式的不可持续性引起代际利益冲突，这些都是引起生态利益失衡的根源。

3. 生态利益衡平的法制保障机制

生态利益有效供给的法制保障。在生态文明建设的背景下，完善生态利益的有效供给制度应当从两方面着手。一方面，构建生态利益供给的正向激励机制，其核心是建立和完善生态产业制度，以使生态利益总量不断增加，可通过完善自然资源物权制度、建立健全扶持生态产业的财政金融制度、建立生态购买制度等促进生态产业的发展。另一方面，构建对损害生态利益行为的反向约束机制，其核心是建立

---

[1]　黄锡生、史玉成：《中国环境法律体系的架构与完善》，《当代法学》2014 年第 28 卷第 1 期，第120–128 页。

和完善生态保护制度，以使生态利益总量能够不减少，可通过健全绿色消费制度、生态功能区划制度、环境责任问责制度等强化生态保护。[1]

生态利益公平分享的法制保障。生态利益公平分享是新时代生态文明建设的重要内容。例如 2016 年中共中央、国务院出台《中共中央 国务院关于进一步加强城市规划建设管理工作的若干意见》，要求新建住宅要推广街区制，原则上不再建设封闭住宅小区。已建成的住宅小区和单位大院要逐步打开，实现内部道路公共化以及"拆墙透绿"的目的。上述举措可以视为生态利益公平分享的具体举措，按照制度的属性来看，可以大致分为以下三类子制度。其一，建立生态福利制度。生态福利是政府无偿提供给每一个位公民平等享受良好生态环境的公共利益，以保障公民平等享受生态利益为依归，以政府向公众无偿提供为基本方式，以提供生态服务为基本内容，是对传统社会福利的拓展。应当通过建立生态福利建设资金保障制度、扩大公共绿地和基础设施建设等措施，增加生态福利供给；同时，应取消限制公众生态福利的不合理规定，包括适度、适时取消生态观赏区门票，大力推进"拆墙透绿"工程建设等，以确保公众能够切实享有生态利益。其二，建立和完善生态利益区域衡平制度。应以促进人地关系和谐和实现区域协调发展为目标，运用行政手段和经济手段调节区域间生态利益的公平分享。在制度安排上，应建立生态利益区域协调规划制度、中央财政转移支付制度、生态经济帮扶制度、区域生态利益交易制度等制度。其三，构建生态利益代际衡平制度，如后代代理制度、生态利益代际规划制度和代际移转制度等。[2]

生态利益合理补偿的法制保障。生态补偿是生态文明建设法律制度的重要构成，其法学概念可界定为：为保护和协调公众生态利益，由政府、特定的生态受益者、环境资源开发利用者向特定的生态功能

[1] 黄锡生、任洪涛:《生态利益有效保护的法律制度探析》,《中央民族大学学报（哲学社会科学版）》2014 年第 2 期，第 11–16 页。
[2] 刘茜、黄锡生:《生态利益代际衡平法律制度构建》,《云南社会科学》2014 年第 5 期，第 133–137 页。

区、生态利益的重大贡献者以及开发利用环境资源过程中的生态利益受损者，按照法定的程序和标准进行的合理补偿。[1]生态补偿标准的选择，应综合考虑在公平目标、经济发展水平、利益平衡因素之间寻求平衡。[2]生态补偿的方式，要在完善政府补偿机制的基础上，探索建立市场补偿机制。当前，应优先考虑生态受益者补偿、生态功能区补偿、生态征收补偿等生态补偿具体法律制度的构建和完善。

（三）生态文明法律制度建设的重点问题

生态文明是人类活动与自然环境的一种互利耦合形态，生态文明法律制度则是新时代生态文明建设的核心内容和重要保障。生态文明法律制度建设作为一项系统工程，从 1973 年召开我国第一次环境保护会议开始已经拉开序幕。现阶段，生态文明法律制度已具雏形，但是，以建设美丽中国、实现生态文明为目标，当前的生态文明法律制度建设仍然存在诸多不足，其中，亟待解决的重点问题主要包括以下几类。

第一，如何整合全方位生态环境共治体制机制。一直以来，我国以强大的国家能力统筹生态环境保护全局，虽然其间逐步转向命令强制与市场激励相结合模式，并重视公众参与的作用，但仍未形成政府、企业、公众共治的生态环境保护体制机制，未能实现最优化的生态环境治理效率，不能完全适应新时代生态文明建设的需要。唯有全方位生态环境共治体制机制方能因应新时代生态文明建设的现实需求。首先，在政府单方面主导的生态环境治理模式下，地方政府基于晋升锦标赛的压力，往往与行政相对人达成"猫鼠合谋"，从而使生态环境保护职权的行使受到人为阻隔。其次，政府、企业、公众的相互疏离使得各主体所掌握的环境信息出现严重的不对称，公众对环境的诉求无法得到及时的回应，出于对环境风险的恐惧和担忧，公众时常在公

---

[1]　何雪梅：《生态利益补偿的法制保障》，《社会科学研究》2014 年第 1 期，第 91-95 页。
[2]　黄锡生、张天泽：《论生态补偿的法律性质》，《北京航空航天大学学报（社会科学版）》2015 年第 4 期，第 53-59 页。

共决策过程中采取体制外的方式表达自身的担心和诉求。因此，环境污染和缺乏公众参与的环境风险决策成为引发群体性事件的重要诱因。最后，再强大的国家治理能力也无法时时刻刻、方方面面触及生态环境保护全领域。从理论上讲，环境行政效能与环境行政任务的多寡呈反比，与环境行政能力的强弱呈正比。实践证明，由于环境治理任务的繁重和环境治理能力的孱弱，仅靠政府主导的环境治理体制，无法因应新时代生态文明建设的需求。全方位生态环境共治体制机制建构需要考虑如何将政府、企业、公众均纳入生态环境保护主体范围，共同努力，彼此监督，将公众对美好生态环境的需求融入经济社会发展的过程当中，减少政府生态环境问题的发现成本、执法成本及其对抗成本，实现生态环境保护与经济社会发展的辩证统一，从而实现政府生态环境治理的最大、最优效果。

第二，如何构建全地域生态环境空间管控机制。生态环境空间是人类赖以生存和发展的物质基础和空间载体，需要加以严格保护和管控。然而，随着经济社会发展对生产、生活空间的需求不断增长，一些地区不合理的城乡建设和农业开发，导致生态环境空间占用过多、生态功能破坏、生态系统退化等问题。生态环境空间占用、生态功能破坏与生态系统退化是层层递进式的连锁反应。地方政府为实现片面的经济目标或是政绩考核，无视自然生态规律，对具有重要生态功能的区域进行功能变更，结果导致原有生态类型的功能遭受严重破坏，进而生态系统逐渐破碎化，整体格局亦遭到破坏。新时代生态文明建设需要考虑如何将过去"山水林田湖草"的粗方式管理转化为"山水林田湖草是同一个生命共同体"的理念，建立起全地域生态环境空间管控机制。该项机制旨在应对自然稀缺性的需求，削减生态空间开发利用过程中负外部性的需求，并对接完善国土空间治理体系的需求。因此，生态环境空间管控机制的建立对于生态环境空间的保护有着极为重要的现实意义。

　　第三，如何实现全过程生态环境责任承担体制机制。全过程生态环境责任承担体制机制的建立是实现生态环境治理费用公平分担的有效制度保障。除了生存型需要，人类的生产生活对生态环境而言不外乎两种类型，一是对生态环境做"减法"的行为，二是对生态环境做"加法"的行为。一般而言，人类活动都是对生态环境的一种负担。伴随着工业化进程的加快，工业化主体的生产活动对生态环境的污染能力远远超过了个人的生产活动，但生态环境污染责任承担体制机制的不完善，导致工业化进程中的环境负外部性效应被分摊至社会每一个主体，由此造成生态环境责任分担的不公平。同时，对于有利于生态环境保护的行为，因缺乏完善的奖励性体制机制而减损了社会主体对于生态环境保护行为的积极性。随着市场化的深入，"经济人"的预设若仅凭生态环境保护的善意理念难以从根本上促进社会整体的生态环境增益行为。目前，我国生态环境责任承担体制机制整体上呈现出责任承担形式单一、生态增益行为得不到有效补偿、生态环境损害得不到有效赔偿、环境违法成本较低等困境。新时代生态文明建设应建立有效约束开发行为和促进绿色发展、循环发展、低碳发展的生态文明法律制度，强化生产者环境保护的法律责任，大幅度提高违法成本。

　　第四，如何落实最严格的生态环境保护体制机制。以往的经济社会发展未能坚持保护生态环境与保护生产力的辩证统一。在很长一段时间里，我国的社会主义建设主要重视改造自然，发展生产，创造物质财富，对生产力的绿色属性则缺乏深刻认识。一些人甚至将保护生态环境与保护生产力对立起来，认为要解放和发展生产力就不可避免地会破坏生态环境。而这一错误认识导致生态环境保护不断地让步于经济社会的发展，在一定程度上使经济社会发展成为环境污染、生态破坏的直接缘由。新时代生态文明建设需要实行最严格的生态环境保护体制机制，旨在杜绝生态环境保护方面"留有余地"的立法、执法和司法行为。首先，最严格的生态环境保护体制机制需要实现制度运行的"红线化"，即通过体制机制设计使生态环境保护领域处处都是"高压线"。其次，强化生产者环境保护法律责任，大幅提高违法成本。对生产者实行严格的生态环境保护责任制，防止生产者于生产活动过程中对生态环境保护方面的忽视。最后，强化政府生态环境保护责任。实行最严格的生态环境考核制度、绩效考核"一票否决"制度，离任自然资产审核制度，以保障政府经济社会发展规划与生态环境保护间的辩证统一。

（四）生态文明法律制度建设的指导原则

在"法律价值—法律原则—法律规则"这一法律规范结构中，法律原则具有向上归纳和向下演绎的结构性功能。[1]生态文明法律制度建设作为一项复杂的系统工程，难以通过文字面面俱到且事无巨细地全然铺陈于此。考虑到原则具有向上归纳和向下演绎的功能，本章拟通过明确生态文明法律制度建设的指导原则，为将来的生态文明法律制度构建提供基本的规范指引。

第一，生态文明法律制度建设要坚持环境质量优位原则。在长期的经济与社会发展过程中，我国产生了严重的环境问题。为了解决这一问题，我国加大了环境治理的力度，特别是党的十八大以来，在环境治理方面做出了巨大的努力。从环境治理的总历程来看，我国存在以污染控制为导向、以环境质量改善为导向和以环境风险防控为导向的环境治理模式。发达国家目前已经进入以环境风险防控为导向的环境治理模式，而我国已经开始从污染控制向环境质量改善模式的过渡。[2]改善环境质量已经成为我国今后一段时间里的主要任务和目标，为此，《中华人民共和国国民经济和社会发展第十三个五年规划纲要》（以下简称《"十三五"规划纲要》）提出"到2020年，生态环境

---

[1] 王江：《环境法"损害担责原则"的解读与反思——以法律原则的结构性功能为主线》，《法学评论》2018年第3期，第163–170页。
[2] 李挚萍：《论以环境质量改善为核心的环境法制转型》，《重庆大学学报（社会科学版）》2017年第2期，第122–128页。

质量总体改善的奋斗目标"。该规划第十篇用七个章节规定了"加快改善生态环境"的多项举措——加快建设主体功能区、推动资源节约集约利用、加大环境综合治理力度、加强生态保护修复、积极应对全球气候变化、健全生态安全保障机制、发展绿色环保产业——这将有力促进环境与发展的高度融合，有助于从源头控制污染，增强环境保护的整体性、系统性、协调性和有效性。实行最严格的环境保护制度，不仅要以提高环境质量为核心[1]，从改革环境治理制度入手，还应从构建政府、企业、社会协同治理体系上下功夫，不断提高环境管理的系统化、科学化、法治化、市场化及信息化水平。其中，"改革环境治理制度、提升环境治理能力是重中之重，也是顶层设计和改革蓝图具体化为路线图、施工图和'牛鼻子'，需要率先突破"[2]。这一治理模式的转变，对我国整个环境法律的转型提出了新的要求，我国应当以环境质量改善为核心，实现生态文明法律制度的全面转型。

第二，生态文明法律制度建设要坚持损益公平分配原则。从新制度学派的理论来看，立法活动和法律制度是为适应由人的经济价值提高所致的制度压力与限制而进行的滞后调整。[3]具体到环境议题中，环境保护与经济发展具有难以消解的内在张力。疲软的环境法律制度多来自人民的选择，而非完全归咎于政府的无能或擅断。为此，在生态文明建设过程中，生态文明法律制度应充当损益公平分配的载体。具体而言，可采取以下做法：①重视环境法的利益增进功能。环境法不仅具有控制、制裁环境违法的功能，还应有促进环境治理的功能。为了提高不同主体的环境保护动机，提高环境保护的效益，现代环境法越来越重视其利益增进功能。主要体现在：其一，通过风险预防和全过程控制，减少环境治理的成本，提高环境保护的绩效[4]；其二，

---

[1]　笔者注：党的十八届五中全会强调"加大环境治理力度，以提高环境质量为核心，实行最严格的环境保护制度"。
[2]　孙秀艳：《环保垂直管理，助力执法力度加强》，《中国环境监察》2016 年 Z1 期，第 29–31 页。
[3]　西奥多·W. 舒尔茨：《制度与人的经济价值的不断提高》，载《财产权利与制度变迁》，罗纳德·H. 科斯等著，刘守英等译，上海：格致出版社、上海三联书店、上海人民出版社，2014 年，第 175–184 页。
[4]　钭晓东：《论环境法功能之进化》，北京：科学出版社，2008 年，第 216 页。

通过激励的方式鼓励企业提高环境保护标准，典型体现就是国家的促进型立法和积极的经济政策；其三，通过协商与指导的方式激发企业的环境保护行为。②推动生态与发展成果的再分配。生态环境保护的外部性特征，使治理环境的收益具有弥散化特征。然而，生态受益区的经济发展成果却受到财产权的严格保护，使生态供给日益成为不可能之事。为此，可以通过设计发展成果的再分配制度，激发生态供给人的生态环境保护动力。《中华人民共和国环境保护法》（以下简称《环境保护法》，以下如无特别说明，均指 2015 年 1 月 1 日开始实施的该法）第三十一条确立的生态保护补偿制度可以在这一方面发挥重要作用。这一制度的内在逻辑是对生态供给区和生态受益区提供和收获的生态效益进行评估，再通过财政转移支付、生态购买等方式，由生态受益区补偿生态供给区，从而使生态效益具有经济价值。③推动环境信息的全面公开。环境信息公开的意义在于，享有良好的环境和知悉环境质量的信息是宪法肯认的一项公民基本权利；同时，环境信息公开有助于形成企业治理污染的倒逼机制，在某种程度上还能起到环境教育的效果，进而让全民共同参与环境治理。因此，应当建立环境信息公开制度，例如全面推进饮用水和大气环境质量信息公开、环评信息公开、企业排污信息公开等，让每个公民成为生态环境保护的守护者、参与者、建设者、监督者和受益者。

第三，生态文明法律制度建设要坚持环境改善和消除贫困相统一原则。从长期来看，生态环境保护与经济持续发展是互为表里、相互推进的。然而，从短期而言，二者存在相互冲突、相互抵牾的问题。为了实现环境改善和消除贫困相统一的目标，应当重点关注以下问题：①实现生态保护与精准扶贫的衔接。生态环境是一种可资利用的资源，贫困地区通过消费生态环境换取经济利益本是无可厚非的，不能简单粗暴地给贫困地区消费生态环境的行为贴上破坏环境或是阻碍生态文明建设的标签，进而割断其最基本的生活来源。应当设计与当地生态环境相契合的生态文明制度，引导精准脱贫，让生态环境保护和生产发展成为互利共荣的共同体。[1] ②避免"生态专制"。当前，随着人民生活水平的日益提高，经济增长带来的效用逐渐下滑。此时，人民对于良好的生态环境的需求与日益破坏的生态环境的矛盾，成为社会的主要矛盾之一。由此出现了各地以保护生态环境阻止经济发展或污染治理设施兴建的极端"邻避"现象。民主来自多数人的理性，而非多数人的偏见。应当借助科学的客观性构建"公共理性"，避免民主决策演变为"生态专制"。[2] ③国家之间亦应遵循环境改善和消除贫困相统一原则。就全球气候变暖问题而言，西方国家的工业化是全球气候变暖的主因，倘若发展中国家此时承担和发达国家一样的温室气体减排任务，发展中国家治理贫困的问题就将被中断。实际上，"贫困是最大的污染"。在推进生态文明建设的过程中，应当以社会学的视角，分析国家之间在生态环境保护中的责任与义务，以期保障发展中国家的发展权，并促使生态环境保护责任与义务的实质性公平分配。

---

[1]　黄锡生、何江：《论生态文明建设与西部扶贫开发的制度对接——以生态补偿为"接口"的考察》，《学术论坛》2017 年第 1 期，第 105–110 页。
[2]　黄锡生、何江：《环评与安评的外延之辩及制度完善——基于天津港爆炸事故的环境法思考》，《中国地质大学学报（社会科学版）》2016 年第 4 期，第 1–9 页。

第二章　生态文明法律体系基本架构研究

第一节　生态文明法律体系概述

党的十八届三中全会提出，要建立系统完整的生态文明制度体系，用制度保障生态文明战略目标的实现。生态文明法律制度属于生态文明建设的正式制度范畴，与生态文明政治制度、经济制度、文化制度等构成了我国的生态文明制度体系，是法律制度在生态文明时代新的表现形态。生态文明法律制度具备制度的一般功能和法律制度的一般特性，又具有其独特的制度理念、制度构造和价值目标。

一、生态文明法律体系的内涵解析

如前所述，"制度"是一种行为准则，也就是一定组织（或共同体）制定或者认可的规则，其主要是为了规范人们之间的行为，为人们的实践提供依据，以调整人们的行为或者完成一定的工作目标。制度主要涉及责任规则、惩罚规则、衡量规则以及价值信念、伦理规范、道德观念、风俗习惯和意识形态等。制度具有人性化特征，这是因为制度是人类有意识的创造。人类创造了制度，但同时，制度也在影响着人们，规范着人们的行为方式。就"生态文明制度"而言，生态文明是需要制度作为保障的，建设生态文明实质上就是在不断完善生态文明制度，正因为生态文明是协调人与人、人与社会以及人与自然之间的一种文明关系，生态文明当然也离不开制度的建构。

（一）法律体系

法律是制度的一种重要类型，而法律规范又需要通过体系的形式来发挥作用，正如英国学者拉兹所言："法律体系也就是法律规范的体系。"[1] 法律的体系化是各国法律制度需要面对的基本问题。法律体系不仅是法律规范的组合，也表现为法律规范的运行，即"法律体系是一个开放的复杂巨系统，既包含静态的法律文本体系，又包含动态的法律运行体系"[2]。所以应从静态和动态的角度来认识法律体系，"法律体系是能系统存在和运行的法律整体，即不仅是静态的法律整体，而且必须是以动态存在和运行的法律整体"[3]。

静态意义上的法律体系，主要是从部门法的角度来界定的，即一个国家现行的全部法律规范所组成的有机统一的整体。[4] 经过多年的不懈努力，我国已经形成了一个以宪法为核心的中国特色社会主义法律体系。动态意义上的法律制度，除了法律体系之外，还涉及法治建设的其他方面。党的十八届四中全会提出"建设中国特色社会主义法治体系"中的"法治体系"，即一种动态意义上的法律体系，是静态意义上法律体系的发展。张文显教授指出：中国特色社会主义法治体系不仅包括立法、执法、司法、守法等法律实施环节，而且包括保证法律体系运行的保障机制和监督机制[5]，即动态意义上的法律体系。就法治理念而言，生态文明法律体系应该是动态的，是一个包括立法、执法、司法、守法等的体系，即"法治"体系。

---

[1] 〔英〕约瑟夫·拉兹：《法律体系的概念》，吴玉章译，北京：商务印书馆，2017年，第57页。
[2] 曲广娣：《论法律体系的概念及其构建的一般条件——综合系统论和分析法学视角》，《中国政法大学学报》2015年第3期，第146–156页。
[3] 钱大军、马新福：《法律体系的重释——兼对我国既有法律体系理论的初步反思》，《吉林大学社会科学学报》2007年第2期，第75–80页。
[4] 沈宗灵：《法理学》，北京：高等教育出版社，1994年，第324页。
[5] 张文显：《全面推进依法治国的伟大纲领——对十八届四中全会精神的认知与解读》，《法制与社会发展》2015年第1期，第5–19页。

（二）生态文明法律体系

生态文明法律体系是基于调整人与自然之间的关系所产生的制度体系，属于正式制度的范畴，是关于推进生态文明建设的一系列法律规范体系的总和。

生态文明法律制度是对环境法律制度的升华，以此类推，生态文明法律体系是对环境法律体系的升华。生态文明法律体系是生态文明法律建设规范化、制度化和体系化的体现。生态文明法律体系是指符合生态理性和可持续发展观的法治系统，既包括生态环境法律系统，也包括经过改造的纳入可持续发展观的传统法律系统。[1]

同样，生态文明法律体系也可以从静态意义和动态意义上来加以研究。基于本书课题的研究目标，本部分主要从静态意义上来研究我国生态文明法律体系，至于动态意义上的生态文明法律体系，将在第三章"生态文明法律制度的实施体制研究"进行相应的探索。

二、生态文明法律体系的基本内容

（一）生态文明法律体系的提出

改革开放以来，我国科学技术水平不断提高，改造自然的能力也在不断增强。由于长期的经济落后和生活贫困，整个社会产生了发展经济的强烈渴望。人们对环境资源的开发利用呈现出无度、无序的状态，甚至可以说是肆无忌惮，不断超越自然的底线，极大地改变了我国农业社会中长期存在的"天人合一"的和谐状态。改革开放后不久，我国就集中爆发了环境污染、资源短缺、生态恶化等一系列环境问题。在这一状况下，"尊重自然、顺应自然、保护自然"的生态文明理念随之产生。[2] 而推进生态文明建设，需要以法律制度作为其制度基础，

---

[1]　吕忠梅：《中国生态法治建设的路线图》，《中国社会科学》2013 年第 5 期，第 17–22 页。
[2]　周生贤：《积极建设生态文明》，《环境保护》2009 年第 22 期，第 10–12 页。

形成生态文明法律体系。

生态文明建设战略的确立，是党和政府对我国生态环境问题全面认识的结果，是历史演化的必然要求。党的十八大对生态文明建设提出了总体性要求，将生态文明上升到"五位一体"的高度，生态文明成为中国特色社会主义事业建设的目标之一。党的十八大报告明确了生态文明建设的内涵以及目标任务，提出生态环境的保护必须依靠制度。

党的十八届三中全会提出"建设生态文明，必须建立系统完整的生态文明制度体系"[1]，将对生态文明的认识上升到了制度层面，并对生态文明的制度建设进行了全面的部署，确定了"源头严防、过程严管、后果严惩"的生态文明建设思路，使生态文明制度体系的构成、改革方向和重点任务更为具体。这是国家层面关于生态文明的总体性指导方案。

党的十八届四中全会从依法治国的高度，提出要对生态文明建设加以制度性的保障，特别是通过法律制度来保障生态文明建设；提出了生态文明建设的新要求，即"加快建立能有效约束开发者的违法开发行为和促进绿色发展、循环发展、低碳发展的生态文明法律制度"。可以说，建立健全完善的生态文明法律制度，不仅是生态文明建设的标志，也是生态文明建设的法律保障。而 2018 年 3 月 11 日，第十三届全国人民代表大会第一次会议经投票表决，通过了《中华人民共和国宪法修正案》，增加了"生态文明"建设的相关条款，将生态文明建设纳入宪法，反映了生态文明法治化的一个新的发展高度。

党和国家的战略决策体现了生态文明制度体系建设的丰富内涵。第一，生态文明建设是一项长期性的战略任务，要从中国特色社会主义事业"五位一体"的总体布局出发，将生态文明理念融入社会主义各项建设之中。第二，生态文明制度体系包括制度文明、行为文明等

[1]　参见《中共中央关于全面深化改革若干重大问题的决定》（2013 年 11 月 12 日）。

多个方面，是一个复杂而庞大的"工程建设"。第三，生态文明法律体系建设，既需要完善现行生态环境保护法律制度，又要在现有社会主义法律体系中吸收生态文明理念，实现法律体系的生态化转型。

（二）生态文明法律体系的特征

法律体系应该具有共同的特征，这是没有疑问的。而法律体系的特征包括哪些方面，学术界还存在不同的观点，这也是客观事实。例如：有学者认为法律体系的特征是完整性、独立性、系统性、开放性[1]；有学者认为法律体系的特征是具有严格的内部逻辑、独立性、自治性[2]；还有学者将法律体系的特征界定为规范性、系统性与实用性。[3] 当然，也有学者认为上述观点是传统法律体系的特征，现代法律体系的特征已经发生了重大变化：残缺性、非自主性、异质化、碎片化将成为法律体系未来的主导性特征。[4] 这些观点对理解法律体系的特征具有重要的启示。生态文明法律体系应具备法律体系的一般特征。但考虑到其所具有的独特性，我们主要从以下三方面来论述其特征。

1. 系统性

系统性也是法律体系的一般特征，就生态文明法律体系而言，其系统性的特征主要体现在：生态文明法律体系具有相当数量的法律规范，生态文明法律规范具有其内在的逻辑体系，生态文明法律体系具有其统一的指导思想和相对独特的调整方式。

首先，生态文明法律体系具有相当数量的法律规范。经过多年发展，我国的生态环境保护法律体系已成为中国特色社会主义法律体系的重要组成部分，为促进环境治理、建设社会主义生态文明发挥了重要作用。目前我国已经形成了以《环境保护法》为基本法，涵盖了

---

[1] 李拥军：《当代中国法律体系的反思与重构》，《法制与社会发展》2009 年第 4 期，第 128-138 页。
[2] 吴玉章：《论法律体系》，《中外法学》2017 年第 5 期，第 1125-1137 页。
[3] 钱大军、马新福：《法律体系的重释——兼对我国既有法律体系理论的初步反思》，《吉林大学社会科学学报》2007 年第 2 期，第 75-80 页。
[4] 黄文艺：《法律体系形象之解构与重构》，《法学》2008 年第 2 期，第 24-30 页。

环境污染防治法、自然资源保护法、生态保护法、资源循环利用法、能源与节能减排法、防灾减灾法、环境损害责任法等七大亚法律部门[1]，数量众多。据统计，截至 2017 年 8 月，我国有关生态文明建设和环境保护方面的法律有 34 部、行政法规有 115 部。[2] 如此数量众多的生态文明法律规范，为其成为独立的法律部门奠定了良好的基础。

其次，这些大量的法律规范具有其严格的内在逻辑体系。就法律体系而言，不同的法律规范之间必须具有多个观察侧面和子系统，是静态与动态、内容与形式、规范与制度、法律部门与效力等级等方面的统一。[3] 数量众多的生态文明法律规范并不是一种杂乱的集合体，而是具有其内在逻辑的统一体：一方面，这些法律规范具有一定的内部结构，即以环境基本法为龙头，以其他亚法律部门为主干的法律体系；另一方面，这些法律规范之间具有不同的效力等级，共同应对不同类型的生态文明法律问题。

最后，这些生态文明法律规范，不仅具有内在的逻辑体系，而且是由统一的指导思想和相对独特的调整方式来统领的，具体将在后文加以讨论。

2. 自洽性

一般来说，更多的学者认为法律体系在逻辑上具有自治性。但就生态文明法律体系而言，由于其具有下文所言的开放性特性，其自治性特性正在日益减弱，而更多地体现在其自洽性方面。生态文明法律体系的自洽性表现为其独特的指导思想与理念和综合性的规制方式。

首先，就指导思想而言，生态文明的指导思想是可持续发展的。任何实践的展开都有一定的思想和理念作为指导。1992 年联合国环境与发展大会后，各国都将可持续发展作为环境立法的指导思想。生态

---

[1] 黄锡生、史玉成：《中国环境法律体系的架构与完善》，《当代法学》2014 年第 28 卷第 1 期，第 120–128 页。
[2] 《上海市人民政府法制办公室、上海市环境保护局关于开展生态文明建设和环境保护法规、规章和规范性文件专项清理工作的通知》（沪府法〔2017〕26 号）。
[3] 李拥军：《当代中国法律体系的反思与重构》，《法制与社会发展》2009 年第 4 期，第 128–138 页。

文明建设就是为了纠正传统发展模式的不可持续性，从而实现人类经济和社会发展的可持续性。正如《我们共同的未来》报告中指出的，实现可持续发展的三大支柱包括：①作为基本人权的环境权之享有；②环境与自然资源在不同世代间的公平分享；③适当的环境影响评价与监测制度。[1]可以说，可持续发展既是发展模式，也是涵盖预设前提、应然制度和行为模式的发展模式的抽象。[2]在这种指导思想下，生态文明法律体系应具备促进、保障可持续发展的特征，保证生态文明法律体系的规范与保障功能。

其次，就理念而言，生态文明要体现人与人和谐、人与社会和谐、人与自然和谐的生态文明理念。这些理念与指导思想一起，共同指导着生态文明的制度建设，包括法律体系的建设。从政府角度来说，政府应强化自身的生态文明建设与保障的力度；而从公众角度来说，公众应从内心树立法律权威意识，树立保护环境的理念，并且利用这些理念指导自己的行为。也就是说，要使生态文明理念成为公众自觉自律的理念。[3]同时，在立法和司法、执法过程中，也应体现这些理念。

最后，就规制方式而言，虽然生态环境保护的规制方式是综合多样的，甚至体现了一定的杂糅性，但其目标是一致的，即都是为了环境保护的需要，体现了领域法的特征，也具有了其内部的逻辑自洽性特性。

3. 开放性

生态文明法律制度是在传统法律制度基础上发展起来的，因而其法律体系也具有一定的开放性。只有在开放性的基础上，才能不断地适应生态文明建设的需要，及时调整发展的方向和路径，更好地促进生态文明建设。生态文明法律体系的开放性体现在以下三方面。

第一，生态文明法律体系的构成体现了开放性。根据法律制度在

[1] 世界环境与发展委员会：《我们共同的未来》，王之佳、柯金良译，长春：吉林人民出版社，1997年，第384页。
[2] 陈德敏：《资源法原理专论》，北京：法律出版社，2011年，第94页。
[3] 邓翠华、林光耀、张伟娟：《关于生态文明法律制度的辩证思考》，《福建农林大学学报（哲学社会科学版）》2015年第3期，第10-14页。

生态文明建设中的运行原理，生态环境保护法律体系大致包括命令控制型制度、市场机制型制度、信息控制类制度和公众参与型制度。环境法从诞生之日起，就以命令控制型环境管理法的面目出现，我国是一个公权力相对发达的国家，在命令控制方面表现尤为明显。我国现有生态环境保护法律法规均带有强烈的命令控制色彩。然而，现代环境管理的实践证明，在复杂的环境问题面前，仅有命令控制型机制无法完成环境治理任务。创新环境管理模式，通过市场机制配置资源，利用环境信息公开，非强制性环境管理工具，强调公众的环境参与，重视企业自我管理，实现环境治理的多元共治，来弥补命令控制型模式的不足，已经成为当代环境法的发展趋势。

第二，生态文明法律体系的形成体现了开放性。法律制度生态化，就是要将生态文明理念融入法律体系建设中，不仅要关注经济发展，还要关注自然的发展运行规律，从而建立一个体现人与自然和谐理念的法律体系。[1] 具体的做法是：①在宪法层面体现生态文明理念，实现宪法的生态化。目前宪法及其相关法律，在生态化方面停滞不前，在一定程度上阻碍了环境法的生态化，其他部门法的生态化进展也较为缓慢。[2] 宪法可以确认和宣示所要保护的权利，具有最高权威性，宪法的生态化对整个法律体系的生态化，具有基础性的作用。[3] ②把生态文明理念贯穿于各部门法之中，实现其他部门法的生态化。法律的生态化，不仅体现在宪法中，也体现在其他部门法中。比如，在民事法律领域，自然资源产权既是民事权利，同时又不同于一般的民事权利，而应当对其进行绿色化改造，进而实现权力与权利的沟通与协调。[4]《民法典》第九条对"绿色原则"的确认就是一次民法生态化的经典事例。虽然在民法学界与环境法学界对这一原则的价值与功能还存在较多的争议，但确立这一条的重要意义是不可否认的。而在刑

[1][2]　蔡守秋：《论我国法律体系生态化的正当性》，《法学论坛》2013年第2期，第5—20页。
[3]　陈泉生、张梓太：《宪法与行政法的生态化》，北京：法律出版社，2001年，第191页。
[4]　吕忠梅：《生态文明建设的法治思考》，《法学杂志》2014年第5期，第10—21页。

事法律领域，"生态法益"理论的兴起并得到立法的逐步确认，是刑法生态化的具体体现。③整个法律体系的生态化。法律制度是一个内容丰富的制度体系，包括立法制度、执法制度、司法制度、法律监督制度、法律实施制度等。[1] 上述制度体系实现生态化，是生态文明建设的客观要求，只有整个法律体系实现了生态化转向，生态文明法律制度才能真正发挥生态文明建设的保障作用。

第三，生态文明法律体系中国家政策与法律的互动体现了其开放性。生态文明制度建设中，国家的任务不断扩展，形成了环境国家的概念与形态。[2] 在这一过程中，国家的环境保护政策不断地进入生态文明法律体系中，形成了法律体系开放性的一个典型特征。

（三）建设生态文明法律体系的意义

1. 生态文明建设有赖于完善的生态文明法律制度

随着社会的发展，人们对于生态环境质量的要求不断提高，国家也面临着日益严峻的环境资源形势。在这样的情况下，加强生态文明建设已经迫在眉睫。但由于历史的惯性，我国的生态文明建设还面临着重重阻力。我国长期实行以 GDP 的增长为官员考核的主要指标，在这一惯性下，各级官员的发展意识还有待改变。改变传统的发展模式，实现绿色发展是一项长期而艰巨的事业。在这一过程中，必须借助法律制度来加以突破，使生态文明建设能够长期化和制度化。法律制度具有刚性和稳定性，对于促进生态文明建设，改变传统的发展模式和发展思路，具有重要的意义。例如，我国《环境保护法》对经济发展与环境保护关系的界定，对我国各级官员环境问责制度的规定，对环境公益诉讼的规定，都有助于克服传统制度的惯性，促进整个社会的绿色和可持续发展。

作为治国理政的基本方式，依法治国的重要性是毋庸置疑的，而

---

[1] 李林：《推进法制改革 建设法治中国》，《社会科学战线》2014 年第 11 期，第 231–241 页。
[2] 张宝：《环境规制的法律构造》，北京：北京大学出版社，2018 年，第 63 页。

其之所以具有如此重要的作用，与法律制度的功能是密不可分的。从生态文明建设的角度来看，生态文明法律制度在生态文明建设中具有规范、保障和促进的基本功能。从规范功能来看，在生态文明理念下，生态文明法律制度规范人们开发利用环境资源法律关系，抑制对环境资源开发利用中的不合理行为，规范人们的生态补偿关系，规范被破坏的自然生态系统的恢复义务，形成节约资源和保护环境的空间格局。从保障功能来看，生态文明法律制度可以保障公民的环境权益，保障企业合法的资源开发利用行为。同时，生态文明法律制度中的责任机制，也是一种有益的保障，例如对政府环境责任的要求，可以促进政府更好地履行环境职责，从而有利于保障公民的环境权益，对企业环境违法行为的责任，可以提高企业的环境守法意识。从促进功能来看，生态文明法律制度对生态文明建设也具有良好的促进作用，主要体现在通过激励机制来促进企业主动积极地保护环境，通过利益分配促进不同主体之间的环境合作等。这些制度功能可以有效地促进生态文明建设。

2. 生态文明法律制度的体系化可以更好地发挥生态文明法律的作用

法律制度是作为一个整体而发挥作用的，因而必须从体系化的角度来加以认识。大陆法系国家均重视法律的体系化功能，这也是教义法学的基本要求。作为一种新兴的法律体系，生态文明法律体系只有作为一个完整的体系才能发挥有效的作用。

目前，我国生态文明法律体系建设还存在一些问题：①我国现有的法律体系划分中并没有其地位，主要体现在2011年10月27日发布的《中国特色社会主义法律体系》没有承认生态文明（环境资源法）作为一个独立的法律部门，而是将其纳入到行政法这一部门法的范围之内。[1] 这不仅没有反映生态文明法律制度的重要性，也与最新修改

---

[1] 蔡守秋：《基于生态文明的法理学》，北京：中国法制出版社，2014年，第447页。

的宪法精神相违背，已经不能适应生态文明建设时期的需要。2018 年《中华人民共和国宪法修正案》，明确将生态文明列入宪法。今后，我国应根据宪法修改的精神，将生态文明法律体系作为独立的法律部门。②环境法律与传统法律体系之间的协调与融合问题，例如关于民法典修改过程中，如何体现生态文明意识的问题，我国环境法学界已经进行了大量的讨论。[1]③环境法律中不同制度之间的协调，例如有学者提出在我国的环境法律中，还存在着生态文明立法偏"虚"，生态文明执法、司法偏"软"等问题[2]，这些都需要从生态文明法律体系的角度来加以分析与认识。而从体系化的角度看，只有通过对生态文明法律体系加以完善，才能发挥有效的作用。

以生态文明的基本理念来审视，现有生态环境保护法律保障体系存在很多不足，是环境保护不力的制度根源之一。首先，生态环境保护法律体系的周延性、协调性、整体性不足，影响了法律的实施效果。这需要我们不断完善生态文明法律体系，从而更好地实现法律制度在生态文明建设中的作用与功能。其次，需要实现生态环境法律的转型。从环境法的发展历程来看，国外环境法治发达国家的环境法有一个演进的过程，即开始主要着眼于环境要素的污染防治，这可以称作"第一代环境法"，后来开始重视将环境作为一个整体来对待，更重视全面应对环境问题，例如生物多样性的保护、生态恢复与治理等，这可以称作"第二代环境法"。另外，还出现了从行政规制向多元共治的转型发展。

3. 生态文明法律体系化也是生态文明法律制度成熟的基本标志

从理论研究的角度看，生态文明法律体系化也具有重要意义。"法律体系的形成是一个国家立法实践和相应的法学理念研究成熟的标志和产物。"[3]法律体系化是一个部门法独立的基本标志，对于这一部

---

[1]　吕忠梅课题组：《"绿色原则"在民法典中的贯彻论纲》，《中国法学》2018 年第 1 期，第 5—27 页。
[2]　孙佑海：《新时代生态文明法治创新若干要点研究》，《中州学刊》2018 年第 2 期，第 7—15 页。
[3]　蔡守秋：《基于生态文明的法理学》，北京：中国法制出版社，2014 年，第 445 页。

门法的成熟与发展无疑具有非常典型的意义。就生态文明法律体系而言，生态文明法律体系刚刚确立，还不够成熟，因而需要加强其体系建设，使生态文明法律体系更加完善。

从法学体系理论来看，法律规范体系化可以形成一个逻辑和价值的统一体，从而促进立法和司法实践中形成一种体系思维，避免体系混乱的情形发生。[1]这一观点对环境立法、环境执法、环境司法和环境法学教学研究都适用。具体而言：

（1）通过体系性思维完善生态文明法律体系。虽然我国已经基本建立了生态文明法律体系，但还不够，今后还面临着一些立法工作，例如王灿发教授所提出的：应当制定以《生态文明建设基本法》或《环境保护基本法》为龙头，以污染防治、资源保护、生态保护、资源和能源节约法为分支的完整体系。[2]同时，"配套立法存在完成率不高、制定期限较长、制定主体变更、部分配套文件效力等级较低等问题"[3]。因而需要加强相关的配套立法，保证生态文明法律体系及时进行立、改、废工作，实现立法体系科学化、现代化。

（2）可以为行政执法提供依据。在执法方面，生态文明法律体系化不仅可以为执法提供体系思维，而且也可以为执法提供一种指导思想。当然，行政执法也可以发现生态文明法律中存在的不足，为完善生态文明的体系化提供良好的实践依据。

（3）司法裁判的依据。司法裁判需要体系化的思维，同时，体系化的司法实践也会对生态文明法律体系化做出其应有的贡献。在司法判决中，法院通过对法律的适用，可以发现立法体系存在的问题，对立法加以解释和适用，弥补立法中的疏漏，实现立法与社会生活的衔接，并通过司法解释、案例指导等方式发展和完善法律体系。[4]在

---

[1] 梁迎修：《方法论视野中的法律体系与体系思维》，《政法论坛：中国政法大学学报》2008年第1期，第61-67页。
[2] 王灿发：《论生态文明建设法律保障体系的构建》，《中国法学》2014年第3期，第34-53页。
[3] 徐向华、周欣：《我国法律体系形成中法律的配套立法》，《中国法学》2010年第4期，第158-174页。
[4] 江必新：《司法对法律体系的完善》，《法学研究》2012年第1期，第88-95页。

我国，环境司法受到越来越多的重视，通过环境司法对法律的适用，可以更好地完善生态文明法律体系。

（4）为教学和研究提供有益的依据。法律体系化是一门学科的基础，法教义学，重要的是一种体系化思维，而生态文明法律体系化既可以为教学提供良好的实践样本，也可以促进生态文明法律制度的理论化研究，促进生态文明法律制度建设。

第二节　生态文明法律体系的建构逻辑

法律体系是一系列特定法律规范组成的多功能、多层次的系统结构。从认识论视角看，法律体系有其产生和发展的动力因、目的因和形式因。①动力因，是指法律并不调控所有的社会关系，法律的创设都是为了满足一定的制度需求，具体而言，一般都是对一定社会问题的制度回应。②目的因，是指立法者创设法律时的价值判断，该判断往往成为立法目的、法律制度的功能所在，也是具体法律体系建构的理念指导。③形式因，是指法律规范体系的具体规定，尤其是对法律主体以及法律主体之间权利（力）、义务（责任）以及法律责任的明确界定。生态文明法律体系的建构也不例外，围绕着生态环境外部性问题的解决策略，有其客观的建构逻辑以及应然结构。

一、生态文明法律体系建构的逻辑起点

研究对象的确定，是理论建构的逻辑起点，进而，表达研究对象的基础范畴就是该理论体系的基础范畴。法学和法律的逻辑起点迥异：前者的逻辑起点是理论认识对象，即既有的法律规范或者司法实践，是解释论；后者的逻辑起点是社会纠纷，是法律要加以规范的社会关系，即所谓的调整对象，是目的论。因此，生态文明法律体系建构的逻辑起点不是法学研究的逻辑起点，法学研究的基础范畴是法权结构，

生态文明法律体系的逻辑起点则是环境损害以及由此产生的环境纠纷，而环境纠纷是在人类开发利用环境资源过程中产生的。

环境问题是指由自然原因或人类活动使环境条件或环境因素发生不利于人类而引起的环境破坏和环境质量变化，以及由此给人类的生存和发展带来的不利影响。[1] 环境问题有广义和狭义之分。广义的环境问题是指由自然环境自身的原因引起的，而狭义的环境问题是指人类活动导致的环境污染和生态破坏，进而影响到人类生产生活的状态与后果。

一般而言，环境问题始终是人类所要面对的问题，但在不同时期，环境问题的性质与特点存在差异。从文明的演进来看，人类文明可以分为原始文明、农业文明、工业文明以及与工业文明紧密相连而又存在差异的生态文明。在原始文明时期，由于生产力水平有限，人类对环境的损害也较弱，环境问题主要体现在人类获得资源的能力有限，一些地区人类的生存受到了资源不足的威胁。而在农业文明时期，主要体现为农业生产过程中植被破坏、水土流失等问题。但人类农业活动对环境生态的影响较小，也没有形成大范围的威胁人类生产和生活的环境问题。即使一定时期出现了环境问题，例如我国 10 世纪左右的长安城就因水污染而被迫西迁，古巴比伦王国因为生态破坏而亡国等，但这些只是非常局部性的问题，对地球生态系统并没有产生外溢性影响。

到了工业文明时期，生产力迅速提高，人类征服自然的能力与欲望也在膨胀。与此同时，环境问题也随之而来，在最早开始工业化的国家出现了严重的城市和工业区的环境污染，这一问题在 19 世纪已经出现了一些端倪，而在 20 世纪三四十年代后集中爆发，最为典型的就是"旧八大公害事件"与"新八大公害事件"，并且呈现出日趋严峻的局面。"旧八大公害事件"主要是某一国家、局部地区的环境

---

[1]　裴广川：《环境伦理学》，北京：高等教育出版社，2002 年，第 20 页。

问题，例如日本的一些污染事件和伦敦的光化学污染事件，而"新八大公害事件"是指跨国性环境问题，甚至是全球性的环境问题。可见，环境问题对整个人类社会产生了严重的影响。

现代环境问题更加复杂，不仅体现在其跨国性和全球性方面，而且体现在其相互影响性方面，更为严重的是，其具有全球性的影响，即环境问题已经不再是传统的污染问题，还涉及资源短缺、生物多样性减少、全球变暖等方面，而且这些方面相互影响，加剧了其危害程度和复杂程度。因此，需要从整体上把握现代环境问题的实质，共同应对环境问题。

从环境问题产生的原因来看，现代环境问题的起点是人类环境开发利用行为超出了环境容量、环境承载能力后产生的，随着社会的发展，环境问题的范围和类型有了新的变化，即不再局限于污染问题，而是扩展到资源、生态以及全球气候变化等方面。这样的现实对现代环境法治和生态文明建设提出了严峻的挑战，也需要现代法治予以回应。

可以说，现代法律对生态文明建设的高度重视，体现了法律制度对环境问题的回应，也是生态文明法律体系的逻辑起点。

二、生态文明法律体系建构的逻辑辩证

关于环境问题的成因，在不同的学科甚至在同一学科内部都存在着不同的学说，但主要集中于经济原因、技术原因、政策原因、制度原因、哲学原因等方面。[1] 当然，环境问题产生的原因是复合性的，现从以下几个方面展开探讨。

（一）人类发展与环境问题

由于环境问题是在人类发展过程中，特别是工业革命之后产生的，许多人就将环境问题与人类发展联系在一起。在如何处理环境与发展

---

[1]　汪劲：《环境法学》（第三版），北京：北京大学出版社，2014年，第9页。

的关系问题上，存在着悲观与乐观的区别。

在悲观主义者看来，人类的生产劳动必然会对自然环境产生破坏，特别是在工业革命之后，科学技术的发展为人类开发利用自然资源提供了可能；而人类征服自然的欲望不断增强，又为人类开发利用行为提供了强大的动力。人类不断地向自然索取，而不考虑自然的承受能力，这样的发展方式必然导致环境问题。地球的环境资源总量是有限的，而人类开发利用自然资源的能力在不断增长，长此以往，地球必然不堪重负，因此必须限制增长甚至不增长。1972 年罗马俱乐部发表的《增长的极限》就是这一观点的典型，该报告认为：要保证人类的生存，最好的办法是限制增长，甚至是零增长（zero growth）。

而乐观主义者对罗马俱乐部的观点不以为然。例如美国学者朱利安·西蒙（Julian Simon）在其《没有极限的增长》等著作中，对地球环境问题就持乐观主义的看法。其主要观点是：①人类可以利用科学技术来治理污染，可以借助现代科学技术来改善已经被污染的环境；②地球的资源潜力是巨大的，人类可以凭借科学技术发现更多的资源；③人类可以凭借科学技术提高资源的利用效率，通过提高资源利用效率来延长资源使用的时间；④人类可以利用科学技术来得到可替代性的资源，利用新的资源来满足人类的需要。因此，人类可以永远得到发展，而不仅仅依赖于现有的资源。

无论是悲观主义者还是乐观主义者，都需要对发展与环境问题之间的关系作出一定的判断。悲观主义者和乐观主义者对环境与发展之间关系的理解都存在一定的片面性。悲观主义揭示了环境问题的严重性，但他们没有意识到地球潜在的资源和人类提高资源利用效率的潜力；乐观主义看到了环境资源在未来的前景，但是他们没有意识到科学技术具有过程性，也没有认识到科学技术的推广存在一定的时滞性，即当科学技术发展到一定程度之前，环境问题可能就已经危及人类的生存与发展，而这样的代价将是巨大的。

从表面看，环境问题是伴随着发展而产生的，环境问题常常被构造成环境保护与经济发展之间的不可调和的冲突与对立。但我们也要看到，从历史演进和现代环境治理的经验来看，环境问题和经济发展存在一定的关联，但它们二者之间并不是单线的、完全正向的联系，即发展必然会导致环境问题，这是我们认识环境与发展问题的一个基本前提。

诚然，人类发展势必对自然环境产生诸种影响，会在一定程度上改变生态环境。正如恩格斯在《自然辩证法》中对人类的警告：人类对自然支配的每一次胜利，自然都报复了我们。但这是人类在片面地、以自然界的主宰身份而出现的发展理念指导下的一种结果。当认识到生态系统的规律并遵循生态系统规律后，人类社会的发展就会在环境系统的承载力限度内得到有效的开展，就可以做到在不破坏生态系统的前提下实现人类的发展，实现人与自然和谐共生的生态文明形态。

我们知道，生态系统是一个有机的整体，具有调节、控制和反馈机制（有学者称这些机制为环境规律），具有自动维持其稳定结构和功能的能力，并不是人类所有的干扰都会造成环境系统的破坏。当然，生态系统的这种自动调节能力是有限度的，只要人类的发展在规模、强度和速度上不超越这个极限，人类就会在发展的前提下保证环境资源的可持续性，实现人与自然环境系统的和谐统一。

这种在发展的基础与前提下的环境保护，就是可持续发展理念。可持续发展指的是既满足当代人的需要，又不对后人满足其需要的能力构成危害的发展[1]，即在发展中的环境保护和在环境保护下的发展。可持续性是一个相对的概念，如果人类的发展给予环境系统一个正的刺激，环境系统在环境规律所形成的新的平衡状态下，自我调节能力增强，环境系统的可持续性增强；反之，则环境系统的可持续性减弱。

这种人与自然环境系统的和谐统一状态在历史上屡见不鲜，在现实生活中也有很多相对成功的范例。今天，在我国一些地区的生态省

---

[1]　陈德敏：《环境法原理专论》，北京：法律出版社，2008年，第37页。

建设中，我们都可以看到某些局部地区有很多发展与环境系统的良性循环。从历史上看，凡是正确处理了人与自然的关系，自觉遵守环境规律，将自身的物质、能量代谢融入环境系统之中，环境问题与发展问题就能协调，人类就会在自然环境的各种循环之中生生不息。因此，环境系统的自我调节能力，即环境承载力，既是人类生存发展的自然前提和基础，又是制约人类生存和发展的限度，生态文明建设就是要遵循这一承载力，并保护这一承载力不受破坏，同时要提高环境资源的承载力。

（二）科学技术和环境问题

环境问题是伴随着现代科学技术的发展而产生的，特别是在工业革命之后，由于科学技术的发展，人类改造自然的能力得到了极大提高，对环境产生了极大的不利影响，这样就形成了环境问题。

在古代，人类受制于自然，敬畏自然，但现代科学技术彻底改变了这一状况，真正实现了人类利用自然和改造自然的理想。培根曾说，知识就是力量，他深信人类控制自然的力量深藏于知识之中。伽里略认为自然界是用数学写就的，自然的真理存在于数的事实之中。而笛卡儿强调人的理性的力量，把人置于中心支配地位。在理性主义的思想里，人成为世界的中心，而自然成为人类的征服对象。

科学技术改变环境的表现有：第一，科学技术提高了人类改造自然的能力，在现代科学技术下，人类的生产能力极大提高，远远超过了工业革命之前。第二，科学技术改造和改变了人类对于自然的态度。人类开始认为"科技万能"，强调科学技术对自然的征服能力，人与自然之间的对立与冲突不断加剧。第三，科学技术本身存在的不确定性，其对自然的潜在危害可能会产生难以预料的后果，而这种后果产生出来后，就会对自然产生新的不利影响。

当然，在认识到科学技术可能产生的危害后，人类对科学技术发展的担忧也在不断加深，于是产生了另外一种态度，即将科学技术当成一种环境的元凶首恶来应对，企图遏制科学技术的发展。在这种思路下，科学技术的发展与环境的冲突与对立就日益明显。

但我们知道，科学技术与环境问题并不是截然对立的，它们之间也存在着协调发展的问题。在正确的自然观的指导下，如果科学技术对环境产生了危害，人类就会及时纠正科技创新的方向，采取补救手段，避免环境问题进一步恶化。例如当认识到农药对自然环境的危害后，就调整农药的使用，发明高效、低毒、低残留的农药，实现农药使用与环境友好之间的统一。同时，科学技术也是解决环境问题的必然方式：一方面，对于因科学技术问题而导致的环境问题，需要科学技术的发展来加以应对；另一方面，人类可以利用科学技术来应对未来的发展问题，典型的是发展绿色技术体系，以实现人类的可持续发展。

所谓绿色技术，是指能减少污染、降低消耗、治理污染或改善生态的技术体系。绿色技术本质上体现的是一种新型的人与自然的关系。在绿色技术体系中，虽然人类利用科学技术的能力在发展和提高，但人类的行为遵循了自然规律，将人类对自然的影响限制在自然生态的承载能力之内，这样人类依赖科学技术的力量，在发展的基础上保持着对自然的尊重，克服了科学万能主义的迷思，提高了环境与科学技术之间的统一协调关系。

（三）经济制度和环境问题

现代国家，无论是资本主义制度还是社会主义制度，都产生了大量的环境问题，似乎社会制度与环境问题是没有关系的，但实际上，当代世界的环境问题，与也整个世界的不合理的经济体系存在着密切的关系。

传统资本主义实行的是市场经济，国家处于消极地位，对企业的行为是放任的、消极的。在这一制度下，国家对经济行为外部性缺乏规制，导致了大量的环境问题，直至现代环境法产生后，这一问题才得到了相对有效的解决。社会主义国家实行的是计划经济，其制度具有全能国家的特点，似乎可以通过国家有效的计划来控制环境问题的产生，我国 20 世纪 60 年代对西方国家环境问题的报道，实际上就充斥了环境问题是资本主义国家特有问题的观点。但与人们的意愿相反，在社会主义制度下，也产生了严重的环境问题。例如，作为社会主义国家领导者的苏联，就出现了严重的环境问题。有学者统计，当苏联的生产总量只有美国的一半的时候，污染程度近似相等。全苏联范围内，1984 年空气污染就比美国严重。[1]虽然我国在 20 世纪六七十年代科学技术水平有限，但环境问题已初步显现。改革开放后的 40 多年里，我国实行社会主义市场经济，同样也出现了大量的环境问题。可见，无论是社会主义制度还是资本主义制度，都可能产生严重的环境问题。

环境问题与经济制度无关，只要是发展就会产生环境问题。其实，在这些经济制度之后，产生环境问题的主要原因是"发展主义"的经济理念以及由此形成的社会分配体系。无论哪一种经济制度，只要是坚持"发展主义"的理念，就必然会出现环境问题。例如苏联在经济发展与环境保护上，由于追赶美国的需要，而放松了对环境的保护。[2]我国在改革开放后，也存在不断追赶发达国家的行为，导致产生了相应的环境问题。

"发展主义"把丰富多元的人类需要和自然生态化约为单一的经济向度，在生产着一种不均衡的经济格局和不合理的"交换—分配"秩序。[3]在全球化背景下，发展主义最终导致环境问题的全球化。现代环境问题之所以出现，和西方资本扩张，政治殖民、经济殖民贪婪地、疯狂地进行资本原始积累，建立不平等的国际经济政治秩序，掠夺、

---

[1] 萨拉·萨卡：《生态社会主义还是生态资本主义》，张淑兰译，济南：山东大学出版社，2008 年，第 47 页。
[2] 萨拉·萨卡：《生态社会主义还是生态资本主义》，张淑兰译，济南：山东大学出版社，2008 年，第 50 页。
[3] 胡建：《从"发展主义"到"可持续发展观"——析江泽民时期的生态文明思想》，《中共浙江省委党校学报》2015 年第 1 期，第 96–102 页。

奴役和统治他人有直接的因果联系。占全球人口 26% 的发达国家耗用了全球约 80% 的能源、钢铁和纸张等资源，而将污染与垃圾转移到发展中国家，导致环境问题全球化。可见，环境问题全球化是随着资本主义的扩张，其生产方式对环境的危害向全球蔓延的结果。

在这一状态下，克服"发展主义"的理念，建立平等的国际政治经济秩序，让发达国家在国际环境事务中承担更多的责任，是解决全球环境问题的重要途径。在现代国际事务中，真正确立"共同但有区别的责任"，正是解决现有不合理的国际政治经济秩序的应有之义，也是解决人类环境问题的根本出路。

通过对现代环境问题原因的分析，我们可以得出以下结论：人类环境问题的形成，是在科学技术发展的基础上，在人类征服自然的观念下，在不合理的国内国际经济秩序下形成的。在人类发展史上，发展与环境保护存在一定的冲突，但这种冲突并不是绝对的和不可调和的。只要在生态文明理念的指导下、在法律制度的规范下，发展绿色环保技术，就一定能实现人与自然的和谐相处、实现人类的可持续发展。

三、生态文明法律体系建构的逻辑演进

环境问题主要是企业的行为造成的，就企业而言，又主要是企业环境资源利用行为的外部性引起的。企业获得开发利用环境资源的利益但不用支付成本，而由全社会来承担环境资源的开发成本，这就形成了企业经济行为的外部性。为了解决环境开发利用的外部性问题，人们探索出了不同的应对路径。

（1）私有化的路径，即确定环境资源的产权边界，将公共环境私有化，由企业进行有效的利用，例如对土地和草原的确权，通过确权来实现私有化，保证其有效利用。但这一方式存在着一定的问题：一是产权的确定与保障存在极高的成本；二是有些产权无法确定，例

如大气与水流，特别是跨区域的大江大河无法确定产权；三是一些私有者并不一定是理性的人，他们也存在短视行为，这种短视行为会对环境造成极大的破坏。

（2）公共规制的路径，即由政府来对环境资源进行规制，通过规制，对企业开发利用环境资源的行为进行相应的控制，以减少开发利用行为中的负外部性，但这一做法也存在一定的困难：一是规制的成本较高；二是政府存在着规制失灵的现象；三是规制容易导致行政机关与企业之间的对抗，不利于企业采取更高的排放标准。

（3）混合的方式，主要是利用经济手段和社会手段来进行环境治理。经济手段主要是环境税费制度和排污权交易制度；而社会手段主要是公众参与和专业性组织的参与，以提高环境治理的绩效，例如环保组织和环境认证机构、环境评估机构的认证和评估。

总之，在生态文明建设过程中，可以运用不同的手段和方式来加以应对与处理，相应的生态文明法律制度也会发生变化，这就反映了生态文明法律制度的演进。具体而言，生态文明法律制度的演进具有以下规律。

（一）从市场失灵到行政规制

根据古典经济学的观点，市场是一只看不见的手，可以自动调节资源配置，实现资源配置的最优化。但事实证明，市场不是万能的，也有失灵的时候。在环境领域，市场失灵主要是指企业生产经营活动对环境产生的影响，即环境利用行为的外部性问题。生态环境是一种典型的公共物品，具有弱排他性、非竞争性的特点。生态环境产品在被消费的时候，受生态承载力的制约，当消费达到生态承载力水平时，它的边际效应最大，而超过生态承载力之后，就会导致环境质量下降，不仅一定的生态系统无法实现其原有的功能，而且依赖这一生态系统的人类生产生活也会受到损害，例如生产能力的下降和生活在这一系统内的人们身体健康受到损害。因此，当人类排放的污染物超过生态承载力时，自然环境就不能吸收污染，环境污染的外部效应就产生了，公民最低限的生态福利就会受损，基本标准的生态人权就受到了侵犯。

从外部性理论的产生看，外部性一开始是和公共产品、信息不对称、不完全竞争等一起作为市场失灵的现象来看待的，也就是说早期市场失灵理论的分析框架是信息不对称、公共产品、不完全竞争等现象的集合，外部性成为市场失灵的子集，即市场失灵缘于外部性。因此解决环境问题，就需要克服市场失灵，借助超越市场之外的力量对企业的经济活动进行干预，更有效率地将企业的外部成本内部化。借助市场之外的力量来实现企业外部成本的内部化也有许多途径。

（1）社会的途径，依赖社会组织的呼吁与监督。随着环境问题的日益严重，整个社会的环境意识不断提高，环境保护的社会基础也在不断加强。在这样的背景下，环境保护组织（以下简称"环保组织"）不断增加，从理想的程度上看，环保组织可以监督、帮助企业改进技术，提高环境标准，减少环境损害，甚至采取集体行动来减少企业污染排放、提高环境生态保护水平。但这一做法的弊端也是明显的：一是环保组织的力量是不完全的；二是环保组织本身没有强制力；三是环保组织无法及时有效地发挥作用；四是环保组织只能解决企业的个别问题，而不能解决具有普遍性的问题，例如如何处理在一定区域内的众多企业在环境容量内排放污染物的行为。

（2）司法的途径，依靠个案裁判的方式。这一方式要求通过裁判的方式来解决环境污染的侵权赔偿问题，要求企业来承担赔偿责任，这也可以使企业的成本增加，从而实现企业外部环境成本的内部化，特别是通过惩罚性赔偿的方式可以极大地提高企业的环境成本。但这一做法的弊端仍然是明显的：一是司法裁判只能是个案式、事后性的，对于环境损害的预防具有滞后性，无法广泛地运用到环境保护之中，对于没有明显受害人的环境损害行为保护不足；二是受害人维护利益的成本较高，在传统的诉讼机制下，诉讼是一个非常复杂的过程，受害者会承担较高的成本；三是在因果关系、裁判证据等方面，受害者的救济都会面临着大量的困难。

（3）依靠现代环境法的方式，即行政规制的方式。现代环境法根据不同的环境问题来制定法律，成立特定的机关来执法，是一种行政规制的方式。行政规制具有明显的优势，如主动性、及时性、预防性、专业性等。这些优势能够保证行政机关采取有效措施来预防环境污染和生态破坏，符合环境保护和生态文明建设的要求。特别是在生态文明建设中，现代环境规制的方式更加主动积极，例如利用环境政策，促进环境技术的发展、强化生态恢复等，这些是其他方式无法比拟的。因此，为了纠正市场失灵，环境行政规制的方式大量产生，环境立法大量出现。

行政规制的方式是多样的，既有一般性的事前规制，也有事中的检查处罚，还有事后的恢复与赔偿。在行政规制下，国家立法必须先将人类对环境的利用和影响限制在环境承载力之内，保障生态安全。限制的手段，一般是基于"受益者负担"原则采用"准入制"等环境管理手段，以行政管制等硬约束来限制企业对环境资源的利用。强制要求生产者在获准进入某一产业、优先利用某种资源时必须能以最小的社会环境资源成本，获取最大的社会收益，履行国家关于节约环境资源、提高环境资源利用效率、合理处置有害环境的废弃物的强制性义务，确保环境安全。

当然，随着环境问题的不断深化，行政规制的任务也会发生变化。一般而言，行政规制是首先解决严重的污染问题，然后解决资源利用效率问题，最后解决生态系统保护问题等。总之，行政规制的目的是实现环境质量的总体改善。党的十八大提出了"生态产品"的概念，随着人类对生态环境质量的要求越来越高，对生态文明建设也提出了更高的要求。

（二）从政府失灵到多元共治

由于市场失灵，政府的管制（干预）出现了。在凯恩斯的经济学说中，政府对经济的干预被放置到一个前所未有的高度，认为国家干预经济生活是政府经济行为的基点。不仅在环境领域，在所有的经济与社会领域也是如此。在最早出现环境问题的西方国家，应对环境问题的主要方法就是通过政府的"手"来控制环境问题，并且取得了非常明显的效果，环境恶化的趋势得到了明显的控制。但是，政府不是万能的，由于人性的缺陷、信息的不足，政府（公务员）并不总是秉持公平正义的"道德人"，也不是超理性的不会犯错误的"智慧人"，它也有认知的失误、决策的不当，甚至滥用职权、牟取私利。这种状况常被称为政府失败或政府失灵，有学者戏称为"看不见的脚踩住了看得见的手"，不仅于环境保护无益，反而有害。而政府失灵的原因主要有政府俘获、政府懈怠、规制陷阱（规制成本过高）、政府能力不足等。

面对政府失灵，就需要对政府环境规制行为本身进行规制，实现从行政规制向多元共治的方向发展。在多元共治的背景下，需要改进政府的规制方式并加强对政府的监督。

（1）改进政府的规制方式，例如通过和缓的方式来实现行政任务。我国台湾学者城仲模先生指出："时至今日，已无'治者'与'被治者'之分，过去的单方高权行政与社会分配责任，早已被'行政伙伴'与'责任伙伴'所取代。"[1] 这说明，政府完全可以通过改变方式的途径来实现环境任务的社会化。通过和缓的方式实现行政任务的主要表现：①利用社会力量来实现环境任务，例如公私合作的方式。②利用公众的帮助来实现环境保护，例如公众参与的深化与完善。要全面改善环境质量，公众应参与"从环境资源保护到利益分享的整个过程"，在互助合作中保证公平、公正和有效。因此要加快环保公众参与体制机制建设，构建高效完善的环境信息公开、互动沟通和跟踪反馈体系，形成科学合理的体制架构、运行机制和工作闭环，切实保障公众的环

---

[1]　城仲模：《二十一世纪行政法学发展新趋势》，《中律会讯杂志》2001 年第 3 期，第 4 页。

境知情权、表达权、参与权和监督权。③利用企业的自主守法来完成环境任务，企业通过提高自身的社会责任来提高守法的意识与能力，通过建立环境管理制度来提高守法的水平。④变对抗为合作，通过积极的指导与帮助来实现环境治理。这样，我们的政府就会在节约成本的基础上，实现环境利益的最大化。

（2）加强对政府的监督，避免政府失灵。政府失灵的另外一个方面是政府被俘获或者怠于履行职权，在我国，还体现为政府为了本地经济与社会发展的需要而忽视甚至阻碍环境保护事业的开展。为了防止规制失灵，也需要加强对政府规制行为的监督，实现"监管监管者"的使命。在这一点上，也需要多元共治，不仅包括上文的公众参与，也包括一系列的其他监督方式。从立法监督的角度看，应发挥人民代表大会的作用与功能；从行政监督的角度看，应完善行政问责机制；从司法监督的角度看，不仅要重视私益诉讼的功能，而且要加强公益诉讼的功能，实现环境司法的专门化与专业化。

总之，从单一的行政规制到多元共治，反映了环境治理的基本趋势。只有不同的主体共同参与环境保护事业，形成各方主体相互作用的多元共治格局，才能避免政府失灵，实现更高效、更低成本的生态文明法律体系建设。

（三）从单行法保护到生态文明法律体系

从环境治理的历程可以看出，在生态文明法律制度建设中，法律体系也经历了一个逐步发展完善的过程，呈现出从单行法保护到生态文明法律体系化的应对。回顾这一过程，对于我国加强生态文明法治体系的建设也是大有裨益的。

（1）传统法律的应对。在环境问题还没有成为严重的社会问题时，各国也有相应的法律来加以应对，但除了以预防为主的法律（例如英国很早就有关于煤炭燃烧方面的法律，但只是非常零散的规定），其他法律还是依赖传统法律部门的应对，例如侵权责任法、刑法或行政法。而这些法律都是为了应对个案式的环境问题，对于整体性的环境问题，还没有有效的办法，也无法体现环境治理中预防为主的思想。因此，传统法律在应对环境问题上显得力不从心。

（2）环境基本法与环境单行法的规定。在环境问题日益严重之时，法律制度出现了新的趋势，即专门化的环境立法。其典型表现是环境基本法和一系列以环境要素为保护对象的环境单行法的出现。我国在这方面比较特殊，在环境问题还不是非常严重时，早在 1979 年就制定了《中华人民共和国环境保护法（试行）》（以下简称《环境保护法（试行）》），以后又制定了大量的环境单行法，而且在其他法律中也对与环境有关的社会关系进行了规范，典型的是《中华人民共和国侵权责任法》（以下简称《侵权责任法》，《民法典》实施后，该法已被废止）中对环境侵权的规定和《中华人民共和国刑法》（以下简称《刑法》）中对环境犯罪的规定等。这些环境法律形成了一个庞大的体系。

（3）环境法的法典化。在环境法律大量产生后，环境法又出现了新的问题，即环境法律出现了庞大、僵化、碎片化的弊端，导致环境法的实施成本极大提高。因此，需要对环境法加以法典化。通过法典化，可以更好地对环境法加以整合，消除其中不适应社会发展的部分，同时也可以减少环境法的篇幅，增加环境法的弹性，促进环境法功能的优化。在这样的背景下，一些国家开展了环境法法典化的尝试，其中法国和荷兰取得了一些成就。在我国，环境法的法典化也成为学术界和立法界关注的一个热点问题。如何通过环境法的法典化来促进环境法的发展和提高环境治理的效果，是我国环境法学界面临的一个新的考验。

（4）法律部门的生态化和法律体系的生态化。除了环境法自身的发展外，其他法律部门和整个法律体系也存在生态化的问题。就法律部门而言，很早就有学者提出了宪法生态化和行政法生态化的命题，徐国栋教授提出了"绿色民法典"的观点，在《民法典》中也规定了

"绿色原则"，这一原则对民法的生态化也会起到有效促进的作用。我国的刑法也体现出生态化的趋势，表现在我国刑法修改过程中，不断加大了对环境犯罪的惩罚力度，体现出刑法生态化的保障功能，在刑法理论上也出现了一些新观点，例如预防早期化、罪过模糊化等。[1]同时，从生态文明建设的角度来看，法律体系生态化也是非常必要的。在国际上，一些国家通过制定绿色发展、低碳发展方面的法律以及清洁生产、循环经济促进型立法等，在法律体系生态化方面不断演进。法律体系生态化是指用生态文明的理念和生态学的原理、方法指导我国法律体系的发展与健全，将生态文明观和生态文明建设贯穿于我国相关法律制定、修改和完善的全过程。[2]整个法律体系的生态化，必然有助于生态文明建设事业的发展。

总之，从生态文明法治建设的角度看，现代环境问题是在人类发展过程中积累的问题，夹杂了非常多的利益纠葛，例如环境与发展、环境与科学、环境与社会经济制度等方面的纠葛。不同的利益在社会发展与环境保护方面的需求存在冲突，"小鸟要歌唱，人类要吃饭"正是这种冲突的典型体现。在这样广泛的利益纠葛面前，我们需要处理好不同的关系，而通过法律途径和方式来应对这些不同的问题，实现人与环境的和谐发展，是人类社会的必然选择。

四、生态文明法律体系的逻辑功能

（一）生态文明法律制度的内在品格

生态文明需要依赖法律制度的保障和推进，同时，生态文明法律制度本身也需要具备内在的品格，即具有生态文明的功能与特征。与传统法律制度依赖工业文明相比，生态文明是一种新型文明形态，生

---

[1] 陈洪兵：《模糊罪过说之提倡——以污染环境罪为切入点》，《法律科学（西北政法大学学报）》2017 年第 6 期，第 89–100 页。
[2] 蔡守秋：《论我国法律体系生态化的正当性》，《法学论坛》2013 年第 2 期，第 5–20 页。

态文明法律制度必须具备相应的内在品格才能真正发挥作用。具体而言，生态文明法律制度必须具备如下内在品格。

1. 生态性

生态文明法律制度的生态性，是指这一法律制度应反映生态文明建设的特征与要求，尊重生态发展的规律，能促进生态保护目标的实现。"在我国的生态文明法治建设中，应用生态文明的理念和生态学的原理方法指导我国法律体系的发展与健全，将生态文明观和生态文明建设贯穿于我国相关法律制定、修改和健全的全过程。"[1]蔡守秋先生的这段话正是对生态文明法律制度生态性的阐释。生态文明法律制度的生态性，也是与现代环境法发展的特点相符合的。在环境法的发展过程中，不仅环境法本身体现了明显的生态性，而且其他法律制度也逐渐具有了生态性。就环境法本身而言，环境法先是应对某一环境要素污染问题的，例如大气污染、水污染，后来，这些环境要素的范围逐渐扩大，其生态性日益明显。其主要体现在环境法对整个生态系统的关照，例如对自然保护区，对流域的环境保护，对资源的高效利用等，都是基于整个环境资源的功能与利益展开的，其生态性非常明显，正是在这样的背景下，才产生了第二代环境法。[2]第二代环境法不再局限于过去环境法中对环境要素的保护，而是着眼于整个生态系统的保护。就其他法律制度而言，随着生态文明建设的发展，整个法律体系也在发生转向，即由传统的法律体系转向具有生态性的法律体系，这在上文中已经提及，本部分就不再赘述。

2. 综合性

综合性是生态文明建设中的一个重要特点，生态文明建设需要不同的法律部门，通过不同的法律手段与机制来共同发挥作用，这样就出现了综合性的要求。正如学者所言：由于保护对象的广泛性和保护

---

[1]　蔡守秋：《基于生态文明的法理学》，北京：中国法制出版社，2014年，第434页。
[2]　郭武：《论中国第二代环境法的形成和发展趋势》，《法商研究》2017年第1期，第85-95页；另见：黎莲卿等主编：《亚太地区第二代环境法展望》，邵方、曹明德、李兆玉译，北京：法律出版社，2006年。

方法的多样性，决定了环境法是一个极其综合化的法律。[1] 这种综合性的体现是复杂的，有的体现为政策与法律的综合，有的体现为不同法律部门的综合，无论是哪一种综合性，都是为了应对日益复杂的环境问题。就保护方法而言，有的是惩戒性的方法，有的是激励性的方法，有的是分配性的方法，这些方法复杂多样，体现了环境问题本身的特征。在现代法学理论中，出现了领域法的概念，即认为一些法律部门具有领域法的特点 [2]，而领域法的最大特征就是具有综合性，这在环境法中表现得尤为明显。

3. 责任性

在法理学的意义上，责任性具有两个基本含义：一是职责，二是不利后果。无论是职责，还是不利后果，在生态文明法律制度中都有着明显的体现。现代生态文明是一个特殊的文明形态或者是工业文明发展的一种修正，在生态文明制度下，需要改变工业文明时期人类对自然的傲慢与偏见，不是以一种胜利者、征服者的态度来处理人与自然之间的关系，而是以一种友善者的姿态来处理人与自然之间的关系。这就需要改变人们的行为方式，以一种尊重的态度来对待自然、对待生态。但由于过去人类已经形成的观念和具有的改变自然的能力，加之现有国际政治经济体系下，国家与地区内部、国家与地区之间在经济社会发展上的不平衡，人们的心态出现了失衡，这些都会影响人们的行为模式，促使人类行为的非生态化，从而不利于生态文明建设。要改变人们的行为，就需要通过法律来规范约束，但长期以来的惯性决定了这种行为改变的困难，因此，就需要加强人们的责任。通过责任来明确义务，同时也明确不利后果，可以更好地促进生态文明建设的发展。正是在这样的思想指导下，一些学者更多地从生态文明的责任形式来论证生态文明建设的法治化问题，甚至有学者认为，环境法

---

[1] 金瑞林、汪劲：《20 世纪环境法学研究综述》，北京：北京大学出版社，2003 年，第 53 页。
[2] 刘剑文：《论领域法学：一种立足新兴交叉领域的法学研究范式》，《政法论丛》2016 年第 5 期，第 3–16 页。

应该是一种以义务为本位的法 [1]，其理由就是环境法的发展实际上是整个社会主体的环境义务不断增加的历史，在这样的发展过程中，不同的主体——而不仅仅是企业——都需要面对不同的环境义务或者责任。虽然这样的见解与权利本位的观念存在较大的差距，但也说明了环境法的责任性在不断增加。2014 年修订的《环境保护法》规定了损害担责的原则，其实也是一种责任要求。

4. 体系性

作为一种新形势下的法律制度，生态文明法律制度也具有体系化的要求。所谓生态文明法律制度的体系化，是指生态文明法律应形成一个有机的整体，以更好地应对日益复杂的环境问题。这也是与生态文明的特征相符合的。"生态文明作为一种整体性文明形态" [2]，需要整个法律制度来予以回应，也就需要整个法律制度的生态化与体系化。在过去的环境污染防治阶段，人类的环境法还局限于某一环境要素的处理，并没有体现体系化的要求。在环境法的发展过程中，曾经经历过环境碎片化的困扰，在碎片化当中，环境法的各自为阵往往存在冲突与空白之处，这样形成了矛盾与困难。因此，生态文明法律制度必须体系化。而要形成体系化，就要着眼于不同的方面，例如法律与政策之间的关系问题，环境法各个部门之间的关系问题。有学者提出将环境法分为环境基本法、环境责任法，就是一种体系化的努力。

当然，值得注意的是，环境法的体系化存在不同的界定，有的从法学理论视角来进行界定，有的从形成模式上来认识体系化问题。法律体系是一国现行法律规范的体系化的有机体，是国家推进法治建设的基础要素。而法治体系则是包含国家法律制定以及实施活动的综合体，是国家选择的治理模式。 [3]

笔者认为，环境法的体系化与环境法治的体系化存在着重要的区

---

[1]　徐祥民：《从全球视野看环境法的本位》，《环境资源法论丛》，2003 年第 1 期，第 12–33 页。

[2]　蔡守秋：《基于生态文明的法理学》，北京：中国法制出版社，2014 年，第 423 页。

[3]　王建国：《法治体系是对法律体系的承继和发展》，《法学》2015 年第 9 期，第 13–22 页。

别。法治的体系化指的是立法、执法甚至守法等方面，而在环境法律体系中，主要是一种法律规范的体系化。而且，在法律规范的体系化过程中，也有不同的模式，有的从规则与原则的互动来认识体系问题，这种思路具有较高的价值。规则—原则模式（柔性法治）追求规则之治与理由之治的统一，倡导立法与司法的动态平衡及立法的相对优势，强调民主与自由的均衡，是一种最佳化的法治理念。[1]

因此，本部分的体系化，主要是从环境法律规范的角度来进行分析的，是一种法律的体系化，从建设社会主义法治国家的战略来看，还应重视法治的体系化问题，即不仅重视规则的体系化，还要重视法治运行过程中的体系化，将立法、执法、司法、守法作为一个整体来考虑生态文明法律制度的体系化问题。

（二）生态文明法律制度的效力形态

生态文明法律制度的渊源非常复杂，随着环境治理的转型，我国的环境立法也会发生相应的变化。[2] 而且在法治发展过程中，也面临着规则模式与规则—原则模式的不同选择。所谓规则模式（刚性法治）是指追求纯粹的规则之治的模式，而规则—原则模式（柔性法治）是指追求规则之治与理由之治的统一模式。[3] 这就进一步增加了法律渊源的复杂性。在这些不同的法律渊源中，存在着效力上的差异，而分析这些规范在效力上的差异，可以更好地认识生态文明法律制度建设中不同法律规范的功能与价值，以及生态文明建设的独特路径。

所谓法律制度的效力，是指法律制度所具有的约束力和强制力。根据不同的约束力和强制力，可以将法律规范分为硬法与软法。在生态文明法律制度中，也存在着硬法与软法之分。在早期，主要依赖硬

---

[1] 规则只是一种权威性理由，而权威性理由的特征在于：它一旦出现，就将取代其他理由而成为唯一的行动依据，取消掉其他实质理由的效果。一旦法律活动中只容许使用权威性理由，而权威又是连贯的话，那么得到权威支持的一方无须经进一步说理就可以单方决定结果，而没有得到权威支持的一方则将永无可能挑战成功。参见雷磊：《适于法治的法律体系模式》，《法学研究》2015 年第 5 期，第 3-27 页。
[2] 滕延娟：《论环境治理模式转型对中国环境立法的影响》，《贵州师范大学学报（社会科学版）》2017 年第 4 期，第 147-154 页。
[3] 雷磊：《适于法治的法律体系模式》，《法学研究》2015 年第 5 期，第 3-27 页。

法规范，即通过命令控制型的法律规范来强制企业遵守环境法律。后来，软法的作用越来越明显，通过软法实现环境治理也正越来越受到相应的重视，而软法的形式复杂多样，在生态文明建设中也发挥着新的功能。

1. 硬法

硬法是具有强制力和拘束力的法律规范。在我国的环境法律中，硬法条款非常丰富。主要体现在：

（1）宪法。在世界上，宪法中环境保护条款呈现出不同的形态，有的国家宪法直接以公民环境权的形式表现，大部分发展中国家的宪法直接规定了环境权条款；有的国家宪法以环境国家的形态表现，例如德国的宪法；而我国宪法主要以规定国家的环境保护义务的形态表现；当然也有的国家宪法中没有环境保护条款。无论哪种形式，其法律效力都存在着争议，胡静教授对此加以辨析，认为宪法中环境条款具有具体约束力，包括：在直接实现途径中，宪法环境权的规范效力在于约束法院从而直接体现在个案中，表现为环境权的可诉性；在间接实现途径中，环境权规范经由对立法机关的立法活动进行指导间接影响个案结果。[1]这一分析将环境权（或者是环境保护条款）的约束力分为可诉性和可具体化的效力，可以说是非常准确的。这也与国家的发展相一致，例如德国基本法中关于环境国家的条款，就被认为具有相应的拘束力。

（2）法律。包括环境基本法和环境单行法，以及其他法律中的环境条款。这些法律中大部分是硬法规范，例如最为典型的是《环境保护法》中关于环境按日处罚条款。在其他法律中，也有大量的体现硬法的功能与作用的环境条款。

行政法规和地方性法规。在我国，法规也具有较高的效力，环境法中的行政法规和地方性法规的硬法效力较多，也有着不同的类型。

---

[1]　胡静：《环境权的规范效力：可诉性和具体化》，《中国法学》2017 年第 5 期，第 152-172 页。

部门规章与地方政府规章。规章是国务院以外的有立法权的行政机关依法制定的普遍适用的法律规范。随着我国立法法的修改，我国有地方立法权（包括规章）的主体数量迅速增加，其中环境硬法的条款也会大量出现。

2. 软法

软法在现代环境法中的作用受到了越来越多的重视。环境法律中的硬法部分主要是对国家需要强制性统一实施的部分加以规范，而对于通过行业组织或者是授权给专门机关制定的规范，包括不具有强制性适用效力的环境标准，主要通过软法的方式来加以规范。因为"它配合着由国家法构成的硬法机制，分别和共同发挥调整环境领域社会关系的功能"[1]。在现代环境治理中，出现了行政机关与企业之间的合作，例如通过行政协议的方式达成共识，也体现为软法的形式，例如美国协商立法、契约治理等，正是这种规范性的软法形式。

软法的形式有多种，例如一些法律原则，立法中的倡导性条款，具有指导性、帮助性的行政规范性文件，我国环境保护部制定的"企业环境守法导则"、企业环境技术政策，等等。

这里着重介绍一下促进型立法的软法性质。促进型立法中存在着大量的软法规范，这些规范的作用与性质也存在相应的争议。促进型立法是现代法律的重要发展趋势，这些立法都具有相对的合理性，但这些立法存在的缺陷也是明显的，既没有强制性的约束，也没有对实施的有效性要求，容易导致这些法律的虚置甚至失效，不仅无法实现立法目的，也会导致法律权威的丧失。因此，对于促进型立法，不是是否需要的问题，而是如何进行有效实施的问题，将这些软法规范通过有效的责任制度，甚至赋予相对人的立法或者是实施请求权，要迫使行政机关及时有效地实施促进型立法。当然，我国在这方面也具有相当的优势，在我国，可以通过上级机关的考核与问责来实现促进型

---

[1] 王晓田、傅学良、王轶坚：《中国环境法中的软法现象探析》，《政治与法律》2009 年第 2 期，第 87-92 页。

立法的要求，也符合软法实施的特点。

可见，在我国生态文明建设不仅需要依赖硬法，而且需要依赖软法的治理，通过硬法与软法的合作，共同起到促进与保障的作用。

（三）生态文明法律体系的功能形式

1. 生态文明法律制度的作用方式

生态文明法律制度主要是通过利益导向与行为控制的方式来发挥作用。

（1）利益导向方式。这种方式是指在法律制度中利用不同的利益安排方式来促进生态文明建设，包括利益分配方式和利益诱导方式。

①利益分配方式。法学是利益之学，可以通过利益的配置来实现不同的目标。在生态文明建设中，主要涉及环境利益及与环境相关利益的配置问题。环境利益是一种涉及不同主体的共同利益，是一种公共利益；而与环境有关的利益，是在环境开发利用过程中，对环境加以开发利用者的利益。这两种利益存在一定的冲突，例如经济发展与环境保护之间的冲突。而生态文明法律制度，通过对这些利益的配置，可以有效地调节开发利用行为，促进生态文明建设。最典型的是环境规划和生态补偿制度。环境规划，指的是通过对国家或地方的环境资源的事先的统一计划来规范环境资源的开发利用行为，这样就会造成一些地区的人们因为环境保护的需要而限制其开发利用利益，这就是一种生态文明建设方式。当然，也会对之进行相应的补偿，例如生态补偿行为。

②利益诱导方式。这种方式并不是限制或者补偿人们的利益，而是通过利益诱导的方式，将利益与行为加以捆绑，从而调整人们的行为。最为典型的是环境税费制度，在一定的法定标准下，企业的排放行为与其缴纳的税费直接挂钩，这样虽然没有对之加以禁止或者是鼓励，但由于行为与其成本是直接对应的，从而促使行为人考虑其行为成本，有利于通过利益机制来调整行为人的行为。

（2）行为控制方式。这主要通过对人们行为的控制来实现法律的目的，包括行为抑制与行为促进的方式。当然，在行为控制中，存在一种隐性控制方式，即利益诱导中的经济性措施对行为可能起到相应的诱导性作用。

①行为抑制方式。这种方式主要是对一定的行为施加不利后果，通过制裁来抑制一定的行为。这样的后果，主要但不限于法律责任，在环境法中的法律责任的形式非常多元，主要包括行政处罚、刑事制裁与民事责任，这些都可以对行为人的行为进行一定的抑制，通过否定性的评价或者外部成本内部化的方式来避免行为人采取一定的破坏环境生态的行为，从而实现生态文明的目标。

②行为促进方式。这种方式主要是通过一定的措施来鼓励行为人采取一定的行为，例如奖励和帮助的方式，当然一定的柔性的环境规制措施也在实际上起到了这样的作用。就法律而言，现代促进型立法就是这样的一种典型的立法形式。与促进型立法相似的是，行为机关还可以通过奖励或指导的方式来帮助企业采取一定的行为，这样就能促进企业采取行政机关所期待的行为，从而实现生态文明建设目标。

2. 生态文明法律制度的作用机制

机制是指有机体的构造、功能及其相互关系。生态文明法律制度要发挥有效作用，必须依赖有效的机制。在生态文明建设中，曾经尝试了不同的机制，这些机制在生态文明建设中具有不同的功能。这些机制相互作用，发挥出生态文明法律制度的应有功能，并且由于现代环境治理的特点，这些机制也在不断演化，呈现出不同的形态。

（1）行政机制。这是由行政机关实施的治理方式，包括传统的行政治理方式和现代行政治理方式。从传统行政法的角度看，现代环境法是行政权力对环境法律加以普遍实施的法律部门，属于行政法的部门法，其在现代环境治理中也占有主导性作用。这种治理方式具有行政权的强制性与单方性的特点，主要形式有环境规范、环境标准、环境许可、环境执法检查等。随着治理观念的兴起，传统的行政治理方式也出现了柔性化的趋势，例如出现了非强制性的环境规制方式：公共警告、守法指导、信息公开等。

值得注意的是，与行政机制相对应的是司法机制，即利用诉讼方式实现的环境治理。这一方式不仅体现在环境侵权领域，而且体现在环境刑法领域，更体现在环境公益诉讼领域。

（2）市场机制。这是利用市场机制来实现环境治理的方式。市场作为一种基础性的资源分配方式，也是生态文明建设的基本方式。当然，这种市场机制也是多元的，有的是由政府主导的市场机制，例如税费制度，主要是将环境资源的价值予以内部化的一种制度形态，即使排污费交易制度，也包含了这样的制度要素。有的是企业对市场机制的一种反映，例如在市场中通过环境保护制度来实现良好的声誉，有的是利用环境保护制度来促进企业减少成本，有的是利用环境管理制度来减少政府的监督检查。有的是体现社会公众的市场机制，例如公众通过绿色消费在市场上的作用来促进企业的环境绩效，专业性评估机构对企业的绿色认证等功能与作用，专业性治理机构在第三方治理中利用市场资源的优化配置来实现的环境治理等。

（3）社会机制。这是利用社会力量来进行环境治理的一种方式。社会力量在环境治理中的功能越来越强，最典型的是社会公众与环保组织在环境保护中的作用。社会公众对环境具有相当的敏感性，他们能迅速地感知环境状况，对环境行为进行监督，例如举报、投诉，甚至是诉讼，这些行为对政府与企业的行为都是一种监督，也有利于促进企业改进环境行为。环保组织作为一种专业性的组织，与社会公众相比，具有专业技术甚至是资金上的优势，他们也可以在环境治理中发挥有效作用。其他的社会机制，例如一般的社会舆论也会发挥作用，虽然这些机制本身需要依赖政府的行为，但由于他们是政府行为程序的发起者，对政府行为程序的启动具有重要的意义，也是一种有效的力量。

第三节　生态文明法律体系的建构路径

一、生态文明法律体系的要素

　　法律体系或称法的体系，"通常是指由一个国家的全部现行法律规范分类组合为不同的法律部门而形成的有机联系的统一整体"[1]。这一概念是从法律体系及部门法之间的关系来加以界定的，只提出了法律体系规范性特征及类型化特征，并没有对法律体系的发展及内部关系进行更多的分析。在我国法学界，这一界定长期居于通说的地位，我国官方在相关的表述中也运用了这一学说。但这一学说也存在不明确与不周延之处，逐渐在学术界引起了较多的争议。[2]

　　近年来，我国法学界对法律体系的研究不断深入，国外的相关研究也越发引起了我国学术界的重视，自从德国学者拉伦茨（Larenz）的《法学方法论》被译为中文，其对法律体系的研究对我国产生了相当大的影响。拉伦茨认为，可以从外在体系和内在体系的角度来研究法律体系。外在体系是依形式逻辑规则建构的抽象概念体系，内在体系是由一般法律原则构成的体系。拉伦茨的这一观点具有较强的合理性，我国有越来越多的学者开始借鉴拉伦茨的观点，将法律体系分为内在体系与外在体系。本部分也从内在体系和外在体系的角度来对我国生态文明法律体系进行剖析。[3]

　　（一）生态文明法律制度的内在体系

　　生态文明法律制度的内在体系是指生态文明法律的原则、理念。拉伦茨指出：整个法秩序（或其大部分）都受特定指导性法律思想、

---

[1]　《中国大百科全书》总编辑委员会：《中国大百科全书·法学》，北京：中国大百科全书出版社，1984 年，第 84 页。

[2]　张志铭：《转型中国的法律体系建构》，《中国法学》2009 年第 2 期，第 140–158 页。

[3]　方新军：《内在体系外显与民法典体系融贯性的实现　对〈民法总则〉基本原则规定的评论》，载《中外法学》2017 年第 3 期，第 565–589 页。

原则或一般价值标准的支配。[1] 可见，内在体系对整个法律制度具有重要意义。虽然在一定的时期，由于法律规则不断完善，法律的内在体系受到了一定的忽视，但随着法律所要应对的社会问题越来越复杂，规则之治的弊端也日益显现，法律内在体系的功能也不断得到强调。正如有学者所言："在历史的长河中，法律体系的内在体系经历了一个从被遮蔽到重新外显的过程。"[2] 作为新兴的法律部门，生态文明法律体系的内在体系更加居于核心地位，其理念与原则更加具有基础性作用。生态文明是一种新型文明，由于工业文明产生了严重的环境后果，生态文明是对现代工业文明进行的一种纠偏。促进与保障现代生态文明的发展，需要完善生态文明法律体系。民法等传统法律的内在体系产生于人类对人与人之间、人与社会之间关系的规律性认识。而生态文明法律的理念与原则是人类经历了被自然惩罚后的一种反省性认识，不仅是对人与人之间关系、人与社会之间关系的一种认识，也是对人与自然之间关系的一种认识。因此，与传统法律部门相比，生态文明法律制度的内在体系就具有更多的独特性。

1. 生态文明法律制度的理念

在生态文明法律制度中，理念是非常重要的。在环境保护与经济发展的关系问题上，理念起到决定性的作用。而这一理念体现在环境立法中，就是环境立法的目的，而环境立法目的又存在"目的二元论"与"目的一元论"之分："多数国家主张环境法的最终目的，首先是保护人的健康，其次是促进经济社会持续发展，即'目的二元论'。在有的国家，如日本、匈牙利等，环境法的唯一目的是保护人群健康，即'目的一元论'。"[3] 在我国，环境法的立法目的也经历了一定的发展与演变，而这种发展与演变的根本原因就是环境保护与经济发展

---

[1] 〔德〕卡尔·拉伦茨：《法学方法论》，陈爱娥译，北京：商务印书馆，2003 年，第 316 页。

[2] 方新军：《内在体系外显与民法典体系融贯性的实现 对〈民法总则〉基本原则规定的评论》，《中外法学》2017 年第 3 期，第 565–589 页。

[3] 王小钢：《对"环境立法目的二元论"的反思——试论当前中国复杂社会背景下环境立法的目的》，《中国地质大学学报（社会科学版）》，2008 年第 4 期，第 63–69 页。

关系的理念发生了变化。

在 1989 年《环境保护法》中，我国环境保护法的立法目的体现为第一条，即"为保护和改善生活环境和生态环境，防治污染和其他公害，保障人体健康，促进社会主义现代化建设的发展，制定本法"。学术界认为，虽然这一立法目的也强调了保护环境的意义，但"促进社会主义现代化建设的发展"这一句，使环境保护的目的体现为为经济发展提供良好生态环境的意义，具有典型的"二元论"的特点，甚至演化成了"经济优先，环境保护为经济服务"的价值观。[1] 而 2014 年修订后的《环境保护法》第一条规定："为保护和改善环境，防治污染和其他公害，保障公众健康，推进生态文明建设，促进经济社会可持续发展，制定本法。"虽然也有促进经济发展的内容，但发展表述为"促进经济社会可持续发展"。虽然也将环境保护与经济发展的目的联系起来，但已经发生了重要的变化，可以说已经开始向"一元论"方面发展，是生态文明建设理念的一次重大改变。

我国生态文明建设的理念，也体现为国家对生态文明建设事业的重视，体现为全社会高度重视绿色发展理念的功能与价值。这些理念对环境保护的法律规范以及环境法律的实施无疑具有重要作用。同时，生态文明法律制度的理念对基本原则也有决定性的影响，即"环境法基本原则所蕴含的环境法价值并不是由立法者设定的，它们广泛地存在于人们对社会现实认识的理念之中"[2]。

2. 生态文明法律制度的基本原则

环境法基本原则与立法目的（立法理念）直接相关，是生态规制、人类对环境的伦理以及环境经济原则的基本要求在环境立法上的反映，同时也是会随着环境问题的发展变化而变化。[3] 过去，我国学术界对环境法基本原则的概念，甚至是环境法基本原则的范围，都一

---

[1] 高利红、周勇飞：《环境法的精神之维——兼评我国新〈环境保护法〉之立法目的》，《郑州大学学报（哲学社会科学版）》2015 年第 1 期，第 54~57 页。
[2] 汪劲：《环境法律的理念与价值追求》，北京：法律出版社，1999 年，"前言"第 7 页。
[3] 金瑞林、汪劲：《20 世纪环境法学研究综述》，北京：北京大学出版社，2003 年，第 155 页。

直没有明确的界定。但随着《环境保护法》的修改，环境法的基本原则已经得到了确定，根据《环境保护法》第五条的规定，我国的环境法基本原则应该是"保护优先、预防为主、综合治理、公众参与、损害担责的原则"（具体分析可见下文）。

根据可否在具体案件中加以适用的标准，法律原则可以分为开放式原则和法条形式的原则。[1]同时,法律原则内部也会存在冲突与矛盾，在诸原则相互矛盾时，每一原则应向其他原则让步，直到两者都可以得到"最佳的"实现，并考虑个别原则在此等原则构成体系中的价值如何。[2]也就是说，在环境法的基本原则中，也存在效力位级的问题。例如在污染防治法中的基本原则与自然资源保护法中的基本原则就会存在一定的区别。此时的取舍应考虑"内在体系同样具有逻辑顺位，体现为从基本原则，到下位部门法中的次原则，再到具体制度中的价值取向"[3]。

（二）生态文明法律制度的外在体系

法律制度的外在体系是指以一定的逻辑方式对各种源于生活事实层面抽象所得出的法的概念、制度加以建构的体系，体现为对素材的加工编排所形成的处理结果。[4]也就是说，法律制度的外在体系是以法律概念、法律规则等要素所构成的一种体系。在法律制度的外在体系中，基本要素是法的概念，法的概念是对生活事实进行不同程度的抽象所得出的语言符号。[5]法的概念是对一定客体的高度抽象，这种抽象主要取决于学术形成概念时所拟追求的目的，而与日常用语的相应概念存在区别。[6]在环境法领域的概念与自然科学领域的概念也存在区别，例如环境、资源、污染等概念，环境法学与自然科学都存在明显的区别，可谓名同而实异。因为环境法学中的概念是服务于整个

[1]　〔德〕卡尔·拉伦茨：《法学方法论》，陈爱娥译，北京：商务印书馆，2003年，第353页。
[2]　〔德〕卡尔·拉伦茨：《法学方法论》，陈爱娥译，北京：商务印书馆，2003年，第349页。
[3][4][5] 朱岩：《社会基础变迁与民法双重体系建构》，《中国社会科学》2010年第6期，第151–168页。
[6]　〔德〕卡尔·拉伦茨：《法学方法论》，陈爱娥译，北京：商务印书馆，2003年，第318页。

环境法律体系的，是为了更好地对法律事件进行涵摄；而自然科学中的概念是从各自的科学体系出发，对一定事物的客观属性所进行的概括。

法律规则是指具体规定权利和义务以及具体法律后果的准则，或者说是对一个法律事实状态赋予一种确定的具体后果的各种指示和规定。[1] 在法律制度中，法律规则占有相当大的比例，因为任何法律制度主要是通过权利（权力）义务的配置来实现其法律目的，而这些配置主要依赖法律规则。

法律概念与法律规则，共同构成了环境法的制度。从外在体系的来源来看，生态文明法律制度的来源包括：①成文法。在生态文明法律制度中，成文法越来越成为一个国家生态文明法律制度的主要来源。在现代社会，各国都有大量的环境立法，即使判例法国家，也有大量的环境立法，这是世界各国的普遍规律，也是生态文明法律制度的主要渊源。②判例法。在英美法系国家，判例也是重要的法律渊源，司法机关的环境判例成为环境法的重要渊源，例如在美国的马萨诸塞州等诉联邦环境局案中，美国联邦最高法院关于温室气体规制的判决就对温室气体的规制产生了重要的影响；至于美国法院在环境公益诉讼原告资格方面的几次著名案例，对美国环境司法就起到了至关重要的作用。③环境习惯法。生态文明法律制度也可以来自习惯法规范，这方面已经开始引起了我国学者的关注。[2] 在环境法的实践中，习惯法的作用没有得到应有的重视，实际上，习惯法在环境法中也有着重要的作用，例如奥斯特罗姆（Ostrom）研究的公共池塘管理方式，我国查干湖当地的渔民对捕鱼的要求等，都涉及环境习惯法的作用。

从成文法的角度看，环境法主要规定实体性内容和程序性内容，前者主要包括权力、权利、义务和责任，后者主要包括实现实体性内

---

[1]　沈宗灵：《法理学》，北京：高等教育出版社，1994 年，第 35 页。

[2]　柯坚：《制定法与习惯法：农村环境保护的双重规范机制》，《清华法治论衡》2013 年第 3 期，第 143–156 页；郭武：《论环境习惯法的现代价值》，武汉大学 2012 年博士学位论文。

容的程序以及一些具有相对独立性的程序。与其他法律部门存在区别的是，环境法中特别重视义务的规定与实现。

（三）内在体系与外在体系之间的关系：原则与规则的关系

在法律体系的构建过程中，存在着规则模式和规则—原则模式。前者强调法律体系是由规则组成的，而后者强调法律体系不仅是一种规则的结合，而且也是规则与原则相互统一、共同一致的模式。现在一般的法学通说认为规则—原则模式更具有科学性，因为"法律体系不再被视为仅仅由确定的法律规则所构成的封闭体系，而是承认在某些案件中会存在评价的开放空间，并通过法律原则的引入和相互权衡寻求妥当的个案裁判，从而使整个法律体系同时具备了确定性与开放性"[1]。法律原则也在整个法律体系中起到了统合作用，即"法律规范之间并非仅靠逻辑，更重要的是依靠价值标准而统合在一起，这些价值标准的法律表达形式正是法律原则；借助于由法律原则所构成的内部体系才能正确地理解法律规范间的意义脉络"[2]。

可见，法律体系的内在体系与外在体系共同结合，组成了相对丰富的具有其内在逻辑的体系。在生态文明法律制度中，理念与原则这样的内在体系不仅引导着法律制度的发展，也对法律规范的适用起到了重要的作用。就前者而言，生态文明的理念在法律发展中居于基础性地位。如前所述，我国不仅环境法的立法目的发生了变化，而且在如何处理经济发展与环境保护的关系上，2014年修订的《环境保护法》第四条将原法的"使环境保护工作同经济建设和社会发展相协调"修改为"使经济社会发展与环境保护相协调"，对二者的位置作出了重大调整。[3]正是在这样的理念下，我国的环境法律规则也发生了明显的变化，尤其表现在环境法律责任的严厉性方面。就后者来看，这样

[1] 冯威：《法律体系如何可能？——从公理学、价值秩序到原则模式》，《苏州大学学报（法学版）》2014年第1期，第34-48页。
[2] 梁迎修：《方法论视野中的法律体系与体系思维》，《政法论坛（中国政法大学学报）》2008年第1期，第61-67页。
[3] 信春鹰：《中华人民共和国环境保护法释义》，北京：法律出版社，2014年，第14页。

的理念与原则，也对环境法的实践产生了影响，例如我国最高人民法院指导案例 75 号"中国生物多样性保护与绿色发展基金会诉宁夏瑞泰科技股份有限公司环境污染公益诉讼案"，原审法院根据法律的一般解释认定原告不具有诉讼资格，而最高人民法院根据原则解释认定原告具有诉讼资格。对原告资格的确认与扩张，实际上是公众参与原则与加强环境保护理念下的产物。

当然，作为外在体系的生态文明法律规则也在不断扩张，起到了具化生态文明理念与原则的功能。近年来，我国生态文明法律规则不断完善，涉及的领域也在不断扩展。在环境影响评价方面，我国相关法律规则从一般建设项目环评，扩展到规划环评，今后还会扩展到政策环评或战略环评，这是一个巨大的进步。在国家公园保护等方面，我国相应的规则也在不断扩展。可以说，我国生态文明法律规则不仅数量在增加，涉及的领域也在不断扩大，使生态文明理念与原则得到了有效的落实，实现了外在体系与内在体系的整合。

（四）生态文明法律体系的融贯性要求

法律体系的一致性和连贯性是其基本要求，但还有更高的要求，即整个法律体系应该具有融贯性。法律体系不仅需要在内在体系与外在体系之间保持统一协调，而且需要保证整个法律体系的融贯性。法律体系的融贯是指一系列陈述融合在一起，作为一个整体"产生意义"时表现出来的性质。[1] 它比一般意义上的法律体系的协调一致体现了更高的要求。正如学者所言，融贯性存在三个层次的要求：第一个层次是连贯性，即体系的前后没有矛盾；第二个层次是体系的融贯，所有的法律规范都可以，也必须被放入整个法律体系中加以理解；第三个层次是理念的融贯，理念融贯性要求指涉一些超越法律的理念。[2]

[1] 侯学勇：《融贯性的概念分析：与一致性相比较》，《法律方法》2009 年第 2 期，第 123–125 页。
[2] 雷磊：《融贯性与法律体系的建构——兼论当代中国法律体系的融贯化》，《法学家》2012 年第 2 期，第 1–16 页。

在生态文明法律制度中，融贯性具有其独特性：①理念的融贯问题。生态文明法律制度具有不同的层次，其理念与原则也可能存在一定的差异，如何实现其融贯与协调是非常重要的。从理想角度来说，生态文明法律体系的理念是比较统一的，即贯彻环境优先与生态优先已经成为一种共识。②生态文明法律往往是根据环境要素的特点来制定的，而且是在不同的时期制定的，这更容易产生法律之间的冲突，需要保证法律体系的连贯与协调。③生态文明法律体系中，应对环境问题的方式复杂多样，不同时期的制度也会存在差异，一些制度会出现冲突，例如关于国家公园与现有的国家保护区之间的关系等，如何实现这些方式和手段的统一与融贯，也非常具有现实意义。

二、我国生态文明法律体系的形成

（一）我国生态文明的立法体系

法律体系主要来源于成文法，也就是说，认识我国的立法体系是理解生态文明法律体系的基本路径。按立法性质分，我国立法可以分为传统立法和行政立法；按立法适用范围分，我国立法可以分为中央立法和地方立法；按立法权限分，我国立法可以分为职权立法和授权立法。当然，除了正式的立法外，在生态文明法治体系下（详见下文论述），还存在大量的行政规范性文件，这些行政规范性文件在生态文明法律体系中也居于重要地位。另外，司法裁判也起到了相应的作用。本部分主要从中央立法与地方立法的类型上，分析我国生态文明的立法体系。

我国的中央立法有以下几类：

（1）全国人民代表大会及其常务委员会（以下简称"全国人大及其常委会"）的立法。其立法形式是法律，可以分为基本法律和一般法律。根据《宪法》和《立法法》的规定，全国人大及其常委会行使国家立法权，也就是一般意义上的立法权。其中全国人大的立法权限是"制定和修改刑事、民事、国家机构的和其他的基本法律"，而全国人大常委会的立法权限是"制定和修改除应当由全国人民代表大会制定的法律以外的其他法律"。为了加强生态文明建设，全国人大及其常委会制定了大量的法律，同时也根据形势发展的需要，对原有的一些法律进行了修改，甚至是大幅度的修改——近年来修改或制定的法律包括《环境保护法》和《环境保护税法》，等等。

（2）国务院和部委的立法。根据《宪法》和《立法法》的规定，我国国务院和部委也有一定的立法权，即所谓的行政立法。在现代社会，行政立法是立法的重要组成部分。传统的议会立法（我国是全国人大及其常委会立法）已经无法适应社会的发展与需要，这就需要依赖行政机关的立法来予以补充与完善。在我国的立法体制下，国务院的立法属于行政法规，具有仅次于宪法和法律的效力。随着生态文明建设的发展，我国的行政立法也呈现出大量扩张的态势。

地方立法是指只适用于一定行政区域的立法形式。与中央立法分为人大立法与行政立法相似，地方立法也分为人大立法与行政立法，另外地方立法还存在民族自治地方的立法，这也是一种特殊的立法形态。

在 2015 年《立法法》修改之后，我国的立法体制已经有了重大的发展，中央立法与地方立法的互动得到了强化。一是中央立法加快了对原有法律的修改和新的法律的制定，二是地方立法不仅配合中央立法，而且也在一些生态文明建设领域发挥着先行先试的作用。

随着社会的发展，区域环境治理的需要越来越强。我国出现了应对区域环境治理的新型立法形式，即区域立法。区域立法在我国现行的法律框架中还没有明确的依据，但区域立法的试点已经不断开展，例如在京津冀区域、珠三角区域的环境立法实践。根据国外的经验，区域立法有的是各区域的联合协议的形式，有的是联合制定法律规范，但这两者的法律性质与效力也存在一定的差异。如果是前者，可以视为行政协议，可以由法院根据行政协议的审理方式来予以裁判；如果是后者，其法律效力就需要再作具体的分析，根据联合制定的机关的性质和制定的程序来确定其效力。可以说，区域环境治理对区域环境立法及其效力问题提出了新的挑战。

从上面的分析可以看出，我国立法体制呈现出"一元多体"的特点，甚至出现了现行法律框架中没有明确依据的区域合作立法。这些丰富的立法形式，既保证了国家法律的统一，又体现了现代行政的特点；既依赖行政机关来制定大量的行政法规，又兼顾了地方立法的需要。

"一元多体"的立法体制，决定了我国立法主体的复杂性，同时也涉及一个重要的问题，即各种立法主体在立法中的权限问题。根据《立法法》的规定，我国不同的立法主体存在权限划分问题。首先是中央事务与地方事务之间的划分问题，其次是立法权与行政权的划分问题。这些都必须在生态文明立法体系中得到严格遵守。

（二）生态文明立法体系的形成模式

中华人民共和国成立后，我国法律的发展呈现出从初步发展到基本停滞再到改革开放后快速发展这样复杂的阶段性特点。为了适应改革开放的需要，加快法制建设，我国在立法上形成了自身的特色。这些特色既有建构主义的要求，也有进化主义发展的特点，"中国法律体系是依托国家主导下的法律试行机制建立起来的，因此其构建模式是一种进化因素和建构色彩并存的混合模式"[1]，体现了鲜明的中国特色，当然也产生了相应的弊端。在生态文明法律领域，这些特点表现得尤为明显，主要体现为由上而下的建构主义模式及其制度先行试点化的进化主义模式。

---

[1] 钱大军、薛爱昌：《繁华与无序：法律体系建构的中国模式之检讨》，《社会观察》2016 年第 3 期，第 80-81 页。

1. 建构主义模式

在改革开放初期，我国环境问题并不严重，在其他立法都非常罕见的情况下，我国就制定了《环境保护法（试行）》，这虽然体现了中国对环境问题的重视，但也具有明显的建构主义特点。这一做法，与西方国家在环境问题非常严重时才制定环境法是完全不同的发展路径。可以说，在环境法领域，我国是一个完全自上而下的立法过程，而西方国家更多是一种自下而上的过程，立法是回应整个社会生态环境保护的压力而出现的，具有回应性的特点。因此，我国的环境立法更是一种建构性的立法。而当某一环境问题严重时，立法往往会快速回应相应的社会问题，而不顾整个经济与社会发展条件的制约，这在《淮河流域水污染防治暂行条例》的制定上表现得非常明显。当时，为了解决淮河流域环境问题，不顾其形成的历史，要求在 2000 年淮河流域水环境完全达标，体现出相当强的理想主义色彩，结果导致立法目标根本无法实现。

2. 进化主义模式

该模式主要体现为一些制度的实践，我国改革开放的一个重要经验主要通过试点来解决相应问题，然后在条件成熟时再向其他地方推广，并制定相应的法律规范，最典型的就是我国房产税的试点工作。在生态文明建设领域，我国也具有这样的特点。虽然没有明确的法律依据，但我国很早就开展了排污权的试点工作。在地方立法中也出现了一些新型的制度，例如《深圳经济特区环境保护条例》（2009 年修订）就在全国首次规定了环境优先的原则。在地方立法中，还明确了环境审判的专门化工作。在环境公益诉讼方面更是具有这样的特点，不仅开始由地方开展环境公益诉讼的试点工作，而且在《中华人民共和国民事诉讼法》（以下简称《民事诉讼法》）、《环境保护法》都规定了环境公益诉讼起诉条件的情况下，仍然先开展试点工作。例如全国人大常委会2015年授权部分地方检察机关提起公益诉讼的试点工作，又如在生态损害赔偿方面也是先试点再全面推广的。这些尝试体现在立法上就是一种进化主义的立法模式。

当然，这两种做法都存在一定的不足。关于前者，"一方面因其试验性而体现出渐进的一面，另一方面又因其政府主导性而具有明显的人为控制色彩"[1]，这样的立法模式容易形成环境立法的空转，环境立法的权威得不到尊重，环境法成为典型的没有牙齿的"软法"，必须依赖国家政策的强力推进，否则无法实现其立法目标。关于后者，人为因素也非常明显，并且容易导致试点的合法性危机，导致整个法律体系的合法性和法律的实效性受到质疑。

因此，在生态文明法律体系的建构上，我国应进行相应的改革：①根据社会的发展，通过整体性的制度设计应对环境问题，例如我国通过生态文明整体方案的建设来实现生态文明法律体系的发展与完善；②通过加强试点实践的合法性建设，解决过去试点中合法性受到质疑的问题，例如在我国的环境公益诉讼试点工作中，就是由全国人大常委会进行专门的授权来解决合法性问题的。我国在环境公益诉讼制度和生态损害赔偿制度中就进行了初步的尝试，也取得了一定的成效，很好地处理了制度实践需要与合法性保障之间的关系。

（三）生态文明立法的效力体系

在法律体系中，需要重视其效力问题。法律效力是指不同法律规范在对同一问题的规定存在冲突的情况下如何适用的问题。法律体系必须符合融通性的要求，如果出现冲突必须以一定的规则来加以解决，否则会导致整个法律体系的混乱，不符合法治的要求。立法体系的效力层级可以从纵向和横向两方面来看。从纵向看，我国法律是由宪法、法律、行政法规、地方性法规、行政规章、自治条例和单性条例等规范性法律文件按照效力等级排列的体系。[2] 而从横向看，是指同一位阶的法律规范存在新法与旧法、特别法与普通法等的效力问题。根据

[1] 钱大军：《当代中国法律体系构建模式之探究》，《法商研究》2015 年第 2 期，第 3–12 页。
[2] 李拥军：《当代中国法律体系的反思与重构》，《法制与社会发展》2009 年第 4 期，第 128–138 页。

《宪法》和《立法法》的规定，从纵向看，宪法具有最高法律效力，其次是法律、行政法规、地方性法规、行政规章等。从横向看，由于同一立法主体在不同的时期不同的领域进行立法，对同一问题也会出现冲突。此时的效力主要适用新法优于旧法、特别法优于普通法的原则，若新的普通法与旧的特别法出现冲突，则由原制定机关来加以判定。

法律效力体系是一个非常复杂的问题，除了在法院的司法适用中加以解决外，还需要由原制定机关来加以解释与说明，以明确其不同的法律效力。

三、生态文明法律体系的构成

我国生态文明法律规范的渊源类型多样，从宪法渊源到一般法律，直至规章甚至行政规范性文件，都可以成为生态文明法律规范的渊源。这些法律规范形成了一个包括内在体系和外在体系的生态文明法律体系。

（一）宪法中的生态文明法律规范

宪法是一个国家的基本法，在生态文明法律体系中居于核心地位。在我国，《宪法》中关于生态文明的条文不多，主要是序言、第九条、第二十六条和第八十九条第（六）款的规定。其中序言写道："推动物质文明、政治文明、精神文明、社会文明、生态文明协调发展。"第九条规定："矿藏、水流、森林、山岭、草原、荒地、滩涂等自然资源，都属于国家所有，即全民所有；由法律规定属于集体所有的森林和山岭、草原、荒地、滩涂除外。国家保障自然资源的合理利用，保护珍贵的动物和植物。禁止任何组织或者个人用任何手段侵占或者破坏自然资源。"第二十六条规定："国家保护和改善生活环境和生态环境，防治污染和其他公害。国家组织和鼓励植树造林，保护林木。"

第八十九条规定，"国务院行使下列职权：（六）领导和管理经济工作和城乡建设、生态文明建设。"从中可以看出，第九条是关于自然资源（包括动物与植物）归属的宪法规定，实际上是关于环境资源的规定。根据我国《环境保护法》，环境是指影响人类生存和发展的各种天然的和经过人工改造的自然因素的总体。作为一种资源，环境资源属于国家和集体所有。第二十六条是关于国家保护环境的职责或者是义务。第八十九条第（六）款规定了国务院有行使生态文明建设的职权。这三条构成了我国生态文明建设的宪法依据。

　　但是，这几条还是比较粗疏的，都是从国家的角度来对环境资源问题进行的界定，而公民的环境权利问题，还缺乏应有的规定，这样生态文明法律体系就缺少了非常重要的一个宪法依据。如何完善宪法上的有关规定，是当前学术界非常重视的一个问题。如何在《宪法》中增加关于公民环境权利保护的内容，存在不同的思路，具体而言有以下几点。

　　（1）通过宪法解释的方式来确定公民环境权利。这一思路认为可以不必修改宪法，而是通过宪法解释的方式，来确定公民环境权利的宪法地位问题。由于宪法修改存在较大困难，也会引起宪法稳定性的争议，因此，可以通过宪法解释的方式来解决环境权利保护的宪法依据问题，主要的参考方式是日本和印度的做法。日本的做法是对公民生存权的界定，通过宪法中公民生存权的解释来强调国家在保护公民环境权利方面的责任。印度是通过对公民生命健康权进行解释的方式来明确国家对公民环境权利保护的责任。这种做法的好处是既保证了宪法的稳定性，又明确了公民环境权。但缺陷是环境保护的重要性无法在宪法中得到有效体现，宪法中的环境权具有宣示性，这也无法通过宪法解释得到有效的体现。

　　（2）直接在宪法中规定环境权。在宪法中直接规定公民的环境权，是当前许多国家的做法。根据吴卫星教授的研究，目前许多国家在宪法中明确规定了环境权[1]，一些国家例如法国甚至通过了《环境宪章》这样的宪法性文件，将其与人权宣言共同作为宪法的组成部分，高度强调了环境权的宪法价值。这样的规定，不仅体现了环境保护在现代风险社会中的重要地位，而且也奠定了公民环境权保护的宪法基础。但这样规定的缺陷也是明显的：①环境权的可诉性问题。在宪法中明确规定环境权，其义务主体就是国家，并且可以通过诉讼方式来要求国家承担相应的义务，但环境权的可诉性非常复杂，存在较大的困难，会导致环境权的可诉性不足，影响环境权的价值与功能。②环境权具体内容的判断问题。环境权是实体性权利还是程序性权利，也是一个极具争议的问题，如果在宪法中明确公民环境权，如何通过实体性判断来加以实现，也存在较大困难。

（3）不规定环境权，但明确规定国家的环境保护职责。最典型的是德国宪法修正案中关于环境保护的规定，即《德国基本法》第20a条的规定。这一条款的规定被认为对国家公权力具有拘束力，但公民却不能根据这一规定而享有直接诉权。这实际上是一种理性的立法技术：一方面，这一规定明确了国家环境保护的义务，即国家权力机关，必须在其行使权力的过程中，考虑对环境保护的力度和对公民环境权利的保护；另一方面，这一规定又限制了公民直接的可诉性，毕竟环境利益的公众感受力是存在差异的。因此，通过对公权力的限制，特别是行政决策的程序化和司法过程的生态化，可以更好地起到平衡作用。

目前，我国也有许多学者主张环境权入宪，例如吕忠梅教授就认为在宪法修改时，应将公民环境权作为基本权利在宪法中予以确定。[2]无论是否将环境权入宪，公民环境权利的保护都是宪法所应面对的重要问题。

---

[1] 吴卫星：《环境权入宪的比较研究》，《法商研究》2017年第4期，第173–181页。
[2] 吕忠梅：《环境权入宪的理路与设想》，《法学杂志》2018年第1期，第23–40页。

（二）环境基本法

1. 环境基本法的界定

在学界看来，环境法领域的基本法是非常重要的，可以起到全局性与基础性的地位，总领环境法学的发展与基调。例如吕忠梅教授就认为，在我国环境法领域一定需要一部环境基本法。[1] 就世界环境法的发展来看，美国和日本在 20 世纪 60 年代就制定了环境基本法，其后各国在环境基本法的制定上曾经出现过两个高峰期：第一高峰期（1972 年至 20 世纪 80 年代中期）、第二高峰期（1992 年至 21 世纪早期）。[2] 总之，环境基本法是各国在应对环境问题、提高环境立法水平的背景下产生的，同时环境基本法也有整合、统领、协调和简化环境单行立法的功能。[3]

在我国，对于《环境保护法》是否属于环境基本法不存在争议，但对于是否属于我国法律体系中的基本法律还存在一定的争议。根据大多数学者的观点，《环境保护法》还不属于我国法律体系中的基本法律，这些观点的主要依据是《宪法》和《立法法》的规定，基本法律是由全国人大制定的，全国人大常委会无权制定基本法律，只能制定一般性的法律，而《环境保护法》是由全国人大常委会制定和修改的，因此只能属于一般性法律，其法律效力就与其他环境单行法没有区别。要厘清这一问题，就需要对环境基本法的相关问题进行解答。

（1）基本法律的界定问题。首先，从立法权限来说。根据《宪法》和《立法法》的规定，全国人大制定基本法律，而全国人大常委会只能制定基本法律以外的法律。从这一点来说，我国《环境保护法》是全国人大常委会制定的或者是修改的，不是基本法律。但由于我国现行《环境保护法》是在 1979 年制定的《环境保护法（试行）》的基础上发展起来的，那时我国现行《宪法》还没有实施。在 1982 年《宪

[1]　吕忠梅：《中国需要环境基本法》，《法商研究》2004 年第 6 期，第 40–46 页。
[2]　李挚萍：《环境基本法比较研究》，北京：中国政法大学出版社，2013 年，第 7 页。
[3]　李挚萍：《环境基本法比较研究》，北京：中国政法大学出版社，2013 年，第 6 页。

法》实施后，1989 年的《环境保护法》延续了"试行案"的做法。考虑这一历史背景，我们不能过于强调其是全国人大常委会制定的就只能是一般法律而不是基本法律。而就 2014 年《环境保护法》（修订案）来说，我国宪法实际规定全国人大常委会可以对基本法律加以修改，所以也不能以此来否认《环境保护法》的基本法律地位。

其次，从立法程序来说。我国《宪法》和《立法法》并没有规定基本法律与一般法律在立法程序上的区别，从程序上加以判断存在一定的困难。但也有学者开展了这方面的研究工作，对基本法律与一般法律的立法程序进行了分析，认为立法规划将某部法律的起草单位确定为全国人大常委会法工委与该法律的基本法律属性之间具有很强的正相关性，并且认为这一做法已经形成了一种基本法律的程序性判断机制。[1] 如果以此来作为判断的标准，可以发现，我国《环境保护法》（修订案）是由全国人大常委会的环境与资源保护委员会主导的，但由于该修订案是法律修改而不是法律的制定，其程序上的要求也存在差异。

从这个理论出发，可以发现我国的《环境保护法》虽然是由全国人大常委会制定或者修改的，但其在修改过程中，经过了全国人大常委会编制立法规划，实际上满足了基本法的程序性要求。

再次，从功能来说，《环境保护法》也具有基本法律的功能。从法律的功能要求来看，《环境保护法》实际上起到了基本法律的作用，因此是需要将其作为环境基本法加以应对的。而且在我国的《环境保护法》（修订案）的修改过程中，"全国人民代表大会法律委员会关于《中华人民共和国环境保护法》（修订案）审议结果的报告"中也明确提出：在本法施行前公布的环境保护法律与本法不一致的，适用本法；本法没有规定的，适用其他环境保护法律的规定。[2] 同时，从规定内容来看："承认公民环境权利，规范行政权力，强化政府责任，

---

[1] 赵一单：《论基本法律的程序性判断机制》，《政治与法律》2018 年第 1 期，第 90—101 页。

[2] 信春鹰：《中华人民共和国环境保护法释义》，北京：法律出版社，2014 年，第 413 页。

维护公共环境利益，可能是 21 世纪环境基本法的发展趋势。"[1] 而我国环境保护法修订案更是体现了这一方面的特点。

（2）基本法律的效力问题。从前述的基本法律的观点来看，我国《环境保护法》居于环境法领域的基本法律，那么其法律效力也是需要考虑的一个问题。

根据基本法律与一般法律的效力原理，有学者认为：全国人大与全国人大常委会并不是同一机关，当全国人大制定的基本法律与全国人大常委会制定的非基本法律的效力发生冲突时，不能简单适用"新法优于旧法"原则，应通过合理的立法政策，建立有利于保障基本法律效力的机制。[2] 这一理论具有一定的合理性。在生态文明法律体系中，作为基本法律，环境保护法的法律效力存在如下几种情况：①在环境领域中的法律，作为基本法律，环境保护法居于首要地位，这在"全国代表大会法律委员会关于《中华人民共和国环境保护法》（修订草案）审议结果的报告"中也有所涉及；②在环境领域和其他非环境领域中，如果是环境保护法与其他基本法律的冲突，则适用基本法律之间的关系；③如果涉及环境保护法与其他非基本法律之间的关系，则应根据合理的立法政策，确定不同法律之间的效力。

这样，我们就可以在整个法律体系中，界定《环境保护法》的效力问题，更好地解决法律冲突问题。

2. 生态文明法律制度的基本原则

从环境基本法的功能来看，环境基本法应规定环境法律制度的基本原则。一般来说，环境法的基本原则规定得比较明确的是环境基本法或者环境法典的总则部分，而环境与资源保护单行法的立法一般不对基本原则作明文宣示。[3] 我国环境法学界对环境法基本原则不同的界定，在不同教科书中有不同种类的环境法的基本原则。[4] 但随着《环

---

[1] 王小钢：《国外环境基本法特色制度述评》，《环境保护》2011 年第 11 期，第 62-64 页。
[2] 韩大元：《全国人大常委会新法能否优于全国人大旧法》，《法学》2008 年第 10 期，第 3-16 页。
[3] 金瑞林、汪劲：《20 世纪环境法学研究综述》，北京：北京大学出版社，2003 年，第 154 页。
[4] 金瑞林、汪劲：《20 世纪环境法学研究综述》，北京：北京大学出版社，2003 年，第 156 页。

境保护法》的修改，我国环境法的基本原则已经定型，虽然也有学者认为我国《环境保护法》中环境法的基本原则的规定不够成熟，例如竺效就在环境保护法立法后指出环境法原则的出发与再出发问题[1]，但根据《环境保护法》的规定来确定环境法的基本原则应是今后的一种基本思路。因此，本书也从环境保护法的规定来寻求环境法的基本原则。

在新环境保护法中，已经明确了环境法的基本原则，即第五条"环境保护坚持保护优先、预防为主、综合治理、公众参与、损害担责的原则"。也有学者指出，这只是环境保护的基本原则，而不是环境法的基本原则，因此需要对此加以检讨。[2]但本书认为，由于我国环境保护法对此作出了明确的规定，这些原则作为环境法的基本原则是没有问题的。

（1）不同原则的含义。①保护优先原则。保护优先是生态文明建设规律的内在要求，就是在源头上加强生态环境保护和合理利用资源，避免生态破坏。[3]这实际上是如何处理生态保护与经济社会发展关系的一项原则。在开发利用与环境保护的关系上，人类经历过不同模式的选择。最典型的是先开发后保护的路径，如果说这是人类在探索发展道路中的一种宿命的话，那么，在以后的发展道路上，各国已经认识到环境保护优先的价值，即保护优先的效率更高，一些环境一旦被破坏就无法修复或者修复的成本非常高昂，会导致整个社会的环境保护成本的提高。正是在这样的背景下，保护优先成为各国环境保护的普遍做法。②预防为主原则。这一原则强调的是在生态文明法律制度中，应重视事先的预防而不是事后的治理。在这方面，人类也有着沉痛的教训，因此重视环境预防就成为各国的共同做法。例如美国

[1] 竺效：《论中国环境法基本原则的立法发展与再发展》，《华东政法大学学报》2014年第3期，第4-16页。
[2] 王江：《环境法"损害担责原则"的解读与反思——以法律原则的结构性功能为主线》，《法学评论》2018年第3期，第163-170页。
[3] 信春鹰主编：《中华人民共和国环境保护法释义》，北京：法律出版社，2014年，第16页。

首创的环境影响评价制度，就是预防为主原则的制度性安排；而现代法律制度中，还出现了预防性责任，也是预防为主原则的制度化。③综合治理原则。综合治理，不仅是治理方式的综合，例如循环经济与清洁生产的综合性，也包括治理主体的综合，即不同主体之间参与环境治理，还包括治理模式的综合，例如行政与市场模式的综合。所以，综合治理是一个含义非常丰富的概念。④公众参与原则。公众参与也是现代环境法的基本原则，不仅各国的环境法，而且国际环境公约中对此都加以了明确的规定。在我国的环境法中，公众参与也得到了极大的重视。⑤损害担责原则。这一原则的含义也非常丰富。最广义的损害担责原则，指的是只要给环境造成了损害就应该承担相应的责任，包括：责任主体，即谁承担责任；责任的类型，即什么类型的责任；责任程度，即什么样的结果；责任类型，即民事责任、行政责任还是刑事责任等。而且在责任类型上，行政责任既可以是作为行政相对人所承担的责任，也可以是作为国家或者行政主体而承担的责任，例如当国家怠于履行职责时，应为受害者所承担的国家赔偿责任。而造成环境损害的原因也是非常复杂的，既可以是违法或者犯罪行为造成的损害，也可以是合法使用或者正常使用造成的损害，例如公共资源的损耗、产生污水等。至于损害的类型，既可以是现实的损害，也可以是可能的损害。而责任类型，既可以是填补性责任，也可以是惩罚性责任或者是预防性责任等。可以说，损害担责全面体现了环境法的公平性，对于环境保护，对于克服环境利用行为的负外部性，具有重要的作用。

（2）不同原则之间的内在联系——体系性联系。从这些原则的相互关系来看，这些原则具有内在的联系：保护优先、预防为主主要是在环境问题产生之前发挥其指导作用，强调的是如何正确处理发展与保护之间的关系。因为环境问题具有事后性，在人类的发展历史上，人类有着沉痛的教训，即在产生严重的环境问题后才开始治理环境，而此时已经产生了严重的后果，治理的代价会很大，甚至不可逆转。而事前预防和保护优先正可以有效地在环境问题产生之前就保护环境。综合治理是在环境问题产生之后对环境的治理，因为无论采取什么样的预防措施，人类还是无法完全避免环境污染问题与资源短缺问题。环境问题产生之后，如何治理也是一个必须面对的问题，综合治理主要针对的是如何在生产过程中避免环境问题产生，以及如何在环境问题产生之后治理环境。损害担责则是在环境问题产生之后，关于责任的承担问题，以实现环境公平。在环境问题产生之后，则要追究造成环境损害的法律责任。

当然，其中也存在一定的发展与演变，无法完全适用事前、事中与事后这样的单一模式。即使是法律责任，也可能出现在损害发生之前或者是损害的过程之中，例如预防性责任就是一种典型的责任形式。

总之，这些原则是贯穿环境保护的全部领域的，但具体的方式与要求并不完全相同。在环境保护领域，贯彻这些原则可以更好地提高环境治理的效果。

3. 生态文明法律的基本制度

生态文明法律制度主要是指环境法律制度，中国环境法学教科书中一直有基本制度一说，这是 20 世纪 80 年代初由环境法学教科书中逐渐确定并约定俗成固化下来的。[1] 但我国学术界对什么是环境法的基本制度、环境法基本制度具体包括哪些制度却语焉不详。下面对我国生态文明法律的基本制度进行一些探索。

有的著作只对环境法律基本制度进行了介绍，将环境法律基本制度界定为环境管理制度、环境标准制度、环境法的基本制度、环境法律责任制度等。[2] 有的著作认为环境法律基本制度包括环境影响评价制度、环境许可证制度、清洁生产制度、环境税费制度、环境物权制度、

---

[1]　汪劲：《对我国环境法基本制度由来的回顾与反思》，《郑州大学学报（哲学社会科学版）》2017年第 5 期，第 25–28 页。

[2]　金瑞林：《环境法学》，北京：北京大学出版社，2016 年，第 4 版，第 66–144 页。

生态补偿制度、环境合同制度。[1]

　　有的著作对环境法律基本制度进行了界定，认为环境法律基本制度是为了实现环境与资源保护法的立法目的，贯彻和落实环境法的基本原则，由调整环境资源社会关系的一系列环境资源法律规范所组成的相对完整的规范体系，并将这些基本制度分为环境保护基本法律制度和自然资源保护基本法律制度。[2]汪劲教授在《环境法学》一书中，将环境法律制度分为基本制度与特别制度，两者之间的区分标准是环境基本法的规定：基本法律制度一般体现为环境基本法的要求，而特别法律制度则体现在不同的单行法，包括环境防治类或资源保护类等制度中。同时，他在书中指出环境法律的基本制度有环境标准、环境与自然保护规划、环境费、突发环境事件应急等制度。[3]就世界各国的环境基本法中环境法律基本制度而言，环境保护基本法律制度则呈现出三个演进时代：第一代环境管理制度——以政府为绝对主导的强制性管制制度；第二代环境管理制度——引入市场机制，注重管制成本和效率；第三代环境管理制度——倡导广泛参与，共同合作和手段多元化。[4]

　　可见，我国关于环境法制度的概念、要素、形式等方面还存在着不同的见解。笔者认为，首先要界定什么是环境法律基本制度，其次要界定环境法律制度的范围和表现形式。

　　（1）关于环境法律基本制度的界定。关于环境法律基本制度的界定存在两种不同的方法。一种是汪劲教授的观点，以环境基本法为标准将环境法律制度分为环境法基本法律制度与环境法特别法律制度，[5]而在最近的一篇论文中，汪劲教授认为：环境法的基本制度一般指按照环境法基本理念和基本原则确立的，通过环境立法具体表现

[1]　吕忠梅：《环境法原理》，上海：复旦大学出版社，2007年，第271页。
[2]　曹明德：《环境与资源保护法》，北京：中国人民大学出版社，2008年，第57页；另见，曹明德：《生态法新探》，北京：人民出版社，2007年，第244页。
[3]　汪劲：《环境法学》，北京：北京大学出版社，2014年，第3版，第122页。
[4]　李挚萍：《环境基本法比较研究》，北京：中国政法大学出版社，2013年，第130页。
[5]　汪劲：《环境法学》，北京：北京大学出版社，2014年，第3版，第122页。

的，普遍适用于环境与资源保护各个领域的法律规范的总称。[1]另一种是曹明德教授的观点，认为环境法律基本制度是调整特定环境资源社会关系的一系列环境资源法律规范所组成的相对完整的规范体系。[2]曹明德教授是根据调整的对象来进行划分的，而汪劲教授是根据基本法与特别法而进行划分的。两相比较，从环境法制度的特点和功能以及环境法律体系化的角度看，将环境法律制度分为基本法律制度和特别法律制度更具有科学性和可操作性。因此，本书是根据环境基本法和环境法的基本原则为标准来确定环境法律基本制度的。

（2）关于环境法律基本制度的类型。我国大部分环境法著作并没有对环境法律基本制度的类型进行划分，即使有也存在较大差别。例如，我国台湾地区的陈慈阳教授将环境法中以人为规范对象的基本措施分为：预防与规范性措施、行政管制措施、影响性措施、混合性措施等。[3]其实这些措施就是一种环境法律基本制度，当然只是针对相对人的措施，没有关于政府责任的基本制度。我国大部分环境法著作，对环境法制度（包括基本制度）并没有进行分类。只有汪劲教授在其《环境法学》第二版中将这些制度分为事前预防类法律制度、行为管制类法律制度、影响与诱导性法律制度、事后补救类法律制度。不同类型的法律制度还有一些具体的制度，例如行为管制类法律制度就包括申报许可、环境监察与监测制度等。[4]这虽然是一种分类，但其中存在一些缺陷，例如行为管制类，不仅存在于环境许可、环境监察与环境监测中，而且还存在于事前的规则与环境标准中，即使是环境应急制度，也是对行为的一种宽泛意义上的管制，同时，环境监测的作用也不完全是行为管制。可见，这种分类是不周延的。可能正是基于这样的问题，在该书以后的修订版中[5]，汪劲教授并没有对环境

[1] 汪劲：《对我国环境法基本制度由来的回顾与反思》，《郑州大学学报（哲学社会科学版）》2017年第5期，第25-28页。
[2] 曹明德：《生态法新探》，北京：人民出版社，2007年，第244页。
[3] 陈慈阳：《环境法总论》，北京：中国政法大学出版社，2003年，第204页。
[4] 汪劲：《环境法学》，北京：北京大学出版社，2006年，第201页。
[5] 汪劲：《环境法学》，北京：北京大学出版社，2014年，第3版，第122页。

法律基本制度加以分类，而是具体地介绍某一制度。这样更符合环境法律的制度功能，因为每一种环境法律制度都有可能具有多方面的功能与价值。

在我国《环境保护法》中规定的基本制度非常多。本书将其分为基础性制度、管理性制度、协调性制度和责任性制度这几大类，其中每一类制度下又有若干类基本制度。具体而言，基础性制度，是指为实现环境法的目标而设立的制度，没有具体的目的和要求，具有中立性，具体可以分为行政机关的职权、环境影响评价、环境监测制度、环境信息公开制度、环境预警制度、公众参与制度等。管理性制度，是指为实现环境目标而开展的具体行为，包括政府的环境管理制度和企业的环境管制制度。前者主要有环境规划制度（包括生态红线制度）、环境监察制度、环境许可行为、环境监察制度、环境处罚制度等；后者主要有企业内部的环境管理制度、清洁生产制度、循环生产制度等。协调性制度，主要是行政机关之间，或者行政机关与企业、社会组织之间的协调行为，包括区域合作、总量控制等。责任性制度，包括各种法律责任，例如政府的环境法律责任，公益诉讼作为一种法律责任的程序性手段，也包括在这样的制度之内。

4. 不同原则与环境法基本制度之间的关系

整体而言，环境法的基本原则涉及环境问题的各个方面，对环境执法与环境司法也起着重要作用。具体而言，这些基本原则都是与具体的制度相对应的，例如保护优先原则与生态保护红线、环境规划制度等密切相关；预防为主原则是与环境监测制度、环境资源承载力监测预警制度、环境影响评估制度、总量控制制度联系在一起的；综合治理原则，是与各类环境管理制度（例如调查、监测、评估和修复制度）、各部门的合作制度、环境规划制度等联系在一起的；公众参与制度，是与各类公众参与方式（例如在环境影响评估制度中的公众参与）、各类企业环境管理中的公众参与、环境公益诉讼中的公众参与等联系在一起的；而损害担责原则，更是与一系列制度联系在一起的，包括政府责任制度、民事责任制度、行政责任制度、刑事责任制度，环境收费制度等。

这些原则与制度构成了生态文明法律制度的体系。整体而言，生态文明法律的基本原则指导引领着生态文明法律基本制度，而生态文明法律基本制度是对生态文明法律基本原则的具体与深化。

（三）行政法规

行政法规是国务院依据法定程序制定的具有普遍约束力的法律规范。在我国，国务院是最高行政机关，具有非常广泛的立法权。根据《宪法》和《立法法》的规定，国务院可以根据法律授权、全国人大的专门授权及自身的职权进行立法。在我国，国务院关于环境行政立法的数量也非常多，在环境治理中起到了非常关键的作用。例如在《淮河流域水污染防治暂行条例》和《太湖流域管理条例》制定过程中，对流域治理进行了积极的探索，也对环境保护起到了积极作用。

（四）地方性法规

根据《宪法》和《立法法》的规定，我国省级人大及其常委会、设区的市人大及其常委会有立法权，这些是地方性法规的立法主体。我国幅员广阔、人口众多、国情复杂，一些地方事务需要通过地方性法规予以明确和实验。在生态文明领域，经过长期的发展，地方性法规不仅在保护当地环境中起到了积极作用，也开创了一些制度，这些制度对全国性环境立法起到了先导作用。例如《深圳经济特区环境保护条例》开创了保护优先的先例，而《重庆市环境保护条例》开创了环境保护按日处罚制度。这些都说明了地方性法规不仅在本地生态文明建设中具有其独特的价值，而且对整个国家环境治理也具有独特的功能与价值。

（五）行政规章

行政规章是有行政立法权的行政机关依法定程序制定的法律规范，包括国务院的部委和地方省级人民政府和设区的市级人民政府都有行政规章的制定权。在生态文明法律体系中，环境保护部门制定的行政规章具有特别重要的地位。作为环境保护的职能部门，生态环境部（原环境保护部）制定了大量的行政规章，这些规章对于环境法律与行政法规的执行，对于环境保护的深化都具有重要的作用。例如环境保护部制定关于环境执法的规章，对于加强环境执法就具有不可忽视的作用。

（六）行政规范性文件

除了正式的立法，国家的环境政策也在环境保护中起到了重要作用，而国家环境政策主要是通过各种行政规范性文件尤其是中央的各种行政规范性文件体现出来的。行政规范性文件是行政机关制定的除行政立法以外的决定、命令等普遍性行为规则的总称。[1] 其主要的目的是加强对法律的解释，明确法律的执行要求，宣布国家相关的政策，为相对人提供一定的帮助与指导等。

我国在环境保护方面的国家政策主要来源，一是通过专门性会议形成的，二是独立制定的环境保护政策。两者是有密切联系的。关于前者，我国已经召开了数次全国性环境保护会议，在会议中形成了一系列的环境保护政策；关于后者，我国在不同的时期形成了相应的环境保护政策。遗憾的是，有的政策在环境保护方面起到了负面作用，例如 1989 年 3 月 15 日，国务院发布了《国务院关于当前产业政策要点的决定》，鼓励"十五小"企业的发展，但后来这一政策对环境产生了灾难性的后果，不得不对这些政策加以修改。[2] 但大部分时期我

---

[1] 姜明安：《行政法与行政诉讼法（第六版）》，北京：北京大学出版社、高等教育出版社，2015 年，第 174 页。
[2] 汪劲：《环境法学》，北京：北京大学出版社，2014 年，第 11 页。

国的环境保护政策发挥着积极作用。特别是党的十八大以来，我国不断强化生态文明建设，环境保护政策也日趋积极，对促进生态文明建设起到了良好的作用，例如国务院关于加强环境执法的规定，国务院关于开展生态损害赔偿的决定，等等。

值得注意的是，我国环境行政规范性文件的功能也在发生变化。过去我国环保部门的行政规范性文件主要涉及法律与政策的解释与执行，功能相对单一。但近年来，我国环境行政规范性文件的功能发生了变化，出现了以对企业的帮助与引导为核心的行政规范性文件，例如"企业环境守法导则"（2015年5月29日环境保护部发布了《制浆造纸企业环境守法导则》）和"污染防治技术政策"（2017年8月1日环境保护部发布了《造纸工业污染防治技术政策》）为核心的一种行政规范性文件，这类文件既是一种政策，也是一种履行职责的方式，其在环境治理中正发挥着独特的作用，值得引起更多的关注。

另外，我国还有一个比较独特的法律规范，即党内法规。目前我国党内法规主要是以中共中央的名义发布的，也有的是以中共中央和国务院共同署名发布的规范，对环境治理也起到了重要作用。随着我国生态保护事业的不断发展，国家不断加强对生态环境的保护，中共中央对此的重视成为整个国家环境保护政策的基本背景。中共中央出台的规范也在不断增多，特别是关于生态保护问责方面的规定，对整个国家的环境保护起到了基础性的作用，也是强化环境执法的基本保证。

（七）司法判决

随着生态文明建设成为国家的战略，司法在生态文明建设中的功能得到了强化。我国司法在环境治理上的作用主要体现为：①创新了一些法律制度，如公益诉讼制度；②开创了司法审判体制，建设了环境司法审判的专门机构，如一些地方实现了"三合一"的审判机制；③对环境案件进行了创新性的审理，强化了对环境违法行为的制裁。

　　可以预见，司法判决对于我国生态文明法律体系的完善与发展具有独特性的作用，今后应加强环境司法在生态文明法律体系中的作用与功能。

四、生态文明法律体系的发展

　　法律体系主要体现为一个国家的法律规则体系，包括硬法体系和软法体系，法律体系在一个国家的法治发展过程中具有基础性的地位。目前，我国已经基本形成了生态文明法律体系，但仅有这一点还是不够的。良好的法治是一种法治体系而不仅仅是法律体系，只有建立了完善的法治体系，才可以说实现了生态文明建设的法治化，生态文明才能得到法治的有效保障。法治体系和法律体系的内涵和外延差异甚大。张文显教授认为，"法治体系是一个描述一国法治运行与操作规范有序化的程度，表征法治运行与操作各个环节彼此衔接、结构严整、运转协调状态的概念"[1]。

　　之所以强调生态文明法治建设是一个体系，是因为法治体系是"法的统治"在法律的价值层面、事实层面和形式层面的有机统一，社会主义法治体系是真正意义上的系统工程。[2]徒法不足以自行，法治不能仅仅依赖立法，还需要其他相应的体系共同发挥作用。也就是说，法治是一个系统工程，仅仅有法律规范体系还不够，还必须有多个要素系统支持法治的实现。其中包括法治思维系统、制度支持系统、实施保障系统，权力与权利的相互制约与配合系统等。[3]立法仅仅是纸面上的法，要将之变成行动中的法，就需要一系列的法律规范来执行、实施、监督与保障。即使从软法的角度看，法律体系已经体现了法源上的包容性，但主要还是一种静态的法律实际状况，而法治则体现为

---

[1]　张文显：《建设中国特色社会主义法治体系》，《法学研究》2014年第6期，第13-19页。
[2]　魏治勋：《从法律体系到法治体系——论党的十八大对中国特色社会主义法治体系的基本建构》，《北京行政学院学报》2013年第1期，第7-12页。
[3]　陈金钊、宋保振：《法治体系及其意义阐释》，《山东社会科学》2015年第1期，第13-22页。

一种动态的过程，是法治系统各要素共同作用的结果。党的十八届四中全会中关于全面实现推进依法治国的决定中，明确提出了法治国家的内在要求，包括科学立法、严格执法、公正司法、全民守法，当然还有严格监督的要求。

因此，未来生态文明法律体系的发展，可以从生态文明的科学立法、严格执法、公正司法、全民守法等方面展开。

第三章　生态文明法律制度的实施体制研究

　　法的制度体系既包括静态意义上以法律规范为主体组成的相对完整的规则体系，又包括以法的运转机制和运行环节为主体的动态构成。运用法治的力量来推进生态文明建设，既需要从静态的视角来研究生态文明法律制度体系的整体框架，又需要从动态的角度来考察生态文明法律制度是如何由抽象的行为规范转变为具体的行为模式，以实现其法治目标。党的十八届四中全会《中共中央关于全面推进依法治国若干重大问题的决定》中，明确提出了法治国家的内在要求，包括科学立法、严格执法、公正司法、全民守法、严格监督的要求。鉴于法的执行、法的适用和法的遵守为法实施的基本形式，本章侧重于从动态的角度，重点研究生态文明的执法体制、司法体制和守法体制。

第一节　生态文明执法体制

一、生态文明执法体制的现实镜像

　　一般而言，执法有广义和狭义两种含义。广义的执法是指中央和地方国家行政机关一切执行、适用法律的活动，包括行政决策、行政立法以及依法实施的行政管理等行为；狭义的执法则仅指国家行政机关和法律授权、委托的组织及其公职人员依法直接对特定的相对人和行政事务采取措施实现行政管理职能的活动。广义和狭义执法含义的关键区别在于是否包含了行政立法行为。[1]总体来看，目前较为人们接受的是狭义的行政执法概念，它不仅从学术研究上较为严谨，而且更符合实务认知，本书亦取狭义的行政执法定义。生态环境保护法律制度既是生态文明法律制度体系中的核心内容，也是促进生态文明建设的重要保障。因此，生态文明执法体制的核心是环境执法体制。环境执法作为行政执法的一部分，是指国家环境保护行政机关及其工作人员根据法律的授权，依照法定程序，执行或者适用环境保护法律法规，直接强制地影响行政相对人权利义务的具体行政行为。[2]

体制，指一定的规则、制度，是管理机构和管理规范的结合体或统一体。生态文明的实现离不开科学的生态环境执法体制。梳理我国生态环境执法体制的现状，分析存在的问题，总结成功的经验，可为我国生态文明执法体制的创新和发展提供参考和依据。总体而言，生态文明执法体制包括生态环境执法机关的设置及职权、生态环境执法机关之间的相互关系以及生态环境执法机关的运行方式等构成要素。

（一）我国生态文明执法机关的设置及改革趋势

1. 生态文明执法机关的横向设置及改革趋势

所谓生态文明执法机关的横向设置是指不存在行政隶属关系的执法机关对环境资源事务进行管理的权限和分工。在中央层面，我国专门的环境保护执法机关的职能和地位经历了一个不断加强的过程。1974 年，我国成立了第一个环境保护管理机构——国务院环境保护领导小组及其办公室。1982 年的机构改革中，生态环境部门正式进入政府序列，在新成立的城乡建设环境保护部内设了环境保护局。1988 年，国家环境保护局独立为国务院的直属机构。1998 年，国务院机构改革

---

[1] 张文显：《法理学》（第四版），北京：高等教育出版社、北京大学出版社，2011 年，第 207 页。
[2] 何勤华、顾盈颖：《生态文明与生态法律文明建设论纲》，《山东社会科学》2013 年第 11 期，第5–11 页。

将国家环境保护局升格，设置了正部级的国家环境保护总局，将核安全监管、农村生态环境保护、环境保护的合作与交流等职能划入了国家环境保护总局。2008 年，国家环境保护总局升格为环境保护部。2018 年，在国务院新一轮政府机构改革中，组建生态环境部，环境保护部不再保留。[1]这一历程表明，在中央层面，我国生态环境部门的地位不断升高，和环境资源有关的职能逐步向生态环境部门整合。这一大部制的改革趋势符合生态系统整体性的自然规律。

在 2013 年召开的十八届三中全会上，习近平总书记就《中共中央关于全面深化改革若干重大问题的决定》向全会做出说明时指出："山水林田湖是一个生命共同体"，"由一个部门负责领土范围内所有国土空间用途管制职责，对山水林田湖进行统一保护、统一修复是十分必要的"[2]。2015 年，中共中央、国务院印发了《生态文明体制改革总体方案》提出："按照所有者和监管者分开和一件事情由一个部门负责的原则，整合分散的全民所有自然资源资产所有者职责，组建对全民所有的矿藏、水流、森林、山岭、草原、荒地、海域、滩涂等各类自然资源统一行使所有权的机构，负责全民所有自然资源的出让等。"在十九大报告中习近平总书记再次强调"统筹山水林田湖草系统治理"[3]。习近平总书记的系统治理理论为生态文明执法体制的改革提供了行动指南。2018 年 3 月 17 日第十三届全国人大一次会议表决通过关于国务院机构改革方案的决定。此次机构改革，整合了相关部门的职权，组建了自然资源部和生态环境部，进一步解决了职能交叉和政出多门的问题。其中，自然资源部整合了国土资源部、国家发展和改革委员会（以下简称"国家发展改革委"）、住房和城乡建设部、水利部、农业部、国家林业局、国家海洋局、国家测绘地理信息局的相关规划、调查和确权登记、资源开发利用和保护监管职责，

---

[1]　董伟：《环境保护总体规划理论与实践》，北京：中国环境科学出版社，2012 年，第 10 页。
[2]　习近平：《关于〈中共中央关于全面深化改革若干重大问题的决定〉的说明》，《人民日报》2013 年 11 月 16 日第 001 版。
[3]　中共中央、国务院印发《生态文明体制改革总体方案》，《经济日报》2015 年 9 月 22 日第 002 版。

统一行使全民所有自然资源资产所有者职责，统一行使所有国土空间用途管制和生态保护修复职责。生态环境部整合了环境保护部、国家发展改革委、国土资源部、水利部、农业部、国家海洋局、国务院南水北调工程建设委员会办公室的相关环境保护职责，统一行使生态和城乡各类污染排放监管与行政执法职责。此次国务院机构改革，是对"山水林田湖草系统治理"理念的践行，是对"一件事情由一个部门负责"原则的贯彻。这种大部制的改革，在很大程度上优化了生态文明执法机关的横向设置，必将极大提高生态文明执法的效率。

2. 生态文明执法机关的纵向设置及改革趋势

纵向上，我国生态文明执法体制呈现从国家到地方分级管理的特点，由国家、省、市、县四级构成。在国家层面，由国务院生态环境主管部门，对全国环境保护工作实施统一监督管理；在地方层面，由县级以上地方人民政府环境保护主管部门，对本行政区域环境保护工作实施统一监督管理。其中，省级生态环境主管部门负责制定辖区内的监管方案，对下级生态环境部门进行行政监督；市级生态环境主管部门负责辖区内的宏观监督管理事项，也负责辖区内有较大影响的微观管理事项；县级生态环境主管部门则负责具体的微观事务执行。这种分级管理体制一方面是因为我国科层制的建制传统，另一方面则是因为环境问题既有全局性特征，又有地域性特征。环境问题的全局性特征要求中央采用"全国一盘棋"的统摄方式，以实现地区间的协调一致，但基于环境问题较强的地域属性，不同地区应当采用不尽相同的管理方式。为此，需要根据不同区域的特征，考察其经济发展水平以及污染特点，实施相应的环境治理策略。中央和地方分级结合的环保管理模式既能实现中央的统一领导，又能因应不同区域的特殊性环境问题，且与当前的行政管理体制相契合。

在我国目前生态环境执法体制下，各级生态环境主管部门作为政府的职能部门，对本级政府负责。地方生态环境主管部门的人事任命、财政预算都由地方政府主导。上级生态环境主管部门与下级生态环境主管部门是何种关系目前法律并无明文规定，一般认为它们之间是一种业务指导关系。现实中，地方政府作为综合性的行政管理部门，往往会出于追求地方经济的发展而忽视环境保护工作，此时生态环境主管部门的执法行为就容易受到来自地方政府的干扰。为了克服地方保护主义，有必要建立相对独立的环境执法体制。顺应这一改革趋势，2016 年 9 月 22 日，中共中央办公厅、国务院办公厅发布了《关于省以下环保机构监测监察执法垂直管理制度改革试点工作的指导意见》，为推进生态文明执法体制改革提供了思路策略。按照该《指导意见》，市级环保局实行以省级环保厅（局）为主的双重管理，仍为市级政府工作部门。省级环保厅（局）党组负责提名市级环保局局长、副局长。县级环保局调整为市级环保局的派出分局，由市级环保局直接管理，领导班子成员由市级环保局任免。这一改革方案弱化了地方政府对同级生态环境主管部门的领导地位，有利于实现环境执法的独立性。

（二）生态文明执法机关的运行方式

生态文明行政执法运行方式是指环境保护执法主体贯彻执行环境法律、法规时的权力运行模式。不同的执法运行方式产生的执法效果也有差异，我国的生态文明执法运行方式主要有以下三方面的特点。

1. 重管制轻合作

所谓行政管制是指政府以法律、法规、规章等为依据，以行政命令、决定为手段，对微观经济主体（主要是企业）的市场行为和活动进行某种干预、限制或约束的行为。[1] 我国目前环境执法采用的主要方式为行政管制方式。行政管制是在传统的计划经济体制中形成的一种行政执法方式，强调行政执法机关的权威，具有强制性、单方性特点。作为行政相对人的公民、法人和其他组织处于被动的被管理者地位。

---

[1]　宋光周：《行政管理学》（第四版），上海：东华大学出版社，2015 年，第 53 页。

我国现在普遍适用的三同时制度、排污许可证制度等环境法基本制度，体现的正是行政管制的特点。这一运行方式在生态环境保护中发挥了积极作用，但这种运行方式也在一定程度上忽略了公民、法人和其他组织保护环境、防治污染的主动性，容易形成执法机关与被执法者的对立，给环境执法带来一定的障碍。

2. 重惩戒轻奖励

行政处罚是我国环境执法中最常用的一种方式，通过对环境违法行为人的惩戒达到制止违法行为、纠正违法行为、保护生态环境的目的。惩戒性的行政执法方式在环境管理过程中发挥着不可替代的积极作用。《环境保护法》新设了按日计罚和行政拘留两种惩戒方式，增加了环境违法行为的违法成本，增强了环境行政处罚的威慑力。但生态文明建设不能仅依靠对环境违法行为的遏制，还需要调动广大社会主体积极主动地实施保护生态环境的行为。因此，环境执法除了惩戒性方式，也需要采用奖励性方式。

3. 重政府轻市场

生态文明建设需要相关主体提供充足的生态产品，满足人民群众日益增长的对美好生态环境的需求。生态产品的公共属性决定了政府承担了生态产品的主要供给责任，对生态环境事务进行管理也是政府应当承担的职能。但实践证明，环境治理单靠政府的力量是不够的，在政府主导的前提下，还应充分发挥市场的力量。由于我国在环境保护领域引入市场机制的时间不长，市场在生态供给中发挥的作用还十分有限。习近平总书记在十九大报告中指出"必须树立和践行绿水青山就是金山银山的理念"。该理念承认了生态环境的价值性，体现了生态保护与经济发展的统一性。生态文明建设需要政府创造良好的市场环境，建立健全生态环境市场机制。通过市场机制的良好运作，践行"绿水青山就是金山银山"的科学理念。

二、生态文明执法体制的域外考察

世界各国的环境执法体制存在着一定程度的差异，对具有代表性的国家的环境执法体制进行研究，可以为我国环境执法体制的完善提供启示和有益的借鉴。

（一）美国环境执法体制

1. 联邦层面环境执法机关的设置及权限

美国联邦政府设有国家环境质量委员会和国家环境保护局两个不同的环保机构，它们都直接对总统负责。美国国家环境质量委员会的职能主要包括：向总统提供环境政策咨询；协调生态环境部门与其他行政机构之间的关系，当国家环保局与其他部门在环境保护方面有不同意见时，由国家环境质量委员会出面协调。美国国家环境保护局是联邦政府环境保护行政管理部门，负责全国的污染防治工作。资源生态保护工作则由联邦政府中的其他部门负责，例如商业部拥有濒危物种管理职权，内政部拥有管理土地资源和控制露天采矿活动的职权，劳工部拥有监督管理劳动场地环境的职权。

2. 州层面环境执法机关的设置及权限

与联邦层面相对应的是，美国各州都设有自己的环境管理委员会和执法机关。各个州的环保机关名称各异，权限也不尽相同。例如，特拉华州的环境保护机关名为"自然资源和环境控制部"（DNREC），宾夕法尼亚州为"生态环境部"（DEP），弗吉尼亚州为"环境质量部"（DEQ），加利福尼亚州则为环境保护局（EPA）。[1] 其中特拉华州自然资源和环境控制部既有环境污染防治职能，也有自然资源保护职能。各州除设有专门的环境保护机构外，其他政府机构也享有部分环境管理职能，如一些州的卫生局享有大气污染防治的职能，一些州成立独立委员会管理水污染的防治。

---

[1]　张建宇、严厚福、秦虎：《美国环境执法案例精编》，北京：中国环境出版社，2013年，第27页。

3. 联邦政府和州政府在环境执法中的关系

美国联邦政府和州政府在环境执法中的关系主要体现在以下几个方面：

（1）由州政府具体负责环境法的执行。在生态环境保护过程中，联邦政府往往将项目授权给州政府执行，州必须实行和联邦政府一致或者严于联邦政府的法律法规。州政府也可实施自己的环境项目，但必须满足联邦的最低要求。根据州环境委员会统计，国家环境保护局71% 以上的环境项目由州执行，90% 的执法和97% 的执法检查由州实施，国家环境保护局94% 的环保数据由州提供，州承担了绝大多数与环境相关的许可证的发放工作。[1]

（2）联邦对州政府提供必不可少的帮助。例如美国《清洁水法》明确规定，国会支持和帮助各州开展预防、减少和消除污染的研究，提供技术服务和财政援助。根据该法第 319 条规定，联邦政府设立一个拨款计划为州实施非点源管理计划提供资金，最初每年只拨款 3800万美元，随后逐渐增加。[2]

（3）联邦政府与州政府通过伙伴关系强化合作。尽管州政府有义务遵守国家环境保护局制定的相关法律，但在环境保护方面联邦政府与州政府之间并不是单纯的命令和服从关系，在更多情况下是合作伙伴关系，联邦政府尽量减少对州政府微观环境执法的干预，通过合作实现环境治理目标。以"切萨皮克湾"项目为例，该项目属地区合作项目，涉及马里兰、弗吉尼亚和宾夕法尼亚等几个州，联邦政府与州政府通过较为充分的互动与合作，签订了《有关切萨皮克湾生态系统管理的联邦机构协议》。[3] 在合意下的协同治理格局中，联邦政府需要做的工作是厘清各主体的基本责任与合作方式，给予建议、协助

---

[1] Mary A.Gade、Cynthia A.Faur:《美国环境管理体系中联邦与地方政府角色透视》,《环境科学研究》2006 年第 19 卷（Z1）期, 第 126–132 页。
[2] 〔美〕美国环境保护局等:《美国饮用水环境管理》, 王东、文宇立、刘伟江等译, 北京: 中国环境科学出版社, 2010 年, 第 137 页。
[3] 余敏江、黄建洪:《生态区域治理中中央与地方府际间协调研究》, 广州: 广东人民出版社, 2011年, 第 216 页。

推进并配以财政支持。

（二）日本环境执法体制

1. 中央层面环境执法机关的设置及权限

在中央层面，日本负责主管环境事务的行政机关是环境省。环境省除了有权制定各项环保法律法规、政策外，还负责协调环保机关各部门之间的关系。同时，环境省通过在地方设立环境事务所的方式与地方机构合作，处理国家级和涉及跨地方政府的环境问题。除了环境省以外，其他行政管理机关也承担部分环境管理职能，如经济产业省负责资源有效利用相关的事务。另外，日本在中央层面还设立有公害对策会议，它实际上是内阁总理大臣的环境咨询机构。[1]

2. 地方层面环境执法机关的设置及权限

日本地方上的环保部门主要从事环境服务工作，包括对当地的环境进行监测，对环境损害与环境污染之间的关系进行分析，对污染控制工作和新开发项目的污染预防及治理进行技术上的指导。另外，日本地方政府还设有专门的公众参与机构，这些机构以各种环境审议会的形式存在。审议会召集公众、非政府团体和有关部门召开会议，听取各方的环保意见。

值得一提的是，日本不仅在政府层面设有环境管理机构，在企业层面也设有环境管理机构。由公司总部设立环境保护委员会，指导各分公司的环保工作。污染物排放在一定标准之上的工厂必须设立环境管理机构，并由相应的工厂领导负责。

3. 中央和地方政府在环境执法中的关系

日本地方政府在环境执法中享有极高的自治权。日本地方政府长官由市民直接选举，其对环境管理的水平直接影响到其选票，因此地方政府在环境管理中具有较强的主动性和积极性。日本的环境执法具

---

[1] 殷培红：《日本环境管理机构演变及其对我国的启示》，《世界环境》2016年第2期，第27—29页。

有社会化的特点，政府主要负责监测全国的环境质量并制定环境监测标准，以及对环境监测主体进行资格认定，而对企业污染物排放的监测则由企业自己进行。

（三）德国环境执法体制

1. 联邦层面环境执法机关的设置及职权

德国在联邦层面设立有"联邦环境、自然保护与核安全部"（以下简称"联邦环境部"），负责环境与健康事务。除了联邦环境部，其他部门也承担一定的环境与资源保护职能。联邦环境部下设有三个技术咨询机构，分别是联邦环境局、联邦自然保护局、联邦放射保护办公室。[1]值得一提的是，德国非常注重部门之间的合作。联邦政府设立有国家可持续发展部长委员会，由相关部门的代表共同组成。其主要职责是负责协调各部门之间的环境保护工作。该部门通过综合考虑生态、经济和社会目标，制定国家可持续发展战略。为了促进部门合作，联邦政府还制定了"共同部级程序规则"，通过该协调规则确保各部门有序开展合作与监督。

德国在联邦层面还设立有一系列的政府环境服务机构，这些机构各有专长，负责对不同领域的环境管理提出咨询，另外，也可经法律授权享有相关环境管理职权，比如进行相关认证活动。

2. 地方层面环境执法机关的设置及职权

德国各州的环境执法机关的设置各不相同，各州根据其管理需要和能力自行设置环境保护管理机关。在州层面上，环境管理的形式主要有两种：一种是直管，即由州环保机构自己直接进行管理；另一种是委托管理，即委托县市承担部分环境管理职权。例如，巴伐利亚州环境部将污水处理的管理职权委托给县市。环境执法权有逐步下放的趋势。

---

[1]　樊阳程、邬亮、陈佳等：《生态文明建设国际案例集》，北京：中国林业出版社，2016年，第59页。

3. 联邦与地方在环境执法中的关系

德国联邦与地方在环境管理权限上的划分是按照环境要素影响程度的大小进行的。环境要素的影响程度越大，环境行政管理的级别就越高，就由联邦政府管理，反之则由地方政府管理。例如，大气污染防治由联邦环境部负责，噪声污染防治由各州、市县环境管理机构负责。联邦宪法赋予州很大程度的自治权，联邦与州之间的关系较为松散，不是领导与被领导的关系，但联邦环境部可以通过司法程序监督地方环保工作，对执法不力的州或地方环保机构要求限期纠正或向法院提出诉讼。[1]

（四）国外环境执法体制的特征总结

（1）从环境执法专门机关的职能来看，大多数国家环境执法专门机关的职能比较广泛。除了美国国家环境保护局外，大多数国家的环境执法专门机关既有环境污染防治职能，也有自然资源和生态保护职能，典型的如日本的环境省和德国的联邦环境部。

（2）从环境执法专门机关的地位来看，各国的环境执法专门机关都享有较高的地位。如美国联邦政府环境保护行政管理机关直接向总统负责，不隶属于其他任何部门。

（3）从如何协调各环境执法机关的关系上来看，各国都倾向于设立一个国家层面的协调机构。如美国的国家环境质量委员会，既有咨询职能也有协调职能；日本的中央环境审议会有协调职能；德国的国家可持续发展部长委员会有协调职能。

（4）从中央和地方的权责分配来看，各国在中央和地方的环境职权划分上都较为明确。如美国地方政府承担主要的环境管理责任，同时又接受联邦政府的监督。而联邦政府与州政府之间并不是单纯的"命令—服从"关系，在更多情况下是合作伙伴关系。联邦政府尽量

---

[1]　中国工程院、环境保护部：《中国环境宏观战略研究：战略保障卷（上册）》，北京：中国环境科学出版社，2011 年，第 393 页。

减少对州政府微观环境执法的干预，通过合作实现环境治理的目标。德国也明确了中央和地方的环境职责和权限。

（5）从环境执法的运行方式来看，各国较为重视发挥非政府组织和公众的力量。在美国，环境信息公开是各级政府机构的责任，公民和社会组织在获知环境信息后，都可作为主体提起环境诉讼。在日本，企业是很重要的环境管理主体。在德国，独立于政府的各项委员会是重要的环境管理主体。

三、生态文明视域下的执法体制变革

生态文明建设需要构建现代化的国家环境治理体系。生态环境执法作为国家环境治理不可或缺的重要环节，应符合以下几项要求：

（1）严格。生态文明建设是生产方式、生活方式、思维方式和价值观念的革命性变革，欲实现这样的根本性变革，必须依靠制度和法治。只有制度依法得到严格执行，做到有法可依、执法必严、违法必究，才能确保生态文明建设不流于形式。

（2）高效。高效是生态文明的基本特征之一。所谓高效是指在各行业、部门间建立起协调、共生的网络化系统，使物质、能源、信息在这个整体系统中得到循环利用，提高资源的利用效率，扩大资源的利用途径和方式，使物质、能量得到多层次、分级利用，废弃物通过再生、转移、循环、转化等得到再利用。[1] 生态文明建设要求构建高效的生态环境行政执法体制，生态环境保护是我国面对的迫切任务，高效的生态环境执法体制是建设生态文明的基本要求。

（3）权威。生态文明建设形式上是要协调和改善人与自然的关系，实质上是要协调和改善人与人的利益关系。[2] 生态文明建设过程中必然会出现不同主体之间的冲突和博弈，包括经济利益与环境利益的冲

---

[1] 严耕、杨志华：《生态文明的理论与系统建构》，北京：中央编译出版社，2009 年，第 174 页。
[2] 张育民：《生态文明建设中的利益冲突、博弈与法律调控》，《西安建筑科技大学学报（社会科学版）2008 年第 1 期，第 5–8 页。

突、眼前利益与长期利益的冲突、个人利益与公共利益的冲突等。在面对利益冲突时，需要执法机关发挥权威，制止和制裁阻碍生态文明建设的不法行为。

（4）和谐。生态文明是一种强调和谐共生的文明形态，生态文明建设过程需要部门之间、区域之间的配合，生态文明执法体制应是内部和谐统一的有机整体。协调统一的环境执法体系的建成，从横向上看，需要处理好环境保护统一监管部门与其他负有环境保护职能的部门之间的关系，需要处理好生态环境主管部门与公安机关、司法机关之间的关系；从纵向上看，需要处理好地方各级人民政府与环境保护主管部门之间的关系，需要处理好上级生态环境主管部门与下级生态环境主管部门之间的关系，还需要处理好中央和地方的关系。因此，协调统一的环境执法体系建设是一个系统工程，需要运用整体性、系统性思维统筹考虑各类关系，使各个主体形成合力，推进生态文明建设。

（5）民主。生态文明建设以实现社会公众的生态利益为主要目标，生态文明的建设离不开广泛的公众参与，公众参与是建设生态文明的重要保障。在环境执法过程中要重视不同社会主体的参与，增强执法的综合效果，提高执法的民主化水平。

四、生态文明执法体制变革的路径选择

党的十八大以来，以习近平同志为核心的党中央将"生态文明建设"纳入"五位一体"的总体布局，并对生态文明体制改革做出了一系列重要的战略部署。2015 年 9 月，中共中央、国务院印发《生态文明体制改革总体方案》明确提出"构建以改善环境质量为导向，监管统一、执法严明、多方参与的环境治理体系"，为生态文明执法体制改革指明了方向。另外，中共中央、国务院还发布了《党政领导干部生态环境损害责任追究办法（试行）》《生态文明建设目标评价考核办法》《关于省以下环保机构监测监察执法垂直管理制度改革试点工

作的指导意见》等一系列法规和配套改革方案，为生态文明执法体制改革提供了依据和方向。党的十九大提出了"加快生态文明体制改革，建设美丽中国"等一系列重要论述。报告明确要求，设立国有自然资源资产管理和自然生态监管机构，统一行使全民所有自然资源资产所有者职责，统一行使所有国土空间用途管制和生态保护修复职责，统一行使监管城乡各类污染排放和行政执法职责。接下来要继续按照党中央、国务院改革精神和部署，落实以下改革措施，构建严格、权威、高效、和谐的生态文明执法体系。

（一）坚持党的领导，实现"党政同责""一岗双责"

习近平总书记在庆祝中国共产党成立 95 周年大会上的讲话中强调："中国特色社会主义最本质的特征是中国共产党领导，中国特色社会主义制度的最大优势是中国共产党领导。"[1] 环境保护作为事关国计民生的大事，离不开党的领导。各级政府、生态环境主管部门的执法行为必须在党的领导下进行，遵守党组织对环保工作的基本方略和部署。坚持党的领导是完善环境执法体制的重要政治保障。2015 年 7 月，习近平总书记在中央全面深化改革领导小组第十四次会议上就环境监管及其治理的责任承担明确作出重要指示，指出"要强化环境保护'党政同责'和'一岗双责'的要求，对问题突出的地方追究有关单位和个人责任"[2]。

"党政同责"实质上为生态文明执法体制构建了更为严格的网络，不仅地方各级政府应对本辖区的生态环境质量负责，各级党委也应对本辖区的生态环境质量负责。环境保护的"党政同责"是新一代党和国家领导人勇于担当的体现，是建设严格、高效的生态文明执法体制的重要保障。"党政同责"不是要求党组织和政府承担相同的职责和

---

[1] 习近平：《在庆祝中国共产党成立九十五周年大会上的讲话》，载《中共党史研究》，2016 年第 7 期，第 11 页。
[2] 习近平：《把"三严三实"贯穿改革全过程——努力做全面深化改革的实干家》，《人民日报》2015 年 7 月 2 日第 001 版。

责任，而是要求各级政府及部门在党的领导下，形成合力共同推进生态文明建设。一方面，"党政同责"强调了党对生态文明执法机关的领导职责。通过党的领导确保生态文明执法机关在执法过程中不偏离正确的方向。各级党委承担的领导责任包括制定环境保护方针政策的方向领导责任、做好对党政工作人员进行生态文明理念宣传教育的思想领导责任、做好环境执法机关领导班子选配工作的人事领导责任。在对各级党委设置考核指标时要围绕以上职责展开。2015 年 8 月，中共中央办公厅、国务院办公厅联合下发了《党政领导干部生态环境损害责任追究办法（试行）》对党政领导干部形成了极强的威慑力。该办法的严格执行是生态文明执法体制良性运作的法治保障。2016 年 12 月中共中央办公厅、国务院办公厅印发了《生态文明建设目标评价考核办法》，为"党政同责"考核评价体制提供了制度支撑。另一方面，"党政同责"是指在发生生态破坏、环境污染后，要对相应的党政领导干部同时追责。

"一岗双责"在生态环境领域表现为"管行业必须管环保，管业务必须管环保，管生产经营必须管环保"[1] 的责任体系。该责任体系表明，保护生态环境不是生态环境部门一家的事，各级党政机关、其他行政机关在行使本部门行业领域内的管理职责时，也要承担环境保护责任。该责任体系有利于形成各部门齐抓共管的环境治理体系，既体现了党和国家对生态环境保护的重视，也符合生态系统的整体性特征。

（二）进一步强化生态环境部门对其他执法部门的监管职能

2018 年的国务院机构改革，从横向上整合了一系列部门的职权，组建了自然资源部和生态环境部。自然资源部，是自然资源资产管理机构，主要行使自然资源审计、确权登记、用途管制、生态修复职能。

---

[1]　常纪文：《明确责任分配是党政同责的基础保障》，《中国环境报》2015 年 1 月 28 日第 02 版。

生态环境部，是自然生态监管机构，其职能侧重生态环境、污染排放等方面的监管执法。从两者对生态环境的保护职能来讲存在着一定程度上的交叉性。自然资源部行使全民所有自然资源资产所有者的用途管制职能和生态修复职能时，会涉及生态环境保护问题。之所以出现这种职能交叉的现象是由生态系统的双重属性决定的。生态系统既有经济属性也有生态属性，当其在发挥经济价值时是作为自然资源资产而存在，而发挥生态价值时是作为生态保护对象而存在。为了防止自然资源资产所有者偏重实现生态系统经济价值而损害其生态价值，有必要明确生态环境部门对自然资源部门的监管职能。

另外，虽然通过机构改革，生态环境部门整合了国土资源部、水利部、农业部等一系列部门的生态环境管理职能，但由于生态环境执法的复杂性，生态环境部门不可能将所有的生态环境执法权都纳入囊中。例如，铁道、民航等行政管理部门承担着部分污染防治职能。因此，仍然存在着生态环境部门与其他有生态环境保护职能的部门之间的关系协调问题，既包括生态环境部门与其他职能部门之间的关系，也包括与地方各级人民政府之间的关系。特别是按照《关于省以下环保机构监测监察执法垂直管理制度改革试点工作的指导意见》的要求，县级生态环境部门作为市级生态环境部门的派出分局，与县级人民政府之间不存在上下级领导关系，与县级人民政府其他具有生态环境保护职能的部门也不再同属于县级政府的组成部分。这虽然在一定程度上避免了地方保护主义，但也会出现新的问题。如果不能赋予县级生态环境部门对政府和其他部门相应的监管职权，这种垂直领导的体制，可能会给县级生态环境主管部门职能的行使带来一定的障碍。譬如，很难得到地方政府及其他分管部门的配合。因此，建议明确生态环境部门对其他部门的监管职能。如其他部门不履行管理职责或对生态环境部门的工作不予以配合，生态环境部门有权要求其履行职责，并就其违法失职或不配合行为向上级政府部门提出处理意见。

（三）通过合作与监督理顺中央与地方的关系

根据《环境保护法》的规定，地方各级政府对本行政区域的环境质量负责。国务院环境保护行政主管部门对全国环境保护工作统一监督管理，负责编制国家环境保护规划、制定国家环境质量标准、国家污染物排放标准、环境监测标准等。在环境保护工作中，国务院或环境保护部制定环境保护法规、规章，然后由地方政府及其环境保护主管部门负责执行。中央和地方的关系往往体现为命令发布者和命令执行者之间的关系。事实上，地方政府机构并不是一个超利益的组织，其职能行使往往带有自我利益特征，经常受特殊利益集团的影响，难免存在权力寻租现象。[1] 因此，在实践中经常会出现中央制定的环境保护政策在由地方具体执行时出现扭曲或变形的情况。同时，由于作为国务院组成部门的环境保护部门与地方各级人民政府之间不存在领导关系，在对环保督察中无权直接命令地方各级人民政府，因此出现地方对中央的政策执行不力的现象。

为了解决地方政府对生态环境事务无力管理及管理意愿低下的问题。一方面需要加强中央与地方的合作，改变以往中央与地方之间单一的"命令—服从"模式。可借鉴美国联邦政府与州政府的伙伴关系模式，全国性的生态环境问题由中央与地方合作治理，中央应当加大对地方的财政、技术、政策等方面的支持力度。另一方面，需要加强中央对地方的监督力度，构建统一权威的生态环境保护督察体系。我国中央对地方的环境保护督察机制经历了由区域环境保护督查到中央环境保护督察的演变，强化了中央对地方的监督力度。2006 年，国家环境保护总局设立了华北、华东、华南、西北、西南、东北六个督查中心，性质为事业单位，工作职能为受国家生态环境部门的委托对重点企业进行督查。由于区域督查中心为事业单位，而且不以地方政府

---

[1]　许继芳：《建设环境友好型社会中的政府环境责任研究》，上海：上海三联书店出版社，2014 年，第 125 页。

为督察对象，因此，无法有效履行中央对地方的监管职能。为了扭转这一局势，2016 年，环境保护部成立了环境保护督察办公室。2017 年，6 个督查中心改名为督察局，由事业单位变更为环境保护部的派出机构。其机构职能中新增了"承担中央环保督察有关工作"的职能。督察的主要对象是地方各级党委和政府。相比区域环境保护督察，中央环境保护督察更具有权威性和成效性。时任环境保护部部长李干杰讲道："四批中央环保督察下来追责 1.8 万多人，其中第一批追责 1100 多人，厅局级 130 人；第二批 1048 人，厅局级 162 人，省部级 3 人。"[1]中央环境保护督察是中央环境保护政令畅通的重要保障，应形成长效机制。建议由国务院制定专门的中央环境保护督察办法，对中央环境保护督察机关的设置、职权、督察程序及相关法律责任作出明确规定。特别是在机构的设置上，应向地方派出常设性的监察机构，以实现中央对地方各级党委和政府落实中央生态环境政策、履行生态环境保护职责等情况的常态化监督。

（四）设立生态环境执法咨询协调机构

生态环境保护是关系国计民生的重大事务，决策的错误将会造成难以弥补的损失。因此，生态环境执法机关在作出决策前必须要充分听取来自各方的意见。除了召开听证会外，还需要设立由各方专家组成的常设咨询机构。另外，由于生态环境要素具有流动性和整体性，相当一部分环境问题是跨行政区域的，仅靠某个地方政府或某个部门的力量无法达到预期效果。环境事务往往需要在多个区域或部门之间进行沟通协调，因此专门的独立环境保护协调机构也是必要的。

生态环境保护涉及的问题比较复杂，既涉及各领域各行业，也涉及各部门各地区，即便由专门的环境管理部门集中行使环境管理职权，也需要其他部门的协调与配合。加之跨区域的环境问题的解决必须由

---

[1] 黄帅：《将环保督察进行到底》，《中国青年报》2018 年 3 月 19 日第 04 版。

区域之间互相配合，这种配合的实现就需要跨部门、跨地区的环境管理机构从中进行协调。国外实践也证明，环境管理协调机构对环境事务的有效推动起着不可估量的作用，如美国的环境质量委员会和德国的国家可持续发展部长委员会等都是重要的协调机构。建议我国在国务院下设生态环境保护委员会，承担政府及各部门的生态环境事务咨询及协调职能。跨省级行政区域的生态环境保护协调职能可以由目前承担中央环境保护监察职能的 6 个督察局来承担。

（五）实现生态环境执法运行方式的多元化

目前，我国环境行政执法机关的运行方式较为单一，主要采用行政许可、行政处罚、行政强制等直接管制型运行方式。在这种运行方式下，被管理者与管理者处于利益的对立面，增加了行政执法的成本，也影响了行政执法的效果。同时，这种运行方式忽略了被管理者的主体性，影响被管理者践行生态环境保护法律法规和政策的积极性。另外，在环境执法中事前和事后监督手段运用较为普遍，而对相关排污主体的事中常态化监督则有所欠缺。

随着市场经济的不断发展，环境行政执法机关运行方式单一化的弊端正不断显现。从我国现行环境法律制度及其实践运行样态可知，目前在我国环保行政执法中发挥主要作用的制度有环境保护目标责任制度、排污许可制度、环境影响评价制度、"三同时"制度等。比较上述环境保护相关制度，它们大多属于以政府行政权力行使为中心的制度设计，即各制度的推行都依赖地方政府及其职能部门的积极作为。从环境问题产生的根源来看，行政命令是环境保护最直接、最高效的手段。然而，行政命令也呈现出灵活性缺乏的问题，容易引起执法者与被执法者之间的冲突，进而触发更严厉的强制措施，如此的循环往复使环境保护工作陷入困境，造成行政资源的极大浪费。[1] 鉴于此，

---

[1] 乌兰：《环境行政管理中政府职能的变革》，《山东社会科学》2006 年第 8 期，第 145–147 页。

我国正在积极探索采用经济激励等手段以丰富环境行政执法方式。例如，排污权交易、节能量交易、用能权交易等制度都充分反映出明显的非强制性和市场特点。但问题在于，这些运行方式缺乏系统性和体系化，容易造成制度预设与实践之间的断层。同时，由于违反市场规律，上述大部分机制无法真正激发市场主体的减排节能行为，即使实践中存在些许市场机制发挥效用的案例，也是地方政府或其环保部门不计成本推行的应景之作。[1] 这些弊病产生的原因在于，我国长期依赖行政管制，即使作出探索市场机制的努力，也基于制度惯性一时难以转型。

我国环境执法运行方式单一是造成环境执法效能低下的重要原因之一。应着重创新环境执法运行方式，改变直接单一的管制型方式，实现环境执法多元化。为此，可在环境执法过程中引入环保契约，运用行政合同的方式实现对环境事务的管理，如日本的公害防止行政协定书。美国非常重视联邦政府与各州政府、政府与有关的私人及公共团体展开的环境合作，政府可与排污单位签订环境保护行政合同，如果排污单位达到一定的环保目标就给予奖励，反之排污单位则需要承担违约责任。这种柔性管理方式更加注重被管理者的主体地位，有利于调动其参与环境保护的积极性。同时，环境执法还应体现环境民主原则，调动社会各方主体参与其中的积极性。企业要积极承担环境自我管理的责任，在内部设置必要的环境保护管理机构。例如，企业内部可设置综合管理、环境监测、环境科研的专职机构。综合管理机构负责编制企业环境计划，对各部门落实环境计划的情况进行监督检查；环境监测机构主要负责企业重点污染源的监测，发现问题及时向环境综合管理部门汇报；环境科研机构主要负责本企业的节能减排等技术方案的研究。此外，还应当充分保障公众参与环境行政执法的权利，重视信息公开，通过召开座谈会、听证会、论证会等方式让公众充分

---

[1] 郑少华：《生态主义法哲学》，北京：法律出版社，2002 年，第 138 页。

参与行政执法，确保环境行政执法的正当性。

第二节　生态文明司法体制

生态环境问题突破了单纯人身、财产利益等私益损害的范畴，侵害了为不特定多数人所享有的生态利益这一"共同之善"。在传统的行政法理论中，行政主体一向被视为公共利益的主要代表，通过环境行政权的运行来实现环境保护目标，是公益、私益分野下的传统二元保护机制的基本路径。然而，随着当前生态环境问题的日益严重与新型生态损害的不断出现，仅仅依靠环境行政执法已经无法有效应对。强化环境司法权以弥补行政执法手段之不足，充分发挥环境司法的独特功能，构建环境行政执法体制与环境司法体制的协同机制成为必然选择。

司法作为法实施的重要方式之一，是指国家司法机关依据法定职权和法定程序，具体应用法律处理案件的专门活动。[1] 司法是生态文明法律制度实施的最终保障。司法体制是指以司法为职能目的而形成的组织体系与制度体系。生态文明司法体制是生态文明法律制度体系中的重要组成部分，也是国家政治体制的重要组成部分。我国没有专门的环境司法机关，承担环境司法职能的主要是各级人民法院和人民检察院中的相关部门，公安机关在对环境刑事案件进行侦查时也扮演着环境司法机关的角色。在生态环境日益恶化的今天，全面加强环境资源审判工作，推进环境资源的司法保护，是深化生态文明体制改革，构建全面生态文明制度的必行之路，也是贯彻法治精神、推行依法治国的必然选择。[2]

---

[1]　张文显：《法理学》（第四版），北京：高等教育出版社、北京大学出版社，2011 年，第 211 页。
[2]　周珂、于鲁平：《论加强环境司法体制的理论构建》，《法律适用》2014 年第 9 期，第 97–100 页。

一、生态文明司法体制的现实考察

文明意味着进步与发展，生态文明是对工业文明和农业文明进行反思与发展的结果。生态文明理念在法律制度体系中的贯彻和实施，必然带来司法理念的更新和司法体制的革新。传统诉讼制度的生态化回应和环境公益诉讼制度的出现均为适例。因环境诉讼具有独特的诉讼目的、价值和机能，与传统的诉讼制度有着本质的不同。因此，学界有不少研究者主张环境诉讼应当独立于传统的诉讼制度，尤其是环境公益诉讼制度的出现，直接导致有研究者将其归属为独立的第四种诉讼制度。[1]虽然，环境诉讼从诉讼理念、诉权基础到具体制度设计均对传统诉讼有显著突破，但环境诉讼并没有特殊到为传统的诉讼类型所不容。环境诉讼的性质、功能定位及诉权基础决定了环境诉讼即使是环境公益诉讼也具有传统诉讼的基本属性，因而仍然应当在传统诉讼制度的框架之下。基于这一认识，本部分对我国生态文明司法体制的考察，仍然遵循传统诉讼制度的划分，将其分为环境民事诉讼制度、环境行政诉讼制度和环境刑事诉讼制度三个组成部分。

（一）环境民事诉讼制度

我国环境民事诉讼由环境民事私益诉讼和环境民事公益诉讼两部分组成。环境民事私益诉讼是当某种损害环境的行为直接侵害私人的财产利益和人身利益时，受害人对加害人提起民事诉讼的制度。环境民事公益诉讼是由法定主体，为了维护公共环境权益，对违反环境法律、破坏生态环境者，依法定程序向人民法院提起诉讼并要求其承担民事责任的诉讼制度。《民事诉讼法》第五十五条规定："对污染环境、侵害众多消费者合法权益等损害社会公共利益的行为，法律规定的机关和有关组织可以向人民法院提起诉讼。"这标志着环境民事公益诉

---

[1]　傅剑清：《环境公益诉讼若干问题之探讨》，载王树义主编：《环境法系列专题研究（第二辑）》，武汉：武汉大学出版社，2006年，第45页。

讼制度的正式确立，但在实践中环境公益诉讼制度还存在以下问题。

（1）环境民事公益诉讼原告范围窄，顺位设置不合理。《民事诉讼法》和《环境保护法》仅将提起环境民事公益诉讼的资格赋予了社会组织和法定国家机关，排除了社会公众的诉讼主体资格。环境民事诉讼原告范围狭窄使很多环境纠纷难以进入诉讼程序，环境污染不能得到有效遏制，公民合法权益难以得到保障。法律应该允许环保组织和检察机关以外的普通公民提起环境民事公益诉讼，形成对环境污染和生态破坏人人喊打的局势，从而调动各方参与环境事务的积极性，推进生态文明的实现。此外，2017 年修订的《民事诉讼法》赋予了检察机关提起环境民事公益诉讼的原告资格。从法律上必须承认这是一个进步，但将检察机关的起诉顺位置于社会团体之后的安排不够妥当。一方面，检察机关作为法律监督者，维护司法公正是其基本职能，同时其国家机关的性质也表明它实质上是国家整体利益的维护者或公共利益代表人的身份，维护环境利益正是其职权范围内的应有之义。[1]另一方面，相较于社会组织，检察机关在起诉时不仅具有地位优势，同时还在调查取证、专业和经费等方面更为强势。[2] 因此，在当前检察机关职权调整的大背景下，将其定位为提起民事公益诉讼的第一顺位不仅是应有之义，也是现实必需的。只有当检察机关没有恰当履行职责时，位于后续顺位的社会团体方可起诉，作为对检察机关职权履行的监督和补充。

（2）环境民事公益诉讼激励制度欠缺。在环境民事公益诉讼中，起诉人提起诉讼不是为了私益，而是为了环境公共利益。由于环境公共利益的外部性，即使法律授予了诸多主体提起环境民事公益诉讼的权利，但囿于时间、精力、金钱等成本问题很可能没有人愿意去行使

---

[1]　张锋：《检察机关环境公益诉讼起诉资格的法律制度建构》，《政法论丛》2015 年第 1 期，第 120–128 页。
[2]　李艳芳、吴凯杰：《环境公益诉讼的基本原理与制度适用——论检察机关在环境公益诉讼中的角色与定位——兼评最高人民检察院〈检察机关提起公益诉讼改革试点方案〉》，《中国人民大学学报》2016 年第 2 期，第 1–13 页。

该项权利。因此，为了鼓励相关主体积极提起环境民事公益诉讼，有必要设计相关的激励制度。我国诉讼费用的收取一般都采用原告预付的形式，这在公益诉讼中可能会给原告提起诉讼造成障碍。虽然《最高人民法院关于审理环境民事公益诉讼案件适用法律若干问题的解释》第三十三条规定了诉讼费缓交和减免的情形，但该规定并不是无条件适用。建议法律明确规定，提起环境民事公益诉讼免交诉讼费。另外，对通过环境民事公益诉讼起到了较好环境保护作用的原告，应该给予一定的物质奖励。

（3）环境侵权案件举证困难。虽然环境民事诉讼举证责任倒置，但是在因果关系的确定上依然要比普通的民事诉讼复杂。在环境民事诉讼中的因果关系往往在科学上存在着一定的不确定性，例如同样是环境污染造成的人身健康损害，但是不同的主体由于年龄、职业、性别的不同，对同样的污染情况必然会有不同的反应。加之很多环境污染损害是多方面因素共同作用的结果，这更加剧了因果关系的判断难度。目前，我国法律尚未明确用何种方法作为判断因果关系的科学依据[1]，这很可能会使环境侵权案件的审理陷入困境。

（4）诉讼时效制度不合理。在诉讼时效上，环境民事诉讼的诉讼时效应长于普通民事诉讼的诉讼时效。根据法律规定我国环境民事诉讼的诉讼时效为3年，与新颁布的《民法典》规定的普通民事诉讼的诉讼时效相同。虽然《民法典》规定了20年的最长诉讼时效，但这一规定对于许多具有潜伏性、损害后果需要经过漫长时间才能发现的环境侵害而言仍明显不足，不足以保护受害人的利益。

（二）环境行政诉讼制度

环境行政诉讼作为行政诉讼的组成部分，适用《中华人民共和国行政诉讼法》（以下简称《行政诉讼法》）的规定。但是鉴于环境

---

[1] 在环境侵权案件中实行的是因果关系举证责任倒置，即行为和结果之间是否存在因果关系应当有原告证明。

行政诉讼与一般的行政诉讼存在很大区别，现行规定并不能满足实践需要。

（1）环境行政诉讼原告资格有待扩展。环境作为影响人类生存和发展的各种自然因素的总体，涉及的利益主体非常广泛。2017年修订的《行政诉讼法》第二十五条第三款明确规定了检察机关在发现环境保护机关不作为导致公共利益受到侵害时可以提出检察建议、行政诉讼，赋予了检察机关提起环境行政公益诉讼的资格，这无疑是一种进步。但必须注意的是，除检察机关外，有权提起行政公益诉讼的主体依然被限定为具体行政行为的相对人及有利害关系的公民、法人或者其他组织。相较而言，环境管理行为所涉及的利害关系人的范围更为广泛，甚至可能与每个公民都有利害关系。那么，是否应当赋予普通公民提起环境行政公益诉讼的权利？另外，环保组织是否应当获得起诉的权利在行政诉讼领域依然尚未明确。

（2）环境行政公益诉讼的受案范围狭窄。《行政诉讼法》虽然删除了受案范围只限于具体行政行为的表述，但从其第十二条列举的受案范围来看实质上仍然仅限于具体行政行为。而且第十三条明确规定人民法院不受理的范围包括行政机关制定、发布的具有普遍约束力的决定、命令。实践中，如果政府及相关部门制定的规划等政策不合理，往往会对生态环境造成大面积、不可逆的损害，且行政规划不合理给环境带来的负面影响更具隐蔽性、复杂性。而根据现行行政诉讼受案制度，公众及其他主体认为政府及其部门制定的规划有损于生态环境时是不能提起行政诉讼的。鉴于环境损害的不可逆性，应当全面贯彻"预防原则"，将行政规划等纳入环境诉讼的受案范围，防止不合理的行政规划给环境造成损害。可以说，环境行政公益诉讼的重要性还远未得到充分认识。

（3）环境行政诉讼司法审查僵化。根据现有规定，司法机关只审查具体行政行为的合法性而不审查其合理性（价值性）。因此理论上讲一个建设项目只要程序上符合法律规定，即通过了环境影响评价并获得了主管机关的许可，无论其对环境是否会产生不利影响，司法机关都无权撤销该行政许可。这显然与环境行政诉讼的目的是相违背的，不利于实现司法权对行政权的监督。

（4）环境行政诉讼的时效过短。根据《行政诉讼法》的规定，行政诉讼的时效为6个月，且自行政行为作出之日起超过五年提起诉讼的人民法院不予受理。这短短6个月和5年的诉讼时效很明显不能满足环境行政诉讼的需求。政府决策的不当对环境造成的损害往往具有滞后性，环境损害并不一定是在决策一作出或实施后马上显现出来，有些损害可能在几年后甚至十几年后方能显露，而此时相关主体想要提起环境行政诉讼早已远远超过了诉讼时效。

（三）环境刑事诉讼制度

环境刑事诉讼是由司法机关追究和惩罚环境犯罪的活动，环境刑事诉讼程序是用来解决法律纠纷的规则，其制度设计应与要解决的纠纷的特点相契合。我国现行刑事诉讼程序设计针对的是遭受侵犯的传统范畴上的人身权和财产权，但是环境犯罪还侵犯了更为广泛的环境利益。因此，现行的刑事诉讼程序并不能适应对环境犯罪的追诉需求，这种不适应性体现在以下几个方面。

（1）侦查机关对环境犯罪的侦查力不从心。根据《中华人民共和国刑事诉讼法》（以下简称《刑事诉讼法》）的规定，犯罪的侦查权由公安机关和检察机关享有，而公安机关和检察机关的工作人员未必能够胜任环境犯罪案件的侦查工作。环境犯罪涉及对生态法益的侵犯，生态法益是法律机制表达或实现的包括人在内的各种生态主体对生态要素及生态系统的利益需求。[1]生态法益的享有者不仅包括人，还包括人之外的非人类存在物。因此，环境犯罪并不以侵犯人的人身权益和财产权益为唯一判断标准，对生态系统或生态要素的破坏也可

---

[1] 焦艳鹏：《刑法生态法益论》，北京：中国政法大学出版社，2012年，第45页。

能构成环境犯罪。生态系统或生态要素是否遭到破坏以及被破坏的程度如何，往往需要掌握环境专业知识的人员例如环境执法人员进行判断，但是在现行的刑事诉讼制度下环境行政执法机关并不享有参与刑事案件的权力。

（2）对环境犯罪提起诉讼的原告范围过窄。在环境犯罪中，一般被害人很难掌握专业性较强的犯罪证据或判断因果关系，不能及时报案进入刑事程序。同时还有相当一部分环境犯罪损害的是生态法益，没有具体的被害人。因此，作为维护环境公共利益的公民及社会组织由于不符合自诉案件的条件，无法通过向法院起诉启动环境刑事诉讼程序，这对环境犯罪进入刑事司法领域造成了障碍。

（3）对犯罪追诉时效的规定不符合环境犯罪的特点。根据《刑事诉讼法》的规定，刑事诉讼时效依据犯罪可能被处的最高刑的不同而不同。我国刑法关于破坏环境资源罪规定的刑罚，最高为 10 年以上有期徒刑，意味着对环境犯罪最长的追诉时效也只有 15 年，而环境犯罪产生的危害后果有时需要几十年才会被发现。按现行的刑事诉讼法的规定，有很多环境犯罪行为是得不到法律制裁的。

（4）证据制度不适合环境犯罪的特点。在环境犯罪中有相当一部分是结果犯。针对结果犯，按照一般刑法思维，污染环境行为是否入罪的司法判定包括犯罪的主观要素与客观要素两个方面，而对犯罪客观要素的考量，行为是否符合构成要件该当性、结果是否属于刑法认可的结果以及行为与结果之间是否具有刑法认可的因果关系这三者皆不可或缺。[1] 因此，在环境犯罪的认定中，往往需要有证据证明污染行为与损害结果之间有因果关系。根据《刑事诉讼法》的规定，证据确实、充分应当符合"综合全案证据，对所认定事实已排除合理怀疑"的条件。而在环境犯罪中，损害结果是否百分之百是由污染行为造成的在科学上是一个难题，通常很难得到肯定的答复。因此，环境犯罪

---

[1]　焦艳鹏：《污染环境罪因果关系的证明路径——以"2013 年第 15 号司法解释"的适用为切入点》，《法学》2014 年第 8 期，第 133-142 页。

中因果关系的证明难以达到排除合理怀疑的程序。这种证据制度对传统犯罪而言是妥当的，但会使相当数量的污染和破坏行为逃脱刑法制裁。

二、国外环境司法体制的可鉴之处

环境司法保障生态环境法律制度的实施已成为世界各国的通行做法，但在具体的制度设计上存在一定差别。通过对国外环境司法制度的先进之处进行考量，可为我国环境司法体制的进一步完善提供参考。

（一）环境司法的原告范围广泛

在较早受到环境问题困扰的西方工业发达国家之中，有很多允许公民个人提起各种性质的环境诉讼制度。美国的环境公民诉讼制度起源于 20 世纪 70 年代，主要体现在联邦和州环境立法的相关条款中。美国通过立法的形式将环境诉讼权力广泛地授予公民和各类社会组织，如《清洁空气法》规定所有形式的主体都有以自己名义对包括政府、营利性组织和个人在内的所有主体破坏环境资源的行为提起诉讼的权利。另外，美国还设立有环境诉讼的激励机制，原告胜诉后由被告承担全部诉讼费用，同时国家还会给予原告一定奖励。不仅如此，如果法院判处被告罚金，原告还可获得部分罚金。当然，为了防止滥诉，美国对公民的环境诉讼权在立法上进行了一定限制。根据法律规定，如果公民有提起诉讼的计划，应先将诉讼的缘由告知被诉对象，以便被诉对象在一定的期限内（一般为 60 日）纠正违法行为。如果对方或政府已采取一定措施，公民则不可提起诉讼，为了防止司法资源的浪费这种限制是必要且可行的。

此外，美国的环境诉讼原告并不限于"公民"的范围，人以外的其他自然物，无论是有生命的动植物还是无生命的河流、沼泽、海滩都享有环境诉权，例如美国《濒危物种法案》允许那些濒危和受到威胁的动物进行诉讼。1995年三只海龟和它们的两位代理人将政府告上法院，理由是当地政府拒绝颁布在海龟繁殖期禁止潜水，以及限制海滨地区人造光源的法令。虽然在区法院的审判中它们败诉了，但是上诉法院确认这些海龟拥有原告资格，并判定如果海龟因人造光死于海滩，当地政府要承担责任。

（二）环境资源保护行政机关享有环境刑事案件的侦查、起诉权

美国环境保护行政机关对环境刑事案件的侦查、起诉权经历了一个从无到有的过程。美国国家环境保护局最初的主要职能限定在民事和行政领域，环境刑事案件只能由美国司法部向法院提起，但是司法部往往不愿就缺乏足够证据材料的环境刑事案件提起诉讼。虽然国家环境保护局有足够的意愿参与，但它不享有环境刑事案件的侦查权，而享有侦查权的联邦调查局又缺乏足够的精力对环境刑事案件进行调查，这种情况下进入刑事审判程序的环境案件数量一直较少。从1982年开始美国国家环境保护局逐渐改变这种状态，为了提高国家环境保护局的环境刑事执行能力，司法部授予国家环境保护局享有对环境犯罪的调查权。随后，国会授予国家环境保护局对环境犯罪的永久侦查和起诉权，由执行处具体负责对环境犯罪案件的侦查和起诉。

（三）因果关系举证责任的减轻

环境诉讼中的因果关系的证明是一个世界性难题，日本、英国和美国等国的环境司法实践中运用盖然性理论、疫学因果关系理论来解决这一问题。这些理论或方式的运用在实际上减轻了受害人或公诉人对因果关系的举证责任。

盖然性理论最早产生于日本，主要运用于公害因果关系的证明。它是在无法对环境损害行为和损害事实之间的因果关系提供科学、严密的证明的情况下，为对受害人进行合理保护，维护生态利益，根据

事物发展的可能性程度，对因果关系进行判断的一种可能性方法。盖然性理论虽然与刑法中"疑罪从无"的精神有所冲突，也一度成为我国证据法学理论批判的对象，但在环境犯罪中，盖然性理论体现了环境犯罪对因果关系证明的特殊需求。这是因为在环境损害的判断中，很难做到损害行为和损害事实之间因果关系的确定无疑性，如果按照传统证据判断标准会使很多环境违法逃脱法律的制裁，助长环境犯罪行为。

疫学因果关系理论是通过统计的方法检验证明生活环境的某种因子与疾病的发生是否有关联，并记述该污染因子和疾病间概率性的因果关系。在日本骨痛病事件中，神通川流域发生的被称为骨痛病的症状（骨头变脆，全身疼痛）是否是被告企业排放的镉造成的成为案件争论的焦点。在名古屋高金泽支判昭 47-8-9 中，和第一审判决一样，由于存在疫学上的因果关系，而认可了镉是造成骨痛病的原因。法院做出判决宣示，仅靠临床医学和病理学的角度探讨不能十分充分地解释因果关系的情况下，活用疫学知识能够证明所谓的疫学上的因果关系……就等于认可了法律上存在因果关系，只要临床医学和病理学的解释不足以推翻以上证明，就应当认为存在法律上的因果关系。[1]

三、我国生态文明司法体制的变革路向

如前文所述，我国现行的环境司法体制与环境纠纷存在着诸多不适应性，难以满足生态文明建设对环境司法的需求。在当前建设生态文明的背景下，我国环境司法在理念、制度、机构上要实现一定的转向。

（一）环境司法理念的生态化

司法理念是支配人们司法行动和思维，指导司法制度架构的理论基础和价值观念，它在司法活动中起着基础性和支配性作用，决定着

---

[1] 〔日〕交告尚史、臼杵知史、前田阳一等：《日本环境法概论》，田林、丁倩雯译，北京：中国法制出版社，2014 年，第 217 页。

人们在司法程序中的行为方式，决定着司法制度的价值方向。[1] 司法理念作为指导司法制度设计和司法实际运作的理论基础和主导的价值观，并非绝对、单一的而具有相对性和多元性；并非静止不变的而是动态发展的。[2] 我国传统的司法理念由于没有受到生态文明思想的洗礼，在此指导之下建立起的诉讼制度难以适应生态文明建设的需求。在建设生态文明的背景下，环境司法理念应实现生态化转向。环境司法理念的生态化主要体现在以下几个方面。

1. 环境司法的伦理基础由"人类中心主义"向"生态中心主义"转向

生态文明的提出与建设意味着人类的价值观实现了从"人类中心主义"向"生态中心主义"的转变，这种转变必将渗透到诉讼制度中。我国传统的诉讼制度建立在"人类中心主义"基础之上，无论何种性质的诉讼制度都是以人的诉权的存在为基本前提的，在诉讼中只有人才能作为原告启动诉讼程序。同时，诉讼制度的目的也是对人的人身权和财产权进行保护。由于环境问题在很多情况下未涉及对具体人的人身和财产的损害，因此环境诉讼在诉讼总量中占比一直较少。但是这并不意味着环境问题不需要司法介入，而是"人类中心主义"的伦理观阻碍了环境问题进入司法程序。随着人类文明程度的提高，道德关怀的对象逐渐从人扩展到整个生态系统，它从整体出发强调自然的内在价值，强调利益主体的多元化，强调人与自然的和谐共生。这种伦理观映射到法律中就体现为自然是否享有法律权利以及法律是否能调整人与自然关系的问题，反映到诉讼制度中就表征为自然是否能够成为诉讼主体的问题。我国现行的诉讼制度是不承认自然的诉讼主体地位的。虽然在民事诉讼制度中环境公益诉讼制度的确立在一定程度上体现了人类对自然权利的关注，带有诉讼制度生态化的色彩。但该

---

[1]　刘青峰、李长军：《现代司法理念与我国司法管理体制的重构》，《河北法学》2004 年第 12 期，第 1–6 页。

[2]　王申：《理念、法的理念——论司法理念的普遍性》，《法学评论》2005 年第 4 期，第 11–17 页。

制度仍然未能完全走出人类中心主义的桎梏，将提起环境民事公益诉讼的主体限于特定的环保组织和机关。依照"生态中心主义"伦理观，人作为生态系统中的一员应与其他物种享有平等的法律地位，不仅人享有诉权，人以外的自然物也应享有诉权，这种学术思潮是环境司法生态化的未来方向。

2. 环境司法的功能由"定纷止争"向"实现生态正义"转向

诉讼是以国家名义，凭借国家强制力解决冲突和纠纷的公力救济方式。一直以来，我国的诉讼程序都是围绕着解决财产纠纷和人身纠纷设计的，其目的是要达到定纷止争的效果。然而，环境纠纷不同于传统的人身纠纷和财产纠纷，它涉及的不仅是个别人的利益，还包括公共利益，不仅是当前利益，还涉及长远利益。因此，环境司法的目的不能仅限定为通过对特定损害的弥补或违法行为的惩罚来实现定纷止争，它还担负着实现生态正义的功能。生态正义就是关于自然生态的正义理论，是处理人与自然关系的正义期待。[1]生态正义不仅体现为当代人之间的正义，还体现为当代人与后代人之间的正义、人类与非人类之间的正义。环境司法要承担实现生态正义的功能，仅仅发挥平息纠纷的作用是不够的，还要通过环境司法引导人们实施有利于环境的行为。如果环境司法不顾种际公平和代际公平，单纯出于定纷止争而简单地通过调解、赔偿来解决纠纷，从长远来看将对人类的可持续发展构成威胁。因此，环境司法比传统司法更需要运用理性思维，更需要对公平和正义作深邃的理解。

3. 环境司法的运行由"被动司法"向"能动司法"转向

为了彰显司法机关在审判中的中立地位，传统法学理论主张被动性司法。所谓被动司法是指司法权的运行方式主要采取不告不理、恪守中立、严格依照法律规定进行裁判的模式。而能动司法则要求法官在具体司法过程中秉承一定的法律价值，遵循一定的法律规则，充分

---

[1] 李永华：《论生态正义的理论维度》，《中央财经大学学报》2012 年第 8 期，第 73—77 页。

运用司法经验，创造性地适用法律，从而理性地对案件做出事实判断和法律判断。[1]被动司法要求法官在进行审理案件时尽量不受个人倾向影响，而能动司法主张法官充分利用司法经验和公平正义理性，在自由裁量的基础上对案件做出裁判。环境纠纷是随着社会的发展而出现的一类新型纠纷，目前环境纠纷的解决缺乏完善的实体法和程序法依据，需要法官发挥司法能动性，运用自由裁量权来进行解决。统计显示，近年来我国每年的环境纠纷案件有 10 多万件，但真正到法院进行诉讼的不足 1%。[2]大量的环境纠纷未进入司法领域解决的原因在于环境问题本身的复杂性和社会对法院能力的不信任。面对这种情况，法院需要能动地开展环境司法工作，通过对法律的创造性和补充性解释解决当下面临的环境新问题，而不是被动守旧拘泥于成文法的字面约束。另外，发挥环境司法的能动性，还应重视发挥检察机关在环境诉讼领域中的特殊功能，鼓励和督促检察机关进行民事监督，只有这样才能发挥环境司法在生态文明建设中的积极作用。

（二）环境司法制度的独立化

如前文所述，传统的诉讼制度对解决环境纠纷存在诸多的不适应。因此，对环境诉讼制度进行改革势在必行，目前的关键问题在于如何进行改革，是对现行的三大诉讼制度进行修改，抑或建立独立的环境诉讼制度？环境法从法域划分上来看，既不属于私法也不属于公法，而是属于第三法域——社会法。环境法的主要目的是要维护公众的环境利益，而传统的诉讼制度是建立在公法和私法的划分基础之上的，在制度生成的过程中没有过多考虑社会法对诉讼程序的需求。因此，传统的诉讼制度在解决环境纠纷上存在着诸多的不适应性。独立的环境诉讼制度将环境民事诉讼、环境行政诉讼和环境刑事诉讼合而为一，

---

[1] 方印：《人民法院环境司法能动论纲》，《甘肃政法学院学报》2015 年第 4 期，第 79–95 页。
[2] 黄莎、李广兵：《环保法庭的合法性和正当性论证——兼与刘超博士商榷》，《法学评论》2010 年第 5 期，第 55–60 页。

由法院对环境纠纷提供一站式的救济，这符合环境纠纷的特点，因为同一环境污染或生态破坏行为通常会涉及民事侵权、行政违法甚至刑事违法的问题，独立的环境诉讼可以克服传统诉讼对环境纠纷整体性的肢解。由于环境纠纷的特殊性，普遍地将环境纠纷诉讼简单区分为一般民事诉讼、行政诉讼或刑事诉讼，并分别适用各自的程序规则，在环境纠纷诉讼中必将遭遇尴尬。[1]

虽然理论和实践上都呼唤独立的环境诉讼机制，但独立的环境诉讼制度的构建不能一蹴而就，需要在不断总结经验教训的基础上，在时机成熟的条件下由立法机关以法律的形式确定。鉴于目前环境司法实践对统一的环境司法制度的需求，建议可以先由最高人民法院制定出台《关于环保法庭审理环境纠纷案件的若干规定》，对环保法庭的受案范围进行统一和明确的规定。最高人民法院的司法解释具有法律的效力性、权威性和统一性，能够为各地环保法庭的司法实践提供法律支撑，然后在司法实践的基础上逐渐制定出台专门的环境司法制度。

（三）环境司法机构的专门化

环境司法机构的专门化是指由专门的审判机构来审理环境案件，而不是将环境纠纷划分为民事纠纷、行政纠纷和刑事纠纷由不同的法庭来进行审理。环境司法机构的专门化符合集中、专业、效率解决环境纠纷的现实需求，是司法机构改革的必然方向。

作为一项新生事物，环保法庭在成立之初必将面临各种各样的问题。如各地成立的环保法庭形式不同，受案范围不一。目前的环保法庭大体有三种形式：①设立在各级法院内部的专门环境保护审判庭；②依托于某个法庭的环境保护合议庭；③派往环保行政机关或事业单位的环保巡回法庭。不同形式的环保法庭在受案范围上也不统一。结合实践来看，我国的环保法庭受案范围的类型可总结为以下几种模式。

---

[1]　刘超：《反思环保法庭的制度逻辑——以贵阳市环保审判庭和清镇市环保法庭为考察对象》，《法学评论》2010 年第 1 期，第 121–128 页。

（1）三合一模式。即环保法庭受理一定范围内的环境民事纠纷、环境行政纠纷和环境刑事纠纷案件。目前大部分环保法庭都采用此种模式，典型的如贵阳市中级人民法院环境保护审判庭。该模式的特点是不再将案件按民事、行政、刑事性质进行划分由不同的审判组织进行受理，而是将涉及环境问题的案件归入环保法庭统一受理。

（2）民事、行政二合一模式。即环保法庭受理一定范围内的环境民事纠纷和环境行政纠纷案件。如海南省最高人民法院在 2011 年 1 月设立了环境保护审判庭负责审理环境民事案件和环境行政案件。

（3）单一环境行政纠纷模式。该模式是指环保法庭只受理环境行政纠纷案件。此种模式主要由巡回法庭和合议庭形式的环保法庭采用。如南京市建邺区人民法院在 2008 年 2 月成立了环保巡回法庭，负责审理和执行辖区内的环保行政案件；湖南省株洲市茶陵县人民法院在 2009 年 8 月成立了环境保护审判合议庭，负责审理环境保护问题的行政诉讼和非诉行政执行案件。

（4）单一环境民事纠纷模式。这种模式是指环保法庭只受理环境民事纠纷案件。如天津市和平区人民法院在 2009 年 4 月设立的环境保护合议庭，它依托民二庭主要负责审理涉及相邻日照采光权纠纷、噪声侵权纠纷、不可量物侵权纠纷以及其他环境侵权纠纷的民事案件。

我国的环保法庭实践之所以存在问题，一方面是因为环保法庭产生的应急性。我国的环保法庭是在各地严峻的环境危机逼迫下产生的应急性产物，是应对现实问题的司法实践创新，缺乏立法基础。各地根据自己凸显的环境问题设置环保法庭的受案范围，导致受案范围不统一。同时由于环保法庭设立的应急性功能，法院往往会以内部文件的形式来规定环保法庭的受案范围，致使外界对环保法庭的受案范围不了解。另一方面，环境纠纷具有复杂性。环境纠纷涉及民事、行政、刑事三大法律领域，涉及公益、私益两大诉讼领域，涉及各类不同的环境要素，既涉及环境污染又涉及资源保护。因此专门审理环境纠纷案件的环保法庭的受案范围也相对复杂，如何科学地规定环保法庭的受案范围，对处于摸索阶段的各地环保法庭来讲是很大的挑战，在此阶段存在受案范围不统一、不明确、不合理等一系列问题本身是无可厚非的。

对环保法庭而言，现实基础的存在是不争的事实，目前缺乏的是统一的制度基础。国外环保法庭的设立和运行基本上是采用立法先行模式。如瑞典环境法庭设立的立法基础是《瑞典环境法典》，该法典用了大量篇幅对环境法庭的设置、管辖范围、诉讼程序、诉讼费用等做了详细的规定。澳大利亚新南威尔士州土地和环境法院的立法基础是《土地和环境法院法案》，该法案对法院的受案范围、法官的资格都做了规定。美国佛蒙特州环境法院产生的立法基础是佛蒙特州议会通过的《统一环境执行法》。以上这些国家环保法庭的受案范围都有明确的立法规定，既为环保法庭的正当存在提供了法律依据，也为环境纠纷的解决指明了路径。我国许多地方已经成立了环保法庭，目前的关键问题是如何维持环保法庭的长久生命力，其中核心的一环是通过立法统一明确环保法庭的地位、设置、受案范围、程序规则等一系列重要问题。

第三节　生态文明守法体制

守法，是指各国家机关、社会组织（政党、团体等）和公民个人严格依照法律规定从事各种事务和行为的活动。守法是法的实施的基本要求，守法也是法实施的一种基本方式。立法者制定法律的目的，就是要使法律在社会生活中得到实施。[1]生态文明守法，即是指国家机关、社会组织和公民在社会活动中必须严格遵守生态文明法律制度的有关规定，不得违反和超越生态文明法律规范体系。生态文明守法不仅要遵守由环境保护基本法、污染防治法、生态保护法等一系列的

---

[1]　张文显：《法理学》（第四版），北京：高等教育出版社、北京大学出版社，2011年，第203页。

法律制度构成的生态环境保护法律体系，也需要遵守其他法律中体现生态文明理念的法律规范。当然，遵守生态环境保护法律体系即环境守法是实现生态文明建设的核心和关键环节，是衡量生态文明建设水平的重要标准，是引导生态文明建设的价值追求和精神指引。

生态文明守法的主体是指遵守生态文明法律制度的社会角色，从生态文明环境守法的本体视角来看，生态文明守法的主体、内容涉及的范畴要远大于生态文明执法和生态文明司法。我国《宪法》规定，一切国家机关和武装力量、各政党和各社会团体、各企事业组织都必须遵守宪法和法律；任何组织或个人都不得有超越宪法和法律的特权。因此，从理论上讲，我国所有的社会主体都应该是生态文明守法的主体，任何单位和个人都不得例外。我国环境法律赋予了守法主体广泛的环境权力（利）和义务，并构建了权力（利）行使和义务履行的激励和保障机制，以此来保障环境法的实效。理想状态下生态文明守法的主动全面实现是生态文明法治的直接追求，但现实中存在着诸多影响生态文明守法实现的因素，例如环境立法的质量、生态伦理的普及、生态环境保护知识的多寡、生态利益的协调等。本节主要从主体视角探讨我国生态文明守法的现状并提出改进建议。

一、我国生态文明守法体制的现状分析

（一）公民生态文明守法现状

从整体上来说，我国公民的生态文明守法状况一般。虽然近年环境事件的集中爆发唤醒了大量公民的生态环境保护意识，环境法律制度逐渐得到重视和认可。但是受多种因素的影响，我国公民的生态文明守法状况不容乐观，依然存在着很多问题，大体包括以下几个方面。

1.公民环境权利行使不充分

我国环境保护法律制度体系为我国公民设置了广泛的环境权利。

以《环境保护法》为例，它赋予了公民知情权、参与权、监督权、举报权等一系列权利，希望和鼓励公民积极投身环境保护事业，利用法律武器维护良好的生态环境，参与生态文明建设。但现实是，我国公民的环境权利意识不强，环境权利行使不够充分。大部分公民仅对已明显严重影响自身生命、健康、财产安全的环境污染和生态破坏有所反应，而对于暂未影响到自身生活的大气、水、固废、噪声等污染不以为然。不仅如此，环境权利的行使还存在着普遍的"搭便车"现象，大多数人出于时间、经济、社会影响等考虑不愿主动积极行使环境权利。举例来说，虽然《环境保护法》第五十三条赋予了公民参与环境保护的权利，但现实中很难见到公民在环境立法、决策、实施、执行和诉讼等过程中有所参与，公民环境权利长期处于沉睡状态。

2. 公民环境义务履行缺失

事实上，现代社会许多环境破坏是由多数人无可非难的日常行为的积蓄造成的。[1] 例如，《2016 年中国环境状况公报》指出，2016 年直排海洋污染源的主要污染物排放比例中，生活污染源占比甚至超过了工业污染源所占比重。《2014 年中国环境状况公报》显示，2014 年全国废水中主要污染物排放量生活源远远超出了工业源。由此可见，公民在日常生活中的环境影响行为虽然零散、轻微但绝非可以忽略不计，个人的生活消费行为已经产生与工业生产相当甚至危害更甚的重大环境影响。[2] 鉴于此，《环境保护法》不仅赋予了公民环境权利，也为公民设置了环境义务。但现实是，不仅我国公民的环境权利行使不充分，环境义务的履行也并不到位。举例来说，《环境保护法》第三十八条规定，公民应当遵守环境保护法律法规，配合实施环境保护措施，按照规定对生活废弃物进行分类放置，减少日常生活对环境造成的损害。该条规定的实施效果无须言明，仅从目前触目惊心的外卖、

---

[1] 〔日〕原田尚彦：《环境法》，于敏译，北京：法律出版社，1999 年，第 10 页。

[2] 刘超：《个人环境致害行为的法律规制——兼对〈中华人民共和国环境保护法〉责任制度之反思》，《法商研究》2015 年第 6 期，第 24–32 页。

快递包装污染方面就可见一斑。我国公民环保义务的履行严重缺失，对生态文明建设提出了挑战。

3. 公民环境守法意识淡薄

在我国法律体系中，相较民法、刑法等传统部门法环境法尚属新兴的法律部门，其本身的不成熟决定了我国公民对其认识和了解不够充分。再加上分散的公民环境行为历来是环境法调控的盲区，普通公民在社会生活中很难直接感受到环境法作用的发挥，环境法治和环境守法意识难以培育。另外，我国公民的环境保护意识不强，主人翁意识缺失，对环境污染和生态破坏行为不敏感，尤其是现阶段平均收入水平低，牺牲环境换取经济利益在很多公民看来并非不可接受。所有这些因素都导致了现阶段我国公民的环境守法意识薄弱，日常行为缺乏正确指引。

（二）企业生态文明守法现状

企业作为现代经济活动的主体，是创造社会财富的源泉，是推动社会变革的中坚力量。然而，企业在创造财富的同时也造成了日益严重的环境污染和生态破坏。无数事实证明，企业与当下几乎所有环境问题的产生和恶化都有着密不可分的关联。也正是基于此，各国环境保护法律制度建构的出发点都是规制企业环境行为，旨在通过调整企业的生产行为实现环境保护目标，其中企业自觉遵守环境法律的规定是落实环境保护制度的重要一环。《环境保护法》修改之后，"违法成本低，守法成本高"的现象逐渐被扭转，对企业产生了更强的威慑力，企业开始重视自觉守法，按照环境法律的规定生产经营。但总体来说，企业的环境守法中还存在以下几个问题。

1. 环境信息公开不足

企业环境信息指企业以一定形式记录、保存的，与企业经营活动产生的环境影响和环境行为有关的信息。企业环境信息公开是公民行使知情权、参与权、监督权的必需，也是政府进行有效环境管理的基础和要求，更是企业承担环境责任的体现。因此，环境保护部先后出台了《环境信息公开办法（试行）》和《企业事业单位环境信息公开办法》，旨在促进企业如实向社会公开环境信息。此外，《环境保护法》（2015年1月）还提出了重点排污单位的概念，确立了重点排污单位强制公开环境信息制度。这不仅是我国环境立法的进步，也是环境社会治理向现代化转型的重要标志。[1] 但是有学者调研发现，尽管《环境保护法》（2015年1月）实施以来各类型企业在环境信息公开上均有所进步，但总体上环境信息公开还存在不全面、不充分、更新不及时的问题，特别是在主要污染物排放总量数据信息公开方面显得尤为不足。[2] 很多企业对于社会最想知悉的环境信息的公开讳莫如深，信息造假的情况也时有发生，企业环境信息公开依然面临障碍。

2. 主动守法意识弱

《环境保护法》（2015年1月）的实施，有效扭转了"违法成本低，守法成本高"的难题，按日计罚等严厉制裁手段迫使企业不得不特别注重环境效益，为避免遭受制裁而积极引进新的生产方法，采取治污技术，所取得的成绩也是值得肯定的。但是，企业守法意识在国有企业和民营企业之间存在差别，整体而言国有企业主动守法意识强，民营企业被动守法情况突出。这是因为，一方面我国经济发展进入新常态，经济发展速度减缓，整体经济形势不容乐观，导致企业的经营环境变差，资金筹措和回笼周期长、规模小。在这种情况下，民营企业会出于整体考虑而逃避监管不履行环保责任。另一方面，我国缺乏企业环境守法的激励机制。虽然《环境保护法》（2015年1月）提出要采用财政、税收、价格、政府采购等政策措施对企业进行引导和鼓励，但现实中以行政处罚、行政强制为主导的"命令—控制"模式依然占据绝对主导地位，不能激发企业自觉主动的守法意识。

---

[1]　王彬辉：《我国企业环境信息强制公开制度的发展与实践路径》，《法学杂志》2015年第8期，第106—116页。
[2]　童光法：《企业环境守法的进展与问题分析》，《中国高校社会科学》2016年第4期，第132—139页。

3.环境违法现象依然突出

随着环境压力的增大和环境执法的日益严格，企业环境守法状况整体趋向好转，所取得的成绩也有目共睹。但学者调研指出，现实中环境违法情形尤其是超标排放现象依然大量存在，并可能在相当长时期内持续存在。废水、废气类企业仍然是环保执法工作的重点。规模化畜禽养殖和重金属类企业环境守法状况存在问题，污染防治形势不容乐观。[1]由此可见，目前企业环境守法形势依然严峻，必须予以重视。

（三）行政主体生态文明守法现状

根据《环境保护法》的规定，地方政府对保护和改善本区域环境质量负有主体责任。为了明确各级政府环境保护任务，督促各级政府严格依照环境法律的规定履行职责，国家先后出台了诸多办法和规定，采取目标考核和责任制、环保督察制、行政问责制等一系列制度，监督、督促各级政府机关严格守法、依法办事。必须承认的是，重经济发展、轻环境保护的旧理念和指导思想在全国已得到了根本扭转，生态文明建设已成为各级行政主体的共识。

但是，作为生态文明守法的主体之一，行政主体不能只将眼光聚焦于监督企业、公民遵守环境法律。必须认识到，其自身也必须依照生态文明法律规范的指引活动，不能置于守法范围之外。不仅如此，行政主体的自觉守法会给社会树立良好表率，引导其他社会主体遵守生态文明法律规范的规定。由于《环境保护法》主要规定了地方政府和环境保护主管部门的责任，同时与环境治理联系最为紧密的也是环境行政执法部门，因而，在这里我们主要讨论环境保护行政机关的守法状况。《环境保护法》实施几年来，环境保护执法机关严格执法，取得了明显的进步。例如，依照法律规定开展建设项目环境影响评价制度执行效果良好，未批先建现象有明显减少，并撤销了许多不符合

---

[1]　童光法:《企业环境守法的进展与问题分析》,《中国高校社会科学》2016年第4期,第132-139页。

法定资质的环评机构。按日计罚实施力度逐渐增强，显著提高了企业违法成本，提高了违法行为的改正率。依照法定方式和程序采取限产、停产措施，较好地实现了督促改正环境违法、遏制严重环境违法的预想目标。但必须看到环境执法机关依然存在着很多不守法的现象。最明显的如不依法履行《环境保护法》规定的环境信息公开义务，建设项目环境影响报告书、重点排污单位名录、国控重点污染源监督性监测信息、环境行政处罚信息等诸多重要环境信息公开不及时、不完整，尤其是在排污费使用信息公开方面对法律规定置若罔闻，不依法行事。另外，公众参与落实不到位，各级政府和环保机关在制定环境政策、实施和执行的过程中并没有依照法律规定吸纳公众参与，未设置公众参与渠道、明确参与方法，公众参与仍然流于形式。

二、完善生态文明守法体制的相关建议

从整体上来看，虽然环境法律实施水平较《环境保护法》实行之前有明显提高，但是仍然存在很多不足。究其原因，首先是立法不完善，制度不健全，许多新要求没有具体制度支撑，实施时无法可依。其次，生态文明守法意识差，多年以来轻视环保的观念在短期内不可能被扭转，守法的重要性依然未能得到全面体现。再次，受经济发展水平影响，各地区之间守法程度存在明显差异，经济发达地区守法状况较好，而经济欠发达地区在环境守法上明显落后。基于此，完善立法是首要任务，虽然《环境保护法》的实施填补了过去许多空白，但我国环境保护领域还有一些主要制度没有落地，现有规定不明确、不具体，造成守法困难。除此之外，环境保护意识的提高和生态文明理念的养成也是十分重要的措施。树立生态文明理念除重视法律的引导、控制作用外，还要特别注重生态文明教育作用的发挥，这是改变人们观念的根本途径。

（一）生态文明理念养成的社会机制

1. 生态文明理念养成社会机制的内涵

生态文明理念包含了尊重自然、顺应自然、保护自然三个层次。尊重自然要求人类意识到自己是自然的组成部分并尊重自然创造的一切；顺应自然要求人类顺应自然规律，比如资源的开发和利用要认识到资源的再生周期，排放污染物要认识到环境的承载能力；保护自然则要求人类在利用自然的同时爱护自然。[1] 生态文明理念养成的社会机制是指保障生态文明理念培育的社会制度的总和。社会机制由"硬件"和"软件"构成，"硬件"包括主体、导向、动力、传递和监控，"软件"则是指"指令和规范"。[2] 在生态文明理念养成的社会机制的构成中，主体是公民，导向是使全体公民切实树立生态文明理念，公民的环境意识是最重要的动力，公益组织是个人和政府、企业沟通的中介纽带，公众参与则发挥重要的监督与控制作用。

2. 建构生态文明理念养成社会机制的现实分析

（1）必要性。首先，我国环境问题日益严重，公民是我国社会经济建设决策和实施的重要参与者，公民生态文明理念的养成直接决定能否从根本上解决环境问题。其次，生态文明理念的养成是生态文明建设的重要保障。最后，生态文明理念的养成不是一个自发的过程，还需要一个良好的社会环境提供有效前提和可靠保障。公民生态环境行为选择受到环境偏好和责任意识、制度供给和政府行为规范、社会舆论以及公民参与成本和对参与行为的收益预期等因素的影响。[3] 生态文明理念养成的社会机制构建的目的就是协调这些因素，为我国公民生态文明理念的养成提供良好的社会环境。

（2）可行性。首先，我国公民目前已具备一定的生态意识。近年来，

---

[1]　孙文广、武儒海：《怎样理解生态文明理念——学习党的十八大精神》，人民网－人民日报，2013年2月1日。

[2]　杜云波：《社会机制的设计、建构与运作》，《广西社会科学》1992年第4期，第67–71页。

[3]　周慧、聂应德：《生态文明视野下生态公民养成机制研究》，《云南民族大学学报（哲学社会科学版）》2008年第1期，第69–72页。

各种形式的民间环保组织兴起并积极参与环境管理和环境决策，标志着中国环境公民社会的兴起。[1]其次，我国生态文明法律体系已初步形成，为我国公民生态文明理念的养成提供了良好的制度环境。横向上看，我国生态文明法律体系以《环境保护法》为中心，以环境污染防治法、自然资源保护法、资源循环利用法、生态保护法、节能减排法、防灾减灾法等法律为主干；纵向上看，相关法律、行政法规、规章、地方性法规等已构成多层次生态文明法律体系。[2]

3. 生态文明理念养成社会机制的建构

建构生态文明理念养成社会机制，首先要明确哪些因素影响了公民生态文明理念的养成。有学者认为，公民生态环境行为选择受到环境偏好和责任意识、制度供给和政府行为规范、社会舆论以及公民参与成本和对参与行为的收益预期等因素的影响。[3]有学者认为，生态文明意识水平与社会经济发展水平、社会政治、公民的文化程度等因素密切相关。[4]总之，生态文明理念的养成受到多种因素的影响。本书认为，政府主导、市场机制、公众参与、环境教育和是生态文明理念养成的重要途径和方式。

（1）政府主导。生态文明建设是典型的公共事务，政府对公民生态文明理念的养成责无旁贷。政府应当树立环境保护优先的理念，努力构建生态型政府，实现政府的目标、法律、政策、职能等多个方面的生态化。首先，政府应当完善生态文明相关法律法规，为我国公民生态文明理念的养成提供良好的制度环境。生态文明法律对公民的生态环境行为有着指引作用，公民能够根据法律规定预测法律对自己行为的评价以及行为后果，从而对自己的行为做出合理的安排。完善的生态文明法律在保证公民行为受到有效的指引、预测和评价中起着

---

[1] 黄爱宝：《生态善治目标下的生态型政府构建》，《理论探讨》2006年第4期，第10-13页。
[2] 黄锡生、史玉成：《中国环境法律体系的架构与完善》，《当代法学》2014年第28卷第1期，第120-128页。
[3] 周慧、聂应ደ：《生态文明视野下生态公民养成机制研究》，《云南民族大学学报（哲学社会科学版）》2008年第1期，第69-72页。
[4] 宫长瑞：《当代中国公民生态文明意识培育研究》，兰州大学2011年博士学位论文，第121页。

不可替代的作用，生态文明法律的完善对生态文明理念养成具有重大意义。其次，政府应当培育和利用生态市场，充分发挥市场优势，采取经济手段来引导和规范企业行为。[1] 再次，政府应当担负起壮大我国公民社会的责任，并为公民参与到生态管理中搭建平台。生态型政府的实现需要一定的社会条件，其中之一即是成熟的多元管理主体的存在以及主体之间的伙伴关系，而我国公民社会的力量还较为薄弱。[2] 因此，第一，政府应当完善我国生态文明教育体制，使公民了解生态环境的现状以及相关科学知识，遵守相关法律规范，树立生态文明理念，在谋求人类发展的同时达至人类与环境的和谐共生。第二，政府应当建立起生态环境信息监测体系和预警系统，完善政府生态管理信息公开机制，确保公众的知情权。同时，为保证公众参与的实现，政府还应当建立健全生态环境听证、评议监督机制。第三，民间环保组织是联通政府、企业与公民之间的重要纽带，对扩大公众参与、凝聚社会力量以及在社会活动中提高公民环境意识，推动公民生态文明理念的养成都具有重要作用。我国环保组织目前存在制度化程度低、筹款能力弱、人才短缺、组织能力不强等问题。政府应当担起引领我国民间环保组织健康发展的责任，将鼓励民间环保组织有序发展列入政府工作计划。

（2）市场机制。市场机制在推动公民生态文明理念养成的过程中占有重要地位。首先，市场经济的逻辑前提是自由、自主的交易主体依据利益最大化的考量理性地做出行为并承担行为后果，市场经济的逻辑基础是契约原则，平等主体进行等价交换，强调权利与义务相一致。[3] 可以说，市场机制利用其本身特质，培养并强化了公民权利义务对应统一的意识，公民生态文明理念的应有之意包含公民了解自己拥有的享受安全、优美环境的权利及保护环境的义务。因此，市场

---

[1][2]　黄爱宝：《生态善治目标下的生态型政府构建》，《理论探讨》2006 年第 4 期，第 10–13 页。
[3]　徐梓淇：《论生态公民及其培育》，复旦大学 2013 年博士学位论文，第 131 页。

机制与公民生态文明理念的养成具有内在一致性。其次，生态市场追求经济效益与生态效益的统一，在满足私人经济利益的同时应当兼顾公共生态利益的实现。在市场经济背景下，生态市场的出现必然会极大地推动公民生态文明理念的养成。[1]

为发挥市场机制的作用促进公民生态文明理念的养成，首先要明确环境要素产权，实现市场配置的"帕累托最优"。公民作为"理性经济人"，明确环境要素产权有助于公民经济活动的生态化，倒逼生态文明理念的养成。其次，完善自然资源价格浮动机制。自然资源价格浮动机制必须充分体现价值和市场供求。自然资源价格应当由环境成本、开发成本、使用成本、利润和税收五个部分构成，我国目前自然资源的定价还未将环境污染造成的外部成本内部化，在一定程度上导致企业不重视自然资源开发过程中的环境保护，造成了生态环境破坏和自然资源的不合理利用，制约了公民生态文明理念的养成。最后，完善我国排污权交易制度。排污权交易是通过市场优化配置有限的污染处理资源进而控制污染物排放的有力手段，它允许有能力高效去除污染的排放者将污染物排放量出售给去污成本较高的排放者，有利于市场主体减少污染物排放以及污染处理技术的革新。排污权交易制度从经济利益方面影响了公民的行为选择，为公民生态文明理念的养成营造了良好的外部环境。

（3）公众参与。公众参与即环境法的公众参与原则，是指在环境保护中任何公民、法人和社会组织都有权参与环境决策、环境管理。公众参与对公民生态文明理念的养成至关重要。参与公共事务影响参与者的心理品质和态度，在参与过程中强化参与者的权利意识和责任感，加深对自身角色以及与国家关系的认知，提高参与者的实践能力。具体到环境保护上，公众参与能够加深公民对环境问题的认识，树立环境权利和责任意识。可以说，公众参与既是公民生态文明理念养成

---

[1] 黄爱宝：《生态型政府构建与生态公民养成的互动方式》，《南京社会科学》2007 年第 5 期，第 79–85 页。

与否的判断标尺，又是培养公民生态文明理念的重要途径。

随着公民环境意识逐步提高，公民参与环境保护运动的需求也日渐强烈。公民作为理性经济人，在参与环境保护前会考虑其参与成本和预期收益以及参与行为影响决策的效力等因素。如果公民经理性思考后作出"参与成本过高或预期收益不佳、影响效力较低"的判断，那么就很可能选择放弃参与权利，保持沉默。[1] 因此，完善环境保护公众参与制度是生态文明理念养成的必然要求。《环境保护法》设专章对公众环境知情权和公众参与进行了规定，但我国公众参与仍存在着参与主体不明确、参与形式单一、不具可操作性等问题。详言之，现行法律未对立法过程的公众参与进行切实保障，未明确规定公众参与的具体情形、程序；对环境行政执法中的公众参与规定也十分模糊，且没有规定公众参与环境影响评价的权利被侵害时的法律救济。另外在环境司法中，我国公众参与制度存在以下缺点：首先，实体法没有明确规定环境权；其次，现行环境公益诉讼制度对主体资格限制过多，对环境损害的司法救济主体单一；再次，社会组织参与环境公益诉讼面临诸多技术难题。[2] 完善我国环境保护公众参与制度首先要对现有规定进行细化，同时要明确环境保护公众参与的程序和方式，保障第三方主体的监督及公众有序参与环境管理，构建"环保事业主体互动良性关系"，通过政府、企事业单位和个体工商者、第三方主体之间的权力重塑和权利配置，引入环境公共治理的理论，建立起多元共治的现代环境治理体系。[3]

（4）生态文明教育。尽管近些年我国公民的生态意识水平有所提高，但我国公民的生态意识在相当程度上依然是模糊的、不系统的和非自觉的，公民生态意识与生态环境行为之间仍存在着不同步的现

---

[1]　周慧、聂应德：《生态文明视野下生态公民养成机制研究》，《云南民族大学学报（哲学社会科学版）》2008 年第 1 期，第 69-72 页。

[2]　卓光俊：《我国环境保护中的公众参与制度研究》，重庆大学 2012 年博士学位论文，第 55 页。

[3]　王曦：《环保主体互动法制保障论》，《上海交通大学学报（哲学社会科学版）》2012 年第 1 期，第 5-22 页。

象。[1]很多学者逐渐意识到教育对于生态文明建设的重要性，人的不正确的思想观念和行为方式是导致生态危机的深层次原因，要进一步提高公民生态意识，贯彻生态文明理念，就必须大力推行和普及生态文明教育。[2]而具体如何推进生态文明教育，构建生态文明教育制度，将在下文详细论述。

（二）生态文明教育

1.生态文明教育和生态文明教育体制

自"环境教育"（Environmental Education）这一名称在1972年世界人类环境会议中被正式确定以来，环境教育随着社会的需要逐步发展，内涵也日臻完善。1975年，联合国国际环境教育研讨会通过了《贝尔格莱德宪章》，提出环境教育的目标是"促进全人类去认识、关心环境及其有关问题"。1977年，首届政府间环境教育会议通过了《第比利斯政府间环境教育会议宣言和建议》，该宣言对"环境教育"进行了界定，认为"环境教育是一个过程，人们在此过程中能够获得环境意识、知识、技能、价值、经验，能够促使人们采取实际行动，以解决现在与未来的环境问题，其目标包括了参与、价值、知识、技能、意识五个方面。[3]1992年，联合国召开的环境与发展大会将环境教育与可持续发展联系起来。至此，人类对环境教育的认识从单纯规范人类行为提高到培养热爱环境、保护环境的自觉意识层面，强调了环境教育具有广泛性，并且对预防环境问题至关重要。[4]我国学者于1998年正式提出了"生态文明教育"这一概念。目前，我国学者普遍认为"生态文明教育"是对"环境教育"的发展和深化，生态文明教育将环境教育提升到改变整个文明方式和人们基本生活方式的高度。生态文明

---

[1] 黎昕：《民间环境意识与现代环境保护——关于沿海地区民间环境意识的调查分析》，《福建论坛·经济社会版》2003年第2期，第54–58页。

[2] 刘贵华、岳伟：《论教育在生态文明建设中的基础作用》，《教育研究》2013年第12期，第10–17页。

[3] 时军：《环境教育法研究——以完善我国立法为目标》，中国海洋大学2009年博士学位论文，第2页。

[4] 崔建霞：《环境教育的由来、内容和目的》，《山东大学学报（哲学社会科学版）》2007年第4期，第147–153页。

教育的目的，不仅在于让公民了解生态环境的现状以及环境科学知识、遵守生态文明法律规范，培养公民保护环境的自觉意识，还进一步强调了生态文明理念的树立，培养公民健康、绿色的生活方式与消费方式，平衡统一其物质追求和精神追求，树立共生生态价值观，在谋求人类发展的同时，达至人类与环境和谐共生。[1]

　　教育体制包含教育规范和教育机构两个要素。教育规范是指建立教育机构、规定其运转方式并维持正常运转的制度；教育机构则包含教育实施机构和教育管理机构两个方面。教育实施机构主要指各类学校，教育管理机构包括各级各类教育行政机构、学校内部的管理机构。不同的教育机构和其所对应的教育规范结合构成教育体制的下位概念，也就是说，教育体制由各级各类学校教育体制、教育行政体制、学校管理体制组成。[2]生态文明教育体制是指保障全民树立生态文明理念的教育机构及教育规范的有机结合。生态文明教育体制的构建也是我国现行教育体制的一种革新。有学者指出，生态文明教育是一种新的教育范式，不同于现代教育以经济成就为目标，以技术教育为主、个体利益优先、竞争至上等理念，生态文明教育强调"以社会责任为目标、智慧美德为统帅、共同福祉优先、合作至上"等诸多新理念，生态文明教育的目标、内容、方法等都应当以共同福祉观为指导。[3]

　　2.我国生态文明教育体制现状分析

　　（1）我国生态文明教育体制现状。我国生态文明教育的对象为全体公民。针对不同类型的公民，我国现有生态文明教育可分为全民生态文明教育和特殊群体生态文明教育两大类，不同类型的生态文明教育的实施主体、内容、方式均不同。

[1] 刘贵华、岳伟：《论教育在生态文明建设中的基础作用》，《教育研究》2013年第12期，第10-17页。
[2] 孙绵涛、康翠萍：《教育体制改革与教育机制创新关系探析》，《教育研究》2010年第7期，第69-72页。
[3] 杨志华：《为了生态文明的教育——中美生态文明教育理论和实践最新动态》，《现代大学教育》2015年第1期，第21-26页。

全民生态文明教育主要以政府对生态文明理念进行宣传的方式开展。例如，政府利用媒体资源开展一系列环保纪念活动、组织开展环保知识下乡、创办绿色社区和绿色学校的活动，以及评选"绿色中国年度人物"等奖项、制作环保宣传片、开展环保法律法规的普法活动、加大对环保工作的公开力度等。特殊群体的生态文明教育包含内容较广。①学校生态文明教育，包括幼儿园、中小学与高校的生态文明教育。幼儿生态文明教育主要以培养幼儿爱护环境的感情为目的。中小学生态文明教育主要以课本教育与实践活动相结合的方式开展，侧重于灌输生态环境知识。考虑到生态文明教育具有渗透性，生态文明教育的内容在义务教育阶段已融入学生日常学习的科目中。2003年教育部印发了《中小学环境教育专题教育大纲》《中小学环境教育实施指南》，针对小学低年级、小学高年级、初中、高中不同阶段明确了具体的分目标、教学内容，极大地推动了我国中小学生态文明教育的发展。我国高校生态文明教育现已基本形成了一个多层次、多形式、专业齐全的生态文明教育体系。②在职教育，包括了对国家机关工作人员，企事业单位、社会团体及其他组织的管理人员进行的生态文明教育。目前，主要以环保在职人员（包括环保系统领导及检测、科技等管理人员、技术人员等）为教育对象，通过以下方式进行培训：一是在高校开办环保讲座和各类培训机构进行岗位培训；二是建立环境管理干部学院以及在成人教育学院设立环境保护专业。[1]

（2）我国生态文明教育体制的缺陷。我国现已形成了基本的生态文明教育体制，但仍存在许多不足。

第一，政府生态文明教育责任不明确。我国没有专门的生态文明教育法，仅在《环境保护法》第九条对环境教育进行了原则性规定，要求各级政府加强环保宣传工作，并鼓励公众参与环保知识的宣传，

---

[1] 朱晓华、王建、汪洋：《我国环境教育现状与若干发展建议》，《西藏大学学报（汉文版）》2001年第3期，第60—63页。

强调新闻媒体应当开展环保宣传和舆论监督，规定教育行政部门及学校在学校教育内容中加入环保知识。该规定还着重强调了学校环境教育由教育行政部门、学校负责开展。可以看出，政府和学校是生态文明教育工作的实施主体，舆论监督并行，并鼓励公众参与。在各地生态文明教育实践中，多数地方政府将环保教育相关的工作规划和实施交由教育主管部门和生态环境主管部门，将其作为工作内容的一部分进行管理。然而，生态文明教育的综合性决定了生态文明教育需要一个综合协调机构进行统一规划、组织实施、监督、检查。目前我国未设置专门的生态文明教育管理机构，导致了我国生态文明教育的"宣传式""运动式"，大部分生态文明教育沦为为完成短期任务而开展的临时活动。[1] 在监督评估上，政府虽然出台了文件对学校生态文明教育提出要求，但学校往往不予重视，在政府实施考核时临时采取措施应对，且多数学校对生态文明教育工作不进行考核，使学校生态文明教育流于形式。[2] 此外，我国还缺乏有效的生态文明教育激励制度。尽管《环境保护法》规定了人民政府应当对保护和改善环境有显著成绩的单位和个人给予奖励，但是该规定过于抽象导致奖励制度难以落实，不能调动社会主体实践、研究的积极性，导致我国生态文明教育的研究长期停留于介绍性、描述性的研究倾向和单一的研究视角。[3]

第二，生态文明教育缺乏明确目标。生态文明教育的目标统领全国生态文明教育的建设，缺乏明确、统一的生态文明教育目标，导致生态文明教育的实施主体、教育对象、教育内容、教育方式呈现设置模糊、不科学的状态，阻碍我国生态文明教育的推行。

第三，生态文明教育的内容不明确且不具针对性。首先，我国生态文明教育的内容是"环保知识"，但相关规定并未就环保知识的具体含义作出解释。就字面意思理解，环保知识即环境保护知识，换言

---

[1] 教育、环保等各职能部门没有真正重视环境教育长效机制，大部分是为了满足服务任务而开展的相关活动。参见周仕凭：《中小学环境教育现状调查》，《环境教育》2012 年第 4 期，第 16-21 页。
[2] 周仕凭：《中小学环境教育现状调查》，《环境教育》2012 年第 4 期，第 16-21 页。
[3] 臧辉艳：《浅析美国环境教育法对我国的启示》，《南方论刊》2008 年第 2 期，第 63 页。

之是向公民灌输如何保护环境的知识。显然，这样的解释会造成我国生态文明教育的内容局限于环保知识的传授，并且在一定程度上仍然将人与环境作为对立主体，无法实现全民树立生态文明理念的目的。其次，我国生态文明教育的内容缺乏针对性。教育应当以人为出发点和目的，根据教育对象的不同、个人成长阶段的不同以及社会需要的不同，制订适合的环境教育内容。

第四，生态文明教育方式单一。我国虽然初步形成了由全民生态文明教育、学校生态文明教育、在职生态文明教育构成的生态文明教育体系，但生态文明教育方式仍较单一。一方面，从全民生态文明教育上看，政府力量在生态文明教育中所占比过大，企业、社区、民间环保组织等参与较少。对民间生态文明教育力量的激励扶持不足，难以调动各种社会资源，不利于生态文明教育目标的实现。另一方面，从学校生态文明教育上看，我国主要通过将生态文明教育渗透到各学科的课堂教育的方式开展生态文明教育，很少开展社会实践活动。

第五，生态文明教育工作者培训制度亟待完善。我国生态文明教育的师资力量较为薄弱。在幼儿生态文明教育中，多数教师表示很少专门开展生态文明教育课程或专题，通常是随机教育，且较大比例教师自身的环保素质不高。中小学生态文明教育师资培训受应试教育的影响，学校更倾向于把时间和精力集中在提高升学率上，不重视教师生态文明教育培训。我国高校生态文明教育可分为环境专业教育和非环境专业教育。对于环境专业学生，高校学科设置侧重自然科学与工程技术科学，注重传授末端治理知识，教学内容缺乏人文科学与社会科学的综合。对于非环境专业的学生，大部分高校缺乏有能力承担生态文明教育任务的专职教师。生态文明教育师资培训制度的欠缺导致教育工作者缺乏系统化的知识培训，致使设置的生态文明教育目标不合理，内容选择不恰当。[1]

---

[1] 周仕凭：《中小学环境教育现状调查》，《环境教育》2012 年第 4 期，第 16–21 页。

3. 国外环境教育体制的考察与借鉴

（1）环境教育具有法制保障。美国是世界上最早开展环境教育的国家，为了支持和保障环境教育的实施，1970 年通过了《国家环境教育法 1970》，该法主要包括环境教育、技术援助、少量补助、管理等六部分。美国还于 1990 年通过了《国家环境教育法 1990》，其主要目的是明确环境署的主要责任，强化政府行为。这些法案为环境保护协会、基金会及一些非营利社会组织积极参与环境教育提供了坚实的法律保障。[1]

除美国之外还有许多国家出台了与环境教育相关的法律。例如，巴西于 1999 年出台了《国家环境教育法》，日本于 2003 年出台了《增进环保热情及推进环境教育法》，菲律宾于 2008 年出台了《国家环境意识与环境教育法》，韩国于 2009 年出台了《环境教育振兴法》。通过比较各国环境教育法发现，它们都明确了政府环境教育的责任。在机构设置上，各国认为环境教育是一项跨领域事业，需要跨机构的合作推动，并建立诸多委员会或咨询机构。对于环境教育主要制度，各国关注的重点集中于环境教育专业人才的培养和管理。[2]

（2）环境教育目标具体化。以日本环境教育为例，其环境教育的目标十分明确，主要包括关心环境问题、掌握解决环境问题的技能、改变生活方式三个方面，它们既相互联系又相互区别。第一个方面和第二个方面既是教育者传授的知识内容又是环境教育需要达到的目标，而第三个方面除需要教育者的言传身教外，还需要受教育者运用其主观能动性去体悟。第一个方面和第二个方面是从环境问题的角度出发，环境教育者通过环境教育活动使受教育者关心环境问题并掌握解决环境问题的技能。第三个方面则是从环境保护的角度出发，教育者自内而外规范自己的行为，自主选择与环境和谐共生的生活方式。

[1]　常晓薇、孙峰、孙莹：《国外环境教育及其对我国生态文明教育的启示》，《教育评论》2015 年第 5 期，第 165-167 页。
[2]　王民、王元楣：《环境教育法的国际比较与分析》，《环境教育》2010 年第 4 期，第 14-17 页。

（3）环境教育内容具有针对性。根据个人成长阶段的不同以及社会需要的变化有针对性地制订环境教育内容是其他国家开展环境教育的一个重要经验。首先，结合个人成长阶段的不同制订与个人需要相适应的环境教育内容。例如，日本在学校环境教育中将小学低年级学生作为亲近自然教育的对象，小学高年级学生和初中生作为了解自然教育的对象，高中生作为保护自然教育的对象。不同于中小学，日本没有对大学的环境教育提出统一规划，而是更加强调根据自身优势建设特色大学，更加重视专用性和实效性。其次，在环境教育内容中加入社会热点问题，例如在低碳经济、低碳生活成为社会热点时，美国、德国等国家在学校开展旧课本循环利用的活动。

（4）环境教育方式综合化。环境教育的不同类型决定了环境教育方式的不同，并且在同一类型的环境教育中也需要利用综合的环境教育方式，这也意味着环境教育的责任需要政府、学校、企业、社区、家庭和个人共同承担。例如日本在社会环境教育中综合运用媒体宣传、社区教育等方式，许多社区设有形式各异的环保教育中心、环保示范餐厅、人类自然博物馆、屋顶花园等，这些设施直观地向公众传达环保理念，示范环境友好型的生活方式。在学校环境教育中，各国普遍采取综合化的环境教育方式，注重将环境教育融入各个学科和日常生活中。例如，优美的校园环境对环境教育具有积极意义。在德国，幼儿园里有沙地、水池和各类花草树木，孩子们从小在这里亲近自然，起到了良好的生态启蒙教育。此外，除课堂中的环境教育，各国还将环境教育的场所从书本转移到活动中，通过户外学习、校外活动来培养学生的环境意识。对于环境保护热点问题，各国还通过讲座、演讲、报告会、展览会等形式在普及环保知识的同时培养学生的环境意识。

（5）重视环境教育人员培训。环境教育者作为环境教育最直接的实施者，对环境教育的落实意义重大。欧洲各国十分重视环境教育师资的培训，其中荷兰和葡萄牙在这方面积累了大量经验，荷兰环境教育师资培训的理念以及葡萄牙较为成熟的环境教育培训机构和制度均值得我国学习和借鉴。

荷兰环境教育师资培训的理念可以概括为"重视学校的自主性"，即环境教育师资培训方案和课程设置从学校和教师的需要出发，更加重视学校的自主性和教师的职业倾向，让他们自主设定环境教育课程。葡萄牙环境教育师资培训是随着环境教育推进展开的。1969年建立第一个讨论环境问题委员会后，葡萄牙随即制订了普及环境教育的计划，继而于1971年成立国家环境委员会、1987年成立国家环境学会，1993年成立环境促进协会，其目的在于组织环境教育师资培训，应对学校与教师日益增长的需求。培训课程为义务教育第一、二阶段及幼儿园阶段的老师所设计，并且环境促进协会连同教育部会在选定学校范围内给予一定的经济支持，用于为学生提供教学素材以及支持外出考察和学生作品展示。环境促进协会还会举办环境知识竞赛、环境教育讨论会和国家级会议，每位老师均可参与其中。并且，葡萄牙还设立了幼儿园及小学教师培训中心，专门面向幼儿园、义务教育第一、二阶段教师进行师资培训，为其提供职前培训课程和优质的研究课程。[1]

4. 我国生态文明教育体制的完善

（1）明确政府生态文明教育责任。政府应当在生态文明教育中起主导和推动作用。在国家层面上，应当建立生态文明教育主管机构，负责全国生态文明教育工作的开展，制订全国生态文明教育规划、计划，并统筹协调生态文明教育的重大事项。地方层面上，地方各级人民政府为生态文明教育第一责任人。各地方政府应将生态文明教育纳入国民经济和社会发展规划，将生态文明教育的实施情况设为衡量政

---

[1] 庄瑜、王纾然：《环境教育的师资培训：荷兰和葡萄牙的经验》，《全球教育展望》2003年第6期，第26—28页。

府环境绩效的指标之一。建议设立生态文明教育委员会作为生态文明教育主管机构。生态文明教育委员会由本级政府生态环境主管部门、教育主管部门等相关部门组成，负责组织、协调、指导、检查、监督本行政区域的生态文明教育工作，并定期向同级政府报告生态文明教育实施情况。政府相关职能部门依法履行职责，生态环境主管部门负责组织、协调本行政区域内拟定教育规划、编写教材、搭建生态文明教育资源和公共服务平台，为生态文明教育提供政策、信息等的支持和服务；教育主管部门将生态文明教育纳入中小学课程，制订学校生态文明教育规划、计划，组织编写地方生态文明教育课本，指导并监督学校的生态文明教育工作。由同级政府对不依法开展环境保护教育工作的单位或部门进行通报批评，责令其改正，情节严重的依法追究其法律责任。

根据生态文明教育对象的不同，建立生态文明教育评估机制。[1]结合学校教育的特点，学校生态文明教育监督的主体可设置为教育主管部门，由教育主管部门确定科学合理的评价指标和评价方法。社会生态文明教育可以由生态环境主管部门进行评估，评估结果向同级政府报告。评估的目的在于督促相关主体落实其应尽义务，完善生态文明教育的方法，保证生态文明教育良好的投入产出比。因此经评估后，各生态文明教育主体应积极作出回应和改进，同级政府应对不依法开展环境保护教育工作的单位或部门进行通报批评，责令其改正，经通报批评、责令改正后仍拒不改正的，依法追究其法律责任。

建议在未来的立法中进一步细化《环境保护法》第九条和第十一条，建立生态文明教育激励制度，鼓励公众更加积极参与生态文明教育，推进生态文明教育理论的研究。具体而言，上级政府可通过目标责任制和考核制对在生态文明教育工作中取得良好效果的下级政府或

---

[1] 虞伟：《关于环境教育立法的两点思考》，《环境教育》2014 年第 7 期，第 48-50 页。

职能部门进行表彰和奖励；环保主管部门可对该地区积极参与生态文明教育活动的社会组织和个人进行表彰和奖励；教育主管部门可对生态文明教育取得突出成果的学校及在生态文明教育教学领域或管理领域作出突出贡献者进行表彰和奖励。[1]

（2）具体化生态文明教育目标。生态文明教育的目的，不仅限于让公民了解环境知识，更是要培养公民的环境意识，树立生态文明理念，进而改变生活方式，实现人类与环境和谐共生的目的。因此可以将生态文明教育的目标细化为：第一，关心、了解环境问题；第二，学会应对环境问题的方法；第三，培育生态文明理念，追求人类与自然的和谐共生。前两个目标侧重于外部控制，即生态文明教育者对生态文明知识、理念的宣传和灌输，第三个目标则更侧重于受教育者自发地形成生态文明观。这三个目标的实现有赖于科学、合理的生态文明教育教学方法和教学内容。

（3）综合化生态文明教育内容。总体而言，我国生态文明教育的内容应当包括生态文明科学知识、生态文明法律知识和生态文明观三个方面。生态文明科学知识包括生态环境问题、生态环境的保护和合理利用等方面的知识和技能；生态文明法律知识是指我国现有的与生态文明相关的法律法规知识；生态文明观即倡导的公民健康、适度、绿色和科学的生活方式、消费方式，在谋求人类发展的同时，达至人类与环境和谐共生的理念。此外，还应充分考虑不同教育对象及阶段，选择有针对性、有侧重点的生态文明教育内容。

（4）多样化生态文明教育方式。生态文明教育不仅是政府的责任，更是学校、企业、民间组织、家庭和个人应承担的责任。在明确政府责任的同时，要增加学校、企业以及其他组织参与生态文明教育的比重。首先，为民间组织的参与提供制度和资金的保障。其次，鼓励企

---

[1] **虞伟**：《关于环境教育立法的两点思考》，《环境教育》2014 年第 7 期，第 48–50 页。

业参与到生态文明教育中来。最后，完善生态文明教育激励制度，充分调动社会各界参与生态文明教育的积极性。鼓励生态文明教育者参与生态文明教育研究，以学生为本开展多种形式生态文明教育实践活动。在社会生态文明教育中，鼓励新闻媒体、社区、环保组织参与到生态文明教育中来，通过开展环保活动、环保讲座等方式向公众普及生态文明科学知识、生态文明法律知识，使公众切身感受到生态文明理念所提倡的生活方式和消费方式。

（5）落实生态文明教育师资培训。生态文明教育师资培训工作可分为两大类：一是职前教育，二是在职教育。职前教育主要由师范院校承担，可以通过以下几种形式开展培训工作：第一，单独开设环境教育课程，以必修课或选修课的形式传授系统的生态文明教育知识，使学生掌握生态文明教育的方法和技能。[1]有学者提出以高师地理教育专业为依托，通过"兼顾型培养途径"或"分流型培养途径"来培养生态文明教育者。[2]第二，将生态文明教育的内容与其他学科有机融合，面向全体师范院校学生开设与生态文明教育相关的全校性选修课。第三，开展生态文明教育调查、实习等实践活动。在职教育则可以通过以下途径开展：教育部门和生态环境部门合作开展岗位培训工作；电大、函授、进修等方式；教育部门组织开发生态文明教育指导书或参考书。[3]

（6）完善生态文明教育法制保障。

①生态文明教育立法具有必要性。法律是生态文明教育最重要的保障。我国生态文明教育中存在的政府生态文明教育职责不明确、生态文明教育目标不明确、教育内容缺乏综合性、教育方式单一、师

---

[1][3]　宋兵波：《切实加强我国环境教育师资队伍建设》，《环境教育》2001年第1期，第31–32页。
[2]　"兼顾型培养途径"是指通过调整现有高师地理教育专业的课程内容，适度增加环境科学课程的分量，使地理教育专业学生既适合于中小学地理教育的教学，也能适合于中小学环境教育的教学。"分流型培养途径"是指在现有地理教育专业选修课程中，增设了一组可供选择的环境教育方向的选修课程，以利于一部分地理教育专业学生分流到环境教育专业。参见刘沛林、申秀英：《"一目标、四途径"的基础环境教育师资培养模式探索——以衡阳师范学院的实践为例》，《当代教育论坛》2008年第8期，第96–98页。

资培训存在缺陷等问题，很大程度上源于我国缺乏有效的法律保障。尽管我国地方立法中已有与环境教育相关的地方性法规和地方政府规章，但仍无法为我国生态文明教育提供有力的法律保障。首先，地方生态文明教育立法不足以提升生态文明教育的法律地位，不足以凸显其重要性，易导致实施主体忽视生态文明教育。其次，地方环境教育立法刚性不足，直接表现为缺乏有效的监督问责机制。[1] 再次，地方立法对环境教育人才培养和资金保障的规定未落到实处。承担环境教育工作的大部分教师未受过系统培训，继续教育工作未落实。同时地方立法尚未对环境教育人才的培养做具体规定，环境教育工作经费投入缺乏科学、合理的标准。[2]

②生态文明教育立法具有可行性。首先，我国逐步成熟的生态文明教育理论和积累的实践经验，为我国出台生态文明教育法规奠定了基础。其次，我国生态文明教育地方立法已取得初步成效，其中《宁夏回族自治区环境教育条例》《天津市环境教育条例》《南京市环境教育促进办法》最具代表性，它们均对环境教育对象、环境教育内容及目的、环境教育的基本原则、环境教育的组织领导及职责分工、环境教育方式和途径、环境教育的激励机制、环境教育实施情况监督等做了较为详细的规定。最后，国际社会生态文明教育立法已成为一种趋势，自美国《环境教育法》后各国相继对环境教育进行了专门立法，也为我国生态文明教育立法提供了宝贵的可借鉴的经验。[3]

---

[1]　天津市人大常委会在《天津市环境教育条例》出台一年后开展的执法检查中发现，部分单位和领导对环境教育重视不够，环境教育工作未按规定落到实处，存在着较多的盲点和空白。而《天津市环境教育条例》对"不依法开展环境教育工作的单位及其负责人"仅规定"由环境保护行政管理部门通报批评，责令改正"。参见吴惟予、肖萍：《新〈环境保护法〉"环境教育"条款有效实施的思考——以环境教育立法出路》，《生态经济》2015年第31卷第11期，第171-175页。

[2]　环境教育属于跨学科的交叉领域，知识交融性大，师资水平决定着环境教育的质量。目前，大部分承担中小学环境教育的教师都未接受过系统的环境教育培训，法律对环境教育人才的培养、职业化准入也未做出具体规定，环境教育工作经费投入随意性大且偏少。在环保部年度公共预算财政拨款总额中，环境教育宣传支出每年只占很小的比例，难以跟上迅速发展的环境教育规模。基于此种情况，宁夏、天津两地均在地方立法中规定将本地区环境教育经费纳入政府财政预算，但实际效果并不理想。参见吴惟予、肖萍：《新〈环境保护法〉"环境教育"条款有效实施的思考——以环境教育立法为出路》，《生态经济》2015年第31卷第11期，第171-175页。

[3]　王民、王元楣：《国际视野下的中国环境教育立法探讨》，《环境教育》2009年第4期，第37-41页。

第四章 生态文明法律制度建设的实践考察与问题反思

作为人类文明史上一种崭新的文明样态，"生态文明"对生态环境法律制度的构建和完善提出了全方位的要求。我国的生态环境保护法律体系经过多年发展，已成为中国特色社会主义法律体系的一个重要的组成部分，为促进国家环境管理法制化、保障公民合法环境权益、协调经济社会发展与环境保护、促进人与自然和谐发展发挥了重要作用。尽管近几年我国的生态环境有明显改善，但多年来环境污染状况、资源约束趋紧、生态环境面临严峻形势等没有得到根本性改变。以生态文明的基本理念审视，现有生态文明法律制度体系和制度的运行中还存在很多不足，成为对生态文明建设保障不力的制度根源之一。在对生态文明法律制度建设的基础理论、理念更新、体系重构做了宏观分析的基础上，本部分侧重于从实践的角度，系统研究生态文明法律制度体系和生态文明法律制度的运行现状、实施绩效及存在的不足，并对国外有益的经验进行比较借鉴，为寻求解决问题的制度因应之道、探索创新生态文明建设法律制度体系的具体对策提供实证基础。

第一节　生态文明法律制度建设的实践考察

一、生态文明立法体系逐渐形成

一般认为，立法体系是关于立法权配置、立法权运行和立法载体诸方面的体系、制度所构成的有机整体，它包括立法权限的体系和立法权的运行体系。[1]生态文明立法体系是关于生态文明立法权、立法运行和立法载体等体系和制度所构成的有机整体，它包括生态文明立法权限配置的体系和生态文明立法权运行的体系。

（一）生态文明理念贯穿不同层级立法

21 世纪初，可持续发展理念成为我国治国理政的指导方针，也成为我国生态文明立法坚持的首要原则。为贯彻可持续发展、生态文明理念，中央和地方政府先后出台了一系列政策法规。①党中央出台了一系列重大决定。党的十七大明确提出建设生态文明；十八大提出全面贯彻落实"经济建设、政治建设、文化建设、社会建设、生态文明建设五位一体总体布局"；十九大指出"建设生态文明是中华民族永续发展的千年大计"。另外，从党内法规层面而言，2015 年发布了《生态文明体制改革总体方案》和《中共中央国务院关于加快推进生态文明建设的意见》。②中央和地方立法机关按照可持续发展和生态文明建设要求，先后对《环境保护法》《中华人民共和国大气污染防治法》（以下简称《大气污染防治法》）《中华人民共和国海洋环境保护法》（以下简称《海洋环境保护法》）《中华人民共和国水土保持法》（以下简称《水土保持法》）《中华人民共和国野生动物保护法》（以下简称《野生动物保护法》）《中华人民共和国风景名胜区条例》（以下简称《风景名胜区条例》）《中华人民共和国自然保护区条例》（以

[1]　周旺生：《立法学》，北京：法律出版社，2002 年，第 39 页。

下简称《自然保护区条例》）等法律法规进行了修订，增加了"加快生态文明体制改革，建设美丽中国"等方面的规定。同时，推进了土壤、湿地、石漠、荒漠等领域的立法实践。③部分地方政府率先进行了生态文明建设的综合立法。这些立法有《青海省生态文明建设促进条例》《贵州省生态文明建设促进条例》《厦门市生态文明建设促进条例》等。这些法律法规的修改、制定表明，生态文明理念已经贯彻到党内法规、全国和地方立法的实践中。

（二）科学合理地配置生态文明立法权

（1）中央立法层面。首先，在生态文明的基本法律、单行法律的制定方面，全国人民代表大会及其常务委员会拥有生态文明建设相关法律的国家立法权。理论上讲，全国人民代表大会负责生态文明建设基本法律的制定和修改，全国人民代表大会常务委员会负责生态文明基本法以外的其他生态文明建设法律的制定和修改。其次，国务院根据宪法和法律，制定有关生态文明建设的行政法规，重点对生态文明法律的规定及《宪法》第八十九条赋予的职权进行立法。最后，国务院负有生态文明监管职责的部、委、直属机构，有权制定生态文明建设的部门规章。

（2）地方立法层面。从地方立法的形态看，主要包括执行性立法、补充性立法、自主性立法、先行立法和实验立法。[1] 根据 2015 年修正的《立法法》，享有地方性生态文明建设法规制定权的主体主要有以下几类：①省级人大及其常委会，有权根据地区环境承载能力和经济发展状况，在不与宪法、法律和行政法规相抵触的前提下，制定具有地方经验和特色的生态文明法规；②自治区、自治州和自治县的人大及其常委会，有权根据上位法的规定和自治地方的生态保护现状，制定自治条例和单行条例；③设区的市的人大及其常委会，有权根据实

---

[1] 崔卓兰、于立深、孙波等：《地方立法实证研究》，北京：知识产权出版社，2007 年，第 8—13 页。

际需要，对环境保护在内的事项制定地方性法规。第三种法规制定权属于《立法法》的新增授权，一方面极大地拓宽了地方立法权，另一方面，地方立法供给过剩和重复立法成为亟待解决的突出问题。另外，省、自治区、直辖市和设区的市、自治州的人民政府，有权根据本辖区生态环境保护实际需要，制定有关生态文明建设的地方政府规章。

（三）生态文明立法程序不断规范

科学、严谨并有效运作的立法程序是规范立法行为、保证立法质量的基础。根据《立法法》的规定，我国的立法程序包括提出法案、审议法案、表决法案、通过和公布法案等法定步骤。实际上，法律本身的质量和法律调整社会关系的实际效果不仅与前述法定步骤有关，而且与法律草案提出前及法律公布后所应遵循的相关法定及非法定程序有关。这些程序包括立法预测、立法规划和计划、立法决策、立法解释、立法后评估、立法信息反馈、法规汇编和法典编撰等。[1]鉴于我国生态环境保护法律存在实效性差的问题，为提高生态环境保护立法的质量，全国人大对立法程序做出了明确规定。①生态环境保护方面具有全局性的生态文明法律，由国务院法制办牵头相关部门起草，避免立法中的部门倾向，审议过程由人大法制工作委员会主导。②生态环境保护方面的行政法规，必须由国务院严格按照《立法法》规定的程序进行。③地方性法规、自治条例和单行条例的制定必须严格遵守法定程序。自治条例和单行条例的变通规定必须按照法定程序向全国人大常委会或相应的上级立法机关做出说明。④有关生态文明建设的部门规章和地方政府规章须按照《规章制定程序条例》规定的程序进行制定。⑤有关生态文明建设法律草案必须按《中共中央关于全面推进依法治国若干重大问题的决定》要求，进行合法性审查。⑥对草

---

[1] 孙国华：《法的形成与运作原理》，北京：法律出版社，2003年，第163页。

案提出前和法律公布后的相关程序做出明确规定。其中，尤其是对立法预测和立法评估进行规定。由此，对立法进行全过程规制，确保生态文明建设法律法规是具有合法性、正当性和实效性的"良法"。

（四）生态文明立法的公众参与度不断提升

生态环境保护立法活动，是调整人与人、人与社会及人与自然关系的行为规则的专门活动。公众遵从自己制定的法律，是生态环境保护法律具有执行力和正当性的前提。从这一角度来看，较之于其他法律法规的制定，公众参与在生态文明立法中更显必要。我国《立法法》将"民主立法"作为立法的基本原则，并通过诸多条文对立法过程中公众参与立法的范围、形式、程序等做出具体规定。在具体的生态文明立法中，公众参与也日益成为立法的重要准则。例如，《环境保护法》将"公众参与"列为环境保护的五大原则之一，更为重要的是，该法特别设了"信息公开和公众参与"的专章规定。2016 年，全国人大常委会对《中华人民共和国环境影响评价法》（以下简称《环境影响评价法》）也做了修改，该法第十一条规定："专项规划编制机关对可能造成环境影响的规划，应当在规划报批前举行相关公众和专家参与的论证会、听证会。"同时要求，规划编制机关无论是否采纳公众意见，都应当"说明理由"。说明理由的意义有二：①使行政机关在编制对可能造成环境影响的规划时更加审慎；②便于对规划的适当性进行事后的审查和判断。[1]《环境保护法》和《环境影响评价法》在修订过程中，起草部门根据《立法法》规定召开座谈会、论证会，广泛吸收公众对于生态文明立法的意见和建议。同时，国务院法制办在草案形成之后，全文网上公开并征求意见，预示着公众参与立法逐渐从标签变为常态。

---

[1] 余凌云：《行政法讲义》（第二版），北京：清华大学出版社，2014 年，第 271 页。

（五）生态文明立法的针对性、操作性进一步强化

我国过去的生态环境保护立法，缺乏针对性和操作性。法律缺乏针对性和操作性，就不能有效调整社会关系，其实施效果就会大打折扣，不仅难以实现立法目标、浪费立法资源，而且给规制对象传递出错误的信号。为切实解决环境法规众多但实效差的问题，《立法法》及相关立法文件明确要求，在进行环境立法时必须开展立法调研，对于不能解决实际问题、没有具体措施手段、环境条件不成熟的立法事项一律不列入立法规划和立法计划；列入立法规划和计划的事项，在法案的起草审议过程中要认真开展立法评估，重点对法律是否符合可持续发展要求，法律适用主体是否明确，法律实施的成本是否可承受，公众对法律的认可接受度，执法手段措施及法律责任的设定是否具有针对性、操作性等进行评估。

二、生态文明法律制度逐步建立

我国生态文明法律制度建设，与国家改革开放进程是同步的，以1979 年《中华人民共和国环境保护法（试行）》公布实施为标志，我国开启了生态文明立法的历史进程，至今已初步形成一个由《环境保护法》领衔，以环境污染防治法、自然资源开发利用法、生态保护法等法律为主干，由宪法、法律、行政法规、地方性法规、自治条例和单行条例、规章[1]及我国批准或加入的国际条约等组成的统一协调的生态文明法律规范体系。

进入 21 世纪以来，我国生态文明法律体系逐步建立。2001 年，国民经济和社会发展"十五计划"提出，落实科学发展观；2002 年，党的十六大进一步提出，将生态文明社会作为全面建设小康社会的四

---

[1] 黄锡生、史玉成：《中国环境法律体系的架构与完善》，《当代法学》2014 年第 28 卷第 1 期，第120–128 页。

大目标之一；党的十七大提出"建设生态文明"的号召；十八大进一步提出，将生态文明建设融入经济、政治、文化和社会建设的各方面和全过程；十八届三中全会对改善生态环境，加强生态文明建设做出专门规定；十九大指出，"加快生态文明体制改革，建设美丽中国"。从某种意义上说，真正的生态文明法治建设始于这一阶段。在该阶段，国家先后出台了一系列体现生态文明理念和价值追求的政策和法律。在政策方面，出台了《全国生态环境保护纲要》《中国 21 世纪初可持续发展行动纲要》。在法律方面，新增《环境保护税法》《中华人民共和国核安全法》（以下简称《核安全法》）《中华人民共和国放射性污染防治法》（以下简称《放射性污染防治法》）《环境影响评价法》《中华人民共和国防沙治沙法》（以下简称《防沙治沙法》）《中华人民共和国清洁生产促进法》（以下简称《清洁生产促进法》）《中华人民共和国海域使用管理法》（以下简称《海域使用管理法》）《中华人民共和国海岛保护法》（以下简称《海岛保护法》）等。同时，全国人大常委会根据生态文明和环境资源保护的新形势和新要求，对《环境保护法》《中华人民共和国水污染防治法》（以下简称《水污染防治法》）等法律进行了较大程度的修改。在国际条约方面，全国人大常委会批准了《〈防止倾倒废物和其他物质污染海洋的公约〉1996 年议定书》《关于积极应对气候变化的决议》。在行政法规方面，国务院颁布了《规划环境影响评价条例》《排污费征收使用管理条例》。

全国人大常委会 2011 年通过的《刑法修正案八》对"重大环境污染事故罪"章节的规定进行了较大程度的修改。同时，最高人民法院和最高人民检察院还专门出台了《关于办理环境污染刑事案件适用法律若干问题的解释》，其中规定，负有环保监管职责的国家工作人员渎职或滥权，导致重大污染事故的，追究刑事责任，从而确立了在环境保护议题上的行政人员问责制。在民事方面，通过《环境保护法》《民事诉讼法》以及最高人民法院《关于审理民事公益诉讼案件适用法律若干问题的解释》的规定，最终确立了切实可行的环境民事公益诉讼制度，即具备法定资格的机关、法人或社会团体有权对污染环境、破坏生态的行为行使"私人执法权"，提起环境民事公益诉讼。

至此，我国生态文明法制建设立足于服务改革开放和国家中心工作，经过初创、发展、调整、完善，已形成包括法律 26 部，行政法规 50 余部，地方性法规、部门规章和政府规章 660 余项，国家标准 800 多项，具有独立的调整对象、调整方法和价值追求的相对成熟的法律部门[1]。生态文明法律体系的建构完善，不仅使生态文明建设领域基本上实现了"有法可依"，也为保障公众环境权益、协调环境保护与经济社会发展、促进生态文明建设发挥了不可替代的作用。

（一）污染防治法制建设向纵深发展

污染防治法律作为生态文明法制建设最早的领域，相比生态文明法制建设其他领域，最为健全和完善，其法律体系建设向纵深方向发展。截至目前，在该领域有《大气污染防治法》《水污染防治法》《中华人民共和国固体废弃物污染防治法》（以下简称《固体废弃物污染防治法》）《放射性污染防治法》《中华人民共和国噪声污染防治法》（以下简称《噪声污染防治法》）《中华人民共和国土壤污染防治法》（以下简称《土壤污染防治法》）等多部法律。除此之外，污染防治法律还涉及 22 部行政法规及数百件行政规章和环境标准，范围涵盖主要环境因子。

（二）资源能源可持续利用保护法制建设全面提速

多年来，我国一直把资源能源作为满足经济社会发展的物质手段，对其研究和立法也多从经济角度考虑，对其生态价值未给予应有的重视。20 世纪 90 年代以来，随着可持续发展理念不断深入，资源能源可持续利用保护法制建设全面提速。据不完全统计，截至 2020 年底，

---

[1] 黄锡生、史玉成：《中国环境法律体系的架构与完善》，《当代法学》2014 年第 28 卷第 1 期，第 120-128 页。

我国已制定关于水、土地、矿产、海域、海岛、气象、可再生能源、电力和煤炭在内的多部资源能源法律和数十部行政法规以及数百部部门规章。资源能源可持续利用保护方面的法律已基本覆盖自然资源资产产权、国家自然资源资产管理、自然资源监管体制、主体功能区制度、空间规划体系、土地用途管制、国家公园管理体制等领域，而且资源可持续利用保护法律的修改完善工作也在不断加速。

（三）生态保护法制建设正加速进行

理论上讲，生态保护法制建设是我国生态文明法制建设最重要的部分。然而，客观现实是，我国的生态保护法治相较于污染防治以及资源保护而言，表现出极大的滞后性。现阶段，生态保护方面的立法多从保护对象着手，重点关注的是自然区域和生物多样性的保护。例如，针对自然保护区、风景名胜区、森林公园、湿地、野生生物等，分别制定了《自然保护区条例》《风景名胜区条例》《森林公园管理办法》《湿地保护管理规定（征求意见稿）》《野生动物保护法》《野生植物保护条例》等法律、法规或部门规章。相较于自然资源保护和污染防治法律，生态保护法律的层级偏低。但随着生态文明意识的逐渐增强，生态保护法律领域的立法正在加速进行中。

（四）生态文明相关法制建设得到加强

从以上分析可以看出，生态文明法制主要包括针对环境要素进行保护的资源法律和生态保护法律，以及针对影响因子进行规制的污染防治法律。除此之外，中央和地方立法机关还通过加强生态文明相关法制建设，来实现生态文明建设的初衷。例如，《环境影响评价法》《中华人民共和国防洪法》（以下简称《防洪法》）《中华人民共和国防震减灾法》（以下简称《防震减灾法》）《规划环境影响评价条例》等法律法规具有一定的生态文明法制特征，但又具有相当的特殊性，将其纳入到上述分类中并不适宜，因此，本书将这些立法建设界定为生态文明相关的法制建设。

（五）相关法律法规不断被"绿化"

为落实生态文明理念，立法机关一方面加强了生态环境保护法律法规的制定和修改工作，另一方面，对一些传统领域的法律法规，也根据生态保护的需要，对相关法律进行了"生态化"。如1997年修订《刑法》时，专节规定了破坏环境资源犯罪，同时，对行政机关及其工作人员环境监管失职的行为也做了刑罚规定。2007年施行的《中华人民共和国物权法》（以下简称《物权法》）突破传统的"物"的概念，将资源利用权等规定为物权，纳入《物权法》调整，在该法第九十条明确规定：不动产权利人不得违反国家规定弃置固体废物，排放大气污染物、水污染物、噪声、光、电磁波辐射等有害物质。2010年施行的《侵权责任法》在环境保护方面也做出了努力。该法第八章的环境污染责任规定，对环境污染侵权的构成要件、因果关系认定、举证责任分配等做出了有别于普通民事侵权的规定，体现了生态环境侵权责任的强化。[1]《民法典》侵权责任编第七章进一步对环境污染和生态破坏责任做出了明确规定。

三、生态文明法制实施的保障体制初步建立

（一）生态文明法制实施的行政保障体制进一步健全

我国生态文明法律实施的行政保障体制的建立和完善是伴随着我国生态文明建设任务的推进，在生态环境问题倒逼下，不断健全、完善的。1973年8月第一次全国环境工作会议后，1974年10月国务院成立了环境保护领导小组，各省、自治区、直辖市也相应地设立了环

---

[1] 张新宝、庄超：《扩张与强化：环境侵权责任的综合适用》，《中国社会科学》2014年第3期，第125-141页。

保机构。1982 年中央国家机构改革，正式成立了城乡建设环境保护部，下设环境保护局，结束了国家一级环保机构作为临时机构的历史。1984 年 5 月，国务院成立环境保护委员会，办事机构设在城乡建设环境保护部。1984 年年底，环境保护局升格为部委归口管理的国家环境保护局，共设 17 个处室。1988 年 7 月，将环保工作从城乡建设部分离出来，成立独立的国家环境保护局（副部级）。1998 年 6 月，将副部级的国家环境保护局升格为正部级的国家环境保护总局，并且扩大了其环境保护方面的职能。2008 年 3 月，国务院机构改革围绕职能转变和理顺部门职责，探索实行职能有机统一的大部门体制，2008 年 7 月，国家环境保护总局再次升格为环境保护部。2018 年整合分散的生态环境保护职责，组建生态环境部，从国务院的直属机构演变成国务院组成部门，生态环境部门在国家有关规划、政策、执法、解决重大环境问题的综合协调等方面的能力得到加强。至此，我国由环境保护行政主管部门统一监管，其他部门相互协调配合的生态文明建设的行政监管体制正式建立并得到强化。

（二）生态文明法制实施的司法保障体制初步建立

司法是保障社会正义的最后防线，也是实现立法目标的基本途径之一。生态文明法律制度所规定内容的实现必须有公正、便捷、高效的司法制度来保证。国外经验证明，生态文明建设中司法不能缺席，并且环境司法必须专门化。[1]1969 年，新西兰和美国先后设立专管环境纠纷的环境法院，"环境司法专门化"的帷幕正式拉开。截至 2010 年，超过 40 个国家陆续建立了 350 多个环境法庭或环境法院，其中包括中国、日本、巴西等国家。[2]

---

[1] 环境司法专门化是指国家或地方设立专门的审判机关（环境法院），或者现有法院在其内部设立专门的审判机构或组织（环境法庭）对环境案件进行专门审理。参见王树义：《论生态文明建设与环境司法改革》，《中国法学》2014 年第 3 期，第 54—71 页。

[2] Gorge Pring and Catherine Pring. Greening Justice: Greating and Improving Environmental Courts and Tribunals. The Access Initiative，2009：11.

我国环境司法专门化经历了一个曲折的过程。早在 1988 年，武汉市硚口区人民法院为应对逐年增多，且案件审理复杂的环境案件，向最高人民法院请示设立环境法庭。这一请示未获批准，却开启了中国环境司法专门化的理论和实践工作。2007 年，贵州省贵阳市中级人民法院为保障贵阳市饮用水安全，解决跨行政区划水污染案件的管辖，向贵州省高级人民法院申请设立专门的环境法庭。与 1988 年硚口区人民法院遭受的待遇不同，考虑到环境污染的现状与民众对良好生态环境的期待，贵州省高级人民法院批复同意设立贵阳市中级人民法院环境法庭，并在清镇市人民法院正式挂牌。据统计，自清镇市成立环境法庭至 2013 年，全国有 18 个省市在地方三级法院中设立环境法庭 134 个。[1] 为了规范日益增多的环境法庭建设，最高人民法院于 2010 年下发《关于为加快经济发展方式转变提供司法保障和服务的若干意见》，提出在环境纠纷较多的地区，设立环境法庭，实施环境审判专业化，提升环境司法水平。[2] 该意见为全国的环境法庭建设提供了政策指引，也为环境司法专门化提供了制度支持。

（三）生态文明法制实施的物质保障得到加强

从人类社会和自然关系的演化看，人类自从来到大自然，其生产、生活每时每刻都不停地影响着生态环境，只是这种影响在农业文明时期相对较小，在环境承载范围之内，农业文明时期虽然出现局部生态环境破坏问题，但总体上生态处于稳定状态。工业革命以来，特别是 20 世纪 70 年代以来，随着新科技的发展及生产力的大幅提升，人类生产活动对地球生态造成颠覆性破坏，出现了"八大全球性环境问题"，这些问题至今尚未得到有效解决，有些环境生态问题还处于恶化中。生态破坏所带来的灾难和痛苦促使人类觉醒，保护环境、走可持续发

---

[1] 数据来源最高人民法院杜万华专委在 2013 年贵阳生态文明国际会议之"环境司法论坛"开幕式上的讲话。
[2] 王树义：《论生态文明建设与环境司法改革》，《中国法学》2014 年第 3 期，第 54~71 页。

展道路、建设生态文明国家已成为国际社会的共识。但环境治理和生态保护等需要坚实的物质基础。相对于人类享有优美环境和良好生态等环境权利，生存权和发展权在联合国人权图谱中更具有基础性。生态文明制度的实施必须建立在坚实的物质基础上。任何一个主权国家必须在首先解决国民衣、食、住、行等基本需求后，才能开展包括生态文明建设在内的其他社会活动。生态环境保护和扩大再生产是一对矛盾统一体。加强生态环境保护不仅需要控制生产活动的广度和深度，还需要大量的物质投入。欧美发达国家生态环境好、生态文明程度高即建立在雄厚的物质基础上。

我国已经具备实施生态文明制度的物质基础。首先，经过 40 多年的改革开放，我国已成为世界第二大经济体，综合国力大幅增强。我国已经基本建成小康社会，正向全面建成小康社会目标迈进，人民群众的基本需求已经得到满足。其次，清洁的水、洁净的空气等优美生态环境成为人民群众的期盼。国家进行生态文明建设引起的物质财富生产的减量和治理环境的物质投入，不仅不会影响公众的生活品质和经济发展的整体速度，相反还能为经济发展提供良好的发展环境。再次，环保意识增强，家庭财富增加。这些条件将促使公众拥护和支持国家的生态文明建设。因此，我国目前已经有足够的物质可投入污染防治、生态治理和生态文明法律制度的实施中，生态文明制度的实施具备了坚实的物质保障。

（四）生态文明法制实施的技术保障水平明显提高

科学技术作为推动社会进步的手段和工具，其本身无关价值，但科学技术的利用则关乎价值的选择。科学技术能促进人类生产力发展，提高人类创造财富、服务社会的能力，是有益社会和全人类的，但是运用不当对生态环境的破坏也是触目惊心的。生态文明建设、生态环境问题的解决，无论是过去、现在还是将来都需要科技来帮助解决。近年来，我国的环保科技得到了长足发展，为生态文明建设制度实施提供了坚实的技术保障。①为推进产业结构的转型，我国加大了信息技术、生物技术、新能源技术等高新技术领域的投入，并取得了长足发展。②为抢占新科技革命和产业革命领域制高点，我国加强了清洁、智能、低碳等战略性新兴产业的发展。③为尽快调整能源结构和转变资源利用方式，我国加快了能源尤其是新兴能源领域的瓶颈技术的联合公关，取得了显著突破。④在水、大气、土壤、固体废物治理等重大民生技术公关中，不断强化和贯彻着源头治理和过程控制的理念，提升了科技对解决区域性生态环境问题的支撑能力。[1]概言之，科学技术的飞速发展，为生态文明法制提供了强大的技术支持，在法律法规、行政和司法系统、物质保障、技术支持的共同作用下，生态文明建设正从情境走向现实。

第二节　西方国家生态文明政策法律的演进 [2]

国外对"生态文明"这一术语的使用，在民间或者学术界都是存在的。例如，国外学者在20世纪70年代就提出了"生态文明"（ecological civilization）这一术语。[3]美国学者罗伊·莫里森（Roy Morrison）在1995年出版的《生态民主》（*Ecological Democracy*）一书中明确提出了"生态文明"为"工业文明"之后的一种文明形式。[4]对社会发展水平所体现的"文明"来说，不应采用"总和论"的概念，宜采用"文化论＋过程论"的静动结合概念。笔者认为，作为一种文化，文明是指一个地区、国家或者人类在一定时期生产生活中的某种主导或者最高文化和伦理思想；作为一个过程，文明是指一个地区、国家或者人

---

[1] 马燕合：《重视科技创新　支撑生态文明建设》，《科技日报》2012年4月23日第A03版。
[2] 本节主要内容基于下列阶段性成果改写而成，胡德胜：《西方国家生态文明政策法律的演进》，《国外社会科学》2018年第1期，第81—90页。
[3] 刘仁胜：《译者序 人类生态文明发展之路》，载〔美〕罗伊·莫里森：《生态民主》，刘仁胜、张甲秀、李艳君译，北京：中国环境出版社，2016年，译者序。
[4] 有关内容，可见该书的中译本。〔美〕罗伊·莫里森：《生态民主》，刘仁胜、张甲秀、李艳君译，北京：中国环境出版社，2016年。

类在一定时期内于生产生活中不断发展完善和践行某种主导或者最高文化和伦理思想的过程。就生态文明而言，作为一种文化，它是指一个地区、国家或者人类在一定时期的生产生活中将生态优先类文化作为主导或者最高文化和伦理思想；作为一个过程，则是指一个地区、国家或者人类在一定时期内于生产生活中不断发展完善和践行生态优先这种主导或者最高文化和伦理思想的过程。因此，在生态优先类文化成为生产生活的主导或者最高文化思想之前，政策法律中存在的、于形式或者外在表现上与生态文化相关的规定，最多只是萌芽性的规定，此后，通常会先后进入发展期和成熟期。

生态文明内涵的孕育和发展是一个历史进程。工业文明时代的生活生产活动造成了巨大的环境污染和破坏，进而严重地威胁人类自己的生存环境。这验证了恩格斯在《自然辩证法》中的如下论断："我们不要过分陶醉于我们人类对自然界的胜利。对于每一次这样的胜利，自然界都对我们进行报复。"[1] 西方工业发达国家在 20 世纪 30—60 年代的严重环境污染和破坏事件引发了民众广泛的环境保护运动，促成了环境保护思想，催生了环境保护立法，而且加强环境保护在 20 世纪 60 年代末和 70 年代初的工业发达国家成为一项重要事项，如何适当地处理人类与环境之间的关系后来成为一项国际性议题。[2]

1972 年联合国人类环境会议就是在这一背景下召开的。尽管包括中国和印度在内的广大发展中国家对加强环境保护并不重视，会议通过的妥协产物《联合国人类环境会议宣言》的基点是："人类环境的两个方面，即天然和人为的两个方面，对于人类的幸福和对于享受基本人权，甚至生存权利本身，都是不可缺少的。"（序言第 1 段）它这样描述环境目标："为了这一代和将来的世世代代，保护和改善人类环境已经成为人类的一项紧迫目标，这项目标将同争取和平、全世

---

[1] 中共中央马克思恩格斯列宁斯大宁著作编译局：《马克思恩格斯选集》（第四卷），北京：人民出版社，1995 年，第 383 页。

[2] 例如，1970 年 3 月东京召开的关于公害问题的国际研讨会在其发表的《东京宣言》第五项中提出："我们请求，把每个人享有的健康和福祉等不受侵害的环境权以及当代人传给后代的遗产应该是一种富有自然美的自然资源的权利，作为一种基本人权，在法律制度中确定下来。"

界的经济与社会发展这两个既定的基本目标共同和协调地实现。"它在原则中宣告："人类有权在能够过尊严和福祉生活的环境中，享有自由、平等和良好生活条件的基本权利。"尽管 4 次出现"生态"字样[1]，但是它并没有将人与基于生态系统的自然环境之间的和谐共处以及后者优先作为主导或者最高思想，体现的仍然是（经济）发展优先的工业文明理念。

1987 年联合国环境与发展委员会的报告《我们共同的未来》正式提出了"可持续发展"这一理念，并将之定义为"既满足当代人的需要，又不对后代人满足其需要的能力构成危害的发展"[2]。这一理念在 1992 年联合国环境与发展大会文件（如《里约宣言》和《21 世纪议程》）中得到了发展和确认。《里约宣言》在序言中指出，已经"认识到我们的家园——地球——的整体性和相互依存性"；在原则中宣告："人类处于普遍受到关注的可持续发展问题的中心。他们应该享有以与自然相和谐的方式过健康而富有生机成果的生活的权利。"虽然"生态"字样仅出现了一次，但是它所体现的生态观相比《联合国人类环境会议宣言》而言却具有质的突破。因为它要求"各国应该本着全球伙伴精神，为保存、保护和恢复地球生态系统的健康和完整进行合作"。结合其他原则，予以整体考量，认真分析《21 世纪议程》的目标和实施方案，可以认为：《里约宣言》已经将人与自然环境之间的和谐共处作为主导或者最高思想，实质上已经非常接近生态文明的理念。从宏观层面和整体性上看，人类社会的生态文明是经由国际政策法律文件推动而在国内和国际层面发散、发展并不断走向成熟的。

2015 年以前的国外政策法律文件没有使用过"生态文明"这一术语。不过，正如后面所讨论的，从相近或者类似的意义上讲，西方发达国家政策法律中存在与生态文明相关的术语、概念、思想和理论，

---

[1]　它们分别是序言第 3 段提及"生物界的生态平衡受到严重和不适当的扰乱"，原则二认为必须特别对"自然生态类中具有代表性的标本"加以保护，原则六认为需要"保证不使生态环境遭到严重的或者不可挽回的损害"，原则十认为发展中国家必须考虑"生态进程"。

[2]　世界环境与发展委员会：《我们共同的未来》，王之佳等译，长春：吉林人民出版社，1997 年，第 52 页。

有涉及生态文明的不少规定，既有形式或者外在表现上的，也有精神或者实质内容上的。判断一项政策或者一部法律是否是精神或者实质内容上的规定，需要从是否基于孕育有利于保存、保育或改善生态系统或其服务衡量，考察它是否具有以及在多大程度上具有生态理性。[1]所谓生态理性，是指基于以生态系统为核心内容的生态学理论，将生态优先原则作为生产生活中的主导或者最高文化和伦理思想。所谓生态优先原则，则是指除了基本人权之外的事项，在生态保护和社会经济发展之间的关系协调上，实行生态优先。

考察西方发达国家生态文明政策法律的发展，与自然保存（nature preservation）、自然保育（nature conservation）、环境保护（environmental protection）[2] 运动密切相关，有时还是三者的部分内容。与已有研究成果往往孤立地根据文字内容进行讨论的做法不同，本节从生态理性的视角研究西方发达国家生态文明政策法律的发展所经历的三个阶段，即，缺乏生态理性的保护自然阶段，具有些许生态理性的发展优先的保护自然阶段，以及秉持生态理性的生态保护和协调发展阶段。需要指出的是，由于政策法律的原理和实践根据其依存的科学、文化、政治、社会和经济环境而演变，不同国家的上述三个发展阶段难免存在时间先后上的不同。因为，一方面政策 / 法律与科学 / 技术、信仰 /

---

[1]　西方有学者使用 "ecological approach" "ecosystem approach" 这类术语，从是否基于或者有利于保存、保育或者改善生态系统或者生态系统服务，来考察和分析政策法律的生态化或者是否具有生态性。Susanne Raum. The ecosystem approach, ecosystem services and established forestry policy approaches in the United Kingdom. Land Use Policy，2017(64)：282-291.

[2]　在英语中，有三个单词与汉语 "保护" 一词密切相关，即 "protection" "preservation" "conservation"；有时被译为 "保护"。分析国外以及国际政策法律文件对这三个英语单词的使用，可以认为，"protection"（保护）是通常意义上或者广义上的保护，而 "preservation"（保存）、"conservation"（保育，也有人译为 "保持"）则是指两种不同的保护路径。例如，世界自然保护同盟（IUCN）1980 年组织编写的《世界自然保护大纲》认为，保护是 "人类对生物圈的利用进行管理，从而使之能够对当代人类产生最大的可持续利益，同时维护其潜力以满足后代人类的需要和追求，因此，保护是积极的，包括了保育、保存、持续利用、恢复以及自然环境的改善"。保育着重的是对自然资源的可持续利用和管理；而保存则力图维持地球的某一区块（特别是人类尚未开发利用的区块）处于其当前的状态，即人类不开发利用。美国国家公园管理局（National Park Service）这样阐释 "保育" 和 "保存" 之间的关系："它们都事关一定程度的保护，但是在如何实施保护方面存在着重大差别。保育通常与自然资源保护有关，而保存则与建筑物、事物以及地形地貌有关。简言之，保育寻求对自然的适当利用，而保存寻求通过不利用而保护。" US NPS, Conservation vs Preservation and the National Park Service，美国国家公园管理局官网 (2018-10-25).

理念之间存在着相互影响的三角关系[1]，另一方面生态相关政策法律的原理和实践是根据其依存的文化、政治、社会和经济环境而演变的[2]。

一、缺乏生态理性保护的自然政策法律阶段

这一发展阶段的政策法律基本上与初期的自然保存和保育运动相吻合，涉及环境保护污染防治阶段的初期。在这一发展阶段，大致存在基于三种理念的保护自然环境或其要素的政策法律。一是缺乏自然科学根据的敬畏和爱自然，二是实用主义的尊重自然或其要素，三是实用主义的保护自然环境或其要素。而且，这三种理念不时存在交叉或者相互影响，1850—1920年美国自然保护运动的演变可以说明这一点。

（一）缺乏自然科学根据的敬畏和爱护自然

在这一阶段，人类虽然于某些方面敬畏和爱护自然，原因或是不得不屈从于自然，或是某种人文情怀，或是兼而有之，但却是缺乏自然科学（特别是生态学）根据的。英国自然保育运动的兴起以及美国政策法律中的保存理念，就是这一理念下政策法律的典型代表。

1. 英国自然保存运动的兴起和发展

在19世纪以前的英国本土，相当荒凉、偏僻的地区往往被认为是未开化和危险的。19世纪初期，拜伦、科尔里奇和华兹华斯撰写了大量关于"野性"乡村富有灵感之美的诗歌和文章。1810年，华兹华斯将英格兰湖区描绘成一种"国家财富，拥有眼睛感知和心灵享受的

---

[1] 胡德胜：《生态环境用水法理创新和应用研究：基于25个法域之比较》，西安：西安交通大学出版社，2010年，第11页。
[2] 例如，相对于西欧、美国甚至澳大利亚，自然保育运动和哲学在日本的形成要晚得多。Catherine Knight：The Nature Conservation Movement in Post-War Japan. Environment and History，2010，16(3)：349-370.

每个人都对之享有权利和利益"[1]。这些诗文激发了人们对这些地区及其自然景貌的热爱和保护愿望，从而导致了英国本土的自然保存运动。[2]

随着自然保存运动的蓬勃发展，英国到 20 世纪初出现了大量冠名"协会"（society）、"事务会"（council）等的民间团体，或为户外休闲娱乐，或为学习研究，（推动）保护各自认为值得保护具有历史或者自然之美的自然景物、地区、动物、植物或者建筑物。[3] 这些民间团体的最重大贡献之一是推动了历史古迹及自然美景国家信托（National Trust for Places of Historic Interest or Natural Beauty）于 1895 年的成立。1905 年，英国通过一项专门关于该国家信托的私法法案《国家信托法》，宣告其财产不可侵犯，奠定了英国本土自然保存运动政策法律基础。[4] 基于保存理念而发展形成的保育理念，为英国后来的生态环境保护类法律所秉持。[5]

2. 美国的保存理念：黄石国家公园以及狼与鹿的故事

与英国自然保存运动的兴起与发展相比，美国于同一发展阶段存在着较为对立的两种自然保护理念。1864 年出版的《瓦尔登湖》和《人与自然》分别奠定了浪漫的和功利的自然保育传统。亨利·大卫·梭罗（Henry David Thoreau）的《瓦尔登湖》构建了未遭破坏的自然壮观作为滋养人类精神的一个避风港。乔治·帕金斯·马什（George Perkins Marsh）的《人与自然》（再版时增加了副标题"人类活动改造了的地球"）记录了作者对为人类提供食物的土地进行攫取和改变活动的观察。20 世纪初期，形成了保育主义者和保存主义者这两个对

---

[1]　William Wordsworth: A Guide Through the District of the Lakes in the North of Northern England. Hudson and Nicholson，1810：88.

[2]　Ben Pitcher: Belonging to a Different Landscape：Repurposing Nationalist Affects. Sociological Research Online，2016，21(1)：1–13.

[3]　Patrick Abercrombie: The Preservation of Rural England. The Town Planning Review，1926，12（1）：5–56.

[4]　John Sheail: From preservation to conservation：wildlife and the environment，1900–1950. Biological Journal of the Linnean Society，Vol.32，No.2，1987，pp.171–177.

[5]　例如，英国 1949 年《国家公园和使用乡村土地法》第 1 条所规定两项目的中的一项是："保存和增强英格兰和威尔士的自然美丽，特别是根据本法被划定为国家公园的地区或者具有显著自然美丽的地区。"该法历经多次修改，最近的一次修改发生在 2013 年。此处是该法修改之前的规定。

立的派别，前者寻求对人类的活动进行监管，而后者则寻求完全消除人类活动的影响。而浪漫的自然保育活动（特别是有关文章、书籍和照片）又催生和促进了人们对自然及其要素的人文关怀。畅销书《美图美国》（Picturesque America，1872 年）收集了大量关于美国荒野美观的照片，激发了人们热爱自然的情绪，畅销书《我所知道的野生动物》（1898 年）关于野生动物的温馨故事促进了人们对动物的人文关怀。

在保存理念的主导下，美国国会在 1871 年制定了《建立黄石国家公园法》。据此，世界上第一个国家公园——黄石国家公园——于 1872 年 3 月 1 日建立。根据该法第 1 条的规定，可以发现建立黄石国家公园是"为了人民的利益和欣赏"。第 2 条中关于行政主管机关内务部及其部长权限或职责的规定则表明，内务部所制定的附属法规应当就"使该公园内所有的林木、矿藏、自然景观或者奇迹以及它们在自然条件下的存续，免遭伤害或者毁灭事宜做出规定"，部长"应当采取措施防止对该公园内鱼（类）和猎物的肆意破坏，并且防止为了商业或者盈利目的捕获或者破坏行为"。[1]

西奥多·罗斯福拥有浪漫的自然保育理念，对大自然热爱有加，在担任美国总统期间注重自然保护。他在 1907 年主张："自然资源保育是一个基础性问题。如果我们不解决这一问题，解决其他问题都将无济于事。"1905 年，时任美国总统西奥多·罗斯福建立了位于美国西部落基山脉的凯巴伯国家森林保护区。保护区内当时约有 4000 只野鹿。次年，出于对弱者的保护，他决定在凯巴伯保护区开展一场剿狼行动。到 1930 年，累计 6000 多头狼被枪杀，狼踪迹难寻。鹿在那里开始无忧无患"无计划"地生育，数量很快增长到 10 万余只。然而，兴旺的鹿群啃食一切可食的植物。其结果是，一方面，吃光野草，

---

[1]　如无特别说明，本节译文均由作者本人翻译。

毁坏林木，并使以植物为食的其他动物锐减；另一方面，也使鹿群陷于饥饿和疾病的困境。到了1942年，凯巴伯森林中鹿的数量下降到8000只，且病弱者居多；兴旺一时的鹿家族急剧衰败。为减轻剿狼带来的灾难性后果，美国政府在20世纪70年代制订了"引狼入室"计划；但因遭到一些人的反对而未能及时实施。随着人们环境意识的提高，1995年从加拿大运来的首批野狼被放生到落基山中，"引狼入室"计划终于得以实施，森林才又焕发勃勃生机。

狼与鹿的故事提醒人们注意的一个事实是，美国当时的自然保护并不具有生态理性。因此，学者们不宜因古代或者历史的有些政策法律客观上具有一定的保护生态环境的作用，就推断或者妄断当时存在生态文明。

（二）实用主义的尊重自然或其要素

实用主义的尊重自然或其要素这一理念，是指尊重自然或其要素的动机或者目的是对自然或其要素进行无形性或者非物质性为主的利用，例如欣赏和娱乐。例如，英国1949年《国家公园和使用乡村土地法》两项立法目的中的一项是："鼓励向到国家公园度假或者旅游的人们提供或者改善用于享乐以及享受户外娱乐机会的设施，以及与此有关的负担得起的从事自然科研的设施。"[1]下面以美国和荷兰在这一发展阶段的情况为例进行讨论。

1. 美国

美国建国后，随着工业革命在美国的迅速发展以及西部大开发的进行，美国城镇化发展迅速。与此同时，一方面，城市居民因城市拥挤而寻求僻静处休闲，形成了野外狩猎、垂钓和滑雪等户外活动的爱好和传统。这种户外活动爱好和传统与自然保育运动共同促进了美国的露营、鸟类观察以及其他户外娱乐活动。另一方面，由于可供野外

---

[1] 该法历经多次修改，最近的一次修改发生在2013年。此处是该法修改之前的规定。

狩猎、垂钓和滑雪的荒野区域急剧缩小，以及可供狩猎的动物物种和数量也都大幅度减少。于是，上述爱好和传统就成为一种要求对荒野地区进行保育或者保存的社会背景力量。1876年，美国第一个自然保育相关组织——阿巴拉契亚山俱乐部——建立了。

这些社会背景力量对美国政府的政策法律产生了重要影响，联邦和各州制定了大量关于建立国家公园或者国家森林保护区以及保护鱼类和野生动物的政策法律。例如，为了经济目的，美国国会1870年制定了《防止阿拉斯加毛皮动物灭绝法》。特别是1916年联邦政府在内务部下设立了国家公园管理局，由之对国家公园、纪念物和保护区实施统一管理。根据美国国会1916年8月25日《建立国家公园管理局法》第1条的规定，建立国家公园、纪念物和保护区的目标有两项：其一，"保育风景名胜、自然的和历史的景物，以及与之相关的野生生物"；其二，"以所规定的方式和通过所规定的用途供人欣赏或娱乐，并且为后代保留其未经改变的状态"。目标一体现的只是为保育而保育的外在表现目标，而不是真实的内在目标。目标二则体现了保育的内在目标，虽然不是全部的，但却是主导的，而且体现了基于欣赏和娱乐目的的实用主义的尊重自然或其要素。不难发现，对自然保育区域的保护，美国采取了政府管理模式。

2. 荷兰

与美国的政府管理模式不同，荷兰在第二次世界大战以前的自然保育运动主要依靠民间力量。20世纪前后的数十年是荷兰自然和地形地貌保育运动的诞生时代。[1]19世纪末的荷兰，关注自然的不仅有生物学家，还有对观察和研究自然充满热情的大量业余爱好者。生物学家弗雷德里克·威廉·凡·伊登（Frederik Willem van Eeden）提出了"自然纪念物"的概念，认为对于荷兰历史具有重要价值的区域应该受到保护，从而将自然与历史联系起来。1896年《活鲜的自然》月刊

---

[1] Joks Janssen: Protected landscapes in the Netherlands: changing ideas and approaches. Planning Perspectives, 2009, 24(4): 435-455.

出版发行，1898 年成立了一个鸟类学会，1901 年成立了一个鸟类学会以及荷兰自然历史学会。该杂志、这些学会以及相关书籍对提醒公众关注自然保护产生了重大影响。纳尔登湖（Naardermeer）填埋计划引发的公众购买，导致了荷兰第一个自然保护区——纳尔登湖保护区——的建立，尽管它是民间建立的。

纳尔登湖事件的经过是这样的。[1] 纳尔登湖是荷兰库伊地区为数不多的自然湖泊之一。不仅对鸟类非常重要，也是观察泥炭变化的好地方。1904 年，阿姆斯特丹市政府计划购买纳尔登湖的一部分，用于填埋垃圾和废弃物。这一计划遭到了周围居民特别是自然爱好者的强烈反对和抗议，后者认为该湖泊具有重要的自然历史价值。经过激烈而冗长的辩论，市政府放弃了填埋计划。为了永久性地保护该湖泊，荷兰自然历史学会于 1905 年召开所有感兴趣团体参加的会议，筹集资金购买纳尔登湖及其周边土地。最后，17 个团体决定成立自然纪念物保护学会。学会的目标包括：建立一项基金，用于购买和管理自然纪念物；为全国的这类自然纪念物建立一份详细名录；与政府、公司以及个人就相关事物进行磋商；增强一种健康的公众意见和声音。自然纪念物保护学会成立后的第一件工作就是筹集资金，购买纳尔登湖。几经周折，它终于在 1906 年 9 月 3 日成为该湖泊的所有权人，并建立了纳尔登湖自然保护区。[2]

经过这一活动不仅使自然纪念物保护学会的会员在 1907 年扩大到了 872 个，而且造就了荷兰此后相当长时期内民间主导自然保护区管理的传统。该学会 1907—1953 年的财务总管是 P. G. 凡·田荷文先生。他主张：学会不仅应该购买具有重要科学价值的区域，还应该购买可供人们闲逛的大量旷地，这样可以吸引更广泛的公众投资，而不是仅限于业余的和专业的自然主义者，从而使自然保护成为一项全体国民

---

[1]　Robert R. Symonds: Nature Protection and Recreation in the Netherlands. The Town Planning Review，1958，29(2)：113–126.
[2]　国内几乎所有文献和国外不少文献认为纳尔登湖保护区建立于 1905 年，这是错误的。

的事业。由于运营有方，学会来自林地的木材盈利，不仅弥补了湿地和鸟类栖息地的亏损，还用于购买更多区域作为保护区；特别是，公众对学会购买新区域的筹资积极响应。该学会的会员数量从 1911 年的 2000 个增加到了 1956 年的 22000 个，所拥有保护区的面积从 1916年的 5000 公顷增加到了 1956 年的 36250 公顷。[1]

从政策法律的角度来看，荷兰的政策法律一方面不限制民间自然保育区域的建立，另一方面提供一些财政支持和服务。在财政支持方面，第一，政府从 1922 年开始每年向自然纪念物保护学会提供相当于注册费的补贴，教育艺术和科学部从 1954 年开始对于购买无收入保护区，向该学会提供不超过购买价格一半的补贴。第二，《森林法》规定，对于维护具有巨大自然之美的林地的地方政府和自然保护组织，国家林业管理局可以向其提供财政拨款；可以向地方政府提供无息贷款，供后者植树之用。第三，《自然风景地法》规定，对于维护林木的财产所有权人，政府减免相应的不动产财产税；对于向公众开放的，政府还给予财政补贴。仅在 1956 年，政府就为 26 万公顷自然风景地的不动产所有权人提供了财政支持，其中 20 万公顷是向公众开放的。

在政府方面，荷兰 1899 年建立了林业管理局。它一方面向社会团体和公众提供林业方面的指导服务，负责前面提到的财政支持；另一方面管理国有林地以及国有荒地的植树造林，以保护植物多样性和为动物提供栖息地，为社会公众提供娱乐的风景名胜场所和机会。林业管理局管理的林地面积从 1899 年的 5565 公顷增加到了 1956 年的90000 公顷，而且新增面积的大部分为该局所造。

（三）实用主义的保护自然环境或其要素

实用主义的保护自然环境或其要素这一理念又可以分为两种情况：①服务于生产的保护；②服务于人身生命和健康的（应急）保护。

---

[1]　Robert R. Symonds: Nature Protection and Recreation in the Netherlands. The Town Planning Review，1958，29(2)：113-126.

1. 服务于生产的保护

服务于生产的保护是指为了保证生产所需材料或者对资源持续性的要求，保护作为资源的自然环境或其某（些）要素的可再生或者更新能力。一般来说，在这种情形下，相关生产往往属于国民经济的重要产业，特别是服务于国家重大利益的产业或者民生必不可少的产业。

在军舰的构架材料为木质的年代，柚木是最好的造船材料之一。在 18 世纪末和 19 世纪初大规模扩建皇家海军期间，为了保证制造军舰所需柚木的供应，英国制定了 1805 年《木材树木等维护法》，禁止砍伐未成材的柚木树，施行于其本土和殖民地。次年，在英属印度任命官员对造船所必需木材的树种进行管理和保护。后于 1919 年制定《林业法》，成立林业委员会，为了增加木材供应而大力发展国家运作的集约化林业。

加拿大早期建设国家公园的初始目的是获取经济利益。在修建太平洋铁路的过程中，有三位建筑工人于 1883 年秋在阿尔伯特省境内落基山脉东坡的班夫发现了温泉。看到开发利用温泉及其附近资源的巨大经济利益，加拿大联邦政府和太平洋铁路公司 1885 年共同建立了落基山国家公园 [后改名为"班夫国家公园"（Banff National Park）]。它是加拿大第一个国家公园和世界上第三个国家公园。1911 年以前，加拿大联邦政府又在落基山建立了 5 个多用途的公园、公园保护区或者森林保护区。但是，它们的建立主要是以盈利为目的，而不是以资源和环境保护为目的，更谈不上具有生态理性，因为加拿大政府并不禁止在公园内进行自然资源的有形开发利用活动（如伐木、放牧和采矿等）。特别是经过 100 多年的以游憩和经济利益为主要目的的开发，班夫国家公园的自然生态系统目前面临着不少问题。[1]

---

[1]　Parks Canada National Office，'Banff National Park'，加拿大国家公园官网．刘鸿雁：《加拿大国家公园的建设与管理及其对中国的启示》，《生态学杂志》2001 年第 6 期，第 50~55 页。前一文献中称班夫国家公园位于落基山脉东坡，是世界上建立的第三个国家公园；后一文献中称它位于落基山脉西坡，是世界上建立的第二个国家公园。鉴于前者是加拿大政府部门的表述，更为权威，所以文中采用前者的陈述。

西班牙属于西欧实施自然保育政策最早的国家之一。它于 1918 年第一次在本国建立了国家公园，而且是 Covadonga（后改称 Picos de Europa）和 Ordesa and Monte Perdido 两个。但是，当时建立国家公园并不完全是为了追求自然保育，而是为了实现发展林业的政府政策，主要为了保障林木的更新能力，让林业产生更大的经济效益。因此，在管理上采取的是短期路径，种植成材速度快的松树以及有着"抽肥机""吸水机"之誉的对环境破坏严重的桉树。直到 1975 年，西班牙才制定法律，使之有所改观。[1]

2. 服务于人身生命和健康的（应急）保护

随着煤炭成为主要燃料以及化学工业的发展和化学原料的广泛使用，工业生产活动中所产生的环境污染损害了人的生命与健康。一些国家基于保护人身生命和健康的目的（而且往往是暂时的、带有应急性的），制定了一些以事后的污染治理为主的政策法律，而且尽可能不预防给人身生命和健康带来的危害。

在空气污染防治方面，欧洲的英格兰和意大利先后在 1863 年和 1865 年制定了防止有害于健康和安全的工业空气污染措施的法律，卢森堡于 1872 年建立了排放许可制度，德国于 1869 年设立了专门管理机构。美国在 19 世纪末进入城市化和工业化社会后，尽管日益增多的废气、污水、噪声和垃圾影响了城市和工业区居民的生命和身体健康，但是联邦政府作为不多，地方政府（主要是城市政府）也只是采取一些措施来控制那些影响人身生命和健康的突出的严重污染问题。日本大阪政府 1888 年制定《煤烟管理令》的背景，是大阪纺织企业产生的煤烟引发了大阪市民的防止煤烟运动。而且日本 1912 年《工场法》中关于煤烟限制的规定也是社会公众反对煤烟的结果。

尽管现在从生态学的角度看，上述这些政策法律中的规定都涉及对生态系统的影响，但是当时在制定它们时根本没有保护生态系统以

---

[1] Jozef Keulartz and Gilbert Leistra: Legitimacy In European Nature Conservation Policy: Case Studies In Multilevel Governance. Springer Netherlands，2008：86.

及尊重和利用生态规律的任何考量。正如法国学者福特（Ford）在分析法国 1669 年森林法令后所指出的：法令的目标是建立皇家狩猎天堂，确保战时的持续木材供应以及强化国家权力。[1]

二、具有发展优先的保护自然政策法律阶段

这一阶段之所以会产生具有些许理性的发展优先的保护自然的政策法律，是因为生态学取得了划时代的发展和进步。1941 年，生态学家林德曼提出了食物链概念和生物金字塔理论，次年又提出了生态系统营养结构和能源流动特点的理论。这使得人们对生态系统有了真正的系统性认识，人们认识到保护环境不应该是科技盲式（特别是生态盲式）的保护。尤其是，以生物学家利奥波德（Leopold）和罗斯顿（Rolston）等人为代表基于生态中心论而提出的"大地伦理"，从一个极端的角度推动了生态理性。根据大地伦理，大地（地球）是一个由相互依赖的各部分组成的共同体；人类和大自然的其他构成者在生态系统中是平等的，每个人只是这一共同体中的平等一员和公民；每个成员都有继续存在的权利；任何一种行为，只有当它有助于保护生命共同体的和谐、稳定和美丽时，才是正确的；生态系统拥有其"内在价值"，维护和促进生态系统的完整和稳定是人类应该承担的义务。

这一阶段，有关政策法律的特点主要有两个：①基于保护人身生命和健康的目的，事前和事后相结合的污染防治政策法律；②在不（或者较小）影响经济发展的前提下，尽可能保护或者改善生态（系统）环境。目前多数国家都处于这一阶段，20 世纪 60 年代末以来的美国具有典型性。下面以美国 1969 年制定的具有一定生态理性的《国家环境政策法》为起点，通过讨论其拒绝批准《京都议定书》以及放松地下水污染监管而发展页岩油气，来论证这一阶段的政策法律特点。

---

[1] Caroline Ford：Nature，culture and conservation in France and her colonies 1840–1940. Past & Present，2004，73(183)：173–198.

（一）1969 年《国家环境政策法》

1969 年 2 月 18 日，参议员亨利·M. 杰克逊（Henry M. Jackson）提议制定国家环境政策法，参议院内务和岛屿委员会予以审议。7 月 10 日参议院通过了法案，9 月 22 日众议院通过了经修改的法案。12 月 17 日两院联合委员会就联合修改的《国家环境政策法（法案）》进行汇报，法案于同月 20 日、23 日先后在参议院和众议院获得通过。次年 1 月 1 日，经尼克松总统签署，法案成为法律。

该法第 2 条规定，它的立法目的在于：宣告一项旨在鼓励富有生机和尽享愉悦的人类—环境和谐的国家政策；促进旨在预防或者减少对环境与自然生物圈的损害以及增进人类健康与福祉的努力；提升对那些于国家具有重要性的生态系统和自然资源的理解和认识；建立环境质量委员会。分析前三项目的，该法已经体现了基于生态系统理论的人类—环境和谐理念。第 101 条第 2 款进而规定：“为实施本法所规定的前述国家政策，联邦政府负有持续的如下责任：采取一切切实可行的、与国家政策的其他必要考量事项相一致的措施，完善并协调联邦的计划、职能、项目和资源。”这一规定在很大程度上展现了对工业文明理念的突破。但是，在与经济发展总体目标相冲突的情况下，美国往往选择经济发展优先。拒绝批准 1997 年《京都议定书》以及为了开发页岩油气而制定置对地下水严重污染或者风险于不顾的政策法律属于两件最具代表性的事例。

（二）拒绝批准 1997 年《京都议定书》

鉴于气候变化对自然生态系统和人类产生现实不利影响以及严重或不可逆转的威胁，国际社会于 1992 年签署了《联合国气候变化框架公约》。考虑到历史上和全球温室气体排放的最大部分源自发达国家，而发展中国家的人均排放相对较低，以及发展中国家在全球排放中所占份额将会增加以满足其社会和发展的需要，公约基于共同但有区别责任和各自能力的原则，确定了不同（类别）国家在控制温室气体排放方面的框架责任。为了具体地落实责任，1997 年 12 月联合国气候变化框架公约缔约方第三次大会达成了《京都议定书》。

议定书第 3 条第 1 款规定，以发达国家为主的附件一缔约方应当个别或共同地确保附件 A 所列以 CO_2 当量计的温室气体的排放总量不超过附件 B 中登记的排放量限制和削减承诺以及根据该条规定计算的分配数量，并使其全部排放量在 2008—2012 年承诺期内削减 1990 年水平的 5%。附件一确定的具体而有差别的减排指标是欧盟 8%，美国 7%，日本、加拿大各 6%，俄罗斯、乌克兰、新西兰为 0，澳大利亚和冰岛的排放量可以分别增加 8% 和 10%；欧盟作为一个整体参与减排行动，通过内部谈判将议定书规定的 8% 的减排任务在成员国之间分解。

第 25 条第 1 款规定，议定书的生效条件是：在不少于 55 个《公约》缔约方，包括其合计的排放量至少占附件一所列缔约方 1990 年排放总量的 55% 的附件一所列缔约方已经交存其批准、接受、核准或加入文书之日后第 90 天。然而，克林顿政府虽然在 1998 年 11 月 12 日签署了议定书，但是既没有按行政协议予以批准意图，也没有交由国会批准的打算。小布什则于就任总统后不久的 2001 年 3 月 28 日明确宣布拒绝批准议定书。

当时，美国是世界上碳排放第一大国，年排放量约占全球总量的 25%，采取有效的减排措施，必然给美国经济发展带来不小的负面影响。分析美国在议定书谈判前后的行为和表现，可以发现其在生态环境保护与总体经济发展之间关系的处理上，采取的是经济发展优先理念，尽管注意到了生态环境保护的科学性和重要性。这一判断的主要根据是：

第一，克林顿入主白宫后，在 1993 年 2 月 17 日向国会（两院联合会议）首次发表的演说中强调：全国的首要任务是使美国经济再次繁荣起来。1997 年 12 月，公约缔约方第三次大会在日本京都召开。

美国参议院在此前的 7 月 25 日以 95 ： 0 通过这一项议案，作为送给美国代表团东京之行的"临别赠礼"：申明参议院不会考虑通过任何损害美国经济的，或者将发展中国家排除在外的具有法律拘束力和规定时间表的条约。美国代表团团长副国务卿斯图尔特·艾森施塔特在到京都之前就说"我们想达成协议，但并非不惜一切代价"。副总统戈尔则说："我们随时准备退出我们认为不起作用的协议。"

第二，在 1997 年京都会议上，美国代表坚持"减少百分之零"，认为美国的减排任务太重。虽然减排目标是到 2010 年减至 1990 年的 93%，但是美国目前排放基数较大，而且 1990 年的排放量又出奇地低，因此美国实现减排目标所承担的减排量远远高于其他国家。按美国的估算，完成减排目标需要花费大约 380 亿美元，高达国内生产总值的 4%。[1] 美国国会在克林顿政府签署议定书后的 1999 年、2000 年以及 2001 年 3 个财年财政法案中都含有如下文句：在《京都议定书》经国会批准并据其规定生效之前，禁止环境保护署使用法案中的资金用于"为实施或者准备实施《京都议定书》的目的而制定规章、附属法规、法令"。[2] 然而，克林顿总统批准了这些法案并使之成为法律。

第三，小布什就任总统后不久（2001 年 3 月 13 日）在给四位参议员的信件中明确表示："我反对《京都议定书》，因为它……将会对美国经济造成严重损害。""我不认为政府应该给发电厂施加强制性的二氧化碳减排义务"。同月 27 日，他宣布拒绝批准《京都议定书》。美国一系列论证的结论是：从美国的经济利益出发，美国参与应对气候变化是一项成本巨大但是收益并不显著的活动。①如果美国执行《京都议定书》，其生产力到 2010 年将下降 1000 亿 ~4000 亿美元，美国的汽油价格将上升 30%~50%，电价将上升 50%~80%，美国产品成本也会相应增加，这将重创美国的经济发展。②经济的严重动荡以及相

---

[1] 邹骥、陈吉宁、张俊杰等：《美国为何抛弃〈京都议定书〉》，《中国环境报》2001 年 04 月 14 日第 04 版。

[2] P.L. 105-276 (Conference Report 105-769), P.L. 106-74 (Conference Report 106-379), and P.L. 106-377 (Conference Report 106-988).

关能源产业的限制减排必然会造成大量工作岗位的流失。据美国有关部门估算，执行《京都议定书》会减少490万个就业岗位。[1]

第四，议定书于2005年2月16日生效后，小布什总统同年参加八国集团峰会前接受电视采访时声称："《京都议定书》将会损害美国的经济。出于诚信，我不能批准它。"美国代表在2006年11月联合国气候变化大会开幕时表示美国对《京都议定书》的立场在小布什政府任期结束之前不可能有任何改变。根据联合国公布的数据，在发达国家的温室气体整体排放量在1990—2004年减少3.3%的情况下，美国同期却增加了高达16%的排放量。[2]

在《促进美国国家利益》一文中，美国国家安全事务助理孔多丽萨·赖斯按照如下顺序来讲述美国外交政策的任务重点：经济发展和政治开放、军事力量建设、与大国的关系塑造、反对恐怖主义等。[3]可见，美国放在第一位的依然是经济发展。

（三）放松地下水污染监管，发展页岩油气

美国天然气产量在2015年可以满足其消费量的99%，2009年以来石油产量不断增加并自2014年起成为第三大石油生产国，从而基本实现了能源自足。这是被誉为美国页岩革命的巨大成就。美国页岩革命的国际市场背景是伊拉克战争后能源价格不断上涨，技术背景是水平钻井和水力压裂两项技术的成熟，美国页岩油气资源适合中小企业开发这一商业模式，政策法律背景则是美国放松了对页岩油气资源开发活动中地下水污染的环境监管。放松环境监管意味着经济发展优先。

美国《安全饮用水法》规定，负责主管该法的环境保护署应当于自1974年12月16日起180日内，发布关于州地下注入控制计划的

---

[1] Margo Thorning: A U.S. Perspective on the Economic Impact of Climate Change Policy, American Council for Capital Formation Center for Policy Research, December 2000. Global Climate Coalition, Economics Committee, The Impacts of the Kyoto Protocol, May 2000.

[2] 刘颖、欧飒：《美国拒绝重返〈京都议定书〉》，新华网，2006年11月7日。

[3] 孔多丽萨·赖斯：《促进美国国家利益》，张茂民译，《战略与管理》2001年第3期，第53–60页。

建议附属法规，以建立最低监管标准。[1] 该法将"地下注入"界定为"通过灌注井向地下置放液体"。

1994 年 5 月 3 日，法律环境援助基金公司（LEAF）请求联邦环境保护署撤销亚拉巴马州的地下注入计划，理由是该州没有对与煤层气生产有关的注入活动进行适当监管。环境保护署当月 5 日即驳回了这一请求，理由是它认为水力压裂不适用《安全饮用水法》关于地下注入的规定。LEAF 遂将环境保护署起诉到联邦第十一巡回上诉法院。在 1997 年 8 月 7 日做出的判决中，法院认为水力压裂活动构成《安全饮用水法》第 C 部分的地下注入活动，因而必须根据许可或者规章对之予以监管。然而，环境保护署在其 2000 年 1 月 19 日制定的规章中，认定亚拉巴马州的地下注入计划符合《安全饮用水法》。LEAF 不服，诉请第十一巡回上诉法院对环境保护署的决定进行审查。法院在判决中基本认可环境保护署的决定，但要求它决定亚拉巴马州修改后的涵盖与煤层气生产有关的水力压裂活动的地下注入计划是否符合 Ⅱ 类井的规定。环境保护署于 2004 年 7 月 15 日发布规章，认为"水力压裂对地下饮用水源构成很小的威胁或者没有威胁"，并认定亚拉巴马州关于煤层气生产有关的水力压裂活动符合 Ⅱ 类井的规定。于是，一些页岩油气资源丰富的州参照亚拉巴马州的做法，在本州地下注入计划中允许水力压裂活动。

不仅如此，为了推动水力压裂技术在页岩油气开发中的使用，小布什政府在提交的《能源政策法案》中对《安全饮用水法》进行修订并于 2005 年获得国会通过，规定地下注入不包括："（ⅰ）为了存储目的而向地下注入天然气；（ⅱ）为了与石油、燃气或者地热生产活动实施水力压裂操作而向地下注入（柴油以外的）流体或者支撑剂。"这就彻底为采用水力压裂技术开发页岩油气开了绿灯。

但事实上，缺乏监管的水力压裂技术在页岩油气开发中对生态环

---

[1] US CODE (2010) Title 42 "The Public Health and Welfare" Sub-Chapter Ⅻ "Safety of Public Water Systems" (Safe Drinking Water Act) Part B "Public Water Systems" § 300g - 1 (c).

境的危害是巨大的。伴随着页岩革命的进行和成就，水力压裂操作对美国生态环境（特别是地下水）的危害或者严重威胁风险日益明显，引发了社会公众对相关生态环境和人身健康问题的严重关切。正是在这一背景下，无论是联邦政府、环境保护署还是有关州政府及其环境保护机构，不得不对运用水力压裂技术开发页岩油气的活动进行监管或者加强监管。

（四）左右摇摆的美国最高法院

前面讨论了受政党政治直接影响较大的美国立法和行政部门在处理经济发展和生态环保关系时的理念，这里分析美国最高法院的态度。基于最高法院判例 [特别是 1939 年田纳西电力公司诉田纳西河流域管理局（Tennessee Elec. Power Co. v. TVA）和 1944 年斯塔克诉威卡德（Stark v. Wickard）两案]，美国国会在 1946 年《联邦行政程序法》第 702 条中规定，因行政机关的行为，法定权利受到侵害的人以及受到不利影响或损害的人，均有资格就此向法院起诉。1970 年《清洁空气法》等环保法律更是规定，对违反环保法律者和未能履行职责的环保机关及其官员，任何公民都有起诉资格。对环保人士和团体以原告身份提起的、要求环保机构采取环保措施的诉讼，最高法院有时以原告不具有起诉资格而判决环保人士和团体败诉，有时则承认有起诉资格。例如，在 1972 年塞拉俱乐部诉莫顿（Sierra Club v. Morton）一案中，判决塞拉俱乐部没有起诉资格，从而认可了内政部长莫顿对迪斯尼公司在矿王谷兴建滑雪胜地的许可。在 1973 年美国诉挑战监管机关程序之非法人学生团体（United States v. Students Challenging Regulatory Agency Procedures）一案判决中，虽然认定环保团体所列举受到侵害、不利影响或损害的因果关联性不强，但放松了条件，认为有起诉资格。特别是，最高法院在关于 1997 年贝内特诉斯皮尔（Bennett v. Spear）一案判决中较明确表明了它对经济发展和生态环境关系的态度。该案中，俄勒冈州克拉马河流域两位农牧场主起诉美国鱼类及野生动植物管理局：为了保护两种濒危鱼类产卵洄游，减少当地居民从附近湖泊中为灌溉目的的引水量，导致农牧场主们遭受了 7500 万美元的经济损失，因而违反了 1973 年《濒危物种法》关于监管机构在宣布一个地区是动物重要栖息地时必须考虑经济影响的规定。全体法官一致同意判决原告胜诉，并且指出：《濒危物种法》关于任何人针对政府机构违法行为有权起诉的规定，既适用于诉请其采取环保措施，也适用于阻止其采取环保措施。

三、秉持生态理性的生态保护和协调发展阶段

所谓秉持生态理性是指，一个社会基于对生态学理论特别是生态规律的充分认知，整体上形成或者基本形成了真正尊重和利用生态规律而开发利用自然资源、实施对生态系统有重要或者关键影响活动的理念，将之作为生产生活中的主导或者最高文化和伦理思想并予以践行。在这一阶段，生态优先原则得到了确立和落实。判断一个国家或者地区是否进入了这一阶段，不仅需要考察其政策法律或者其他官方文件中的规定或者说辞，更要考察这些规定或者说辞的效果，特别是民众的遵守状况，该国或者地区的生态环境质量状况是否在提高、改善或者进步。如果一个国家或地区的说辞仅在总体上或者所谓原则的层面上大谈尊重和利用生态规律，但是缺乏合理的、具有可操作性的具体规定或者措施，而且生态环境质量状况不仅没有得到提高、改善或者进步，而是在不断恶化，就不能判定该国或者地区进入了秉持生态理性的生态保护和协调发展阶段。

目前，世界上鲜有国家或地区进入了这一阶段。不过，从政策法律的内容上看，个别国家或地区的政策法律似乎进入了这一阶段，有的实施效果还不错。这里以欧盟及其西欧成员国德国以及澳大利亚为例予以讨论。

（一）欧盟

欧盟是生态环境保护的先锋，其诸多政策法律文件不断改进，始终处于国际先进或者领先地位。1973 年以来，欧盟或其前身一共制订了 7 次环境行动计划。围绕环境行动计划制订的关于生态环境保护许多方面的政策法律，与其他国家或者地区相比，在同一时期都是更为严格的。

随着时间的推移，欧盟政策法律文件中不断显现出越来越明显的生态理性。2007 年《欧盟运行条约》规定，欧盟的环境政策目标包括：保持、保护和改善环境质量；保护人类健康；节俭和理性地利用自然资源；推动国际层面采取措施，处理区域性或者世界性环境问题以及（特别是）应对气候变化。从中可以看到其明显注重生态环境保护，具有生态理性的端倪。

欧盟 2002 年《第六次环境行动计划》确立的战略目标可以被归纳为：①确保可再生和不可再生资源的消费以及与此有关的影响不超过环境承载能力；②被最后处置的废弃物以及有害废物的数量显著减少。为此它确定了 4 个重大行动领域：①应对气候变化。到 2008—2012 年欧盟温室气体排放量减少 8%，并推动全球到 2020 年减少 20%~40%。②自然保育和生物多样性。防止对欧盟境内许多物种及其生境的威胁，完成有关自然保育网络建设，制订和实施新领域的生物多样性行动计划等。③环境和健康。对欧盟化学品风险管理制度进行彻底普查，制订减少农药风险、保护水质和减少噪声的战略，制订空气质量战略。④自然资源的可持续利用和废弃物管理。针对特定的废弃物源（如污泥和可降解废弃物），制订一体化的生产政策和措施，增加回收以及减少废物。经过 10 年的努力，欧盟境内的空气、水和土壤污染明显地减少，有毒或者有害物质的使用在修改后的化学品政策法律项下受到了更为严格的限制，水质位居全球最好之列，18% 的土地被确定为自然保护区域。

然而，欧盟并没有停滞不前，而是通过发现问题，不断制定新政策法律或者修改已有政策法律，保护生态环境，走向更加生态理性。《第六次环境行动计划》实施情况的评估表明，欧盟未来环境政策面临的关键挑战是：对生态环境退化从事后补救演变为事先预防，进一步将生态环境保护融入所有相关政策中。针对这些挑战，结合欧盟 2020 年战略中关于步入"绿色、资源高效利用、富有竞争力和低碳的经济"愿景，欧盟 2013 年《第七次环境行动计划》这样描绘 2050 年愿景："在地球的生态承载能力限度内，我们很好地生活。"它列举了 9 项关键目标，其中前 3 项是实体性的，后 6 项主要是措施性的或者程序性的。前 3 项目标是：①保护、保育和改善欧盟的自然资本；②使欧盟成为一个有效资源利用、绿色和富有竞争力的低碳经济体；③保障欧盟公民免遭构成对健康和福祉的环境相关压力以及风险。

不过，在欧盟目前的 28 个成员国中，由于社会和经济发展水平、科学和技术水平以及理念和信仰的参差不一，有些国家基本秉持了生态理性，有些则远未达到。正如欧盟及其学者所指出的：欧盟共同政策的实施时常出现困难，滞后于制订的实施方案和时间表；特别是环境方面的指令往往由于诸多干扰而得不到遵从。[1]

（二）德国

1992 年联合国环境与发展会议之后，德国不断践行并深化可持续发展理念。关于经济与生态之间的关系，基督教民主联盟的如下政策被德国政府采纳和实施："可持续的市场环境政策是一种机遇，一种推动创新、促进增长和创造就业的动力。"[2]德国政府在其 2002 年《为了德国的全景：我们的可持续发展战略》中，这样举例阐释："森林

---

[1] Alexandra Sauer:'European nature conservation policy Challenges for local implementation in Germany', in From Landscape Research to Landscape Planning Aspects of Integration Education and Application (B. Tress, G. Tres, G. Fry, P. Opdam, eds.), Springer, 2006: 173–189.
[2] Konrad Adenauer Stiftung: History of Energy and Climate Energy Policy in Germany: Christian Democratic Union perspectives 1958–2014, 2015.

所有者的定律应该是，在自己森林中所砍伐的树木不超过能够新生长出来的；或者，农场主的原则应该是，不用种子做面包。"可以说，经过长期不懈的努力，德国已经基本上进入了秉持生态理性的生态保护和协调发展阶段。这是因为，首先，根据《全球环境竞争力报告（2015）》，德国位列全球环境竞争力排名的第三名，而且生态环境政策法律相当完备和完善。其次，德国生态环境政策法律的实施效果相当好。主要表现在以下 4 个方面。

（1）政策法律的内容体现了生态优先原则。例如，德国 2009 年《联邦自然保育和地貌管理法》第 1 条规定了该法的如下目的并采取相关措施：①常态性地保护生物多样性。根据所受威胁程度，采取保护措施，包括保护动物植物及其生境以及促进其繁殖、迁徙和重新安家，阻止对自然生态系统、生境和物种的威胁，保育生物群落（包括其结构和地理特征）及其生境的典型分布，让相当部分的地貌处于自然状态。②常态性地保护自然平衡的运转和功能。采取措施，包括以不损害其生物功能、物质和能量流动以及典型性地貌结构的方式保护自然平衡，对不可再生资源予以节约和审慎的利用，对可再生资源必须以确保其可再生能力的方式予以利用，对土壤以让其能够在自然平衡下发挥功能的方式予以利用，对不再使用而列入禁用的土壤应当将其恢复到一种自然状态或者恢复成本过高时让其自然恢复；保护水体使其免遭不利影响并维护其自然运动，经由自然保育和地貌管理措施保护大气和气候；保护动物植物及其群落、生境并在自然平衡的范围内保护其功能，在适当的区域允许建设自我调节的生态系统。③常态性地保护自然和地貌的多样性、特征、美观及其休闲娱乐价值。措施包括，对已经开发的自然和文化地貌使其免遭损坏和损害以及城市扩张和其他不利影响，对户外娱乐休闲的合适区域予以保护。④对遭受严重损坏的大面积的地貌，使其免遭进一步损坏。⑤对人类居住区域附近的公共土地予以保护。

（2）大力发展循环经济，努力降低污染物排放量。德国是最早通过政策法律促进循环经济发展的国家之一。20 世纪 70 年代就将循环利用规定于废弃物管理法中。1994 年制定了《促进循环经济和确保合乎环境承载能力废弃物清除法》（1994 年《循环经济法》），在法律名称与具体条款中明确采用循环经济概念。为了加快从废弃物经济向珍惜资源与环境的循环经济的发展，执行 2008 年欧盟《废弃物框架指令》关于新的五层级废弃物等级序列的规定，德国 2012 年又制定了《促进循环经济和确保合乎环境承载能力废弃物管理法》（2012 年《循环经济法》），取代 1994 年《循环经济法》。2012 年《循环经济法》基于理论界和实务界关于循环经济探讨成果的总结，进一步完善了发展循环经济的体制机制。该法第 3 条第 19 款将循环经济界定为"废弃物的抑制与利用"。该条第 20 款规定：抑制是指在物质、材料或者产品成为废弃物之前所采取的任何措施，其目的在于减少废弃物的数量，减少废弃物对人类或环境的有害影响或者减少材料和产品中有害物质的含量。措施包括物质在设备内部的循环利用，能够产生较少废弃物的产品设计，产品的再次使用或使用周期的延长，以及以"购买产生较少废弃物与较少有害物质的产品以及使用可重复使用包装"为导向的消费行为。该条第 23 款规定：利用是指能够产生的下列主要结果的任何程序，即使废弃物在设备内或其后的经济活动中被运用于一项具有效用的目的，其途径是以废弃物替代其他材料。根据该法，抑制（减少废弃物）取得了相对于"循环利用""包括能量性利用与回填的其他利用"和"处置"更为优先的地位。

特别是，作为德国循环经济法律体系重要组成部分的 2012 年《资源效率计划》，突破了传统的以国界为限的循环经济范畴。它明确表明，德国不仅会减少进口原材料造成的不利生态后果，还将尽可能避免和消除德国废弃物出口造成的将环境负担移转给他国的影响。

（3）根据风险预防原则，避免潜在的重大污染物排放风险。弃核电政策就是典型事例。在日本福岛核电站泄漏事故发生后的 2012 年，德国用电总量中有 1/4 来自核电。尽管德国的核电技术发达，从未发生过核泄漏事件，但是，为了避免潜在的核材料污染物排放，德国政府制定并实施了弃核电政策法律。2011 年 3 月宣布 3 个月内关闭 7 座 1980 年以前投入运营的核电站；6 月制订了放弃核电时间表，德国将于 2021 年前彻底放弃核电生产。

（4）德国在可再生能源开发利用方面处于国际领先水平。20 世纪石油危机后，德国虽然在 1977 年制定了发展可再生能源的激励政策，但并不是出于保护生态环境的目的，而且仅规划了到 2020 年可再生能源发电占电量消费总量的 2% 的目标。

进入 21 世纪后，德国认识到发展可再生能源对于包括应对气候变化在内的生态保护的重大和关键作用。德国 2007 年《一体化能源和气候变化计划》的战略目标：到 2020 年温室气体减排量与 1990 年相比减少 40%（远远超过欧盟的 20% 这一同期目标），可再生能源发电量占发电总量的 30%，可再生能源供热量占供热总量的 14%。到了 2010 年 9 月，德国再次提高战略目标，提出到 2050 年温室气体减排量至少减少 80%，可再生能源消费量占比到 2020 年、2030 年、2040 年和 2060 年分别达到 18%、30%、40% 和 60%，而可再生能源发电量占发电总量的目标更高，到 2020 年、2040 年和 2050 年分别达到 35%、50% 和 80%。[1] 为了落实这些目标，德国政府设征碳税、实施能效提高补贴、关闭大型煤矿等，鼓励大力发展和开发利用风能、太阳能等可再生能源。

从实施效果来看，德国政策法律的成就明显。例如，与 1990 年相比，德国 2016 年减少碳排放 27.2%；可再生能源发电量占发电总量的 30%。2015 年 7 月，德国已经用太阳能、风能和其他可再生能源满足了 28% 的能源需求。企业和民众践行生态保护优先理念，积极遵从生活垃圾分类制度，促进了废弃物和污染物的减少与排放。在

---

[1] Konrad Adenauer Stiftung: History of Energy and Climate Energy Policy in Germany: Christian Democratic Union perspectives 1958–2014. Lima: Konrad Adenauer Stiftung, 2015: 35.

经济稳定增长的 2000—2010 年，德国废弃物年排放总量却从 4.067 亿吨下降到了 3.326 亿吨。

（三）澳大利亚

基于国际自然保护联合会、联合国环境规划署和世界自然基金会于 1980 年共同出版的《世界自然保护策略：为了可持续发展的生存资源保护》一书中"可持续的发展"（sustained development）概念[1]、世界环境与发展委员会 1987 年报告《我们共同的未来》中"可持续发展"概念[2]，澳大利亚联邦政府于 1990 年提出了"生态可持续发展"（ecologically sustainable development）这一概念，并将之定义为："使用、保育和改善人类的资源，从而使生命所依存的生态进程得到维护，当代和后代的总体生活质量都能够得到提升。"

1992 年 5 月 1 日，澳大利亚联邦政府和六个州（地区）政府，经由政府间理事会机制，签订了《政府间环境协议》。该协议使用了"生态可持续发展"和"生态可持续发展原则"（principles of ecologically sustainable development）这两个术语，要求各缔约方制定合理环境保护做法和程序作为生态可持续发展的基础，从而惠益澳大利亚人民和环境、国际社会和环境。据此，它要求在决策程序中有效整合经济和环境考量。

1992 年 12 月，澳大利亚政府间理事会之指导委员会起草了《生态可持续发展国家战略》（Ecological national strategy for sustainable development），在得到政府间理事会批准后予以公布。该国家战略认为，生态可持续发展与传统的发展有两点重大区别：前者要求以一体化的方式，考虑事关澳大利亚、国际社会和生物圈的决定和行动的广泛的

---

[1]　该书指出：　"可持续的发展意味着，必须既考虑经济方面又考虑社会和生态方面，必须既考虑生物资源之根本又考虑非生物资源之根本，必须既考虑可供选择行为的短期利害又考虑其长期利害。" IUCN, UNEP and WWF, World Conservation Strategy, 1980, para. 3 of Part 1.
[2]　该报告指出：可持续发展是指"既满足当代人的需要，又不对后代人满足其需要的能力构成危害的发展"。世界环境与发展委员会：《我们共同的未来》，王之佳，柯金良，译，长春：吉林人民出版社，1997 年，第 52 页。

经济、社会和环境影响；以及，前者要求在做出和实施这些决策时具有长远眼光而不是考虑短期效果。它将其总体目标明确为："以一种维护生命所依存的生态进程的路径，提升当代和后代的总体生活质量的发展。"

核心目标包括：①经由遵循保护后代人类福祉的经济发展的路径，提升个人和集体的健康和福祉；②考量代内和代际公平；以及，③保护生态多样性，维护不可或缺的生态进程以及生命支撑系统。

指导原则包括：①决策程序应该有效地整合长期和短期的经济、环境、社会和公平因素；②在存有严重的或者不可逆转的环境损害威胁的情形下，不应该以缺乏科学上的完全确定性作为理由来延迟采取行动以预防环境退化；③对于行动和政策，应该承认并考虑其环境影响的全球维度；④对于发展一种能够提升环境保护能力的强劲的、增长的和多样的经济的需求，应该予以承认；⑤对于以一种环境上合理的方式维护和提升国家竞争力的需求，应该予以承认；⑥应该采取成本上有效的和灵活的政策工具（例如改进后的价值评估、定价和激励机制）。

《生态可持续发展国家战略》的实施涉及澳大利亚当时的农业、渔业生态系统管理、森林资源使用和管理、制造业、矿业、城市和运输规划、旅游以及能源使用生产和运输 8 个产业部门，而如下 22 个议题则是跨产业部门的：生物多样性，自然保育制度，本地植物，环境保护，土地使用规划和决策，自然资源和环境信息，环境影响评价，政府管理体制机制改进，沿海区域管理，水资源管理，废弃物减量化和管理，定价和税收，工业、贸易和环境政策，土著居民和托雷斯海峡岛民，性别问题，公共健康卫生，职业健康与安全，教育和培训，就业和调整，国际合作与海外发展援助政策，人口问题，以及研发和验证。

《生态可持续发展国家战略》发布后，澳大利亚联邦及其有关部门与各州（地区）政府积极实施，通过立法活动将"生态可持续发展"

法律化。例如，联邦政府先后制定了 1994 年《国家环境保护委员会法》和《1999 年环境保护和生物多样性保育法案》。前者将《政府间环境协议》作为附件，赋予其法律效力。后者在第 3A 条中具体规定了哪些原则属于生态可持续发展原则。其中包括：①决策程序应该有效整合经济、环境、社会和公平的长期和短期考量；②风险预防；③代际公平；④生物多样性和生态完整性应该是决策中的一项基本考量；⑤推动评估、定价和激励机制的完善。西澳大利亚州对其 1986 年《环境保护法》进行修改，于 2003 年增加了第 4A 条。该条明确规定："本法的目标是，基于下列原则，保护环境：①风险预防原则；②代际公平原则；③保育生物多样性和生态整体性原则；④与完善评价、定价和激励机制相关的原则；⑤废弃物减量化原则。"

与《1999 年环境保护和生物多样性保育法案》的实施相呼应，澳大利亚联邦政府于 2010 年发布了《澳大利亚生物多样性保护战略（2010—2030）》。同年，西澳大利亚州制定了《金伯利地区科学和保育战略》，以实现下列目标：保育金伯利地区的地貌、植物和动物；助推原权利所有者在创建新的国家公园和海洋公园中的参与及合作；为土著居民创造就业和文化旅游机会；推动关于加强保护区域管理的科学研究；以及扩大生态友好型的自然观光旅游以确保更多的人有机会来感悟该地区的突出贡献。

生态可持续发展的理念和原则基本上确定了生态优先的澳大利亚发展战略，奠定了澳大利亚政策法律的生态理性。《生态可持续发展国家战略》自 1999 年发布以来，澳大利亚在保护生态环境方面也取得了不小的成就。例如，年度发电总量中，煤电比例从 2000 年的 80% 下降到了 2015 年的 63%，可再生能源发电量则从 1998 年的 9.2% 上升到了 14%。2015 年底，《金伯利地区科学和保育战略》的实施成效显著：2012 年 6 月 19 日和 2013 年 1 月 29 日先后建立了 Lalang-garram/Camden Sound 和 Eighty Mile Beach 海洋公园；发布了 1 个保护区域的联合管理计划（草案）征求意见稿、1 个拟议海洋公园和 1 个拟议国家公园的管理计划（草案）；捕杀了约 2 万头野生黄牛以维护生态系统平衡；超过 200 位原权利所有者参加了相关土地的管理工作和培训，为土著居民创造了 63 个就业岗位；改善了烧荒管理；（物种）侵扰面积减少了一半以上；为了减少流浪猫未来给小型哺乳动物、爬行动物和鸟类带来的生存压力，在联邦政府支持下展开捕杀流浪猫试验；同澳大利亚力拓公司和美铝公司达成协议，后者同意退还 17.5 万公顷土地，以便将之划入拟议的大金伯利国家公园。

四、小结

　　基于生态理性的视角分析，西方国家涉及生态文明的政策法律经历了缺乏生态理性的保护自然阶段，具有些许生态理性的发展优先的保护自然阶段，以及秉持生态理性的生态保护和协调发展三个阶段。具有"生态"的形式内容但却不具有"生态文明"性质的政策法律，西方国家早已有之。工业文明对自然的危害以及环境科学和（特别是）生态学的成熟，催生了可持续发展理念，迫使国内和国际政策法律将生态环境影响作为一项（至少是形式上）必须考虑的因素。真正将生态文明作为主导或者最高文化伦理思想并予以发展和践行的政策法律，目前仅在少数国家或者地区存在。虽然人类社会作为一个整体已经基本上从文化伦理上理解了生态文明，但受制于科技支撑的生产力发展水平，秉持生态理性的生态文明政策法律的真正形成、科学制定以及有效和高效实施，将是一个需要持续努力的长期过程。马克思在《哥达纲领批判》中指出："权利决不能超出社会的经济结构以及由经济结构制约的社会的文化发展。"[1] 因此，无论是在国内生态文明建设事业中，还是在参与引领全球生态文明建设的未来国际合作中，

---

[1]　中共中央马克思恩格斯列宁斯大宁著作编译局：《马克思恩格斯全集》（第 25 卷），北京：人民出版社，2001 年，第 19 页。

我国的政策法律路径都需要采取基于科学上可能、经济上合理、操作上可行、政治上可接受、进度上可实现的稳中求进策略。

第三节　我国生态文明法律制度建设的问题检视

一、我国生态文明立法存在的问题

谈到生态文明立法问题，有学者认为，"立法目的选择失当、回避重大问题；规范力度不够、立法过早过严；可操作性不强、放任部分污染者；法规内容不合时宜；表述模糊、无所适从，法律之间互不协调"[1]等问题明显。笔者认为，生态文明立法在指导思想、立什么法、谁来立法、如何立法的问题上的确存在不少问题。

（一）可持续发展尚未成为立法的指导思想

1. 现行立法与可持续发展理念要求相差甚远

自从布伦特兰夫人提出可持续发展理念以来，可持续发展作为"一种源远流长、永续不断、动态平衡、良性循环、奔腾不息、气象万千的运动和状态"[2]和发展理念，给哲学、伦理学、法学等诸多学科带来了革命性变革，也给包括我国在内诸多国家的发展模式和立法理念带来了深刻的影响。然而，可持续发展等生态文明理念尚未成为我国立法的基本原则。首先，生态文明立法仍停留在横向"协调发展原则"上，重在协调经济、社会发展及不同产业间发展速度、规模和比例，关注的是当代人的发展，未对后代人的发展能力、权利给予应有的关注。实践中，地方政府在 GDP 的竞争中，"协调发展"的结果永远是生态环保为经济发展让路，永远是经济发展至上，仍然是"先污染

---

[1]　孙佑海：《提高环境立法质量对策研究》，《环境保护》2004 年第 8 期，第 3-9，11 页。
[2]　吕忠梅：《环境法新视野》，北京：中国政法大学出版社，2000 年，第 203 页。

后治理、先破坏后修复"的发展模式。其次，当前生态文明立法关注代内公平（单维公平），没有实现代内公平（横向）和代际公平（纵向）交错的二维公平价值转变；更不要说在关注代内公平和代际公平的同时，把"种际"公平纳入生态文明立法。在此，生态文明立法重污染防治轻生态保护，未形成一个"以可持续发展为中心、以环境权保障为基础、以预防和防治为支柱的，内容丰富、功能齐全、结构合理"[1]的崭新立法体系。

2. 生态秩序理念尚未形成

"法律秩序是由法确立和保护的人与人相互间有条不紊的状态。"[2]任何一个部门法都以建构某一方面的人与人之间的有条不紊的状态为价值追求。立法是建构法律秩序的基础工作，生态文明立法是生态文明法律秩序建构的第一步。从生态文明立法实践看，我国生态文明立法没有严格坚持从规制人的行为出发，科学严谨地设定人对自然的权利和义务，并建立生态秩序这一立法原则，主要表现在没有通过划定生态利益、合理分配生态利益、协调生态利益来形成生态秩序。[3]我国生态文明立法存在单一性、破碎性和不协调性，人与人以及人与自然间的一种有条不紊的状态未能形成，即生态仍处在无秩序中。

3. 生态安全尚未受到足够重视

生态系统的"物物相克相生律"揭示了生态系统的各个组成部分之间存在着一种相互联系、制约和依存的关系，改变某一部分的属性，势必使其他部分以及整个生态系统的属性发生改变。也就是说，生态系统的某一系统或者领域发生问题，就会引起某一区域的生态破坏，甚至对整个生态系统的安全构成威胁。正是考虑到生态系统的整体性和生态破坏后的不可逆性和长期性，以及其对全球人类共同利益的重

---

[1]　陈泉生等：《环境法哲学》，北京：中国法制出版社，2012年，第542页。
[2]　《法学词典》编辑委员会：《法学词典》（增订本），上海：上海辞书出版社，1984年，第2版，第621页。
[3]　黄晖：我国生态文明建设立法体系完善探究，《才智》2015年第16期，第252-253，255页。

大影响，1996 年美国政府正式提出生态安全的理念。[1]但长期以来，我国生态文明立法对生态安全重视不够，立法"经济至上"，导致立法只重视自然生态要素的经济价值，不重视甚至忽视自然生态要素的生态价值、美学价值等，更不会从生态安全的高度去考虑相关制度设计。

（二）生态文明立法科学性不足，所立法律与"良法"要求相去甚远

1. 生态文明立法中权利（力）义务不平衡

我国生态文明立法集中在界定环境资源行为、划分管理范围区域、明确法律责任等方面，存在对市场主体的"正外部"行为缺乏应有的激励，过分强调政府管制、追求管理秩序，对市场主体的参与缺乏明确的、具有可操作性的规定，使保护生态环境仅成为政府的事。由此，公众觉得法律只是管制公众行为的规范，内心"不认可"某些生态文明建设法律，因此不会自觉遵守，从而产生生态文明法制日益"完善"，而生态环境保护形势却每况愈下的结果。在不少生态文明法律中，公民仅是义务主体。[2]例如，《宪法》第九条规定，国家保障自然资源的合理利用，保护珍贵的动物和植物。禁止任何组织或个人用任何手段侵占或者破坏自然资源。通过法教义学的角度来解读该条规定，将得出"国家"是生态文明建设的主体，而普通公民只有不破坏的义务，这与环境共治理念相悖。

2. 生态文明领域立法与社会需求不契合

"社会的需求是立法发展的基础"[3]，只有当社会存在需通过法律来实现一定利益需求时，用法律来规范社会关系才是正当的，所立之法才可能是良法；相反，立法超越或滞后于社会发展，或者立法不

---

[1] 生态安全的内涵包括两个方面：一是与人类生存休戚相关的生态环境和自然资源出于良好或不受不可恢复的破坏的状态。二是保障一切自然物处于一种相对稳定的状态，不受外来力量的突发性破坏。

[2] 王光玲，张玉霞：《对我国环境管制政策的反思与建议》，《中国市场》2008 年第 4 期，第 57–58 页。

[3] 石泰峰：《社会需求与立法发展——兼析有法不依的立法原因》，《中国法学》1991 年第 1 期，第 16–23 页。

能准确反映和满足社会需求，所立之法就不可能是良法。我国生态文明立法在契合社会需求方面问题突出：

一是生态文明立法领域存在空白。节能评估审查、生态补偿、湿地保护、生物多样性保护等领域立法滞后，《生态补偿条例》《环境监测管理条例》至今尚未出台；区域、流域环境生态环境的立法也未启动；公众参与机制、公民环境权益保障机制、流域协调机制、环境污染损害评估制度、地方环境标准制度等领域立法仍不见行动[1]；有关土地、化学物质、遗传资源、生物安全、臭氧层保护等方面立法仍是空白。二是生态文明建设法律修改滞后。《中华人民共和国循环经济促进法》（以下简称《循环经济促进法》）、《中华人民共和国土地法》（以下简称《土地法》）、《中华人民共和国矿产资源法》（以下简称《矿产资源法》）、《中华人民共和国节约能源法》（以下简称《节约能源法》）、《中华人民共和国森林法》（以下简称《森林法》）、《中华人民共和国草原法》（以下简称《草原法》）、《海洋环境保护法》等修订工作滞后；有关环境知情权、资源物权、环境管理参与权等环境权利，本应早就修改相关法律予以确认，至今仍未修法确认。三是国际法国内转化、环境标准法制化工作滞后。首先，我国签署了一系列生态文明方面的公约协定，但在如何使条约生效或者制定修改相关生态文明建设法律法规方面明显滞后，比较典型的是，至今没有出台应对气候变化方面的法律法规。其次，环境标准法制化工作滞后。建筑物、道路、桥梁等领域的不少建设标准，不能满足延长使用寿命、提高抗灾能力的需要；节约能源、节约水资源、节约土地的标准严重滞后于经济社会发展，能源耗费、物质耗费、水资源耗费、污染物排放等标准法制化工作亟待推进。

3. 生态立法法律规范模式单一

当前生态立法不分调整对象，法律规范模式单一。生态环境问题

---

[1] 李宗尧：《用严格的法律制度保障生态文明建设》，《群众》2015年第1期，第36—37页。

是生产、生活行为的"负外部性"所致。不同的"负外部性行为"应适用不同的法律规范。违法排污、破坏生态行为应适用禁止性规范，给予命令强制；人民群众日常消费行为则不宜适用强制性规范；自然生态修复行为则宜适用激励、诱导性规范。遗憾的是，生态文明立法中存在"管制崇拜"，从事生态环境管理的各部门都竭力强化本部门管理权限，立法时也很少考虑管制对象及其方式，几乎全部采取命令强制性的规范。这个问题在乡镇企业环境污染问题上较为突出。针对排污行为使用最多的行政处罚是罚款、限期整改。但是，企业为了生存，往往只是象征性地停产一段时间，不久之后又重新开业或者改头换面、异地开张。这说明解决乡镇企业环境污染问题，仅依靠强制性是无能为力的。命令——控制型手段忽视成本效益，不能为技术和管理创新提供更多的刺激，环境污染行为规制效果必然不理想[1]，也不利于生态文明建设。此外，我国的生态环境保护立法以行政管制为核心，这就使得环境行政立法充裕，环境民事立法匮乏。现阶段，环境民事立法仅限于侵权责任中的部分条款，对于长期呼吁的环境权、环境"私人执法"等议题缺乏充分关注。环境民事立法与环境行政立法的不协调，不能充分发挥公众的环境保护能力，而承担较多职权的行政部门却显得力不从心。[2]

4.生态文明法律体系内部不协调

首先，生态文明法律体系不和谐。检视现有的生态文明立法可以发现，污染防治立法与生态保护立法存在相互脱节的问题。例如，水污染排放许可证与取水许可证互不联系，水土保持制度与林木采伐许可缺乏衔接，湿地保护与污染防治相分离。从理论来讲，上述制度应当是相互配合、互相制约的，然而现实中由于"九龙治水"的管理体制，部门立法存在不协调之处，尚未形成山水林田湖一体化的法律制度，从而大大降低了生态文明法律制度的效能。[3] 其次，不同位阶法律法

---

[1] 李挚萍：《20 世纪政府环境管制的三个演进时代》，《学术研究》2005 年第 6 期，第 72–78 页。
[2] 吕忠梅：《生态文明建设的法治思考》，《法学杂志》2014 年第 5 期，第 10–21 页。
[3] 王灿发：《论生态文明建设法律保障体系的构建》，《中国法学》2014 年第 3 期，第 34–53 页。

规的规定存在冲突。尤其是在《立法法》赋予地级市人大及其常委会立法权之后，由于立法能力不足或地方保护倾向，诸多上位法规定在地方立法中被架空、篡改，甚至公然违背上位法规定，这对生态文明法律体系而言是重大纰漏。最后，同一法律文件内部条文间存在不协调性。在生态文明建设保护的相关立法中，不少法律条文只有行为规范而没有关于法律后果的规定，或者法律责任过轻，不仅不能彰显其惩罚性和严肃性，而且成为"纵容"市场主体违法违规的间接鼓励因素。[1]

（三）生态文明立法权配置不能为"良法"生成提供有效组织保障

1. 在中央层面立法权限划分不明确

①《宪法》第六十二条规定由全国人民代表大会制定、修改基本法律，但"基本法律"的范围多大，不甚明确。②全国人民代表大会制定的其他基本法律的范围多大，也不明确。③《宪法》第六十七条规定，全国人大常委会制定修改非基本法律，但"非基本法律"包括哪些，并不明确。④在全国人民代表大会闭会期间，全国人大常委会可以对全国人民代表大会制定的法律进行部分补充和修改，但修改的比例多大，没有具体规定。⑤全国人大及其常委会和国务院的立法权限划分也不清楚。

2. 地方层面立法权配置不清晰

①地方立法权限范围不清楚。②地方立法权分配不均衡。地方立法机关只有"半个立法权"，而地方政府却有完整立法权。③地方立法存在立法越权、立法争权和立法弃权问题。④部分地区借地方特色之名，行地方保护主义之实。[2]

---

[1] 王灿发：《论生态文明建设法律保障体系的构建》，《中国法学》2014 年第 3 期，第 34–53 页。

[2] 崔卓兰、于立深、孙波等：《地方立法实证研究》，北京：知识产权出版社，2007 年，第 52–68 页。

3. 跨行政区域和流域的立法授权滞后

由于国家立法任务繁重，无法对生态环境建设保护法律做深入调研、论证和评估，只能规定大原则、大方向和设定基本框架，无法对生态文明建设保护行为的规制做出具体细密的规定。因此，立法的针对性、操作性必然较差。对于跨行政区域、流域的生态环境保护立法，地方政府按照地方政府组织法及行政管理权限，其只能进行本行政区域内的立法，超出本行政区的事项其无权管辖干预，而全国人大及其常委会又没有及时授权相关流域、区域地方政府联合开展区域、流域立法，以致出现跨行政区域、流域生态立法的真空状态。

（四）生态文明立法程序不能为"良法"生成提供程序保障

1. 法定立法程序存在的问题

生态文明建设的法律草案名义上由国务院或者地方政府提出，实际上是国务院负责环境资源和生态保护的相关部委或直属机构，或者地方政府的相关职能部门，甚至是这些部委或者地方政府部门管辖的事业单位、行业协会提出。立法草案的起草和审议实际上也由国务院负责环境资源和生态保护的相关部委、直属机构或者地方政府职能部门主导。综合性、全局性的法律草案也没有按照程序由人大专门委员会或者常务委员会的法制工作委员牵头组织，实际上仍由政府相关部门牵头组织。对环境资源保护等生态文明法律的立法后评估工作也没有根据规范开展，已经开展的部分环境资源立法后评估工作程序不规范、不科学，有些甚至是走形式。[1]

2. 非法定程序存在的问题

对经济社会发展向生态文明立法提出的新问题和新需要缺乏认真考察和测算；对生态环境保护究竟该不该立法、立什么样的法不清楚，立法预测缺乏科学性；立法规划制定仓促、缺乏统筹安排，没注意区

---

[1] 吕忠梅：《中国生态法治建设路线图》，《中国社会科学》2013 年第 5 期，第 17–22 页。

分轻重缓急，没将生态环境保护最迫切需要、最有可能、最有必要的有关生态文明建设的项目列入立法规划，使规划滞后、超前等问题突出；生态文明建设立法中专家立法制度没有建立或者没有严格按照程序咨询立法专家意见；对部门间争议较大的重要生态环境保护立法事项，没有履行第三方评估程序；生态文明法律法规规章征求人大代表意见的程序不健全或执行不严格；未能切实贯彻执行委托第三方起草生态文明法律法规草案制度。

二、生态文明法律体系建设的不足

《生态文明体制改革总体方案》明确提出，到 2020 年，构建起由自然资源资产产权制度、国土空间开发保护制度等八项制度构成的产权清晰、多元参与、激励约束并重、系统完整的生态文明制度体系。同时《生态文明体制改革总体方案》指出我国生态文明建设过程中还存在不少问题。例如：自然资源所有者不到位、所有权边界模糊等问题；因无序开发、过度开发、分散开发导致的优质耕地和生态空间占用过多、生态破坏、环境污染等问题；空间性规划重叠冲突、部门职责交叉重复、地方规划朝令夕改等问题，资源使用浪费严重、利用效率不高等问题；社会参与度不高、发展绩效评价不全面、责任落实不到位、损害责任追究缺失等问题。前述问题既有制度设计环节的原因，也有制度实施环节的原因。但就生态文明制度本身来看，笔者认为如下问题最为突出。

（一）生态文明法律体系缺乏整体性

1. 缺少统领生态文明法律体系的基本法

在生态文明理念下，应当形成一套逻辑严密、理论自洽、制度周全的生态文明法律体系。[1] 生态文明法制建设涉及污染防治、自然资

---

[1]　王灿发：《论生态文明建设法律保障体系的构建》，《中国法学》2014 年第 3 期，第 34—53 页。

源开发利用保护、能源利用、生物多样性和生态保护、自然灾害防治等诸多领域。从法律体系的整全性、和谐性及发挥法律调整规制效果、构建生态文明法律秩序的角度看，应当有一部体现生态文明理念、用以指导整个法律体系的生态文明基本法。生态文明基本法缺失造成污染防治、资源开发、生态保护割裂、分散、脱节，执法中矛盾冲突层出不穷。例如，水资源管理和水污染防治分属不同的部门，注重水量的部门对水质缺乏关注，关心水质的部门却无权对水量进行调控。水质和水量是水资源的一体两面，截然分开势必造成制度设计的重叠、交叉和制度施行的推诿、争权。再如，对野生动物的保护根据陆域环境和水域环境的不同分属不同的部门，这在两栖动物的周全保护中就面临难题；同时，同一种野生植物，生长在森林里和草原中也会引发不尽相同的管理体制。在缺少统领生态文明法律体系的基本法的情况下，部门供给法律制度势必造成法律体系的七零八落。

2.《环境保护法》不能承受生态文明建设保护之重

无论从生态文明建设理论体系的完整性，还是从生态环境保护实践的紧迫性上看，《环境保护法》都应当承担起我国生态文明建设保护基本法的职能。遗憾的是，该法无法承担这一历史重任。该法虽然定位于"环境保护基本法"，也规定了环境保护的基本原则、基本制度，将环境污染防治、自然资源保护和生态保护都纳入了环境保护的范围，但离生态文明基本法要求相去甚远。究其原因，一从其体例安排与内容设计看，该法离"基本法"还有相当差距。二是《环境保护法》仍由全国人大常委会审议通过，效力层级不够，难以协调相关专项生态保护法律。《环境保护法》与《中华人民共和国农业法》（以下简称《农业法》）、《中华人民共和国林业法》（以下简称《林业法》）、《草原法》、《中华人民共和国水法》（以下简称《水法》）等法处于同一位阶，无法协调统领其他法律。三是《环境保护法》仍未改变其污染防治基础法的特征。虽然在修改法律前，国内环境法学界一致呼吁，对《环境保护法》进行全面的修改调整，把资源利用、生态建设保护的一些基本原则和主要制度写入法案，以使其成为指导协调污染防治、资源开发利用和生态建设的生态文明基本法。遗憾的是，该法对自然资源和生态保护仍停留在原则宣示上，无法对这些领域进行有效调整。例如对生态红线、加强自然生态区域保护、保护生态安全、加强生态修复、开展生态补偿、重视农业生态保护等的规定，都过于原则，无法有效调整相关行为。[1] 四是《环境保护法》与其他专项法律，如《海洋环境保护法》《水法》《矿产资源法》等关联性不强，协调性不足。总之，《环境保护法》只能作为污染防治基础法，不能承受生态文明建设保护之重。

（二）生态文明法律体系的某些重要立法领域存在空白

一是资源保护制度存在缺失。例如对重要的江河源头、重要的生态安全屏障等关系国家生态安全的法律制度没有通过专门立法予以保护。二是环境物权制度不明晰，对市场主体根据法律法规拥有或管理的自然资源是否具有所有权或用益物权等环境物权制度没有明确规定；全民所有自然资源所有权缺位，自然资源所有权实现中市场主体的私权利和自然资源管理者的公权力缺乏明晰的边界。三是国土空间开发管理缺乏有效的法律予以规制。例如用途管制制度仅限于耕地，对耕地以外的其他自然生态空间的用途管制无法律规定。四是生态文明制度实施的制度保障的缺失。碳排放权交易，这一反映生态价值并为国际社会所推崇的制度，直至今天我国仍未制定统摄性的法律法规；体现生态正义公平的生态补偿制度也仍在探索中。五是《环境损害责任法》未能进入立法者视野。[2] 如生态利益的供给制度、公平分享制度、合理补偿制度等均未建立。

---

[1] 常纪文、焦一多：《新〈环境保护法〉的立法突破、缺陷和实效问题》，《中国经贸导刊》2014年第 18 期，第 50–53 页。

[2] 黄锡生、史玉成：《中国环境法律体系的架构与完善》，《当代法学》2014 年第 28 卷第 1 期，第 120–128 页。

（三）生态文明法律法规针对性不强、操作性差

我国立法长期奉行"立法宜粗不宜细"，强调法律文本的简洁与通俗易懂性，法律规定的原则性，对于具体的要求则留待下位法去落实。这种情况在生态文明法律中尤为突出。生态环境资源法律条文过于原则、笼统，必然造成其规制对象不具体，缺乏操作性。另外，由于不同位阶的法规的着眼点和关注重点的差异，往往造成国务院行政法规、地方性法规等在生态环境建设方面的某些规定与法律规定不一致，甚至出现冲突矛盾的问题。再加上对行政主管部门及其工作人员的行为进行有效规制的行政程序法的不完善，导致生态文明建设法律实施不完整、不充分，甚至背离立法本意。

三、生态文明法制实施存在的问题

立法机关行使立法权，建构一套高质量的法律体系，只是解决建构生态文明法治秩序的"科学立法"问题，而"严格执法""公正司法"和"全民守法"这些环节也具有相当的重要性。为了追求"善治"，建立生态文明法治秩序必须不断提升法律运行的实效。

（一）生态文明执法存在的问题

1. 执法权力配置不科学

①生态文明法律制度实施的行政管理体制设置不合理。由于生态文明相关法律未对相关部门分工管理的权限、关系作出明确和细致的规定，现有机构重复设置，职能交叉重叠，形成体制性障碍。②区域、流域环境监管体制亟待改革。跨区域环境治理是基于环境问题的特殊性而生成的治理策略，我国跨区域环境治理尚处于起步阶段。流域、区域合作机制匮乏，议事程序和争端解决机制尚在摸索，导致区

域环境治理的推行困难重重，反映生态环境管理规律的综合生态系统管理[1]体制尚未形成。

2. 执法机构执法水平不高

①执法机关的执法水平低，无法满足生态文明建设执法的需要。改革开放以来，我国生态文明建设的执法人员数量有了较大增长，但相对于日益严峻的执法环境和繁重的执法任务，执法人员的缺口仍很大。更令人担忧的是，基层环境执法部门多数没有经过系统的法律知识学习或者生态环境基础知识的普及，造成执法能力的不足。②生态文明执法的技术保障水平亟待提高。较之于一般的行政执法，生态文明执法具有明显的技术性，技术装备水平的高低直接影响着生态文明执法的效果。长期以来生态环境保护都作为经济发展的对立面而存在，地方政府对生态保护的资金和技术投入不足，客观上限制了生态文明执法水平，影响了执法效果。

（二）生态文明建设司法保障存在的问题

在谈到我国生态文明建设司法保障问题时，有学者认为生态环境案件存在起诉、受理难和缺乏举证责任分配规则、因果关系认定规则等问题。[2] 笔者认为，生态文明司法制度的不足，较之于生态文明司法实践，对生态文明建设的影响要小得多。生态文明司法实践中下列问题甚为突出：

1. 拒绝或变相拒绝审理生态环境案件

环境权益受害者向司法机关寻求环境司法救济时，不少法院却以

---

[1]　综合生态系统管理(IEM, integrated ecosystem management)，是指管理自然资源和自然环境的一种综合管理战略和方法，它要求综合对待生态系统的各组成成分，综合考虑社会、经济、自然（包括环境、资源和生物等）的需要和价值，综合采用多学科的知识和方法，综合运用行政的、市场的和社会的调整机制，综合协调环境侵权责任与相关行政法律责任及刑事法律责任之间的关系并适用各种侵权责任方式，从而解决资源利用、生态保护和生态系统退化的问题，以达到创造和实现经济的、社会的和环境的多元惠益，实现人与自然的和谐共处。（见张新宝、庄超：《扩张与强化：环境侵权责任的综合适用》，《中国社会科学》2014 年第 3 期，第 125–141，207 页。）

[2]　汪劲：《环境法律的解释：问题与方法》，北京：人民法院出版社，2006 年，第 273 页。

这样那样的理由拒绝受理环境案件。王树义老师曾接触到某地方法院关于环境案件受理的内部规定，规定的核心是"不得轻易受理环境案件"，以免招致"麻烦"。[1] 因此，拒绝或变相拒绝受理生态环境诉讼案件，导致生态文明司法保障功能无法彰显，效果更是可想而知。

2. 环境行政执法与司法之间缺少有效衔接

①法院对环保行政部门提出的执行申请持消极态度，执行效率低。据统计，2007 年全国生态环境违法案件的平均结案率是 70%，而执行申请的执行率只有 60% 左右。②生态环保行政执法和刑事司法缺乏有效衔接。不少法律、法规和规章规定重大生态环境违法行为（犯罪）由行政机关通过行政手段予以解决，忽视了行政执法与司法之间的衔接和协调。司法作为生态文明法律实施保障的重要手段被严重弱化。③环境刑事诉讼功能错位。虽然重大环境污染事故罪为新修订的《刑法》所确认，且我国屡次发生重大环境污染行为，但是根据重大环境污染事故罪进行定罪量刑的少之又少，足见环境刑事责任并未充分实现。[2]

3. 对生态环境权益受损者救济不力

由于法院对环境民事案件持谨慎态度，加之环境案件受害人人数往往众多，且环境民事案件具有相当的专业性和技术性，因此，法院一般采取消极应对的策略，不受理或受理后迟迟不判决，或判决后不执行。这不仅使受害者的权利得不到应有的救济，还会诱发不稳定事件，也会间接助长违法者的肆意违法恶行，进而加大执法难度。在重大环境污染和生态破坏案件的司法实践中存在着一种逆向激励机制，即"污染无罪、抗污有罪"。这不仅放纵了污染环境、破坏生态者，损害司法权威、腐蚀社会良知，也使生态文明执法失去刑罚威慑的保障、加大了执法的难度。[3] 环境行政公益诉讼程序规范缺失，环境行

---

[1] 王树义：《论生态文明建设与环境司法改革》，《中国法学》2014 年第 3 期，第 56-73 页。
[2] 张洪松：《困境与出路：美丽中国法律保障的反思与前瞻》，《理论与改革》2014 年第 3 期，第 153-156 页。
[3] 王树义：《论生态文明建设与环境司法改革》，《中国法学》2014 年第 3 期，第 56-73 页。

政相对人环境行政公益诉权未能得到有效保障。

4. 生态环境司法专门化不理想

①有关环境法庭的受案范围的规定不明确，限制了案件的受理。传统观点认为，环境案件专指环境污染损害所产生的纠纷，包括水污染损害纠纷、大气污染损害纠纷、固体废物污染环境损害纠纷、放射性污染损害纠纷等污染型纠纷。但是这一观点已经不符合当下的生态环境保护实践。生态文明法治不仅应当规制污染防治型纠纷，也应将自然资源开发利用以及环境污染纠纷作为规制重点。从这一角度来看，以往将环境法庭受理范围限缩于污染型纠纷的制度已经不能与当下生态环境保护之脉动相匹配，亟须将其他类型的生态环境保护案件纳入受案范围。②环境司法专门化的组织形式无法适应生态环境保护要求。我国个别地区和个别层级设立有专门的环境法庭，而其上级或下级却缺乏这样的法庭设置，导致环境司法专门化的组织形式难以与司法体制相匹配。③环境案件审判"三审合一"形式尚未定性，其效果也未被评估。④环境法院或环境法庭中的专家委员会没能较好地发挥作用。生态文明司法活动涉及环境学、生态学等专业知识，而环境法庭（法院）审判人员又多对专业知识知之不多，因此专家委员会参与生态环境案件审理，解决技术问题至关重要。但我国各地对专家委员的组成人员、组织机构等无明确规定，各地自行其是，专家委员会的作用未能有效发挥。

5. 环境公益诉讼案件审理存在诸多障碍

《民事诉讼法》第五十五条关于环境民事公益诉讼的规定，开启了我国公益诉讼的大门。《环境保护法》第五十八条（一）、（二）对《民事诉讼法》第五十五条的规定进行了细化，把环境民事公益诉讼变为现实。但环境民事公益诉讼仍存在不少问题：一是提起环境民事公益诉讼的主体过于狭窄。根据《环境保护法》第五十八条规定，只有符合法律规定的主体有权提起环境公益诉讼，其他主体（如公民）

被排除在外；二是原告提起环境民事公益诉讼获胜取得的赔偿金的归属与使用缺乏规定。环境民事公益诉讼的赔偿金是上缴国库，还是用于建立环境保护公益基金，或者直接由生态环境部门专项用于消除、整治、修复环境，均缺乏细化规定。

（三）生态文明法制实施中守法存在的问题

1. 环境违法成本低，市场主体违法普遍

环境违法成本是指企业违反环境法律所应承担的负担和损失。企业作为市场主体，追求利润最大化是其生存和发展的动力。从法经济学的角度看，违法的成本收益比从来都是企业决策者权衡的因素。作为理性的趋利的市场主体，如果违法"收益"高于违法成本，企业必然选择违法；反过来，如果违法成本远远高于违法"收益"，企业自然愿意遵守法律。我国不少环境法律制度创设时很少进行成本效益分析，违法责任过轻，产生了市场主体的普遍违法结果。具体而言，市场主体违法普遍的原因如下：

（1）企业守法缺乏组织和物质保障。一是企业环境经营战略缺失。实践中，一些中小企业奉行低成本竞争和"捞一桶金就走人"理念，缺乏环境保护观念，不仅不实行环境全过程管理机制，而且连最基本的"末端治理"义务也不遵守。二是企业内部环保机构建设乏力。只有少数大中型国有企业设有保护生态环境的机构或人员，其他企业尤其是中小企业没有负责环保的机构或人员。三是企业环境财务控制制度空白。在我国，涉及企业财务控制的法律规定中，与环境相关的财务控制制度比较少，难以对企业环保工作提供财务上的法律支持。

（2）企业守法缺乏有效的外部激励。一是市场机制未能全面体现企业守法的价值。首先，将环境成本内化为企业生产经营成本的制度体系不完善。其次，已经开始收取的生态修复费畸低，不足以补偿生态环境保护成本。再次，所收取的费用并未全部用于生态环境保护。

最后，仅仅依靠行政管制和税费来实现环境成本在市场经济体制中的内部化，显得手段单一。二是正向激励和反向激励错位。首先，正向激励乏力。环境税制度刚刚建立，实践中问题较多；绿色信贷等制度尚未建立；环境资源产品定价、收费和税收机制尚未成熟。现有经济激励制度之间协调不足，技术保障不力。[1]其次，反向激励大量存在。在招商引资方面，地方政府通常注重投资数量而不是投资质量，引入超出本地环境承载能力或不适应本地环境状况的污染企业，甚至降低环境监督力度。在税收优惠政策方面，对于高污染企业的产品和其他产品不区别对待，在出口时同样给予退税。

2. 市场主体承担违法责任的机制不健全

生态文明建设具有战略性、全局性，需有整体性和体系性的解决方案予以支持，这就要求必须在经济建设、政治建设、文化建设、社会建设中全过程持续不断地培养提升市场主体的守法意识。首先，作为对环境影响最为明显的生产企业，要根本性地改变其行为模式，抑制、禁止直接污染环境、破坏资源的企业行为。那些为企业"负外部行为"提供产品和资金的供货者和融资者也应改变其行为，否则应承担相应的法律责任。其次，作为监管者的政府、作为消费者的公民个人等也应改变行为模式。我国目前的法律责任是以规制企业污染环境、破坏资源的行为为核心建构起来的，关于企业的环境法律责任的条款多且详细，但关于企业的供货和融资主体等关联主体的法律责任的条款很少，甚至没有规定。对政府各级各类行政部门法律责任的规定较为原则，且多是行政处分，而民事、刑事法律责任的规定不明确。这种注重污染源主体责任，忽视其他主体法律责任的法律责任结构，与当下的生态文明整体要求不相匹配。

---

[1] 俞海、张永亮、夏光等：《建立完善最严格环境保护制度》，《中国环境报》2014年10月23日第02版。

（四）生态文明法制实施监督机制存在的问题

1. 生态文明建设实施的考核指标体系不健全

按照可持续发展要求，领导干部考核晋升应当以生态环境保护的成效作为衡量指标，将生态、能源、水、粮食安全和其他人文指标纳入领导干部晋升考核指标体系。[1]虽然我国已经出台《领导干部自然资源资产离任审计规定（试行）》《党政领导干部生态环境损害责任追究办法（试行）》等文件。2019年中共中央办公厅印发《党政领导干部考核工作条例》，明确将生态文明建设、生态环境保护放到了更重要的位置。但在实际的操作过程中还存在着诸多问题。具体而言，一是生态环保指标在当前的领导干部政绩考核体系中所占比例太低。这就使很多地方政府的主要领导认为，只要经济增长了，即便环境生态出些问题，也不会影响其整体考评结果，进而造成生态环境治理懈怠的局面。二是尚未建立差异化考核机制。主体功能区划对整个国土空间进行了总体规划，将国土空间划分为优化建设区、重点建设区、限制建设区和禁止建设区，并详细划分了我国的生态功能脆弱区；这要求对不同功能区的干部的考评采用不同的考核指标，从而达到保护生态环境、实现可持续发展的目标。显然，我国差异化的政绩考核机制[2]仍未建立。

2. 生态文明法制实施的立法监督缺位

虽然，《宪法》第六十七条规定：全国人民代表大会常务委员会有权撤销国务院制定的同宪法、法律相抵触的行政法规、决定和命令，撤销省、自治区、直辖市国家权力机关制定的同宪法、法律和行政法规相抵触的地方性法规和决议。《宪法》第七十一条、七十二条和七十三条则分别对全国人民代表大会及其常务委员会关于特定问题的调查委员会、议案提出和质询等监督权进行了规定，国务院及其各部、

---

[1] 史文清：《城市可持续发展与城市领导者素质》，《江西社会科学》2010年第1期，第8-15页。
[2] 刘佳：《建立健全生态文明制度体系 推动生态文明建设迈上新台阶》，《理论学习》2013年第12期，第76-79页。

委、直属机构等责任主体必须按照宪法要求的条件和时限给予答复，并承担相应的法律责任。但是，在实践中，全国人大及其常委会对法律实施的监督局限于对某一新法的实施情况。检查者通过人大代表建议或专题质询等方式监督执法、司法个案，但未真正开展对立法行为的全过程动态监督工作。中华人民共和国成立以来全国人大及其常务委员会从未主动提起过一起对行政法规、地方性法规、规章违宪案件。违法甚至违宪的行政法规、地方性法规、规章审查基本都基于社会公众提起。

3. 生态文明法制实施的社会监督乏力

一是生态文明立法活动的社会监督方面。根据《立法法》及相关法律法规的规定，法律法规草案应当全文公布并征求公众意见。由于行业保护等因素，不同领域往往存在难以为普通人所逾越的专业限制，这就可能导致公众对眼前的法律条文缺乏实质性理解，无法预测法律出台后对实际生活可能造成的影响。公众对法律草案提出意见后，回应公众意见并将回应进行公开的程序性安排仍处于空白状态。二是生态文明执法活动的社会监督方面。首先，地方政府或者相关行政主管部门在知道或应当知道可能存在环境污染、生态破坏等违法行为的情况下，怠于履行或者不适当履行监管职责，而公众却毫不知情，更无从监督。其次，公众向地方政府或相关行政主管部门举报、投诉环境污染、生态破坏等违法行为时，地方政府或主管部门怠于履行或不适当履行监管职责，致使无法申请复议或提起诉讼。三是生态文明司法活动的社会监督方面。普通公民一般很难了解司法机关审理的环境资源类案件，而司法机关一般也不会将案件审理信息主动向社会公开，因而，普通公民通过监督司法进而促进生态文明建设也就无从谈起。

第五章　自然资源物权制度研究

第一节　相关基本概念厘定

一、自然资源

（一）自然资源的定义

自然资源在人类发展史中扮演着重要角色，人类对自然资源的认识和利用有着悠久的历史。但是人类对自然资源这一基本科学概念的认识并没有如人类开发和利用自然资源的历史那样悠久。人类从 20 世纪 70 年代才开始逐步形成对自然资源科学概念的初步认知并不断完善和发展。与人类一般认知的自然资源概念不同，在学科研究中，自然资源这一概念并不是一个内涵单一且明确的名词，而是一个内涵丰富的集合名词。不同的学科研究，从自身学科特点出发，为适应其独特的研究目的会衍生出不同的研究重点以及研究方法，这就导致了在不同学科视野中，人们对自然资源做出的定义和内涵表述并不相同。

地理学是研究地球各圈层相互作用关系的学科，自然资源这一概念是其研究的重要组成部分，相对其他学科而言，地理学对自然资源概念的研究也较早。国外一些地理学家在早期就对自然资源概念进行了研究。如美国的地理学家金梅曼（Zimmermann）于 1951 年就在《世界资源与产业》一书中提出了"自然资源"的概念。他认为，在组成地球圈层的各种元素中，只要是能够满足或被认为是可以满足人类需要的就是自然资源，无论它表现为环境的某些部分还是整个环境整体。可见，金梅曼对自然资源的定义强调了自然资源的功能是客观上或主观上被认为能满足人类需要。其后的伊萨德认为自然资源是人类用来满足自身需求和改善自身的净福利的自然条件和原料。苏联萨乌式金从自然资源的用途出发，指出自然资源是可以用作动力生产、食物和工业原料的自然环境的各个要素。我国地理学家牛文元认为，凡是那些可以被人类在自然介质中认识的、萃取的、利用的一切要素及其组合体（包含这些要素相互作用的中间产物或最终产物），只要它们在生命建造、生命维系、生命延续中不可缺少，只要它们在社会系统中能带来合理的福祉、愉悦和文明，即称之为自然资源。[1]《大英百科全书》以及《辞海》对自然资源的定义也是基于地理学意义上进行的。《大英百科全书》对自然资源这一词条的解释是"被人类可以利用的自然生成物，以及生成这些成分的源泉的环境功能"。被称为自然资源的那些"被人类可以利用的自然生成物"是指人们通常认知的大气、土地、水、岩石、矿物等无生命物质以及生物及生物群集的森林、草地、陆地、海洋等生态群落；而生成以上自然生成物的源泉的"环境功能"则包括物理环境机能、生态环境机能以及地球化学循环机能，具体来说日常所见的气象、海洋现象属于物理环境机能，光合作用、食物链运转以及微生物的腐蚀分解等现象属于生态环境机能，而地热、非金属矿物生成则是地球化学机能作用的结果。《辞海》对自然资源的定义是指那些"一般天然存在的自然物"，而经过人类加工制造的原材料则不属于自然资源的范畴（诸如土地、矿藏、水利、生物以及海洋等自然资源是生产的原料来源和布局场所，本身并非原料本身）。《辞

---

[1] 朱连奇、赵秉栋：《自然资源开发利用的理论与实践》，北京：科学出版社，2004 年，第 2 页。

海》同时指出了自然资源的广度与深度与社会生产力和科学技术发展密切相关，并非一成不变，而是具有相对性。

地理学对自然资源概念展开了较为集中的研究，除此之外，经济学和生态学也对自然资源的概念颇为关注，但是二者对自然资源概念的关注点却有差别。经济学作为研究人类经济活动的一门学科，其对自然资源概念的关注更多地集中在自然资源经济价值的实现上。美国学者阿兰·兰德尔在其对资源经济学的研究中指出，自然资源是指那些被人类发现的"有用途和有价值的物质"，强调了自然资源对人类的有用性，主要是指经济价值。我国也有诸多经济学家持此观点，认为自然资源是指与人类的科学技术密切相关的、在自然界中客观存在的那些"对人类有用的物质与能量"。生态学以生物体为研究核心，重点在于解决生物体与其周边环境的关系问题，因此生态学家在对自然资源进行研究的过程中，更为关注自然资源本身具有的对生物体以及生态系统的生态功能与价值。国际自然保护联合会委员弗兰克斯·雷玛德作为著名的生态学家，在对资源进行定义时强调了这种物质或能量形式对"有机体或种群的生态系统"具有功能上的本质意义，这是经济学家在研究过程中尚未重点关注的一面。

20 世纪中叶开始，资源危机、环境问题所唤起的资源合理利用主义和资源保护主义推动了法学界对自然资源的研究，也将自然资源相关法律发展推进到一个新的时期。[1]然而，在研究初期，法学家多是利用资源学与经济学上的自然资源概念描述自然资源所具有的自然属性，其法律属性并不明显。但是作为法学研究对象的自然资源，其概念显然不能完全套用地理学或生态学、经济学上的自然资源概念，而应当体现法学的独特研究视角。无论是从中国法制传统考量，还是从西方法学渊源探究，法的本质含义均在于正义、公平、正直。而为了

---

[1] 姜建初：《论我国自然资源法的几个问题》，《法制与社会发展》1995 年第 1 期，第 40–44 页。此处的"物"不是狭义上的物权法上的"物"的概念，而是指与人类主体相对的作为客体的物，该物既是主体的对象，同时又以其内部存在的客观规律反过来约束主体的行为。

实现法的这一终极价值目标，权利与规则意义重大。因此，在一定程度上讲，法又是权利与规则的指称。因此，在法学研究的视野中，对自然资源的研究也离不开权利分配与规则设置。法学对自然资源的研究是通过在主体间进行权利和义务的分配与配置，进而形成在自然资源领域的行为规则，通过规则的遵守与履行实现人与自然之间的公平正义。作为规则之学，法学对自然资源的研究离不开传统的地理学、经济学上的自然资源概念，规则的设置来源于人们对自然资源的客观认识。因此，地理学、经济学对自然资源概念的一般认识，包括其天然性、有用性、与科学技术密切相关性等特征均是法学研究的基础；同时，法学研究又在传统自然资源概念上进行了法律的精练以及法律化的表达。用法学术语对自然资源的本质进行表达的话，其就是一类可由法律调整的物。在法学上，自然资源是指与社会经济条件密切相关的、处于自然状态的、遵循自然规律（生态规律）的、可由法律主体直接行使支配权或由主体享有特定法益的（该法益可以是经济利益，当然也包括社会利益、生态利益）天然形成或生成之物的总称。法学上的自然资源需具有天然性、有用性、稀缺性的特征。人工制造的、虽天然但对人类无用的、虽天然且有用但不具备稀缺性而无法成为法律上之物的那些传统意义上的自然资源并不属于法学上自然资源的范畴，其在当下也不会纳入法律的调整范围。同时，我们需要注意的是，法律对自然资源的调整不仅是将其作为普通物权（以物权法）予以规制，而且是在遵循生态规律基础上的法律调整。

（二）自然资源的双重价值属性

自然资源在法学上被普遍关注，核心原因在于其对人类的"有用性"，即自然资源的价值。然而自然资源价值这一概念被提及时，无论是在大众视野里，还是在研究者眼里，通常会被认为是指自然资源所具有的能为人类带来巨大经济利益的经济价值。自然资源进入法学的研究视野由来已久，人们并未注意到自然资源与传统法学概念上

"物"的区别，而是只看到自然资源所产生的巨大经济利益，将自然资源等同于法学概念上的"物"。诚然，自然资源所具有的经济价值为人类社会特别是人类工业社会以来的巨大经济进步做出了不可忽略的贡献。离开自然资源对国民经济的支撑，我们经济的飞速发展并没有那么多可引以为傲之处。

但严格来讲，法学对自然资源的研究仅关注经济价值是片面的，也是脱离实践的。在法学上使用自然资源价值概念，不能仅将其单纯地限定于"自然资源的经济价值"。"自然资源价值"的体系是一个多元价值体系，除了经济价值，"自然资源生态价值"也是重要的价值表现形式。从人类历史长河中做一历史性的考察，不难看出，自然资源先于人类而出现，人类出现伊始，就与自然资源的利用密不可分，但这种接触与利用恰恰是自然资源的生态价值。自然资源本身所具有的作为生态环境的一部分而显现出来的物质循环、能量流动以及由此而生的生态系统功能在地球形成之时就已存在，其存在历史远远早于人类的产生，且其产生与存在并不依赖于人类。自然资源原本所具有的调节地球上物质运动与能量转换的功能先天而成，并非以人类的产生与存在为条件，其功能的发挥也不会以人类的意志为转移。[1] 在人类还未形成之际，自然资源已经以其内在的运行规律为地球提供能量与物质。此时，自然资源显然是不存在经济价值一说的。因为在此时，经济价值所服务的主体，即人类，尚未产生，人类的产权制度更未产生，所以也谈不上自然资源的经济价值。直至人类产生之后，准确地说，是人类的产权观念、产权制度形成之后，客观存在的自然资源被纳入了人类价值观体系，实现了由客观形态向主观形态的转化，至此才出现了对人"有用"的经济价值一说。在此之前，自然资源与人类之间的物质循环和能量流动却是一直存在且不容否认的，虽然当时人类的智力尚不能认识自然资源生态价值为何物，但自然资源本身具有生态

[1]　邓海峰：《环境容量的准物权化及其权利构成》，《中国法学》2005 年第 4 期，第 61~68 页。

价值这一客观事实不容否认。

自然资源具有不可否认的经济价值和生态价值，作为法律制度对自然资源进行研究，就要将立足点放于自然资源的双重属性，而不能一味强调经济价值，忽视生态价值。已有研究及制度单纯地以经济价值为导向已经产生了诸如资源浪费、生态破坏等重大灾难。因此，在未来的生态文明背景下，研究自然资源物权制度就要立足于自然资源的双重属性。本文研究的逻辑起点恰是建立于此，基于生态文明的大背景，将自然资源的双重属性全部纳入法学研究的范围之内，构建体现生态文明理念的自然资源物权制度。

（三）自然资源分类

法律对自然资源的规制和调整除应满足法学上自然资源的天然性、有用性、稀缺性、生态性的特征外，不同的自然资源在调整方式和调整手段上会呈现出明显的不同。因此，法律制度并不能将自然资源不分类别地统一进行规制。将自然资源类型化，进而进行相关法律制度研究，能实现对自然资源的法律调整。自然资源的法律调整不仅体现出不同资源的特殊性，而且具有较强的适应性和可操作性。

自然资源的分类对于自然资源物权制度的研究意义重大，目前学界对自然资源分类的研究成果却并未形成统一观点，且存在不同的认识。传统的学科，包括地理学、经济学、生态学等对自然资源按照不同标准做出了不同的分类：

（1）自然资源的地理特征包括自然资源天然形成的地理条件、不同自然要素之间的组合情况、各类资源的分布规律以及各要素之间的关系等特征。根据自然资源的地理特征，自然资源可以分为土地、矿产、水、大气以及生物，即人们通常所称的地表、岩石圈、水圈、大气圈以及生物圈。

（2）根据自然资源是否可以耗竭的特征，可以将自然资源分成耗竭性资源与非耗竭性资源两大类。耗竭性自然资源是针对人类历史而言，在有限的人类历史中经人类消耗枯竭即不复再生的资源。根据耗竭性资源本身是否具有更新的性质，分为可更新自然资源和不可更新自然资源两类。可更新自然资源是指在排除人类干扰的正常情况下可通过自然过程再生的资源，如各种生物及生物与非生物因素组成的生态系统。不可更新自然资源是指地壳中在地球演化的亿万年进程中业已形成的、非人力可以增加的固定储量的可得资源。不可更新自然资源在有限的人类历史中不可能重现地球演化而自然再生，即使其缓慢再生，再生速度也远远小于人类开发利用速度，比较典型的是矿产资源。非耗竭性自然资源，也被称为恒定资源，其可以在自然规律作用下自我更新，且这种更新过程在人类产生之前就一直存在。以目前人类的力量并不能影响非耗竭性自然资源的更新进程，人类已有的生产技术水平下的开发利用行为也不会导致这类资源明显消耗而产生枯竭，如太阳能、风能、潮汐等。

（3）基于对人类不同需求的满足，也为了行业管理之便，从行业管理角度人为地将自然资源区分为土地、水、森林、草原、渔业、矿产等。这种分类目前较为盛行，且根深蒂固地影响着人们对自然资源分类的认知。但事实上，人为地将自然资源做出行业的划分割裂了不同资源间的内在联系，且并未对各自的概念做出明确界定，既忽视了自然资源各要素所形成的统一资源的整体性，也无法在实践中准确管理某一类资源。这种分类方式虽为人们所广泛接受，但恰恰也是当下资源管理工作中出现诸多生态环境问题的内在根源之一。

相对于地理学、经济学等学科对自然资源做出的传统分类，部分法学学者依据自身学科的独特属性，从权利的角度试图构建对自然资源的法律规章制度，其对自然资源及其自然资源权利分类提出了一些新观点。王天雁、葛少芸（2015年）认为，自然资源是国家所有权客体，但是其所具有的公共性强弱不同，据此提出了公共性自然资源与经营性自然资源的分类说。[1] 丁文英、马波（2005 年）在研究自然资源使用权的构建过程中，认为自然资源只需要分为土地、矿藏和水三类即可，并在此基础上形成建设用地使用权、农业用地使用权和资源使用权制度。[2] 有部分法学学者并未从自然资源本身分类进行研究，而是将研究视角转向不同的资源利用方式上，即从自然资源权利内容的角度进行分类研究。张璐（2008 年）认为自然资源的开发利用方式和途径大致可归为三类：作为人类生存和发展所必需的物质载体、利用资源自身生产能力生产新的物、直接从环境中获取资源物本身。第三种可称之为"对物的采掘"，前两种为"非对物的采掘"。对于"非对物的采掘"类自然资源，可以在传统物权制度理论框架内解决问题；对于"对物的采掘"类自然资源无法兼容于传统物权理论，需要从自然资源权利角度进行研究。[3] 崔建远（2003 年）以自然资源权利为视角，按照权利属性不同，将自然资源权利分为目的性权利和手段性权利。同时，崔建远将取水权、捕捞权和狩猎权作为手段性权利。[4] 王社坤（2014 年）在研究自然资源相关的权利时，认为在资源利用中，存在资源产品取得权和资源载体使用权。[5]

　　笔者认为，虽然从自然资源利用方式或者说自然资源权利角度进行类型化研究能够较为直观地为自然资源权利研究服务，但是从研究的逻辑路径来看，还是应先对研究对象即自然资源进行分类，在此基础上开展自然资源权利研究。无论是传统研究从地理学、经济学标准对自然资源进行分类，还是当下法学研究从权利角度进行分类，都应当既具有逻辑性又能解决现实问题。自然资源天然地具有生态性，同时又有人类关注的经济性，但无论是生态性还是经济性均会因人的行

---

[1] 王天雁、葛少芸：《公共物品供给视角下自然资源国家所有权的限制》，《深圳大学学报（人文社会科学版）》2015 年第 3 期，第 137-144 页。

[2] 丁文英、马波：《我国自然资源使用权研究》，《内蒙古大学学报（人文社会科学版）》2005 年第 2 期，第 14-18 页。

[3] 张璐：《生态经济视野下的自然资源权利研究》，《法学评论》2008 年第 4 期，第 116-122 页。

[4] 崔建远：《准物权研究》，北京：法律出版社，2003 年，第 17 页。

[5] 王社坤：《自然资源利用权利的类型重构》，《中国地质大学学报（社会科学版）》2014 年第 2 期，第 41-49 页。

为而受到巨大影响。基于此，笔者从人类对自然资源的开发利用是否
导致资源本身消耗进行区分，可以将自然资源区分为消耗性资源与非
消耗性资源。这一分类的意义在于，资源本身是否消耗直接导致了其
生态功能是否发挥或经济价值是否能够持续实现的问题。前者因人类
的开发利用活动导致自身消耗（例如矿产、野生动植物、水生动植物
等），即一旦人类的开发利用行为加之其上，该自然资源本身被消耗
掉而不复存在。自然资源本身的消失，意味着其经济价值无法持续产
生，生态功能也随之消失。后者是指人类的开发利用活动不会导致该
资源本身被消耗，而只是利用了该资源固有的功能，例如土地被种植
农作物、林木、草，用于建筑，水资源用来航行、养殖等。虽然对该
类自然资源进行了开发利用，但是并不消耗该资源本身，当该种用途
结束时资源还可以用作其他用途（有时可能需要采取一些措施才能实
际再利用，例如工矿区要恢复农业或林业用地需要开展土地复垦工作，
但是这并不影响土地本身还具有再作他用的功能）。此种情形下，对
此类资源利用方式的干预直接影响着资源是否可持续利用以及生态功
能是否得以保障。

　　以人类对其开发利用是否导致其本身损耗为标准，将自然资源分
为消耗性自然资源与非消耗性自然资源也是生态文明制度建设的题中
之义。生态文明无论是作为一种社会形态的表现，还是社会治理过程
中的一种理念或精神，其在根本上更加注重人类行为与生态环境的良
性双向互动而非单向作用。进入工业革命之后，人类对自然的控制改
造能力不断增强，人类与自然的关系也进入一种单向的直线关系中，
即生态环境是人类活动改造的对象，人类行为仅单向对自然环境产生
开发、利用等作用力，自然生态环境只能被动适应人类的行为。生态
文明的出现则改变了这一单向的线性关系，环境问题的爆发也使人类
意识到人类行为与生态环境是一种互动的循环发展关系。在人类向自
然生态环境施加各种行为及影响之时，生态环境并非只能被动承受，

而是在生态规律的作用下缓慢地发生反作用，当这些反作用积累到一定程度就爆发了当下严重的生态环境问题。因此，生态文明应运而生，生态文明要求人类重视与生态环境的互动、循环关系。自然资源作为人类获取重要物质资料的来源，对其产生的开发利用本应当协调好生态文明下的互动、循环关系。人类对自然资源的开发利用所产生的不同后果恰是自然规律本身的体现，自然规律也应当体现在自然资源物权制度中并且成为该制度的逻辑起点。

　　我国法律已经对一些自然资源进行了明确的立法保护，对其分类进行实证研究也是本文研究的重要起点之一。经我国《宪法》和《民法典》"物权编"认可的且已经进入法律调整范围的自然资源被列举了十一类，其所有权归属也做出了法律界定。这十一类自然资源包括土地、矿藏、水流、海域、无居民海岛、森林、草原、山岭、荒地、滩涂、野生动植物。[1] 依照前述标准，将该自然资源划分为消耗性自然资源和非消耗性自然资源应当明确以下几个要点：①土地、海域、无居民海岛、山岭、荒地、滩涂作为非消耗性自然资源并无争议。无论是对土地作为农业、林业、牧业还是工业、商业用途均不会导致土地被消耗；海域也是如此，无论是用作航行、养殖、军事、捕捞用途，均不会导致海域被消耗掉；无居民海岛开发主要用于旅游娱乐、交通运输、工业、仓储、农林牧业等建设活动，本身还是对土地空间的利用，不会导致海岛被消耗掉；山岭、荒地、滩涂其实可以不作为单独类别而从属于土地，依其用途不同而称谓不同。②矿藏、野生动植物作为消耗性自然资源也不存在争议。矿产资源本就属于耗竭性资源，人类一旦将某个蕴藏的矿山开采为矿产品，该矿产资源自然被消耗，不可再被认为是自然资源；而野生动植物虽然被划为可更新资源，这是基于其整体意义上而言的。就具体的野生动植物而言，一旦该动物

---

[1]　《宪法》第九条、第十条对自然资源所有权做出了法律规定。据此可知，宪法认可的自然资源包括土地、矿藏、水流、森林、山岭、草原、荒地、滩涂、珍贵的动物和植物等。《民法典》"物权编"第二百四十七—二百五十一条对自然资源所有权做出了法律规定，据此可知，"物权编"认可的自然资源包括土地、矿藏、水流、海域、森林、山岭、草原、荒地、滩涂、野生动植物资源。

被捕获死去或者该植物被采集利用，该动植物也就被消耗掉而不存在。
③水资源、森林、草原则相对比较复杂。这是因为此三类资源的可利
用功能多样化而非单一用途，应当作出区分。首先，对水资源而言，
我们应当将其区分为产品水与资源水 [1]，前者是消耗性资源，而后者
是非消耗性资源。其次，对森林而言，应当明确森林是指包含有各种
动植物及其生态系统在内的整体资源，而非仅指林木资源。如果单纯
强调林木，则可被认为是植物资源，列入消耗性自然资源，而森林作
为整体，在提供清洁空气、调节气候、提供美景供观赏时并不会消耗
森林资源本身，在此意义上的森林是非消耗性自然资源。最后，草原
与森林有相似之处，而且草原又是土地利用的一种方式，其应当归于
非消耗性自然资源。

二、自然资源物权

（一）自然资源在物权法上的演变

自然资源的产生远远早于人类，但是自然资源与物权概念的结合
则是在人类社会演进过程中出现并不断发展的。

人类社会早期，人们对于自然界中占有的土地、捕获的野生动物、
捡拾的石块、采集的树木及果实并没有与物权相联系。虽然在此阶段
人类的生存和发展与自然资源具有密切的关系，但是由于此时尚未出
现国家且没有法律，因此，人类对自然资源的占有以及享用都是一种
事实状态，而非法律保护的物权。

随着私有制的产生和国家的出现，法律逐渐成为统治的重要工具。

---

[1] 黄锡生在《水权制度研究》一书中指出：水按照是否介入人类劳动可分为自然资源水（也称水资源）
和产品水。自然资源水是指处于自然状态未介入人类劳动的水，产品水是指经介入了人类劳动并从自然
状态下的水中提取的水。资源水是与产品水相对应的概念，是指处于自然界一定的水载体范围内，可以
利用或有可能被利用的，并且具有足够的数量和可用的质量，能在一定地点为满足某种用途而被利用的
具体的淡水。简言之，就是处于自然界一定载体范围内的淡水。见黄锡生：《水权制度研究》，北京：
科学出版社，2005 年，第 74-76 页。

此时，统治者通过法律将人们对物事实上的占有予以确认，形成了具有法权性质的物权。虽然在罗马法时期尚未出现"物权"这一称谓，但是事实上物权关系以及对这种关系的规范（例如"对物之诉"制度）是确实存在的。罗马法物权的标的是实体的物，也称为"物体"。[1] 在当时的历史条件下，由于人类的开发能力有限，能被纳入人类控制范围的自然资源非常有限。因此，当时也只有很少一部分能被利用的实体资源可以作为物权的客体而存在，主要表现为动物性的动产（野生动物）、土地[2] 及其附着物等不动产。在当时，这些进入法律体系并进行权属调整的自然资源是作为"物体"而出现的，并没有突出其与人工加工形成之"物体"的区别。

法国沿袭了罗马法传统，因此，《法国民法典》只将自然资源作为"财产"的一部分纳入物权法调整的范围。德国系统地规范了物权制度，《德国民法典》将只有具有"金钱价值"的权利才属于财产，自然资源要能用"金钱价值"衡量才能成为物权的客体。《日本民法典》将物分为动产和不动产，由此确立的物权制度加快了物的交易和流转，但是这样的分类割裂了各类自然资源在生态上的相互关联。美国实行"一元制"，即自然资源权属随土地权属，因此，与其土地权属制度相适应的是自然资源分为属于联邦、各州和个人所有，后来美国联邦政府又颁布了针对处分公共土地的法律。

我国古代并没有动产和不动产的概念划分，而是存在着"田宅"与"财物"的划分。"田宅"类似于不动产，主要是指土地和土地上的定着物，包括房屋、农作物、林木等；"财物"类似于动产，主要包括牲畜、奴婢等。1987 年施行的《中华人民共和国民法通则》（以下简称《民法通则》）对包括一些自然资源在内的财产做出了权属、利用、保护等的相关规范（为 2021 年施行的《民法典》所吸收），

---

[1] 彼德罗・彭梵得：《罗马法教科书》，黄风译，北京：中国政法大学出版社，1992 年，第 185 页。
[2] 落志筠：《论我国自然资源物权法律制度基本理念之革新》，《内蒙古师范大学学报（哲学社会科学版）》2016 年第 2 期，第 41-44，52 页。

后又出现涉及土地的《土地管理法》、涉及水资源的《水法》、涉及森林草原的《森林法》与《草原法》、涉及矿产资源规制的《矿产资源法》、涉及渔业资源开发利用的《渔业法》等单行法，即对相应的自然资源的具体利用规则做出了相应规范。

已有的物权法律规范中对自然资源的规制并不能有效解决自然资源开发利用过程中出现的资源浪费与环境污染问题，由此引发了人们对自然资源物权的深层次思考。有学者认为，传统物权理论基于自然资源是生产要素这一逻辑起点，对自然资源的理解以及制度设计均是基于自然资源具有经济价值这一基本认识，并没有将自然资源也是人类生存环境的基本要素这一客观情况考虑在内。在之前的法学研究以及立法实践中，自然资源具有的经济属性与生态属性一直被认为并不会存在冲突，法律只需对其经济属性做出制度性安排即可，由此也产生了传统的物权制度，特别是不动产所有权制度。[1] 由于土地对于人们的生存与发展具有重大意义，因此各国的物权立法都将不动产制度视为其基础制度。然而，过分强调所有权，特别是不动产所有权，并不能适应当代社会经济关系的变迁。19 世纪后叶，所有权绝对性理论开始被逐渐修正，"所有权神圣不可侵犯"的"物的支配性"理论已经逐渐被"利用"所取代，"物权理论已不可逆转地从以所有为中心向以利用为中心转变"[2]。在这个转变过程中，人们深刻意识到长期片面关注自然资源的经济属性而忽视自然资源的生态属性的意识在法律制度上也投射出了相应弊病。传统物权法着眼于物的经济价值的归属和利用，在此基础上进行权利配置进而形成的一系列物权制度并没有考虑自然资源的生态价值。

自然资源物权制度正是针对传统物权法的上述弊病，提出如何解决自然资源开发利用难题的制度。自然资源物权的提出：一方面，是在已有物权制度体系内提出的创新设计，无须挑战传统物权制度体系

[1]　黄锡生：《自然资源物权法律制度研究》，重庆：重庆大学出版社，2012 年，第 33 页。
[2]　林刚：《物权理论：从所有向利用的转变》，《现代法学》1994 年第 1 期，第 23–27 页。

对平等主体间财产关系的调整功能；另一方面，则针对传统物权制度下忽视资源生态功能的弊病并加以改善，将资源保护与环境改善的使命承载于此，真正实现自然资源的全部价值。因此，我们并不能简单地将自然资源不加区分地放入统一的物权制度下并予以调整，而是应当在能够突出自然资源不同于普通"物"这一独特属性的自然资源物权制度下规制自然资源的开发利用。因此，自然资源物权既不同于传统物权又离不开传统物权概念。基于此，自然资源物权是对自然资源这一客体享有的物权，具体是指权利主体为满足其对自然资源不同的权益需要，而对自然资源依照法律规定或依照法律规定的授权而享有的直接支配与排他的权利。自然资源物权制度应当建立在遵循生态规律、社会规律的基础上。《民法典》"物权编"中的物权包括所有权、用益物权和担保物权，其实质是自物权与他物权。目前对自然资源物权的研究正处于起步阶段，绝大多数集中于所有权和使用权的研究，担保物权的研究囿于所有权与使用权制度尚未成熟而更显落后。笔者没有继续沿用这一分类模式，而是针对自然资源本身可以区分为消耗性资源与非消耗性资源，将自然资源物权的研究也做出对应区分，即包括消耗性自然资源物权与非消耗性自然资源物权。

（二）自然资源物权与《民法典》"物权编"的兼容性分析

目前我国已有法律并没有直接区分消耗性自然资源与非消耗性自然资源，而将全部自然资源纳入物权法的调整范围之中。2021 年实施的《民法典》在 2007 年实施的《物权法》基础上单独设立第二编"物权"。"物权编"第二分编对"所有权"做出了专章的法律规定，对于纳入法律调整范围的自然资源，包括诸如矿藏、水流、海域的单独国家所有权，以及对土地及与土地相关的森林、山岭、草原、荒地、滩涂和野生动植物的所有权归属做出了明确规定。同时，其在强调"资源利用"的中心思想指导下，对所有权人的所有权做出了他物权规定，将依法取得的包括海域使用权、探（采）矿权、取水权以及使用水域（滩涂）

从事养殖、捕捞的权利进行了立法保护，同时对社会生活中最为常见的、涉及土地的四项用益物权做出了专门的规定。将目前法律规制的自然资源笼统地予以规范需要注意以下两点：①自然资源所有权归属集中于国家所有与集体所有。自然资源的国家所有是我国自然资源所有制形式的基础所有权形式，对于除矿藏、水流、海域、无居民海岛、野生动植物属于单一的国家所有外，其他自然资源，主要是指土地以及与土地密切相关的其他资源（如森林、草原等），可以由法律规定为集体所有，否则也一概为国家所有。自然资源国家所有体现了所有制的要求，在由"所有"到"利用"的转变过程中，利用方式更多地与实际操作发生联系。②自然资源利用中的权利规定值得深思，尤其是取水权、探矿权、采矿权。《民法典》"物权编"将土地上形成的四项用益物权（包括土地承包经营权、建设用地使用权、宅基地使用权、地役权）做了详细的规定，而仅在"用益物权"分编的"一般规定"中对自然资源使用权做出了原则性规定。但对于自然资源使用权究竟是何种权利，目前尚未达成统一认识。以取水权为例，虽然"物权编"在其"用益物权"的"一般规定"中规定了取水权受法律保护，但并未就权利的内涵、性质以及其实现做出更为详细的规定。一般来说，取水权的出现是国家在管理配置水资源过程中创设出的一种对水资源的支配性权利，这一权利是水资源所有权人权利部分让渡的结果，通过该权利可以将资源水转化为产品水。取水权是权利主体为了实现其对水资源消耗性利用的一种行为自由权。[1] 取水权本身并不同于土地上设立的四项用益物权，该权利的行使不在于对水资源所有者的水资源的非消耗性使用，而在于获取产品水，实现对水资源的消耗性利用。取水权的行使会导致特定时间和特定空间内可丈量的水资源的消失，这并不符合用益物权只是使用而并不消耗物本身的特点。采矿权也是如此。采矿权的行使也是将原本属于国家所有的矿藏资源转化为

---

[1]　黄锡生：《水权制度研究》，北京：科学出版社，2005年，第86页。

矿产品实现对矿产资源的消耗性利用，该权利的行使会使原本的矿产资源不复存在。

"物权编"在规范自然资源使用权上出现的不周延可以通过消耗性自然资源物权与非消耗性自然资源物权制度得以解决：

首先，取水权、采矿权之所以出现将水资源、矿藏资源本身消耗而转化为水产品、矿产品的结果，是因为用于消耗的水资源[1]以及矿藏资源本身属于消耗性资源，类似的还包括野生动植物资源以及森林资源中用于消耗的部分资源，这四类消耗性自然资源构成消耗性自然资源物权的客体。在此应当注意区分消耗性自然资源物权与消耗性自然资源形成的资源产品物权之间的区别。经人类采掘加工而从原生自然资源分离出来的矿产品、水产品、野生动物、野生植物、树木已经不具备作为整体自然资源时的生态性，而仅具有供人类利用的经济价值，因而形成的相应的物权与传统物权法上的财产并无二致，可直接适用财产法的规定。作为资源产品来源的自然资源本身并不同于资源产品，其除了能提供资源产品外，本身也是生态环境的重要部分，承载着重要的生态功能，例如野生动植物资源构成生物链中不可或缺的一环，是生物多样性的承载者；森林资源可以净化空气、提供清洁的空气，同时可以为野生动物提供重要的栖息场所；矿产资源是岩石圈的重要组成部分；水资源除提供水源外，还是水生生物的栖息场所以及为人类提供水域。值得注意的是，消耗性自然资源的经济属性与生态属性是不可兼容的。当人类利用了消耗性自然资源的经济属性形成资源产品时，该自然资源的生态功能就无法实现。因此，尽管消耗性自然资源能提供可供消耗的资源产品，但是消耗性自然资源因其生态属性不能直接适用传统财产法的规定，应设置独立的自然资源物权制度。

---

[1] "用于消耗的水资源"实质就是指"产品水"，通过取水权来实现产品水。其之所以被称为"用于消耗的水资源"是为了凸显水资源用途多样性中的被消耗、消费的用途，除此之外，它还具备养殖、航行等非消耗性用途。

其次，除消耗性自然资源设置消耗性自然资源物权外，其余非消耗性自然资源也可设置非消耗性自然资源物权。例如土地、水域、海域、无居民海岛、森林、草原、山岭、荒地、滩涂等自然资源在人类的开发利用中并不会导致这些资源本身的消耗。因此，适用传统财产法中的用益物权的法律规定不会发生对他人之物的使用而消耗他人之物的情形。但是，传统的不动产利用制度只是针对传统认知的作为财产的土地而设立，并没有关注土地作为自然资源的生态性。故而，非消耗性自然资源物权虽与用益物权制度没有明显冲突但并非全部适用，着重关注自然资源的生态功能恰是自然资源物权制度的重点。

三、自然资源物权制度

（一）自然资源物权制度概念

自然资源物权制度最初被关注时是在经济学领域。在研究人类的经济行为与自然资源关系时，经济学家发现，人类对自然资源既有的开发利用模式产生了诸如资源浪费、环境污染等一系列环境与资源问题。哈丁教授于 1968 年提出"公地悲剧"，该理论向人们彰显了公共物品因产权难以界定而被竞争性地过度使用或侵占，最终导致资源的不可持续利用。科斯在针对环境污染问题提出解决方案时则指出了明晰产权的重要意义。因此，产权一词开始被广泛用于环境资源领域。众多学者意图通过界定环境与资源的产权来解决当下人类与环境的冲突。

从法学研究视角来看，产权的根本意义在于明晰权利归属，这是物权制度的调整范畴。故而法学上的物权制度与经济学上的产权制度在本质上都是明晰权利边界，进而给行为者的行为划定边界。中央的最高决策层也注意到自然资源法律制度建设的重要性，党的十八届三中全会要求健全自然资源资产产权制度，随后的四中全会再次强调了自然资源产权法律制度的构建要求。这为自然资源物权制度的全面建立提供了决策依据。自然资源物权制度即是通过明晰自然资源权利归属进而发挥自然资源全部效能的法律体现。

（二）自然资源物权制度的重要意义

1. 保护各利益相关人的合法权益

自然资源开发利用涉及众多利益相关人。在我国，自然资源属于国家所有，法律规定属于集体所有的例外。国家本身并不会实施实体上的开发利用行为，真正的开发利用行为来自企业或个人。在此过程中就会出现自然资源所有者与实际开发利用者两方利益主体。显然，自然资源所有者与自然资源开发利用者的利益并不总是一致，在很多情形下会存在冲突。以消耗性自然资源为例：在对消耗性自然资源开发利用过程中，国家所有者的所有者权益会随之消失，从长远角度来看，所有者会对其所有的消耗性自然资源抱有较高期待，纵使其所有的消耗性资源必须当下开发利用，所有者也希望尽可能地获取相应对价；而对开发利用者而言，其当然希望在较短的时间内将其全部投资回收并且尽力实现利益最大化。这就出现了消耗性自然资源所有者与实际开发利用者在资源保有期限以及资源对应价值上的冲突。我国《民法典》"物权编"在此问题上并未明确规定，自然资源相关单行法由于遵循传统财产法的规制理念也并不能很好地解决该问题，相反地，现有法律法规在一定程度上加剧了资源开发者的掠夺性开采和浪费。除了资源所有者与资源开发利用者之间的利益冲突，还存在资源开发者与资源地居民之间的利益冲突。以矿产资源为例，矿产资源开发者对矿产资源进行投资并通过开发行为收回投资、赚取大量利润，并且在此过程中矿产资源开发者并不关心其开发行为所导致的环境污染与生态破坏问题。当地居民因地域限制必须承受这些环境恶果且并不能因资源的开发利用获取相应补偿或赔偿。传统财产法由于对自然资源的规制仅关注经济利益而忽略生态利益，因此对开发者与当地居民之间利益冲突的解决更是乏力。非消耗性自然资源与传统财产法虽然具有更多的兼容性，但是依然无法避免开发利用过程中由于缺乏对资源生态功能的关注导致的利用者与保护者、当代人与后代人之间的各种利益冲突。

因此，构建自然资源物权制度体系，统一对自然资源生态价值与经济价值进行制度设计方能够更好地抓住问题的本质。将自然资源开发利用过程中涉及的各方利益相关人的利益边界做出清晰的界定，既利于自然资源本身的协调稳定，又可充分保障各利益相关人的合法权益从而减少社会冲突的产生。

2. 实现人类对自然资源的可持续开发利用

长期以来，自然资源开发实现了自然资源经济价值并给人类带来巨大经济利益，但自然资源权属不清且权利义务界限不明导致的肆意开发利用自然资源的行为却一直存在。我国法律明确规定了自然资源的国家所有权，但是该权利的行使需要层层委托给具体的开发利用者。已有的自然资源开发利用制度并未考虑自然资源的整体性、生态性特征，只是将自然资源作为单纯的"物"加以规制。现有开发利用制度只是考虑了所有权人让渡自己的部分权能给开发利用者，这种制度设计只考虑了他物权的有期限性。此设计导致的直接后果是开发利用者希望在自己获取的有限使用期限内发挥物的最大效用，即实现物的经济价值最大化，而不考虑自然资源本身的可持续开发利用以及环境效应。然而自然资源是有限的，即使是可再生的自然资源，当开发利用的速度超过其更新速度也会导致自然资源的枯竭。现有法律制度不仅缺乏对资源可持续开发利用的制度保障，又缺乏对自然资源生态属性的关注，从而导致目前严重的资源浪费、环境污染、生态破坏等环境和资源问题。

自然资源物权制度恰恰是要弥补既有物权制度的短板，在自然资源领域寻求不同于传统单一注重自然资源经济属性的物权制度设计。

自然资源物权制度充分关注资源的可持续利用，在赋予主体权利的同时也设定各主体的义务，各主体的行为应在法律制度框架内。以法律制度约束主体的各种行为追求的是自然资源的合理开发利用，摒弃之前长期存在的注重短期利益、肆意浪费资源等短视行为，最终实现资源的可持续利用。

3. 减少生态环境问题

自然资源在人类发展史中扮演了极为重要的角色，这种重要性在人类的法律出现之前就一直存在。工业革命之后人类认识自然、改造自然的能力大幅度提升，极端人类中心主义的盛行使人类只看到自然资源——尤其是矿产资源、能源——带来的巨大经济价值。事实上，自然资源产生的经济价值自工业革命以来被无限放大，其在人类出现之前就具有的生态属性却被忽视了。自然资源要素本是环境构成的必要要素，诸如水、动植物、矿藏等，既能为人类经济行为提供支持，又是生态环境的必要组成部分，具有重要的生态功能。以一般被认为生态功能较弱的矿产资源为例，其本身也并非对环境毫无意义。矿产资源是在漫长的地质年代中通过地质作用而天然形成的，其本身是岩石圈的重要组成部分。矿产资源的存在本身就体现出生态环境利益：矿产资源不被开发而天然存在于生态环境中，虽不会直接产生新增的生态利益，但本身并未构成其生态环境利益的消耗；因矿产资源是可消耗性资源，一旦开发利用行为展开就会导致矿产资源本身减损，就意味着其生态环境利益被损耗，原有的存在价值不复存在。在实践中，人们并未在长期的开发利用活动中重视自然资源的生态利益，只是将客观存在的环境要素作为大自然的免费馈赠。人类没有意识到自然资源本身蕴含的生态价值也是其本身价值构成的重要组成部分，长期被资源所具有的经济价值蒙蔽双眼。但事实上，环境中的环境要素与所谓的自然资源只是人类的主观认识区分，不能否认在客观上二者是一体的，"环境要素在很多场合下同时被表述为自然资源，这体现了环境本身的资源性；即环境既包括有形物质性实体，也包括具有舒适性服务和环境自净功能的实体"[1]。基于此，人类对自然资源的开发利用就会产生资源开发与环境破坏的矛盾。产生这一矛盾的深层次原因就在于没有将自然资源开发的负外部性内部化，开发者获取了开发利益，而将环境问题留给当地以及社会公众去承受。建立自然资源物权制度，通过权利分配、生态补偿、开采保证金等制度将资源开发产生的环境问题内部化，以减少环境问题。

第二节　自然资源物权谱系研究

一、自然资源所有权

我国《宪法》第九条规定，矿藏、水流、森林、山岭、草原、荒地、滩涂等自然资源属于国家所有，即全民所有；由法律规定属于集体所有的森林和山岭、草原、荒地、滩涂除外。可见，法律有特别规定时，自然资源可属于集体所有。《宪法》第九条规定是对全部自然资源所有权的规定，并未区分消耗性自然资源与非消耗性自然资源。本文对自然资源的分类并不影响宪法对其所有权的规定，只是在利用自然资源时会体现出制度差异。因此，本文提到的自然资源所有权并不明确区分消耗性自然资源所有权与非消耗性自然资源所有权。

（一）自然资源国家所有权性质

通过运用解释论深入探析我国《宪法》中"国家所有权"的真实含义，不同学者得出了不同的结论。

首先，在"国家所有权究竟是一项经济制度还是一项权利"这个问题的认识上，一些学者认为《宪法》上的"国家所有权"并非一项

---

[1]　落志筠：《矿产资源利益公平分配制度研究》，北京：中国政法大学出版社，2015 年，第 29 页。

权利而是指"所有制"，例如薛军认为，资本主义国家为了克服社会矛盾发展出来的社会经济条款与我国《宪法》中的大量社会经济条款在性质上是完全不同的。"我国《宪法》第九条的目的是宣示和确认自然资源领域的社会主义公有制原则，这一原则主要是一个政治性的价值判断，并不具有严格的规范性意义。"[1] 也有学者认为，《宪法》第十条对我国土地所有权的规定与民法上的土地所有权不同，《宪法》规定土地属于国家所有或集体所有包含了生产资料所有制的内涵。从所有制层面上深入分析，国家所有与集体所有与所有权概念下的主体所有并不同，二者不是平等的法律关系而是一种政治关系，且这种政治关系下的政治主体在地位上并不平等，国家可以通过政治权力将集体所有的土地收归国家所有。桂华、贺雪峰（2014 年）认为，"通过土地征收将集体所有的土地变为国家所有的土地，本质上体现的是公有制两种形式间的关系，其合理性源自社会主义公有制为主体的宪法规定"[2]。

其次，在认可宪法上的国家所有权是一项权利的前提下，对于其权利性质的认识也有不同观点，主要表现在"物权说"与"公权力说"的争论上。"物权说"的支持者王利明教授（1990 年）肯定国家所有权的特殊性，但指出国家所有权应当被限定在民法所有权的一般规定之内，行政机关不可以对国家所有权进行随意创设和扩大。[3] 这一观点实质上是肯定了国家所有权的物权属性。"公权力说"的支持者则认为，由于国家所有实质是"全民所有"，无法像民法上的所有者主体那样行使所有权，因此国家所有权并不是民法上的一般物权，而是一种公权力或者说国家权力，"全体人民只是名义上的所有者，不是也不可能成为任何意义上的行为主体，而且其还不能另行选择代理人，

---

[1] 薛军：《自然资源国家所有权的中国语境与制度传统》，《法学研究》2013 年第 4 期，第 71-74 页。

[2] 桂华、贺雪峰：《宅基地管理与物权法的适用限度》，《法学研究》2014 年第 4 期，第 26-46 页。

[3] 王利明：《国家所有权的法律特征研究》，《法律科学：西北政法学院学报》1990 年第 6 期，第 31-37 页。

其利益的享有也不能通过任何民事方式实现"[1]，该观点将国家所有权的定性明显地定位于国家权力或公权力之上。

再次，还有学者认可宪法上的"国家所有"是一项并非所有制的制度，其具体的法律落实还需要依赖立法的进一步形成。张翔（2013年）认为："由于财产权具有一个不同于其他基本权利的特点，即有待于立法形成，因此在国家所有权的具体内容确定方面，立法者有着极大的形成自由。"[2]《宪法》第九条对自然资源所有权的规定放置在公民基本权利这一部分，这既不等于自然资源国家所有权与普通私人财产权在法律层面上具有同样内涵，也不等于在自然资源国家所有权的法律制度构建上与私人财产所有权的制度构建等同。林来梵教授（2013年）与张翔教授一样持有宪法国家所有权需要立法形成的观点但有不同看法，其认为《宪法》第九条和第十条规定的国家所有权是"一种制度性保障下的所有权"[3]。程雪阳（2015年）认为：《宪法》上的国家所有既是经济学上的所有制表达，也是法学所有权的表达；从二者的法律地位、权能构造和权利外观上观察，《宪法》上的国家所有权与民法上的国家所有权是没有差异的；但在该权利的功能上，由于国家所有是全民所有的表现，因此国家所有权不能像一般财产所有权那样作为国家或政府的"私利"存在，其这一特殊性决定了国家所有权必须"为公民自由和自主发展提供物质和组织保障"。同时程雪阳指出，宪法赋予了国家获得特定自然资源所有权的资格，但是具体到某一特定的自然资源是否属于国家所有，还要依赖于法律对宪法的具体化和立法形成。当具体的法律规范没有完成宪法的具体化和立法形成之前，特定的自然资源并没有进入物权法或是财产法的调整秩序，尚不属于法定的国家财产而是社会共有物，"对于这种共有物，国家可以基于主权以及由主权衍生的行政管理权来设定开发和使用规

---

[1]　陈旭琴：《论国家所有权的法律性质》，《浙江大学学报（人文社会科学版）》2001 年第 2 期，第 93—99 页。
[2]　张翔：《国家所有权的具体内容有待立法形成》，《法学研究》2013 年第 4 期，第 62—63 页。
[3]　林来梵：《宪法规定的所有权需要制度性保障》，《法学研究》2013 年第 4 期，第 63—64 页。

则，但不能作为所有权人获得相关财产性收益"[1]。

笔者赞同第三种观点，即自然资源所有权需要立法形成。因为，虽然宪法层面上以国家所有权对自然资源权属做出了规定，使自然资源国家所有权看上去具有一切物之所有权的权能构造与权利外观，但是它本身在功能上又不完全同于民法上的所有权，它要体现出的并不是"国家"的权利，而是"全民"的权利。恰是由于自然资源国家所有权具有的这一不同于民法上所有权的特殊功能，决定了自然资源所有权在宪法框架内需要由其他立法来完成该权利的功能实现。

（二）自然资源所有权的立法形成

自然资源国家所有权在民法上的相关立法体现在我国《民法典》中，《民法典》"物权编"第二百四十七至第二百五十一条规定了法律上的自然资源国家所有权，以及其中部分资源在法定情形下的集体所有[2]，该规定也是《宪法》上国家所有权的立法形成。通过《民法典》将《宪法》第九条、第十条规定的八种自然资源的国家所有权具体化，同时将《宪法》中没有明确列举但属于自然资源的海域、无居民海岛及野生动植物资源的所有权也作了具体规定，这是自然资源所有权在《民法典》上的具体体现。

《民法典》并非自然资源所有权立法形成的唯一表征途径，自然资源所有权相关立法的需求随着人类开发利用水平的不断增长，在未来某个时段仍会被纳入具体部门法的权利范畴进行规范。目前，我国自然资源单行法中也对自然资源所有权进行了明确的规定，例如《土地管理法》第二章就土地的所有权和使用权作出规定，《矿产资源法》

---

[1] 程雪阳：《中国宪法上国家所有的规范含义》，《法学研究》2015 年第 4 期，第 105–126 页。
[2] 法律上的自然资源是指纳入法律调整的自然资源类型，并非泛指客观存在于自然界的一切资源形态。《宪法》第九条、第十条列举的自然资源包括土地、矿藏、水流、森林、山岭、草原、荒地、滩涂八种。《民法典》第二百四十七条："矿藏、水流、海域属于国家所有。"第二百四十八条："无居民海岛属于国家所有，国务院代表国家行使无居民海岛所有权。"第二百四十九条："城市的土地，属于国家所有。法律规定属于国家所有的农村和城市郊区的土地，属于国家所有。"第二百五十条："森林、山岭、草原、荒地、滩涂等自然资源，属于国家所有，但法律规定属于集体所有的除外。"第二百五十一条："法律规定属于国家所有的野生动植物资源，属于国家所有。"

第三条就矿产资源国家所有、探矿权、采矿权等作出规定，《水法》第三条就水资源的国家所有以及水资源的使用做出规定，《森林法》第三条明确了森林、林木、林地的所有权及使用权，《草原法》第二章专章规定了草原权属，《野生动物保护法》第三条明确了野生动物资源属于国家所有。以上单行法均对《宪法》中自然资源国家所有权作出了相应的立法体现，未来这种单行法立法内容会更加完善。

二、消耗性自然资源物权

（一）消耗性自然资源物权的概念

消耗性自然资源物权概念的提出源于将自然资源区分为消耗性自然资源与非消耗性自然资源。环境资源问题本质上是人类对环境资源的扰动而产生的环境变化，因此，从人类的扰动方式进行区分有利于进一步约束人类行为，保护环境资源。人类对自然资源的扰动可以区分为两个方面：经开发利用而使自然资源本身消耗和虽经开发利用但依旧保持自然资源原有功能。前一种情形下的自然资源即消耗性自然资源，后一情形下的自然资源即为非消耗性自然资源。

我国法律明确调整的土地、矿藏、水流、海域、无居民海岛、森林、草原、山岭、荒地、滩涂、野生动植物资源中，属于典型的消耗性自然资源的是矿藏、野生动植物资源。水资源和森林资源则较为复杂，其中对承载水产品和林木的水资源与森林资源而言是消耗性自然资源，而对提供养殖、捕捞、航行等功能的水资源以及提供清洁空气、狩猎场所等功能的森林资源而言则是非消耗性自然资源。

消耗性自然资源物权是指在矿产资源、野生动植物资源、消耗性水资源以及消耗性森林资源上存在的物权，具体是指权利人依法对消耗性自然资源所享有的支配与排他性权利。由于人类目前对消耗性自然资源主要关注的是其资源产品，因此，对于消耗性自然资源的国家这一所有者而言，其消耗性自然资源物权的支配性表现在国家所有者将消耗性自然资源必然产生的资源产品许可给他人；排他性表现为未经所有者许可，他人不得非法侵害国家所有权，包括不得损害矿产资源作为岩石圈重要组成部分的内在价值、不得损害野生动植物作为生物多样性的重要价值以及不得侵害水资源与森林资源的非消耗性资源功能。

由于人们对消耗性自然资源的关注更多的是其经济价值，也就是其可以产生的资源产品，因此在消耗性自然资源物权概念的理解上需要区分其与资源产品物权（即产品所有权）的不同之处。如前所述，消耗性自然资源物权的客体是具有整体性的某类消耗性资源，在我国现有法律制度框架内自然资源所有权人是国家（法律另有规定属于集体所有的除外）。消耗性自然资源所有权的客体有限，所有权人特定。消耗性自然资源转化为资源产品的过程，消耗性自然资源一经开采则丧失其原本的资源形态，因此在对消耗性自然资源开发利用过程中不会形成目前《民法典》所认可的类似于土地上所形成的四项用益物权。与消耗性自然资源所有权密切联系的是自然资源产品所有权，此时该消耗性资源通过人类劳动已脱离了天然环境成为可移动的动产产品。自然资源产品所有权与普通的动产物权并无区别，表现为消耗性自然资源所有权人通过特定的方式将产品所有权进行转移，获得资源产品所有权的权利人（可能是企业、社会团体、个人）依法对其财产（此时的资源产品因丧失生态功能与环境完全脱离而成为传统物权法意义上的财产）享有的支配和排他性权利。

综上所述，消耗性自然资源物权可总结为：其是自然资源物权的一类，适用自然资源物权法律制度时，需充分考虑其自然资源属性。相应的自然资源产品所有权则可完全适用传统物权法上对动产财产所有权的法律规定。

（二）消耗性自然资源物权的实现

1.消耗性自然资源物权实现的过程

消耗性自然资源物权的设立主要目的在于满足人类对资源产品的需求[1]，即实现消耗性自然资源国家所有权到资源产品所有权的转换，即消耗性自然资源物权的实现。这可以通过"果园理论"来理解消耗性自然资源物权的实现过程。

"果园理论"阐释了日常生活中常见的一种现象：假设某果农拥有一个果园，果农可以对果树精心伺弄而结出果实，也可以因鸟类衔来种子自然生成果树进而结出果实。当果园中的果实成熟时，果农有权决定将其精心种植而结出的果实予以出售，也有权决定将果园中那些尚未经过果农精心种植而只是天然地结出的果实予以出售。此处为了阐明消耗性自然资源物权的实现，我们假定果农出售的并不是经过人工加工种植的果实，而是出售果园中那些从未经过人工栽种、授粉、除虫等劳作而是完全依靠自然力自然形成的果实。"果园理论"的核心思想可以这样阐释：果农既可以邀请买受人进院子内自行将果实采下并带走，也可以自行采摘后交付给买受人。如用法律语言表达，即所有权人——果农，基于其对于果实享有物权可以通过合同的方式将果实出售。在双方签订的买卖合同中，合同实现的方式有两种选择：一是果农自行或委托他人采摘后将果实交付给买方，即由出卖人向买受人交付标的物；二是买方自行至果农的果园中，在果农指定的区域内自行采摘合同约定数量的果实，即由买受人自行直接提取标的物。

上述"果园理论"可以很好地阐释消耗性自然资源物权的实现方式。第一，无论是矿产资源、野生动植物资源、水资源还是森林资源，均可以理解为国家所有者手中未经人类加工而天然形成的"财产"。第二，国家所有者可以将其所有的该类自然资源产生的资源产品自主

---

[1]　此处需注意的是，虽然满足人类对资源产品的需求是消耗性自然资源的主要使命，但不能因此忽略消耗性自然资源的存在本身对于生态系统的重要价值，这也是之所以需要着重强调自然资源物权制度而非传统物权制度的意义所在。

决定继续保留还是进行处分。第三，当国家决定将资源产品进行处分时，买卖可以作为最典型的方式，国家所有者与资源产品买受人之间形成买卖合同关系。第四，在该买卖合同中，国家所有者有两种选择来完成该合同的履行义务：一是国家所有者委托第三人（例如矿产资源一般是委托国营矿山企业）通过委托合同获取该资源产品后交付给实际买受人；二是国家所有者允许买受人自行采掘以获取该资源产品。第五，买受人无论通过第三人交付还是自我采掘，最终都将获得资源产品而成为资源产品的权利人。

2. 消耗性自然资源物权实现的合同

从以上对消耗性自然资源物权实现的分析中，可以清晰地看到消耗性自然资源物权向产品所有权转化的过程。在该转化过程中，核心在于合同。消耗性自然资源所有权人对其权利的处分通过与资源产品买受人缔结买卖合同而完成；而实现买卖合同的方式则可通过出卖人送货上门或买受人上门采掘自提来完成。对于出卖人直接交付资源产品这种方式而言，出卖人本身由于是国家（也可能是集体），本不存在直接采掘、采摘的能力，因此所有者可以通过委托加工或承揽合同交由第三方完成该采掘、采摘行为。在第三人相关行为完成后，由消耗性资源所有权人将资源产品交付买受人，例如消费者购买石油即是由国家委托中石油或中石化等开采加工企业完成采掘加工，消费者直接购得石油产品。重要的矿产资源、能源多是采用这种方式，城市居民对水产品的购买也是采用该种方式。对于买卖合同的出卖人不直接交付产品而是约定由买受人自行采掘、采摘的方式即是买卖合同的一种履行方式而已，例如近年来所流行的农家乐，游人可直接至采摘园自行采摘时令水果。推演到自然资源领域，则可表现为资源产品的购买者可以自行去挖取河沙、猎捕野生动物、获取水[1]以及砍伐林木等。

---

[1] 此处是指农民或其他主体少量取水时，无须专业采掘劳动，只需要实际获取人简单完成取水即可。当然，目前水法对该种取水行为既未规定取水许可，也未规定收取费用，但这并不影响该种方式是产品水主体从资源水所有人手中获取水产品的一种方式，不能因为该合同的无偿性就忽视了权利移转的根本特征。

这意味着国家作为消耗性自然资源的所有者，可以允许买受人自行采掘、采集该资源产品，也可以是所有者自行或委托第三人采掘、采集后再出售资源产品。自行采掘、采集方式可由资源产品买卖合同的买受人自行完成。国家本身由于无法实施采掘、采集行为，因此，在自然资源领域不存在所有者自行采集的方式，只能是通过加工承揽的方式完成资源向资源产品的转化。无论是买受人自行采掘还是国家委托他人采掘，均会与目前提到的采矿权、取水权、狩猎权、采集权有密切的关系。

3.部分消耗性自然资源物权的性质分析

采矿权、取水权、狩猎权、采集权是消耗性自然资源物权较为普遍和最具有代表性的四项权利，以下根据前面所述观点对这四项权利进行分析。

《民法典》第三百二十九条规定依法取得的探矿权、采矿权、取水权和使用水域、滩涂从事养殖、捕捞的权利受法律保护。理解消耗性自然资源物权的实现必须厘清采矿权、取水权、狩猎权、采集权的法律性质。从根本上讲，为了实现自然资源产品买卖合同，无论是买受人自行完成，还是出卖人委托他人完成，都需要做出采矿、取水、狩猎、采集的行为，这些行为的依据就是买卖合同或加工承揽合同，因此，这些行为原本就是债的实现方式。

《民法典》"物权编"明确规定的采矿权与取水权，因其对象是具有消耗性的矿产资源和消耗性水资源而易被理所当然地视为消耗性资源物权的权利实现方式。这样直接推论并未看到问题的本质。采矿权与取水权非但不是消耗性自然资源物权，恰是非消耗性自然资源使用权。这是因为，采矿对应的采掘、加工和取水对应的长期蓄积、排除水体其他功能实现等的利用方式并非单纯进入土地便可立刻完成的[1]，需要长期占用或排除其他功能才能得以实现。因此，采矿权与取水权从表面上看是获取矿产品与产品水的实现方式，但实质上包含了对土地、水体的非消耗性使用。因此，这两项权利的内涵较为复杂，不可单纯作为消耗性自然资源物权。目前狩猎权、采集权尚未被纳入《民法典》的调整范围，不符合物权法定的要求而未表征出物权的性质。虽《民法典》"物权编"对采矿权、取水权在用益物权中进行了规定但并不具体，且采矿权与矿产品所有权、取水权与水产品所有权是相互对应、彼此连接的综合性权利，而非单纯的采矿与取水行为，这些权力也并不符合用益物权不消耗物之本身的特征。因此，狩猎（权）、采集（权）在未被法定化为物权之时，它们就是简单的合同的实现方式；采矿权、取水权被法定化为物权，但其不应当简单地被定性为消耗性自然资源物权，而是包含有非消耗性自然资源使用权在内的一项复杂物权，其不仅包括对消耗性自然资源的采掘权利，而且还是对土地、水资源的非消耗性使用。

（三）消耗性自然资源不存在物权法意义上的自然资源使用权

因人类的开发利用方式对资源本身的影响不同，产生了消耗性自然资源与非消耗性自然资源的分类。对消耗性自然资源而言，对资源本身的使用会导致被使用部分消失不见，而不存在使用后尚且保持原所有权人完整所有权的客观基础。例如对国家所有的矿产资源而言，一旦使用权人实施了开采行为，原本赋存于地壳中的矿藏资源便不复存在，因此，矿藏资源的国家所有权也无存在的基础了；消耗性的水资源以及消耗性的森林资源也是如此，一旦该特定的水或林木被消耗，则原有的资源所有权会因客体的消失而不复存在。基于此，笔者认为：

---

[1] 当然，一些采矿与取水行为并不复杂，如自然人为了生活需要而采掘少量河沙或直接从水域取水供饮用的行为，这类行为非生产行为，是自然人的自然权利，短暂而迅速地进入资源赋存的土地即可完成，不会对土地或水体的其他功能产生长期影响。

现有的采矿权、取水权并不同于已有的建设用地使用权、土地承包经营权、农村宅基地使用权等具有人役权性质的用益物权，其本质上是消耗性资源所有权人与消耗性资源所形成的资源产品所有权人之间产生和实现债权的一种方式。但是由于这种债所涉及的客体又不同于一般动产财产客体，是一种需要被法律物权化的权利，因此形成了物权法上的采矿权与取水权，其性质同于地役权。与采矿、取水相类似的实现消耗性自然资源向资源产品转化的行为还包括砍伐林木、捕鱼、狩猎、采集野生植物等行为。目前由于伐林木、捕鱼、狩猎、采集野生植物等行为尚未被法定化形成一种物权，因此，它们还依然是债权的实现方式。一旦存在社会现实需要，这些权利也完全可以通过法定化的方式形成类似于地役权的用益物权。

三、非消耗性自然资源物权

（一）非消耗性自然资源物权概念

与消耗性自然资源不同，人类对非消耗性自然资源的开发利用不会为人类创造大量的物质财富。开发和利用的同时自然资源本身不会消耗或消失不见，而是利用了自然资源本身的生态功能或空间功能。例如土地被种植农作物、林木、草或用于建筑，虽然对土地资源进行了开发利用，但是并不消耗该资源本身，当该种用途结束时该资源还可以用作其他用途。实际情况下有时可能需要采取一些措施才能实现土地资源再利用，例如工矿区如要恢复农业或林业用地需要开展土地复垦工作，但是这并不影响土地本身还具有再作他用的功能。与土地开发利用相似的还有水域、海域、山岭、荒地、滩涂、草原等，详细来看：土地作为农业、林业、牧业、工业、商业用途，均不会导致土地被消耗；海域也是如此，用作航行、养殖、军事、捕捞用途，均不会导致海域被消耗掉；山岭、荒地、滩涂、草原是土地用途被特定化后形成的资源形态，本质上属于非消耗性自然资源，是土地功能的不同体现。水资源和森林资源则相对比较复杂，由于其本身既有直接提供资源产品的功能（如提供产品水和树木），又能够提供场所、空间以及生态功能，例如水资源除了能提供工业用水、农业用水、饮用水等产品水之外，还可以用于航行、养殖、捕捞等；森林资源既可以提供生产所需的树木，又可以提供清洁空气、动物栖息场所并调节气候。因此，水资源和森林资源又可以分为消耗性水资源与非消耗性水资源、消耗性森林资源与非消耗性森林资源。

非消耗性自然资源物权是指权利人依法对包括土地、海域、山岭、荒地、滩涂、草原、非消耗性水资源、非消耗性森林资源在内的非消耗性自然资源享有的支配与排他的权利，本文主要分析的是自然资源所有权和自然资源使用权。

（二）非消耗性自然资源使用权

无论是消耗性自然资源还是非消耗性自然资源，均存在所有权规定的必要性且并无差异，但是在自然资源使用权的界定上，两者之间会形成截然相反的局面。非消耗性自然资源与消耗性自然资源截然不同，由于其本身具有的不会因人类使用而消灭的特性，因此要对其使用权进行进一步的分析。

非消耗性自然资源上可以设置允许他人占有、使用、收益的使用权制度，且该使用权与土地上已经法定的三类使用权[1]性质相同。因此，本文所称的自然资源使用权是狭义上的，仅指非消耗性自然资源使用权，是指非消耗性自然资源所有权人在其所有的自然资源上设立的允许使用权人非消耗性地占有并使用其资源的权利，包括在所有权人土地上占有并从事建筑、种植，在水域占有并从事养殖、航行、海域使用的权利。简而言之，非消耗性自然资源使用权包括土地使用权、水

---

[1]　即建设用地使用权、农村土地承包经营权、宅基地使用权。

域使用权与海域使用权，其基本特征包括：①非消耗性自然资源使用权是所有权人之外的使用权人享有的权利；②非消耗性自然资源使用权是在所有权人所有的自然资源上设置的权利；③该权利的内容表现为对非消耗性资源的占有、使用、收益，但该使用不表现为对该资源的消耗性使用，使用权人使用该资源后并不影响所有权人的其他使用权益或者可以恢复所有权人的其他使用权益。

非消耗性自然资源使用权包括土地使用权、水域使用权与海域使用权。对土地、水域、海域而言，其利用方式又有所不同。在实际使用上，这些自然资源被作为最基本的物质载体，利用的是其物质空间功能，一般表现为圈定一定的空间，例如在土地上建造建筑物、构筑物等人工建造物以供人类利用，或者是利用水体可以流动的特征在水域或海域进行航行。《民法典》对建设用地使用权的规定是利用土地空间功能，为城市建设提供活动空间；而宅基地使用权则是在农村范围内对农民住宅的空间功能需求的满足。非消耗性自然资源使用权的第二种利用方式不同于仅利用其空间的物理功能，而是利用自然资源自身的生物化学能力转化而成的生产能力进而生产出新的物品，例如在土地上种植或养殖陆生植物或动物、在水域或海域上养殖种植水生动植物，我国《民法典》上的土地承包经营权则是该种权利的体现。但除了土地、水域、海域之外，森林、草原、山岭、荒地、滩涂其实是对土地利用的特定化，但目前却并未在制度设计时考虑到此类资源与土地的密切关系，而是单纯地作为独立的资源进行保护。以上无论是将土地、水域、海域用作物质空间，还是将其用作生产力来源，都要正视其生态整体性，不能因其依附于土地而将其作为财产法上的不动产进行制度设计，否则就会忽略这些自然资源的生态属性，引发严重的生态灾难。

第三节　现有自然资源物权立法缺陷分析

当下，除《宪法》外，主要由《民法典》中的"物权编"和自然资源保护单行法对自然资源开发利用权利进行配置，民事法律与行政法律交错配置自然资源物权的立法模式存在以下几方面的缺陷。

一、重经济价值轻生态价值

（一）"物权编"保障并实现财产经济价值

《民法典》"物权编"是财产法，其调整对象是可以作为财产的物，物权法对物的保障主要关注实现权利人的经济价值。我国《民法典》对财产规定了三种不同类型、同时存在的所有权形式，包括国家、集体和个人所有权。对国家所有权而言，其针对的客体主要集中于重要的自然资源和生产资料。在自然资源所有权中，矿藏、水流、海域、无居民海岛是单一的国家所有；土地、森林、山岭、草原、荒地、滩涂等自然资源在法律规定下可为集体所有，除此之外均为国家所有。由此可见，我国自然资源是国家所有权客体，但是不能作为私人所有权的客体。由于自然资源能够产生的巨大经济利益，因此，随着人类对自然资源控制力的增强，人类将那些天然的、原生的但是可以为人类产生经济价值并为人类所支配的自然资源与一般人造物作为财产统一放入"物权编"的调整范围。《民法典》对自然资源国家所有权的规定是我国《宪法》第九条、第十条规定的立法形成。通过《民法典》确认自然资源经济属性并加以保护具有十分重要的意义，并且为中国经济的飞速发展做出了巨大贡献。在《民法典》的调整视野下，自然资源与普通财产之间并无不同，均可经人类的行为产生巨大经济利益。《民法典》对自然资源物权的规定使自然资源"经济物"这一属性实现了权属明晰，并在此基础上规范利益分配，从而在我国经济发展历程中充分调动权利人主观能动性并产生重大经济效益。但是，自然资源与人造之物存在本质区别，自然资源除了能够产生巨大的经济价值，其本身与生态环境密切相连，是生态环境的重要组成部分，为生态系统的存在和稳定提供重要的生态功能。而在很多时候，自然资源所具有的生态价值与其经济价值的实现是不可同步的，甚至是相冲突的，过分追求经济价值的实现会严重损害自然资源的生态价值，这就决定了将自然资源与一般人造物不加区分地统一以财产法规制，会忽视自然资源的生态属性，可能产生因经济价值过度实现而挤占生态价值的局面。当下严重的生态环境恶化恰恰是人类过度使用自然资源、忽视自然资源的生态属性造成的恶果。

（二）既有物权制度并不关注自然资源生态属性

自然资源是生态系统的重要组成部分，人类将其视为资源是从经济学意义上将其区别于人工产生的财物而进行的划分，没有注意到它与人工物的区别。自然资源价值具有双重性，由于其经济价值具有竞争性，而生态价值则更多地表现为公共性，因此在经济发展优先的理念下，法律对具有竞争性的自然资源的利益做出制度安排，对于具有公共物品属性的生态价值则长期忽略。但是，工业化高速发展使自然资源生态利益越来越表现出一定程度的"竞争性"，这种"竞争性"并非使用主体之间的竞争，而是资源本身蕴含的经济价值和生态价值间的竞争：过度强调经济价值会严重侵蚀生态价值的空间，对森林的乱砍滥伐导致的水土流失等问题就是最好的例证。长此以往，对所有自然资源的利用者而言，也会出现竞争，有人希望获得更多的物质资料，而有人宁愿放弃当下部分物质财富来寻求生态价值的实现。

现有物权制度是人们开发利用自然资源的法律依据，但是在此制度下，资源危机、环境污染等问题日益显现并逐渐严峻起来。2016年公布的《2015年中国环境状况公报》显示：我国的空气质量状况不容乐观，四分之三以上的地级城市空气环境质量超标；全国967个地表水断面水质监测显示一至三类水质占比 64.5%；除集中分布在秦岭淮河以南及东北的大小兴安岭和长白山地区的县域生态环境质量优良外，剩余生态环境质量恶化的县域占国土面积约 55%；2014 年全国因建设占用、灾毁、生态退耕、农业结构调整减少耕地面积 38.8 万公顷，水土流失面积占普查面积的 31.1%；森林资源数量质量虽稳步发展，但森林生物灾害严重，其中外来物种入侵造成的损害占比 64%。资源使用人是在满足自然资源单行法的行政特许以及行政管理的基础上行使其土地使用权、探矿权、采矿权、取水权等利用自然资源的权利，为何生态环境问题没有销声匿迹反而有愈演愈烈之势？其根源在于现有自然资源物权制度将自然资源与传统财产等同起来，忽略了自然资源天然具有的生态性。

自然资源同一般财产一样，能够作为人类的劳动对象、为人类提供生产资料与生活资料。除此之外，自然资源又具备一般财产所不具备的功能，即人类生存和发展必需的生态空间和生态功能。既有物权法对国家所有权的保护和实现作出了规定，但这一制度仅从资源经济属性出发，将其等同于一般财产作出排他性占有和支配的法律规定，并未关注自然资源本身内在的双重价值，也未在制度中对这种双重价值的实现进行合理选择和配置。这就造成了目前只能从经济角度将自然资源作为基本生产资料进行宏观调控以保障其开发利用，而并没有关注自然资源的生态属性，不能将资源作为环境要素予以保护。正是由于这一现实情况，自然资源在既有国家所有权的法律制度体系外观下，相关立法只关注经济利益的实现，既有的"自然资源国家所有权制度"也就成为各主体追逐经济利益的"保护伞"，自然资源本身所承载的生态保障和为后代人生存发展提供机会等众多公益功能无法得以保障和良性发挥。

二、国家所有者权益保护乏力

《民法典》中的所有权制度在保护物权人财产权利上发挥了巨大作用，权利人对其财产的排他性绝对支配权最大限度地保护了权利人的财产，"风可进雨可进，国王不可进"的谚语集中体现了所有权的绝对性，但在已有物权体系下的自然资源所有权制度却并未实现这一目标。作为自然资源所有权人，国家作为所有者理应希望通过制度保障其所有的自然资源能受到最大限度的保护和合理开发利用。但是在现实中，自然资源国家所有权制度既未能最大程度地实现国家所有者的经济效益，也并未有效地保护资源的生态效益以及生态环境。《民法典》第二百四十六条第一款确认了国家所有即全民所有，第二款同时规定了除法律另有规定外，国家所有权由国务院代表行使，但该条款在实际运行过程中却出现了逻辑错位，导致国家所有者权益受损。

（一）自然资源国家所有权范围受限

《民法典》上的物包括动产和不动产。物权法作为财产法，在于明确物的归属，发挥物的效用。因此，只有那些可以为人所支配和控制的，能够为人类带来利益的可称之为财产的物才属于物权法的调整范围，而非客观存在的一切物均纳入物权法调整。目前，我国自然资源权属制度并非针对全部存在的资源，而只是针对部分具有重要经济价值的自然资源，主要包括土地、矿藏、水流等十一类资源，依照法律规定这十一类自然资源属于国家所有或集体所有。我国并未对客观存在于自然环境中且能为人类的生存和发展产生巨大经济效益和生态效益的其他自然物作出权属规定。《民法典》第二百四十六条第一款的规定可被视为法律可以就十一类资源之外的其他资源另行规定权属的授权性规定。随着人类科学技术的不断进步，人类对自然资源的控制力、支配力不断增强，原来人类不可控的、不可支配的资源类型也逐渐可被支配并产生重大的经济效益。因此，部分地方通过立法的方式拓展了自然资源所有权的客体范围，例如 2012 年颁布的《黑龙江省气候资源探测与保护条例》将气候资源纳入法律调整范围，认为气候资源"是指能为人类活动所利用的风力风能、太阳能、降水和大气成分等构成气候环境的自然资源"。"气候资源为国家所有"这一地方立法将作为公民生存生活须臾不可缺少的太阳能、风能、降水和大气等必需品设定为"国家所有"。这不仅超出了普通民众的认知与常识，而且在网络上出现了类似"晾衣服也是侵占国有资产"的段子。

（二）自然资源国家所有权落实面临障碍

《民法典》第二百四十六条第二款规定了一般情形下自然资源所有权由国务院行使，但这一规定事实上无法落实。在实际操作中，国家所有权与行政管理权混杂在一起，稀释甚至牺牲了国家所有权的权益。依照物权法的规定，国家对自然资源所有权的实施由国务院代表国家行使，但实际并非如此。以矿产资源为例，依照法律规定，国家作为矿产资源所有权的主体，其具体权利由国务院代表行使，但依据我国矿产资源行政管理体制并非国务院独立行使代表国家的所有权，而是矿产资源管理的中央和地方政府相互协作实现矿产资源所有权管理，国务院与地方政府按照辖区划分了对自然资源管理的不同权限。在矿产资源管理过程中，体现行政权的行政管理关系与体现国家所有权的权益分配关系应同时表现出来，但实际中这两种关系往往被混淆在一起而未加区分：矿业权出让本质上是国家所有权收益的体现，而实际操作中，出让收益往往是进行矿权登记的一方出让矿权，于是地方政府在矿权登记行使管理权时收取了相应的矿权出让费用，行政管理的登记职权与国有财产的出让收益不加区分地均由地方政府统一完成，将本属于国家的矿业权收益收归当地政府所有。中央政府与地方政府在行政管理上虽存在隶属关系，但在民事法律地位上却是两个独立的主体，存在各自独立的经济利益。在矿权出让中，行政权与所有权的混同会导致在矿产资源开发利用中产生中央与地方之间严重的利益冲突。地方政府的绩效考核与地方 GDP 之间的紧密联系导致地方政府在资源开发利用中不可避免地存在地方保护主义，甚至牺牲长远利益，出现盲目开发和重复建设，地方政府从根本目的上强调最大化地获取当地的经济利益。地方政府的这一逐利性行为导致资源受损、环境恶化等问题的产生，严重时甚至侵害到当地居民的人身权利和财产权利。依据公共权力给予政府普遍行使所谓的"所有权"的权利，结果将导致一般民众的民事权利遭受损害的现象普遍发生。[1] 可见，自然资源国家所有权实现路径具有现实障碍，国务院作为国家所有权的行使代表在权利的实际实现过程中往往与政府本身具有的行政管理权夹杂在一起，没有充分体现出国家所有者权益。

三、自然资源物权的保障不力

（一）自然资源单行法行政管理色彩浓厚，权利配置功能弱化

目前，《民法典》对自然资源所有权及相关用益物权作出规定，各自然资源单行法对自然资源权属及其保护利用作出了相关规定，例如《土地管理法》《水法》《水土保持法》《海洋环境保护法》《矿产资源法》《森林法》《草原法》《野生动物保护法》《野生植物保护条例》等法律法规是对土地、水、海洋、矿藏、森林、草原、野生动植物保护的单行法。这些单行法与各自然资源要素对应，这些单行法对自然资源权属几乎都在《宪法》和《民法典》形成的物权框架下进行了重申规定。但是这些单行法由于本就是公权力管制背景下的立法，因此均透露出非常浓厚的公权力管制意蕴。自然资源立法之初深受计划经济体制的影响，其作为国家宏观调控经济的法律规范出现，

[1]　孙宪忠：《中国物权法总论》，北京：法律出版社，2009 年，第 45 页。

因此，在具体规范中更多地体现公法的调控、监管内容，而在私权分配上则"语焉不详"。从这些单行法的具体内容来看，有程序性的规范，也有实体性规范，但均着重于行政管理，其中《土地管理法》的"管理"二字更是将该法定位为行政管理规范下，因此，在这些法律中出现的权利配置多是在已有财产法下对自然资源物权规定的重复表述，这种权利配置"是置于国家公权力之下的有限配置"[1]。各单行法着重关注自然资源的财产属性，并没有将自然资源物权的全部属性置于法律规范的框架之内，与《民法典》中的自然资源物权一样，偏重自然资源的经济效益而并不关注自然资源生态整体性下的生态效益。自然资源基本法的缺位使自然资源单行法各行其道，缺乏统一的基本指导思想和基本原则，在自然资源物权问题上，只是简单重申物权法的规定，而并不关注在物权制度的设计中自然资源生态价值的保护和实现。

（二）强调自然资源各要素管理，忽略自然资源整体性管理与保护

自然资源单行法在权利配置上本就苍白无力，而各单行法之间由于体现不同管理部门的利益，也出现了各单行法"各自为政"的局面，各自然资源要素在整体生态环境中的协调作用无法在立法中得到体现。在行政管理主导模式下，不同资源由不同部门进行管理和代为支配，而每个部门均重视自身利益且缺乏全局利益观的指引。因此，现行单行法往往只从本部门利益出发，不仅没有形成协调统一的保护和开发资源的规范体系，还成为维护和实现各部门利益的工具。[2]

《水法》与《渔业法》在水资源的保护上存在较为明显的冲突。《渔业法》中没有明确规定捕捞权与养殖权，其内容基本是国家行政机关对于淡水、海水捕捞、养殖的行政管理规范，这些规范只考虑渔

---

[1] 史玉成：《环境利益、环境权利与环境权力的分层建构——基于法益分析方法的思考》，《法商研究》2013 年第 5 期，第 47—57 页。
[2] 王利玲：《私法上的自然资源利用分析》，《山西农业大学学报（社会科学版）》2013 年第 9 期，第 959—962 页。

业行为产生的经济价值如何实现，对于因养殖、捕捞给水域、海域产生的生态问题并未提及。《水法》作为对水体开发利用保护的基本法律，其第九条明确提出了对水资源保护的基本要求，要求通过保护植被、植树种草等各种方式涵养水源，同时也要求做好水土流失的防治工作以及水体污染的防治工作。渔业行为本属于对水资源利用的方式之一，理应遵循《水法》中对于水资源、水环境保护的法律规定，但是现实中渔业行为对水体的不利影响在不断扩大且并未得到有效制止。以网箱养殖等渔业生产活动为例，渔业养殖需要向水中投放渔业养殖必须的饲料与药物，为了尽快提高产出率，饲料与药物投放往往是超量的。投放入水的饲料与药物除被养殖对象吸收外还有大量残留在水中，从而导致水体富营养化以及药物超标等后果。在养殖过程中，还会产生大量的排泄物以及死亡生物的尸体等问题，这些污染物质都会对水体造成严重的污染，不仅影响水体的养殖功能，而且对依赖水体生态功能的其他功能产生不利影响。除渔业养殖外，过度捕捞也会导致优质鱼类资源严重衰退。一般而言，水生生物大多群居于水体中，渔业捕捞会有一至两个"目标物种"，于是在既有的捕捞方式下产生了"连带捕捞"。随着"连带捕捞"的产生，捕捞的渔获物中主要经济鱼类所占比例逐年减少，鱼类的个体也趋向小型化、低龄化，导致渔业资源萎缩严重。目前，如此严重的水体利用问题却并未在两部相关单行法中得到有效的关注，更遑论解决。

矿产资源开发利用与土地资源保护也存在冲突。我国实行矿产资源与土地所有权二元制模式，在矿产资源开发利用中，《土地管理法》与《矿产资源法》在内容上会产生冲突且无法有效协调。《土地管理法》规定了农用地、建设用地和未利用地的开发使用规则，按照这一分类标准，矿产资源的开发利用应当属于"建设用地"中的"工业用地"。在实际操作中，矿产资源的赋存位置可能处于农地或草原，矿产资源开发利用者依据《矿产资源法》获得的探矿权、采矿权就会与农民依据《土地管理法》取得的土地承包经营权、农牧民的草场经营权产生权利冲突。各权利人依据两部单行法实施的行为均为合法行为，但权利之间的冲突客观存在且难以调和。虽然可以依据国家征收制度将土地使用权与矿业权相统一，但是矿山开采之后的土地再利用、原失地农牧民永久丧失集体土地权利的救济等后续问题难以得到根本解决。因此，农牧民虽然签署了土地征收补偿协议，但依然以其他权利遭受侵害为由干预矿业开发，其问题的实质就在于最初的权利配置不合理。

由此可见，目前以单行法模式对各类自然资源进行规制割裂了自然资源原有的局部与整体的关系，违反了自然规律的客观要求，必将导致运行中出现种种不协调。如前所述，地球上存在的一切被人类称为资源的要素，在出现之初并没有被简单割裂，而是要求所有要素共同作用以维持整个地球运转。人类法律以单行法的方式只关注其中某一要素是旧有"经济优先"思想的体现。在经济利益实现中，我们似乎可以简单地将不同自然资源经济利益分别规范，但是自然资源的经济价值与生态价值是无法割裂的，各类自然资源价值密切相连。已有并仍生效的单行立法若不能正视该问题，必将无法满足和适应现实需要。

第四节　确立以《自然资源法》为核心的自然资源物权立法模式

一、《自然资源法》是自然资源物权基本法

"自然资源首先是物，其次是一种特殊的物。"[1] 物权法以经济价值的分配为主要目标，因此其只能解决这些环境资源涉及的经济价值分配问题，无力承担该环境资源所承载生态功能的维护与保障。设

---

[1]　王洪亮等：《自然资源物权法律制度研究》，北京：清华大学出版社，2017年，导言。

置独立于物权法之外的自然资源物权制度，既关注自然资源给人类社会提供的巨大经济价值，又要通过完整的制度设计保护和体现原本便缺乏关注的生态利益的实现。自然资源物权不同于物权法中对一般财产所设置的物权，它应当是体现自然资源经济价值和生态价值的权属制度。《自然资源法》应当作为自然资源物权的基本法出现，对涉及自然资源物权的共性问题作出统一规范，梳理自然资源物权的完整体系。囿于自然资源国家所有权的实现需要，需要由具体的开发利用者实现这些功能的保护与传承，因此，需要在自然资源所有权框架内建立完整的使用权制度，通过对自然资源使用权的法律设计实现自然资源的双重功能。为此，笔者认为，完善的自然资源使用权制度可以整合物权法中自然资源使用制度，在《自然资源法》中对其进行重构、完善，以使其既能解决经济价值配置问题，又能保护生态功能的完整实现。

（一）《自然资源法》将自然资源双重价值统一于自然资源物权制度

长期以来，自然资源开发利用的重点都放在经济价值的开发与实现上，很少或几乎没有关注生态利益。任何一类自然资源都既具有经济价值，又具有生态价值。在人类进入工业化时代后，自然资源的经济价值受到前所未有的关注，因此在自然资源开发利用中出现了大量旨在配置自然资源经济利益的制度。如为了获取矿产资源进行经济建设而设立了探矿权、采矿权制度；为了利用草原饲养牲畜而设置了草原承包经营权；为了利用土地生产农作物而设置了农村土地承包经营权；为了获得可以用于工业生产和生活的水而设置了取水权；为了获得林木、野生动植物、捕捞水生动物而设置了采伐许可、狩猎许可、采集许可以及捕捞许可等。以上权利制度以及行政许可的设置均是针对自然资源的经济价值，而并没有关注自然资源的生态价值。《民法典》"物权编"中对以上若干权利的确认也是基于经济利益考量而做出的。

自然资源物权是不同于传统财产物权的新型物权。传统财产物权以"财产具有经济价值"为前提，人类对财产物权保护是为了实现物的使用价值和交换价值，此处的"使用价值"等同于经济学上强调的经济价值。然而自然资源不仅为人类社会发展提供丰富的生产资源等物质资料，还能为人类的生存和发展提供必不可少的环境空间和生态功能。因此，我们必须明确：自然资源虽具有传统财产的经济价值，但其生态价值更为基础且不可忽视。"自然资源基本法要解决的问题应当是从自然资源的整体性出发，解决人们在自然资源开发、利用、保护和管理过程中发生的带有普遍性、规律性和共同性的社会关系，是各个单项自然资源法律都面临而又无法单独解决、调整和处理的问题。"[1] 显然，自然资源物权制度应当在自然资源开发、利用、保护和管理过程中充分关注自然资源的双重属性，尤其是在自然资源开发利用环节。

自然资源物权具有不同于传统财产物权的独特性，自然资源不仅种类繁多，而且具有各自的独特性，因此，体现在自然资源物权上时，各自然资源之间既有共性又有差异性：自然资源物权的共性表现在每种资源的自然属性上，自然状态下生长和产生的自然资源不因人为而存在，大自然在形成各类资源的过程中也赋予了各类自然资源不可缺少的生态功能。因此，自然资源物权制度的构建应当首先关注自然资源固有的生态价值。从人类资源利用的历史来看，自然资源的经济价值显然是人们一直关注的主要目标。虽然不同类型的自然资源会对人类产生巨大价值，但不同的自然资源具体价值表现又不尽相同。以土地资源为例：首先，土地是人类生存的必需空间，任何开发利用行为均不可侵占人类的生存空间（目前城市建设、垃圾堆放等土地占用问题严重地侵蚀了人类对生存空间自由选择的权利）；其次，土地资源

---

[1]　王宗廷：《论制定自然资源基本法》，载《中国地质大学学报（社会科学版）》2005 年第 5 卷第 1 期，第 72–77 页。

本身具有生产力，土地上生长的各类绿色植物均能实现太阳能向生物能的转化，为整个生态系统生命物质的生存繁衍提供物质支持。淡水与海洋可以为人类提供渔业资源，也有为水生动植物提供生存空间的功能以及构成生态系统中的水循环。森林与草原、湿地既要依存于土地、水流，又具有独特的涵养水源、保持水土、保护生物多样性等功能。矿产资源为人类的工农业生产提供丰富能源及原材料支撑，但矿产资源本就是岩石圈的重要组成部分，与土壤一起构成所有生物生存的岩石圈。由此可见，不同的自然资源虽都是生态环境的重要组成部分，但各自承担的功能又有所不同。因此，对不同的自然资源的权利配置应当区别对待，以体现其本身具有的独特功能。对自然资源权利配置并非仅依靠《民法典》完成，"资源权利可能采用十分新颖的制定法权利的形式"[1]。笔者认为物权法定原则不是必然通过《民法典》予以体现，可以通过其他制定法来规定。对自然资源物权制度的建设，既要考虑自然资源物权的共性，又要体现自然资源各自的独特属性：前者由统一的自然资源基本法解决，后者由自然资源单行法作出特别规定。

目前，自然资源保护单行法并没有上位的一般法。部分学者把《民法典》作为自然资源单行立法的一般法，将私法领域概念、理论和范式直接或者改头换面套用于上述部门行政法，这是自然资源所有权领域理论混乱、众说纷纭的原因。[2]应当看到的是《民法典》中的"物权编"是调整平等主体之间的以产权关系为中心的财产关系的基本法律，它不可能承载更多的使命和责任，也替代不了环境立法。[3]原《物权法》本身也并不排斥其他法律对物权的规范，其在第八条中明确规定了其他相关法律对物权可以做出另行特别规定，但《民法典》取消了这一

---

[1] 〔英〕艾琳·麦克哈格、〔新西兰〕巴里·巴顿、〔澳〕阿德里安·布拉德布鲁克、〔澳〕李·格登：《能源与自然资源中的财产和法律》，胡德胜、魏铁军等译，北京：北京大学出版社，2014年，第59页。
[2] 汪庆华：《自然资源国家所有权的贫困》，《中国法律评论》2015年第3期，第120–129页。
[3] 史玉成：《环境利益、环境权利与环境权力的分层建构——基于法益分析方法的思考》，《法商研究》2013年第5期，第47–57页。

规定。《民法典》取消这一规定并不意味着自然资源立法完全丧失了空间。

人类对自然资源的开发利用行为从法律含义上讲是对资源的"使用"行为。虽然这种行为给人类提供生产生活重要物资，但这种使用并非所有权人使用权能的直接实现，而是在所有权人之外创设的新主体对自然资源的非所有性使用，因此，本书课题研究的物权制度是在自然资源所有权制度上再创设自然资源使用权制度。通过自然资源使用权的设置满足不同类型权利行使的要求，实现物尽其用。自然资源物权的设立既要保护所有权人的经济效益，又要受到自然资源生态属性的限制，即自然资源物权制度既要实现物尽其用，满足其经济利益最大化的要求，又要以有利于自然资源的合理开发利用、有利于保护公众环境利益为前提，还要关注资源本身的合理开发利用、保护资源蕴含的生态环境利益的实现。自然资源物权双重功能的实现既有经济利益的实现，又有生态利益等公共利益的实现，这是仅仅依靠《民法典》这一规范无法实现的。因此，我国目前迫切需要出台《自然资源法》，从而可以对自然资源物权作出原则性规定。

（二）基本法中的自然资源物权制度内容

《自然资源法》是涉及自然资源开发利用、保护改善的基本法，应当对自然资源物权作出基础性规定。有关自然资源物权的设立、变更、转让、消灭及种类、内容、行使限制、保护方法需要由《自然资源法》作出原则性规定，以确立区别于传统财产物权的自然资源物权制度。虽自然资源物权制度不同于传统财产物权制度，但可以继续保持物权制度的基本理论框架，其主要包括自然资源所有权制度和使用权制度。

1. 自然资源所有权制度

我国《宪法》和《民法典》对自然资源所有权的规定在实践中表现出了国家所有权虚置的缺陷。国家所有权的虚置表现在法律虽规定了资源国家所有，但囿于国家这一特殊主体的客观现实，其无法亲自实现对资源的支配，为此，我国法律规定了自然资源国家所有权由国务院代表国家行使。从表面上看虽然这一规定解决了国家无法亲自实现所有权的尴尬，为国家确立了所有权的直接行使人。但事实上，国务院作为全国最高行政机关，面对数量庞大、分布广泛的自然资源，其本身也不具备直接行使所有权的可能性，而是由地方各级政府及相关主管部门分级代表国家行使该自然资源国家所有权。现实状况是，国务院对资源使用权的实现依据资源的属地分配，由属地政府成为自然资源事实上的控制人和代表人，国务院在此过程中仅保留了名义上的主体地位而并未统一行使国家所有权。可以说，"我国的自然资源基本上处在一种'谁控制谁代表、谁代表谁利用、谁利用谁收益'的状态"[1]。地方政府虽是国务院的下级机关，但是也有其自身利益：在面对其实际掌握控制之下的自然资源时，相对于抽象的国家所有或全民所有所承载的公共利益，地方政府更关注的是开发利用自然资源带来的财政收益。这在客观上不仅侵害了国家利益，更重要的是损害了环境公共利益。《民法典》第二百四十六条规定国务院代表国家行使国有财产所有权的同时，也赋予了法律另行规定的权利，这为《自然资源法》系统规范国家所有权及其行使机制提供了法律依据。

《自然资源法》基本法作为自然资源保护单行法的上位法，其对自然资源的保护和自然资源物权的共性问题作出原则性规定，其中首要明确的就是自然资源所有权的行使代表问题。由于国务院是国家的政治性代表机构而非民主机构，因此，"由国务院代表国家行使所有权"最终会导致地方各级政府"瓜分"国家所有权。我国法律明确规定了国家所有，即全民所有。因此，可以探索设立代表全民利益的民主机构，即由民主组织代表全民行使所有权。具体方案可以考虑依照选举程序在全民中依程序产生行使国家财产权的代表，"由这些代表组成国有

---

[1]　王克稳：《论自然资源国家所有权的法律创设》，《苏州大学学报（法学版）》2014年第3期，第87–100页。

物权行使的常设组织，行使国家物权的全民所有权并向全民归属权负责"[1]。自然资源国家所有权由民主组织行使与由国务院行使相比之下有以下优势：

首先，民主组织代表国家行使自然资源所有权名正言顺，避免了国务院代行的"先天不足"。国务院是国家的最高行政机关，虽然其行政管理职权中包括对社会经济事务的管理，但其根本上还是体现国家行政管理权。由于行政管理的价值追求在于效率与秩序，因此，当自然资源所有权由国务院代为行使时（实际上是由地方各级政府及其主管机关代为行使），这种价值追求就会与诸如公平、效率等价值产生冲突。代行自然资源国家所有权的民主组织则不同，其产生就是为了实现国家所有者权益，这个权益包括经济权益和生态权益，它从"一出世"就天然地具有调和自然资源各种利益冲突的功能。

其次，代行国家所有权的民主组织具有组织优势且利益追求纯粹，有利于将自然资源的全民所有、国家所有的权益实现得最为淋漓尽致。如前所述，该代行国家所有权的民主组织的产生目的就在于实现、保护自然资源的全民所有与国家所有，因此，其在实际运行中的目标始终如一。为实现此目标而进行的一系列制度设计就能较为有效地避免多重利益选择中执行者的随意性，这在客观上保证了自然资源国家所有权的正常、有效实现。

2. 自然资源使用权制度

自然资源基本法不仅应当对自然资源物权中自然资源所有权作出原则性规定，也应当对自然资源利用的核心制度——自然资源使用权制度的基本理论问题予以研究和解决。

自然资源使用权与自然资源所有权密不可分，是人类由"资源所有"向"资源利用"观念转变中的重要制度创新，是针对自然资源国家所有权的非所有性使用而提出的。《民法典》中与此相关的权利设

---

[1]　康纪田：《限制国家物权行使能力的逻辑》，《福建警察学院学报》2010 年第 3 期，第 95—101 页。

置包括单独设置的用益物权（含土地承包经营权、建设用地使用权、农村宅基地使用权），以及在"一般规定"中予以保护的海域使用权、与矿产相关的探矿权、采矿权，与水资源相关的取水权以及使用水域从事养殖、捕捞的权利。这些物权都是针对自然资源的非所有性使用而提出的。[1] 以上权利的实质是非所有权人通过利用国家（或集体）所有自然资源的各项功能从而实现自然资源的内在价值。为此，笔者认为，应当将以上各项权利（包括《民法典》未明确定义而在自然资源单行法中出现的类似权利）统一为自然资源使用权，即非所有权人基于法律规定或所有者的许可，对国家所有（含集体所有）的自然资源进行开发利用，以实现经济价值及生态价值的支配性权利。

值得注意的是，因人类开发利用自然资源的方式不同，自然资源可分为消耗性自然资源与非消耗性自然资源。对非消耗性自然资源而言，自然资源使用权的行使并不侵害所有人的所有者权益，当使用权期限届满时所有者可以收回其自然资源再行设置使用权。对消耗性自然资源而言，所谓"使用权"的行使，即开发利用行为会导致自然资源转化为资源产品，使原有自然资源不复存在。因此，针对这两类不同的资源分类会形成不同的利用方式以及权利形式。

在法律为消耗性自然资源设置了所有权主体之后，消耗性自然资源的开发利用即可通过债的方式完成。消耗性自然资源可以通过"果园理论"形成民事合同，或由资源所有人通过承揽合同委托他人完成资源的采掘后交付资源产品，或由资源产品的买受人通过自身的采掘行为完成资源产品的获得，而无须将该"采掘"一概法定为物权予以保护。首先，在罗马法中，采摘自然果实、猎取野生动物并未被列入物权保护范畴。可见纯粹对于消耗性自然资源的开发利用是可以通过事实行为完成的。法律出现后，对消耗性自然资源设置了所有权主体，

---

[1] 此处为了表述方便，笼统地称之为"针对自然资源的非所有性使用"，但笔者坚持认为，纯粹意义上的采矿、取水、捕捞等利用方式并非属于完全意义上"非所有性使用"的狭义内涵，在此过程中虽然存在对土地、水体的一定程度的使用，但其本质上是对可消耗自然资源的采掘，目的不在于"使用"土地或水体，而在于"获得"非消耗性自然资源产品。

即可通过合同等债权方式完成对其利用，此处并不涉及上升到物权法的物权保护问题。所有者通过民事合同将消耗性自然资源即将转化出来的产品的所有权让渡出去，形成民事合同。其次，如何处理那些对社会生活意义重大的诸如采矿、取水等消耗性自然资源的采掘行为？单纯的合同方式是否能够规制呢？矿产资源和消耗性水资源的"采掘"则相对复杂，直接简单获取的情形比较少见，如个人简单从河边取少量沙或个人为生活所需从河中取少量水的现象；而更多地表现为长期使用土地或排除其他功能之使用，如饮用水源保护区作为保障取水的区域则排除了航行、养殖、捕捞等使用方式。这些行为并不能单纯地通过对消耗性自然资源的采掘来完成，而要对土地或水体进行开发利用，因此，不可避免地与非消耗性自然资源的开发利用连接在一起。因此，可以认为，采矿（权）、取水（权）并非单一的对消耗性自然资源收集的过程，也包含对非消耗性自然资源的使用，与非消耗性自然资源使用权密切联系。笔者认为，消耗性自然资源开发利用仅需通过民事合同即可完成；而对矿产资源、水资源等关系国计民生的消耗性自然资源，在其开发过程中必然存在对非消耗性土地资源、水资源的利用，因此，其已形成的采矿权、取水权并非针对消耗性自然资源的他物权，还包括对土地、水体的非消耗性使用，既包括"采掘"的事实，同时也是非消耗性自然资源的他物权形式。

自然资源使用权，是指非消耗性自然资源使用权，是单独针对非消耗性物权设立的他物权，目的在于在保护所有权的前提下完成对自然资源的非消耗性使用。这种使用既包括对于非消耗性自然资源空间功能的使用，如在土地上建造建筑物、在水域中航行，也包含对于非消耗性自然资源生产能力的使用，如土地上种植农作物或栽种林木、在水体中养殖。具体而言，已由《民法典》单独规定的建设用地使用权、农村宅基地使用权是对土地这一非消耗性自然资源空间功能的使用，海域使用权、取水权、渔业捕捞则是针对水体（包括海洋）的非消耗性空间功能的使用，采矿权（表面上是针对矿产的支配）实质上属于对土地空间功能的非消耗性使用。在对非消耗性自然资源的空间功能使用中，本身并不对该资源形态的生态功能产生积极扰动，主要存在的问题可能是会产生环境污染。因此，在对非消耗性自然资源空间功能的使用中形成的自然资源使用权就要密切注意该种使用行为对非消耗性资源的消极影响，如产生了原本没有的土壤污染、水污染，或者是对原本有的地表植被的破坏。在非消耗性自然资源使用权规范中，《自然资源法》应当对空间功能使用的具体权利形态做出基本规范。非消耗性自然资源使用的第二种方式不是单纯依靠资源提供的空间，而是要依赖该资源内部蕴含的生产能力，如对土地的非消耗性使用除建筑、开采外，还有广义上的种植，包括农业生产种植、树木森林的保育种植、草原草场的保育养护等。因此，笔者认为，人类从事的森林、草原、农业、渔业养殖等方式均属于此类利用方式。在此利用过程中，不仅离不开对土地、水体空间的使用，而且更应该遵循生物圈的生态规律，满足能流物复律、相生相克律、协调稳定律、负载有额律、时空有宜律五大规律的要求，将生物资源与其所依存的非生物资源作为一个完整的生态系统：这就要求我们在对非消耗性自然资源生态功能的使用过程中，要将生态规律作为首要依据，在生态规律的作用下设置行为规范，这也是《自然资源法》对非消耗性自然资源第二类使用方式规制的逻辑起点。

二、自然资源单行法中的资源物权规定

如前所述，《自然资源法》是自然资源保护的基本法，其应当对自然资源所有权及使用权中的共性问题作出原则性规定，而自然资源单行法则需要针对被保护的客体作出差异性规范。各类自然资源作为一个整体为人类的生存发展提供物质资料、空间以及生态功能，但是各类自然资源本身为人类提供的价值并不完全相同，而且具有非常明显的差异性。《自然资源法》对自然资源物权作出原则性规定，各自

然资源单行法依据各自然资源的特殊性作出差异化的规范，这也是生态文明法律制度建设的重要内容。

（一）土地资源、与土地资源相关的资源物权

土地是岩石圈的重要组成部分，为人类的生存与发展提供了巨大的经济价值和生态价值。目前，我国法律对土地的划分着重于解决耕地保护问题，在农用地、建设用地和未利用地的划分中更加注重农用地的保护，却较少关注土地资源整体保护的问题，尤其是建设用地制度，其中涉及土地资源保护的内容十分缺乏，因此，将土地资源作为一个整体予以保护是土地资源单行法的重要任务。消耗性自然资源物权的实现与土地资源密切相关，虽通过民事合同可以完成资源产品的取得，但不能忽视对土地资源的保护。

1. 土地资源物权

土地作为人类依赖的最基本资源之一，除其本身具有的生产能力能为人类提供丰富的食物之外，土地还能因人类的各种活动产生出新的财物，因此，土地资源的开发和利用会形成采掘自然资源与利用土地加工生产这两种利用方式：前者主要存在于人类社会早期，当时尚无所有权概念，人类自发的生存需要要求人们向土地索取，从最初的捡拾果实、采摘植物、猎捕动物，逐步发展出对简单矿物的支配，这种天然采掘虽在人类历史中存在了很长时间，但并非现代人类对土地利用的主要方式。由于权利概念出现，这种方式在当下很少被使用，被列入法律规范的也仅寥寥数条。法律对物的财产权利界定出现之后，土地作为能提供重要生产生活物资的财物被纳入财产范畴，权利主体也随之出现。土地无论是在私人所有制还是国家所有制下，均出现了法律意义上的所有权"主体"，所有者之外的他人无法随意处分或支配所有者的土地。随着社会分工的不断发展，对土地的开发利用又需要全社会进行分工，于是由"土地所有"向"土地利用"转化的倾向出现了，随之立法也着重于解决所有权制度下的土地利用问题，因此

他物权开始出现，即在他人所有之物上享有支配性权利。这种物在我国民法上主要表现为不动产，在资源法上即是表现为土地资源。因此，在土地上形成的自然资源使用权是当下资源法研究的一个重要命题。

土地上业已形成的自然资源使用权可以在《民法典》中已有的物权规范基础之上进一步完善。《民法典》从物的利用角度设置农村土地承包经营权、建设用地使用权、农村宅基地使用权。长期以来，以上三类用益物权是以经济价值衡量为指导思想而形成的物权制度，在不断提高人们生产和生活水平方面做出了巨大贡献。但是在生态文明建设过程中，《民法典》视角下的用益物权制度只是强调了土地经济价值的产出，忽视了其生态价值的实现。虽然"绿色原则"的确立为民事权利行使增加了绿色义务，但依旧无法充分实现土地资源的生态价值。因此，这些权利应当在土地资源法中得以矫正，从而实现土地资源经济价值与生态价值的统一。土地资源承载有不同的价值形态，但任何一种价值形态的实现都要遵循土地本身的生态规律。土地资源法需要对土地利用行为作出遵循生态规律的适应性规定。其具体要求表现：①农村土地承包经营权的实现应当遵循生态规律的要求。土地承包经营权是对土地生产能力的利用，即通过对土地的耕作生产包括粮食作物、经济作物在内的各种生活基本资料。在此过程中，《民法典》只关注土地所有权人与农村土地承包经营权人之间的权利界定，却鲜少关注农村土地承包经营权人在具体利用土地时的行为约束。此处的行为约束是指基于生态规律的要求，在对土地进行农业生产时不能只片面强调土地的产量而忽视土地自身生产力的持续保有和更新。目前存在的大量施用化肥、农药，通过大棚、地膜等方式提高土地单产量的土地利用方式都是对土地自身生产力的过度利用，没有遵循土地自我更新养护的自然规律。②建设用地使用权与农村宅基地使用权、农村土地承包经营权存在不同。由于建设用地使用权与农村宅基地使用权在土地利用上更多地强调土地空间功能的使用，而非土地自我生能力的使用。因此，在进行城市建设或农村建设的过程中可以无须考虑生态规律的要求。但不可忽略的是，尽管是单纯对土地空间的利用，但这种利用会直接或间接地导致土壤所具有的其他功能受到抑制甚至是被消灭。当土地无论是用于城市建设还是农村土地使用时，其所有权人便不可能再将土地同时许可用于耕种，这是对土地自身生产功能的抑制，需要在土地利用规划时充分考虑建设与耕作的比例匹配问题。我国作为一个拥有约14亿人口的大国，吃饭问题是头等大事，因此，相关土地法律法规中关于"18亿亩耕地红线"的既有规定和确定恰恰是对土地两种用途的平衡。此外，土地用于建设还会产生土壤污染等问题，特别是土地被用作矿业开发时，其土壤污染和破坏问题非常严重，这也是由于当下既有单行法未充分考虑生态文明要求，对土地具有整体性这一基本事实缺乏系统的制度规范而造成的。

片面强调人类经济利用行为中人与人的行为界限，却忽略了在此过程中人与自然的行为界限。这是土地单行法对土地资源物权保护的逻辑起点。因此，我国土地立法应把握以下几个方面：

首先，不断提高耕地产量是当务之急。中国人口众多，要解决约14亿人的吃饭问题必须依赖于我国耕地数量的保有。耕地具有将太阳能转化为生物能的功能，为人类生存提供基本粮食保障。然而，为解决快速膨胀的人口吃饭问题以及随之而来的享受型消费问题，人类对耕地资源的利用也呈现出"掠夺式"开发的特征，如为了不断提高产量，大量使用化肥、农药使土壤板结、盐碱化严重；为应对人们不断增长的新鲜食物需求，使原本该"轮牧休养"的土地在冬天也通过"大棚""地膜覆盖"等方式不间断耕作。无视土地休养生息这一基本自然规律的耕地利用方式，为实现耕地产量不惜耗竭土壤的生产力，由此导致的不良后果非常严重。然而，现有《土地管理法》对此每况愈下的耕地质量等问题却毫无关注，目前仅重点着眼于耕地数量的保护上。农用地除耕地外，还包括园地、林地、牧草地和诸如畜禽饲养地、设施农业地、农村道路、坑塘水面、养殖水面、农用水利用地、田坎、晒谷场等用地在内的其他农用地。可见国土资源部对农用地的分类并非仅指耕地，事实上已将森林用地、草原用地以及农业活动中的饲养、设施、道路以及渔业养殖水面等用地统统纳入其中。因此，明确土地相关法律的调整范围十分有必要，将土地法与水法、森林法、草原法、渔业法的调整范围予以明确也意义重大。这些资源保护单行法应当形成周延的逻辑体系，而非彼此之间相互重复或遗漏。

其次，建设用地使用中的土地保护不容忽视。人类生存的粮食问题依赖于耕地解决，而工业社会推动下的城市发展成为人类的主要社会活动空间，因此，建设用地需求量也逐步加大。建设用地不同于耕地的利用方式。耕地是利用土地自身生产能力实现土地由太阳能到生物能的转化；而建设用地则是利用土地的空间功能，为人类的各种活动提供物质空间。因此，对建设用地的法律规制与对耕地的法律规制的出发点会有不同。对耕地而言，不仅保有其数量特别重要，而且保有耕地的生产能力更重要，即提高土地的质量；对于建设用地而言，则是要尽可能地节约空间，为耕地及其他用途的土地留出大量空间。这就需要在土地保护单行法中作出分类规定，对不同性质的土地在开发利用、保护改善过程中设置不同的制度环节，确保其各自用途的良性实现。同时，对建设用地而言，虽然高效利用空间是首要价值目标，但是也要防范土壤污染问题，防止因土壤污染而导致的污染迁移问题的产生。

再次，未来对未利用地的开发也应在遵循生态规律的基础上开展，而非先破坏后恢复。未利用地包括未利用土地（含荒草地、盐碱地、沼泽地、沙地、裸土地、裸岩石砾地、其他未利用土地）和其他土地（包括河流水面、湖泊水面、苇地、滩涂、冰川及永久积雪）。目前，未利用土地中多是未被纳入农用地和建设用地的土地，目前来看尚不具有较大经济价值，但对于当下耕地肥力严重退化、其他农业用地和建设用地不足的情形，通过技术升级将不可利用用地转化为可利用用地是解决土地资源开发利用的一项有效措施；其他土地是指未列入农业用地和建设用地的水域地，可能与已有的水法、渔业法出现内容上的重合，也可能存在立法空白，因此，我们应当依据其固有性质以及与人类的开发利用关系做出全面的规范。

2. 与土地相关的消耗性自然资源物权

土地用途综合多样，除现在被《民法典》专门予以规定的以上三类使用权外，还存在诸多尚未被立法明确予以规定的自然资源使用权。土地上存在的尚未被立法予以明确的自然资源物权应当通过单行法予以明确。人类社会中存在的自然资源必然离不开水、大气、土壤。土壤是一切生物存在及活动的空间，因此，自然界中存在的动植物与土地密切相关，甚至有学者将自然资源分为土地（含林地、山地、草地、荒地、滩涂、水面）、矿藏和水资源三类，充分体现出土地在自然资源中的基础地位。事实上，对消耗性自然资源的开发利用离不开对土地的使用：首先表现为进入土地权，其次表现为在土地上的采掘权。在消耗性自然资源的开发利用中，这两种权利更多地被密切联系在一起，作为消耗性自然资源使用权的表现方式。诸如进入他人所有的土地进行采摘、捕捞、猎捕、采矿等行为均是两个权利的集合，首先需要土地权利人的许可进入，其次需要消耗性自然资源所有者的许可采掘。当然，对植物及植物果实以及动物而言，只需要进入土地即可完成该采掘行为，而采矿则需要进入土地的深层进行采掘。因此，世界各国的立法倾向于将矿产资源上的采矿权单独作为一种权利予以规范，以求能够更加全面、细致地规范该行为，体现出人与人之间的协调以及人与自然的协调。

笔者认为，对捕捞、猎捕、采集、砍伐生物资源等消耗性自然资源的权利，在权利行使对土地无恶性严重影响时，可在征得土地权利人的许可下通过债的方式完成。显然，当土地权利人为国家时，可通过国家发放许可证的方式允许进入其土地进行采掘。值得注意的是，此处的许可并非消耗性自然资源所有权人对采掘者的许可，而是土地所有权人对进入其土地的人的一种许可。采掘本身的权利则来源于采掘者与生物资源所有者之间形成的民事合同。对同属于消耗性资源的矿产资源而言，情况要复杂一些。这是因为，矿业的采掘不同于生物资源采掘，其对土地的扰动效应会非常明显，即使是露天开采的方式，与生物资源的采掘相比较而言也依旧十分严重。因此，世界各国对于矿业采掘都会作出单独的特别规范。当前我国设置的采矿权就是基于这一目的下的一种特殊权利。但是，当下对于我国采矿权的性质依旧没有达成统一的认识，有特许权说、用益物权说、准物权说等学说，各种观点众说纷纭。笔者认为，当下的采矿权应当是一项包含了诸多权利的复合型权利：首先，采矿权应当内涵地包括了对土地所有权人对土地在一定期限内占有、使用的支配性权利；其次，采矿权包含了将原本属于国家所有的矿产资源采掘、加工为矿产品的权利，即狭义上的采矿权。生态文明法律制度建设中，矿产资源物权制度是非常重要的组成部分，明晰采矿权性质对规范人类开发行为意义重大。因此，笔者建议在《矿产资源法》的修订过程中，不应当再对采矿权的性质模糊处理，而应当作出准确的定位。具体方式可以有两种：一是明确采矿权是广义上的采矿权，是一定时期内权利人享有对土地的支配权和对矿产资源的采掘权两个内容的复合型权利，因此，在设置具体的规则时就应当对这两类行为分别作出适应性规范；二是明确采矿权是狭义上的采掘权，仅指采掘人在获得矿产资源所有权人的同意后对矿产资源本身实施的挖取、开采行为。这一权利的实现必须同时获得土地权利人的建设用地使用权的许可才可完成，即在第二种模式下，以采矿权人对建设用地使用权中的工矿业用地使用权的取得为前提，继而与矿产资源所有权人达成一致并通过合同方式完成矿产资源采掘。当然，也可以将采矿权上升为一类物权，与地役权保护同理，即只具有地役权合同而未做物权登记，则不具有对抗善意第三人的效力，只有进行了物权登记才能获得物权的保护。

（二）水资源物权、与水相关资源物权

1. 水资源物权

水资源也是一种重要的兼具生态功能和经济价值的自然资源。由于水同时具有公共物品的属性，在很长一段时间内被作为生活的必需品而随意取用，因此，水被认为是一种取之不尽、用之不竭的资源，导致水的商品属性被人们忽视。与土地资源注重经济价值的立法重点不同，我国《水法》以及相关的水权制度对水资源的利用恰恰着重于关注水资源的公共利用问题，而忽视了水资源经济价值的实现。目前，水价体系与水价形成机制并没有真正建立起来，水资源的价格不能反映水资源的全部价值，水资源应有的价值被严重扭曲。长期以来，无价、低价使用水的现象普遍存在，不仅水资源浪费严重，也影响了水资源的可持续利用。我国《水法》存在以下内容缺失：首先，《水法》第二条指出，水资源包括地表水和地下水，这一定义只是对水资源物理形态的简单描述，并未进一步解释地表水与地下水的内涵；其次，《水法》第二十六条、二十七条出现的水能资源与水运资源的内涵以及与水资源的关系也没有得到明确；再次，《水法》中也没有对水体本身进行保护的规定，"脱离作为水资源载体的河流／水道、湖泊、湿地、水库／水坝，水塘、泉、井、冰川等而对水资源进行管理，很容易同社会和实践脱节，导致水资源可再生能力萎缩、退化乃至丧失"[1]。水资源相关基本概念的缺失导致水权制度的建立缺乏必要基础。事实上，水资源可以为人类提供可使用物质，可以产生能源，还可提供生态净化等环境功能。我国现有法律中使用的包括"水""水资源""水环境""水体""水域"在内的多个概念在不同的侧重点上作出了相

---

[1] 胡德胜：《最严格水资源管理制度视野下水资源概念探讨》，《人民黄河》2015年第1期，第57-62页。

应的规范。《水法》强调水量和资源使用为核心的水资源是一种错误的引导，没有以水质和水体保护为基础的水分配与水调度是不现实的。[1] 由于《水污染防治法》实质是对水资源生态功能的保护，而《水法》则是对水资源经济功能的规范，这样人为割裂了水资源原本统一的关系，从而产生了严重的包括水污染引起的水质下降等众多水资源问题。因此，水资源单行法应当在明确资源水与产品水概念的基础上，合理设定水资源开发利用、保护改善的具体制度。

2. 与水资源相关资源物权

水体除给人类提供基本的生存条件——水之外，还具有同土地相类似的空间功能与生产功能，前一用途表现为利用水体航行、运输、发电，后一功能表现为利用水体养殖、捕捞。对水体前一功能进行的立法并未纳入资源与环境保护法范畴，更未体现生态文明的基本要求，仅作为行业管理法的内容进行了立法。立法缺失的弊端割裂了水体整体功能，导致水体污染、整体生态环境的恶化以及生态系统的破坏严重缺乏规制。[2] 对水体另一功能，即为水生生物提供空间并支持其生存繁衍的功能，通过《渔业法》和《野生动物保护法》进行规制。《野生动物保护法》主要针对水体中的珍贵、濒危的水生动物的保护，而一般水生动物的养殖、捕捞则由《渔业法》进行规制。《渔业法》是一部行业管理法，更多地体现对渔业养殖捕捞的经济开发，对水生生态系统的生物多样性、生态系统的整体性缺乏关注，从而导致水生生物锐减、水体环境污染等生态问题的频繁产生。

（三）森林、草原和湿地物权

森林、草原、湿地从本质上而言属于土地的一部分，因其特殊的生态功能而对它们进行单独规制。针对这三项自然资源的特殊性，单

---

[1]　沈百鑫：《水资源、水环境和水体——建立统一的水法核心概念体系》，《中国环境法治》2012年第 2 期，第 99-123 页。

[2]　如目前对于水电站引发的环境、生态问题的深入研究就是注意到了这种割裂带来的负面影响。

行法立法要着重关注各自然资源的生态功能，将生态功能放在优先保护的首要位置，再谈后续的开发和利用。

森林资源除能够为人类生产和生活提供大量木材外，其本身还是诸多陆生野生动物的生存场所，为多种多样的生物提供生存环境；各种各样的草本、木本植物及其构成的这一森林生态系统又具有清洁空气、涵养水源的重要生态功能。因此，在《森林法》的物权规范中，既要考虑到采伐林木的权利行使方式，又要考虑对森林整体系统的保护而不只是开发利用。即使做有限的开发利用（如作为森林公园）也要在保持森林系统整体生态功能的基础上展开，这就要求《森林法》作出相适应的法律规范。现有《森林法》建立在传统林业理论基础上，以木材和其他林产品的生产为中心，更加注重森林显性的经济效益。[1] 其具体表现：首先，虽然对森林权属作出了相应规定，但是对于"森林"的基本概念却尚未作出明确界定，致使在法律适用过程中，人们更多地将森林理解为树木，而非一个系统。2000年颁布实施的《森林法实施条例》对森林资源的概念作出了规定，认为森林资源除森林、林木外，还包括其依托的林地以及依托其生存的生物系统；同时对森林本身作出了进一步阐释，指出其包括乔木林和竹林，并对林地的具体范围作出细化规定。上述规定看似弥补了《森林法》中未对森林进行定义的不足，但是这种列举式的定义并没有将森林的内涵解释清楚。森林是一个整体系统，是一个具有复杂性的整体而非单一树木的集合，该整体具有不可替代的生态功能。其次，除森林资源的整体生态功能外，其又可提供可供人类利用的经济资源，既包括生存其间的树木、草本植物、野生动物、微生物等生物资源，也包括林地以及整个生态系统。森林作为经济资源可以产生树木和依托林地生存的野生植物动物，作为生态系统可以提供供人类生活、休闲、研究的生态场所。森林资源被用于提供树木和野生动植物等物料资源时是可消耗的资源，

---

[1] 周训芳：《林业的历史性转变与〈森林法〉的修改》，《现代法学》2004年第5期，第70-73页。

而被用于提供生态场所时则是非消耗性的资源。《森林法》应当明确
这一根本区别，并在《自然资源法》的自然资源物权原则性规定下作
出适应性的规范。

　　草原与湿地在过去很长时间被作为耕地或建设用地的一种替补利
用来源，因此遭到了严重的破坏。事实上，草原和湿地对于维护生态
系统的稳定性、保护物种多样性具有极其重要的作用。过去很长一段
时间，人们对草原利用的法律规制更多地参照耕地的利用方式来进行
（如形成土地承包经营权），这与草原的生态功能以及畜牧利用方式
是存在冲突的，因此出现了严重的草原、草场退化等生态环境问题。
湿地的生态作用长期被忽视，在大量城市开发的过程中，湿地不断被
城市建设侵蚀、侵吞，最后导致我国湿地面积大量锐减、城市内部湿
地生态系统消失、沿海湿地生态系统不断退化。近几年爆发的城市严
重内涝是当地湿地生态系统消失的最直接后果，而生物多样性锐减、
红树林消失等均是湿地生态系统遭到破坏的例证。因此，在这两类特
殊的生态系统中，人类应当遵循自然规律的要求，适度利用草原与湿
地，优先保障其基本生态功能。

第五节　构建适应生态文明要求的自然资源物权制度体系

　　生态文明法律制度体系是一系列较为成型且彼此联结、互为补充
的法律制度所共同组成的有机整体，自然资源物权制度是其中重要的
组成部分。自然资源物权制度应当对自然资源权属作出明确界定，这
是合理开发利用自然资源的前提。生态文明要求制度设计以生态系统
综合管理理念、多元共治理念、生态利益衡平理念等作为基本指导，
自然资源物权制度也应当遵循并体现这些理念的要求，实现生态文明
法律制度体系的完整建构。

一、资源社会性对自然资源物权制度的要求

（一）生态文明要求人类建立新的自然资源物权制度

自然资源具有双重价值属性，既具有经济价值又具有生态价值，生态系统综合管理理念也应基于这一基本事实。完善自然资源物所有权制度，首要的就是遵循生态系统的这一特性。生态系统的整体性恰恰与资源社会性不谋而合，前者是生态学上的客观规律，后者是人类社会对这一规律的理性表达，因此，自然资源物权制度作为生态文明法律制度的重要组成部分，显然必须要满足资源社会性的要求。

所有权制度保护所有权人的私有财产权利，所有权人一旦依法获取财产所有权，即可自由地依自己意愿行使其绝对的排他权利。资源社会性理论[1]的提出，表面上突破了原有的所有权制度。这是因为，资源社会性理论强调资源的合理开发利用、否定浪费资源，即使资源所有权人也要符合资源社会性的要求。从宏观角度来看，新的自然资源物权制度要符合资源社会性的要求，基于以下几点：

第一，从全球范围来看，人类只有一个地球，无论身处何处，地球上所有自然资源不分国别、不分民族、不分种族地属于全体人共有，不仅属于当代人共有，未来时代人也对地球资源享有应有的权利。虽然从微观角度来看，人类在不同国家设置了所有权制度，将地球上属于各个范围内的大部分自然资源作出了清晰的财产权属规定。[2]但从全局看，权利的消亡与产生，权利之间的流动与传承彰显出任何人都无法永远独占资源的事实，资源整体上仍属人类全体社会成员共同所有。蔡守秋教授认为，大气、水流、海洋、森林和荒地等由不特定多

---

[1] 资源社会性，是指在现实制度框架中无论资源为私人所有还是国家所有，究其根本，资源最终应属于全社会成员共同所有，应通过其利用最大限度地增加社会的整体福利。见黄锡生、落志筠：《资源的社会性与空置房的法律规制》，《河北大学学报（哲学社会科学版）》2012年第1期，第75-82页。

[2] 各国法律制度均规定一国之内具体资源的所有权，即某种资源属于国家所有、集体所有或个人所有。

数人可以非排他性使用的环境和自然资源是公众共用物。[1] 该观点印证了已有的自然资源国家所有权及集体所有权的制度设计忽略了自然资源具有的为不特定多数人非排他性使用的特性，忽略了自然资源的社会性。

第二，纵向观察人类社会历史进程，无论是所有权制度产生之前还是之后，无论所有权规定了国家所有还是其他所有，均未影响自然资源在全社会范围内的纵向流动，也未停止其产生效用。地球自有生命之初，各类生物就在自然条件下生存繁衍，这些行为均发生在人类及人类社会产生之前，生活在其间的生物自由利用自然万物且不受人类行为所拘束。人类社会产生早期，国家、法律概念尚未出现，也没有所有权概念。天然的自然环境和自然资源是人们共同拥有与使用的共用物，人们自然地非排他性自由使用。彼时虽无所有权，自然资源与自然环境也天然地发挥着为全社会服务的效用，但并不因所有权制度缺失而影响资源的效用发挥。进入奴隶社会，人类利用自然、改造自然能力不断增强，逐渐增加的人口与有限可用的自然资源之间的矛盾开始显现，自然资源稀缺性开始表现出来。同时，国家和法律的出现使人类名正言顺地将自然环境和自然资源进行分割和独占，产生了现代意义上的所有权。在国际层面上，全球范围内的资源通过国与国之间的武力瓜分确定了所有权界限，即我们所指的主权，而一国之内的资源所有权界限主要通过法律来设定和确认。这种通过法律设定和确认的所有权是一种法律拟制的"暂时"的权利，该权利并不会永久地、毫无变化地属于权利人，它会通过移转、继承等方式流转，甚至通过制度被强制剥夺。也就是说，资源无论在制度设计中属于谁所有，均要在社会成员之间流动，所有社会成员都有利用资源的权利，不仅是当代人，还包括后代人。[2]

---

[1] 蔡守秋：《论公众共用物的法律保护》，《河北法学》2012 年第 4 期，第 9-24 页。
[2] 黄锡生、落志筠：《资源的社会性与空置房的法律规制》，《河北大学学报（哲学社会科学版）》2012 年第 1 期，第 75-82 页。

第三，从自然资源利用的本质属性来看，自然资源不为满足某个人或人类的福利而存在，其是自然规律的体现，是满足存在于自然中的所有动植物的福利。自然资源的出现是地球亿万年进化的结果，其产生本不存在满足人类需求的意义，人类社会出现的主体意识与主体观念也不能改变这一客观事实。人类社会的物权制度依照人类意志而设计，包含人类对物的所有与利用方式，但这并不能否认自然资源客观存在的事实。无论法律规定了资源是由私人占有，还是公共所有；无论是当代人利用，还是后代人利用，在对资源的使用上必须使社会整体的福利增加，任何人只有节约、合理、高效利用资源的义务，而没有浪费资源的权利。[1] 原有物权制度将自然资源简单等同于人类制造之物、认为享有所有权即享有随意使用和处分自然资源的观点是违背资源利用的本质属性的，会在客观上造成资源浪费、环境破坏，同时损害他人以及后代人享受生态福利的权利。

（二）资源社会性要求自然资源物权制度合理配置并节约资源

1. 自然资源所有权不应当强调传统物权的绝对性

资源社会性理论要求自然资源物权人在物权行使中不能单纯强调权利人的单方意志，而要考虑到权利人对物权的支配是否符合资源社会性的要求。自然资源相较于一般社会资源而言，其社会性更加明显。这是因为，绝大多数的自然资源并不同于一般人造财产一样具有非常明显的竞争性和排他性。自然资源在本质上是公众共用物而不是私有物，它与经过人类改造而产生的物具有显著的不同。虽然现在的所有权制度规定了自然资源国家所有或集体所有 [2]，但并不影响自然资源

---

[1] 黄锡生、峥嵘：《论资源社会性理念及其立法实现》，《法学评论》2011 年第 29 卷第 3 期，第 87-93 页。

[2] 无论是国家所有还是集体所有，本质上是强调私有，还是一种私人权利。

及环境天然具有的为全社会服务的特性。[1] 强调物权绝对性有利也有
弊，当下严重的环境资源问题就是反面例证，例如矿业权人依据其物
权人身份随意处分属于其的"财产"，在矿业开采中弃贫采富、掠夺
性开采造成的大量矿产资源浪费，这是对资源社会性客观要求的忽
视；在矿业权人眼中，矿业权是其与矿产资源所有权人达成一致后获
得的"私权利"，其有权像其他私权利主体一样随意决定自己"财产"
的处分状况，以何种方式处分、何时处分属于其自我意识范围内的事，
与其他主体无关。然而，矿产资源本作为自然资源的一种，具有社会
性是客观事实：一方面，当下对矿产资源的无序开发可能既是对彼种
属于国家所有的矿产资源的浪费（此处是指共生、伴生矿产资源开发
过程中出现的浪费），也是对未来后代人所拥有的自然资源权利的侵
害；另一方面，无序开发后导致的环境污染和破坏也是恣意行使私权
利而产生的外部性，将给社会带来沉重负担。除矿产资源外，其他资
源开发使用也存在类似问题，例如土地具有多种用途，我国《民法典》
中对土地承包经营权、建设用地使用权和农村宅基地使用权有明确规
定，该三项权利均是基于所有权的实现而设置的用益物权。按照物权
的绝对性理论，无论是土地所有权人还是土地使用权人均可独占地、
排他地行使自己的绝对权。国家或集体在设置用益物权之时也考虑到
资源具有的一定的社会性并规定遵循规划确定土地用途、配置至使用
权人，但当使用权人获得使用权时，还是在很大程度上认为这些权利
属于自己的私权利且享有绝对权利。以农村土地承包经营权为例，经
营权人获得承包土地后即享有了排他性的使用权，在该土地上只要是
用于农业耕种，至于耕种方式、种植作物等均属于承包人的权利内容，
他人无权干涉。承包人以提高产出为目的使用大量化肥、农药，以及
采用地膜覆盖、大棚种植方式均属于其承包经营权中自主决定事项。
但事实上，承包人的行为不仅污染了土壤、破坏土壤自身生产力的恢

---

[1]　此处的社会具有更广阔的含义，甚至超越人类社会，是一个更广意义上的整体，包括人类社会以及人类社会之外的其他客观需求。

复，严重的还会造成土地污染、板结，以至于完全丧失生产能力。土壤污染与土壤生产能力下降不仅影响承包人的权益，还将涉及其他后续承包人、所有权人以及未来使用者的权益受损，这显然是只关注个体私利的物权制度无法解决的深层次问题，需要引入资源社会性理念来解决。

2. 合理配置和节约资源是自然资源物权进行权利配置的首要条件

人类对自然资源排他性的独占制度源于自然资源的有用性及稀缺性。自然资源有用性的表达传递出人类对自然资源经济价值的关注，所有权制度恰是基于对物的经济价值关注的体现。人类对自然资源经济价值的关注和使用让人类受益匪浅，因此，所有权制度的设计对人类社会的发展极具重要意义。然而在当下，所有权的绝对性在自然资源的开发利用上却显现出弊端，严重的环境资源问题使人类迫切关注自然资源的生态环境价值。物权制度在对自然资源物权进行法律规制之时，应重点考虑如何将自然资源的生态利益与经济利益有效协调、统一起来。这就要求制度设计者既要考虑到权利人经济利益的实现，又要考虑该自然资源的社会性，不可因所有权的绝对性就只着眼于权利人的绝对私权利，而应当在遵循社会性的要求的前提下合理配置资源、合理行使权利。

首先，"合理配置自然资源"不仅应当体现在当下资源配置过程中，也应体现在当代人与后代人之间的资源配置过程中。资源的社会性决定了资源不仅是在当代人之间进行分配利用，也应为后代人利用的可能提供必要的制度保障。因此，现有的物权制度在配置自然资源时应考虑资源的代际性。资源具有社会性，对后代人而言，他们也享有开发利用自然资源的应有权利。当代人对耗竭性资源的过度开发会造成未来资源的耗竭，最典型的例证就是煤炭、石油、天然气。经科学探明，这些自然资源的现有储量在未来几十年中就将开采殆尽。可更新资源状况也不容乐观，虽然按照自然规律可更新资源是可以再生、更新的，但由于当前人类开发利用自然资源速度太快，以至于可更新资源并不能完成其自然更新而面临耗竭。因此，无论是耗竭性资源还是可更新资源，以当代人当前开发利用速度将造成未来自然资源的全面枯竭。在自然资源配置过程中我们应当充分考虑资源的社会性，在当代人和后代人的资源配置过程中充分考虑后代人的需求，不能因制度缺乏后代人的代言人就剥夺后代人对自然资源开发利用的选择权。自然资源的合理配置就是通过制度保障后代人的自然资源开发利用选择权。

其次，自然资源在当代人之间配置要遵循资源社会性要求。目前以行业监管进行的立法将自然资源人为地作出了类别划分，诸如土地、森林、草原、矿产等。自然资源本身并不以人为划分而相互独立，而是存在直接的或间接的各种联系。当前的行业监管模式只针对其监管范围内的某一种资源配置使用权是违背自然规律的，显然也不符合资源社会性的要求。如前所述，农村土地承包经营权或建设用地使用权仅考虑了国家所有者在让渡出部分权能时的经济利益，并没有关注对其他权利人的影响，如在已设立农村土地承包经营权的土地附近建立工业建设用地，会对农业土地造成影响；水利、渔业、航运等不同部门的利益冲突也会出现在水资源的开发利用过程中，同时降低了水资源的整体社会福利性。资源社会性要求当代人在进行自然资源开发利用之时要从宏观层面上合理规划自然资源的利用，对各类资源承担的使命以及开发后果作出充分的预估与判断，在此基础上再进行他物权的设置以满足他物权人的经济利益。因此，国土规划制度应在资源社会性理念指导下进行，即任何规划都应考虑到自然资源不是国家的私有财产，而是提高全社会福利的公众共用物。

最后，资源社会性要求对自然资源的开发利用要强调资源节约。自然资源在后代人、当代人之间作出合理权属分配之后，在我国自然资源国家所有的基础上建立自然资源使用权制度，以满足资源开发利用的现实需求。我国自然资源的国家所有决定了权利人直接行使所有权权能存在障碍，资源利用基于现实考虑会将所有权的部分权能让渡给使用人，以此形成资源使用权。虽然，自然资源使用权的获得是由国家通过法定程序转让给使用权人，但国家在此过程中的身份是民事所有者身份（即"私"主体），而非代表全社会公共利益的国家管理者。在此许可过程中使用人获得的更多是对自然资源开发利用的权利，而没有考虑自然资源作为公众共用物承担的社会义务。值得注意的是，虽然开发利用者合法地取得了对该自然资源支配的权利，但该支配不应当是一般财产法意义上的绝对支配，也不是私人随心所欲的支配，而应是遵守社会性要求的理性支配。这就要求法律在权利许可过程中增加使用权人社会义务的规定，或者通过单独的行政管理程序为使用权人课加义务。使用权人虽获得了私法意义上的物权，但是该物权的行使必须以资源社会性为前提，权利人应在不减损全社会福利的前提下行使支配权。肆意浪费、闲置、空置资源都是法律所不允许的，对资源开发利用行为设置法律义务的首要目的即是合理、适当地开发资源，不允许浪费资源，例如目前我国《土地管理法》对闲置土地的规定体现出了资源社会性的要求，通过对稀缺资源的高效、充分利用来实现资源的社会性。

（三）资源社会性要求自然资源物权制度关注资源生态利益

1. 资源社会性内涵包括对自然资源生态利益的保护

自然资源不同于财产法意义上的"物"，除具有重要的经济价值外，还具有生态价值和社会价值。在人类产生之前，现在被称为资源的土地、矿藏、森林、河流等就已经客观存在且作为整体不断运行着。人类的资源概念源于经济学上的理解，核心在于其有用性。人类出现之后，自然资源的有用性不言而喻。然而人类对这种有用性的认识在很长时间内局限于经济有用性，即自然资源可以为人类带来水、木材、食物、矿产等财货。直至20世纪，大规模生态环境的灾难爆发才使人类意识到，自然资源除作为人类生活、生产必备物料外，还具有其他更为重要的功能，即为人类提供生存空间以及良好的生态空间。生态功能的达成需要满足对自然资源与生态环境功能的充分关注和保护，离开资源的生态功能仅谈经济价值无异于杀鸡取卵，以森林资源为例，森林可为人类提供大量的果实、种子、木材、野生动物，这些是人类生存、生产的重要物料；但森林却绝非树木本身那么简单，诸多草本、木本植物以及微生物共同构成的生物群落具有比单棵树木（或木材）更重要的意义，该群落是物种延续、生物多样性保有、涵养水源、保持水土以及净化空气的必备要件。长期以来对树木过度开发利用导致生态物种消失、水土流失等严重生态环境问题。这些生态环境问题危害的不只是资源的直接利用者，还会波及全社会和全人类，因此，自然资源天然具有的客观社会属性要求资源开发利用行为必须考虑到资源的生态价值和社会价值。

2. 自然资源物权制度应实现对资源生态利益的保护

国家所有权人在行使所有权的过程中要注意自然资源的社会性。这就要求国家作为所有者在行使所有权时，既要关注自然资源经济价值的实现，又要保护自然资源生态功能不受损害；既要实现当代人对自然资源的合理开发利用，又要为后代人的自然资源开发利用留下空间。因此，限制权利滥用、保护自然资源物权就成为自然资源物权制度的重要任务。

首先，国家作为自然资源所有权的主体，并不同于一般所有权主体的私主体身份，国家还是公权力代表，因此，权利滥用存在一定的可能性。在权利运行中，国家自然资源所有者的身份与国家管理者身份产生重合，国家行使的究竟是国家所有权还是行政管理权难以厘清。自然资源国家所有权在实现过程中，国家所有权与行政管理权的混淆是造成当下出现诸多社会问题及法律问题的重要原因之一。从根源上来看，国家作为自然资源所有权主体，代表全体人民行使该财产性权利应当享有所有者权益；而同时国家作为全体人民的政权组织，具有管理社会事务的重要职能。自然资源的社会性需求要求国家予以保障和落实，实现资源的社会性就是要求对自然资源所有权及使用权进行一定程度的限制，不能完全同于私产的权利实现。具体而言，国家在自然资源权利配置时就应通过制度设计满足自然资源经济属性和生态属性的双重需求，对权利人的权利进行适度限制，不能任由权利人以绝对权思维行使权利。当然，权利人权利限制的具体路径还需继续深入研究，树立资源社会性理念下对权利限制的认知是我们需要迈出的第一步。

其次，限制权利滥用并不影响完善自然资源物权保护制度。限制权利滥用是在权利人行使经济权利的过程中体现对生态利益保护的基本要求，并不意味着对自然资源物权经济利益的完全放弃。自然资源本是生态系统中的重要因素，但这并不意味着只能关注生态价值而拒绝经济价值。人类产生之前，清洁的空气与水、树木、果实本就是动物的生命支撑，因此，同样作为生物的人类可以利用自然资源的这一属性。唯一存在区别的是，这种利用不可像过去一样只按照以人类意志为中心的利用方式去完成，而是要在遵循生态规律的前提下完成。现有自然资源开发利用以《民法典》为核心，关注自然资源带给人类的经济价值，但即使这样也并没有充分保护自然资源物权中的经济利益，更遑论生态利益。因此，生态文明法律制度构建过程中需要充分关注这一问题，深入思考以《民法典》为核心的资源开发利用制度存在的弊端，即只关注经济利益而忽视生态利益的弊端。以《民法典》为核心的资源开发利用制度天然地追求经济利益，这是由物权法自身的属性决定的，其无法将对生态利益保护纳入其中并形成完整的制度体系，因此，需要建立完善的自然资源物权制度而非继续以《民法典》的财产观念对自然资源物权加以保护。如前所述，以《自然资源法》为核心，辅之以配套单行法，充分关注自然资源本身具有的生态利益与经济利益相结合的双重价值属性，在尊重自然规律、保护生态利益的基础上，最大化地实现经济利益。生态文明建设中的自然资源物权制度要求对传统视角下的物权人的权利进行一定程度的限制，禁绝权利滥用。当然，此处的权利滥用包含绝对权中"对世权"的含义，更包含生态文明中尊重自然、尊重生态规律的含义。自然资源物权中对自然规律、生态规律的尊重，实质就是对传统物权法意义上的物权权利的限制，即对绝对权物权这一私权增加一个权利边界，该私权利的行使以遵守生态规律为前提，不得破坏生态利益，不得减损社会整体福利。

二、适应生态文明要求的自然资源物权制度体系

（一）自然资源国家所有权行使机制的完善

自然资源国家所有权适合我国现实国情，也符合国际通行做法，但自然资源所有权的行使需要法律制度重新予以规范。如前所述，现有的以国务院作为国家所有权的代表行使所有权的做法，最终导致了地方各级政府和职能部门从各自利益出发对自然资源进行开发利用，无视自然资源的公共属性，进而产生了包括资源浪费、环境污染、生态破坏在内的诸多资源环境问题，原因在于："国务院在履行代表国家的自然资源所有权相关权能时也不能事无巨细地亲力亲为，作为管理全国行政事务的最高机关，事务繁杂，不能直接控制所有资源，于是又将权力分解，委托其职能部门和地方政府去实现该权力；而国务院各部门和地方政府基于职责分工又通过代理人——各级资源行政主管部门，对资源进行专门的监督和管理。"[1]自然资源国家所有权"经层层委托形成多重委托关系，虽然国家和各级政府代表人民的利益，但作为具体的个体，它们又具有自身的行为和利益目标，这就导致在

[1] 落志筠：《矿产资源利益公平分配制度研究》，北京：中国政法大学出版社，2015年，第71页。

每个委托环节的代理人与委托人利益目标会有差异。委托层级越多，每级代理人的利益目标差异就可能越大。一般认为，越是处于下级的代理人，越会在代理中偏向自身利益的实现。因此，在这个多层级的委托代理关系中就存在多重利益目标"[1]。而这种多重目标的实现就是资源的实际开发利用人经济利益最大化，无视环境利益与国家利益。地方政府重视当地财政收入，与资源实际开发利用者形成利益共同体，最终国家所有权无法良性运行，也不能实现自然资源国家所有权的全部权能。因此，自然资源所有权由国务院代表行使的实际效果却因各级代理人追逐自身利益的实现而大打折扣。

《宪法》规定了国家所有即全民所有，由国务院代表国家行使国家所有权。宪法赋予国务院作为最高行政机关的行政管理职权。我国《宪法》第八十九条关于国务院职能[2]的规定中，明确列出了十八项职能，但其中并未明示可代表国家行使所有权。深入剖析国务院的十八项具体职能，其还是集中于国家行政管理职能，管理权是其职能的最核心体现，这也契合其作为国家最高行政机关的法律地位。自然资源所有权具有类似于民法上财产权的私权性质，与国家行政管理权并不相同，不应继续由国家行政管理机关——国务院作为代表实施，而应当由代表全民利益的民主机构实施。自然资源所有权从不同角度看具有不同的性质，有学者认为其有主权的内涵。从物权角度来看，类似于财产权的私权也是自然资源所有权最重要的性质表征。由肩负行政管理职能的国务院来代表国家行使自然资源物权显然超越了国务院的职权范围。主权、所有权、行政管理权是不同层面不同性质的概念，其内涵存在本质的不同，由一个部门统一行使而不区分权利之间的区

---

[1]　落志筠：《矿产资源利益公平分配制度研究》，北京：中国政法大学出版社，2015 年，第 71 页。
[2]　《宪法》第八十九条规定了国务院的十八项职权：包括行政立法权，提出议案权，领导全国性的行政工作，领导全国地方行政机关工作，编制和执行国民经济和社会发展计划和国家预算，领导和管理经济工作和城乡建设、生态文明建设，教育、科学、文化、卫生、体育和计划生育工作，民政、公安、司法行政等工作，管理对外事务，同外国缔结条约和协定，领导和管理国防建设事业，民族事务，保护华侨、归侨、侨眷的正当的权利和利益，改变或者撤销各部委发布的不适当的命令、指示和规章，改变或者撤销地方各级国家行政机关的不适当的决定和命令，批准省、自治区、直辖市的区域划分，批准自治州、县、自治县、市的建置和区域划分，决定进入紧急状态，审定行政机构的编制，任免奖惩以及全国人民代表大会和全国人民代表大会常务委员会授予的其他职权。

别无疑会产生混乱。实践也一再证实，国务院代表国家行使自然资源国家所有权并未有效保护国家利益，也不能实现对自然资源公共利益的保障。国务院是最高行政机关，对内行使行政管理权，目的在于完成一国之内的行政管理工作。而国务院作为自然资源所有权代表，其根本目的不再是实现国家行政管理职能，使用国家行政机关来行使一项非行政管理权显然会存在很多不适应与错位的问题。因此，自然资源所有权作为全民所有的一项权利，不应当继续由国务院这一行政管理机构来代表行使，而应当设立代表全民利益的民主机构。该机构应当由全民按照民主程序选举产生，能够代表全民行使自然资源所有权，同时该机构也要为自然资源所有权的行使负责，造成自然资源所有权损害的，需承担相应的责任。

（二）自然资源物权限制制度的完善

无论是消耗性自然资源权利的合同实现，还是非消耗性自然资源使用权的实现，均需满足自然资源社会性和生态文明的要求。为此，就必须对权利的实现作出限制性规定。无论是消耗性自然资源还是非消耗性自然资源都承载着重要的生态价值，是整个生态系统中不可或缺的组成部分。因此，消耗性自然资源所有权的合同实现和非消耗性自然资源使用权的实现应符合国家规划制度、用途管制制度以及生态红线与预警制度的要求。其中，规划制度、用途管制制度以及生态红线制度属于事先防范，在签订消耗性自然资源买卖合同之前以及取得非消耗性自然资源使用权之前就要遵守该制度规范的要求。只有满足以上生态文明法律制度的强制性要求后，才能进入民事领域的法律调整范围；若以上强制性制度的要求无法得到满足，则所有人不具有随意、任意处置或让渡其自然资源权利的权利。

1. 国土规划制度的完善

国土资源对经济社会发展具有基础性、战略性作用，关系公民、法人和其他组织的合法权益，合理开发利用、保护国土资源意义重大，国土规划则是国土资源保障的第一步。"国土规划是国家或地区高层次、战略性、综合性的地域空间规划，是对国土合理开发、利用、治理、保护进行宏观调控的重要基础和手段，是资源综合开发、建设总体布局、环境综合整治的指导性规划，是编制中、长期规划的重要依据。"[1]

《国土资源"十三五"规划纲要》指出，我国的国土资源规划体系已基本形成，实现了国土规划、土地规划、矿产规划、海洋规划全覆盖。国家生态安全战略是国家安全战略的重要组成部分。为了落实这一战略，就要转变过去不恰当的国土利用方式，将资源节约和高效利用作为国土资源利用的出发点，关注资源开发利用带来的生态环境问题，走"结构优化、节约集约、效率提升"的绿色发展之路。未来五年内，随着我国产业发展水平的提高以及供给侧结构性改革力度的加大，我国的国土资源供给整体结构也会发生不同于以往的巨大变化，原有的传统生产性需求会逐步减少，而新兴产业业态用地需求将增加；城市建设中新型城镇化、生态文明建设、美丽宜居乡村建设会使生活性、生态性用地需求明显增加；建设用地领域和农业用地领域依旧存在矛盾冲突。《国土资源"十三五"规划纲要》明确传递了生态文明建设对国土资源开发利用的新要求，这将成为未来五年内自然资源开发利用的基本依据，也对耕地提出了规划要求：一是通过建立耕地保护补偿制度，切实保护耕地，保护耕地的生产力。这一补偿制度主要通过保护耕地的激励性补偿制度和粮食主产区的区域性补偿制度来完成。对地下水漏斗区、重金属污染区、生态严重退化地区的修复和治理，特别强调探索实行耕地保护制度，比如轮作休耕制度；二是要不断推进耕地数量、质量、生态"三位一体"的保护机制。完善耕地占补平衡制度，不断补充耕地数量，同时提高耕地质量，将补充耕地与改造耕地相结合。

国土资源规划制度是自然资源物权制度的前提，也是前置制度，

---

[1] 强海洋、兰平和、张宝龙：《中国国土规划研究综述及展望》，《中国土地科学》2012年第6期，第92—96页。

只有完成国土资源规划，在国家统一规划的前提下才能进行自然资源使用权的让渡与配置。不满足国家国土规划的要求而单纯强调自然资源物权的实现，最终只会依旧走上重经济价值实现而轻生态利益保护的老路。

2. 用途管制制度的完善

自然资源具有经济价值与生态价值双重属性，因此，自然资源用途具有多元化的特征。自然资源用途可能因时间、空间以及所处的经济社会条件的不同而改变。自然资源用途与普通商品用途不尽相同，普通商品用途一般都比较单一，自然资源用途则涵盖了经济用途、生态用途和社会用途。在不同的环境和条件下，同一类型自然资源的用途不尽相同。大部分自然资源具有多种功能和用途，例如一条河流，既可以用于水力发电，也可以用于农田灌溉，还可以用作航运通道，甚至可以用作观光风景。[1] 但是多元化的自然资源用途并不能总是同时发挥作用，很多情形下多用途不可兼容，比如，当森林资源被当作林木砍伐用于建设之时，其就无法发挥涵养水源、保持水土的生态功能。因此，人类需要在开发利用自然资源的同时，充分关注资源的多用途且用途不可兼容的特性，在不同的资源用途之间作出选择进行管制，选择不同的资源用途以满足人类的需求。

自然资源用途管制就是针对人类对自然资源开发利用的范围和利用到何种程度而进行的一种政府的强制管理。简而言之，自然资源用途管制就是对一国之内一定国土空间中的自然资源依照其所具有的不同属性、不同用途选择相应的监管方式，对侧重经济用途和生态用途的功能使用不同的监管方式。自然资源用途管制制度是自然资源管理制度顶层设计的重要组成部分。国家通过一系列文件确定了自然资源用途管制制度在生态文明制度中的重要地位。2013 年，党的十八届三中全会对我国的生态文明制度建设进行了总体部署。根据该部署，

---

[1] 王文革：《自然资源法——理论·实务·案例》，北京：法律出版社，2016 年，第 3 页。

自然资源用途管制制度是生态文明制度体系的重要组成部分。在党的十八届三中全会上作出的《中共中央关于全面深化改革若干重大问题的决定》，强调要"完善自然资源监管体制，统一行使所有国土空间用途管制职责"。2015 年，中共中央、国务院先后印发了《关于加快推进生态文明建设的意见》和《生态文明体制改革总体方案》，其中强调了要"强化主体功能定位，优化国土空间开发格局"，"构建以空间规划为基础、以用途管制为主要手段的国土空间开发保护制度，着力解决因无序开发、过度开发、分散开发导致的优质耕地和生态空间占用过多、生态破坏、环境污染等问题"。

然而，我国目前并没有制定专门的自然资源用途管制的基本法律。梳理我国已有的部门法、行政法规、地方性法规以及地方政府规章之中的自然资源用途管制的法律规定，可以发现，我国在土地资源、水资源、林业资源等资源用途管制领域形成了一系列有效的措施，初步形成了土地资源用途管制制度、林业资源用途管制制度和水资源用途管制制度。同时，国家关于自然资源用途管制制度的顶层设计也在逐步深化和完善。2016 年 3 月 25 日，国务院批转国家发展改革委《关于 2016 年深化经济体制改革重点工作意见的通知》第九节"加快生态文明体制改革，推动形成绿色生产和消费方式"，对生态文明领域的重点改革任务进行了部署[1]，并明确提出要制定自然生态空间用途管制办法，将用途管制扩大到所有自然生态空间。[2] 于 2017 年 3 月 24日，国土资源部印发《自然生态空间用途管制办法（试行）》。

自然生态空间用途管制应在我国已有的具体的资源用途管制制度的基础上，遵循我国自然资源用途管制的顶层设计思路，构建我国自然资源用途管制制度体系。首先，绿色发展理念是自然资源用途管制

---

[1] 具体包括六大方面的内容：一是建立国土空间开发保护制度，二是完善资源总量管理和节约制度，三是建立健全市场化环境治理和生态保护机制，四是完善环境治理保护制度，五是加快推进国有林场林区改革，六是推进生态文明基础制度建设。
[2] 详见国家发展改革委《关于 2016 年深化经济体制改革重点工作的意见》[EB/OL]. 中国政府网，2016 年 3 月 31 日。

制度的灵魂和指导思想。统筹协调不同生态空间的自然资源开发利用强度，有序有度地开发利用自然资源。注重发挥好自然资源的多重功能，使自然资源按照用途得到合理开发、科学利用和有效保护，使自然资源用途管制成为生态文明建设的助推器。从生态的整体保护来谋划自然资源的用途管制，将不同类型的自然资源用途管制措施有效整合起来。其次，将自然资源用途管制扩展到所有自然资源空间，是自然资源用途管制制度的根本目标。[1] 做好自然资源的空间规划，划分好生产空间、生活空间和生态空间，并通过主体功能区建设，明确优先开发的自然资源空间、重点开发的自然资源空间、限制开发的自然资源空间和禁止开发的自然资源空间。再次，明确政府在自然资源用途管制中的职能，是保障国家自然资源权益的内在要求。政府通过建立健全自然资源用途管制制度，可以按照生产空间、生活空间、生态空间对自然资源开发利用的强度进行统筹安排，从而实现对自然资源用途的合理安排，实现自然资源效益的最大化。最后，发挥好市场在自然资源配置中的决定性作用，把握好政府实施自然资源用途管制的度，要注重发挥好政府管制与市场机制的各自作用，使二者在自然生态空间的开发、利用和保护过程中相互配合、相得益彰。

3. 生态红线制度的完善

2011 年，国务院发布的《关于加强环境保护重点工作的意见》提出了国家要在重要生态功能区、陆地和海洋生态环境敏感区、脆弱区等区域划定生态红线，对各类主体功能区分别制定相应的环境标准和环境政策。这是"生态红线"首次在国家层面被提出，划定生态红线的战略任务也自此确立下来。此后，2013 年，国家林业局发布的《推进生态文明建设规划纲要》对生态红线作出了定义式描述，认为生态红线是一种底线，是为了保障和维护国土生态安全、保护人居环境安

---

[1] 《2016 年深化经济体制改革的重点工作方案》提出："制定自然生态空间用途管制办法，将用途管制扩大到所有自然生态空间。"

全、保障生物多样性安全的生态用地底线和物种数量底线。2015 年，环境保护部印发的《生态保护红线划定技术指南》，将生态红线具体为"依法在重点生态功能区、生态环境敏感区和脆弱区等区域划定的严格管控边界"。国家层面上，生态红线是为了保障国家生态安全，对特定的生态区域划定管控边界，其实质上体现出一种环境管理的思想。

国家针对环境污染与资源破坏而进行的环境管理由来已久，而生态红线也是一种环境管理手段。生态红线不同于以往的环境管理手段，其在运行机制上具有不同于以往环境管理的创新性和执行力。人类将自然资源以及生态环境作为自然的无偿馈赠，在近百年里对资源的大肆开发利用引发了严重的环境资源问题和持续的生态恶化。这一客观实际倒逼人类开始思考人类对生态环境资源开发利用方式的适当性问题。国家作为需要对生态环境履行社会管理职能的首要责任主体，必须冷静地思考生态环境保护问题。人类如何兼顾自然资源开发利用与生态保护的问题，其实质就是在自然资源的经济价值与生态价值之间产生冲突时进行价值选择的问题。生态红线制度是要在人类经济利益实现过程中设定生态利益保障的底线。于是，国家试图采用划定生态红线的管理手段来实现生态资源环境的生态功能底线保护。

生态红线制度是指通过对环境质量、资源开发利用、生态功能保护划定生态红线从而保护和改善生态环境的一项制度安排，是生态文明建设中的重要制度组成，是通过建设和管理"红线"来保护和改善自然资源与生态环境状态。此处对"生态"的理解是站在生态文明建设的高度进行的，它应当涵盖更加广泛的内涵，而不只是"生态功能"中所指的"自然生态"的内涵。"生态文明"的内涵不仅包括对自然生态的保护和建设，还包括对资源开发利用和环境质量保护方面的建设和发展。生态文明下的生态红线制度包括资源、环境和生态三方面的底线要求，是对环境保护的全方位底线性严格保护的一项制度安排，一方面是强调对我国自然资源与生态环境的底线性严格保护，另一方面是注重对自然资源与生态环境的综合性严格管理。

（三）消耗性自然资源物权的制度实现

1.消耗性自然资源物权向产品所有权的转化

消耗性自然资源物权是指在矿产资源、野生动植物资源、消耗性水资源以及消耗性森林资源上存在的物权，具体是指权利人依法对消耗性自然资源所享有的支配与排他性权利。消耗性自然资源本身具有为人类提供物质产品的性质，因此，提供物质产品的过程就是消耗性自然资源物权的实现过程，即人类的开发利用行为的实现。消耗性自然资源开发利用的一大明显特征就是该开发利用行为会导致自然资源本身不复存在，自然资源成为资源产品并出现资源产品所有权。在此过程中，国家或集体享有的消耗性自然资源所有权就在客观上消失了，取而代之的是产品持有人享有对资源产品的所有权，例如采矿权人进行矿产资源开发之后，国家就丧失了对该特定领域该特种矿产资源的所有权，转而出现了采矿权人享有的矿产品所有权；森林中的林木、动物被砍伐、猎捕之后，国家或集体基于该特定林木的森林资源、野生动物资源的所有权也丧失了，转而出现了木材的所有权、动物或动物制品所有权；资源水被生产加工之后，国家丧失了该特定水资源的所有权，出现了产品水的权利人对产品水的占有、使用、收益与处分的权利。因此，消耗性自然资源物权的实现也是消耗性自然资源物权向产品所有权的转化过程。

2.以合同制度作为消耗性自然资源物权的实现保障

如前所述，针对消耗性自然资源（包括矿产资源、消耗性水资源），《民法典》"物权编"在"用益物权"之"一般规定"中规定了采矿权与取水权，但并没有更具体的规定。事实上，目前物权法上规定的采矿权与取水权并非一项独立权利，而是与矿产品所有权和水产品所有权连接在一起的综合性权利，其本身并不符合用益物权不消耗物之本身的特征。单纯来看，纯粹的采矿、取水事实上与狩猎、采集一样，是为了实现债权的方式，是债的履行方式。目前，之所以存在采矿权、取水权性质之争，是由于这两个权利并非单一的权利，而是将单纯的采矿、取水与对矿藏、水体依赖的土地的处分权利连接在了一起。换言之，当下的采矿权、取水权除包含矿产资源所有人、水资源所有人许可获取矿产品、水产品的权利外，更重要的还包含对其所附着的土地的使用、扰动的权利。采矿权、取水权的复合性表现在：将单纯的采掘权利与对土地的使用权利连接在一起，因此形成了一种类似于用益物权的错觉。

在消耗性自然资源物权向产品所有权的转化过程中，核心在于买卖合同。消耗性自然资源所有权人对其权利的处分通过与资源产品买受人缔结买卖合同而完成；而实现买卖合同的方式则可通过出卖人送货上门或买受人上门采掘自提来完成。对出卖人直接交付资源产品这种方式而言，由于出卖人本身是国家（也可能是集体），其本不存在直接采掘、采摘的能力，因此，所有者可能通过委托加工或承揽合同交由第三方完成该采掘、采摘行为，在第三人完成后由消耗性资源所有权人将资源产品交付给买受人，例如消费者购买石油，即由国家委托中石油或中石化完成采掘加工，消费者直接购得石油产品。买卖合同的出卖人不直接交付产品而是约定由买受人自行采掘、采摘的方式即买卖合同的一种履行方式，如目前盛行的游人至采摘园自行采摘时令水果。也就是说，国家作为消耗性自然资源的所有者，可以允许买受人自行采掘、采集该资源产品，也可以是所有者自行采掘、采集后再出售资源产品。第一种自行采掘、采集方式可由资源产品买卖合同的买受人自行完成；由于国家本身无法实施采掘、采集行为，因此，在自然资源领域不存在所有者自行采集的第二种方式，只能通过加工承揽的方式来完成资源向资源产品的转化。

消耗性自然资源物权的实现过程由以下几种合同关系来完成。首先，消耗性资源所有权人与资源产品购买人之间存在买卖合同。当然，该合同的出卖人的权利可能由代为签订和履行自然资源所有权职责的机构行使；其次，消耗性资源的所有权人为了完成资源产品买卖合同，需要委托他人完成采掘行为，这还会形成委托加工或承揽合同。无论是哪种合同，在符合法律规定的前提下，均属于民事合同范畴，由已有的合同法律规范进行规制即可，无须再为此进行烦冗的单独立法。但是需要注意的是，消耗性自然资源所有权的实现也不能仅仅关注其经济价值，还应当在此类合同中对生态利益的保护作出强制性的法律规定，对消耗性自然资源所有人出让其资源产品所有权的合同也要作出生态保护的约定。为了保护自然资源的多重属性，国家作为自然资源所有权人有必要在一定程度上突破合同的自由性，通过制定合同范本的方式，对自然资源生态利益的保护进行强制性约定，并约定资源产品的所有权人在购买时必须接受该附随义务。

（四）非消耗性自然资源使用权的制度实现

1. 非消耗性自然资源使用权应将经济价值与生态价值并重

自然资源的非消耗性使用对人类社会发展意义重大，农业、工业、城市交通建设等均离不开对自然资源（特别是土地）的非消耗性使用。非消耗性自然资源使用权是在自然资源所有权上形成的非消耗性他物权，指在非消耗性自然资源所有权人所有的自然资源上设立的允许使用权人非消耗性地占有、使用其资源的权利，包括在所有权人土地上占有并从事建筑、种植，水域上占有并从事养殖、航行、海域使用的权利。简而言之，非消耗性自然资源使用权包括土地使用权、水域使用权与海域使用权。而每一项权利还可以因使用用途不同再次形成更加细化的权利。例如土地使用中因种植、城市建设、农村居住等用途已经形成的农村土地承包经营权、建设用地使用权、宅基地使用权等立法规范都是土地使用权；在水域及海域中进行养殖、使用水域空间等都是水体使用权。这些非消耗性自然资源使用权可以在《自然资源物权法》中进行原则性规定，而具体的农村土地承包经营权的权利实现及义务性规定则应落实到对应的单行法中，相应的建设用地使用权、宅基地使用权、养殖捕捞权及其他水域使用权等也可在相对应的单行法中作出详细规定。

非消耗性自然资源具有重大的经济价值，主要为人类的生产和生活提供重要的利用空间。土地使用权、水域使用权以及海域使用权保证了这些经济价值的实现。权利人可以在土地上进行种植、建设，可以利用水域或海域养殖以及捕捞水产品，这些利用方式会为人类带来巨大的经济利益。因此，关注这一权利的实现就尤为必要。

2. 非消耗性自然资源权利的取得应遵循自然资源的生态属性

非消耗性自然资源使用权的取得需要自然资源所有权人进行权利让渡，而自然资源又不同于一般财产，因此，所有权人在让渡其部分权能时不能简单地以财产规则来约束。非消耗性自然资源不仅具有财产属性，还具有生态属性，在其与财产属性相关的使用权让渡过程中不能不考虑生态属性的要求，前文所述的资源社会性理念即蕴含有这样的要求。自然资源的生态属性决定了这一利益应当是全民共享的，是具有社会性的，而非绝对的私人财产。因此，自然资源所有权人在让渡所有权时应考虑该要求，这也是生态文明法律制度内涵中所应包含的要求。目前，物权法以及相应的单行法对土地这类非消耗性自然资源中的农村土地承包经营权已经作出了较多规定。城市建设用地使用权和农村宅基地使用权也是典型的土地非消耗性使用的权利。农村宅基地使用权是通过申请取得，农村土地承包经营权是通过合同取得，建设用地使用权则通过划拨或出让方式获得。无论是以哪种方式取得土地使用权，已有制度均未考虑生态文明的要求，只是单纯考虑自然资源经济价值的实现。为此，在生态文明法律制度建设中，针对非消耗性自然资源使用权的取得，不应仅进行原则性规定，还要规定具体的实现路径。在设定资源使用权时，生态文明视野下的法律制度要求国家或集体所有权人优先考虑生态属性的要求，其次才是民事权利的法律实现。具体的制度设计包括规划制度、用途管制制度以及生态红线与预警制度。

3. 非消耗性自然资源使用权的流转应围绕资源双重价值展开

非消耗性自然资源使用权流转制度能够提高资源效用，发挥更大的经济价值，进而为生态价值的实现和保护保驾护航。生态文明建设注意到了经济效益、社会效益、生态效益的统一和协调。我们切不可认为对自然资源生态价值的关注就是否定经济价值的实现，这不是非此即彼的选择。事实上，经济价值和生态价值可以相辅相成、相互促进。以土地资源为例。目前，建设用地使用权的流转已经比较成熟，建设用地使用权的再转让以及担保均有较为完善的制度规范，而农村土地承包经营权流转的改革正在如火如荼地进行，并且已经进入很关键的时期。2014 年，中共中央办公厅、国务院办公厅印发了《关于引导农村土地经营权有序流转发展农业适度规模经营的意见》。该意见鼓励农户长期流转承包地，且指出"在同等条件下，本集体经济组织成员享有土地流转优先权。以转让方式流转承包地的，原则上应在本集体经济组织成员之间进行，且需经发包方同意。以其他形式流转的，应当依法报发包方备案"[1]。可见，在进行农村土地承包经营权转让时，应优先考虑本集体经济组织成员，但并不排除集体经济组织之外的经营权流转。同时，该意见要求"稳步推进土地经营权抵押、担保试点，探索建立抵押资产处置机制"[2]，不仅要实现土地的使用价值，还要实现土地使用权的交换价值。农村土地承包经营权这一土地使用权权能的丰满与良性实现，将会创造更大的社会财富。此外，该意见还在"基本原则"中明确要求在土地经营权的流转过程中"不得改变土地用途、不得破坏农业综合生产能力和农业生态环境"[3]，将土地的经济价值的实现与生态价值的保护密切联系在一起。

---

[1][2][3]　中共中央办公厅、国务院办公厅印发《关于引导农村土地经营权有序流转发展农业适度规模经营的意见》，中国政府网，2014 年 11 月 20 日。

三、小结

在人口数量尚未膨胀，社会生产力水平还较低的时期，既有制度设计促使自然资源所有权与使用权相分离，有利于实现资源的使用价值，更好地为人类提供丰富的物质基础。当人口剧增，社会需求急剧增加时，这时的制度设计若只关注经济价值的满足，则无法解决当下出现的严重的生态环境灾难，反而会更进一步地推动灾难的发生。

既有配置自然资源权利的制度已经产生了严重的生态价值与经济价值冲突，生态文明法律制度体系下的自然资源物权制度即使能够避免未来继续出现类似冲突，也需解决历史上因配置权利而产生的价值冲突。

自然资源在传统的财产法体系中大多被视为不动产，其权利期间非常长，如土地承包经营权、建设用地使用权、草地承包经营权、探矿权、采矿权等均为几十年的权利期间，在其依据之前的权利配置获得了如此长时间的使用权后，直接剥夺该权利又会产生新的权利侵害。因此，生态文明法律制度体系中的自然资源物权制度更加适用于"未来"的自然资源物权规范，即对已经依法到期的自然资源使用权或尚未分配利用的自然资源具有约束力。对于"历史"上已经产生的自然资源经济价值与生态价值冲突的现实问题可以寻找一条更为便捷的解决之路。

以美国为例，其众议院于 2005 年 6 月通过的《多用途冲突解决法案》就为解决这一问题提供了良好的思路。该法案首先是为了"给那些为了完成土地其他用途而自愿放弃在联邦土地上拥有放牧许可证或租约的牲畜运营者提供补偿"而制定。之所以出台该部法律，是因为土地能够用于多种用途，而当土地需要实现这些多种用途时，会对已有的拥有合法放牧许可证或租约的权利人行使其牲畜牧养权利造成影响，甚至使得该权利的行使变得不切实际。持有放牧许可证者和为了商业放牧而使用联邦土地的难度在不断增加，主要是因为土地具有的保护环境、娱乐休闲、保护野生生物、保护栖息地、提高水的数量和质量等用途，导致原来的权利人很难完全实现其牧业权利。一方面，联邦土地的娱乐休闲用途经常与在同一土地上的商业放牧产生冲突，引发放牧损害和牲畜损失，这使在联邦土地上放牧经营活动变得不合算。另一方面，由于持续干旱、外国竞争、国内市场改变、行业重组以及个别牧场自身情况等发生变化，联邦放牧许可和租赁对许多持证人和承租人而言变成了被搁浅的投资。而如果试图解决放牧与其他多种用途的冲突，则往往需要扩大发展规模，进行集中的牧群管理和连续监测，但这都会导致成本大幅增加，使其成本支出与获得的利益不成比例。为此，《多用途冲突解决法案》打算通过补偿持证人和承租人的方式收回其已合法发放的放牧许可证或租约。鉴于许多持证人和承租人表示他们愿意结束他们在联邦土地上的商业牲畜放牧，并以此换取合理的一次性补偿，法案决定给那些放弃放牧许可证或租约、在联邦土地上终止商业性牲畜牧养的持证人和承租人以补偿。这样的补偿，一方面可以满足土地的其他用途使用的需求，另一方面对原有持证人的损失予以弥补，提供当下不存在的经济选择，使他们可以再创业或是获得一定的保障。

该法案为我国已出现的自然资源使用权价值冲突提供了较好的解决思路。通过对发生价值冲突的自然资源权利人进行补偿，引导或鼓励权利人自愿放弃原有的许可证或使用权。目前，城市化进程的不断加快使我国许多土地、草原等资源被闲置、撂荒。由于目前对农村土地承包经营权流转的限制较多，原有承包人并不能从承包经营合同中获取大量经济利益。对原合同方来说，即陷入以上法案所述的尴尬境地：城市打工的较高收入与在集体土地上耕作相比更有诱惑力。因此，原合同人继续进行农业生产或放牧经营的经济刺激不足，而同时，由于长期过量消耗土地肥力（过量施用化肥导致土壤产生依赖，离开化肥无法维持正常产量；使用大棚种植方式使土地不断利用，无法休养生息），需要适时恢复土地的生产能力，这个成本又是原合同经营者无力承担的，基于此，在遵循自愿原则的基础上，应当由国家以补偿的形式收回目前存在冲突的土地，并重新进行规划利用，这无疑也是解决目前新旧制度对接的一项有益探索。

第六章　自然资源用途管制制度研究

第一节　自然资源用途管制概述

一、管制的词义考察

（一）管制的含义

"管制"一词在不同的语境下有着不同的含义。总体而言，管制有两个基本含义：一是指强制管理，比如交通管制；二是指对犯罪分子不进行关押但施行强制管束、限制其一定行动自由的刑罚。它是我国刑法规定的一种主刑[1]。在经济学领域，管制（regulation）是政府用来控制企业行为的手段和规则。[2]在刑法学意义上管制的对象是犯罪分子，显然与自然资源用途管制没有交集。本文所研究的"管制"，其基本含义就是一种政府实施的强制管理措施。管制不仅包括公共事业和反托拉斯等老式管制内容，还包括对要素市场的干预，对商品、

---

[1]　中国社会科学院语言研究所词典编辑室：《现代汉语词典（第7版）》，北京：商务印书馆，2017年，第483页。
[2]　经济学家 Stigler 对管制的定义："作为一种法规，管制是产业所需要并主要为其利益所设计和操作的"，即管制是国家强制权力的运用，管制几乎可能采取任何手段来满足其产业的愿望。参见邵永昌：《土地用途管制法律制度研究：以土地用途管制权为中心》，厦门：厦门大学出版社，2010年，第32页。

服务和生产、销售或交易的公共干预。[1]经济学意义上的管制主要是一种政府管制，是政府实施宏观调控的一种重要手段，是政府主动介入资源配置并对经济活动进行干预的重要表现。同时，政府的管制要得到有效实施，必须是依法管制，这就需要不断完善相关的管制法律制度。

理解管制的内涵，就要区分"管制"与"管理"这两个概念的基本范畴。管制与管理既有联系，也有区别。二者的联系在于管制需要借助管理的手段，管理是实现管制目标的基本路径之一。与此同时，二者存在着明显的区别：管制一般依赖强制性手段，管制的内容、手段、程度一般是由管制者单方面决定的，管制者与被管制者的关系比较单一、生硬；而管理的手段则相对丰富，既可能是命令型管理，也可能是引导型管理，还可能是服务型管理，不同类型的管理需要采取不同的管理手段，管理者与被管理者的关系是比较复杂、多样的。管制的目的与管理的目的也不同，管理的目的在不同的情境之下各不相同，可能是维护经济社会的秩序，可能是保障企业的生产与经营，也可能是保护公民的人身财产安全等；而管制则主要是基于公共利益或者国家利益而实施的，其目的在于单个个体或者单个组织体的利益。

（二）管制的类型

管制的类型可以根据不同的标准进行划分。根据管制的目的，可以分为经济管制（economic regulation）和社会管制（social regulation）。经济管制影响价格、市场准入、单个行业的服务，如电话服务业。社会管制试图矫正影响到许多行业的外部经济性，如空气或水源污染。经济管制以维持市场正常秩序为目的，对违法者加以处罚，从而矫正某些市场主体的独占、垄断或者其他违法行为。社会管制的主要目的是维护社会的公平安定和保护公众的身心健康，对破坏

---

[1] 张全景、欧名豪：《中国土地用途管制制度的耕地保护绩效研究》，北京：商务印书馆，2008年，第22页。

生态环境等行为予以矫正，以避免社会大众负担不必要的社会成本。当然，二者的划分并不是绝对的，在更多的情形下，管制兼具经济性管制和社会性管制的特点。[1]

根据管制的具体领域，可以将管制分为用途管制、价格管制、进出口管制等类型。用途，是指应用的方面或范围。[2] 用途管制，就是政府对管制对象采取必要的限制性或者禁止性措施，以管控其应用的领域或者范围。比如，土地用途管制就是政府对土地的用途采取一定的管控措施，以保障土地按照法律规定的用途进行开发利用。价格管制主要有最高限价、最低限价、双面价格管制和绝对价格管制等数种类型。进出口管制，是指国家通过法令和行政措施对进出口贸易实行的管理与控制，比如：对重要战略物资、关键技术产品实行出口管制，对污染产品、外来物种的进口进行必要的限制。本书主要研究自然资源的用途管制制度，但该制度在某些情形之下需要与价格管制、进出口管制相互配合、相互补充。

二、自然资源用途管制的含义

界定自然资源用途管制的含义，首先要界定"自然资源"的概念。关于自然资源的概念，社会各界从不同的角度对其进行了定义[3]。自然资源用途管制并非针对全部的自然界物质，需要用途管制的"自然资源"主要是指生态文明建设过程中必须被法律保护的自然界的天然物质。以下三种类型的自然资源不需要进行用途管制，具体包括：当前无法提升人类福利的自然界物质，自身存储量无穷大的恒定资源，

[1] 王雨濛：《土地用途管制与耕地保护及其补偿机制研究》，北京：中国农业出版社，2013年，第19页。
[2] 中国社会科学院语言研究所词典编辑室：《现代汉语词典（第7版）》，北京：商务印书馆，2017年，第1580页。
[3] 联合国环境规划署对自然资源的定义是："在一定时间、地点条件下，能够产生经济价值，以提高人类当前和未来福利的自然环境因素和条件。"《辞海》（2011版）一书对自然资源所下的定义是："泛指天然存在的并有利用价值的自然物，如土地、矿产、气候、水利、生物、森林、海洋太阳能等资源。生产的原料来源和布局场所。"《大英百科全书》关于自然资源的定义是："人类可以利用的自然生成物，以及作为这些成分之源泉的环境功能。"转引自蔡运龙：《自然资源学原理》，北京：科学出版社，2007年，第24页。

以及人类无法开发利用的自然界物质。

　　界定自然资源用途管制的含义，还需要厘清"自然资源用途"的特征。自然资源的用途是一个十分久远、庞大且复杂的问题。由于自然资源的内涵和外延十分丰富而广阔，至今还没有一个完善的自然资源的分类系统。[1] 尽管如此，我们仍然可以总结出自然资源用途所具备的三大特征。第一，自然资源用途的时代性。不同时代的人们掌握的科学技术水平不同，因此对自然资源的开发和利用水平自然也不同。在人类开发利用自然资源的过程中，人类的主观能动性发挥着积极的推动作用。随着人类科学技术水平的不断提升，原先没有用处的自然界物质可能转变为重要的自然资源。第二，自然资源用途的地域性。同一种自然资源处于不同的区域，其用途和功能也不尽相同。部分区域的土地资源适合农业生产，部分区域的土地资源适合牧业养殖，部分区域等土地资源适合进行工业开发。第三，自然资源用途的多样性。自然资源的用途往往不是单一的，以森林资源为例，它具有物质资源的用途，也具有旅游资源的用途，还具有吸收二氧化碳的功能。因此，在进行用途管制的过程中我们不能从单一的视角考量某一种自然资源的用途，应当在综合和权衡自然资源多种用途的基础上做出最有利于生态平衡的用途管制措施。

　　综上所述，我们可以给自然资源用途管制下一个定义，就是指在特定的时空条件下针对自然资源功能的应用范围和应用程度进行的一种带有行政强制力的政府管制。[2] 自然资源用途管制制度的主要内容包括：用途管制的实施主体，用途管制的受管制者，用途管制的对象，用途管制的实施策略以及用途管制的法律手段。

---

[1]　谢高地：《自然资源总论》，北京：高等教育出版社，2009 年，第 43 页。
[2]　通俗地说，是对一定国土空间里的自然资源按照自然资源属性、使用用途和环境功能采取相应方式的监管；用途管理实质上就是功能管理。参见王玮：《自然资源资产产权制度十问》，《中国环境报》2013 年 11 月 29 日第 03 版。

三、自然资源用途管制的法律构成

（一）自然资源用途管制的主体

1. 自然资源用途管制的权力主体：管制者

自然资源用途管制的实施主体是依法实施自然资源管理的相关政府部门或者有关组织。首先，担负管理自然资源职能的政府部门是负责实施自然资源用途管制的最主要主体。自然界的各种资源组成了具有有机联系的且不可分割的整体，将自然资源用途管制的职能分散在不同的部门，显然不利于从整体上规划生态环境的保护，甚至可能因部门的权力之争、利益之争导致生态环境的破坏。2018 年，经过国务院机构改革，自然资源部已经正式成立。在此背景之下，自上而下的自然资源管理职能必将重新整合。当前，应当利用好这一有利的改革契机，大力推进自然资源用途的整体性管制。

2. 自然资源用途管制的义务主体：受管制者和一般民众

自然资源用途管制的受管制者主要是有可能对该自然资源进行开发利用的各类主体。自然资源用途管制的受管制者主要包括三类：一是以盈利为目的的自然资源开发利用者，这类主体违法开发利用自然资源将承担相应的法律责任；二是以公益为目的的自然资源开发利用者，对于该类主体的开发利用资源的行为从总体上应当以鼓励为主，以管制为辅，该类主体应当事先取得相应的资质，并严格控制在"公益"领域，不得以"公益"之名牟取"私益"；三是以保障基本生存为目的的自然人，对该类主体的基本生存资源需求，法律应当予以绝对的保障，不得假借管制之名限制该类主体的基本资源需求，对该类主体的更高福利资源需求应当给予逐步的满足，这也是社会不断进步的表现。同时，需要采取适当的管制措施，以促进人类的资源需求与经济社会的可持续发展相契合。

在自然资源用途管制法律关系中，普通民众一般承担着不作为的义务。自然资源实施用途管制，意味着开发利用自然资源的各类主体必须符合自然资源用途管制的要求。对一般民众而言，则意味着增加了不违反该用途管制要求的不作为义务。比如，原本可以自由取水的区域被确立为饮用水水源一级保护区域之后，政府可能在该区域实施封闭式管理，该区域周边居民的取水、用水的自由就会受到一定的限制。[1]与此同时，实施自然资源用途管制之后，可能会给原先的自然资源利用人带来生活的不便，甚至增加其生活成本。这就需要政府在进行自然资源用途管制的同时采取相应的配套措施，比如，提供替代的资源利用渠道或者给予利益受损者必要的经济补偿等。总之，充分考量自然资源用途管制可能带来的负面影响并辅之以必要的补救措施，自然资源用途管制的各项要求才有可能得到公众的普遍认同和自觉遵守，一般民众的不作为义务也才会真正落到实处。

（二）自然资源用途管制的对象

自然资源用途管制的对象是法律法规明确规定的，即需要政府采取一定管制措施的自然资源。研究自然资源用途管制，首先要研究用途管制的对象，需要清楚哪些类型的自然资源需要进行用途管制，它们具备哪些基本特征，自然资源用途管制才有可能做到有的放矢。

第一，并非全部的自然资源都需要进行用途管制。根据自然资源的可再生程度，自然资源可以分为可再生资源、不可再生资源和恒定资源。[2]自然界中大量存在的恒定资源，恒定资源在可预期的未来并不具有稀缺性，因此不需要从法律上对其进行用途管制。对于可再生资源，则需要对其实施适当的管制措施，以保证其消耗的速度与再生的速度保持大体平衡。对于不可再生资源，由于其总储量将随着人类的不断开发利用而不断耗竭，需要采取最有效的用途管制措施，以尽

---

[1] 比如，《浙江省饮用水水源保护条例》第二十条第二款规定："具备条件的地方应当在饮用水水源一级保护区外围设置隔离防护设施，对一级保护区实行封闭式管理。"这种封闭式管理必然会影响周边居民的取水便利，增加周边居民的生活成本。

[2] 张梓太：《自然资源法学》，北京：北京大学出版社，2007年，第2页。

量延长该资源的使用寿命。

第二，对于某一类型的自然资源，其管制措施可能随着科学技术的进步而发生变化。这种变化包括了两种可能，放松管制和加强管制。①科学技术的进步促使对某一资源放松管制。比如，国网福建电力公司深知电能替代对构建全球能源互联网的重要性，一直致力于倡导以电代煤、以电代油、以电代柴的能源消费新模式，在电窑炉、电锅炉等6大领域推广12项电能替代技术，不断提高电能占终端能源消费比。对于煤炭等不可再生资源，如果人类找到了可以替代其功能的其他资源，则可以适当放松原先的管制。②科学技术的进步促使人类加强对某种资源的管制。如果人类无法开发利用自然界中的某种物质，意味着这种物质对人类没有利用价值，因此暂时无须对其进行用途管制，但是，随着科学技术的进步，一旦人类发现这种物质具有稀缺性和巨大的利用价值，并且拥有了对其开发利用的技术条件，此时这种物质就转化为人类可以开发利用并且可以提升人类福利的自然资源，对新型自然资源实施用途管制则是必要的。比如，气候资源的开发利用，广西、黑龙江、山西等省、自治区已经制定了气候资源地方性法规，安徽等省份也已经把气候资源立法纳入未来5年的立法规划。目前，学界对气候资源开发利用的管制看法不一，尚未形成共识。[1]我们认为，从生态文明的建设目标和总体要求出发，为实现气候资源的可持续利用，以构建有序的气候资源开发利用秩序为基本目标，对气候资源的开发利用进行必要的政府管制，对于促进气候资源的有序开发利用是非常必要的。

（三）实施自然资源用途管制的行政手段

自然资源用途管制主要靠政府部门来实施，政府实施自然资源用

---

[1]　部分学者对把气候资源作为一种自然资源并加以地方管制持反对意见。比如，北京大学王锡锌教授认为，风能和太阳能并非矿藏、森林等自然生成的资源，需要现代科学技术进行转化，且这类资源具有公共产品属性，不宜轻易划分为自然资源。参见《黑龙江规定风能太阳能属国有　引起专家热烈争议》，中国经济网，2012年7月3日。

途管制有赖于有效的行政手段。当前，需要综合运用行政规划、行政许可、行政强制、行政处罚等手段，以有效落实自然资源的用途管制。

自然资源用途管制中的行政规划，是指政府为了有效实施自然资源用途管制，按照法定职责与权限，编制自然资源的开发利用计划，以明确自然资源开发的空间范围、时间范围和利用强度等。自然资源用途管制的行政规划是实施自然资源用途管制的首要环节，只有制定出科学、合理的行政规划，自然资源用途管制才能做到有的放矢。[1] 按照自然资源用途规划的年限不同，自然资源用途规划可以分为长期规划、中期规划和短期规划。一般而言，10年以上的规划称为长期规划，5年左右的规划称为中期规划，年度规划称为短期规划。按照规划用途下被规划的自然资源的类型范围不同，规划可以分为总体规划和专项规划。比如，《主体功能区规划》就是一个总体规划，而《国土资源利用专项规划》《海岛保护规划》等则属于专项规划。按照制定规划的政府部门层级，自然资源用途管制规划可以分为国家规划、部门规划和地方规划。由国务院发布的自然资源用途管制规划属于国家规划，由国务院部委发布的自然资源用途管制规划属于部门规划，由地方政府出台的自然资源用途管制规划属于地方规划。

自然资源用途管制中的行政许可，是指有权进行自然资源用途管制的行政主体，根据行政相对方的申请，经依法审查，在法定权限内通过颁发许可证、执照等形式，赋予或确认行政相对方从事自然资源开发利用的法律资格或法律权利的一种行政行为。自然资源开发利用主体的行政许可往往与自然资源的有偿使用联系在一起，可以开发利用且需要缴纳一定使用费的自然资源空间，政府往往采取行政许可的方式来赋权。此时，行政许可成了政府最常用的一种自然资源用途管

---

[1] 比如，《中华人民共和国水法》第十四条规定："国家制定全国水资源战略规划。"《中华人民共和国矿产资源法》第七条规定："国家对矿产资源的勘查、开发实行统一规划、合理布局、综合勘查、合理开采和综合利用的方针。"《中华人民共和国渔业法》第十一条规定："国家对水域利用进行统一规划，确定可以用于养殖业的水域和滩涂。"

制手段。[1] 自然资源用途管制中的行政许可，其难点在于如何把握好"度"，其核心是要把握好资源许可中自由裁量权的运用。既要充分保障行政相对人的资源开发权利，不可随意地限缩申请人的权利范围，侵犯行政相对人开发利用自然资源的合法权益，又要充分关注自然资源开发利用的负面影响，技术条件要求较高的资源开发利用，应当严格审查申请者的人员、设备等条件，不能随意地放松申请人的资质条件。

自然资源用途管制中的行政强制，是指行政主体为了实现用途管制的目的，根据法定权限并按照法定程序对违反用途管制法律制度的相对人的人身、财产和行为等采取的强制性措施。行政强制的有效运用，表明自然资源用途管制是具有国家强制力保障管制威慑力的一种有效手段。应当注意到，行政强制措施只是一种暂时性管制措施[2]，且容易激化行政主体与行政相对人的矛盾，在自然资源用途管制中应当谨慎使用。在实施自然资源用途管制的过程中，不能一味地依赖政府的行政强制措施，加强法律、法规、政策的宣传与普及，做好耐心细致的解释和引导工作同样是非常重要的。当然，这并不意味着行政强制措施在自然资源用途管制中毫无用处。恰恰相反，对于置管制措施于不顾的资源开发利用者，特别是在引导或者劝告之后仍然我行我素的开发利用者，应当及时采取必要的强制措施，以避免其资源开发利用行为造成更大的生态破坏。

自然资源用途管制中的行政处罚，是指实施自然资源用途管制的行政主体，对违法开发利用自然资源的相对人，依法定职权和程序给予行政制裁的行政行为。对违法开发利用自然资源的相对人实施行政

---

[1]　比如，《中华人民共和国水法》第七条规定："国家对水资源依法实行取水许可制度和有偿使用制度。"《中华人民共和国矿产资源法》第十六条第五款规定："开采石油、天然气、放射性矿产等特定矿种的，可以由国务院授权的有关主管部门审批，并颁发采矿许可证。"
[2]　《中华人民共和国行政强制法》第二条规定："行政强制措施，是指行政机关在行政管理过程中，为制止违法行为、防止证据损毁、避免危害发生、控制危险扩大等情形，依法对公民的人身自由实施暂时性限制，或者对公民、法人或者其他组织的财物实施暂时性控制的行为。"

处罚，应当按照法定权限和法定程序依法进行。[1] 行政处罚是对尚未构成犯罪的违法者的一种法律制裁，是有效落实自然资源用途管制的重要手段，也是体现自然资源用途管制强制性的一道屏障。如果说行政强制着重体现的是自然资源用途管制的威慑力，那么行政处罚则是给予违法开发利用自然资源主体的一种实在的法律制裁，要求资源开发利用者对其行为所带来的不利后果承担相应的代价。当然，行政处罚是一种严厉的法律措施，应当谨慎运用这一手段，并尽量避免矛盾激化。

第二节　自然资源用途管制制度的理论基础与制度考察

一、自然资源用途管制制度概述

自然资源用途管制制度，是对一定国土空间里的自然资源按照自然资源属性、使用用途和环境功能采取相应方式的用途监管，其侧重强调国家对国土空间内的自然资源按照生活空间、生产空间、生态空间等用途或功能进行监管，表明一定国土空间里的自然资源无论所有者是谁，都要按照用途管制规则进行开发，不能随意改变用途。[2] 自然资源用途管制制度，就是为明确自然资源的用途、规范行政主体的管制行为而制定的，具体包括规范自然资源用途的政策、法律、行政法规、部门规章、地方性法规、地方政府规章，以及各种规范性文件。

自然资源用途管制制度是对自然资源开发利用行为进行管控的制

---

[1] 《中华人民共和国行政处罚法》第三条规定："公民、法人或者其他组织违反行政管理秩序的行为，应当给予行政处罚的，依照本法由法律、法规或者规章规定，并由行政机关依照本法规定的程序实施。没有法定依据或者不遵守法定程序的，行政处罚无效。"

[2] 蔡道利：《健全自然资源资产产权与用途管制制度》，《广西日报》2013 年 12 月 24 日第 11 版。

度规范。按照中国现行法律的相关规定 [1]，在明确自然资源国家所有权制度的同时赋予了政府代表国家行使自然资源所有权的职能。政府代表国家行使自然资源所有权是一个"分级代表、逐级授权"的过程，自然资源用途管制制度的设计也应当紧紧围绕这一特征展开。"分级代表"的核心问题是要厘清中央政府和地方政府的资源利用与管理的权限，并对其行使资源权利的过程进行有效的管控，实现这一目标的关键是要把行使自然资源权利的政府部门与负责自然资源用途管制的部门分开。自然资源用途管制还要处理好中央与地方的关系，既要保证管制措施的连贯性，也要根据不同的区域特征，采取不同的管制措施，因地制宜地开展自然资源用途管制工作。同时，还要健全和完善自然资源用途管制的区域协作机制，尤其是要完善相邻省份之间在自然资源用途管制上的区域协作机制和同一流域相关省份在自然资源用途管制上的区域协作机制，并着重加强生态敏感区和生态保护重点领域的用途管制。

　　自然资源用途管制制度是中国自然资源管理制度顶层设计的重要组成部分。党的十八大以来，中国关于自然资源用途管制的顶层设计经历了一个逐步清晰和完善的过程。党的十八大开启了我国生态文明建设的新篇章，十八大报告把生态文明建设作为全面建成小康社会的重要一环。[2] 十八大报告对如何实施生态文明建设作了详细的部署，在"大力推进生态文明建设"这一节中，对自然资源的开发利用和保

[1]　《宪法》第九条规定："矿藏、水流、森林、山岭、草原、荒地、滩涂等自然资源，都属于国家所有，即全民所有。"作为《宪法》的下位法，《民法典》"物权编"第二百四十七—第二百五十一条对自然资源国家所有权制度进行了具体化规定，并在用益物权分编规定了自然资源的使用和收益制度。比如，第二百五十条规定："森林、山岭、草原、荒地、滩涂等自然资源，属于国家所有，但法律规定属于集体所有的除外。"自然资源单行法同样规定了自然资源的国家所有。比如，《水法》第三条规定："水资源属于国家所有。水资源的所有权由国务院代表国家行使。"《矿产资源法》第三条规定："矿产资源属于国家所有，由国务院行使国家对矿产资源的所有权。地表或者地下的矿产资源的国家所有权，不因其所依附的土地的所有权或者使用权的不同而改变。"
[2]　党的十八大报告提出，全面建成小康社会，要加快建立生态文明制度，健全国土空间开发、资源节约、生态环境保护的体制机制，推动形成人与自然和谐发展现代化建设新格局。参见胡锦涛：《坚定不移沿着中国特色社会主义道路前进　为全面建成小康社会而奋斗——中国共产党第十八次全国代表大会报告》，人民网，2012 年 11 月 9 日。

护提出了具体的要求。[1]党的十八大关于生态文明建设的一系列部署，始终围绕着"资源"和"环境"这两个关键词，可以说，党的十八大报告是开展自然资源用途管制的一份纲领性文件，它为如何开展自然资源用途管制确定了基调、明确了方向。

如果说党的十八大吹响了我国建设社会主义生态文明新时代的号角，那么，党的十八届三中全会则是从深化改革的视角对生态文明制度建设进行了详细部署，明确了生态文明建设领域各项改革任务的路线图。十八届三中全会通过的《中共中央关于全面深化改革若干重大问题的决定》（以下简称《决定》）明确提出了加快自然资源用途管制制度建设的要求，并就如何完善这一制度进行了部署[2]。根据党的十八届三中全会《决定》的部署，自然资源用途管制制度是生态文明制度体系的重要组成部分。《决定》强调要"完善自然资源监管体制，统一行使所有国土空间用途管制职责"。这些具体的部署，既是加强自然资源用途管制的难点，也是完善自然资源用途管制制度的重中之重，明确了加强自然资源用途管制制度建设的主要方向。由此，自然资源用途管制在国家政策层面被确立为自然资源监管法律体系的重要组成部分，这也是回应生态文明法律制度建设的需要。

2015 年以来，中共中央和国务院在国家层面出台了一系列政策和指导性意见，都明确把自然资源用途管制制度作为促进生态文明建设、推进绿色发展进程中不可或缺的一项制度。[3]2016 年 3 月 17 日，

---

[1] 具体包括：一是，强调要优化国土空间开发格局，控制开发强度，调整空间结构，给自然留下更多修复空间，构建科学合理的城市化格局、农业发展格局、生态安全格局。二是，强调要节约集约利用资源，推动资源利用方式根本转变，加强全过程节约管理，大幅降低能源、水、土地消耗强度，提高利用效率和效益；加强水源地保护和用水总量管理，推进水循环利用，建设节水型社会；严守耕地保护红线，严格土地用途管制。三是，强调要把资源消耗、环境损害、生态效益纳入经济社会发展评价体系，建立国土空间开发保护制度，完善最严格的耕地保护制度、水资源管理制度和环境保护制度。参见胡锦涛：《坚定不移沿着中国特色社会主义道路前进 为全面建成小康社会而奋斗——中国共产党第十八次全国代表大会报告》，人民网，2012 年 11 月 9 日。
[2] 具体包括：建立空间规划体系，划定生产、生活、生态空间开发管制界限，落实用途管制。二是，健全能源、水、土地节约集约使用制度。完善自然资源监管体制，统一行使所有国土空间用途管制职责。参见《中共中央关于全面深化改革若干重大问题的决定》，中国政府网，2013 年 11 月 15 日。
[3] 这些政策性文件包括：中共中央、国务院《关于加快推进生态文明建设的意见》，中共中央、国务院印发《生态文明体制改革总体方案》，《中共中央关于制定国民经济和社会发展第十三个五年规划的建议》。

新华网发布了《中华人民共和国国民经济和社会发展第十三个五年规划纲要》。《"十三五"规划纲要》把自然资源用途管制作为促进国民经济和社会发展的一项重要措施，落实到"健全要素市场体系"[1]"建立空间治理体系"[2]"完善生态环境保护制度"[3]等方面。国土资源部、国家林业局等国务院自然资源管理部门也发布了相应的"十三五"规划纲要，并就各自管理的自然资源如何开展用途管制进行设计与安排[4]。从国家层面到部委层面的发展规划纲要看，有效的自然资源用途管制，既是促进建设用地市场健康发展的有效手段，也是加快空间治理体系建设的重要组成部分，还是保护生态环境的一把利器。2016年3月25日，国务院批转国家发展改革委《关于2016年深化经济体制改革重点工作意见》，该《意见》明确提出要制定自然生态空间用途管制办法，将用途管制扩大到所有自然生态空间，专门阐述了"加快生态文明体制改革，推动形成绿色生产和消费方式"，并对生态文明领域的重点改革任务进行了部署[5]。由此可见，作为2016年深化经济体制改革的重点工作之一，《自然生态空间用途管制办法》的制定已经有了明确的时间表。2017年3月，国土资源部会同发展改革委、财政部、环境保护部、住房城乡建设部、水利部、农业部、林业局、

---

[1] 《"十三五"规划纲要》第十三章"健全现代市场体系"第一节"健全要素市场体系"提出："加快建立城乡统一的建设用地市场，在符合规划、用途管制和依法取得前提下，推进农村集体经营性建设用地与国有建设用地同等入市、同权同价。"参见《中华人民共和国国民经济和社会发展第十三个五年规划纲要》，中国政府网，2016年3月17日。

[2] 《"十三五"规划纲要》第四十二章"加快建设主体功能区"第三节"建立空间治理体系"提出："以市县级行政区为单元，建立由空间规划、用途管制、差异化绩效考核等构成的空间治理体系。"参见《中华人民共和国国民经济和社会发展第十三个五年规划纲要》，中国政府网，2016年3月17日。

[3] 《"十三五"规划纲要》第四十七章"健全生态安全保障机制"第一节"完善生态环境保护制度"提出："落实生态空间用途管制，划定并严守生态保护红线，确保生态功能不降低、面积不减少、性质不改变。建立森林、草原、湿地总量管理制度。"参见《中华人民共和国国民经济和社会发展第十三个五年规划纲要》，中国政府网，2016年3月17日。

[4] 比如，2016年4月公布的《国土资源"十三五"规划纲要》指出："建立国土空间用途管制制度，以土地用途管制为基础，将用途管制扩大到所有自然生态空间，构建以空间规划为基础，以用途管制为主要手段的国土空间开发保护制度。"2016年5月公布的《林业发展"十三五"规划》明确提出了建立健全林业资源用途管制制度的目标，并从"加强生态红线管控""完善自然保护制度""强化森林资源监督专项机制"三个方面进行了具体的规划。

[5] 具体包括五大方面的内容：一是建立国土空间开发保护制度，二是完善资源总量管理和节约制度，三是建立健全市场化环境治理和生态保护机制，四是完善环境治理保护制度，五是加快推进国有林场林区改革，六是推进生态文明基础制度建设。参见国家发展改革委《关于2016年深化经济体制改革重点工作的意见》，新华网，2016年3月31日。

海洋局、测绘地信局 9 个部门，研究制定了《自然生态空间用途管制办法（试行）》，并提出在福建、江西、河南、海南、贵州、青海等 6 省各选择 2~3 个市县开展试点工作。该办法的出台，为开展自然资源用途管制制度改革进一步明确了基本原则、总体思路与努力方向。但该办法重点在于推动生态空间用途管制的试点工作，对如何开展自然资源用途管制仍然缺乏系统完整的制度设计。可见，自然资源用途管制制度作为生态文明建设进程中的一项基础性制度急需建成。

二、自然资源用途管制制度的理论依据

（一）人与自然关系理论

自进入工业文明以来，人类过度地开发和利用自然资源，使人与自然的矛盾不断尖锐起来，出现了一系列严峻的现实问题：发展经济过程中的资源环境代价过大，不可再生性资源日益枯竭，环境污染所带来的破坏触目惊心。所有这些都在提醒着人们要改变"征服自然""人定胜天"的思想。"天人合一""道法自然"的哲理思想，至今仍给人以深刻警示和启迪。[1] 随着人与自然矛盾的日益尖锐，协调人与自然的关系，促进人与自然的和谐相处，是新时期加强生态文明建设的内在要求。[2]

自然资源的开发利用行为可能会破坏原有的生态平衡，因此自然资源的用途管制必须把资源开发可能给人居环境带来的破坏考虑进去。比如，开采矿产资源的行为，其本意在于获得矿物产品，但这一行为同时还可能带来环境污染、地表下沉、岩石开裂、气候变化等负

---

[1] 习近平：《习近平总书记系列重要讲话读本》，北京：人民出版社，2016 年，第 232 页。
[2] 党的十八大报告指出，面对资源约束趋紧、环境污染严重、生态系统退化的严峻形势，必须树立尊重自然、顺应自然、保护自然的生态文明理念，把生态文明建设放在突出地位，融入经济建设、政治建设、文化建设、社会建设各方面和全过程，努力建设美丽中国，实现中华民族永续发展。参见胡锦涛：《坚定不移沿着中国特色社会主义道路前进　为全面建成小康社会而奋斗——中国共产党第十八次全国代表大会报告》，人民网，2012 年 11 月 9 日。

面因素，直接影响到周边居民的居住环境和生活品质。比如，在"聂胜等 149 户辛庄村村民与平顶山天安煤业股份有限公司五矿等水污染责任纠纷案"中，二审法院认为采矿企业的排污行为是导致下游村庄地下水受到污染的重要原因，致使当地井水不能满足饮用水要求，应当承担村民到别处拉水带来的误工损失。[1] 这是一起因矿业生产引发的环境侵权案件，要求侵权人赔偿村民因到别处取水产生的误工损失，无疑显示了法律对利益受损者的保护，虽然此案件结果合理合法却不是治本之策，如何从制度上杜绝此类纠纷的大量出现才是值得我们去深思的问题。在村民聚居的区域，我们可以通过有效的管制措施限制甚至禁止资源的开发利用，至少要以不影响民众的安全居住为基本要求。只有这样，才能从制度上根本杜绝因自然资源开发利用而引发的不和谐。自然资源用途管制的制度完善，必须明确在什么区域可以进行自然资源作业，在什么区域禁止对自然资源的开发利用，以及开发利用自然资源应当遵守的基本准则和底线要求等。只有这样，人与自然的和谐才能真正实现，生态文明建设也才能得以顺利推进。

（二）有为政府理论

构建自然资源的开发利用秩序：一方面，要在明晰自然资源所有权归属的基础上，明确自然资源开发利用的权利人；另一方面，还需要加强自然资源管理，确保开发利用自然资源的各种行为合法、合规地进行。这就需要发挥好政府管理自然资源的作用。诺贝尔经济学奖获得者埃莉诺·奥斯特罗姆提出了公共事务管理可以有多种组织和多种机制（多中心主义）的新看法。在奥斯特罗姆看来，对公共事物的治理，一般来说有三种基本方式：政府管制、社区管理与私人产权。这三种方式并非互不相容，在很多情形下，需要三者的相互配合。自然资源有效管理往往需要"多中心"的治理系统，政府可能仅在某些

---

[1]　法律出版社专业出版编委会：《环境侵权：索赔技巧和赔偿计算标准》（第 3 版），北京：法律出版社，2015 年，第 137–142 页。

情况下发挥作用，没有哪种管理方法是永远有效的，不同的资源管理方式适合不同的环境。[1]不少学者对于社区管理自然资源或者公众团体管理自然资源所能发挥的作用持质疑态度。有意义的改革不会通过将决定委托给临时的、法律上不负责任的当地团体来实现；我们已经发展的法律体系尽管有各种缺点，但这毕竟体现了大多数人的意愿。[2]就我国的自然资源开发利用现状而言，无序开发、分散开发以及掠夺性开发的问题还是相当突出的，在法律框架内加强政府的自然资源的空间规划与用途管制势在必行。[3]国有自然资源资产既具有经营性又具有政策性，要通过准确把握其属性来实施有效管理，维护市场健康运行、环境可持续发展。[4]由此可见，规范自然资源的开发利用秩序，需要一个有为的政府。

政府简政放权的过程，实质上就是制定清单和完善清单的过程。[5]一个在自然资源管理工作中有为的政府，要坚持"放、管、服"相结合的原则，制定出明确、清晰、可操作的权力清单、责任清单、服务清单与资源开发利用的负面清单。制定自然资源管理的权力清单，就是要明确政府管理自然资源的权力边界。只有明确特定区域内的某一具体类型的自然资源归属于哪一层级的哪一个部门管辖，自然资源用途管制才能得到有效实施。制定自然资源管理的权力清单，其根本目的也在于明确管理分工、管理范围和管理权限，避免因权力边界模糊而带来"有利则管、无利则放""多头管辖、争权夺利""管理盲区、推诿扯皮"等诸多现实问题。制定政府管理自然资源的责任清单，需

[1] 埃莉诺·奥斯特罗姆：《公共资源的未来——超越市场失灵和政府管制》，郭冠清译，北京：中国人民大学出版社，2015年，第9-10页。
[2] George C. Coggins: Regulating federal natural resources: a summary case against devolved collaboration, Ecology Law Quarterly, 1999, 25（4）: 602-610.
[3] 《生态文明体制改革总体方案》明确提出，要健全国家自然资源资产管理体制，完善最严格的耕地保护制度和土地节约集约利用制度，完善最严格的水资源管理制度，建立能源消费总量管理和节约制度，等等。当前，完善这些制度很重要，而能否把这些制度落到实处更为重要，这就需要政府的积极作为。中共中央 国务院印发《生态文明体制改革总体方案》，中国政府网，2015年9月21日。
[4] 《国土资源部：自然资源管理格局定位大资源大体制》，中国政府网，2013年12月22日。
[5] 中共中央 国务院印发《法治政府建设实施纲要（2015-2020年）》中提到："大力推行权力清单、责任清单、负面清单制度并实施动态管理。在全面梳理、清理调整、审核确认、优化流程的基础上，将政府职能、法律依据、实施主体、职责权限、管理流程、监督方式等事项以权力清单的形式向社会公开，逐一厘清与行政权力相对应的责任事项、责任主体、责任方式。"新华网，2015年12月27日。

要明确管理自然资源的具体负责部门、主要职责以及其负责的主要事项，其根本目的则在于通过明确政府在自然资源管理中的责任与义务，有效约束政府及其工作人员在自然资源管理中的不作为或者乱作为的情形，做到权责统一、责任到位。权力清单与责任清单共同构成了政府管理自然资源的基本行为准则，完善自然资源的权力清单和责任清单，是政府管好自然资源的一把利器。与此同时，还要鼓励政府积极推进行政管理体制改革，积极出台与自然资源工作相关的"服务清单"，加快服务型政府建设，并在条件成熟的资源管理领域，探索建立资源管理的负面清单制度，创新政府的自然资源管理工作。[1] 同时，政府在自然资源管理过程中还要摆脱部门利益的左右，真正从保护自然资源出发，开展自然资源用途管制。政府管制一定要把握好度，即该管的管，不该管的坚决不管。在政府不该管的领域，就要放松政府管制。政府在管理自然资源的过程中，还要注意适当下放资源管理权限。从尼泊尔过去二十年的经验看，资源管理权限的下放，从国家到地方社区，一直是一个重要的政策工具。[2] 总之，一个有为的政府，需要在自然资源管理中发挥积极、有效的作用，而政府能否有效地开展自然资源的用途管制工作，则是检验政府自然资源管理成效的一个重要指标。

（三）政府与市场关系理论

市场要在资源配置中起决定性作用是深化经济体制改革的必然要求。[3] 自然资源是人类社会最重要的资源，完善自然资源配置的市场

---

[1] 比如，在国务院办公厅印发的《自由贸易试验区外商投资准入特别管理措施（负面清单）》（2020年版）中，关于自然资源开发利用的负面清单就占了相当一部分内容。中国政府网，2020年6月23日。
[2] S Adhikari、T Kingi、S Ganesh: Incentives for community participation in the governance and management of common property resources: the case of community forest management in Nepal, Forest Policy & Economics, 2014, 14: 1-9.
[3] 党的十八届三中全会通过的《中共中央关于全面深化改革若干重大问题的决定》指出："要紧紧围绕使市场在资源配置中起决定性作用深化经济体制改革，坚持和完善基本经济制度，加快完善现代市场体系、宏观调控体系、开放型经济体系，加快转变经济发展方式，加快建设创新型国家，推动经济更有效率、更加公平、更可持续发展。"国务院新闻办公室网站，2013年11月15日。

机制，有助于明晰自然资源产权和促进自然资源权利的正确行使[1]，有助于激发资源市场的活力和提升保护生态环境的积极性[2]。与此同时，我们也要看到市场配置自然资源可能带来的风险。第一，市场机制有利于产生最大的经济效益，但市场的逐利性容易导致自然资源的无节制开发，如果缺乏必要的管制措施，自然资源开发利用者在经济利益的驱使下很难进行理性的开发利用，必然导致生态环境的破坏。第二，市场机制提供了一个平等协商的氛围，相关的权利主体可以通过自由的协商来确定自然资源的开发利用方案，这对于提升自然资源的配置效率显然是大有裨益的。但是，市场对资源的配置仍然存在着明显的缺陷，市场配置资源往往只着眼于相关主体的利益分配，缺乏空间利用的整体规划和生态环境利益的保护思维。第三，市场机制的灵活性赋予了自然资源开发利用者行使权利的自由，但这种自由有可能被滥用，如果权利人怠于行使开发利用的权利或者基于经济利益的考量故意拖延开发利用自然资源的进程，这种囤积资源的行为可能会导致大量的自然资源被闲置，而自然资源产品的紧缺却带来了资源价格的不合理上涨[3]。第四，并非全部自然资源都适合通过市场机制来配置，关系国家安全和生态安全的重要自然资源，需要政府进行有效的管控。第五，市场机制应当关注自然资源的稀缺性特点。如果某种类型的自然资源不存在稀缺性，其数量是无穷大的，那么，其对人类而言就是取之不尽用之不竭的免费资源，无须政府的介入。20 世纪六七十年代爆发的人类对资源稀缺的恐惧，不过是对人类重复出现的担心的最新证明，即关键的矿产资源和能源输入的短缺将危及现代社会增长进程的经济基础。[4] 可见，市场机制应当着重在稀缺性资源领域发挥作用，使这种"恐慌"能得到有效的缓解或者消解。

---

[1] 比如，通过完善自然资源统一登记制度，明晰产权，也进一步明确自然资源的权利主体及其权利内容。
[2] 比如，通过林业碳汇交易机制实现了生态林的经济价值，提高了林农的生产积极性。
[3] 现实中，房地产开发商圈地、囤地的行为屡见不鲜，严重影响了商品房的有效供给。
[4] 朱迪·丽丝：《自然资源：分配、经济学与政策》，蔡运龙译，北京：商务印书馆，2002 年，第550-551 页。

　　市场配置自然资源存在的种种缺陷，需要通过完善自然资源用途管制制度加以补足。第一，要理性看待市场在自然资源配置中的作用，既不能无视市场机制的作用，也不能放任市场机制可能带来的负面作用，要通过适当的政府管制措施弥补市场机制的不足。第二，要认识到自然资源不是普通的资源，它兼具经济价值、社会价值和生态价值，也正因为自然资源本身所蕴含的多种价值，对自然资源的配置不能仅考量它的经济价值，还要考量它的社会价值和生态价值。第三，与普通资源的不当利用不同，自然资源的不当开发利用带来的后果可能是无法补救或者无法修复的。尤其是对耗竭性自然资源的开发利用，其储量将随着开发利用的进程而减少，而这种减少是不可逆的、不可恢复的，一旦缺乏有效的规划或者管制，该种自然资源很可能因无序利用而提前耗尽。因此，进行合理的自然资源开发利用规划，明确开发利用的红线，并实施有效的政府管制就显得尤为重要和迫切。

三、我国自然资源用途管制制度的法律现状

　　总体而言，我国目前没有制定专门的自然资源用途管制的基本法律，关于自然资源用途管制的法律规定散见在部门法、行政法规、地方性法规或者地方政府规章中。从目前的法律规定来看，在土地资源、水资源、林业资源等自然资源领域，自然资源用途管制有了一系列有效的措施，相对其他类型的自然资源而言，这三类自然资源的用途管制制度是比较健全的。因此，梳理这三类自然资源用途管制的制度现状，基本能够管窥我国自然资源用途管制制度的现状。

　　（一）土地资源用途管制制度

　　1.制度现状

　　土地用途管制制度，是世界上土地管理制度较为完善的国家和地区广泛采用的一种土地利用管理制度，该制度的目的是保证经济、社

会环境的协调发展。如美国、加拿大等都采用了土地用途管制制度，通过土地分区法、土地分块控制、土地开发方案控制、农用地等级变更限制等手段，实现了合理利用土地的目的，特别是在保护耕地方面效果显著。[1]

长期以来，我国的自然资源用途管制主要集中在土地用途管制领域，土地用途管制制度建设取得了长足进步。就我国的制度现状而言，与土地用途管制相关的规定主要集中在《中华人民共和国土地管理法》（以下简称《土地管理法》，2004 年）、国务院《关于深化改革严格土地管理的决定》（2004 年）、《农业法》（2012 年）、《基本农田保护条例》（1998 年）、《中华人民共和国农村土地承包法》（2002 年）、《村庄和集镇规划建设管理条例》（1993 年）、国土资源部颁布的《规划用地目录》（2001 年）、国务院《全国主体功能区规划》（2010 年）、环境保护部与中国科学院联合发布的《全国生态功能区划》（2015 年）、《中共中央　国务院关于进一步加强城市规划建设管理工作的若干意见》（2016 年）、《十三五规划纲要》（2016 年）、《国土资源"十三五"规划纲要》（2016 年）。2016 年以来，我国正在加快土地利用规划办法、土地督察条例的制定，《土地利用总体规划管理办法》（征求意见稿）、《国家土地督察条例》（征求意见稿）已经在公开征求意见中。

2. 中国土地用途管制制度建设的成绩及其特点

（1）重视土地利用规划制度建设

以《土地管理法》为例，该法第三章"土地利用总体规划"的相关规定，确立了我国土地用途管制制度的总体框架。具体包括了土地利用总体规划的编制原则、划分土地利用区的具体规则、建设用地总量控制制度、土地用途的变更规则、土地调查制度、土地统计制度等。根据《土地管理法》的规定，土地的类型主要包括建设用地、农用地

---

[1] 陈永申：《发达国家自然资源管理制度》，北京：时事出版社，2001 年，第 207 页。

和未开发利用的土地且不同类型的土地应当采取相应的用途管制措施。从总体上看，《土地管理法》从土地用途的确定、土地用途的管理、土地用途的变更程序、土地用途的监督等方面对土地用途管制制度进行了较为全面的规定。

（2）重视基本农田保护制度建设

我国关于基本农田保护的相关规定集中体现在《土地管理法》《农业法》《基本农田保护条例》《国土资源"十三五"规划纲要》等法律、行政法规和部门规划中。目前，我国已经建立了比较完善的基本农田规划制度、基本农田划定制度、基本农田保护制度和基本农田监督检查制度。以基本农田保护制度为例，《基本农田保护条例》建立了基本农田保护责任制度、基本农田保护区用途管制制度、占用基本农田严格审批制度、基本农田监督检查制度和违法占用基本农田法律责任制度。

（3）重视健全土地督察检查制度

2004年10月，《国务院关于深化改革严格土地管理的决定》，强调要完善土地执法监察体制，建立国家土地督察制度，设立国家土地总督察，向地方派驻土地督察专员，监督土地执法行为。[1]2006年，国务院正式设立国家土地总督察及派驻地方的国家土地督察机构。十年来共发现土地利用和土地管理违法问题近17万个；"十二五"期间，督促地方政府补充耕地33万亩，追缴土地出让收入1064亿元。国家土地督察制度、耕地保护红线和节约集约用地制度已经成为需要长期坚持的土地管理政策。[2]在多年实践摸索的基础上，《国家土地督察条例》（草案）于2016年6月12日至2016年7月12日向社会公开征求意见。根据该草案的相关规定，国家将对四种情形的土地利用和土地管理情况进行监督检查，具体包括耕地保护责任目标落实情况、

---

[1]　参见《国务院关于深化改革严格土地管理的决定（国发〔2004〕28号）》，中国政府网，2005年8月12日。
[2]　《关于〈国家土地督察条例（征求意见稿）〉的说明》，中国政府法制信息网公开征求意见系统，最后访问时间2018–10–25.

土地节约集约利用情况、土地利用总体规划编制和实施情况、国家有关土地管理重大决策落实情况。[1]

3. 中国土地用途管制制度存在的主要问题及未来立法方向

尽管我国高度重视土地用途管制的制度建设，但现实中出现的不少问题需要我们思考如何进一步完善中国的土地用途管制制度。一方面，随着中国城镇化进程的加速，大量农田被转为耕地，耕地面积正在呈现出逐年减少的趋势，仅 2015 年耕地面积就减少了 99 万亩[2]。土地沙漠化也对土地资源造成了严重的破坏，我国现有沙化土地共占国土总面积的 3.5%，有沙化潜在危险的土地占国土总面积的 16.8%。[3] 另一方面，由于农业效率低下、农业利润单薄，农村的青壮劳动力普遍选择外出务工，近年来农村耕地抛荒问题开始凸显，大量的耕地处于闲置状态。"投入远多于产出"的现状导致农业效益低下，进而导致了劳动力外流、劳动力成本增加等现象的大量涌现。[4] 可见，合理规划耕地用途并加快土地集约利用制度建设，在当下显得尤为重要。与此同时，土壤污染问题日益严重。基于中国土壤污染的现状，当前中国土壤立法应当重点聚焦四个方面的内容，即保护清洁土壤的制度建设、遏制当前土壤污染进一步加剧的制度建设、严格防止新的土壤污染产生的制度建设、管控土壤环境风险并修复受污染土壤的制度建设。[5]

（二）林业资源用途管制制度

我国森林面积占世界森林总面积的 4.5%，列第 5 位；我国森林蓄积量占世界森林蓄积量的 3.2%，列第 6 位；我国年人工林面积居

---

[1] 参见《国家土地督察条例》（征求意见稿）第二条的规定。
[2] 国土资源部《2015 中国国土资源公报》显示：截至 2015 年末，全国耕地面积为 20.25 亿亩，2015 年全国因建设占用、灾毁、生态退耕、农业结构调整等原因减少耕地面积 450 万亩，通过土地整治、农业结构调整等增加耕地面积 351 万亩，年内净减少耕地面积 99 万亩。参见《2015 中国国土资源公报发布》，中国政府网，2016 年 4 月 25 日。
[3] 谢高地：《自然资源总论》，北京：高等教育出版社，2009 年，第 172 页。
[4] 尹坤：《别让农村土地"下岗"——对农村土地抛荒现象的思考》，《中国土地》2012 年第 2 期，第 59–60 页。
[5] 王树义：《"土壤法"应当解决什么问题》，《中华环境》2016 第 7 期，第 34–35 页。

世界首位。[1] 中国作为一个森林大国，历来重视加强自然资源的管理
与相关的制度建设。我国林业用途管制制度相关的法律制度主要有：
《自然保护区条例》（1994 年）、《森林法》（1998 年）、《森林
法实施条例》（2000 年）、《农业法》（2002 年）、《主要林木品
种审定办法》（2003 年）、《林业标准化管理办法》（2003 年）、《营
利性治沙管理办法》（2004 年）、《普及型国外引种试种苗圃资格认
定管理办法》（2005 年）、《林木种子质量管理办法》（2006 年）、
《开展林木转基因工程活动审批管理办法》（2006 年）、《林木种质
资源管理办法》（2007 年）、《森林资源监督工作管理办法》（2007
年）、《国家级森林公园管理办法》（2011 年）、《湿地保护管理规
定》（2013 年）等。在我国陆续出台的法律、行政法规和部门规章中，
相关的条文或多或少体现了我国政府进行林业资源用途管制的意图，
但由于这些规定比较分散，且制定出台的前后时间跨度较大，我国的
林业用途管制制度还没有形成一个完整的制度体系。

　　林木限额采伐制度是林业资源用途管制的核心制度。在我国，现
在植被稀少的黄土高原曾森林遍布，采伐制度不完善导致的滥砍乱伐，
使得山清水秀的美丽景象不复存在。[2] 长期以来，我国政府也高度重
视建立健全林木限额采伐制度[3]，2000 年起施行的《森林法实施条例》
明确规定了不得核发林木采伐许可证的三种情形[4]，2001 年《国务院
批转国家林业局关于各省、自治区、直辖市"十五"期间年森林采伐
限额审核意见报告的通知（国发〔2001〕2 号）》明确规定了各地"十五"
期间年森林采伐限额总量和按采伐类型、消耗结构的各分项限额。

---

[1]　谢高地：《自然资源总论》，北京：高等教育出版社，2009 年，第 263 页。
[2]　习近平：《习近平总书记系列重要讲话读本》，北京：人民出版社，2016 年，第 231 页。
[3]　比如，早在 2001 年，《国务院批转国家林业局关于各省、自治区、直辖市"十五"期间年森林采
伐限额审核意见报告的通知》就明确规定了各地"十五"期间年森林采伐限额总量和按采伐类型、消耗
结构的各分项限额。
[4]　《森林法实施条例》第三十一条规定："有下列情形之一的，不得核发林木采伐许可证：（一）防
护林和特种用途林进行非抚育或者非更新性质的采伐的，或者采伐封山育林期、封山育林区内的林木的；
（二）上年度采伐后未完成更新造林任务的；（三）上年度发生重大滥伐案件、森林火灾或者大面积严
重森林病虫害，未采取预防和改进措施的。"

2011 年修订的《森林采伐更新管理办法》第九条明确规定了只准进行抚育和更新采伐的五种情形。[1] 这些必要的管制措施，对保护敏感地区的林木资源起到了重大的作用。当前，要在落实这一实施办法的基础上，加强生态敏感区的采伐管制，适当放松非敏感区的管制；放松对私有林的采伐限制，适当加强林地使用和更新管制。[2] 由此可见，森林采伐限额管理制度已经成为我国现行森林资源管制制度的核心。

退耕还林是我国林地用途管制的一大措施。退耕还林，就是将易造成水土流失的坡耕地有计划停止耕种，按照适地适树的原则因地制宜地植树造林，恢复森林植被。退耕还林工程建设包括耕地退耕还林和宜林荒山荒地造林。该工程是迄 2013 年为止世界上最大的生态建设工程。《退耕还林条例》自 2003 年 1 月 20 日正式施行以来，对规范退耕还林活动起到了重要的作用，该条例明确规定了退耕还林的基本原则，在规划计划、验收、补助和保障措施等方面都有了明确的规定，对于保护退耕还林者的合法权益、巩固退耕还林成果具有积极的意义。当然，由于退耕还林工程的涉及面广、时间跨度大，在退耕还林的具体实施过程中，还存在着规划不合理、区域间进程不平衡、补偿机制不够完善等问题，需要通过健全相关的用途管制制度和生态补偿机制加以完善。

注重生态的整体性保护是林业用途管制制度的一大特点。林业资源是生态系统的组成部分，林木的布局生长状况直接影响到农业资源、野生动植物资源、草原资源、气候资源等自然资源的外部环境。因此，涉及林业资源用途管制的措施，不仅规定在林业专门法律制度中，还

---

[1]　《森林采伐更新管理办法》第九条规定："对下列森林只准进行抚育和更新采伐：（一）大型水库、湖泊周围山脊以内和平地 150 米以内的森林，干渠的护岸林。（二）大江、大河两岸 150 米以内，以及大江、大河主要支流两岸 50 米以内的森林；在此范围内有山脊的，以第一层山脊为界。（三）铁路两侧各 100 米、公路干线两侧各 50 米以内的森林；在此范围内有山脊的，以第一层山脊为界。（四）高山森林分布上限以下 150 米至 200 米以内的森林。（五）生长在坡陡和岩石裸露地方的森林。"
[2]　田淑英：《集体林权改革后的森林资源管制政策研究》，《农业经济问题》2010 年第 1 期，第 92-97 页。

规定在其他相关的法律制度中。比如，《农业法》就对加强防护林体系建设作出了明确的规定[1]。

（三）水资源用途管制制度

当前，水资源的供需矛盾仍然是影响我国可持续发展的主要瓶颈，需要通过有效的用途管制制度来规范水资源的开发利用，从而促进水资源的集约利用、节约利用和循环利用。近年来，我国初步形成了水资源用途管制框架体系，但水资源用途管制要求相对原则，缺乏系统性，各项管理制度和措施有待深入落实；同时，水市场逐渐发育，用途监管急需加强。[2] 就我国目前的法律制度而言，有关水资源用途管制的制度主要体现在法律、行政法规、部门规章和规范性文件，以及各省市制定的地方性法规之中（表6-1至表6-3）。

表 6-1　水资源用途管制制度相关的法律一览表

名称及颁布时间	主要相关内容
《中华人民共和国防洪法》（1998年）	防洪规划制度，河道、湖泊的管理与护理制度，禁止围湖造地的相关规定，防洪区和防洪工程设施的管理制度等
《中华人民共和国水法》（2002年）	水资源规划、管理与保护制度，水资源节约使用制度等
《中华人民共和国水污染防治法》（2008年）	水污染防治措施、饮用水水源和其他特殊水体保护等。（该法已经于2016年列入修订议程）
《中华人民共和国水土保持法》（2010年）	水土保持规划制度，预防和减轻水土流失的相关制度，水土流失治理制度等

---

[1]　《农业法》第十六条规定："加强林业生态建设，实施天然林保护、退耕还林和防沙治沙工程，加强防护林体系建设，加速营造速生丰产林、工业原料林和薪炭林。"
[2]　《水资源司司长陈明忠解读水利部〈关于加强水资源用途管制的指导意见〉》，中华人民共和国水利部网站，2016年7月13日。

表 6-2　水资源用途管制制度相关的行政法规与法规性文件列举

名称及颁布时间	主要相关内容
《取水许可和水资源费征收管理条例》（2006 年）	取水的申请和受理制度，取水许可的审查和决定制度，水资源费的征收和使用管理制度，监督管理制度
《国家农业节水纲要（2012—2020 年）》（2012 年）	农业节水的具体要求与节水机制的构建
《实行最严格水资源管理制度考核办法》（2013 年）	推进实行最严格水资源管理制度
《农田水利条例》（2016 年）	农田水利的有序开发利用及其制度规范

表 6-3　水资源用途管制制度相关的部门规章与规范性文件列举

名称及颁布时间	主要相关内容
《取水许可管理办法》（2008 年）	规定了取水的申请和受理制度，取水许可的审查和决定制度，取水许可证的发放和公告制度，取水许可的监督管理制度等
《小型水库安全管理办法》（2010 年）	规定了小型水库的管理责任、工程设置、管理措施等安全管理制度
《关于加强河湖管理工作的指导意见》（2014 年）	健全法规制度体系，全面提升河湖管理的法制化、规范化和专业化水平
《水权交易管理暂行办法》（2016 年）	水权交易制度的相关内容
水利部《关于加强水资源用途管制的指导意见》（2016 年）	明确提出了加强水资源用途管制的指导思想、基本原则、总体目标、主要任务以及保障措施

　　用水节水制度是水资源用途管制制度的基础性制度。《水法》对水资源用途管制进行了原则规定，既要"协调好生活、生产经营和生

态环境用水"[1]，又要"按照流域、区域制定水资源战略规划"[2]。由此可见，有效统筹生活空间、生产空间和生态空间的用水，制定科学合理的水资源用途规划，并加强农田水利建设[3]，保障合理用水，促进人水和谐，是加强水资源用途管制的首要任务。与此同时，我国一贯重视节约用水的制度建设，出台了《国家农业节水纲要（2012—2020 年）》《实行最严格水资源管理制度考核办法》等相关规定。

取水许可管理制度是我国水资源用途管制制度中举足轻重的一项制度。《取水许可和水资源费征收管理条例》明确提出"加强水资源管理和保护，促进水资源的节约与合理开发利用"的立法目的，要求取水许可证必须明确取用水的具体用途。在此基础上，《取水许可管理办法》对取水许可作了更具操作性的规定，比如，《取水许可管理办法》第二十条[4] 对《取水许可和水资源费征收管理条例》第二十条第一款第三项、第四项规定的不予批准的情形进行了明确的规定；《取水许可管理办法》第二十八条[5] 规定了需要重新提出取水申请的几种情形，其中明确规定用途变更需要重新提出取水申请。当然，并非任何形式的用水都需要提出用水许可申请，比如，《福建省取水许可管理权限规定》就明确规定了不需要申领取水许可证的情形。[6]

---

[1] 《水法》第四条规定："开发、利用、节约、保护水资源和防治水害，应当全面规划、统筹兼顾、标本兼治、综合利用、讲求效益，发挥水资源的多种功能，协调好生活、生产经营和生态环境用水。"《水法》第二十一条规定："开发、利用水资源，应当首先满足城乡居民生活用水，并兼顾农业、工业、生态环境用水以及航运等需要。在干旱和半干旱地区开发、利用水资源，应当充分考虑生态环境用水需要。"
[2] 《水法》第十四条规定："开发、利用、节约、保护水资源和防治水害，应当按照流域、区域统一制定规划。"
[3] 2016 年 7 月 1 日起正式实施的《农田水利条例》进一步规范了农田水利规划、建设、运行、管理，有助于建立健全农田水利基本制度和长效机制。
[4] 《取水许可管理办法》第二十条规定："《取水条例》第二十条第一款第三项、第四项规定的不予批准的情形包括：（一）因取水造成水量减少可能使取水口所在水域达不到水功能区水质标准的；（二）在饮用水水源保护区内设置入河排污口的；（三）退水中所含主要污染物浓度超过国家或者地方规定的污染物排放标准的；（四）退水可能使排入水域达不到水功能区水质标准的；（五）退水不符合排入水域限制排污总量控制要求的；（六）退水不符合地下水回补要求的。"
[5] 《取水许可管理办法》第二十八条规定："在取水许可证有效期限内出现下列情形之一的，取水单位或者个人应当重新提出取水申请：（一）取水量或者取水用途发生改变的（因取水权转让引起的取水量改变的情形除外）；（二）取水水源或者取水地点发生改变的；（三）取水地点、退水量或者退水方式发生改变的；（四）退水中所含主要污染物及污水处理措施发生变化的。"
[6] 《福建省取水许可管理权限规定》（2006 年）第四点明确规定："家庭生活和零星散养、圈养畜禽等年取用地表水量在 3000 m³ 以下或者年取用地下水量在 1000 m³ 以下取水的，不需要申请领取取水许可证。"

水权交易是水资源用途管制制度创新的重要媒介。实现水权交易的有序进行，最重要的是要健全水资源资产产权制度和水资源用途管制制度。一方面，有了明确的水资源用途管制制度和水资源产权制度，就可以确定水权交易的具体规则，使水权交易有法可依；反之，如果没有严格的水资源用途管制制度，水权交易可能因缺乏必要的用途管制而导致交易之后水资源的滥用，从而破坏水生态文明。另一方面，水权交易的市场化及其健康发展，可以清晰反映出水资源用途管制制度的科学性与合理性。

从土地资源、林业资源、水资源等资源领域开展的用途管制制度建设情况可以看出，不同类型的自然资源的用途管制制度建设力度和进展不尽相同，侧重点也各不相同，因此自然资源用途管制制度呈现出"散""杂"的复杂格局。各类自然资源用途管制制度建设的步调并不一致，其根本原因在于长期以来不同类型的自然资源分散在不同的资源管理部门。尽管如此，各部门已经开展的自然资源用途管制的探索与实践，积累了自然资源用途管制制度建设的宝贵经验。认真总结和反思这些典型自然资源用途管制的制度实践，对加快我国自然资源用途管制制度建设大有裨益。

第三节　我国自然资源用途的制度完善

实施自然资源用途管制，是我国推进生态文明建设的必然要求。近年来，我国以生态文明制度建设为抓手，大力推进生态文明体制机制改革，在这一过程中，自然资源用途管制制度的顶层设计逐步清晰，相关制度建设的步伐也在不断加快。同时，我们也应当看到，中国自然资源用途管制的制度建设才刚刚起步，缺乏健全的制度规范，自然资源用途管制的实施策略也不明晰。当前，要把自然资源生态空间用途管制制度作为我国生态文明制度建设的重要组成部分，加快自然资源用途管制的制度建设，确定有效的自然资源用途管制实施策略，助力深化生态文明体制机制改革。

一、自然资源用途的整体性管制及其制度保障

（一）自然资源用途整体性管制的必要性

1. 应对自然资源稀缺性的要求

由于自然资源存在稀缺性，要求自然资源的开发利用必须有规划、有统筹、有控制。尽管我国自然资源蕴藏丰富，但从总体上看我国仍是一个自然资源稀缺的国家，自然资源的日益紧缺成为我国经济社会可持续发展的瓶颈。自然资源的稀缺与否不取决于其数量上的多寡，而取决于可以被人类有效利用的资源数量及其分布情况。因此，尽管某种资源的绝对数量很大，但其储存在不便于人类开发利用的区域，或者，人类对其进行开发利用需要耗费大量的成本，对于人类的需要而言，该种自然资源仍然存在着明显的稀缺性。既然存在着这种稀缺性，就有了对该种自然资源进行用途管制的必要。有效应对自然资源的稀缺性，不能仅对某种自然资源或者某几类自然资源进行用途管制，而应当把每一种自然资源都视为生态环境的有机组成部分，从自然界整体性保护的视角来确定对其中某一类自然资源的管控程度，不能在保护某一类自然资源存量的同时却加剧了其他自然资源的稀缺性。

2. 削减自然资源开发利用过程中负外部性的要求

对自然资源的利用，有别于对其他一般物品的利用；对自然资源的用途管制，有别于对其他一般物品的用途管制。对一般物品的利用，只会导致该物品的消耗或者减损，不会对周边的事物带来直接的影响。但是，过量地利用某一类自然资源，其后果可能不仅是该种自然资源数量的减少，还可能影响其周边的整体生态环境，进而影响处于该环境之中的人居环境，引发人与自然的不和谐。这种不和谐就是自然资

源开发利用的负外部性。开发利用自然资源的负面效应常常与其开发过程相伴而生。比如，在林木资源的开发利用问题上，对林木资源进行用途管制不能只考量林木资源本身的可持续利用，而应当从生态的整体性平衡角度来把握和考量。

3. 完善国土空间治理体系的要求

按照《全国主体功能区规划》，国土空间按开发方式可以划分为优化开发区域、重点开发区域、限制开发区域和禁止开发区域。《国土资源"十三五"规划纲要》也提出："要落实国家区域发展总体战略，完善国土空间用途管制制度，促进区域协调、城乡协调和陆海统筹，形成均衡的国土资源开发利用格局。" 由此可见，完善国土空间开发利用格局，离不开自然资源用途的整体性管制。在建立科学空间规划体系和划定生产、生活、生态空间开发管制界限的前提下，要实现自然资源开发利用的空间均衡，应当统筹协调、因地制宜、合理规划，以自然资源用途的整体性管制为基本手段，统筹各类自然资源空间利用规划，从而形成科学的自然生态空间治理体系。实施自然资源用途的整体性管制，有利于维护自然生态空间的平衡，可以促进自然资源开发利用的程度与资源环境承载能力相匹配，与环境容量相适应，与生态系统承载能力相对接，从而不断优化自然生态环境。

（二）实现自然资源用途整体性管制应当处理好的三种关系

一是处理好自然资源用途管制过程中政府与市场的关系。一方面，市场要在资源配置中起决定性作用是深化经济体制改革的必然要求。完善自然资源配置的市场机制，有助于完善自然资源的市场流转机制，实现各个相关主体的自然资源权益；有助于激发资源市场的活力，提升自然资源开发利用者保护生态环境的积极性，从而促使自然资源按用途得到更合理的利用和更有效的保护。另一方面，市场配置自然资源存在种种缺陷，需要通过完善自然资源用途管制制度对市场的弱点进行弥补。自然资源既有经济价值，也有社会价值和生态价值，因此，需要通过政府的用途管制对自然资源的市场机制进行必要的纠偏，明确开发利用自然资源的底线要求，以保证自然资源的开发利用不偏离生态保护的轨道，同时避免对自然资源的不当和无序开发。

二是处理好自然资源用途管制中中央与地方的关系。建立自然资源用途管制中的政府逐级落实机制，充分调动地方政府开展自然资源用途管制的积极性，成为提升自然资源用途管制实效的关键。首先，要把财政转移支付作为配合实施用途管制的重要手段，对在用途管制过程中地方经济发展受到限制或者影响的，中央政府要给予适当的财政补贴。同时，要建立常态化的利益补偿机制，通过完善生态补偿机制或者生态损害赔偿制度，对在自然资源用途管制过程中受到损失的区域进行适当的财政补贴或者补助。其次，中央政府应通过制定区域自然资源开发利用规划，指导地方政府之间的协同与协作，健全和完善相邻省份或是相关省份之间的区域协作机制，以形成自然资源用途管制的合力。最后，中央要根据不同区域的经济发展水平，制定差别化的自然资源用途管制要求，允许各地通过地方立法适度调整自然资源用途管制力度，使自然资源用途的管制与区域经济的发展水平相适应。

三是处理好自然资源用途管制中"权力"与"权利"的关系。从生态文明制度的顶层设计来看，自然资源物权制度和自然资源用途管制制度是自然资源制度体系的两大组成部分。如果说自然资源物权制度界定的是自然资源开发利用者的权利边界，那么，自然资源用途管制制度则是要规范政府管理自然资源的权力边界，这二者有着紧密的联系。自然资源管理权力的起点恰好是行使自然资源开发利用权利的上限，而对自然资源的用途管制就是要规范自然资源的开发利用行为，防止因无限制行使自然资源"权利"可能带来的生态破坏，弥补自然资源所有权制度在预防权利滥用方面的短板。因此，自然资源用途管制的过程，就是管制"权力"与开发利用"权利"相互交织的过程。

在某些情形下，管制"权力"与开发利用"权利"可能存在冲突，需要处理好二者之间的关系。自然资源管制者使用"公权力"对自然资源开发利用者的"私权利"进行干预，这本身就是对所有权行使的一种限制，管制不当或者过分管制都可能导致自然资源权利人的正当权益受到侵害。因此，必须要明确自然资源用途管制的限度，或者说，需要明确自然资源制度体系中"权力"与"权利"之间的边界。

（三）自然资源用途整体性管制的制度保障

一是健全开发利用自然资源的环境保护机制。自然资源用途管制不能仅仅着眼于"限制"自然资源的开发利用，更要注重"引导"自然资源的合理开发利用。这就需要把保护环境的理念贯穿自然资源用途管制的始终。因此，要把自然资源开发利用与生态环境保护的步调协调起来，建立健全开发、保护、更新、修复等同步推进的机制。实现自然资源开发利用与环境保护的双赢，核心是要促进自然资源用途管制制度与生态红线制度之间的衔接与协调。2017年2月，中共中央办公厅、国务院办公厅印发的《关于划定并严守生态保护红线的若干意见》指出，划定并严守生态保护红线，是贯彻落实主体功能区制度、实施生态空间用途管制的重要举措。生态红线制度强调统筹考虑自然生态的整体性和系统性，牢固树立资源开发利用的底线意识，严禁任意改变生态空间的用途，这也正是实现自然资源用途整体性管制的需要。

二是健全自然资源开发利用的预警机制。自然资源开发利用者在取得自然资源使用权之后，往往更多地关注如何使资源利用效率最大化，却缺乏自然资源开发利用的警情意识，忽视了自然资源开发利用预警机制对避免生态破坏的意义。当自然资源的开发利用超过环境承载能力时，就需要由负责用途管制的管理部门及时发出警告信息。加强对自然资源开发利用的过程监管，及时发出超限开发自然资源的通知与警示，对于有效控制和化解自然资源开发利用过程中的各种警情至关重要。

三是强化自然资源用途管制的信息化保障机制。提升自然资源用途管制的针对性与科学性，要充分借助信息化手段，作为判断用途管制广度与力度的重要依据。科学技术的进步与广泛利用使得探明一定区域内自然资源的储量与分布情况成为可能，这将大大提升自然资源用途管制的科学性。将自然资源的储量与分布信息系统化，可以较为精确地掌握不同区域自然资源的丰裕程度，辅助自然资源用途管制部门做出科学的决策。

四是完善自然资源用途管制的责任追究机制。要保障自然资源用途管制制度的权威性和强制力，必须对违反自然资源用途管制制度的各类违法行为予以法律制裁。第一，要以权力清单、责任清单的形式明确政府及其工作人员在实施自然资源用途管制过程中的职能与权限，把自然资源用途管制的权力装进"清单的笼子"里，严格追究任意行使自然资源管制权人员的法律责任。第二，对恶意干扰实施自然资源用途管制的资源利用者，应当视其违法情节，对其采取警告或者给予必要的行政处罚，情节严重的移交司法机关处理。追究违反用途管制的自然资源开发利用者的法律责任，不仅可以起到制裁违法者的作用，还能对其他人起到威慑作用，预防类似违法开发利用行为的再次出现。第三，要发挥检察机关的法律监督职能，加强实施自然资源用途管制的司法保障。对实施自然资源用途管制过程中出现的各类违法行为，检察院可以通过发出检察建议或者提起环境公益诉讼的方式来实现保护生态环境的目标。

二、自然资源用途管制的有效实施及其制度完善

（一）自然资源用途管制的实施策略

1. 发挥好政府在自然资源用途管制中的作用

在开展自然资源用途管制的过程中，中央政府与地方各级政府之间应当有一个合理的分工。要建立健全纵向的自然资源用途管制机制，保证自然资源用途管制从中央到地方的有效实施。政府要有效实施自然资源用途管制，明确各级政府的权限是关键。美国矿业管理的经验给中国一个很重要的启示，那就是要明确各级政府的矿业管理权限，发挥地方政府在自然资源用途管制中的能动性和自觉性。[1] 只有明确特定区域内的某一具体类型的自然资源归属于那一层级的哪一个部门管辖，自然资源用途管制才能得以有效实施。要建立有效的监督制约机制，促使政府在自然资源管理过程中摈弃部门利益的思想，真正从保护自然资源的可持续开发利用来实施自然资源的用途管制。

政府要有效实施用途管制，还要取得受管制者的积极配合。在自然资源用途管制法律关系中，一般民众承担着不作为的义务。政府对一定区域范围内的自然资源实施用途管制，对有意开发利用该区域自然资源的主体而言，意味着开发利用该自然资源需要符合用途管制的要求；对其他的一般民众而言，则意味着增加了不违反该用途管制要求的不作为义务。比如，原本可以自由取水的区域被确立为饮用水水源一级保护区域之后，政府可能在该区域实施封闭式的管理，该区域周边居民的取水、用水的自由就会受到一定的限制[2]。与此同时，实施自然资源用途管制之后，可能会给原先的自然资源利用人带来生活的不便，甚至增加其生活成本。这就需要政府在进行自然资源用途管

---

[1] 姚金蕊、任清宇：《美国、加拿大矿业管理制度及启示》，《矿业快报》，2006年第1期，第8–11页。
[2] 比如，《浙江省饮用水水源保护条例》第二十条第二款规定："具备条件的地方应当在饮用水水源一级保护区外围设置隔离防护设施，对一级保护区实行封闭式管理。"这种封闭式管理必然会影响周边居民的取水便利，增加周边居民的生活成本。

制的同时采取相应的配套措施，比如，提供替代的资源利用渠道或者给予利益受损者必要的经济补偿等。总之，只有充分考量自然资源用途管制可能带来的负面影响，并辅之以必要的补救措施，自然资源用途管制的各项要求才有可能得到公众的普遍认同和自觉遵守，一般民众的不作为义务也才会真正落到实处。

2. 着力提升自然资源用途管制的针对性

从美国政府开展自然资源用途管制的基本手段可以看出，自然资源用途管制要取得理想的效果，必须注重提升管制措施的针对性。的确，自然资源类型多样，不同类型的自然资源，其用途管制措施、用途管制程度也不尽相同。对于非生物资源和生物资源的管制应当有所区别。对于非生物资源，管制以促进其循环使用为根本原则，管制的度应当控制在人类开发利用的速度不超越其更新和恢复的速度，只要在这一限度内，就应当允许和满足人类的资源需求；而对于生物资源，其管制则应当以保持生态平衡为基本原则，比如，对于某种珍稀野生动物，尽管其自身也会繁衍和壮大，但出于生态保护的需要，可以采取严格的管制措施，禁止对其捕杀或者利用。比如，2018 年修订的《野生动物保护法》把"积极驯养繁殖、合理开发利用"改成"规范利用"，这一立法强调了野生动物利用的"规范性"，体现了对野生动物开发利用的严格管制。

在我国广阔的空间领域内，无论是气候、地形，还是土壤等，其空间变化都很大。由于温度带、季风、地势的影响，我国土地地域条件差异很大，土地资源类型丰富、土地利用形式多样是我国的一大特征。[1] 不同的区域对同一种自然资源的用途管制措施是不尽相同的，应当根据本地区的资源储量和当地的经济社会发展需要，因地制宜制定相应的自然资源用途管制制度。对自然资源采取何种管制措施，在很大程度上取决于其所处的地理位置。同一种自然资源，在不同的区

---

[1]　谢高地：《自然资源总论》，北京：高等教育出版社，2009 年，第 188–189 页。

域，其空间区域不同，自然环境条件不同，资源的稀缺性程度不同，所需要采取的用途管制措施自然也就不同。以水资源的管制为例，在水资源相对充沛的南方地区，对水资源的使用管控相对较松，一般以提倡不浪费水资源为主要措施；而在水资源稀缺的西北地区，则需要采取严格的管控措施，比如，限时、限量使用水资源，或者根据人口来确定水资源的使用指标，等等。而对于水资源相对丰富的广东省，则无须采用"以水定产，配水到户"等管制措施，其管制的目的是节约保护与合理开发利用水资源，防治水害，实现水资源统一管理和可持续利用，其主要管制手段则为当建立用水总量控制制度、用水效率控制制度、水功能区限制纳污制度和责任考核制度。[1]自然资源的用途可能因自然条件变化而变化，也可能因人文社会环境的变化而转化。因此，在对自然资源进行用途管制时，应当重视自然资源用途管制中的人文环境因素，充分考虑自然资源用途转化的成因，尤其是要注重分析人口增长、经济发展、文化演进等方面的因素可能带来的自然资源用途的转化。

3. 借助科技手段提升自然资源用途管制的科学性

随着科学技术的进步，人类对自然资源的最终利用极限的判断也在不断发生变化，评估方法的不同使自然资源资产的估算值出现各种各样的结论，这些结论甚至大相径庭，比如，过去40年来对石油最终可采资源的估计已经增加了4倍。[2]当今社会是一个科学技术日新月异的时代，人类开发利用自然资源的能力在不断提升，开发利用资源的方式在不断发生变化，许多传统的自然资源用途管制方法已经无法适应时代的需要，自然资源用途管制要得到有效实施，应当充分借

---

[1] 《广东省实施〈中华人民共和国水法〉办法（2014年修订）》第一条规定："为了节约保护与合理开发利用水资源，防治水害，实现水资源统一管理和可持续利用，推进生态文明建设，根据《中华人民共和国水法》等有关法律、行政法规，结合本省实际，制定本办法。"该《办法》第五条规定："县级以上人民政府应当建立用水总量控制制度、用水效率控制制度、水功能区限制纳污制度和责任考核制度。"
[2] 朱迪·丽丝：《自然资源：分配、经济学与政策》，蔡运龙译，北京：商务印书馆，2002年，第28-40页。

助科学技术手段，以提升自然资源用途管制的效率。但如何运用好科学技术，也应当引起充分的重视。应当看到，科学技术是一把双刃剑，运用得好可以提升自然资源用途管制的效率，运用不好则会给自然资源用途管制带来新的压力和挑战，甚至产生新的污染而破坏原有的生态平衡。美国政府关于水力压裂法的监管带来的最大启发：不能仅仅考虑科学技术对生产效率的提升，还要注意分析该技术可能给生态环境带来的风险。

针对科学技术在自然资源领域的运用，建立一个风险评估机制就显得很有必要。自然资源管理部门有必要成立一个专门的技术指导委员会来承担科学技术运用风险评估的职能，委员会成员可由环境科学、地理科学、农林技术、水利工程等相关领域的专家组成，以加强对运用相关技术的指导与把关。对于可能给生态环境带来重大影响的科技运用，应当广泛听取各领域专家和公众的意见，在进行充分的可行性论证之后再加以运用。对于无法准确预判其负面效应程度的新技术新发明，应当持谨慎运用的态度，以免给生态环境带来无法修复的破坏。对于无法准确评估其影响程度的新兴技术，可以采取由点及面的办法，先选择一定的区域进行新技术运用的试点，待效果得到实践检验后再全面铺开。

（二）实施自然资源用途管制的制度保障

一是建立健全政府规范行使用途管制权的制度规范。政府在实施自然资源用途管制的过程中，必须确立明确的行为准则和行为规范，明确管制的范围、管制的手段和管制的力度。如果没有一个明确的制度规范，自然资源用途管制在具体操作过程中就容易出现随意性，甚至可能出现以用途管制为借口侵犯自然资源合法权益的情形。这就需要通过将用途管制职权法制化，规范政府的权力运行。政府管制一定要把握好度，该管的管，不该管的坚决不管。在政府不该管的领域，就要放松政府管制。一个有为的政府，需要在自然资源管理中发挥出积极、有效的作用，而政府能否有效地开展自然资源的用途管制工作，则是检验政府自然资源管理成效的一个重要指标。

二是建立健全开发利用自然资源的环境影响评价制度。在建立健全自然资源用途管制制度的过程中，完善自然资源开发利用的环境影响评价机制是不可或缺的前置环节。自然资源的开发利用规则涉及公众的切身利益，建立自然资源开发利用的环境影响评价，尤其要注重完善相关的公众参与机制。公众参与贯穿于环境影响评价的全过程，是行政决策民主化的重要体现。[1]让公众参与环境影响评价不能流于形式：一方面，要做好自然资源开发项目的信息公开工作，相关的自然资源开发利用信息应当要尽早公开、及时公开、全面公开，让公众全面了解自然资源开发利用项目的规模、强度、时限等信息；另一方面，应当将公众参与的程序贯穿于资源开发利用环境影响评价的全过程，尤其是在作出环境影响评价报告书之前，一定要畅通公众参与的渠道。只有这样，才能客观、公正地作出开发利用自然资源的环境影响评价。

三是建立健全科学规划主体功能区的制度规范。将用途管制扩展到所有自然资源空间，是自然资源用途管制制度的根本目标。[2]但并不表明所有的空间应当采取统一的自然资源用途管制措施，相反，应当根据不同区域的特点采取有针对性的用途管制措施，因地制宜地开展自然资源的用途管制工作。长期以来，同质化政府对异质区域进行同质化管理引发区域发展的不协调，推进主体功能区建设，可以有效克服这些弊端，促进区域的协调发展。[3]主体功能区规划是我国国土空间开发的战略性、基础性和约束性规划。编制实施主体功能区规划，对于推进形成人口、经济和资源环境相协调的国土空间开发格局具有重要战略意义。[4]可见，完善主体功能区规划制度，是落实自然资源

[1] 汪劲：《环境影响评价程序之公众参与问题研究——兼论我国〈环境影响评价法〉相关规定的施行》，《法学评论》，2010年第2期，第117–118页。
[2] 《2016年深化经济体制改革的重点工作方案》提出："制定自然生态空间用途管制办法，将用途管制扩大到所有自然生态空间。"
[3] 邓玲、杜黎明：《主体功能区建设的区域协调功能研究》，《经济学家》，2006年第4期，第61–65页。
[4] 我国首次公开出版国家主体功能区规划，新华网，2015年7月14日。

用途管制措施必不可少的一环。科学规划主体功能区建设，应当建立
健全空间规划体系，做好自然资源开发利用的空间规划，在划分好生
产空间、生活空间和生态空间的基础上，明确优先开发的自然资源空
间、重点开发的自然资源空间、限制开发的自然资源空间和禁止开发
的自然资源空间。

　　四是建立健全自然资源用途管制效果评价的制度规范。检验自然
资源用途管制是否达到了保护生态环境的预期目标，需要建立一个科
学的效果评价机制。首先，要完善自然资源用途管制的评价指标体系。
紧密结合绿色发展的要求，建立以提升资源利用效益为核心的评价指
标体系，充分考量自然资源利用带来的社会效益、经济效益及其对生
态环境的影响，对自然资源利用的正外部性和负外部性作出客观的评
价。其次，要完善与自然资源用途管制相关的环境标准制度。要把是
否符合环境标准作为评价自然资源利用效益的重要指标，鼓励资源紧
缺地区的地方政府制定严于国家标准的地方资源开发利用标准和环境
保护标准，从而把环境保护纳入自然资源开发利用效果的评价体系之
中，促进自然资源用途管制制度与环境保护制度的有效衔接。最后，
要把自然资源用途管制的效果评价与领导干部的政绩考核制度联动起
来。将自然资源用途管制的成效纳入领导干部的政绩考核体系，既有
利于提升自然资源用途管制评价考核的权威性，也有利于引导领导干
部树立珍惜资源、节约资源的理念，更加自觉地落实自然资源用途管
制的各项要求。

生态文明法律制度建设研究丛书

生态文明
法律制度建设研究

SHENGTAI WENMING
FALU ZHIDU JIANSHE YANJIU

黄锡生●等著

重庆大学出版社

目　录

下

第七章　生态红线法律制度研究

第八章　环境预警法律制度研究

第十章　环境行政问责制度研究

第十一章　生态环境损害赔偿制度研究

第十二章　生态文明法律体系建设研究

主要参考文献

第七章　生态红线法律制度研究

第一节　生态红线法律制度概览

一、生态红线法律制度的规范内涵

概念是经过人们抽象而获得的有关事物性质的主观认识[1]，主要是对事物本质属性的概括、抽象和总结。科学的概念有助于人们对事物本质属性的认识和围绕其相关问题的把握与解决。因此，明确的概念是学术研究的一个基本前提，也是所有论述得以展开的基础。研究生态红线法律制度同样面临着对基础概念的界定和阐释。其中最重要的就是对"生态红线"和"生态红线法律制度"这两个概念的界定。

（一）"生态红线"词源探究

"生态红线"一词是"生态"和"红线"两个词的组合。"红线"一词在《辞海》中的解释："在城市建设的工程图纸上用以划分建筑用地和道路用地的界线。常以红色线条表示，故名。道路用地上的地下和地上管线，建筑用地上的建筑物及其地下地上的凸出部分，

---

[1]　梁爱林：《术语学研究中关于概念的定义问题》，《术语标准化与信息技术》2005 年第 2 期，第 10-16，21 页。

均不可超越此线。"[1] 经过进一步考察，"红线"一词来自英文"Red Line"的直译。根据《牛津英语》的词源解释，Red Line "特指一种标注在飞行器速度指示器上的红色标识，以便警示飞行员最大安全飞行速度，或者为标注出其他危险基数的红色线条"[2]。根据《辞海》和《牛津英语》的解释，结合"红线"在日常生活中的使用情况，"红线"一词的含义主要包括以下几方面：首先，红线是一种红色线条；其次，红线是一种应用于特定领域的标记符号；最后，红线的使用通常代表着某种预警性质的特殊含义。前两点都好理解，关键是第三点中的"特殊含义"还需要进一步探究。根据用语习惯，"红"通常具备醒目、危险、警报、强制等含义，"线"通常具备界线、底线、数值线、标准线等含义。因此红线所具有的"特殊含义"意指具备醒目、危险、警报、强制等性质的界限、底线、数值线或标准线。

除"红线"外，"生态红线"中的另一个关键词就是"生态"。一般而言，"生态"是指与生物有关的生态系统的各种相互关系的总和。但是从《关于加强自然资源与生态环境红线管控的指导意见》和《关于划定并严守生态保护红线的若干意见》的文件精神来看，广义的"生态"实际上是指包括环境、资源和狭义的"自然生态"在内的大"生态"。因此，从词源本义看，"生态红线"是指在包括环境、资源和自然生态在内的大生态领域中的一种具有醒目、危险、警报、强制等性质的界限、底线、数值线或标准线。需要说明的是，这种从词源组合推断出来的解释虽然有助于我们把握"生态红线"的含义，但是却并不足以揭示其实际内涵。因此，还需要从"生态红线"的由来和实际使用中探究其真正含义。

（二）"生态红线"的概念解读

2011 年 10 月，国务院发布《国务院关于加强环境保护重点工作

---

[1] 夏征农、陈至立：《辞海》，上海：上海辞书出版社，2009 年，第 898 页。
[2] 曹明德：《生态红线责任制度探析——以政治责任和法律责任为视角》，《新疆师范大学学报（哲学社会科学版）》2014 年第 6 期，第 71-78 页。

的意见》（以下简称《意见》）。《意见》提出"国家编制环境功能
区划，在重要生态功能区、陆地和海洋生态环境敏感区、脆弱区等区
域划定生态红线，对各类主体功能区分别制定相应的环境标准和环境
政策"。在国家政策及文件中首次出现了"生态红线"这一整体概念，
这也标志着"生态红线"这一概念的创设。此后，生态红线制度的构
建工作也陆续展开，国家各部委也对此概念进行了相关领域内的解读
和阐释。随着理论的不断发展和解释的深入，"生态红线"这一概念
也出现在《环境保护法》中。与此同时，许多专家学者也对生态红线
展开了热烈的讨论，对"生态红线"这一概念作出了各自的解读。

1. "生态红线"的官方表达

2012年10月，国家海洋局率先提出海洋生态红线区的概念，同
时对红线区进行了分类和区域规划。根据各区域的生态现状，划定了
禁止开发区和限制开发区区域，并根据现状制定了严格的红线管控措
施。国家海洋局在《关于建立渤海海洋生态红线制度若干意见》中明
确了海洋生态红线制度的概念，即海洋生态红线制度是指为维护海洋
生态健康与生态安全，将重要海洋生态功能区、生态敏感区和生态脆
弱区划定为重点管控区域并实施严格分类管控的制度安排。[1]

2013年9月，国家林业局在《推进生态文明建设规划纲要》中对
生态红线进行了定义。生态红线是指保障和维护国土生态安全、人居
环境安全、生物多样性安全的生态用地和物种数量底线，并进一步将
生态红线分为林地和森林红线、湿地红线、沙区植被红线和物种红线。[2]

2014年初，环境保护部印发的《国家生态保护红线——生态功能
基线划定技术指南（试行）》里对生态保护红线也进行了定义和分类。
其中，生态保护红线是指对维护国家和区域生态安全及经济社会可持
续发展，保障人民群众健康具有关键作用，在提升生态功能、改善环
境质量、促进资源高效利用等方面必须严格保护的最小空间范围与最

---

[1]　《关于建立渤海海洋生态红线制度若干意见》，中国政府网，2012年10月17日。
[2]　《国家林业局关于印发〈推进生态文明建设规划纲要〉的通知》，国家林业局网站，2013年9月23日。

高或最低数量限值。[1] 生态红线的分类包括生态功能保障基线、环境质量安全底线和自然资源利用上线。

2014 年 4 月修订的《环境保护法》在第二十九条第一款中规定："国家在重点生态功能区、生态环境敏感区和脆弱区等区域划定生态保护红线，实行严格保护。"这是我国法律对生态红线的首次表达。

2015 年 5 月，环境保护部印发的《生态保护红线划定技术指南》重新界定了生态红线，认为生态保护红线是指依法在重点生态功能区、生态环境敏感区和脆弱区等区域划定的严格管控边界，是国家和区域生态安全的底线，并进一步将生态保护红线所划定的区域定义为生态保护红线区。[2]

2016 年 5 月，国家发展改革委等 9 部委印发《关于加强自然资源与生态环境红线管控的指导意见》，提出建立资源环境生态红线管控制度，即通过划定并严守资源消耗上限、环境质量底线、生态保护红线，强化资源环境生态红线指标约束，将各类经济社会活动限定在红线管控范围以内。[3] 这里所说的资源环境生态红线管控制度实际上就是本书所要探讨的生态红线制度。

2017 年 2 月，中共中央办公厅、国务院办公厅印发《关于划定并严守生态保护红线的若干意见》，制定了生态保护红线划定工作的时间表，并对划定和严守生态保护红线提出了明确要求。该《意见》指出，生态保护红线是指在生态空间范围内具有特殊重要生态功能、必须强制性严格保护的区域，是保障和维护国家生态安全的底线和生命线，通常包括具有重要水源涵养、生物多样性维护、水土保持、防风固沙、海岸生态稳定等功能的生态功能重要区域，以及水土流失、土地沙化、石漠化、盐渍化等生态环境敏感脆弱区域。[4]

---

[1] 环境保护部：《国家生态保护红线——生态功能基线划定技术指南（试行）》。
[2] 《关于印发〈生态保护红线划定技术指南〉的通知》，中华人民共和国环境保护部官网，2015 年 5 月 8 日。
[3] 《〈关于加强资源环境生态红线管控的指导意见〉的通知》，中华人民共和国发展和改革委员会官网，2016 年 6 月 2 日。
[4] 中共中央办公厅 国务院办公厅印发《关于划定并严守生态保护红线的若干意见》，中国政府网，2017 年 2 月 7 日。

　　以上就是自"生态红线"提出以来，国家各部委对"生态红线"的概念界定和制度设计过程。这些法律法规和政策文件为生态红线的理论研究和实践探索指明了方向，对生态红线制度的建设与完善产生了非常重要的作用。

　　2. "生态红线"的专家解读

　　党的十八大以来，随着国家对生态文明建设的重视程度不断提高，特别是《中共中央关于全面深化改革若干重大问题的决定》中明确提出要划定生态保护红线，学界围绕"生态红线"这一新概念、新制度展开了热烈的探讨。其中，关于"生态红线"概念的解读，学界观点概括起来主要包括三大类，即空间说、空间数值复合说和风险标准说。下面分别简要评介：

　　第一，空间说。持这一观点的人认为，生态红线就是某一特定的国土空间。具体而言，生态红线是指在具有特殊生态价值、生态风险高、对生态安全具有重大影响的区域内划定红线并实行特别措施进行严格管控的国土空间，其目的是保障生态功能、维护生态安全从而促进经济社会可持续发展。[1] 空间说把生态红线界定为一个空间范围，因而特别重视"生态红线区"这一概念，主要强调对生态红线区的严格管理和控制，具体包括不能缩小面积、不可任意改变性质、强力保证功能设置、责任不得改变等要求。该学说把生态红线简单地界定为特殊的国土空间范围，实际上是将红线和边界线等同起来，失之片面。同时这一界定也恐难统筹兼顾，承载起生态红线对资源、环境和生态的全部意义，致使生态红线制度之应有作用难以充分发挥。需要指出的是，空间说尽管失之片面，但国土空间是一切资源、环境、生态问

---

[1] 参见饶胜、张强、牟雪洁：《划定生态红线 创新生态系统管理》，《环境经济》2012 年第 6 期，第 57-60 页；燕守广、林乃峰、沈渭寿：《江苏省生态红线区域划分与保护》，《生态与农村环境学报》2014 年第 3 期，第 294-299 页；高吉喜：《生态保护红线的划定与监管》，《中国建设信息》2014 年第 5 期，第 52-55 页；郑华、欧阳志云：《生态红线的实践与思考》，《中国科学院院刊》2014 年第 29 卷第 4 期，第 457-461、448 页；吕红迪、万军、王成新等：《城市生态红线体系构建及其与管理制度衔接的研究》，《环境科学与管理》2014 年第 1 期，第 5-11 页；李力、王景福：《生态红线制度建设的理论和实践》，《生态经济》2014 年第 8 期，第 138-140 页。

题的物质载体，是生态红线所指向的客观对象，也是人们对生态红线
最为直观的感受。因此，空间说对理解生态红线仍具有重要意义。

第二，空间数值复合说。持这一观点的人认为，生态红线除是特
殊的国土空间范围外，还应当是需要严格控制的数量限值。简言之，
生态红线是在提升生态功能、改善环境质量、促进资源高效利用等方
面需要严格保护的空间边界与管理限值。[1]空间数值复合说认为生态
红线实际上是"空间红线"和"数值红线"两条线的复合体，是"红
线区"和"红线值"的交织。相比之下，空间数值复合说显然相对完
备一些，它不仅注意到了与生态红线密切关联的客观国土空间，还看
到了生态红线背后的严格管控措施，因此更具合理性。但是，空间和
数值是否就是生态红线的本质属性，还有待商榷。笔者认为，无论是
空间还是数值，都只是自然资源与生态环境客观状况的一种外在表现
和具体参照。空间和数值和自然资源与生态环境客观状况之间的关系
实际上是一种反映与被反映关系。空间和数值反映了自然资源与生态
环境的特定状态，是衡量自然资源与生态环境状况优劣的外在表现形
式。因此，笔者认为，尽管空间和数值对衡量自然资源与生态环境状况、
划定生态红线具有重要意义，但并不是生态红线本身。

第三，风险标准说。持这一观点的人认为，生态红线是最低限度
的综合生态风险标准体系。具体而言，生态红线是保障国家生态安全，
防范国家生态安全风险的风险标准体系，也是保障国家生态安全和社
会全面可持续发展的最低限度。[2]风险标准说透过生态红线的外观明
确了生态红线背后的价值取向和功能定位，指出生态红线的目的在于
防范生态风险、保障生态安全。因此，风险标准说把生态红线界定为

[1] 参见李干杰：《"生态保护红线"——确保国家生态安全的生命线》，《求是》2014年第2期，第44—46页；杨邦杰、高吉喜、邹长新：《划定生态保护红线的战略意义》，《中国发展》2014年第1期，第1—4页；娄伟、潘家华：《"生态红线"与"生态底线"概念辨析》，《人民论坛》2015年第A12期，第33—35页；高吉喜：《国家生态保护红线体系建设构想》，《环境保护》2014年第2期，第17—21页；蒋大林、曹晓峰、匡鸿海等：《生态保护红线及其划定关键问题浅析》，《资源科学》2015年第9期，第1755—1764页。
[2] 曹明德：《生态红线责任制度探析——以政治责任和法律责任为视角》，《新疆师范大学学报（哲学社会科学版）》2014年第6期，第71—78页。

一种防范生态风险，保障生态安全的标准，显然更加逼近生态红线之本质。虽然碍于风险的抽象性和易变性，以及"风险"一词的负向性，该学说恐将增加构建生态红线制度的技术难度，但其将生态红线属性界定为"标准"，还是给学界带来了深刻启迪。

前述三类观点是目前学界研究中具有较大影响的观点，学者见仁见智，观点各有其合理与不足之处。因此到底何谓"生态红线"，还需要进一步地深入分析。

3. 笔者对"生态红线"的阐释

（1）生态红线是一套安全标准体系

无论是从生态红线的发展过程还是从现行与生态红线有关的法律规范和政策文件的表述来看，"生态红线"概念的提出以及制度的设立主要是由于自然资源与生态环境问题形势日益严峻，为了经济社会可持续发展而必须对生态环境严加保护。尽管风险防范也是生态红线的应有之义，但是其首要的价值追求应当是安全。"红线"的含义也并非字面意义上的"红色线条"，而是一种生动形象的引申表达。这种引申表达旨在使人形成生态安全的界分意识。这种界分实质是借助空间范围、指标数值等具体表现确定自然资源与生态环境的客观状况。围绕着空间范围和指标数值的变化，人类生存发展和经济社会发展将面临不同的演化可能。在一定范围内，人类生存发展和经济社会的发展将是安全的；而超出此范围，人与经济社会的发展可能遭遇极大风险和挑战。导致这种区别的分界线便是自然资源与生态环境状况的分界线，实际上也就是本文所指的生态红线。因此，就其价值取向和自然属性而言，生态红线是一种安全标准。由于自然资源与生态环境状况背后包括资源利用、环境质量和生态功能等多方面的表现，因此生态红线是一套系统的安全标准。

（2）生态红线是一种环境管理手段

不管是管控风险还是保障安全，生态红线最终承担的是社会管理功能，在大的社会管理类别中应当属于环境管理。生态红线制度的提出是为了适应国家管理公共事务的需要。生态红线是国家管理环境公共事务的一种手段或工具。生态红线尽管是一个新概念新事物，具有一定的创新性，但是从社会管理角度而言，其本质和其他环境管理手段并没有根本性区别，都需要借助公权力的行使确保环境管理的科学、高效。因此，从社会管理角度来看，生态红线是一种新型环境管理手段。

（3）生态红线是一种底线思维工具

无论是从生态红线的词源还是从生态红线的价值目标看，生态红线作为一种管理手段，是在"底线思维"主导下建立起来的一种制度工具。这一点在现行制度和政策中均有体现。首先，范围的限缩性。例如，《关于划定并严守生态保护红线的若干意见》中要求必须明确划定范围，识别生态功能重要区域和生态环境敏感脆弱区域的空间分布，并将这两类区域进行空间叠加，划入生态保护红线，涵盖所有国家级、省级禁止开发区域，以及有必要严格保护的其他各类保护地等[1]。其次，管控要求的严格性。例如，《生态保护红线划定指南》中明确提出"功能不降低、面积不减少、性质不改变"的管控要求。最后，责任的严格性。如要求建立考核机制并严格责任追究等。由此可见，生态红线的建立与实施处处彰显"底线思维"。

（4）笔者对生态红线的界定

结合生态红线的词源考察、发展由来、专家学者的解读以及上述三点的阐释，笔者认为，生态红线是指为了节约资源、保护环境、维护生态安全，由国家有关机关制定，以管控自然资源与生态环境风险为主要任务，通过空间管控与指标数值监测实现监管和考核的，对行政机关和行政相对人行为具有严格约束力的一系列环境安全标准体系。

生态红线按照其所指向的对象及其主要功能，可以分为资源利用

---

[1]　中共中央办公厅、国务院办公厅印发《关于划定并严守生态保护红线的若干意见》，中国政府网，2017年2月7日。

红线、环境质量红线以及生态功能红线（生态保护红线）三类。资源利用红线是指为了促进资源的节约，促进资源的高效利用，保障资源安全，充分发挥资源价值，由国家有关机关制定的资源利用安全标准体系。环境质量红线是指国家有关机关为保障居民衣食住行等基本生存需要和生活品质对大气、水、土壤等环境要素制定的环境质量安全标准体系。生态功能红线是指为了维持自然生态功能，保障生态安全，国家有关机关在重要生态功能区、生态环境敏感脆弱区等区域制定的包括保护边界线和指标数值线在内的生态安全标准体系。

（三）生态红线法律制度的概念和分类

1. 生态红线法律制度的概念

在经济学领域，制度一般指社会规范，包括法律法规、道德规范以及文化传统和价值观念等。马克思主义理论则认为制度是建立在经济基础之上的一种上层建筑。凡勃伦首先将制度纳入社会科学领域进行研究，认为"制度实际上就是个人或社会对有关的某些关系或某些作用的一般思维习惯……是人类本能和客观因素相互制约所形成的和广泛存在的习惯……制度必须随环境的变化而变化，因为就其性质而言，它就是对这类环境引起的刺激的发生反应的一种习惯性的方式，而这些制度的发展也就是社会的发展"[1]。康芒斯则认为制度本质是集体行动控制个人行动，他在关于制度的定义中指出，"如果我们要找出一种普遍的原则适用于一切所谓属于'制度'的行为，我们可以把制度解释为集体行动控制个人行动。……它们指出个人能或不能做，必须这样做或必须不这样做，可以做或不可以做的事，由集体行动使其实现"[2]。沃尔顿·汉密尔顿对制度的定义更进了一步，他指出"制度意味着一些普遍的永久的思想行为方式，它渗透在一个团体的习惯中或一个民族的习俗中……制度强制性地规定了人们行为的可行范

---

[1]　〔美〕凡勃伦：《有闲阶级论》，蔡受百译，北京：商务印书馆，1964 年，第 139–140 页。
[2]　〔美〕康芒斯：《制度经济学（上卷）》，于树生译，北京：商务印书馆，1962 年，第 87–89 页。

围"。由此可见，"制度"一词在不同的学科、不同的语境下有着不同的内涵和外延。但本质而言，制度是社会规范的集合。制度背后的社会规范既可以是有法律约束力的法律规范，也可以是具有道德感召力的道德信条，还可以是约定俗成的风俗习惯与思维习惯。因此"制度"是一个非常宏大的概念。具体到生态红线这一问题，生态红线制度应当是生态红线相关的所有法律规范、道德规范、技术规范、风俗习惯等社会规范的集合。

相较生态红线制度而言，生态红线法律制度是一个更加具象的规范集合模块。按照调整说的定义方法，生态红线法律制度可以定义为：国家制定或认可的用于调整在生态红线划定、修改、监管和责任追究等过程中所形成的社会关系的一系列法律规范的总称，具体包括生态保护红线划定制度、生态保护红线调整制度、生态保护红线监管制度和生态保护红线越线责任制度等。与生态红线制度相比，生态红线法律制度还具有以下特征：①生态红线法律制度的内容范围更少。生态红线制度不仅包括生态红线法律制度，还包括了生态红线政治制度、生态红线经济制度和生态红线文化制度等。而生态红线法律制度只是生态红线制度中的一个重要部分。②生态红线法律制度是生态红线制度中的基础制度，具有强大的保障作用。在整个生态红线制度中，生态红线法律制度是基础性制度，其他生态红线制度的构建和完善离不开生态红线法律制度的支撑和保障。③生态红线法律制度具有更强的操作性和强制力。相比于其他生态红线制度，生态红线法律制度因其独特的法律属性具有更强的可操作性和强制性，任何违背生态红线法律制度的行为都将承担更为直接的法律后果。

2. 生态红线法律制度的分类

如前文所述，生态红线依据其所指向的对象的不同，可以分为资源利用红线、环境质量红线和生态功能红线（生态保护红线）三类。同样，依据生态红线法律制度对资源利用安全、环境质量安全和生态安全的不同侧重，生态红线法律制度可以分为环境质量红线法律制度、资源利用红线法律制度和生态功能红线法律制度三大类。①资源利用红线法律制度，是指为了节约资源，国家制定或认可的用于调整在资源利用红线划定、修改、监管和责任追究等过程中所形成的社会关系的一系列法律规范的总称。②环境质量红线法律制度，是指为了保护环境，国家制定或认可的用于调整在环境质量红线划定、修改、监管和责任追究等过程中所形成的社会关系的一系列法律规范的总称。③生态功能红线法律制度，是指为了维护生态安全，国家制定或认可的用于调整在生态功能红线划定、修改、监管和责任追究等过程中所形成的社会关系的一系列法律规范的总称。

二、生态红线法律制度的基本内容

（一）生态红线划定制度

生态红线划定制度是指国家制定或认可的用于调整在生态红线划定过程中所形成的社会关系的一系列法律规范的总称。生态红线的划定是指国家有关机关针对特定自然资源与生态环境载体，制定符合该载体安全要求的空间边界线和指标数值线的一种行政行为。生态红线的划定是生态红线监管和责任追究的基础与前提，因此，生态红线划定制度是生态红线法律制度的基础。

1.生态红线划定的性质

生态红线的划定是由国家行政机关实施的一种对行政机关和行政相对人都具有普遍约束力的行政行为，理论上应界定为抽象行政行为。生态红线规范性文件是生态红线划定后的文本载体。生态红线一经划定，就必须依法定程序，以生态红线规范性文件的形式向社会颁布。行政机关依据生态红线规范性文件对行政相对人的行为进行管理，因而对行政相对人具有约束力；如果行政机关管理不善，导致辖区内生态红线被突破则需承担相应的不利后果，因而对行政机关也具有约束力。生态红线的划定具备抽象行政行为的一般特性，因此属于抽象行政行为。

2. 生态红线划定的要求

生态红线的划定必须遵循特定自然资源与生态环境载体的资源禀赋与生态禀赋，在保证自然资源与生态环境安全的前提下才可以进行。因此，生态红线的划定必须遵循科学、合理、可操作的基本要求。首先，生态红线的划定必须科学。生态红线的划定必须经过科学调研和科学研究判断，在专业知识、系统论证和科学调研的指导下根据自然资源与生态环境载体的客观状况的发展趋势进行确定。其次，生态红线的划定必须合理。这种合理主要是指要综合考虑自然资源与生态环境状况与经济社会发展之间的关系，划出既能保护和改善自然资源与生态环境状况又为经济社会留有发展空间的生态红线。最后，生态红线的划定必须具有可操作性。生态红线具有非常明确的目标，即保护和改善自然资源与生态环境。作为一种环境管理手段，具备可操作性是取得良好管理效果的重要前提，因此生态红线的划定必须具有可操作性。

3. 生态红线划定的构成要素

生态红线的划定主要包括以下三大要素：一是划定主体，二是划定依据，三是划定内容。针对某一具体的自然资源与生态环境载体，谁有权划定其生态红线，这是生态红线划定主体的问题。生态红线的划定依据何种标准和技术手段，这是生态红线划定依据的问题。划定的生态红线包括哪些方面的具体要求，这是生态红线划定内容的问题。这三个要素集中解决谁来划定、依据什么划定、怎么划定的问题，是划定生态红线的出发点。

（二）生态红线调整制度

生态红线调整制度是指国家制定或认可的用于在生态红线调整过程中所形成的社会关系的一系列法律规范的总称。生态红线的调整是指国家有关机关针对特定自然资源与生态环境载体的发展变化和新的保护与改善要求，对原来划定的生态红线进行空间边界线和指标数值线方面的修改的一种行政行为。生态红线划定之后并非一成不变。随着经济社会发展与资源环境状况的新变化，及时对生态红线作出调整十分必要。针对生态红线的调整主体、调整依据、调整种类等作出的制度性安排，对保证生态红线调整的合法性、合理性具有重要意义。

1. 生态红线调整的主体

生态红线调整的主体是指有权对生态红线的内容作出调整的主体。生态红线的调整实际上等同于生态红线的重新划定或者废止，因此调整主体应当与划定主体保持一致。换言之，生态红线的调整应当遵循"谁划定，谁调整"的基本原则。但是主体一致并不意味着生态红线的调整是空设的，生态红线的调整是对生态红线划定内容的修正，需要按照法定程序遵循科学、合理、可操作的基本要求作出符合实际需要的修改。

2. 生态红线调整的依据

生态红线规范性文件一经颁布即生效，相关主体就应当严格遵照执行。由于生态红线划定的严格性以及生态红线政策文件的规范性，必须依据正当事由和法定程序才能对生态红线进行调整。生态红线的调整依据包括但不限于以下几种：①国家法律法规的直接规定；②上级行政机关的决定、命令；③有权主体出具的且经有权机关批准通过的评估报告。首先，生态红线的调整必须有法律上的依据，以保证调整的合法性；其次，生态红线的调整需经过上级行政机关的批准，以保证调整的合理性与规范性；最后，生态红线的调整必须依据客观准确的评估报告，以保证调整的科学性。

3. 生态红线调整的种类

按照生态红线调整的内容不同，可以分为生态红线空间范围的调整和生态红线指标数值标准的调整。生态红线空间范围的调整是指生态红线所指向的自然资源与生态环境载体的空间范围的扩大或缩小。
生态红线指标数值的调整是指反映自然资源与生态环境状况的指标的
增设或缩减及相应数值的升高或降低。按照生态红线调整的最终效果，
可以分为生态红线的升级调整、生态红线的降级调整和生态红线的废
止。生态红线的升级调整是指随着经济社会的发展和自然资源与生态
环境状况的改善，为了适应国家和人民对自然资源与生态环境保护的
新要求和新期待，将生态红线法律制度向更加严格的方向进行调整。
生态红线的降级调整是指由于生态红线指向的自然资源与生态环境载
体质量下降、重要性下降或者基于适应国家重大发展规划的需要，将
生态红线法律制度向更加宽松的方向进行调整。生态红线的废止就是
由于情势变化，经法定程序废止相关的生态红线法律制度。不过，由
于我国生态文明建设的紧迫性和必要性，生态红线调整的内容整体上
呈现出更加严格、更加规范、更加严谨的趋势，而对生态红线的降级
调整等降低生态环境品质的做法则较为罕见。

（三）生态红线监管制度

生态红线监管制度是指国家制定或认可的用于调整在生态红线监
管过程中所形成的社会关系的一系列法律规范的总称。生态红线的监
管是指行政机关依据划定的生态红线对特定自然资源与生态环境载体
进行保护与改善，对违反生态红线规范性文件管理要求的行为进行打
击惩处的所有管控措施的总称。落实生态红线需要强有力的监管，落
实生态红线监管制度是保障自然资源与生态环境安全的核心。具体包
括生态红线差异化管理制度、生态红线监测评估制度、生态红线应急
协调制度以及生态红线信息公开与公众参与制度等。

1.生态红线差异化管理制度

生态红线的差异化管理是指行政机关按照生态红线所指向的自然
资源与生态环境载体的功能属性的差异、自然资源与生态环境禀赋的

差异，分别设置不同的红线管控措施体系，进行针对性管理。生态红线的差异化管理主要体现在两个方面：一是对资源利用红线、环境质量红线和生态功能红线分别设置不同的管控措施体系；二是根据自然资源与生态环境禀赋的差异，对自然资源与生态环境载体实施一级管控和二级管控。一级管控措施在具体措施及责任承担两个方面应当严于二级管控措施。可以说，每条生态红线都是"紧箍咒"，划定生态红线应当避免"一刀切"，既要为经济发展预留一定的空间，也要为环境容量留有余地，最终目标是在经济发展和环境保护之间找到平衡点。

2. 生态红线监测评估制度

生态红线的监测评估是指对生态红线所指向的自然资源与生态环境载体的空间边界和指标数值进行动态监测，并出具自然资源与生态环境状况综合评估报告的活动。生态红线的监测和评估是两个紧密相连、相辅相成的环节，生态红线监测是生态红线评估的出发点和依据，生态红线评估是生态红线监测的落脚点与目的。生态红线监测评估的对象是生态红线所指向的自然资源与生态环境载体。生态红线监测的具体方面即能够反映自然资源与生态环境载体状况优劣的空间边界范围、指标数值大小等。生态红线评估则是基于生态红线监测获得的数据基础，比照生态红线所确立的安全标准，综合分析评判自然资源与生态环境载体的安全等级的活动。生态红线监测的目的是实时掌握生态红线所指向的自然资源与生态环境载体的综合状况，及时了解自然资源与生态环境载体所存在的问题及其发展趋势。生态红线评估则是为了确定自然资源与生态环境载体的安全等级，从而为采取进一步的管理措施提供参考依据，也为生态红线监管工作的考核与奖惩提供依据。实践中，相关部门通过建设生态保护红线监测平台，特别是运用现代观测技术和大数据手段，构建"天地一体化"的生态安全监测预警和评估体系，以实现有效的环境监管。

3. 生态红线应急协调制度

尽管在最新一轮的国务院机构改革中成立了新的自然资源部和生态环境部，对我国原来相对分散的环保职能进行了更加高效的整合，但由于生态红线关涉环保、经济、安全等多个方面以及环境资源的整体性等特征，生态红线的管理仍然需要各职能部门之间的协调以及各级行政机关的合作与联动。另外，生态保护红线的划定应与相应的规划、区划相协调，如主体功能区规划、土地利用总体规划、城乡规划、生态功能区划等，并与林地、草地、湿地等领域的生态红线相衔接。生态红线与各规划、区划之间的协调合理且必要，有利于发挥合力作用，可以显著增强生态保护效果。由于生态红线对生态环境载体安全保护的重要性，为能有效应对、及时高效地采取紧急措施对紧急事件做出科学合理处置，需要构建高效有力的应急协调制度，以保障生态红线不被突发紧急事件突破，避免自然资源与生态环境遭受重大损害。当前应急协调制度需着重解决的是紧急事件的认定、应急措施的构建与启动以及应急处置的高效协调三方面的问题。

4. 生态红线信息公开与公众参与制度

生态红线划定执行后，相关部门应当及时公开相关信息，接受社会各方面的监督。公众参与绝对不能沦为空谈，它应当是通过一定的制度设计，切实把公众力量引入到环境保护中。生态红线公众参与制度即让社会公众参与生态红线法律制度的立法活动、执法活动、司法活动和法律监督活动。一方面可以增强生态红线法治活动的透明度和公众的环保意识；另一方面作为环境公共产品的消费者，公众有权利参与其中。生态红线法律制度具备复杂性、系统性特征，公众参与是落实该制度的重要保障。而公众参与应当有一个基本前提，即生态红线信息的公开。生态红线信息的公开是社会公众了解生态红线具体要求、运作模式、措施体系的重要途径。生态红线法律制度的良好运作离不开社会公众力量的积极参与，离不开生态红线信息的透明公开。

因此，必须构建完备的生态红线信息公开与公众参与制度。另外，生态红线是我国生态保护的一条警戒线，是对社会主体的行为的规范与约束。为确保生态红线能够"划得定"和"守得住"，必须广泛征求公众意见，考虑公众的现实利益诉求，并大力提倡公众的全程监督，从而保障制度的实施。

（四）生态红线越线责任制度

生态红线越线责任制度是指国家制定或认可的用于调整在生态红线越线责任追究过程中所形成的社会关系的一系列法律规范的总称。笔者认为，生态红线越线责任中的"越线"一词具有双重含义：一是生态红线所指向的自然资源与生态环境载体的状况"越过安全线"；二是行为人的具体行为违反生态红线规范性文件中的管控要求和禁止性规定，即行为"越过安全线"。生态红线越线责任追究是指生态红线划定后，行政机关依法进行严格管理，对触碰红线、违反红线规定的相对人追究其相应的法律责任以及行政机关管理不力造成生态红线被突破时，上级行政机关依法追究其责任的过程。凡越线者，必须承担相应的行政、刑事和民事责任。法律的特殊性在于其强制性，强制性的重要体现就是对违法行为的否定和制裁。生态红线法律的制度运行和功能发挥离不开责任制度的保障。因此，生态红线越线的责任追究是生态红线法律制度中不可或缺的部分。

1. 生态红线越线责任的主体

生态红线越线责任的主体主要包括两类：一类是行政机关，另一类是行政相对人。如前所述，生态红线实际上是行政机关管理环境的一种制度工具。上级行政机关以对自然资源与生态环境载体划定生态红线方式对下级行政机关下达环境管理任务，下级行政机关必须服从上级领导，并以生态红线为标准严格监管辖区的自然资源与生态环境载体状况，以保障生态红线不被突破，确保辖区自然资源与生态环境状况处于安全稳定甚至持续改善的状态。如果下级行政机关监管不善或者没有积极治理，使生态环境和自然资源遭到破坏，导致生态红线被突破，下级行政机关的行为实际上已经"越线"，需承担相应的法律责任。行政机关对生态红线的监管指行政机关根据划定的生态红线和确定的监管措施要求，对特定自然资源与生态环境载体实施严格管控，对相关行政相对人的活动依法进行限制。若行政相对人违反红线管理要求，在特定的自然资源与生态环境载体内实施生态红线规范性文件所禁止的活动，即出现"越线"行为，也应当承担相应的越线责任。

2. 生态红线越线责任的性质

笔者认为，若行政机关和行政相对人出现越线行为，则均应为各自的"越线"行为承担相应的法律责任，这种法律责任可统称为生态红线越线责任。但是，行政机关承担的越线责任和行政相对人承担的越线责任在性质上有所不同。笔者认为，生态红线越线责任呈现二元结构表征。首先，行政机关承担越线责任主要是由于监管不力、管理不善、未能完成上级行政机关下达的严守生态红线的任务，造成特定自然资源与生态环境载体的自然资源与生态环境状况严重损害，突破了生态红线要求而必须承担的不利后果。这种不利后果承担主要基于行政机关上下级之间领导与服从关系，在性质上属于内部行政责任。其次，行政相对人承担越线责任是由于直接违反生态红线规范性文件的要求，不管其行为是否造成了自然资源与生态环境的重大损害，都必须承担的不利后果。这种不利后果一般表现为环境行政责任，情节严重时可能被追究环境刑事责任。此外，按照《生态环境损害赔偿制度改革方案》（以下简称"改革方案"）的精神，行政相对人实施"越线"行为除承担相应的行政责任或刑事责任外，根据造成损害的实际情况和严重程度，还可能承担生态环境损害赔偿责任。笔者认为，这种生态环境损害赔偿责任在性质上应当属于民事责任，但是又不同于行政相对人实施"越线"行为的过程中对其他民事主体造成人身、财产损害而承担的环境侵权责任。

3. 生态红线越线责任的承担

前文已述，生态红线越线责任呈现二元结构表征：在行政机关越线责任方面，行政机关及其工作人员承担的是一种内部行政责任，在法律上表现为行政处分，严重的可依法追究刑事责任；在行政相对人越线责任方面，行政相对人承担的责任较为复杂，不仅包括行政责任、刑事责任，还包括民事责任。因此，二者在越线责任的承担方式上也有所差异。行政机关越线责任的承担方式主要包括两种：一是对相关责任人给予警告、记过、记大过、降级、撤职、开除等处分；二是对情节严重、构成犯罪的追究其滥用职权罪、玩忽职守罪等刑事责任。行政相对人越线责任的承担方式则因其具体责任形式而不同：如果情节轻微，则只需承担行政责任，对相关责任人处以警告、罚款、没收违法所得、没收非法财物、责令停产停业、暂扣或者吊销许可证、暂扣或者吊销执照、行政拘留以及法律、行政法规规定的其他行政处罚；如果情节严重，构成犯罪，则应当依法追究其相应的刑事责任。此外，依法应当追究其生态环境损害赔偿责任的，责任人还需以赔偿损失、恢复原状等方式承担相应的民事责任。

三、生态红线法律制度的理论基础

（一）环境承载力理论

1. 环境承载力的基本内涵

承载力是一个衡量人类经济社会活动与自然环境之间相互关系的科学概念，是人类可持续发展度量和管理的重要依据。[1] 承载力理论起源于人口统计学、应用生态学和种群生物学，最早可以追溯到 1798

---

[1] 张林波、李文华、刘孝富等：《承载力理论的起源、发展与展望》，《生态学报》2009 年第 2 期，第 878-888 页。

年的马尔萨斯人口论。[1] 较早对承载力作出界定的是畜牧业领域。承
载力起初意指牧场对牲畜的供养能力，后来逐渐发展为自然生态系统
对生物的供养能力。[2]20 世纪 90 年代，我国学者开始正式提出"环
境承载力"的概念，认为环境承载力是指"在某一时期，某种状态或
条件下，某地区的环境所能承受人类社会经济活动的阈值"，其实质
是环境系统对人类活动的最大支持能力。[3] 质言之，环境承载力是指
特定时空条件下，特定地区的资源、环境、生态对人类活动的最大支
持能力。刘仁志认为，环境承载力是指"在维持环境系统功能与结构
不发生不利变化的前提下，一定时空范围的环境系统在资源供给、环
境纳污和生态服务方面对人类社会经济活动支持能力的阈值"[4]。

环境承载力是一个动态变化的过程，受人口、经济发展、气候自
然条件等因素的影响。资源环境的短缺与贫乏已经日益成为我国经济
发展的制约因素和主要瓶颈。通过研究一国的环境承载力，把国土空
间高效集约地利用好，明确环境容量底线和资源利用上限，为实施"最
严格"的环境资源利用制度奠定基础。环境承载力理论反映了人类在
以自我为中心的意识下，对外部世界整体对人类生存发展的支持能力
的一种担忧，以及对自身行为的约束意识和危机意识。这种约束意识
与危机意识对人类处理好经济发展和环境保护之间的关系具有重要的
警示意义，也对环保制度的构建具有重要指导意义。

2. 环境承载力理论在生态红线法律制度中的体现

生态红线指向的是特定时空的自然资源与生态环境载体的生态禀
赋。生态红线法律制度通过划定空间边界线和指标数值线，对生态环
境状况进行严格管控，使自然资源与生态环境要素的资源供给能力、
环境纳污能力以及生态服务能力保持在一个安全水平，以保障自然资

---

[1] 张林波、李文华、刘孝富等：《承载力理论的起源、发展与展望》，《生态学报》2009 年第 2 期，第 878-888 页。
[2][4] 刘仁志：《环境承载理论的新认识》，载中国环境科学学会：《中国环境科学学会学术年会论文集 2010（第二卷）》，北京：中国环境科学出版社，2010 年，第 1606-1611 页。
[3] 北京大学、清华大学、厦门大学等："我国沿海新经济开发区环境的综合研究——福建省湄州湾开发区环境规划综合研究"项目，1991 年。

源与生态环境要素能够一直保有满足人类对资源利用需求、环境质量需求和生态功能需求的能力。生态红线法律制度对于保护和提高环境承载力具有重要作用。因此，环境承载力理论是构建和完善生态红线法律制度的重要理论基础。

具体而言，环境承载力理论直接推动了资源环境承载力监测预警机制的落地与实践。这不但有利于环境资源主管部门更加清晰地认识国内不同地区的环境资源的特点和属性，还能够有效地控制开发强度，切实改变盲目开发的局面，更有利于科学评价特定区域资源环境超载问题的根源。资源环境承载能力监测预警机制实施的总体思路是对主要资源环境的承载能力、环境容量、生态功能等单要素进行分级、分区、分类的动态监测评价，以形成科学合理的评价指标体系和技术方法，并研究建立有针对性的激励约束机制，推进监测预警的规范化、制度化，以引导各地按照资源环境承载能力推动经济社会的持续发展。

（二）风险预防理论

1. 风险预防理论的基本内涵

风险预防原则起源于德国20世纪70年代的《空气清洁法》中的"前瞻原则"，其基本含义是"为避免环境损害应通过全面调查和研究检测环境和健康危险而进行前瞻性计划，在未得到损害的确定性证据前采取行动"[1]。后来该原则在国际环境法领域越来越受到关注，被列入越来越多的国际条约中。其中1992年的《里约环境与发展宣言》（以下简称《里约宣言》）对该原则的表述被广泛采用。《里约宣言》的第十五条原则规定："为了保护环境，各国应根据其能力广泛运用预防的方法。在有严重或不可挽回损害的威胁时，缺乏充分的科学确定性不应被用来作为延迟采取防止环境恶化有效措施的理由。"[2]随

---

[1] Ronnie Harding、Elizabeth Fisher: Introducing the Precautionary Principle, in Perspectives of The Precautionary Principle. Sydney: The Federation press, 1994: 4.

[2] 〔法〕亚历山大·基斯:《国际环境法》，张若思编译，北京: 法律出版社，2000年，第93页。

着风险预防原则受到越来越多的关注和研究，其慢慢发展出强风险预防原则和弱风险预防原则两种。其中，强风险预防原则坚持在不能确切证明一项行动对环境没有任何危害之前，这项行动不能进行。弱风险预防原则则相对温和，认为即使缺乏充分的确定性，也不能延迟采取防止环境恶化的措施。[1] 不管是强风险预防原则还是弱风险预防原则，都要求采取积极合理的措施对风险进行有效的防范。

2. 风险预防理论在生态红线法律制度中的体现

生态红线法律制度的目的是保障自然资源与生态环境安全并管控自然资源与生态环境风险。只有及时消除风险，才能享有安全。划定并严守生态红线就是要用生态红线法律制度管控自然资源与生态环境风险，防止区域性、系统性自然资源与生态环境风险的发生。而生态红线法律制度中的监测评估制度、应急协调制度就是将自然资源与生态环境风险控制在最低水平的制度工具，是风险预防原则在生态红线法律制度中的生动体现。因此，风险预防理论是构建和完善生态红线法律制度的重要理论基础。

（三）政府环境责任理论

1. 政府环境责任理论的基本内涵

政府环境责任是指"法律规定的政府在环境保护方面的义务和权力（合称为政府第一性环境责任）以及因政府违反上述义务和滥用权力而承担的法律后果（简称政府环境法律责任，也称政府第二性环境责任）"[2]。环境是公共产品的一种，政府则是提供优质公共产品的第一责任人。现代政府本质上是责任政府，对公民负责是政府的职责。政府环境责任是政府的一种不可推卸的重要责任。政府的第一性环境责任是政府分内的职责，是政府应该积极履行的责任。而政府的第二

---

[1] 何雪梅：《风险预防原则在美国的适用及对我国的启示》，《经济体制改革》2014年第1期，第169-173页。
[2] 蔡守秋：《论政府环境责任的缺陷与健全》，《河北法学》2008年第3期，第17-25页。

性环境责任则是一种消极层面的责任，如果政府没有履行好义务，造成了环境保护的不力，那就需要对政府的环境行政行为进行问责，追究其没有完全履行义务和职责的责任。由此可见，无论是出于履行环境职责的需要还是承担第二性环境责任的需要，政府都应当义不容辞、竭尽所能地为人们提供优质的环境公共产品。

2.政府环境责任理论在生态红线法律制度中的体现

生态红线法律制度赋予了行政机关划定和修正生态红线的权力，以及制定并实施严格监管措施的职责，这体现了政府在生态红线法律制度中的主导地位。与此同时，生态红线法律制度还为行政机关严守生态红线设置了严格的越线责任，表明政府对严守生态红线负有重大责任。换言之，生态红线法律制度在红线管理和越线担责两方面体现了政府的第一性和第二性环境责任。贯彻和落实生态环境领域的各项政策与规定，核心在于落实各级政府的责任。在生态红线的管理工作中，如何做到权责一致、罚责相当是关键。只有细化政府环境责任的追责情形，通过"行为追责"与"后果追责"相结合的方式，将环保责任列入政府的考核内容，才能倒逼政府落实生态环境目标，真正把人们的生态福祉内化于心，外化于行。因此，政府环境责任理论是构建和完善生态红线法律制度的重要理论基础。

四、生态红线法律制度的主要功能

（一）法律制度的一般功能

1.秩序保障功能

秩序是法的基本价值之一。如果社会的秩序无法得到保障，那么法所追求的其他价值和功能将失去根基与土壤。因此，法律必须服务于秩序，致力于和谐稳定秩序的构建与维持，从而保障社会行为的合规则性与可预期性。法律是保障秩序的最重要的方式。一方面，法律制度具有维护统治阶级的统治秩序的功能；另一方面，法律制度具有保障社会公共管理秩序的功能。具体到生态红线法律制度，法律制度具有保障国家对自然资源与生态环境的管理秩序以及社会成员开发、利用、享受良好自然资源与生态环境价值的秩序的功能。

2.利益平衡功能

实现分配正义和利益均衡是法律的基本价值与重要功能。[1]公平正义是人类追求的永恒价值，也是法律进步的不竭动力。分配正义是社会正义的重要方面，法律通过制度化设计，调配社会成员的利益，使其趋于均衡，因而具有平衡不同社会主体之间的利益关系的功能。因此，从这个角度而言，法律制度是调节利益关系的重要工具，通过利益分配和利益衡平的方式，使法律制度中公平正义的价值追求得以实现，从而促进社会的和谐发展。具体到生态红线法律制度，其重要的功能之一便是调节自然资源与生态环境利益在社会成员之间的现时分配，以及在当代人和后代人之间的代际分配，实现自然资源与生态环境利益的横向平衡与纵向平衡。同时，通过对自然资源与生态环境的合理保护和经济开发活动的合理限制，实现社会整体利益在经济利益和自然资源与生态环境利益之间的均衡，从而保障社会的可持续健康发展。

3.价值引导功能

法不仅具有社会作用，还具有规范作用。其中法的指引作用和教育作用均具有价值引导功能。法律制度通过规则设计规范人的行为，使社会成员依据规则调整自身的行为，并在潜移默化中塑造某种价值判断。这种价值判断又反过来影响人的行为逻辑。具体到生态红线法律制度上来，通过对自然资源与生态环境载体划定生态红线并实施严格保护，向社会彰显自然资源与生态环境的重要价值，彰显生态文明理念：一方面可以指引社会成员实施自然资源与生态环境友好行为，

---

[1] 张廉：《利益关系的法律调整与和谐社会的构建》，《宁夏党校学报》2006年第3期，第62—67页。

减少对自然资源与生态环境的损害；另一方面通过严格的越线责任追究制度，发挥生态红线法律制度的教育作用，牢固树立节约资源和保护生态环境的意识。此外还可以在社会成员间传播创新、协调、绿色、开放、共享的新发展理念，促进经济发展和环境保护之间的和谐发展。

（二）生态红线法律制度的功能之多维检视

1. 马克思主义哲学检视

按照马克思主义唯物辩证法中质量互变规律的观点，量变引起质变。其中，量变是质变的基础，质变是量变的必然结果。但是量变不一定是显著的、飞跃的、非渐进的，质变也不一定是显著的。[1]质变与量变之间的因果联系是客观存在的。因此，事物哪怕是不易察觉的细微变化，如果任由其发展，都有可能产生正面或者负面的重大后果。作为人类赖以生存发展的物质载体的自然资源与生态环境也是如此。当自然资源与生态环境载体朝着不利方向演化时，起初可能不易察觉，但是量变积累到一定程度后，终究会造成严重的不利后果。反之，如果自然资源与生态环境载体朝着有利方向发展时，尽管开始是细微的，但是随着量变积累到一定程度，终究也能带来形势的根本好转。生态红线法律制度就是这样一种符合质量互变规律的制度设计。即通过划定生态红线，实施严格监管，减少造成自然资源与生态环境载体负向演化的行为，减慢甚至遏制其恶化趋势；与此同时，通过加大保护力度，促进自然资源与生态环境载体的正向演化，以逐步提高自然资源与生态环境载体的安全水平。因此，从马克思主义哲学角度看，生态红线法律制度具备遏制自然资源与生态环境恶化趋势的功能，同时还具备改善自然资源与生态环境禀赋的作用，对建设生态文明、促进可持续发展具有重要意义。

---

[1]　陈嘉鸿：《因果性质量互变现象中的质变概念和量变概念》，《安徽文学（下半月）》2011 年第 4 期，第 294 页。

2.社会主义道德检视

社会公德是社会主义道德的重要组成部分。中共中央《公民道德建设实施纲要》指出，"要大力倡导以文明礼貌、助人为乐、爱护公物、保护环境、遵纪守法为主要内容的社会公德，鼓励人们在社会上做一个好公民"。由此可见，环境保护是社会主义道德的重要内容。构建和完善生态红线法律制度，对浪费资源、污染环境、破坏生态的行为进行严厉打击，有利于弘扬和发展保护环境的社会公德，对我国社会主义道德水平的提升具有重要意义。因此，从社会主义道德建设的角度看，实施生态红线法律制度符合社会主义道德建设的基本要求。

3.基本人权检视

人权是人所应当享有的权利，随着我国把"国家尊重和保障人权"写入宪法，一项法律制度是否能够充分保障人权成为学者对该项法律进行评判的重要维度之一。众所周知，生存权和发展权是人权的基本内容。无论是个人的发展还是社会的发展，都离不开物质基础。无论是生命权、自由权还是生存权、发展权，每一项权利的实现都离不开对自然资源与生态环境的开发利用。[1]然而，人的开发利用活动不可避免地会对自然资源与生态环境产生不同程度的负面影响。一旦为了发展无视这种负面影响，最终将损害整个社会最广泛主体的切身利益。生态红线法律制度的构建和完善就是要通过制度的方式控制人类开发利用活动对生态环境与自然资源造成的不利影响，使这种负面影响不会对人类生存发展造成威胁。生态红线法律制度不仅关注当代人的生存发展，也力图通过严格的管控措施保障后代人的发展权利，在保障当代人人权的同时也维护后代人的生存权益和发展权益。由此可见，生态红线法律制度的实施有助于保障人权。

---

[1] 刘卫先：《环境人权的本质探析》，《中共天津市委党校学报》2009年第12期，第91—96页。

（三）生态红线法律制度的功能之具体表现

1. 保护自然资源与生态环境，维护自然资源与生态环境安全

生态红线法律制度是因我国长期以来积累的自然资源与生态环境问题的而构建的新型制度工具，具有鲜明的环境保护属性。其首要功能就是更好地保护我国的自然资源与生态环境，避免遭受系统性的自然资源与生态环境风险，维护国家和区域自然资源与生态环境安全。改革开放以来，我国取得了举世瞩目的经济成就，与此同时也面对着严重的自然资源与生态环境风险挑战。经济发展不仅导致环境污染的加重和资源约束的趋紧，也造成了自然生态的持续恶化。十八大报告提出"全面落实经济建设、政治建设、文化建设、社会建设、生态文明建设五位一体总体布局"的要求，生态文明建设一跃成为社会主义国家建设的顶层设计，这体现了国家对全面推进生态文明建设的决心，以及对以往经济发展方式的反思。过去经济发展对自然资源与生态环境的依存度较高，对自然资源与生态环境造成了严重污染和破坏的做法，在新时代必须得到彻底扭转。新时代的发展必须贯彻创新、协调、绿色、开放、共享的新发展理念。其中绿色发展就是要节约资源、保护环境和改善生态，实现可持续的健康发展。构建和完善生态红线法律制度，把生态红线战略纳入法治化轨道，对保护我国的自然资源与生态环境，维护国家和区域自然资源与生态环境安全具有重要意义。生态红线法律制度通过划定并严守生态红线，将资源利用水平和利用效率控制在安全范围，保证资源的高效、有序、可持续利用；将环境质量维持在安全可控的范围，保证人民群众的生活品质；让重要生态功能得以持续稳定发挥，始终保持在安全活跃范围，避免系统性生态风险的爆发，让脆弱的自然生态在更加严格的保护中得以恢复和改善。即通过保护自然资源与生态环境，维护自然资源与生态环境安全，让人民群众获得安全感，实现更高质量的可持续发展，维护和谐的社会秩序，保障人民安居乐业。可以说，保护自然资源与生态环境，维

护自然资源与生态环境安全是生态红线法律制度这一重大议题的应有之义。

2. 优化国土空间格局，推动经济转型升级

十八大报告指出，建设生态文明要"优化国土空间开发格局"。生态红线的划定和严守就是对国土空间的整合与优化。生态红线的划定意味着对某一特定自然资源与生态环境载体内的开发建设作出了新的限制。该区域的经济发展必须转型升级，向更加绿色环保的方向发展。否则，生态红线很容易被突破，不仅背离了生态红线制度建设的初衷，也不符合新时代的发展理念。要在经济发展和生态红线夹缝中生存，地方政府就必须优化国土空间开发格局，搬迁、重组甚至淘汰高耗能、重污染、破坏生态平衡的产业项目，并大力支持发展绿色环保产业。生态红线法律制度中的严格管控措施体系不仅会淘汰落后产业，还将催生新兴环保产业；不仅会调整产业布局，还会优化国土空间布局，使国土空间布局更加合理，效能更加强大。由此可见，除了保护自然资源与生态环境本身外，生态红线法律制度对于经济转型升级、国土空间优化也具有重要意义。

3. 助力生态文明建设，实现环境正义

环境正义一般是指所有人不论其世代国别、民族种族、性别年龄、地区及贫富差异等，均享有利用自然资源的权利，均享有安全健康的环境权利，均承担保护环境的责任与义务。[1]生态红线法律制度是生态文明制度的重要组成部分，生态红线法律制度的构建：一方面可以实现当代人之间的代内正义，实现现代内人公平地共享环境收益，共担环境风险的分配正义；另一方面，生态红线法律制度还为后代人的发展预留出空间，实现了自然资源与生态环境利益的代际共享，维护了代际正义。与此同时，自然资源与生态环境作为一种公共物品，政府、企业、社会组织与个体都应具备在供给和使用中尽责保护的公平正义

---

[1] 朱力、龙永红：《中国环境正义问题的凸显与调控》，载《南京大学学报（哲学·人文科学·社会科学版）》2012 年第 49 卷第 1 期，第 48–54 页。

品格。[1] 这种公平正义的品格是克服环境不公和自然资源与生态环境风险的重要内在动力。生态红线法律制度有助于培育公民、企业社会组织和政府机关的环境正义品格，提高其环保意识，促进其参与环境保护的积极性。同时，扭转不文明的生产模式和生活方式，增强公众参与环境公共事务的主动性，有助于在全社会营造出人人保护环境，人人参与生态文明建设的风尚。因此，构建和实施生态红线法律制度有利于实现环境正义，促进生态文明建设。

第二节　我国生态红线法律制度的现状考察

一、生态红线法律制度的立法概况

前文已经对生态红线法律制度作出了界定，即国家制定或认可的用于调整在生态红线划定、修改、监管和责任追究等过程中所形成的社会关系的一系列法律规范的总称，具体包括生态保护红线划定制度、生态保护红线调整制度、生态保护红线监管制度和生态保护红线越线责任制度等。同时，按照生态红线法律制度对资源利用安全、环境质量安全和生态安全的不同侧重，生态红线法律制度可以分为资源利用红线法律制度、环境质量红线法律制度和生态功能红线法律制度三类。尽管生态红线在其性质上属于一种广义的环境标准，但是按照笔者对生态红线法律制度概念的界定，现有相关立法中涉及生态红线法律制度的内容还很有限。因此，本书不是从宪法、法律、行政法规、部门规章、地方性法规、地方政府规章等不同法律部门逐一对生态红线法律制度进行梳理，而是按照本书对生态红线法律制度的分类，从资源利用红线法律制度、环境质量红线法律制度和生态功能红线法律制度

---

[1] 朱力、龙永红：《中国环境正义问题的凸显与调控》，载《南京大学学报（哲学·人文科学·社会科学版）》2012 年第 49 卷第 1 期，第 48–54 页。

三方面，结合本书对生态红线的定义，对现行制度进行考察和梳理。

（一）资源利用红线法律制度之立法概况

1. 直接涉及资源利用红线法律制度的法律法规及规范性文件

《"十三五"规划纲要》提出建立海洋生态红线制度。《第十二届全国人民代表大会第二次会议关于 2013 年国民经济和社会发展计划执行情况与 2014 年国民经济和社会发展计划的决议》提出建立生态红线管控制度，要设定并严守自然资源利用上线。《中共中央　国务院关于加快推进生态文明建设的意见》提出合理设定资源消耗"天花板"，加强能源、水、土地等战略性资源管控，强化能源消耗强度控制，做好能源消费总量管理，继续实施水资源开发利用控制、用水效率控制、水功能区限制纳污三条红线管理。划定永久基本农田，严格实施永久保护，对新增建设用地占用耕地规模实行总量控制，落实耕地占补平衡，确保耕地数量不下降、质量不降低。《国务院关于深入推进新型城镇化建设的若干意见》提出要划定永久基本农田、生态保护红线和城市开发边界，实施城市生态廊道建设和生态系统修复工程。

此外，国家林业局关于印发的《中国生态文化发展纲要（2016—2020 年）》指出，根据国家划定的生态主体功能区、自然资源可持续利用上限、污染排放总量上限，划定生态红线、核定指标体系。《国家林业局关于加强临时占用林地监督管理的通知》指出，要加强林地保护，严守林地保有量生态红线。《国务院办公厅关于印发编制自然资源资产负债表试点方案的通知》提出编制自然资源资产负债表，并强调将自然资源资产负债表编制纳入生态文明制度体系，与自然资源与生态环境红线管控、自然资源资产产权和用途管制、领导干部自然资源资产离任审计、生态环境损害责任追究等重大制度相衔接。

2. 间接关联资源利用红线法律制度的法律法规及规范性文件

在高效节约利用自然资源方面，我国在土地资源利用、水资源利用和能源利用的管理方面走在前列，相应制度较为完善，但其他资源利用的法律制度还比较粗糙。

（1）在土地资源利用方面

在土地资源利用方面，我国主要有耕地保护制度和林地保护制度。其中耕地保护制度方面，我国确立了"18亿亩耕地红线"。第十届全国人大四次会议上通过的《中华人民共和国国民经济和社会发展第十一个五年规划纲要》明确提出，18亿亩耕地是未来五年一个具有法律效力的约束性指标，是一条不可逾越的红线。在耕地保护方面，我国依据《土地管理法》和《土地管理法实施条例》实行严格管理，并加大对基本农田的保护力度。在林地保护方面，"十三五"规划提出了由2015年的151亿立方米增加到165亿立方米的森林蓄积量约束性指标。国家林业局的《推进生态文明建设规划纲要（2013—2020年）》，划定了森林、湿地、沙区植被、物种四条生态红线，划定了到2020年全国林地面积不低于46.8亿亩、全国湿地面积不少于8亿亩的生态红线。林业部门根据《森林法》和《土地管理法》对林地、森林资源严格管理。

（2）在水资源利用方面

在水资源利用方面，我国实行最严格的水资源管理制度。自"十一五"规划至"十三五"规划均设立了万元GDP用水量减低指标（约束性指标）。"十三五"规划中规定该指标年均下降23%。2012年国务院在发布《关于实行最严格水资源管理制度的意见》中建立了用水总量控制制度和用水效率控制制度，并确立了水资源开发利用控制红线和用水效率控制红线，对水资源的利用进行严格管理。此外，《水法》第四十七条明确规定了用水总量控制制度。《水法》第八条、第五十一条和第五十二条也明确提出要改进工艺提高用水效率节约用水。这些也是重要的水资源利用红线的重要法律依据。

（3）在能源利用方面

在能源利用方面，我国有《电力法》《煤炭法》和《节约能源法》

等法律法规，并长期把节约能源定位为我国的一项基本国策。其中，《节约能源法》第五条规定，国务院和县级以上地方各级人民政府应当将节能工作纳入国民经济和社会发展规划、年度计划，并组织编制和实施节能中长期专项规划、年度节能计划。根据"十三五"规划的规定，我国单位 GDP 能源消耗年均降低 15%（约束性指标）。

（4）在草原资源、海洋资源等方面

在草原资源、海洋资源等方面，相关的制度也在逐步构建。

（二）环境质量红线法律制度之立法概况

1. 直接涉及环境质量红线法律制度的法律法规及规范性文件

第十二届全国人民代表大会第二次会议《关于 2013 年国民经济和社会发展计划执行情况与 2014 年国民经济和社会发展计划的决议》提出要设定并严守环境质量安全底线。《中共中央　国务院关于加快推进生态文明建设的意见》确立了生态环境质量改善的总体目标：如主要污染物排放总量继续减少，大气环境质量、重点流域和近岸海域水环境质量得到改善，重要江河湖泊水功能区水质达标率提高到 80% 以上，饮用水安全保障水平持续提升，土壤环境质量总体保持稳定，环境风险得到有效控制。森林覆盖率达到 23% 以上，草原综合植被覆盖度达到 56% 以上，湿地面积不低于 8 亿亩，50% 以上可治理沙化土地得到治理，自然岸线保有率不低于 35%，生物多样性丧失速度得到基本控制，全国生态系统稳定性明显增强。该文件要求严守环境质量底线，将大气、水、土壤等的环境质量"只能更好、不能变坏"作为地方各级政府环保责任红线，并相应地确定污染物排放总量限值和环境风险防控措施。在责任承担方面，《党政领导干部生态环境损害责任追究办法（试行）》规定，违反主体功能区定位或者突破自然资源与生态环境红线、城镇开发边界，不顾资源环境承载能力盲目决策造成严重后果的，应当追究相关地方党委和政府主要负责人的责任。

此外，国家林业局《关于印发〈中国生态文化发展纲要（2016—

2020 年）〉的通知》指出，要根据国家划定的生态主体功能区、自然
资源可持续利用上限、污染排放总量上限，划定生态红线、核定指标
体系。工业和信息化部《关于促进化工园区规范发展的指导意见》严
禁在生态红线区域、自然保护区、饮用水水源保护区、基本农田保护
区以及其他环境敏感区域内建设园区。环境保护部印发的《建设项目
环境影响评价区域限批管理办法（试行）》规定，对违反主体功能区
定位、突破自然资源与生态环境保护红线、超过资源消耗和环境容量
承载能力的地区，暂停审批对生态有较大影响的建设项目环境影响评
价文件。

2. 间接体现环境质量红线法律制度的法律法规及规范性文件

我国目前反映环境质量红线的法律规范和规范性文件主要集中在
污染防治法方面，如《环境保护法》《大气污染防治法》《水污染防
治法》《海洋环境保护法》《环境噪声污染防治法》《固体废物污染
环境防治法》《标准化法》《环境标准管理办法》等。这些法律法规
主要是通过对污染物进行防治来保护环境，虽然对坚守环境质量红线
的条文直接体现得较少，却是环境质量红线制度建设的重要法律依据。
对环境质量的保护主要基于以下两个指标的控制：一是污染物的浓度
的控制，二是污染物总量的控制。针对污染物浓度的控制，主要是依
据环境质量标准和污染物浓度标准；针对污染物总量的控制，则是对
《大气污染防治法》《水污染防治法》的具体要求进行细化。

（三）生态功能红线法律制度之立法概况

1. 直接涉及生态功能红线法律制度的法律法规及规范性文件

2011 年国务院《关于加强环境保护重点工作的意见》《关于环境
保护工作情况的报告》和《关于印发国家环境保护"十二五"规划的
通知》的出台，多次提及要在重要生态功能区、陆地和海洋生态环境
敏感区、脆弱区等区域划定生态红线，对各类主体功能区分别制定相
应的环境标准和环境政策。"十三五"规划不但提出要划定生态保护

红线，还要求对生态保护红线实施分区管理。2014 年修订的《环境保护法》第二十九条规定："国家在重点生态功能区、生态环境敏感区和脆弱区等区域划定生态保护红线，实行严格保护。"还有《中共中央　国务院关于加快推进生态文明建设的意见》提出在重点生态功能区、生态环境敏感区和脆弱区等区域划定生态红线，确保生态功能不降低、面积不减少、性质不改变；科学划定森林、草原、湿地、海洋等领域生态红线，加强自然生态空间征（占）用管理，有效遏制生态系统退化的趋势。《中华人民共和国国家安全法》则进一步加大生态建设和环境保护力度，划定生态保护红线，强化生态风险的预警和防控，妥善处置突发环境事件，保障人民赖以生存发展的自然环境和条件不受威胁和破坏，促进人与自然和谐发展。另外，《国务院办公厅关于健全生态保护补偿机制的意见》也提出不仅要划定并严守生态保护红线，还要研究制定相关生态保护补偿政策。

此外，水利部《关于贯彻落实〈全国水土保持规划（2015—2030年）〉的意见》提出要做好水土流失的预防和保护，建立并完善水土保持生态红线管控体系。国家林业局《关于印发〈中国生态文化发展纲要（2016—2020 年）〉的通知》指出，要根据国家划定的生态主体功能区、自然资源可持续利用上限、污染排放总量上限，划定生态红线、核定指标体系。《新一轮草原生态保护补助奖励政策实施指导意见（2016—2020 年）》提出，要稳定和完善草原承包经营制度，划定和保护基本草原，严守草原生态红线；《促进西北旱区农牧业可持续发展的指导意见》中提出，要抓紧开展基本草原划定，严守草原生态红线，树立生态红线和负面清单理念，合理划定地下水禁采区、限采区和禁牧区，明确规定各区域产业发展方向和优先序。国家海洋局《关于推进海洋生态环境监测网络建设的意见》提出，要加强对珍稀濒危海洋生物、重要海洋经济物种等专项监测，加强对海洋保护区保护对象变化情况的监测预警，推进海洋生态文明建设示范区和海洋生态红线区专项监测，并且强调要定期开展对海洋（海岸）工程用海区、海洋倾倒区、海洋生态严重退化区、海洋生态红线管控区等的专项执法监测。环境保护部办公厅关于印发的《水体达标方案编制技术指南（试行）》提出，依据所在区域的主体功能区划、环境保护规划、城乡规划和土地利用总体规划等要求，结合地方的具体情况，参考《生态保护红线划定技术指南》等技术文件，将自然保护区、水源保护区、基本农田保护区、风景名胜区、森林公园及对未达标水体具有重要生态功能的生态敏感区域纳入生态红线控制范围，绘制流域生态红线控制分区图，对生态红线控制范围提出明确的管理要求，同时要结合近岸海域重要生态功能区和敏感区划定的生态红线，提出对生态敏感区、珍稀物种、资源及生态环境等的保护要求。国家林业局编制印发《推进生态文明建设规划纲要（2013—2020 年）》，划定了森林、湿地、沙区植被、物种四条生态红线，并且划定了 2020 年全国林地面积不低于 46.8 亿亩、全国湿地面积不少于 8 亿亩的生态红线；出台《关于进一步加强森林资源保护管理的通知》《关于切实加强和严格规范树木采挖移植管理的通知》，严格规范树木采挖管理，严厉打击偷采盗挖、私收滥购树木行为。另外，根据《关于加快推进生态文明建设的意见》的部署，我国森林湿地和沙区植被的生态红线的划定和落实最终取得了重大进展。

2. 间接体现生态功能红线法律制度的法律法规及规范性文件

对生态功能区的保护主要是通过对重要生态功能区、生态环境敏感区和脆弱区进行划区保护。2008 年，自环境保护部和中科院联合发布《全国生态功能区划》起就开始在生态功能区保护的实践方面进行了有益的探索。《全国生态功能区划》将全国国土空间划分为生态调节、产品提供与人居保障三类生态功能一级区，并在此基础上进一步划分生态功能二级区和生态功能三级区。2010 年 12 月，国务院印发了《全国主体功能区规划》，将我国的国土空间划分为优化开发区、重点开发区、限制开发区和禁止开发区四类，并分为国家级和省级两个层级。2012 年国家海洋局发布的《全国海洋功能区划》，首先把我国的海洋区域分为农渔业区、港口航运区、工业与城镇用海区、矿产与能源区、旅游休闲娱乐区、海洋保护区特殊利用区和保留区八大类，并从海水水质量、海洋沉积物质量、海洋生物质量和生态环境四方面提出了各功能区的海洋环境保护要求。为加强重要区域自然生态保护、优化国土空间开发格局、增加生态用地、保护和扩大生态空间的要求，环境保护部和中国科学院在 2008 年印发的《全国生态功能区划》基础上，联合开展了修编工作，并于 2015 年 11 月发布了《全国生态功能区划（修编版）》。这些功能区划（功能区规划）是生态功能红线区划定的重要依据。

此外，国家层面划定的自然保护区、风景名胜区、森林公园、地质公园、水源保护区、水源涵养区、水产种植资源保护区、水利风景区、湿地、海洋特别保护区、洪水调蓄区、河道保护区、公益林地等都可以是生态功能红线划定的重要生态资源。涉及的相关法律规范有《自然保护区条例》《风景名胜区条例》《森林公园管理办法》《海洋特别保护区管理办法》《水土保持法》《防沙治沙法》等，这对生态功能的保护具有重要意义。

二、生态红线法律制度的实施概况

生态红线法律制度科学不科学，效果好不好，除要考察其立法情况外，还需要在实践中去求证。因此，对生态红线法律制度的实施情况进行一个梳理非常有必要，这将有助于我们发现生态红线法律制度在实施过程中存在的问题，进一步指明生态红线法律制度的完善路径。

（一）资源利用红线法律制度的实施概况

1. 土地资源利用方面

随着《土地管理法》《土地管理法实施条例》和《全国土地利用总体规划纲要（2006—2020 年）》以及国民经济和社会发展五年规划纲要的约束性指标的落实，我国的耕地保有量保住了 18 亿亩。根据《"十三五"规划纲要》中"十二五"规划主要指标的实现情况来看，耕地保有量实际为 18.65 亿亩。在林地保护方面，森林蓄积量也在逐年增加，2015 年森林蓄积量达到 151 亿立方米，应该说取得了不错的效果，但是也存在一些问题，比如耕地的"占优补劣"问题比较突出，矿产资源开发利用过程中造成大面积的土地毁损等问题。[1]

2. 水资源利用方面

水是经济社会发展必不可少的基础性资源，在水资源合理利用方面，我国实行水资源开发利用控制、用水效率控制、水功能区限制纳污三条红线进行管理。我国水资源利用面临着水资源总量有限和用水需求迅猛增长的严峻现实，只有守住这三条红线，在取水、用水以及水资源保护方面进行控制，实行最严格的水资源管理制度，才能够有效压缩和限制现有的水资源荷载，实现水资源的适度开发、合理利用与严格保护。当然，除这"三条红线"外，还实施用水总量控制、用水效率控制、水功能区限制纳污以及水资源管理责任和考核的"四项制度"。并且，在地方逐渐形成完备的管理体制，将水资源的开发利用、节约和保护纳入经济社会发展综合评价体系，将区域水资源管理和保护工作责任落实到个人，由县级以上人民政府主要负责人负责。

3. 能源开发利用方面

根据《"十三五"规划纲要》中的数据，在"十二五"期间，我国单位 GDP 能耗降低 18.2%，比预期还高出 2.2 个百分点，这充分显

---

[1] 鲍达明：《基于生态文明理念的湿地保护管理制度研究》，《国家林业局管理干部学院学报》2016年第 1 期，第 40-44 页。

示了我国在节约能源和降低能耗方面作出的巨大努力。《中华人民共和国节约能源法》第六条规定，国家实行节能目标责任制和节能考核评价制度，将节能目标完成情况作为对地方人民政府及其负责人考核评价的内容，实际上为我国能源利用划定红线提供了重要的法律基础。在具体操作方面，国家发展改革委和统计局专门出台了《单位 GDP 能耗统计指标体系实施方案》《单位 GDP 能耗监测体系实施方案》和《单位 GDP 能耗考核体系实施方案》，更进一步细化和保障了单位 GDP 能耗降低目标的顺利实现。

（二）环境质量红线法律制度的实施概况

1. 大气环境质量改善方面

2013 年是近几年雾霾天气较为严重的一年，我国大部分地区雾霾形势不容乐观，北至北京、河北，南至四川，多地空气污染指数超标，个别地区甚至爆表，雾霾天气严重的地区能见度低于 50 米。在冬季初，出于取暖等原因，在东北地区，尤其是哈尔滨等地，雾霾天气尤其严重，能见度甚至低于 20 米。2013 年 6 月 14 日，国务院召开常务会议，确定了大气污染防治十条措施。2015 年 8 月修订的《大气污染防治法》更具有突出大气环境质量改善主线、强化政府责任、加强标准控制、强化重点区域联防联控和重污染天气应对、加大了处罚的力度等特点，同时充分凸显了信息公开和公众参与制度。自 2015 年底开始，我国陆续启动对 31 个省（区、市）的第一轮中央环保督察，并于 2017 年圆满完成，2019 年第二轮中央环保督察已经启动。环保督察常态化使环保压力传导至地方政府和企业，大气监测将逐步完善，排放监督力度也在不断增强。2018 年，生态环境部开展第一轮中央环保督察整改情况"回头看"，针对污染防治的关键领域，展开专项督察。近几年监督体制不断完善，中央环保督察力度随之增加，我国的空气质量渐渐好转。截至 2017 年，全国城市平均优良天数比例为 78.0%，PM2.5 浓度为 43 微克 / 立方米，同比下降 6.5%，比 2013 年降低 22.7%；PM10 浓度为 75 微克 / 立方米，同比下降 5.1%，比 2013 年降低 44.2%。全国平均霾日数 27.5 天，比 2016 年减少 10.5 天，比 2013 年减少 19.4 天。

2. 水环境质量改善方面

在水环境方面，我国水污染形势严峻，水环境质量的改善面临着较大的挑战。我国城市湖泊富营养化现象普遍存在，绝大多数城市河流均受到不同程度的污染，流经城市的河段水体污染明显加重，其中尤为明显的是经济发展较快的东部地区。全国七大水系中，辽河、海河流域水污染严重，污染事故时有发生。[1]长江流域水系水质总体情况良好，但流域内受纳工业废水和生活污水量分别占全国总量的 45.2% 和 35.7%，纳污量相对较高，容易对沿岸城市生活用水产生不利影响。我国城市供水中有 30% 源于地下水，北方城市供水 59% 源于地下水[2]，近 20 年来城市地下水水质普遍呈下降趋势，地下水的污染不容忽视。根据浅层地下水调查表明，有 115 座城市地下水受到不同程度的污染，占检测总数的 97.5%，其中重度污染约占 40%，某些城市的地下水受到石油类物质的污染，有很多已不适合做饮用水源。不仅如此，近海海域水质恶化日趋明显，基本上受到中度污染，主要污染物是无机氮、无机磷和石油类。由此可见，我国水环境质量现状堪忧，水污染形势也不容乐观，迫切需要划定水环境质量红线，以更好地保障水环质量的持续改善。

3. 土壤环境质量改善方面

土壤对人类来说是最重要的自然要素之一，承载着人类赖以生存的物质条件，土壤环境质量状况与生态安全和人们的生活息息相关，从而直接与社会的发展与稳定相关联。2005 年 4 月到 2013 年 12 月，国务院下发了关于全国土壤污染问题调查的决定。纵观全国土壤污染

---

[1]　胡敏：《国务院正式发布〈水污染防治行动计划〉》，《炼油技术与工程》2015 年第 7 期，第 18 页。
[2]　苗迎春、范超群、郭洁：《我国水环境现状及改善措施》，《资源节约与环保》2012 年第 3 期，第 43–44 页。

问题调查的结果，我国土壤环境问题不容乐观，部分地区污染严重，甚至大区域面积出现了因重度污染弃耕的现象。造成土壤污染有多方面的原因，主要包括污染企业超标排放、矿业污染、农业污染、生活垃圾污染等。调查结果显示，我国土壤总的超标率已经达到了16.1%，根据污染等级分为轻微污染、轻度污染、中度污染和重度污染，其所占比率分别为11.2%、2.3%、1.5%、1.1%。[1]纵观目前态势，土壤环境污染在数量、范围和种类上都有增加趋势。在土壤污染的范围上，从城郊逐步向农村蔓延，污染范围逐渐伸展开来，有些地方污染区域开始汇合、连片。在种类上，逐渐由单一的有毒有害物发展为多重的、复杂的污染种类。另外，土壤环境污染所产生的危害也从农产品污染逐渐升级为人类健康问题和生态安全问题。

（三）生态功能红线法律制度的实施概况

2000年，国务院印发了《全国生态环境保护纲要》，提出了划设并坚守环境保护底线的要求，划设环境保护底线的区域包括重要生态功能区、重点资源开发区和生态良好地区。2008年，环境保护部、中国科学院联合发布的《全国生态功能区划》，将"三区推进生态保护"的思想进一步细化并升华，最终落实为国土空间上的三级生态功能区。国务院在2010年印发的《全国主体功能区规划》中，提出了"两屏三带"的生态安全战略布局，同时进行全面规划，将中国中长期国土空间开发格局确定下来。在地方实践方面，广东省在2005年颁布的《珠江三角洲环境保护规划纲要（（2004—2020））》中提出了"红线调控，绿线提升，蓝线建设"的总体战略。其中红线调控战略是指将几种重点保护区域划定为红线区域，主要包括自然保护区的核心区、重点水源涵养区、海岸带、水土流失及敏感区、原生生态系统、生态公益林等，在红线区进行重点保护，实行严格监管，禁止开发利用。在响应

---

[1] 魏样、韩霁昌、张扬等：《我国土壤污染现状与防治对策》，《农业技术与装备》2015年第2期，第11-15页。

广东省政策的同时，深圳市出台了《基本生态控制线管理规定》，在全市范围内划定基本生态控制线。随着生态功能红线制度的不断推进，2007 年，昆明市在进行土地利用总体规划编修过程中也进行了生态红线区的划定，把生态系统敏感或具有最关键生态功能的区域划定为生态红线区。2011 年，广州市进行绿地系统规划，划定了基本生态控制线，主要包括自然保护区、集中成片的基本农田保护区、一级水源保护区、森林公园、郊野公园、山地、主干河流、水库及湿地以及生态廊道和隔离绿地等，同时加强对基本生态控制线区域的管制，禁止在此区域内进行大规模城市建设。2012 年我国启动生态保护红线试点工作，湖北、江西、广西壮族自治区、内蒙古自治区等省区成为首批试点省份。2013 年 8 月，江苏省率先公布由环保厅牵头完成的生态红线区域规划，成为第一个发布省级层面生态红线的地区。广东、陕西也陆续划定了林业生态红线，天津发布了生态用地保护红线划定方案。在市级层面上，以江苏为例，已有南京、扬州、南通、无锡等多个城市发布了生态红线区域保护规划。目前，已有 15 个省（区、市）生态保护红线划定方案获国务院审批。而根据《关于划定并严守生态保护红线的若干意见》确定的时间表，其他省（自治区、直辖市）的生态保护红线也在 2018 年年底前全部划定。

三、生态红线法律制度的主要问题

（一）生态红线法律制度的体系方面

1.法律规范分散，缺乏体系性

生态红线法律制度作为我国一项新的环境保护制度，目前正处于大力发展和建设的阶段。在这一阶段，法律规范相对分散是不可避免的，我们要正视制度建设中的这种阶段性的表现特征，但同时我们不能忽视这种因分散而缺乏体系性的制度现状对制度良好运行的巨大障碍，正如前面梳理的那样，我国生态红线制度的法律规范除在《环境保护法》第二十九条直接规定了生态保护红线（即本文所称的生态功能红线）和《国家安全法》第三十条所规定的划定生态保护红线外，其余则是以行政法规或部门规章散见于各种规范性文件。

此外，一些能够体现生态红线法律制度基本内涵的法律规范也散布于各个环境保护法律法规中。可以说生态红线法律制度的法律规范文本的分散性是显而易见的，更不用提制度的体系性了，这就使生态红线法律制度的构建与实施受到影响，所以，我国必须加强生态红线法律制度的体系化建设。法律制度的体系化不仅有利于生态红线执法和司法上法律适用的准确和便利，还有利于更加科学快速地推进生态红线法律制度的构建与完善。

2. 立法缺失明显，缺乏周延性

生态红线的内涵经历了从生态功能红线向包括资源利用红线和环境质量红线在内的自然资源与生态环境保护全领域红线管控制度的发展，但是目前得到法律确认的只有生态功能红线（生态保护红线），另外两条生态红线还只是存在于一系列的规范性文件中。但是，从我国环境保护形势和生态文明建设的需要以及国家的战略安排来看，资源利用红线和环境质量红线的制度建设必须和生态功能红线协调推进。就生态保护红线本身而言，其也存在明显的立法缺失。《环境保护法》只是在第二十九条规定了要在重要生态功能区、生态环境敏感区和脆弱区划定生态保护红线，但是在具体如何划定、组织机构的设置、划定的程序、依据、责任的承担等方面的规定都是缺失的。因此，我国生态红线制度还很不周延，很多重要制度需要加快构建。

3. 立法内容粗糙，缺乏针对性

如前文所述，我国生态红线法律制度还很不完善，存在较大的立法缺失。这种缺失不可避免地带来立法内容的粗糙，难以有针对性地指导生态红线制度的更好实践，甚至可以说围绕生态红线的很多制度的立法根本就是不存在的，其本质上还只是一种政府的政策导向性的安排，属于立法准备工作的前期探索。诸如划定草原生态红线、湿地生态红线、森林生态红线等，都还只是停留在相关部门的有益探索中。因此，当前的生态红线法律制度立法内容粗糙，难以应对具体的生态红线划定、修改、监管、越线责任追究等具有针对性的具体问题。这需要立法机关在总结我国各地探索出的有益经验的基础上，科学合理地制定更具有针对性的生态红线法律法规和部门规章等。

4. 制度衔接不够，缺乏对接性

前面提到，虽然生态红线提出的时间不长，但是自然资源与生态环境的保护是个老问题，生态文明建设的推进也早已深入人心，并成为我国未来相当长的一段时期的重大奋斗目标。因此，生态红线制度所要解决的问题并不是前所未有的新问题，而是面对老问题在新形势下呈现出来的新特点而应运而生的一项新的治理手段和管控措施。所以，生态红线法律制度的建设不仅要注重新制度的构建，还需要特别注意与现有制度的衔接。例如，在生态红线与自然保护区、主体功能区规划地、生态功能区、环境功能区划的关系上的衔接上呈现明显的不对等。目前政府部门正大力推进生态红线制度的试点工作，各地做法也不一而同，缺乏国家层面对生态红线划定与现有一些大的区划工程衔接的指导性意见。这最终造成了我国各种区划和生态红线划定之间存在大量的重叠却又无法有效衔接的窘境。因此，我国应当加大生态红线和现有规划、区划等制度之间的合理衔接。

（二）生态红线法律制度的内容方面

1. 生态红线划定主体不明确

《环境保护法》第二十九条第一款规定："国家在重点生态功能区、生态环境敏感区和脆弱区等区域划定生态保护红线，实行严格保护。"该款虽然规定了"国家"应当划定生态红线，但是显然这只是赋予"国家"划定生态红线的职责，具体由哪一国家机关具体划定并没有规定。从国家海洋局生态环境保护司公布的《海洋生态保护红线监督管理办法（征求意见稿）》来看，"国家海洋局统一指导、协调和监督全国海洋生态保护红线的实施工作"，这似乎表明国家海洋局（其海洋保护职责现并入生态环境部）是国家海洋生态红线的划定主体。此外，《海南省生态保护红线管理规定》规定"县级以上人民政府"是生态红线的划定主体，《沈阳市生态保护红线管理办法》规定沈阳市政府负责生态红线的批准与公布，"环境保护、发展改革、土地规划、财政、林业、水利、农业、城建、行政执法等部门参加的联席会议"研究决定生态红线的划定。而中共中央办公厅、国务院办公厅印发《关于划定并严守生态保护红线的若干意见》规定，生态红线的划定应当坚持"国家指导、地方组织，自上而下和自下而上相结合，科学划定生态保护红线"。由此观之，就规范层面而言，并未明确生态红线的划定主体。在实践操作层面，生态红线的划定实际上已经走在了法律规范前面。据中国环境报 2018 年 2 月 27 日消息，截至目前，京津冀、长江经济带和宁夏等 15 个省（区、市）划定方案已获国务院审批。[1]而根据《关于划定并严守生态保护红线的若干意见》确定的时间表，其他省（自治区、直辖市）的生态保护红线也将在 2018 年年底前全部划定。由此看来，省级政府是目前实践层面的生态红线划定主体。

2. 生态红线调整制度未确立

从国家层面来看，由于生态红线还处于逐步划定的阶段，生态红线的修改还只是一种制度预设，并未真正建立起来。从地方层面来看，《海南省生态保护红线管理规定》并未对生态保护红线的修改作出规定，只是说"生态保护红线评估调整具体办法，由省人民政府环境保护、海洋主管部门会同有关部门制定"。《沈阳市生态保护红线管理办法》则规定"调整方案经市生态保护红线联席会议讨论通过后，报市人民政府批准"。与此同时，它们都是早于《关于划定并严守生态保护红

---

[1] 《2018 年所有省份要划定生态保护红线》，中国证券网，2018 年 2 月 27 日。

线的若干意见》（以下简称《意见》）颁布的文件，根据《意见》要求，
"其他有关生态保护红线的政策的规定要按照本意见要求进行调整或
废止"，因此，一些已经出台了相关法规规章的地方也可能在不久的
将来会根据《意见》的精神作出相应的修改。

在具体的修改程序方面，有的地方对生态保护红线的修改程序进
行了详细规定，有的却仅规定提出修改方案的主体和批准的主体。多
数地方将生态保护红线的修改程序规定为由某一或某几个职能部门经
过论证提出修改方案后再报地方人民政府批准。这种把生态保护红线
的修改交由某一职能部门，而人民政府仅在批准通过的时候把关，这
就容易造成在生态保护红线修改的过程中夹杂着部门利益的倾向，再
加上生态保护红线修改的启动条件不明确也难以体现生态保护红线修
改的严谨性。笔者认为，目前这种不作区分的修改程序不利于国家生
态红线的严格管控，不利于调动地方划线的积极性，可以将国家生态
红线和地方生态红线区别开来，二者效力层级不同，监管措施有异，
修改程序也应当有差异。综上，无论是规范层面还是实践层面，无论
是国家层面还是地方层面，生态红线调整制度都尚未完全确立。

3.生态红线监管体系尚未建立

相伴而生的还有监管体系建设存在严重滞后的问题。从各地出台
的一系列规范性文件来看，生态红线的监管体制可大致分为两大类：
一类是各政府部门按各自职能承担相应的生态保护红线监管职责，如
湖北、贵州、广西等；另一类是生态环境主管部门对辖区生态保护红
线统一监管，其他部门在职能范围内承担相应监管职责，如海南、吉
林等。鉴于生态保护红线的特殊性、环境要素的多样性和生态系统的
复杂性等因素，将生态保护红线的监管职责交由某一职能部门统一行
使并不科学，不利于生态保护红线的全方位严格监管。此外，在具体
的监管措施和禁止性规定方面，相关立法还很不完善，虽然差异化管
理、监测评估、公众参与等方面已经有所涉及，但还比较粗糙。

4.生态红线越线责任追究不健全

法律区别于其他社会规范，强制性是极具鲜明的特征。在生态红线制度的设计中也应当体现法律的强制性，违法必然要负相应的法律责任，有法律的强制性作保障，生态红线一旦划定，就不允许任意触碰和僭越，但凡有越线行为，无论是公民、法人、其他组织还是行政机关，都必须承担相应的法律后果。要想使生态红线制度得以良好运转，必须对生态红线越线责任加以完善，但是目前的生态红线越线责任制度还比较粗糙，其主要存在以下问题：一是越线责任主体不全面。从地方立法层面看，多侧重于对行政相对人的责任追究，仅少数（如吉林省）规定了行政机关及其工作人员的越线责任。《吉林省生态保护红线区管理办法（试行）》规定："强化责任追究制度，开展自然资源资产离任审计，建立生态环境损害责任终身追究制，对生态保护红线区监管工作不力、失职、渎职造成严重后果和影响的，按照《党政领导干部生态环境损害责任追究办法（试行）》（中办发〔2015〕45号）有关规定，严肃追究相关责任人的责任。"二是越线行为不明确。对那些行为属于越线行为应当追究越线责任的规定不明确，特别是行政机关工作人员的越线行为较为模糊，在法律责任追究上存在困难。三是担责方式不全面。例如，按照《环境保护法》第六十四条的规定，行为人超越生态红线实施违法行为，并且产生了实际损害后果时，以《侵权责任法》的相关规定承担侵权责任，但是追及《侵权责任法》却发现，并无相关的侵权责任与之相对应。四是责任抽象，缺乏操作性。生态红线越线责任制度还存在民事责任、行政责任和刑事责任的承担方面存在责任过轻，过于概括难以操作等问题。例如民事责任常被表述为"责令赔偿损失"，行政责任常被概括为"对直接负责的主管人员和其他直接责任人员依法给予行政处分"，而刑事责任则往往被"构成犯罪的依法追究刑事责任"一笔带过。这种高度概括和抽象的表述往往会在责任追究的可操作性上大打折扣，《刑法》对于严重越线行为的处罚情形和量刑标准并没有进行明确的规定。

第三节 生态红线法律制度的域外经验

一、生态红线法律制度的域外考察

（一）国外生态红线相关概念的考察

现在国际上广泛认可的生态保护系统就是保护地系统，在国外多数国家和地区，自然保护地是构建生态安全系统的主要形式。[1] 大多数国家建立本国保护地的方式一般是参照 IUCN 保护地分类体系，然后将 IUCN 保护地分类体系与本国或地区的实际情况相结合，从而建立与本国或地区生态特点相适应的、具有本地区特色的自然生态保护地（区）系统。美国可以说是世界范围内创建自然保护区的先行者，到目前为止，美国的自然保护区综合了国家公园、国家森林（包括国家草原）、国家自然与风景河流、国家荒野保护地、国家海洋避难地和江河口研究保护地、国家野生生物避难地六种保护地体系为核心，以土地开发、土地利用、土地监管为辅助的自然生态保护体系，目前，美国拥有相当于陆地面积 16% 的陆域保护地区域，大约是 150 万平方千米。[2] 随着世界保护地建设潮流的兴起以及世界自然保护联盟（IUCN）在全球范围内推动了自然保护体系建设，"保护地"的创建手段和技术也日臻成熟，目前对"保护地"的定义为一个具有明确范围的、可识别并管理的地理空间，可通过法定的或其他有效的方法，实现对其与自然相关的生态系统服务和文化价值的长期保护。[3] 同时，保护地（区）也实现了其标准化的分类，IUCN 将保护地（区）分为

---

[1] Dearden P, Bennett M, Johnston J: Trends in global protected area governance, 1992–2002. Environmental Management, 2005, 36: 89–100.
[2] Wade A, Theobald D M, Laituri M J: A multiscale assessment of local and contextual threats to existing and potential U.S. protected areas. Landscape and Urban Planning, 2011, 101: 215–227.
[3] Joppa LN, Loarie SR, Pimm SL: On the protection of "protected areas". Proceedings the National Academy of Sciences, USA, 2008, 105: 6673–6678.

6 种：国家公园、严格自然保护区、荒野地、资源管理保护区、自然纪念物保护区、生境／物种管理区、陆地／海洋景观保护区。美国等国家建成的保护地系统，就是参照此分类。

保护地（区）的目的无非就是生态保护，但是，生态保护的方式有多种，为什么建立保护地（区）是目前在国外最主流且有效的措施呢？从 IUCN 对保护区的分类可以看出，划分保护地（区）的方法就是把具有特殊生态学意义的特殊物种和生态类型的空间范围划出来，为其创造一个相对独立的环境，从而对划定区内的目标进行有效的保护，使其不受破坏。[1] 独立保护，有力监管，确实有其一定的合理性。在我国，生态保护红线与国际上流行的"保护地"是有区别的，就空间范围方面而言，生态保护红线内也许具有需要保护的物种和生态类型，也许只是一些普通却对全区域生态环境稳定和平衡起着重要作用的自然景观和生态系统。由此可见，生态红线保护的不仅是特殊的物种和生态环境，还有其他起调节和平衡作用的生态类型。

在国外并没有生态红线的概念，但是由于生态红线与保护地理论有一定的相似性，在保护地体系中，与生态红线比较接近的概念主要有以下八种。

（1）国家公园体系。其建立既是为了维持特定生态系统的完整性，保证其不受到人为因素的破坏，还可以根据生态类型得天独厚的条件，为生态旅游、科学研究和环境教育提供场所。1872 年美国建立世界上第一个国家公园——黄石公园，以一种独特的形式对特定的生态环境提供保护场所，开创了国外自然资源与历史文化遗迹保护的先河。

（2）特殊保护地体系。这种形式是为保护某一物种而对其生存地和栖息地的保护，是常见的保护物种的策略。1979 年欧盟通过制定《鸟类指令》认定某些地域为保护地，主要以保护栖息地的方式来保护候鸟及濒危鸟类。

---

[1] 刘冬、林乃峰、邹长新等：《国外生态保护地体系对我国生态保护红线划定与管理的启示》，《生物多样性》2015 年第 6 期，第 7–14 页。

（3）特别保育区。其功能与特殊保护地体系相近，1992 年欧盟《栖息地指令》指定了由成员国共同认定的保护区，目的是保护栖息地物种的延续和多样性。

（4）泛欧生态网络。1995 年在保加利亚首都索非亚召开了欧洲部长会议，55 个泛欧洲国家参加了会议，并决议通过了泛欧生态与景观多样性战略，会议决定着手建设泛欧生态网络，将各自孤立的生态环境以生态廊道的方式联结起来，使各生态环境空间上升成为一个生态整体以保护物种扩散迁徙，同时为生物提供了重要的栖息地变换条件以保证生物的生存与物种的延续，从而保证了生态系统的稳定可持续性发展。泛欧生态网络虽然依然是以保护区内的物种和生态类型为目的，但在保持生态系统完整性，维持生态系统稳定和弹性上，与生态保护红线的保护目标具有一定的相似性。

（5）欧盟自然保护区网络。欧盟最大的跨界环境保护行动，依然是以保护物种的多样性为目的，Natura 2000 在欧洲大陆建立生态廊道，并在欧洲范围内与各国开展区域合作，以保护濒危野生动植物种、生态脆弱的自然栖息地和物种迁徙的需要保护地区。

（6）绿宝石网络。绿宝石网络建立在《欧洲野生生物与自然生境保护伯尔尼公约》和泛欧生态网络的基础上，为了填补欧盟自然保护区网络某些力不能及的区域，旨在提供一种一般性保护方法，以管理欧洲的非欧盟国家，建立与欧盟自然保护区网络类似的保护区。

（7）美国绿道网络。1987 年美国总统委员会的报告中提出，建设绿道以保证野生动物的迁徙和对栖息地的保护，绿道就是以某些自然走廊，诸如河滨、溪谷、山脊线等为基础，再加上某些人工建立的，诸如用作游憩活动的废弃铁路线、沟渠、风景道路等线性空间，来为野生动物提供活动场所，以保证迁徙繁衍或者生存需要。

（8）澳大利亚大堡礁保护区。随着全球化生态问题的蔓延，澳大利亚大堡礁生态环境受到威胁，澳大利亚根据大堡礁生态系统的脆弱性、生态维护的重要性和生态保护的程度，将大堡礁保护区进一步划分为一般使用区、生态环境保护区、保护公园区、缓冲区、国家公园区和保护区，对各区内的生态状况进行监控，并对各区内人类活动强度和方式类型都有所限定。

（二）国外的实施情况考察

IUCN 将 6 类保护地实行分级管理，按不同管理严格程度分为严格保护类（Ia、Ib、Ⅱ）、一般保护类（Ⅲ、Ⅳ）和可持续利用类（Ⅴ、Ⅵ）。严格的自然保护地（Ia）和荒野保护地（Ib）的生态环境最脆弱，人类活动对环境的影响度最高，改造程度也最低，在管控方面，相应制定最严格的措施。在 Ia 保护地必须禁止开发建设活动，禁止旅游和生产活动，对科学研究或环境监测等活动也应严格限定次数和程度；Ib 保护地适当允许对环境影响较小、时间持续短、无破坏性后果的旅游活动；而陆地景观及海洋景观保护地（Ⅴ）的生态系统较为稳定，原始状态最低，人类活动对环境的影响程度不大，人类活动因素对其改造相对来说较多，相应的管理程度也没必要苛刻，允许适当的生产及建设以及旅游开发。可见 IUCN 的管理主要是实行分级分类管控，严格保护维持生态保护功能最重要的地区，不同类型的保护地对应不同的监管措施，并不是一刀切，将所有保护地都严格保护起来不允许进行任何开发建设活动。从已建立起生态保护地（区）体系的国家的管理模式来看，大多数是以 IUCN 的分级管理经验为基础，结合本国国情进行改良，从而形成各自的特色。

目前，世界上已有 188 个国家和地区以 IUCN 的保护地分类体系为基础对生态保护地的范围进行了划分[1]，但各国因生态环境和国情的不同，在保护地的等级划分、面积大小以及命名方式等方面存在较大差异。大多数国家划定的保护地范围太小，多数国家的保护面积比例低于 5%。对比各国保护地相对于国土面积的占比来分析，主要分

---

[1] 刘冬、林乃峰、邹长新等：《国外生态保护地体系对我国生态保护红线划定与管理的启示》，《生物多样性》2015 年第 6 期，第 7-14 页。

为以下 3 个等级：①生态保护地面积占比较高的国家，陆域生态保护地所占国土比例高于 20%，如中美洲和南美洲的国家等；②生态保护地面积占比中等的国家，主要分布在北美、非洲东南部、东亚以及东南亚、加勒比地区与南美的巴西，陆域生态保护地占国土比例一般为 10%~20%；欧洲地区陆域保护地占国土的比例被广袤的西伯利亚地区拉低，仅有 12.4%，但是抛开平均水平，仅看欧盟国家陆域保护地占国土的比例还是挺高的，要高于 15%；③生态保护地比例较低的国家，包括大洋洲、北非、西亚、北亚及南亚等地区的国家，其陆域保护地占国土的比例总体上在 10% 以下。

美国保护地体系的管理特色是"管理分层次，开发适度"，将管理级别分为联邦、州和地方三个等级，不同的管理机构管理不同的级别，做到分工明确。对于不同类型保护地的管理则要求实行适度开发、科学保护的原则，在保护的前提下进行开发，开发的过程中不得使保护地的生态系统遭到破坏，生产开发活动必须以保证生态功能为前提，比如在国家公园内委托具有相关资质的企业来进行经营活动。

相比美国而言，德国采取的管理方法是将土地规划与生态用地的保护利用结合起来，德国采取的手段是在规划阶段预留保护地从而对生态用地进行保护。在德国，每个城市在其土地规划中就明确规定自然保护区应占城市面积的比例和景观保护区域应占的比例，在柏林州，这一比例分别是 3% 和 20%。[1]

同样为北美国家，加拿大的自然保护地管理就与美国类似，同样实行分类、分级、分部门的层层管辖，俄罗斯的制度也与之有共同之处。[2] 在俄罗斯，管控级别最高的一类保护区域就包括自然保护区和国家公园，除进行科学研究、生态宣传活动、符合规定不会破坏生态的旅游活动外，其他任何形式的经营活动都会被禁止。此外，俄罗斯

---

[1]　符蓉、喻锋、于海跃：《国内外生态用地理论研究与实践探索》，《国土资源情报》2014 年第 2 期，第 32-36 页。
[2]　刘润兰：《马克思主义人与自然关系论与生态文明建设》，《理论视野》2015 年第 11 期，第 82-83 页。

也会像美国一样，根据保护区域类型的不同调整相应的保护级别，如禁止在水库及水源保护地开展任何形式有污染的活动、伐木、经营甚至旅游活动。但是在非饮用水保护地，比如沿江河水域保护段和鱼类洄游保护区域等，在保证不造成水源地生态破坏的前提下，适当允许伐木或者其他经营活动。

二、国外生态红线法律制度的经验

（一）科学整合与优化现有各类保护区域

IUCN 保护地系统和北美、欧洲等大部分国家的自然生态保护地体系通常都是以生态要素或生态用地为标准划分为几个大类，这样的划分便于分工管辖、分类治理，有效提高治理的效率。目前，我国的各类保护地类型多样数量庞大，但是管理方式也大都遵循此原则。现在我国已建立的各类自然生态保护地（区）有多种形式，包括自然保护区、国家公园、森林公园、沙漠公园、风景名胜区、天然林保护区、地质公园、矿山公园、湿地公园、水利风景区、海洋特别保护区（含海洋公园）、种质资源保护区 12 种之多，其中仅自然保护区的数量已多达 2729 个。[1] 各类保护地归属多个部门管理，涉及林业、农业、环保等部门的交叉管理。这就很容易出现不同部门在同一地域区块设立不同保护区的情况，造成保护地（区）管理措施错综复杂，更有的部门各自为政或重复执法，部门之间彼此难以相互协调，使保护与开发矛盾突出，既影响了保护的成效，又造成了资源的空置和浪费。此次我国划定生态保护红线就必须要解决此类矛盾，就是要遵循"生态功能决定论"，首先将现有各类保护区（地）系统地整合起来，然后再进行重要性与需求性评价，将确有维持生态平衡功能、生态环境保

---

[1] 刘冬、林乃峰、邹长新等：《国外生态保护地体系对我国生态保护红线划定与管理的启示》，《生物多样性》2015 年第 6 期，第 7-14 页。

护功能的土地纳入生态保护红线之内，做到对资源的合理化利用，有助于科学有效地整合与优化我国各类生态保护区域，做到对资源的最大化利用和对生态的最优化保护。

（二）合理确定适宜的生态保护红线面积

世界上不同国家和地区因为有不同的国情和资源配置，所以无论在保护地的面积还是数量上都差异较大，陆域生态保护地面积在国土面积中占比最高的国家超过 50%，但大多数都维持在 5%~40%。目前，我国各类自然生态保护区（地）面积占比约为 18%。其中，《全国生态功能区划》中的 50 个国家重要生态功能区面积为 237 万平方千米，在我国陆地面积中占比为 24.8%[1]；而《全国主体功能区规划》中提及的 25 个国家重点生态功能区总面积为 386 万平方千米，在我国陆地总面积中占比为 40.2%，32 个陆地生物多样性保护优先区总面积为 232 万平方千米，在我国陆地面积中占比为 24.2%。[2] 尽管上述各类保护地区域存在一定的交叉重叠，但总面积已达到了我国国土面积的 50% 以上。不过上述区域中包含了某些商业化开发建筑用地，而生态保护红线应是其中最为急需保护的、具有重要生态价值的核心保护地区，并非所规划生态功能区的全部。生态保护红线是必须要落地的实线。因此，应该结合我国生态环境现状确定生态保护红线面积，如果一味增加数量，就会造成对资源的极大浪费。综上所述，我国生态保护红线确定的比例应以各地区最终划定结果为准，并且可以根据实际情况的动态变化作出相应的调整与反馈。

（三）建立统一的管理体系

世界上许多国家虽然政体有异，生态保护水平也有所不同，但都

---

[1]　邹长新、徐梦佳、高吉喜等：《全国重要生态功能区生态安全评价》，《生态与农村环境学报》2014 年第 6 期，第 688-693 页。
[2]　杨邦杰、高吉喜、邹长新：《划定生态保护红线的战略意义》，《中国发展》2014 年第 1 期，第 1-4 页。

建立了与自己国情相符合的自然生态保护区（地）管理体制。总体来说，国外的生态保护区（地）管理体制基本有两种模式：一种模式是多部门分工明确，各自负责。以美国为代表，国家公园署负责管理国家公园，鱼类和野生生物署负责野生生物避难所，海洋保护区由商务部负责，各部门相对独立，各有职责，分工明确，各尽所能。另一种模式是由一个特定部门主管，或成立专门的职能部门进行统一管辖。如新西兰专门设立了"自然保护局"。英国设置了直接受环境部长领导的负责自然保护区的管理的"自然保护委员会"。德国设置了专门的机构——国家公园管理署。澳大利亚则是由环境、遗产、水资源部分别来行使保护地的管理职能。芬兰的保护地由专门的国家林业与公园管理局管理，在政策上受农林部和环保部的指导。由此看来，国外由统一的主管部门牵头来管理自然生态保护区（地）是主流的发展趋势。[1] 而在我国，已建立的 12 种自然生态保护区（地）分属环保、农业、国土、林业、住建、水利、海洋、科学院等不同部门和单位管理，管理部门大多过于分散，各部门间有时难以协调，有时甚至交叉管理，不利于生态环境的统一监管。因此，根据我国现有部门的职能分工，要想加大监管力度和提高监管效率，生态环境主管部门应该进行统筹兼顾、统一管理监督，要对生态保护红线区域进行可行性试验，同时要监控保护成效并进行科学性评估，确保生态保护红线区域生态管理的整体性。

（四）实行差异化的管控制度

无论是 IUCN 的保护地体系，还是美国、加拿大、俄罗斯、德国的生态保护地（区）系统，对不同类型不同保护力度的保护区，采取级别不同的管理制度。环境原始状态越低，人类活动对其改善程度越高，这样的环境越不容易遭到破坏，相对应的管理程度也应更加宽松，

---

[1] 陶陶：《我国生态用地的研究进展与展望》，《地域研究与开发》2014 年第 4 期，第 126–130 页。

应当允许范围更广的人类开发或者经营活动。相反，原始状态越高的地区，对应的保护级别应该最高，应该实行更为严格的保护措施，甚至禁止一切形式的经营建设活动。将国外的差异化管理方式引入我国生态保护红线管理中，在我国划定的生态保护红线区域内也要实行分级分类的差异化管理，针对不同的生态保护红线区域制定不同的管控标准和措施，对不同的管控区域实行管理的有差别化，明确不同级别的生态保护红线区的准入活动类型和强度。[1] 如 2014 年江苏省在省内率先划定生态保护红线，对管控区域分两级进行管理，在一级管控区和二级管控区实行强度不同的管控，从而保证对不同生态保护红线区域进行监管，具体方案是在一级管控区内严禁一切形式的开发建设活动，二级管控区内严禁有损主导生态功能的开发建设活动。2014 年 8 月，天津出台了《天津市永久性保护生态区域管理规定》，将永久性保护生态区域分为红线区与黄线区，对红线区和黄线区分别出台了不同的管控措施。

（五）制定相对完善的法律法规保障体系

目前世界上多个国家通过立法使自然生态保护地（区）的监管更加规范、有力，进一步明确了管理方式和责任承担。如美国在联邦、州、地方层面都有涉及自然保护地（区）体系的基本法。《俄罗斯联邦特保自然区法》全面规范了俄罗斯特别自然保护区域的设立和监管工作。日本的《自然环境保全法》和《自然公园法》、德国的《自然和景观保护法》等都明确了本国自然生态保护地的监管办法。这就为生态保护地（区）的规范管理提供了制度保障。对我国而言，生态红线是国家生态保护的生命线，对现阶段环境保护和生态可持续发展具有极其重要的意义，所以更需要用法律加以规范，从国家到地方各层级制定完备的管理办法，构建一套严密的法律保障体系。

---

[1] 燕守广、林乃峰、沈渭寿：《江苏省生态红线区域划分与保护》，《生态与农村环境学报》2014 年第 3 期，第 294-299 页。

第四节　我国生态红线法律制度的完善路径

一、完善生态红线的法律体系

　　按照笔者对生态红线的界定和生态红线法律制度的界定与分类，资源利用红线、环境质量红线和生态功能红线是生态红线在环境保护中的三条各有侧重的红线。三条红线彼此既有交叉也互为补充，三者共同组成自然资源与生态环境红线管控网络。与之相应的资源利用红线法律制度、环境质量红线法律制度和生态功能红线法律制度共同构筑起生态红线法律制度这一大厦。目前得到法律确认和正在大力推进的却只有生态功能红线（生态保护红线）一条，生态功能红线法律制度很不完善。而资源利用红线法律制度和环境质量法律制度也亟待建立。在完善生态红线法律制度周延性的同时还需加强制度的针对性和可操作性以及制度间的对接性。

（一）构建资源利用红线法律制度

　　首先，要针对土地资源利用、水资源利用、矿产资源利用和能源开发利用等对经济社会具有重大战略意义的领域划定相应的资源利用红线，以确保这些重要资源的高效持久利用。其次，要为上述主要资源种类分别划定资源消耗总量红线、资源利用效率红线和资源保有红线等具体红线，实现资源利用红线对资源开发利用和保护的立体涵盖。资源消耗总量红线，主要指区域内的资源能源消耗总量合理与否的临界值，从资源能源消耗的普遍性来看，主要由以煤炭、石油、汽油为主的化石能源消耗、水电资源消耗及土地资源占用等构成，具体依据当地能源消费结构、资源能源使用量等实际情况，选取主要资源能源进行总量上限控制。资源利用效率红线，主要指产业消耗一次资源，包括煤、石油、铁矿石、有色金属稀土矿、磷矿、石灰石、沙石等，所产生社会经济效益的准入值。[1] 资源保有总量红线，主要指区域内重要自然资源保有量的底线值，对维护地方生态系统平衡、保障生态安全格局具有关键作用，一般包括森林资源、水资源、湿地资源、野生动物资源等，具体依据特定的自然资源禀赋情况而定。

（二）构建环境质量红线法律制度

环境质量红线通俗来讲就是指人民群众能够呼吸上新鲜的空气、喝上干净的水、吃上放心的粮食、维持人类生存需要坚守的基本环境质量水平。环境质量红线的划定应符合环境功能区划与环境质量管理要求，维护人居环境与人体健康的基本需要。具体而言，是指大气、水、土壤等环境质量需要达到的最低环境质量水平。按照环境要素和当前的环境保护重点，环境质量红线体系分为大气环境质量红线、水环境质量红线和土壤环境质量红线三类红线。环境质量红线的建设也是从这三方面重点展开，实现环境质量"陆海空"的立体维护。因此，构建环境质量红线法律制度就是要针对大气、水、土壤三种主要环境载体划定相应的环境质量红线，并采取严格的监管措施进行严密的监测和及时预警，确保人民群众生产生活环境的安全卫生。用环境质量红线法律制度构筑起清洁空气、清洁水源、清洁土壤的法律屏障。严格落实污染物总量控制制度，对包括合法排污行为在内的排污行为加大监管力度，确保环境质量稳定向好与持续改善。首先要科学划定大气、水、土壤环境质量红线，确定环境质量目标。其次是加强重点污染物的控制，严控排放标准。最后是强化环境质量风险的监测和预警，严控环境质量风险。

（三）完善生态功能红线法律制度

将生态功能红线（生态保护线）的划定纳入法治化轨道，加快出

---

[1]　张国茹：《习近平生态文明建设思想特点浅析》，《淮北职业技术学院学报》2016年第1期，第1-3页。

台《国家生态保护红线管理办法》，以加快构建生态功能红线调整制度、生态功能红线监管制度，同时对生态功能红线的越线责任追究制度加以完善，率先建立起生态功能红线法律制度，并为资源利用红线法律制度和环境质量红线法律制度的构建提供借鉴。同时贯彻系统性、协调性、差异性、强制性、动态性和操作性划定原则，科学划定重要生态功能区和生态环境敏感区、脆弱区的生态功能红线。此外，要确定合理的空间范围。对生态功能红线的划定，首先要进行合理性论证，明确科学合理的空间范围，在重要生态功能区、生态敏感区、脆弱区划定合理的空间边界实行严格保护。其次必须保证划入生态红线区的国土空间是具有重要生态功能价值的区域，划定之后必须实行严格管控措施，对生态功能有破坏有严重威胁的建设工程和特定行为必须严格禁止。最后，生态功能红线的划定必须有助于实现其保护生态的功能。资源、环境和生态是人类社会发展的重要支撑。其中，生态功能最特殊也最容易受到忽视。因此，划定生态功能红线的目的就是通过红线管控的形式，对特定区域的生态功能进行最低限度的保障。划定生态功能红线时，除了空间的严格管控外，还要注意生态功能的实质性保护与提升。

二、明确生态红线的划定主体

（一）生态红线的层级

生态红线本质上是一种环境管理工具。作为一种工具，中央政府可以在全国范围内使用，地方各级政府也可以在本辖区使用。因此，笔者认为，生态红线可以分为国家生态红线和地方生态红线。在"全国一张图"的要求下，国务院批准的各省级政府划定的生态红线组成国家生态红线，依照国家生态红线管理办法进行管理。地方各级政府还可结合当地实际，划定地方生态红线。但是地方生态红线的划定范围、指标限制等应当严于国家生态红线。地方政府可在不超越国家生态红线的前提下，根据本地实际情况划定地方生态红线对本辖区的自然资源与生态环境载体进行红线管控，为本地自然资源和生态环境提供更有力的保护。笔者认为，地方生态红线的级别可以进一步按照省、市、县不同的行政区划进行进一步划定。

（二）多元化生态红线划定主体

理论上来说，环保职能部门和各级人民政府均有权划定生态红线，对辖区自然资源与生态环境实施红线管控，但考虑到实际操作层面，笔者认为，生态红线的理想制定主体应当是这样的一个多元结构。具体而言，国务院生态环境主管部门及国务院自然资源、林业、水利等其他组织机构可以制定跨行政区域的国家生态红线，在"全国一张图"的形势下约束省级人民政府及其职能部门；省级人民政府或省级生态环境主管部门根据本省的资源和生态环境状况制定省级生态红线，约束地市级人民政府及其职能部门；地市级人民政府或地市级生态环境主管部门可以制定地市级生态红线，约束县（区）级人民政府及其职能部门；县（区）级人民政府可以制定县（区）级生态红线，约束其职能部门。

三、构建生态红线的动态调整机制

（一）确立划定与修改主体相统一原则

简言之，划定与修改主体相统一原则就是生态红线的修改应坚持"谁划定谁修改"的原则。由下级人民政府或本级职能部门提出修改申请后，经本级人民政府审查同意后组织专家论证，由划线联席会议提出具体修改方案报本级人民政府批准后实施。国家生态红线的修改必须经国务院批准。生态红线一经划定不得随意修改，必须依照法律规定的修改事由进行修改，确保生态红线修改的高门槛、科学性和实效性。

（二）修改依据要法定

生态红线一经划定就必须严格遵照执行，非法定情形不得随意修改。一般而言，生态红线可以修改的情形主要有：一是符合国家法律法规的规定情形；二是上级行政机关的决定、命令，且符合法律规定；三是评估机构出具的评估报告表明需要修改且经有权机关批准的。这些可以启动生态红线修改程序的情形应当通过立法予以确立，成为生态红线修改的法定依据。生态红线修改依据的法定化是为了保证生态红线修改的严肃性和合法性，避免朝令夕改，避免生态红线被虚置。

（三）生态评估需前置

生态红线的修改还应当坚持"生态评估前置"原则，即在对生态红线所指向的自然资源与生态环境状况进行科学评估的基础上制订修改方案，以保障生态保护红线的科学性。生态红线的评估应当交由具有专业资质的专门机构进行，评估应当建立在平常的监测数据基础上科学客观作出。生态红线评估机构评估后必须出具相应的评估报告书。报告书应当载明自然资源与生态环境载体的前述状况和当下水平以及是否可能产生自然资源与生态环境风险和具体的风险种类，是否需要修改等内容。未经生态评估，生态红线不得修改。

四、健全生态红线的监管制度

（一）构建生态红线差异化管理制度

1.建立生态红线分级管理制度

生态红线差异化管理的最突出表现就是分级管理。根据自然资源与生态环境载体各自的禀赋，划分为一级管控区和二级管控区。在对生态红线区域进行分级管理的基础上，按生态红线的不同种类实施分类管理。若同一生态红线区域兼具两种以上类别，按最严格的要求落实监管措施。生态红线的一级管理。一级管控区是生态红线的核心区域，实行最严格的一级管控措施，严禁一切形式的开发建设活动。生态红线的二级管理。二级管控区以生态保护为重点，实行差别化的管控措施，严禁有损主导生态功能的开发建设活动。

2. 建立生态红线差异化管理体系

建立生态红线差异化管理体系应着力于以下三方面：一是管理措施的差异化，即在具体的管理措施上有所差异；二是管理强度的差异化，即在管理强度上，一级管控区的管理强度高于二级管控区；三是管理目标的差异化，即在宏观目标上也存在差异，一级管理重在保护和质量提升，二级管理重在管控和风险防范。

（二）构建生态红线监测评估制度

1. 建立生态红线的监测制度

生态红线的监测应当交由具备专业资质的专门机构进行，采取动态监测和定期监测相结合的方式进行。所谓动态监测就是通过安装视频监控设备和数据采集设备等方式，通过卫星遥感技术、地理信息系统等技术手段实现对自然资源与生态环境载体的全天候实时监测。定期监测是指定期对自然资源与生态环境载体的单项或综合数据采集与分析。从大的类目来讲，生态红线监测的内容包括空间面积、指标有无以及指标数量等内容。从监测的类型来说，生态红线监测可分为单项监测和综合监测。无论是动态监测还是定期监测，都应当定期出具监测报告并存档。生态红线管理机关应当定期检查和更新检测设备，保证监测系统的正常运转。生态红线管理机关同时还具有保管监测报告的职责，并在有关机关、社会组织或个人申请公开之时依法公开。

2. 建立生态红线的评估制度

生态红线实施一段时间后，应当依法对生态红线进行效用性评估，评估内容主要包括此段时间内的实施状况和实施效果，根据评估后的结果来决定当前生态红线是否可行，是继续执行还是对其依法作出相应的修改。生态红线实施效果的评估方式要具有专业性、权威性和科学性，评估机构和人员要具有相关资质，评估主体对其评估报告负责，相关行政机关不得以任何理由阻挠评估工作，应当尽量协助，以保障生态红线评估工作的顺利进行。评估主体必须依法向生态红线管理机关提供评估报告，不得造假、不得徇私舞弊，否则将承担不利的法律后果。生态红线评估机构应当对生态红线所指向的自然资源与生态环境载体的空间分布、指标有无及其数量多少作出测算，并评估自然资源与生态环境状况及可能存在的风险及安全隐患，而后出具专业的处置意见。评估机构受生态红线机关委托，对其负责。生态红线评估报告对生态红线的修改具有约束力。

（三）构建生态红线应急协调制度

生态红线应急协调是指生态红线紧急事件发生后，生态红线管理部门间相互协商、共同决策的一项办事制度。由于我国目前环境保护管理体制的原因，多部门均享有生态红线的管理职能，特别是对应急事件的处置权限。因此，为了便利、高效管理，最大限度地保护自然资源与生态环境，最大限度地减少经济损失和自然资源与生态环境损害，必须构建生态红线应急协调制度。

1. 生态红线紧急事件的判定

生态红线紧急事件的发生是生态红线应急协调启动的前提和动因。生态红线应急协调的启动必须及时、高效。因此，可以考虑设立生态红线应急处置委员会，由各生态红线管理部门派驻委员，委员可提出生态红线应急预案启动申请，经委员会简单多数通过后展开应急协调会议，应急处置委员会按照议事规则判定紧急事件的性质、级别。

生态红线紧急事件的判定应遵循专业、准确、高效的原则。

2.生态红线应急措施的启动

应急措施的启动是指生态红线紧急事件经应急处置委员会判定之后，相关处置措施的启动。生态红线应急措施的启动由生态红线应急处置委员会启动。应急措施启动后，相关主体应当严格执行。因执行不及时、执行失当造成重大自然资源与生态环境损害和人身财产损害的，应当承担相应的责任。责任应当落实到具体的行政负责人。情节严重的可认定为生态红线越线行为，承担相应的越线责任。

3.生态红线应急处置的协调

生态红线应急处置是指生态红线应急措施启动后生态红线管理机关、生态红线协作组织机构相互协调合作实施应急方案，直至解除生态红线紧急事件的过程。生态红线应急处置的协调应当遵循便利管理、尊重部门职能的原则。生态红线应急处置以处置效率、处置效果为标准，积极协调，及时处置，采用以主要职能部门为主、相关部门为补充的工作机制。若主要职能部门推诿、协调部门不配合，造成严重后果的，应当承担相应的法律责任。

（四）完善生态红线信息公开和公众参与制度

1.完善生态红线的信息公开制度

要确立生态红线信息公开制度，首先要解决的问题就是信息公开的主体、公开的内容和公开的形式的确定。确定生态红线信息公开的主体，实质上就是确定有权公开生态红线信息的单位和组织；确定生态红线公开的内容实质上是对信息的甄别，确定应当公开的信息；确定生态红线信息公开的形式是指确立生态红线信息公开的方式。此外生态红线信息应当依职权公开还是依申请公开的问题，笔者认为，重要紧急信息应当依职权主导公开，其他信息可以依申请公开。众所周知，一旦生态环境发生变动，往往会产生深远的影响，对当地公众生产、生活以及健康的消极影响难以预测。当红线区域内环境质量发生变动时，如果仅凭感官和直觉进行判断，往往会产生谬误与延迟。因此，为了使公众能够及时采取措施应对环境质量发生的变动，应当将相关信息对其公开。此外，当划线区内环境发生变动时，仅仅是官方意识到环境问题的紧迫性是不够的，更重要的是要将这种紧迫性及时传达给广大人民群众，让民众同样感受到危机，才能更好地应对。同时可以促使公众主动维护生态红线。在公开途径上，发布主体可以通过互联网推送和手机短信的形式将生态红线信息（包括预警信息）向公众公开。生态红线信息通过多渠道的公开才有助于社会主体的全面参与。生态环境的保护不仅要靠政府主导，还需要社会公众、市场主体的参与和监督。只有把保护自然资源与生态环境融入经济社会中，才是生态文明建设、生态红线守护的长效机制。

2. 完善生态红线的公众参与制度

我国于 2015 年 1 月修订的《环境保护法》中规定了环境信息公开和公众参与制度，明确"公民、法人和其他组织依法享有获取环境信息、参与和监督环境保护的权利"。为了明确环境保护中公共参与的方式方法，环境保护部还制定了《环境保护公众参与办法》（以下简称《办法》），对公众参与环境保护制度做了一系列具体规定，并且规定了保障措施。但是，从实践层面来看，《办法》的相关规定具体操作起来实践性不强，与预期效果还有一定差距。其主要表现为：一是在强制性规定方面有欠缺；二是缺乏对公众参与意见采纳情况的反馈要求；三是缺乏对公众参与的激励规定；四是程序方面的规定过于简单，缺乏细致的步骤与详细的操作流程，造成在实践中可行性的欠缺。

针对以上不足，笔者认为，应当从如下方面加强生态红线的公众参与：一是建立公众与政府平等协商的良性互动机制。公众参与和民主协商已成为现代社会公共治理的主要方式，通过广泛的公众参与，建设生态、经济和社会利益相协调的社会。[1] 二是基于互联网新技术打造便捷的公众参与平台。依托互联网方便、快捷的优势，使公众与政府进行无缝对接；同时打造多元化参与方式，以强化公众参与的实际操作性。三是发挥好环境公益组织对公众参与的指导和帮助作用。相对于政府而言，环境公益组织更贴近民众，充分发挥环境公益组织的灵活性优势，增加与公众的接触频率，形成良好对接，有利于提高公众参与的效率，更好地普及公众参与。另外，功能完备的环境公益组织可以为公众参与提供更多的专业指导和服务，可以转变为连接政府和公众的桥梁。究其根本而言，生态红线公众参与制度的完善应当围绕畅通公众参与渠道和保障公众参与权利两方面进行。

五、完善生态红线的越线责任追究

（一）明确越线责任的主体

明确责任主体是落实责任追究的重中之重，责任主体不明确，责任无法落实，就谈不上越线责任的追究。只有在明确责任主体的前提下，才能做好责任的落实，进而展开越线责任的追究。不同越线行为中的责任主体各有不同，生态红线越线责任的主体包括两大类：行政机关和行政相对人。

1. 行政相对人：谁违法谁担责

对于行政相对人来说，生态红线规范性文件具有强制性，其所确立的生态红线是不可逾越的，一旦实施了生态红线规范性文件中所禁止的行为，即承担相应的生态红线越线责任。因此，对于行政相对人来说，只要行为违反了生态红线规范性文件的规定，无论是否有过错，不影响其责任的承担。

---

[1] 〔美〕丹尼尔·科尔曼：《生态政治：建设一个绿色社会》，梅俊杰译，上海：上海译文出版社，2006年，第38页。

2. 行政机关：谁监管谁担责

生态红线管理机关依据上级行政机关下达的生态红线规范性文件对辖区生态红线所指向的自然资源与生态环境载体依法严格管理，对辖区自然资源与生态环境负有重大监管责任，应当恪尽职守，严格执法。如果因其玩忽职守、徇私舞弊等造成自然资源的浪费与生态环境的损害，以致生态红线被突破的后果，则应承担因监管不力而产生的生态红线越线责任。相关责任人应当依法承担行政处分，情节严重的，可追究其刑事责任。与此同时，行政机关负责人的生态红线越线责任还应当与领导干部自然资源资产离任审计制度相衔接，让行政机关负责人真正重视自然资源与生态环境的保护，切实严守住生态红线。

（二）明晰越线行为的种类

1. 导致自然资源与生态环境严重损害的行为

导致自然资源与生态环境严重损害的行为是指行政机关监管不力或者行政相对人的严重违法行为导致自然资源与生态环境严重恶化或重大损害，突破生态红线所划定的安全底线，而应当承担生态红线越线责任的行为。这种行为的行为人主要有两类：一类是行政机关，另一类是行政相对人。这种造成自然资源与生态环境严重损害的行为是生态红线被破坏的极端情况，对这种行为的追责意味着生态红线所指向的自然资源与生态环境"越过安全线"已经处于重大风险的境地，但这种情况的出现应当与自然灾害所导致的环境污染和生态破坏相区分。如果是由自然因素导致自然资源与生态环境状况严重恶化，行政机关负责人不承担越线责任。

2. 违反生态红线禁止性规定的行为

违反生态红线禁止性规定的行为是指行政相对人违反生态红线规范性文件的强制性规定，造成损害而应承担相应不利后果的行为。行政相对人应当依法被追究行政责任；构成犯罪的，依法追究刑事责任；造成生态环境损害的，还可能被依法追究生态环境损害赔偿责任。

（三）创新越线责任承担方式

完善生态红线越线责任制度除了要通过明确越线责任主体和越线行为种类，以惩治越线行为；还应当着眼于保护自然资源与生态环境，创新越线责任的承担方式。首先，要创新越线民事责任承担方式，对于依法追究生态环境损害赔偿的行为人，应当允许其通过恢复原状的方式替代金钱给付赔偿，这样有利于生态修复，实现生态利益的回馈。其次，要创新越线行政责任的承担方式，对于有能力修复的责任人可探索通过承担一定生态修复工作来折抵相应行政处罚的制度。最后，创新越线刑事责任承担方式，积极建立赔偿修复与从轻或减轻刑事处罚间的纽带。总而言之，就是要通过创新越线责任承担方式，在惩治越线行为的同时修复受损的生态系统。

第八章　环境预警法律制度研究

第一节　环境预警法律制度概览

一、环境预警法律制度的概念释义

"预"字在我国汉语表达中有预先、事先之意。如唐白居易《和微之诗·和三月三十日四十韵》："仙亭日登眺，虎丘时游预"，宋司马光《资治通鉴》："预备走舸"，其中"预"皆是事先准备之意。而"警"字在我国汉语表达中则是注意可能发生的危险、戒备；需要戒备的事件或消息等释义。如东汉许慎《说文解字》："警，戒也"，《周礼·宰夫》："正岁，则以法警戒群吏"，其中"警"皆是戒备、告诫、警示之意。在我国古代汉语中"预"与"警"二字虽不合于一词使用，但是"警"本身通常已包含了提前戒备之意。预警作为一项事务，起源于军事领域，早在西周时期就已存在关于军事预警系统的相关记载——"烽燧制度"。[1] 现今取而代之的是用于军事领域的雷达技术及导弹防御系统。当前，伴随现代社会的飞速发展和风险社会理念的提出，预警一词已经普遍运用于社会生活的各个领域，如财务

---

[1] 司马迁《史记·周本纪》中记载："褒姒不好笑，幽王欲其笑万方，故不笑。幽王为烽燧大鼓，有寇至则举烽火。诸侯悉至，至而无寇，褒姒乃大笑。幽王说之，为数举烽火。其后不信，诸侯益亦不至。"东汉许慎《说文解字》："烽，有警则举火"。"烽"是指白天放烟告警，"燧"则是夜间举火告警。

预警、风险预警、环境预警、灾害预警及情报预警等。此处所要考察的是环境预警法律制度的基本概念。

（一）问题的回应——概念建构的基本前提

或许有人会问，为什么要用"环境预警"这个概念，而不用"生态环境预警"或者是"生态预警"？十八届三中全会提出建设"生态文明"之后，这一政治理念对环境法学的研究起到了较大的指引作用。在此后的环境法学界的学术研究过程中，"生态"一词的使用越发频繁。因此，这个问题确实值得思考和查证。

首先，"生态"与"生态环境"一词面临固有的局限性。生态学的研究对象是自然界间的相互关系，这种关系是有机体与其周遭环境的关系。[1] 从定义中，我们可以看出生态一般是指有机体与其周围环境的相互关系，并不承载过多其他意涵。倘若强行用生态一词表示个别的环境要素，势必出现词不达意的问题。虽然国家提出要建设"生态文明"，其更多停留于政治意义，事实上"生态"一词在学术上与政治上的用语内涵存有较大差别，片面强调"政治用语的学术化"易于在学术界造成理解上的混乱和困难。同时，"生态环境"一词作为学术术语也存有疑问。"生态环境"一词最先出现在 1982 年宪法中，其完整表述是"国家保护生活环境和生态环境,防治污染和其他公害"。据考证，该词最先由黄秉维院士提出。但在随后的讨论中，学者逐渐意识到"生态环境"作为学术术语是不严谨的。就连黄秉维院士也评价道："顾名思义，生态环境就是环境，污染和其他的环境问题都应包括在内，不应该分开，所以我这个提法是错误的。"[2] 可见，"生态预警"和"生态环境预警"基于限定词本身的局限，不符合科学用语规范。

---

[1] 孙儒泳、李庆芬、牛翠娟等：《基础生态学》（第 2 版），北京：高等教育出版社，2002 年，第 1 页。
[2] 黄秉维：《地理学综合工作与跨学研究》，载《陆地系统科学与地理综合研究：黄秉维院士学术思想研讨会文集》，北京：科学出版社，1999 年，第 12—13 页。

其次，"环境"一词具有科学性和全面性。不同的学科对环境的定义有所不同，自然科学所指之环境，即以人群为中心，直接或间接影响人类的自然和社会因素的总和。[1]我国《环境保护法》则采用概括加列举的方式对环境下定义，即指影响人类生存和发展的各种天然的和经过人工改造的自然因素的总体，包括大气、水、海洋、土地……。环境法学所定义的"环境"与环境科学所定义的"环境"具有共通性，指的是人类所处之环境（包括自然形成和人工改造的）。自然环境主要是指自然条件和资源，它包括水、土壤、矿藏、电磁力，自然现象（如气象、气候、地壳稳定性），人工环境（如城市、乡村、文化古迹、公园、自然保护区）等。[2]同时从《环境保护法》立法轨迹中亦可看出，1989年《环境保护法》使用的是"生态环境与生活环境"。在环境保护法修改过程中，二审稿将之统一用"环境"一词替代，直至2014年《环境保护法》（2015年1月）最终颁布。[3]这样的修改可以说是对"环境"一词的正名，解决了"生态环境"这一非科学用语所带来的逻辑混乱。

最后，"生态文明建设"具有综合性。十八届三中全会的文件中首次将生态文明建设纳入经济、政治、文化、社会建设中，形成全新的国家治理格局。王灿发教授认为"生态文明既可以是人类在处理人与自然关系中所取得的积极成果的总和，也可以是一种更高级的社会形态"[4]。吕忠梅教授认为生态文明建设的法治课题包括：于生态文明的理念下完善、评估、健全现有的环境立法，建立领导干部生态环境终身追责制，建立政府、企业、公众参与的共治体系等。[5]因此，政治术语和法学术语中"生态文明"建设的概念远远大于"环境保护"所欲表达的内容，让"环境"统摄直观层面的环境要素保护更具合理性。

上述四个理由清晰地说明：第一，使用"环境预警"一词不会造

[1]　《中国大百科全书·环境科学》编委会：《中国大百科全书·环境科学》，北京：中国大百科全书出版社，2002年，第134页。
[2]　周珂、高桂林、楚道文：《环境法》（第四版），北京：中国人民大学出版社，2013年，第4页。
[3]　竺效：《论环境侵权原因行为的立法拓展》，《中国法学》2015年第2期，第248—265页。
[4]　王灿发：《论生态文明建设法律保障体系的构建》，《中国法学》2014年第3期，第34—53页。
[5]　吕忠梅：《生态文明建设的法治思考》，《法学杂志》2014年第5期，第10—21页。

成理解上的混乱；第二，"环境预警"一词的使用可以与我国环境保护基本法上的"环境"进行衔接，使之不脱离"法"的范畴；第三，"环境预警"一词的使用并不与"生态文明法律制度建设"相分离，反而体现出两者手段与目的的本质联系。上述即本文采用"环境预警"一词的主要理由，下文将以此为基础，对"环境预警"下一个妥帖的定义。

（二）环境预警的概念

作为环境预警法律制度贯穿始终的概念，环境预警兼具环境科学与环境法学的双重面相，为使论证周延完整，此处拟从环境科学和环境法学两个维度展开具体阐述。

1. 环境科学维度

国内最早对环境预警的概念进行界定的学者是陈国阶，他在 1996 年发表的《对环境预警的探讨》一文中指出，环境预警是指对环境质量和生态系统逆化演替、退化、恶化的及时警报。[1] 他在后续文章中，将环境预警这一称谓改成了生态环境预警，而定义并未有变化。[2] 潘红磊等提出的环境预警系统，将环境预警系统分为突发性、区域性及生态自然资源预警，并指出该系统是通过对环境现状的实时监测、调查和评估，经专家决策并向社会公众发布预警信息的过程。[3] 田华等认为，环境预警的主要特点是前瞻性、预防性。其主要内容是强化预防措施，如尽早查明环境污染的隐患，避免事故的发生。倘若事故发生，应采取科学措施以遏制事故的发展。[4] 郝东恒等使用了"生态安全预警"一词，并对其作狭义和广义之分。狭义的预警仅指预警信息的发布，而广义的预警则是包含了监测、评估、预警发布和处理的

---

[1] 陈国阶：《对环境预警的探讨》，《重庆环境科学》1996 年第 5 期，第 1–4 页。

[2] 陈国阶、何锦峰：《生态环境预警的理论和方法探讨》，《重庆环境科学》1999 年第 4 期，第 8–11 页。

[3] 潘红磊、李巨峰、杜卫东等：《环境预警系统的类型和构成》，《油气田环境保护》2009 年第 1 期，第 33–36 页。

[4] 田华、刘岩：《建立环境预警监测体系的探讨》，《中国环境管理干部学院学报》2008 年第 2 期，第 81–82，95 页。

全过程。[1] 苏维词等认为生态环境预警是指就流域内的工程建设、资源开发、国土整治等人类活动对生态环境所造成的影响进行预测、分析与评价；确定生态系统状态在人类活动影响下的趋势，并提出应对环境恶化的信号及应急处理措施。[2] 上述学者对于环境预警的理解，基于词汇选择不同（如环境预警、生态环境预警、生态安全预警、环境预警监测），或者角度不统一（有的侧重于环境质量和生态系统整体，有的侧重于突发性环境预警，有的侧重于生态环境质量和生态系统状况），而得出不尽相同的结论。但总的来说，上述定义皆是从环境科学的角度，对环境预警所涉及的主体、对象和方法的概括描述，揭示了环境预警的不同面向和特征。

2. 环境法学维度

目前，我国环境法学界还未有学者对环境预警这一概念进行界定。因此，我们仅能从现有法律条文中去探寻。在我国现行环境法律体系框架下，《环境保护法》规定了三种类型的预警：环境资源承载能力监测预警[3]、农业污染源监测预警、环境污染公共监测预警；《大气污染防治法》中规定的重污染天气预警[4]；《突发事件应对法》中规定的自然灾害预警、突发性环境污染事件[5]；《气象法》中规定的灾害性天气预警（气象灾害预警）[6]；《草原法》中规定的草原生态监测预警（火灾、土壤退化、虫害等）[7]；《防震减灾法》中规定的地震后次生灾害的监测预警[8]；《深海海底区域资源勘探开发法》中规定严重损害海洋环境等事故预警[9]。上述是我国法律条文中与环境相关的预警规定。除了法律以外，包括国务院行政法规（如《太湖流域

---

[1] 郝东恒、谢军安:《关于构建河北省生态安全预警系统的思考》,《当代经济管理》2005年第1期,第64-67页。
[2] 苏维词、李久林.《乌江流域生态环境预警评价初探》,《贵州科学》1997年第3期,第207-214页。
[3] 参见《中华人民共和国环境保护法（2015）》第十八条、第三十三条、第四十七条。
[4] 参见《中华人民共和国大气污染防治法（2016）》第九十三条。
[5] 参见《中华人民共和国突发事件应对法（2007）》第四十二条、第四十三条。
[6] 参见《中华人民共和国气象法（2014）》第二十二条。
[7] 参见《中华人民共和国草原法（2013）》第二十五条。
[8] 参见《中华人民共和国防震减灾法（2009）》第四十七条。
[9] 参见《中华人民共和国深海海底区域资源勘探开发法（2016）》第十一条。

管理条例》《森林防火条例》《气象灾害防御条例》等）和部门规章
（《突发环境事件应急管理办法》）中都有涉及与环境预警相关的规定。
如前所述，虽然有关环境预警的相关制度内容在目前诸多法律法规中
均有所涉及，但这些规范条文均未对环境预警的概念给出明确界定。

通过对环境预警概念不同维度的考察以及结合前文对"环境"自
身范围的确定，可以看出环境预警的范围大致包括：气象灾害、地质
灾害、突发性环境污染事件、环境资源承载能力、农业污染源等。本
书课题属环境法学研究范畴，其研究不仅要有基础理论的研究，还要
有以问题为导向的环境资源问题研究。《中共中央全面深化改革的若
干重大问题的决定》中指出要建立以问题为导向的研究模式。[1] 环境
法学中环境资源问题，又称"环境问题"，是指因人为或自然原因所
引发的环境要素和生态系统的退化，从而对人类生产生活造成不利影
响，乃至危及人类生存的一系列难题，主要分为原生环境问题和次生
环境问题两类。[2] 因此，我们认为环境预警的对象就是可能发生的环
境问题，既包括次生环境问题，还包括原生环境问题。

概言之，所谓环境预警是指对可能发生的环境问题的及时警戒，
这里所指环境问题既包括原生环境问题，也包括次生环境问题。其目
的在于通过警戒，规范人们的行为，防止环境资源问题的发生或恶化，
进而减少人、财、物的损失。

（三）环境预警与相关概念辨析

1. 环境监测与环境预警

环境监测是指通过科学的技术手段，对污染因素和环境变化进行

---

[1] 围绕这些重大课题，我们强调，要有强烈的问题意识，以重大问题为导向，抓住关键问题进一步研究思考，着力推动解决我国发展面临的一系列突出矛盾和问题。参见新华网："习近平：关于《中共中央全面深化改革的若干重大问题的决定》的说明"，2013 年 11 月 15 日。
[2] 环境问题可分为两类：一类是指由自然环境本身的运动变化而给人类造成的一切有害影响，如火山、地震、洪水等，这被称为原生环境问题或第一性环境问题，也称自然灾害；另一类是指由人类活动作用于自然界并反过来对人类自身造成的一切有害影响，这被称为次生环境问题，又称人为环境问题或第二性环境问题。这两类环境问题有时交叉发生、协同作用，如大型水库往往诱发地震，滥伐森林往往引发和加剧水旱及火灾等。黄锡生：《环境与资源保护法学》，重庆：重庆大学出版社，2015 年，第 3 页。

评价和统计的活动。[1] 环境监测是环境预警的基础和前提，先有监测后有预警。预警是基于监测数据的科学分析，通过合理的科学推理对可能发生的环境资源问题的先觉性警报。比较环境监测与环境预警的异同主要应当从以下几个方面进行分析：首先，环境监测与环境预警在研究范围上是一样的，既可以是原生环境问题，也可以是次生环境问题。其次，在制度功能上，环境监测的制度功能不仅限于预警，其对现有环境数据的收集、环境质量的研判，以及形成科学合理的环境决策、执法局面具有重要意义。[2] 环境预警是为了防止环境资源问题的发生及恶化而及早提出预告、报警，进而及时采取措施防止危害发生，其对维护正常的生产和生活秩序，保持社会稳定，促进国民经济健康可持续协调发展有着重要作用。最后，在研究的重点上，环境监测注重数据的采集，而环境预警则是环境资源问题的产生、恶化及后果的提前警戒。

2. 环境预测与环境预警

环境预测是指对环境质量的演化进行有科学依据的推断和评估，其目的在于指导人们在生产生活过程中合理地保护环境和利用自然资源。两者间区别如下：第一，环境预测的调整范围具有广泛性，它同时囊括原生环境、次生环境，以及由于原生环境的自然演化和人为干预演化的整个过程，这种演化既可以是正向的也可以是负向的。相比而言，环境预警聚焦于次生环境风险的研判，侧重于人为干预行为及其所引发的不利后果。第二，环境预测是对将来环境一次性的动态预测结论。而环境预警重点则是在将来，但更侧重不同时段的动态变化。[3]第三，环境预测的结论对于环境政策的制定和环境管理行为有一定的参考作用，对环境的保护和资源的合理利用提供辅助的决策依据，但环境预测结论的不准确并不承担法律上的不利后果。环境预警的结论

---

[1] 周卫：《论我国环境监测的功能嬗变和立法完善》，《理论月刊》2010 年第 9 期，第 110–113 页。
[2] 蔡守秋：《中国环境监测机制的历史、现状和改革》，《宏观质量研究》2013 年第 2 期，第 4–9 页。
[3] 陈国阶：《对环境预警的探讨》，《重庆环境科学》1996 年第 5 期，第 1–4 页。

具有先觉性及其警戒性，其对人们行为的指导具有直接作用且影响力大，因此具有环境预警职能的部门对其环境预警行为需要承担相应的法律后果。

3. 环境评价与环境预警

环境评价一般指环境影响评价，是指通过对规划和建设项目实施后将对周围环境可能产生的影响、拟采取的防范措施和最终不可避免的影响进行调查、预测和评价，并以此为基础提出预防或者减轻不良环境影响的对策和措施，进行跟踪监测的方法与制度。[1]我国环境影响评价的对象仅限于规划和建设项目，其在研究范围上远小于环境预警。而研究范围的限定决定了环境评价是对已经确定的行为将对环境带来的影响的预测及采取的相关对策，这种行为可以是尚未实施或是实施过程中的跟踪监测。环境影响评价的结果是一次性的静态结论，环境预警不仅是动态的，而且是动态多维结论，包括演化方向、速度、状态、质变等。[2]

（四）环境预警法律制度的规范内涵

"制度"一词在我国现代汉语词典中是指在一定历史条件下形成的法令、礼俗等规范。[3]环境预警制度是指依一定的程序由社会性组织来制定和实施的有关于可能产生的环境资源问题的预警监测、评估以及预警后规避、处置环境风险的一整套规范体系，既包括有关环境预警的政治、经济制度，也包括法律制度等。因此，环境预警制度是环境预警法律制度的上位概念，两者是包含与被包含的关系。具言之，环境立法是指特定的国家机关依照法定的程序，制定、认可、修改、补充或废止有关保护和改善环境，合理开发利用自然资源，防止环境污染和其他公害的规范性法律文件的总称。[4]在这一意义上，所谓环

[1] 参见《中华人民共和国环境影响评价法（2016）》第二条。
[2] 陈国阶：《对环境预警的探讨》，《重庆环境科学》1996年第5期，第1-4页。
[3] 孔伟艳：《制度、体制、机制辨析》，《重庆社会科学》2010年第2期，第96-98页。
[4] 金瑞林：《环境与资源保护法学》，北京：高等教育出版社，1999年，第40页。

境预警法律制度是指为了及时警戒潜在或现存的环境风险，国家制定或认可的用于调整在环境风险监测、评估、发布、规避、处置等过程中所形成的社会关系的一系列法律规范的总称，具体包括环境资源承载能力预警、农业污染源预警、环境污染公共预警、地质灾害预警和气象灾害预警等方面的法律制度。

（五）环境预警法律制度的适用范围

环境预警法律制度的适用范围，是指作为一项风险管控制度措施，环境预警法律制度适用于哪些环境问题领域。前文已就该问题进行过论述，此处旨在明确环境预警适用范围的基本框架和含义。

1.气象灾害预警

根据国务院发布的《气象灾害防御条例》规定，气象灾害是指台风、暴雨（雪）、寒潮、大风（沙尘暴）、低温、高温、干旱、雷电、冰雹、霜冻和大雾等所造成的灾害。[1]而气象部门发布的部门规章将霾和道路结冰也纳入到了气象灾害预警的范畴。[2]

2.地质灾害预警

地质灾害是地质作用或地质过程的极端化灾难性表现。按照人为因素介入程度的不同，地质灾害同样包括原生和次生两个主要门类。一般来说，地质过程本身是缓慢和原生性的，诸如火山、地震、地面下沉、地裂缝等灾难现象是由地质作用自发形成的。同时，人类活动对地质灾害的发生具有巨大的"诱发性"作用，滑坡、坍塌、地面塌陷、河岸塌陷等灾害现象，都在相当程度上裹挟着人类破坏行为的因素。以近年来频频出现于我国内陆地区的"天坑"为例，众多调查表明，大规模的地下水抽取和矿产开采是形成这些地表塌陷的主要原因。此外，地质灾害本身同样可能成为其他极端灾害的诱因，对生态环境

---

[1] 参见《气象灾害防御条例（2010）》第二条。
[2] 参见《气象灾害预警信号发布与传播办法（2007）》第二条。

和人类生存影响巨大。[1] 由于许多地质灾害是气象因素引起的，因此，由气象因素引起的地质灾害也可以适用气象灾害的相关规定。基于地质灾害对人类生存环境的强大破坏性作用，建立科学完备的地质灾害预警制度十分必要。

3. 环境资源承载能力监测预警

《环境保护法》要求省级以上人民政府应当组织有关部门或者委托专业机构，建立环境资源承载能力监测预警机制，《中共中央关于全面深化改革若干重大问题的决定》明确提出建立资源环境承载力监测预警机制，对水土资源、环境容量和海洋资源超载区域实行限制性措施。应当说，资源环境承载力并非一成不变的固定基线值，而是伴随人口数量、城镇化进程、产业和开发规模、地区自然资源禀赋等众多因素的变化而逐步变化的动态过程。在这一意义上，科学完备的环境资源承载能力监测预警制度的建立，有助于及时且全面地了解地区资源环境的现实承载能力，从而为环境资源战略的制定以及相关政策的完善提供决策依据和重要参考。质言之，环境资源承载力解决的是一个红线问题，是指在特定时间范围内，特定的区域资源环境系统所能承受人类发展活动的最大限度与能力，其彰显着经济社会发展与区域环境保护间的冲突与平衡。环境资源承载能力包括土地资源承载能力、水资源承载能力、能源资源承载能力及环境承载能力。[2]

4. 农业污染源监测预警

农业污染源可分为点源污染和面源污染两种形式。农业点源污染是指由确定的排污口集中向外排放污染物的污染源，点源污染广泛存在于空气污染、水污染、工业污染、农业污染和生活污染中。[3] 相比点源污染，农业面源污染指向一种面状分散式污染形态，主要表现为农业生产所产生的氮、磷、钾等元素，以及农药或其他污染物质，经

---

[1] 宋春青：《地质学基础》，北京：高等教育出版社，2005 年，第 461 页。
[2] 贾彦鹏：《资源环境承载能力监测预警机制研究》，国家和发展改革委员会经济体制与管理研究所网站，2014 年 4 月 8 日。
[3] 邓小云：《农业面源污染防治法律制度研究》，中国海洋大学 2012 年博士学位论文。

由雨水冲刷、地表径流和农田渗漏所形成的环境污染。[1]我国自古以来就是农业大国，随着国家工业化进程的加快，农业污染问题也越来越受到社会重视。《全国土壤污染状况调查公报》中土壤的环境质量状况数据显示，我国耕地的土壤点位超标率为 19.4%，即近五分之一的耕地点位被污染，兹事体大。[2]因此，为防止农业污染的进一步扩大，建立及完善污染源监测预警制度非常重要。农业污染源监测预警制度是指国家制定或认可的运用于农业污染源监测、预警及预警后规避处置农业污染源的一系列法律规范。

5. 环境污染公共监测预警

近年来，多次出现的雾霾天气及频频出现在报刊头条的重大环境事件，在吸引着公众眼球的同时，也引发了理论与实务界对环境污染公共监测预警制度的高度关注。应当说，彰显"预防理念"和"风险管控"精神的环境污染公共监测预警制度，是对突发环境事件予以有效防控的第一道防线。进一步讲，环境污染公共预警制度是确保各级环境行政管理部门及时、充分、全面搜集并发现污染信息，通过数据处理手段对上述信息进行快速分析研判，经由法定化的信息确认程序针对损害后果发生的可能性进行科学预测和判断，并在此次基础上，作出最终的预警决策并采取相关执行措施的制度体系。在这一意义上，构建科学完备的环境污染公共预警机制有助于政府部门和社会公众对突发环境事件进行有效且及时的反应，维护国家生态环境安全。[3]

---

[1] 崔键、马友华、赵艳萍等：《农业面源污染的特性及防治对策》，《中国农学通报》2006 年第 1 期，第 335–340 页。
[2] 参见 2014 年 4 月颁布的《环境保护部和国土资源部发布全国土壤污染状况调查公报》，中华人民共和国环境保护部网站，2014 年 4 月 17 日。
[3] 邓水平：《环境污染公共预警机制探析》，《环境保护》2015 年第 43 卷第 11 期，第 58–60 页。

二、环境预警法律制度的基本内容

（一）环境预警监测制度

环境预警监测制度是环境监测在环境预警领域的具象化表达，属于广义上环境监测制度的一个分支。一般认为，环境监测是指通过技术性的方法和法定化的程序，由负有监测义务的机关或授权组织综合运用物理、化学、生物、遥感等技术手段，对污染物排放状况和环境质量状况进行系统分析研判的过程。环境预警离不开充分、完备的信息数据支撑，在这一意义上，以信息数据搜集为核心的环境监测是做出科学预警决策的基础和前提，环境监测的数据是环境预警最为重要和直接的参考对象。因此，环境预警监测制度是预警信息发布前必不可少的重要环节。

（二）环境预警标准制度

环境预警标准概念来源于我国现行环境预警法律体系。虽然我国现行环境预警法律规范没有定义环境预警标准的基本概念，但是通过考察得知，我国气象灾害预警的分级已经存在明确的分级标准[1]，而突发环境事件的分级标准也被授予由我国环境保护行政主管部门制定。[2] 因此，环境预警标准是环境预警信息发布的主要参考和依据。

此处对环境预警标准的含义是从环境科学和环境法学两方面进行考察的。在环境科学研究的过程中，环境预警标准一般被称为环境警戒线或是环境预警指标。陈国阶认为，环境质量本身和环境质量的退化均存在着临界值，而环境质量的标准可以反映人类对环境的需求，将环境质量的标准作为环境警戒线简洁易行，具有广泛可适用性。[3]

---

[1] 中国气象局：《气象灾害预警信号及其防御指南》，北京：气象出版社，2007 年。
[2] 参见 2014 年 12 月 29 日起实施的《国家突发环境事件应急预案》，中华人民共和国环境保护部网站，2015 年 2 月 3 日。
[3] 陈国阶：《生态环境预警的理论和方法探讨》，《重庆环境科学》1999 年第 4 期，第 8–11 页。

李俊红等根据危险的紧迫性将环境预警标准区分为警情指标和警兆指标，其中前者是指危害后果的发生已经迫在眉睫，或是已经部分发生并切实影响人们生存环境的指标；后者是指虽然目前情况尚不足以构成对人们生存环境的实质性损害，但如果这种状态继续则会通过积累、沉积、化合等过程逐渐超出生态系统自净能力，并最终造成环境污染和生态破坏，危害人们生存环境的指标。[1]颜卫忠认为："环境预警指标体系，就是由一系列相互联系的能敏感地反映环境系统与环境秩序状况的统计指标有机结合所构成的整体。"[2]环境预警指标在环境科学中已成为通用的概念，指代也较为明确，其实质就是对环境质量逆态演化的预警标准。

我国的环境立法中也有关于环境预警标准的相关规定。《突发事件应对法》将突发事件发生的紧急程度、发展势态和可能造成的危害程度作为标准，将预警分为四个不同的等级。[3]2014 年在国务院颁布的《突发环境事件应急预案》中虽然表述有所不同，但是基本遵循了《突发事件应对法》的相关规定。[4]《大气污染防治法》要求："国务院环境保护主管部门会同国务院气象主管机构等有关部门……统一预警分级标准。"由气象局颁布的《气象灾害预警信号发布与传播办法》确定了气象灾害预警信号的含义及其组成部分，并于《气象灾害预警信号及防御指南》中明确了各类气象灾害预警信号的分级标准。[5]可见，环境预警标准不仅包括由各种数值所组成的指标体系，还包括其他客观条件组成的预警分级标准。

根据环境预警的分类，环境预警标准制度的目的也可分为：对于所属原生环境问题的气象灾害预警及其地质灾害预警而言，环境预警

[1] 李俊红、刘树枫、袁海林：《浅谈环境预警指标体系的建立》，《西安建筑科技大学学报（自然科学版）》2000 年第 1 期，第 78—81 页。
[2] 颜卫忠：《环境预警指标体系研究》，《长沙电力学院学报（自然科学版）》2002 年第 3 期，第 87—90 页。
[3] 参见《中华人民共和国突发事件应对法》第四十二条。
[4] 参见 2014 年 12 月 29 日，国务院办公厅以国办函〔2014〕119 号印发《国家突发环境事件应急预案》。
[5] 如霾橙色预警信号的标准：6 小时内可能出现能见度小于 2000 米的霾，或者已经出现能见度小于 2000 米的霾且可能持续。霾橙色预警信号的标准：6 小时内可能出现能见度小于 2000 米的霾，或者已经出现能见度小于 2000 米的霾且可能持续。

的目的侧重保护人财物的安全；对于环境污染和生态破坏等所属次生环境问题的预警，其目的在于保护人群健康、维持生态平衡。因此，我们认为，环境预警的标准是指为保障人财物的安全、保护人群健康和维持生态平衡，依法定程序制定及批准公布的能够反映环境问题可能发生的各种指标以及其他客观评判标准的总称。

环境预警标准与环境标准概念紧密相关。环境标准是指出于维护社会公共利益和生态环境保护的需要，对环境要素和生态系统的质量、污染源、检测方法等，依照科学研判和法定程序所制定的各项标准的总称。[1]环境标准包括环境质量标准、污染物排放标准、环境基础标准、环境方法标准、环境标准物质标准及环保仪器设备标准六大类。环境标准中的环境质量标准、污染物排放标准是环境预警标准的重要参考对象。因此，两者的关系可用图 8-1 来表示。

图 8-1　环境预警标准与环境标准的关系

注：两圆重合部分就是环境质量标准和污染物排放标准，即对可能产生的次生环境资源问题设定的标准。

环境预警标准与环境基准概念应作必要区分。我国《环境保护法》第十五条第三款对环境基准研究的重要性予以立法上的确认。环境基准是环境保护领域中的一项基础性标准，是生态环境承受某种污染或破坏而不会对人或生物长期生活发生明显影响的基础性阈值，具体来说，当生态环境中的有害物质含量尚未超过环境基准时，人及其他生物不会遭受明显的不良影响，而当有害物质含量超过环境基准时，就会导致人或者生物产生不良或者有害的效应。[2]由环境基准的定义可

[1]　张梓太：《环境与资源保护法学》，北京：北京大学出版社，2007 年，第 139 页。
[2]　周启星、罗义、祝凌燕：《环境基准值的科学研究与我国环境标准的修订》，《农业环境科学学报》2007 年第 26 卷第 1 期，第 1-5 页。

以看出，这一"阈值"就是环境预警的标准。所以，环境基准与环境预警标准其实是一种包含与被包含的关系。

（三）环境预警信息的评估制度

环境预警信息的评估制度是指对监测形成的环境警情及相关信息能否向公众公开的一种评估机制。环境预警所涵盖的信息具有两面性：一方面，由于环境预警的信息与公众的人身安全及财产安全密切相关，所以环境预警信息的发布机关有义务向公众公开相关信息及对可能产生的环境问题予以警戒；另一方面，认识的有限性理论一再提醒世人，囿于一定社会发展阶段的科技水平，任何以科学名义针对生态环境作出的预测性论断都具有局限性和相对性。加之环境预警信息与公共事务、国家秘密、商业秘密、社会稳定等敏感议题相互关联，因此，可能涉及国家秘密、商业秘密、个人隐私的信息也不适于向公众进行毫无保留的公开。以地震灾害为例，如果没有完善的预警信息评估机制，地震灾害的预警就有可能引起公众的恐慌，进而危及国家安全、公共安全、经济安全和社会稳定。

（四）环境预警信息的发布、调整与解除机制

环境预警信息的发布制度主要包括以下几个方面的内容：首先，法律应明确对待不同环境问题的预警信息所对应的信息发布机构。[1]其次，根据不同情况，明确预警信息的分级标准。[2]最后，建立有效的预警信息发布和传播渠道及环境预警信息的更新机制。

环境预警并非一成不变的封闭系统，而是处于不断发展变化中。环境问题一旦发生，其危害性总会随着自身或人为原因发生变化，要么趋于好转，要么趋于恶化，要么维持不变。因此，发布环境预

[1] 灾害性天气警报由各级气象主管机构所属气象台发布；省、自治区、直辖市、设区的市人民政府依据重污染天气预报信息，进行综合研判，确定预警等级并及时发出预警；突发性环境事件预警信息的发布由县级以上人民政府负责。

[2] 《国家突发环境事件应急预案》将突发环境预警级别分为四级，由低到高依此用蓝色、黄色、橙色和红色表示。《气象灾害预警信号及其防御指南》有关于各类气象自然灾害的预警分级。

警信息的主体，应当根据事态的发展和采取措施的有效性适时调整预警级别。

依照前文有关原生性问题与次生性问题的划分，环境预警状态的解除同样可以区分为原生环境问题预警状态的解除和次生环境问题预警状态的解除。原生环境问题预警状态的解除主要依赖于客观条件，比如对气象灾害或者地震灾害等原生环境问题的实时监测，当原生环境问题达到环境预警解除的标准时，则由相关部分发出解除环境预警状态的信息。原生环境问题预警的目的主要是对可预知的自然灾害做好预防措施，避免或减轻人、财、物的损失。次生环境问题预警的解除则是在预警状态中通过规范人们的行为，并采取积极的减轻环境污染和合理利用自然资源的措施，使环境恢复到预警前的状态。无论是原生环境问题，还是次生环境问题，解除预警状态的信息发布机关应当与其环境预警信息的发布主体为同一单位，保证环境预警的发布与解除正确及有效。

（五）环境预警的法律责任

"法律责任是由特定法律事实所引起的对损害予以补偿、强制履行或接受惩罚的特殊义务，亦即违反第一性义务而引起的第二性义务。"[1]环境预警的法律责任追究实质上是一种通过法定程序开展的问责机制。作为一项关涉重大公共利益的环境法律制度，环境预警制度的构建同样离不开清晰、明确、科学的追责机制。根据部门法的界限，我们可以把法律责任分为民事、行政、刑事法律责任。而环境法律问题的解决又是建立在传统法律部门之上的，据此，环境预警的法律责任是指环境预警法律关系的主体不履行法律义务而承担的法律上的不利后果。

---

[1] 张文显：《法理学》（第四版），北京：高等教育出版社、北京大学出版社，2011年，第168页。

三、环境预警法律制度的理论基础

制度的产生与构建发端于现实却诞生于理论。制度设计是一项系统化的整体工程，其离不开清晰完备的理论支撑。长久以来，大陆法系的体系化思维始终主导着我国立法的制度与实践，这种被视为对逻辑性和系统性的极致追求的首要前提是解决制度设计上的理论支撑问题，只有在科学、合理、清晰、完备的理论指引下，才能恰当反映社会治理的应然路径，从而确保制度的科学性。环境预警法律制度的构建也是一样，其离不开特定的理论体系作为支撑。

（一）环境知情权理论

1.环境知情权理论的产生与发展

工业革命以来，随着生产力的快速发展，人类征服自然的能力产生了质的飞跃。在物质上，人类利用大型的工业机器对大自然进行无止境的索取；在思想上，随着人类对自然支配能力的大幅提升，人类征服自然的想法也越发强烈，人们从过去对自然的敬畏慢慢变化为对大自然的无畏及其破坏。恩格斯就此指出："不要过分陶醉于我们对于自然界的胜利，对于每一次这样的胜利，自然界都报复了我们。"反映到现实中，则是一些工业发达国家开始出现严重的环境问题，如在1952年，由于燃煤产生的二氧化硫和粉尘污染及政府管控不力，英国伦敦发生了举世闻名的"伦敦烟雾事件"。整个社会和公众在没有接到任何预先性警告的情况下，陆续出现呼吸道疾病爆发的失控局面。又如，发生于20世纪60年代的日本"水俣病事件"是由高浓度含汞工业废水肆意排放引发的，事件造成大量人身伤害、大面积鱼虾死亡等极端后果。频繁发生的环境污染导致的恶性事件刺痛了人们的神经，一方面促使人们开始反省人类对大自然犯下的种种恶行，另一方面促使人们积极寻求制度化方式化解"蓄势待发"的环境风险。

环境治理是一项复杂的系统性工程，需要人力、技术、资金、政治等诸多投入，也造成环境根治的诸多困难。相反，保障环境信息知情权，并由受影响的公民采取自力救济的方式规避环境风险，就成为适应环境治理渐进性过程、减小环境危害、维护社会稳定的理性选择。基于对信息公开制度和公众环境知情权的逐渐重视，自 20 世纪 70 年代开始，一些国际性条约逐渐将信息公开和公众环境知情权纳入国际条约的内容。[1] 在此影响下，一些西方国家率先在本国立法中确立环境信息公开制度，其中包括：1993 年《俄罗斯联邦宪法》、1998 年法国颁布的《环境法典》、加拿大的《环境保护法》和日本的《公害对策基本法》等均有关于环境知情权的相关规定。在我国，2015 年 1 月 1 日起实施的《环境保护法》第五十三条明确规定公民、法人和其他组织享有获取环境信息、参与和监督环境保护的权利，标志环境知情权在我国的正式确立。

2. 环境知情权的基本内容

（1）环境知情权的性质

环境知情权是环境权的重要组成部分。环境权作为环境法上的核心范畴，是指人们有权主张享有良好、适宜环境的权利。人们在享受权利及履行义务之时，理应以对与自身相关联的环境状况的了解和知悉为必要前提。就此而言，环境知情权是环境权权能中不可缺少的重要内容。环境知情权是指环境法律关系的主体有获知相关环境资源资讯和信息的权利。

从实体性权利和程序性权利的划分角度，我国实体性的环境权在权能内容上主要包括宁静权、日照权、通风权、眺望权、清洁水权、清洁空气权、优美环境享有权等。与之相对应，程序性的环境权主要涉及环境使用权、环境诉讼参与权、环境监督权和环境知情权等。可见，

---

[1] 例如：1992 年联合国环境与发展委员会通过的《里约宣言》第十条原则："当地环境问题只有在所有有关公众的参与下才能得到最好的解决，每个人应有适当途径接触政府掌握的环境资料，包括关于他们的社区的危险物质和活动的材料，并有机会参与决策过程。各国应广泛传播信息，促进和鼓励公众知情参与。应使公众能够有效地利用司法和行政程序，包括赔偿和补救程序。（已查证）"而联合国附属委员会于 1994 年发布的《人权与环境纲领宣言》则再次强调，公众享有"获取环境信息的权利及取得、传播观点和信息的权利"，标志着环境知情权逐渐得到了国际社会的普遍认同。

环境知情权是环境权中的一项程序性"子权利"。它是伴随环境保护需求和诉求不断提升的情势而在环境权既有内容的基础上产生和发展的。

（2）环境知情权的要素

"要素"一词在现代汉语中的含义是指事物必须具有的实质或本质、组成部分，是构成事物必不可少的因素，是一种从内部的视角来考察事物的构成元素。一项权利的组成要素包括三方面：权利享有的主体、权利指向的客体及权利内容。

首先，环境知情权的主体是指环境法律关系中相关环境权利的享有者和义务的履行者，主要包括自然人、国家公权力机关、社会组织等。其次，环境知情权的客体是指权利所指向的对象，如债权的客体是给付行为。环境知情权中的权利所指向的对象就是通过某种物体或大脑记载下来并加以流传的，载有价值和利益的环境信息。[1] 最后，环境知情权的内容实则是环境知情权之主体可以向掌握环境信息的相关部门获知的环境信息。

3. 环境知情权理论的制度体现——环境预警法律制度

环境预警法律制度设立的目的之一就在于保障公民、社会组织依法享有知悉与自身相关环境资源信息的权利。环境预警信息的发布机关依法向公众发布预警信号及其相关信息，这既是环境法律为发布机关设定的义务，也是社会公众所应享有的权利。因此，环境预警制度规则是环境法上环境知情权理论的制度实现和法律保障。

（二）风险预防理论

1. 环境风险预防原则的产生与发展

环境法上的风险预防原则起源于德国国内的环境法学理论和制度实践，其最初产生和适用于海洋环境保护领域。伴随科学技术的飞速

---

[1] 谢军安：《论我国环境知情权的发展完善》，《河北法学》2008 年第 5 期，第 22-26 页。

发展和社会生产力的大幅提高，现代社会的风险问题日益凸显。人们逐渐认识到"风险"本身正是现代社会所应规制的对象，"防患未然"往往比"亡羊补牢"更有助于减少不必要的损失。基于环境议题的风险性和不确定性，20世纪60年代，环境保护中的风险议题逐渐成为德国理论界和实务界所共同关注的对象。在风险预防原则提出的最初时期，由于对"现实危害"证据的普遍缺乏，相关制度设计在具体实施与操作上呈现出与规制目标相脱节的问题，条文本身所欲追求的立法目的与法律实效之间呈现鲜明反差。正是环境法律制度的规制乏力促使德国政府意识到，有必要通过对环境法制度体系的调整和完善来克服因证据缺失而导致环境保护目标难以实现和措施实施不力的制度弊端。作为环境预防原则入法的早期实践，联邦德国政府在1970年《清洁空气法（草案）》中将该原则界定为："排除即刻的危害和消除已发的损害并不能涵盖环境政策的全部规制范围。防范可能发生风险的环境政策进一步要求基于审慎负责的态度和原则来利用自然资源。"[1]在国际法立法实践方面，20世纪80年代的《伦敦宣言》在北海环境保护具体问题上，针对"现实危害"难以举证等困局提出了创设性的制度设计，即"为全面和充分地保护北海环境，使其免受最危险物质的不利影响，在没有确切的科学证据证明必然存在特定的因果关系之前，亦有必要采取适恰的风险防范措施以防范此类物质的进入"。自此，风险预防原则逐渐得到世界各国的普遍认可，该原则本身所蕴含的基本理念、价值内核等核心内容日臻完善。

2. 环境风险预防原则的含义

依照获得各国普遍认可的1992年《里约宣言》的权威表述，风险预防原则是指，"以保护环境为行动目标，各国应采取与本国现实能力相适应的风险预防性措施。当遭遇情势危急或不可逆转损害的威胁时，不应以尚缺乏现实损害必然发生的充分证据为由，怠于采取具

---

[1] Nigel Haigh: The Introduction of the Precautionary Principle into UK, in Tionthy O'riordan & James Cameron（eds）: Interpreting the Precautionary Principle. Cameron May Ltd，1994：230.

有经济合理性的措施"。循此为进，风险预防原则基本构成要素主要包括如下几个方面：首先，环境风险现实存在，并已经达到一定的程度。就此而言，并非任何环境风险均囊括于风险预防原则的射程范围内，诸如那些虽然存在环境污染或生态破坏之可能，但发生的可能性微乎其微，又或是即便发生但损害后果并不严重的现实危险，并不属于风险预防原则所指称之"风险"。其次，风险本身具有发生的或然性与不确定性。具言之，这里的或然性和不确定性是针对损害行为与危害后果之间的因果关系而言的，是任何环境风险所共同具有的内在特质。再次，应当采取具体措施来防止环境的恶化。不得因为科学的不确定性而延迟采取符合成本效益的措施。最后，以各国能力采取相应措施。不得强迫一国施行超出其能力范围的预防措施。

3. 环境预警法律制度与风险预防原则

环境预警的对象是可能发生的环境资源问题，而对环境资源问题预测的准确性受到科学技术水平发展的限制。特别是部分人为或者大自然自身变化所导致的次生环境资源问题，如气候变化。但是，能否说如果无法精准地预测环境资源问题就不对该问题进行预警且不去限制人们对环境不利的行为，结论当然是否定的。因此，环境预警法律制度也是风险预防原则在具体制度之上的体现。

第二节　我国环境预警法律制度的现状考察

法律规范总是指向于特定的社会关系，并以此为主要对象构建自身规范体系。在这一意义上，随着现实社会情境的发展，国家的法律制度体系必然对变化中的社会关系作出回应性调整和规制。20 世纪以前，传统的法律部门（诸如宪法、民法、刑法、行政法、诉讼法）都保持着法律上的纯粹性、鲜明的对比性、法律上的不可兼容性等特点。但是，进入 20 世纪以来，随着社会关系的发展，许多国家出现了社会利益与私人利益相互渗透，公权力和私权利相互影响的新的社会关系领域。[1] 环境法部门的产生便是伴随着新的社会关系领域的产生而产生的。基于此，我们可以看出，环境法调整环境法律关系的手段应当是综合性的，调整方法必然包括刑事的、民事的和行政的各种方法，其法律措施必然涉及行政的、经济的和技术的各种手段。所以，在考察我国环境法律制度时，应将与该制度相关的法律条文及其实施现状纳入考察范围。

一、环境预警制度的立法概况

目前，我国法律条文中明确规定了环境预警制度的法律有 10 部、行政法规有 6 部、部门规章有 6 部。这些法律、行政法规、部门规章在全国范围内均有法律效力，基本反映了我国环境预警法律制度的概貌。详见表 8-1、表 8-2、表 8-3。

表 8-1　与环境预警制度相关的法律条文

法律名称	条　文	内容概述
《环境保护法》	第十八条、第三十三条、第四十七条、第五十四条	要求建立环境资源承载能力监测预警、农业污染源监测预警、环境污染公共监测预警制度。
《突发事件应对法》	第二条、第十五条、第十八条、第三十六条、第三十七条、第四十二条、第四十三条、第四十四条	规定了较为完善的突发事件预警制度。明确了突发事件预警的主体、预警的实施程序及相关主体的责任。
《大气污染防治法》	第九十三条、第九十四条、第九十五条、第九十六条、第九十七条、第一百二十一条	明确规定建立重污染天气监测预警体系，预警信息发布途径，预警状态时的应急响应机制，各部门的职权，相关法律责任。

---

[1] 朱景文：《中国特色社会主义法律体系：结构、特色和趋势》，《中国社会科学》2011 年第 3 期，第 20-39 页。

续表

法律名称	条　文	内容概述
《气象法》	第二十二条、第二十三条、第二十四条、第二十五条、第二十六条、第二十七条、第三十八条	规定预警信息发布制度，相关部门职责，预警信息发布途径，相关法律责任。
《草原法》	第二十五条、第五十四条	建立草原生产、生态监测预警系统，明确相关部门职责。
《水土保持法》	第三十五条	在重力侵蚀地区，建立监测、预报、预警体系。
《防沙治沙法》	第十五条	规定了对土地发生沙化或者沙化程度加重，对气象干旱和沙尘暴天气进行监测、预报。
《防震减灾法》	第四十七条、第五十条	将预警机制纳入地震应急预案内容，强调做好次生灾害预警工作。
《固体废物污染防治法》	第六十三条、第六十四条	规定有关部门对污染事件应及时通报，并采取相应措施。
《深海海底区域资源勘探开发法》	第十条、第十三条	规定承包者应对可能发生的海洋环境事故发出警报。

表 8-2　与环境预警制度相关的行政法规

法规名称	条　文	内容概述
《海洋观测预报管理条例》	第二十一——二十八条、第三十条、第三十六条	明确海洋灾害预警制度的相关规定及违反该规定应承担的法律责任。
《太湖流域管理条例》	第十二条、第十三条	将预警纳入供水安全应急预案及违反该规定应承担的责任。
《地质灾害防治条例》	第十四条、第十六条	要求建立地质灾害监测网络和预警信息系统。将预警纳入突发性地质灾害应急预案。

续表

法规名称	条　文	内容概述
《森林防火条例》	第十七条、第三十条	将森林火灾预警纳入应急预案，明确预警信息发布主体。
《草原防火条例》	第十六条、第二十五条	将草原火灾预警纳入应急预案，明确预警信息发布主体。
《气象灾害防御条例》	第十六条、第三十一—三十四条、第四十三条、第四十六条	明确气象灾害和灾害性天气预警的各项规定及违反该规定应承担的法律责任。

表 8-3　与环境预警制度相关的部门规章

法规名称	条　文	内容概述
《突发环境事件应急管理办法》	第十六条、第二十一条	县级以上地方环境保护主管部门可以建议本级人民政府依法及时公布环境污染公共监测预警信息，加强预警能力。
《突发环境事件应急预案管理暂行办法》	第六条	将预警纳入环境应急预案。
《国控重点污染源自动监控信息传输与交换管理规定》	该部门规章全部	国控重点污染源自动监控信息传输与交换活动的管理，确保国控重点污染源自动监控信息的共享利用。
《突发环境事件信息报告办法》	该部门规章全部	明确突发环境事件预警信息报告级别、程序、内容及相关法律责任。
《气象灾害预警信号发布与传播办法》	该部门规章全部	明确规定了气象灾害预警信号发布和传播的办法。
《气象信息服务管理办法》	第十六条	禁止气象信息服务单位向社会发布公众气象预报、灾害性天气警报和气象灾害预警信号。

同时，各省、自治区、直辖市也纷纷以制定地方性法规和出台部门规章的形式，对环境预警制度进行了规定，至今有效的现行地方性

法规及政府规章共 33 部，这些地方性法规或政府规章仅在其辖区范围内有效。详见表 8-4。

表 8-4　省级、较大市、经济特区地方性法规及政府规章

法律渊源	数量	法规名称
省级地方性法规及政府规章	22	《北京市大气污染防治条例》《广东省实施〈中华人民共和国海洋环境保护法〉办法》《浙江省海洋环境保护条例》《浙江省海洋环境保护条例》《广东省环境保护条例》《福建省流域水环境保护条例》《甘肃省林业生态环境保护条例》《浙江省曹娥江流域水环境保护条例》《江苏省海洋环境保护条例》《陕西省气象灾害监测预警办法》《福建省地震预警管理办法》《吉林省气象灾害预警信息发布与传播管理若干规定》《山东省气象灾害预警信号发布与传播办法》《内蒙古自治区气象灾害预警信号发布与传播办法》《河南省气象灾害预警信号发布与传播办法》《四川省气象灾害预警信号发布与传播规定》《重庆市气象灾害预警信号发布与传播办法》《湖北省气象灾害预警信号发布与传播管理办法》《青海省气象灾害预警信号发布与传播办法》《新疆维吾尔自治区气象灾害预警信号发布与传播办法》《广东省突发气象灾害预警信号发布规定》《广西防灾减灾预警预报系统工作管理暂行办法》
市级（有歧义，应明确为设区市还是较大市）的法规及政府规章	12	《青岛市海洋环境保护规定》《青岛市海洋环境保护规定》《天津市海洋环境保护条例》《银川市农村环境保护条例》《南京市水环境保护条例》《无锡市水环境保护条例》《深圳市气象灾害预警信号发布规定》《西安市气象灾害监测预警办法》《无锡市气象灾害预警信息发布与传播管理办法》《青岛市气象灾害预警信号发布与传播管理办法》《杭州市突发气象灾害预警信号发布与传播管理办法》《聊城市重污染天气监测预警和应急处置方案》
经济特区的法规及政府规章	2	《深圳经济特区环境保护条例》《深圳市气象灾害预警信号发布规定》

按照法律渊源的一般理论，"法的渊源主要意指法的来源，它标

示着法律规范的构成原料、形成动因，它是法的半成品和预备库，或是可能的法。法律规范的内容并非自动生成，其总是取自诸如习惯、政策、判例、道德规范、正义观念、理论学说等原料，并以这些资源为素材，否则法就难以有效地形成"[1]。因此，我国国家机关发布的决策和决定也应成为考察环境预警法律制度立法概况的一部分，而这些决策和决定的表现形式就是国家机关发布的规范性文件。

目前，就国务院发布的现行有效的规范性文件数量已经达到6060部，现行有效且与环境预警制度相关的国务院规范性文件有53部，国务院各部门现行有效的规范性文件竟已达约1087部。[2]国务院及各部委规范性文件主要是以"意见""决定"及"指南"等方式表述，如《国务院关于环境保护若干问题的决定》《石油化工企业环境应急预案编制指南》《关于加强环境应急管理工作的意见》《关于加强土壤污染防治工作的意见》《尾矿库环境应急管理工作指南（试行）》等。

二、环境预警制度的实施概况

环境预警制度的实施情况，应以原生环境资源问题的预警和次生环境资源问题的预警为区分，并通过对环境预警信息的发布主体、预警信号级别、预警信息发布和传播途径及预警制度的实施效果等方面进行调查，以展现目前我国环境预警制度的实施概况。

（一）关于原生环境资源问题预警制度的实施概况

目前，我国对原生环境资源问题的预警主要体现在两个方面：一是气象灾害预警，二是地震灾害预警。因此，对原生环境资源问题预警制度实施概况的实践检视主要围绕上述两方面加以展开。

---

[1] 周旺生：《法的渊源和法的形式界分》，《法制与社会发展》2005年第4期，第122–133页。
[2] 数据来源：在北大法宝国务院规范性文件数据库和部门规范性文件数据库里，以"预警"为关键词，在民政、土地、资源、农业、林业、牧业、渔业、水利、气象、地震及环境保护范围内进行搜索，并剔除去已经失去效力的规范性文件。

1. 气象灾害预警

第一，信息发布主体。目前，我国上述各类灾害预警信息主要是由各级气象主管机构所属的气象台站向社会公众发布。同时，中国气象局、各级气象局、各级政府均会在其各自网站上发布相应的气象灾害预警信息。第二，预警信号级别。各级主管部门依据气象灾害可能造成的危害程度、紧急程度和发展态势一般划分为四级：Ⅳ级（一般）、Ⅲ级（较重）、Ⅱ级（严重）、Ⅰ级（特别严重），依次用蓝色、黄色、橙色和红色表示。如北京市气象局 2016 年 3 月 5 日对北京市各区发布或解除各类气象状况的预警信号共 32 条，其中包括西城区发布大风蓝色预警、海淀区解除大风蓝色预警等。第三，预警信号的发布和传播途径。中国气象局 2014 年政府信息公开年度报告显示：2014 年，通过各种渠道共发布各类气象预警信息 526 期，发布视频资讯 2 万余条，制作视频专辑 34 期，进行网络视频直播 5 次。同时，注重促进传统媒体与新兴媒体融合互通，进一步强化报纸、影视、网络和新媒体多渠道传播的信息公开格局。加强气象新媒体的建设和运用，全年发布气象微博 3550 条、微信 1420 条，制作决策气象服务手机报 350 余期。可见，我国气象灾害的预警信息发布与传播途径已不仅限于传统媒体。第四，预警信号的判断标准已经在《气象灾害预警信号及防御指南》中予以明确。[1]

气象灾害预警已经建成了较为完善的制度体系。2014 年，中国气象局通过各种渠道共发布各类气象预警信息 526 期。其中，高温预警 19 期，沙尘预警 12 期，大雾预警 35 期，霾预警 62 期，暴雨预警 223 期，暴雪预警 21 期，寒潮预警 18 期，海上大风预警 30 期，台风预警 96 期，

---

[1] 如台风蓝色预警信号。蓝色预警标准：24 小时内可能或者已经受热带气旋影响，沿海或者陆地平均风力达 6 级以上，或者阵风 8 级以上并可能持续。黄色预警标准：24 小时内可能或者已经受热带气旋影响，沿海或者陆地平均风力达 8 级以上，或者阵风 10 级以上并可能持续。橙色预警标准：12 小时内可能或者已经受热带气旋影响，沿海或者陆地平均风力达 10 级以上，或者阵风 12 级以上并可能持续。红色预警标准：6 小时内可能或者已经受热带气旋影响，沿海或者陆地平均风力达 12 级以上，或者阵风 14 级以上并可能持续。

强对流天气预警 10 期。[1] 以 2015 年为例，气象灾害预警制度的实施使该年暴雨、台风等极端灾害天气所造成的人员伤亡和财产损失显著降低，为社会经济尤其是农业生产的稳步发展提供了科学的制度保障。应当说，我国气象灾害预警制度在保护人身安全与财产安全方面起到了极为重要的作用。

2. 地震灾害预警

2008 年 5 月 12 日汶川地震后第 9 秒，汶川县防震减灾局针对汶川县的地震相关信息向当地社会民众作出了及时发布，由于地震波到达汶川约需 50 秒，该信息发布行为为汶川民众抢出了约 40 秒宝贵的避险时间。这是中国第一次发布地震预警信息。其后，当地民众也可通过电视媒体对地震的相关信息进行了解。针对不同的地震预警震级，电视上相应地播放不同的字幕信息进行提示。例如，当预警震级不大于 3 级时，电视上显示的信息是："温馨提示，××县正在发生轻微地震，本地无震感"；当预警震级小于 5 级、本地烈度小于 2 度时，字幕信息是："温馨提示，××县正在发生有感地震，本地轻微震感"等。[2] 据统计，目前我国建立完成的地震预警系统已覆盖近一百万平方千米的国土面积，省级行政区划达到 15 个，包括南北地震带、郯庐地震带在内的广阔地域，均为该地震预警系统的监测范围所囊括。在制度成效方面，现阶段地震灾害预警系统已准确预测并成功发布包括雅安芦山七级强震在内的多次预警信息。[3]

（二）关于次生环境资源问题预警制度的实施概况

次生环境资源问题主要包括生态破坏和环境污染两个方面。生态破坏主要是指因过度开发等人类不当行为，直接或间接引致资源枯竭和生态系统功能退化的现象。较为典型的有林业保护领域的乱砍乱伐

---

[1]　数据来源：中国气象局 2014 年政府信息公开重点工作任务完成情况汇总表，中国气象局网站，2015 年 2 月 28 日。
[2]　汶川：中国首次电视台发布地震预警，四川新闻网，2012 年 5 月 16 日。
[3]　中国首都圈地震预警系统启用，中国新闻网，2014 年 5 月 7 日。

行为。[1]该类行为往往直接导致森林覆盖率严重降低、土地荒漠化问
题加剧、物种多样性遭受严峻挑战等问题。环境污染主要是指由人类
行为向生态系统排放足以引发环境治理恶化的物质、能量等。该类行
为主要表现为大气污染、土壤污染、水体污染、噪声污染和放射性污
染等。

面对各类次生环境资源问题，目前我国关于次生环境资源问题的
预警制度主要有突发性环境污染事件预警、环境资源承载能力监测预
警和农业污染源监测预警，以下将分别论述。

1. 突发性环境污染事件预警

在突发性环境污染事件预警领域，最早于 2006 年国务院发布了
《国家突发公共事件总体应急预案》，其中将自然灾害、环境污染和
生态破坏事件纳入突发公共事件范畴，并在预案中要求各地区、各部
门完善预测预警机制，且明确了预警的级别和预警信息的发布。2007
年全国人大常委会通过了《中华人民共和国突发事件应对法》，该法
第三章对突发事件监测预警的各项措施作出了较为明确的规定。2014
年 12 月颁布的《国家突发环境事件应急预案》明确了突发环境事件
预警方面的相关规定。而各地又根据具体情况颁布了与突发性环境污
染事件预警相关的规范性文件。目前，就我国该项制度的实施现状可
通过两个典型案例予以说明。

首先，最典型且影响范围最广的当属雾霾污染。以 2013 年底发
生于我国中东部严重雾霾天气为例，此次事件的突出特点为影响范围
广、持续时间长和损害后果严重。在影响范围上，包括京津冀、长江
流域等我国中东部绝大部分地区均在此次雾霾天气影响范围之列。据
统计，此次雾霾天气影响地区 PM2.5 浓度日平均值超过 150 微克 / 立
方米，部分地区达到 300 至 500 微克 / 立方米，甚至在上海局部地区
出现了高达 700 微克 / 立方米以上的极端现象。首都北京更是经历了

---

[1]　常纪文：《论我国目前次生环境资源问题产生的原因》，《环境与开发》1999 年第 5 期，第 11–14 页。

59 年来污染天数最多且雾霾污染最为严重的一个月。[1]一串串触目惊心的数字刺痛了国人的神经。时至今日，中国的大部分地区依然遭受着雾霾的威胁，人们的健康依然承受着无法预知的危险。2013 年 12 月 3 日 15 时，青岛气象台发布气象史上首个霾黄色预警，16 时，发布首个大气重污染橙色预警，启动 II 级应急响应。随后，12 月 23 日，我国中东部地区出现大范围的严重霾天气，河北、天津、重庆、山东、吉林等地的气象台相继发布霾黄色预警，陕西省气象台也发布霾橙色预警。当天 18 时，中央气象台发布霾黄色预警，称上述大部地区有中度霾，部分地区有重度霾。2015 年 3 月《北京市空气污染应急预案》及 2015 年 5 月《北京市气象灾害预警信号与防御指南》发布以来，2015 年 12 月 7 日 18 时，北京市空气重污染应急指挥部首次启动红色预警，发布预警后随之启动了红色预警天气管控措施。[2]在机构设置上，北京市环保局下设北京市空气重污染应急指挥部办公室，具体负责本辖区内重污染天气的组织、协调、指导、检查工作，应急办主任由北京市环保局局长兼任。其中，按照相关标准和程序发布不同级别天气预警信息是市空气重污染应急指挥部办公室的重要职能之一。在雾霾预警信息发布方面，北京市气象局同样也会对其各区发布霾预警信息，而北京市气象局又是该应急指挥部的成员单位之一。在霾预警级别上，中国气象局发布的《气象灾害预警信号发布与传播办法》将霾预警信号分为两级，分别以黄色、橙色表示。北京市气象局发布的《北京市气象灾害预警信号与防御指南》则将霾预警信号分为三级，分别以黄色、橙色和红色表示。

其次，甘肃兰州自来水苯含量超标事件。2014 年 4 月 10 日，兰州市威立雅水务集团公司在检测过程中发现，水厂出水端口苯含量严重超标（达到 118 微克/升，后升至 200 毫克/升）。至次日 8 时，

---

[1] 空气污染指数等级划分：空气污染指数 ≤ 50，优级；空气污染指数 ≤ 100，良好；空气污染指数 ≤ 200，轻度污染；空气污染指数 ≤ 300，中度污染；空气污染指数 > 300，重度污染。
[2] 张伟：《北京红色预警 53 小时》，《中国经济周刊》2015 年第 48 期，第 28—29 页。

苯含量稍有下降，但仍远高于国家规定的 10 微克 / 升。此后，甘肃省委书记、省长立即作出批示，指出要将群众饮水的安全性作为首要考虑因素，第一时间启动公共突发事件的相关预案，对症下药。在事件处置方面，兰州市委市政府连夜安排市政府有关部门进行监测复核，兰州市政府成立了应急处置小组。但是从政府新闻发布会和媒体各方面的报道看，政府并未对此次事件发布突发性环境污染预警信号，仅于 2014 年 4 月 11 日下午举行新闻发布会，建议市民在 24 小时内不要饮用自来水，受影响较为严重的西固区已经停水。在信息公开方面，甘肃省及兰州市环境监测站、兰州威立雅水务（集团）公司自来水厂均发布了各自监测点收集的监测数据。至 2014 年 4 月 14 日，兰州市政府发布官方消息，证实水质已达到国家相关标准，随即解除应急措施，恢复正常供水。纵观此次自来水苯含量超标事件，兰州市政府虽成立了应急处置小组，但并未依法发布预警级别，就更无须讨论预警级别的调整及解除。此次事件及处置过程中所伴生的后果是兰州市民的抢水潮，矿泉水价格飞涨，并出现断货危机。这一突发性环境污染事件直观地反映出在我国环境预警法律制度较为健全的突发性环境污染预警领域内，政府依然无法及时、有效地对突发性环境事件进行预警，抑或是政府在处理该类事件的行为意识中尚欠缺适用环境预警制度的自觉。

2. 环境资源承载能力监测预警

目前，我国正在着力进行环境资源承载能力监测预警相关制度的摸索和构建。我国《环境保护法》要求省级以上人民政府对环境状况进行调查、评价，建立环境资源承载能力监测预警机制。党的十八届三中全会以后，由国家发展改革委部署最初启动、中国科学院最终牵头的"资源环境承载能力监测预警指标体系和技术方法"研究项目，确定了"研究提出资源环境承载能力的内涵，提出资源环境承载能力监测预警指标体系和技术方法，开展以县为基本单元的资源环境承载能力试评价，对水土资源、环境容量和海洋资源超载区域提出预警，并作为研究提出限制性措施建议的基础，深化对监测预警机制的研究"[1]的目标。这是国家对建立环境资源承载能力监测预警机制的初步探索。2015 年 9 月 6 日，国家发展改革委在北京组织召开了"全国资源环境承载能力监测预警（2015 年版）"技术方法论证会。专家组一致认可该项目具备可行性，并建议尽快启动试点。技术专家小组编制完成了 2014 年版全国资源环境承载能力预警技术方案，主要内容被国家发展改革委、国土、环保、林业等 12 部委（局）共同采纳，并报请国务院同意后联合印发了《建立资源环境承载能力监测预警机制的总体构想和工作方案》。2015 年 10 月 16 日，原国土资源部通过了《国土资源环境承载力评价和监测预警机制建设工作方案》。方案在技术规范的制定、重点区域评价工作的开展、基础数据共享平台和监测预警系统的建立等方面明确了 2015—2018 年的主要任务目标。

可见，我国的环境资源承载能力监测预警尚处于制度草创和技术攻关阶段，预警制度的实施还无从谈起。但是，环境资源承载能力监测预警的制度保障，在理论研究和制度构建上依然是值得探讨的重要课题。

3. 农业污染源监测预警

2015 年 1 月起实施的《环境保护法》在关于保护农业和农村环境的部分，增加了"各级人民政府应当……加强对农业污染源的监测预警"，标志着农业污染源监测预警已经被纳入环境预警法律制度之内。

2015 年 4 月农业部发布了《农业部关于打好农业面源污染防治攻坚战的实施意见》，针对监测预警问题作出了专门规定。文件指出，要建立完善农业面源污染监测体系，进一步加强流域尺度农业面源污染监测，实现监测与评价、预报与预警的常态化和规范化；加强农业环境监测队伍机构建设，提升农业面源污染例行监测的能力等。经过多年努力，我国已经构建了农业面源污染监测网络的初步框架，相关

---

[1] 樊杰、王亚飞、汤青等：《全国资源环境承载能力监测预警（2014 版）学术思路与总体技术流程》，《地理科学》2015 年第 1 期，第 1–10 页。

制度内容和监测方法的常态化机制日臻完善；建成了国家四级耕地质量监测网络，并定期发布年度监测报告；初步形成了覆盖我国近海海湾、岛礁、滩涂、自然保护区、水产种质资源保护区及增养殖水域的环境监测网络体系，定期发布《中国渔业生态环境状况公报》。建立了农产品产地污染国控监测网，开展产地重金属污染调查。全国各地就加强农业污染源监测预警展开积极的准备和实践。[1] 石家庄市在《2015 年农业面源污染治理专项行动推进方案》中将加强农业面源污染监控能力建设放在首要位置。洛阳市积极实施农产品产地土壤安全普查工作，为土壤环境预警标准的确定打下坚实的基础。[2] 可见，我国农业污染源监测预警正处于规划和基础设施的建设阶段，环境预警制度的实践于这方面尚未开展。然而，环境预警制度是农业污染源监测预警得以有效实施的制度保障。因此，应当根据农业污染源监测预警的特殊性，构建与之相对应的环境预警制度。

三、环境预警制度的现存问题

梳理我国现行立法以及制度实施概况，旨在找出我国环境预警制度的不足之处，同时结合我国实际情况提出解决相关问题的具体措施，以便在考察国外环境预警制度之时将具体问题与之对应。由于社会经济、科技不断发展，环境风险频发，各类新型的环境问题不断地涌现，威胁着人类的生存与发展。总览我国现行与环境预警制度相关的法律、行政法规、部门规章、地方性法规规章及各类规范性文件，可看出我国环境预警制度的诸多不足。

---

[1]　农业部.打好农业面源污染防治攻坚战　促进农业可持续发展，中国政府网，2015 年 5 月 8 日。
[2]　谢长松《洛阳市加强农业面源污染防治工作》："……从 2012 年开始，扎实推进全市农产品产地土壤安全普查，共采集土壤样品 3499 个，农产品样品 135 个，初步摸清我市土壤安全基本情况底数，启动重点地区加密调查和农作物与土壤的协同监测，对进一步控制我市的面源污染和防治奠定了坚实基础……"，中华人民共和国农业农村部网站，2015 年 12 月 8 日。

（一）预警信息的发布主体不合理

在预警信息的发布主体方面，现行立法或是对信息发布主体进行相对模糊的规定，或是所确立的信息发布主体并不十分合理。具体来说，目前我国环境预警领域在信息发布和发布主体上，主要存在如下问题。

1. 预警信息发布主体模糊

虽然环境预警的制度内容已经被诸多立法所吸收，但其总体立法水平仍然处于"前法制化"的发展阶段，包括预警信息发布主体在内的相关配套性内容并未得到明确的立法规制。以《大气污染防治法》为例，该法仅原则性地规定了"由设区的市级以上政府环境保护主管部门会同气象主管机构"建立预警机制，并未具体明确地指明预警信息的发布主体。又如，《海洋环境保护法》《放射性污染防治法》的制度规范中，同样对预警信息的发布主体作模糊式处理。

2. 监测与预警脱节

在现行环境法律体系框架中，监测主体与预警主体存在着严重的"非对称性"立法构造。具体来说，现行法规范设定的环境监测主体为各级生态环境主管部门下设的环境监测站，与之相对，在一些已经规定了环境预警信息发布主体的现有文件中，预警信息的发布主体被规定为县级以上人民政府（例如，在突发环境事件预警具体场域，《突发事件应对法》和《国家突发环境事件应急预案》规定有权针对突发环境事件发布预警信息的主体为县级以上地方各级人民政府）。于此，环境监测主体，即掌握监测技术和监测职能的环境监测主体，和环境预警信息发布主体发生了制度性的疏离问题。以发生于 2016 年的"常州毒地案"为例，常州外国语学校建设初期的环评报告已经论及学校北侧场地的土壤污染和地下水污染问题，以及污染极易损害人体健康。然而，2012—2016 年，作为预警信息发布主体的"县级以上人民政府"并未向地块周边学生和群众发布任何环境预警信息。该事件中，环境监测机构已经针对土壤和地下水污染问题履行了监测职责，但囿于在现行制度框架内，其并无权以自身名义作出环境预警，发布预警信息，由此导致文本规定的预警制度无法得以实施和适用。应当说，从程序上来看，环境监测是环境预警及决策的基础，贯穿于环境风险的发现、上报、决策、信息发布纸质解除预警的全部阶段。环境监测主体与预警信息发布主体之间的相互疏离，是导致我国目前环境预警制度实施困局的重要原因之一。

3. 制度运行成本增加

在法经济学的视角下，任何制度建立及运行均存在成本。具体到环境预警的制度场域，以县级以上地方政府为发布主体的制度设计至少要包含如下环节：依次由环境监测机构向所属生态环境主管部门，再由生态环境主管部门向本级人民政府报告突发环境事件预警信息，最终由该级政府通过多种传播媒介向社会公开预警信息。此种"报告制度"，不仅造成预警信息发布的低效，还增设了预警制度运行的各项成本。

（二）预警标准制度不全面

环境预警标准这一概念此前尚未有学者提出，我国环境预警法律体系中确实存在有与环境预警标准相关的规定。学术界一般将环境预警标准归属环境标准范畴，然而仔细考察环境预警标准的相关规定及其适用则发现，环境预警标准和环境标准并非一种包含关系。目前，环境预警标准于原生环境问题领域的适用较为广泛，其规定也较为系统和详细。但是，我国环境预警标准制度依然存在着以下几个方面的问题。

1. 环境预警标准的法律性质不明确

环境预警标准的法律性质关涉环境预警标准的适用及其适用方法。例如，根据《大气污染防治法》的规定，环境预警的启动可能产生限制私权（例如私有汽车限行）。在这种情形下，环境预警就成为具有极大社会影响的行政行为，而环境预警标准则决定了环境预警的发出时间、力度等诸多结果。为了保证其适用的合法性，有必要明确环境预警标准的法律性质。

2. 突发环境预警标准制度不完善

目前，我国突发环境事件的预警级别分为一至四级，分别用红、橙、黄、蓝表示，但是具体级别的划分标准仅有较为笼统的表述，对我国突发环境事件的预警无法起到具体的指导作用。因此，制定突发环境事件预警级别的划分标准有其必要性和迫切性。

3. 缺乏环境预警标准的程序性规定

首先，作为一项彰显风险管控功能的重要环保措施，环境预警制度存在独特的风险分配功能。因此，对环境预警标准体系的构建不应一味沿循和固守其他领域的技术性规范，抑或是"新瓶装旧酒"的标准移植，而毋宁是以环境预警的制度功能与价值追求为依归，建立与之相映衬的标准体系。此外，目前我国环境预警标准一般由政府部门委托科研机构予以制定，缺乏科学的评判标准和准入性机制，使环境预警标准缺乏合理性的考验。其次，与环境预警标准相关数据的收集及整理也缺乏合理的程序性规定。最后，环境预警标准的实施效果缺乏一套完善的评估机制。

4. 缺乏环境预警标准的动态调整机制

环境预警涵盖了从环境风险的发现、上报、审批决策，直至解除预警的全部过程，这决定了环境预警在标准体系的构建上，必然不是一成不变的，而是体现为一种不断发展、调试的动态过程。详言之，预警标准的调整与环境标准不同的是，强制性的预警标准是以现有的环境状况（如环境本底、环境容量）和实施的效果为基础的。因此，构建环境预警标准的动态调整机制有利于提高预警标准的适应性。然而，我国目前缺乏环境预警标准的动态调整机制。

5. 环境预警标准制度与生态红线制度关系不明确

环境预警标准与生态红线之间的区别是什么？两者如何进行有效

的衔接？理论上讲，环境预警标准与生态红线的制度功能具有同一性，仅在具体的操作上有所区别。因此，为了保证制度的施行，应当对环境预警标准和生态红线的功能作详细区分，并建立衔接机制使二者顺畅运行。

（三）预警后的应急措施不完善

预警后的应急措施是一种与环境预警相配套的响应机制，只"预警"而不采取与之相对的"行动"，必然使预警制度流于形式。在这一意义上，预警决定作出后以及相关警示信息发布后，所采取的与预警等级、预警范围、预警对象相适应的应急处理措施是确保预警制度效果的关键举措。环境预警中的应急措施本质上是一种包括各级行政主体在内的国家机关、社会组织在紧急状态下采取的应急性、临时性措施。由于调整对象的突发性和紧急性，该类措施往往带有较高的强制性意味，甚至包括一些诸如交通限号、工厂限产等极端性措施。多数学者倾向于将该类应急性措施解释为行政机关的各项处置职权，以及行政相对人面对突发事件时寻求公共保障的权利。[1] 而在我国"公强私弱"的社会背景下，包括环境预警在内的任何公权之行使，都应于法有据。[2] 这在强调紧急状态"非常措施"的应急规制领域更为重要。国家公权的行使必须有其必要的界限，不可恣意"裁量"侵犯私权。因此，预警后应急措施的主要目的在于限缩公权力在紧急状态下的范围，在实现突发环境事件高效处理的同时，不危及公民的合法权利。

研究表明，预警决定和预警信息发布后的配套性应急措施的缺失，是制约我国环境预警制度落地的关键。《国家突发环境事件应急预案》虽就环境事件发生后政府的应急处置义务给出了一般性规定，但在适用范围上仅规定了行政机关针对突发事件之应急处置权限，而未明确

---

[1]　行政决定权是指行政管理过程中的具体事件如何处理的自主性权利。获得保障权是指公民和其他相对人可以主张行政人为一定行为或不为一定行为的权利，以保障法律规定的权利的实现。参见熊文钊《现代行政法原理》，北京：法律出版社，2000 年，第 91—92 页。

[2]　汪渊智：《理性思考公权力和私权利的关系》，《山西大学学报（哲学社会科学版）》2006 年第 4 期，第 61—67 页。

说明环境预警是否必然引发政府的应急处置义务以及与之相对应的预警后应急措施。尤需注意的是，《突发事件应对法》侧重于对各种"突发事件"共通性部分的法律规制，而疏于就"突发环境事件"中的个性部分作出具体和有针对性的应对与关照。在环境立法领域的单行法层面，针对各类环境要素的环境保护单行法，本应承担起细化《突发事件应对法》宏观不足之立法任务，但就目前的立法状况来看，我国仅《大气污染防治法》针对预警后的应急措施给出了相关规定。[1] 而在水、土壤、海洋及放射性等立法领域，均未涉及与环境突发事件相对应的预警后应急措施。这一方面导致行政机关在环境预警后应急处置上因缺乏法律依据而畏首畏尾，以及倾向于采取"保守者"的消极策略，从而不利于预警制度的切实落地。另一方面，环境保护领域大面积的立法空白也为公权力的恣意行使（包括消极怠政和不当履责等）预留了广阔空间，从而对公民权利的保障形成不利影响。

（四）环境预警的公众参与不足

"信息知情是公众参与环境保护的前提和基础。"[2] 从一定程度上来说，环境预警制度所保障的正是公众的环境知情权，即公众有权获知即将发生的环境问题。我国目前的环境预警制度模式是由政府主导的环境监测、分析和预警。对于监测困难、信息获知不及时的环境问题，往往无法进行预警，从而导致环境、人身和财产方面的损害。

公众参与环境预警的优越性在于：首先，公众对自身生活的环境较为熟悉，对于环境的某些变化能够较早地察觉。在政府环境监测尚未涉及的领域内，通过公众的及时上报，政府能够及时地通过科学的方法发现环境问题，并对可能发生的环境问题进行预警。其次，公众参与政府环境监测、分析和预警过程，有利于监督政府行为，保证政

---

[1] 如责令有关企业停产或者限产、限制部分机动车行驶、禁止燃放烟花爆竹、停止工地土石方作业和建筑物拆除施工、停止露天烧烤、停止幼儿园和学校组织的户外活动、组织开展人工影响天气作业等应急措施。参见《中华人民共和国大气污染防治法》第九十六条。

[2] 卓光俊：《我国环境保护中的公众参与制度》，重庆大学 2012 年博士学位论文。

府决策的及时、高效和正当。最后，预警信息的发布尤为关键，发布的时间、内容及调整和解除都会对公众的生活产生极大的影响。因此，公众参与至这一过程中，通过政府权威机构的发布，有利于防止不实信息的传播。

由于环境预警制度的专业性较强，公众较难介入环境预警制度中，参与的途径也相对较少。我国目前有明确规定的环境预警会商机制可以作为环境预警公众参与的突破口。然而，环境预警会商机制主要存在会商机制启动主体不明确、会商机制的组成成员不全面、会商机制的内容不确定等问题。

（五）环境预警立法的体系化问题

法律规范内部的融贯性与系统性始终是立法本身的价值追求。从一定程度上说，法律规范内部的相互协调与配合是避免法规"打架"和"堵车"的关键所在，也有助于强化规范本身"基于体系而产生的说服力"。在环境预警立法场域，我国目前立法中的体系性问题主要包括如下几个方面。

1. 缺乏制度性架构

面对各种类型的环境资源问题，我国与之相关的法律法规散见于各类法律法规中，目前缺乏一个完整的制度架构。这些不同的法律条文对于各类环境资源问题的预警内容分别作出了相应的规定，但往往缺乏相互之间的联动性，不同法律条文对同类问题的表述方式也存在相异之处，这就给法律适用带来了一定的困难。如《环境保护法》将环境污染公共事件与突发性环境事件放置于同一条文中，但并未对环境污染公共事件的概念进行界定。

2. 不同法律规范之间存在矛盾

我国《突发事件应对法》规定，可以预警的自然灾害、事故灾难或者公共卫生事件即将发生或者发生的可能性增大时，有关部门应发布相应级别的警报，并依据警报级别启动应急预案，做好必要的防范性、保护性措施等。《深海海底区域资源勘探开发法》则要求承包者对发生或者可能发生严重损害海洋环境等事故，应当立即启动应急预案，应急预案包括：发出警报、向上级报告和采取相应措施减少人财物损失等内容。同时，《环境保护法》规定，企业事业单位应当依照《突发事件应对法》的规定，做好突发环境事件的相关工作。《突发事件应对法》是根据预警级别启动应急预案，《深海海底区域资源勘探开发法》是将预警纳入应急预案之中。这类相互矛盾的规定同样会给人们理解和适用法律造成一定的困扰。

3. 原则性立法过多，法律可操作性差

我国环境保护基本法中规定了环境预警三种类型，除环境污染公共监测预警外，资源环境承载能力监测预警和农业污染源监测预警均只在《环境保护法》中略有提及，且无具体可操作的制度设计。而预警的发布主体、预警标准、预警的发布途径等内容都是不明确的。

4. 在土壤污染监测预警方面存在立法空白

我国目前尚未出台一部专门的土壤污染防治法律，而与现行土壤污染防治相关的法律法规又存在诸多问题：缺乏完整的土壤污染防治法律体系，缺乏农业土壤污染防治的系统性规定，缺乏土壤污染防治与土壤环境保护标准等。因此，我国在制定土壤污染防治的专门性法律时，应将预警制度考虑在其中。

5. 水污染防治法缺乏对水环境质量监测预警的相关规定

我国《水污染防治法》第六十六条规定："各级人民政府及其有关部门，可能发生水污染事故的企业事业单位，应当依照《中华人民共和国突发事件应对法》的规定，做好突发水污染事故的应急准备、应急处置和事后恢复等工作。"这一条文仅针对水环境领域的突发性污染事件，要求依《突发事件应对法》做好应对工作。但是，突发性的水污染事件的爆发，往往是因为缺乏对日常水环境质量的监测预警而导致的。[1]因此，做好日常水环境质量监测预警更有利于保护水环境质量。

---

[1] 罗吉：《我国土壤污染防治立法研究》，《现代法学》2007 年第 29 卷第 6 期，第 99–107 页。

6.突发环境事件预警法律规范不完善

我国仅有《大气污染防治法》对重污染天气预警作出了规定，要求建立统一的预警分级标准，明确了重污染天气预警信息的发布、调整和解除的主体、传播途径，最重要是明确了预警信息发布后，政府可采取的相关应急措施。[1]《水污染防治法》《海洋环境保护法》《放射性污染防治法》及其土壤污染防治的相关规定都没有与预警相关的规定。由于相关立法的缺失，与水体、海洋、土壤和放射性污染事件的预警，仅能依据《突发事件应对法》和《环境保护法》的相关原则性规定，使各类突发环境事件预警行为缺乏规范性。而相关立法的缺失，又导致我国突发环境事件预警制度存在以下几方面问题。

①除《大气污染防治法》规定对重污染天气的预警信息由设区的市级以上人民政府发出外，其他各类突发环境事件由于缺乏明确规定，具体适用时仅能根据《环境保护法》和《突发事件应对法》的规定，由县级以上人民政府发出预警信息。这种不区分各类突发环境污染特征，笼统地将突发环境事件预警的职责赋予地方人民政府的立法，导致预警信息发布主体缺乏科学性和合理性及其预警制度的职责主体缺失。

②我国现有法律均未就突发环境事件预警的应急措施范围予以限制。应急措施是紧急状态下所适用的规则，包括控制型与恢复型两类，具体表现为行政应急救助、强制、规制、征用、指导和协助等。[2]应急措施是政府行政权的体现，其本质为政府公权力，而公权力行使之限度，在当前的法律规定中鲜有涉及。

7.地方相关立法的局限性

当前，部分省市也出台了一些与环境预警相关的法律规定，但是主要集中在我国已经较为完善的气象灾害预警方面。对于其他环境问

---

[1]　参见 2016 年 1 月 1 日起实施的《中华人民共和国大气污染防治法》第九十二一九十六条。

[2]　张维平：《突发公共事件应急措施的法理探讨》，《河南科技大学学报（社会科学版）》2007 年第 2 期，第 88-94 页。

题领域的规定，同样呈现出"原则性立法、可操作性差"的特点。不难看出的是，地方性环境立法以及环境预警的制度建设，仍然遵循着问题导向，即问题发生才会催生出因应的制度，这样的做法实际上违背了环境预防原则。

8.承包者的法律责任有待完善

《深海海底区域资源勘探开发法》第十一条规定：发生或者可能发生严重损害海洋环境等事故，承包者应当立即启动应急预案，并立即发出警报。但该法法律责任部分并未规定承包者不作为所应承担的后果。

第三节　环境预警制度的域外经验

世界各国，无论是欠发达国家、发展中国家，还是发达国家，都面临着环境问题的威胁与挑战。在应对各类环境问题过程中，各国政府普遍根据其自身国情，在实践中形成各具特色的环境预警制度模式。在本书课题定义的环境预警及其环境预警制度的主要内容的范围内，分别对美国、日本、欧盟各国和俄罗斯的环境法律制度中与预警相关的部分进行考察，以期为我国环境预警法律制度的构建与完善提供参考与借鉴。

一、美国环境预警制度考察

（一）原生灾害预警体制

美国的环境预警制度在应对自然灾害（原生环境问题）上体现得较为突出。在立法方面，美国政府早在20世纪50年代末期，就已经开始了针对自然灾害应急管理的立法探索。颁布于1958年的美国《灾害救济法》，以及其后的三次修改工作，逐步强化了环境预警的救助范围及联邦政府的职责范围，突出强调各级行政部门的预警义务和应急反应职责。此外，颁布于 1974 年的新《灾害救济法》中，明确规定了美国联邦政府的如下职责内容：加强联邦救灾计划，督促各地方政府制订救灾计划，全面协调在减灾、预防、响应、重建和恢复计划等方面的工作。1992 年美国《联邦紧急救灾法案》出台，该法囊括了自然灾害、技术性灾害和恐怖事件等方面的应急管理规定。[1]

在自然灾害应急管理体制方面，美国实行国家、州、郡 3 级管理体制。灾害应急管理的相关工作由国土安全部联邦紧急事务管理局（FEMA）全面负责。国土安全部联邦紧急事务管理局的主要工作程序为：首先，由 FEMA 对灾害发生之风险进行全面监测，在监测到可能的风险后，由应急响应部门按照相应的应急准备措施做好预防性准备。在联邦和地方的职权划分上，由灾害发生地政府部门首先派员至灾害现场，并负责发布灾害预警。在具体启动程序上，先由市长或县长按照灾害级别启动本级应急响应，如果灾害后果或范围过大，或是在需要州的支援时，可以请求州长启动州应急响应中心。其次，由州应急响应中心进行风险和损失的初步预估，并将相关信息汇总至 FEMA 区域中心。最后，由 FEMA 局长审核并呈请总统，由总统宣布进入相应的紧急状态，并由 FEMA 执行联邦相应计划。

（二）次生环境问题预警体制

在美国环境法中，与环境预警制度相关的规定，主要体现在大气污染控制和水污染控制方面。在这一方面，环境预警制度的目的在于通过对环境质量变化过程的监测，对即将低于环境质量标准的区域发出警报，并及时采取各项防治措施。

1. 大气污染控制

美国联邦大气污染法起源于 1963 年的《清洁空气法》（CAA）。

---

[1] 黄典剑、李传贵：《国外应急管理法制若干问题初探》，《职业卫生与应急救援》2008 年第 1 期，第 3-6 页。

该法于 1977 年和 1990 年做过全面的修改，是美国环境法历史最为悠久且最为复杂的一部国家环境法规。该部联邦法规的核心是，美国环保局为 6 种标准污染物设定国家环境空气质量（NAAQS），再由各州决定对其管辖范围内的何种排放源进行规制，以便达到环境空气质量标准。法案授权美国环保局建立基于健康和福利的环境空气质量标准，它的基本思路是由联邦政府决定最常见的污染物的环境空气质量标准，其中包括保护健康的一级环境空气质量标准和保护福利的二级环境空气质量标准；然后由各州自己决定如何控制本地的污染源，以满足这些标准。目前，被美国环保局纳入空气污染物清单的有可吸入颗粒物（PM）、二氧化硫、一氧化碳、氮氧化物（NO_x）、臭氧和铅。对于这些污染物美国环保局均已设立各自的空气质量标准，同时，《清洁空气法》第一百零九条要求美国环保局至少每五年审查和修订空气质量准则，并根据新准则对空气质量标准相应作出适当改变。为了达到国家环境空气质量的标准，美国为此规定了州实施计划（SIPs）、非达标区和防止显著恶化（PSD）、新能源审查计划（NSR）等配套措施。[1] 可见，美国通过各项措施使得空气质量达到国家规定的标准，而环境预警制度的行为逻辑正好相反，同样是一个固定的标准，环境预警制度则是防止在标准范围内的环境空气质量超出环境空气质量标准的范围。

2. 水污染控制

美国的水质标准由两个部分组成：确定水体的指定用途、为保护指定用途而制定水质基准。"指定用途"代表保护每个水段的目的。"水质基准"则是为达到指定用途而对每种污染物防治程度的规定。水质基准是美国环保局制度的科学建议，供各州制定监管基准时参考。美国环保局发布了一系列的水质量基准文件，1968—1999 年，美国环保局建立了超过 100 种污染物的水质基准，其中为 31 种化学物质公布

---

[1] 〔美〕罗伯特·V. 珀西瓦尔：《美国环境法——联邦最高法院法官教程》，赵绘宇译，北京：法律出版社，2014 年，第 32-45 页。

了保护水生生物的基准，为100多种化学物质公布了保护人类健康的基准。同时，各州在采用水质基准时做法不一，1987年《清洁水法》修正案补充要求各州采用统一的"毒物性"标准，即该物质的排放或存在会影响水体的指定用途。该修正案要求有毒污染物须采用数值标准，且明确表示当数值基准不可获得时，支持采取生物评估准则。美国《清洁水法》第303（d）（1）（A）项要求各州识别那些因无毒性废水污染物的标准太松而达不到水质标准的水体。然后第303（d）（1）（C）项要求各州为这些污染物建立每日最大污染负荷量（TMDLs），且其建立的每日最大污染负荷量须受环保局审查和批准。虽然美国环保局有权为因非点源污染而受损的水体建立每日最大污染负荷量，却无权对这些非点源施加控制，这类控制必须由各州来实施。[1]

美国联邦政府通过设定标准，联邦与州之间相互协作，并配套相关措施使得环境质量达到其所设定的标准，而环境预警制度的关键也在于环境预警标准的设定。因此，美国在环境质量标准制定方面有着许多值得我国借鉴的地方。

二、日本灾害预警制度考察

日本是太平洋上的一个岛国，因其地形和气象等自然条件的综合影响，导致其自然灾害频发。[2] 同时，第二次世界大战之后日本处于复兴期，急速的经济发展给环境造成了严重的破坏。在世界八大公害中，其中有四大公害都发生在日本。[3] 因此，饱受环境问题影响的日本人非常重视环境法制建设，无论是原生环境问题还是次生环境问题，日本都有着一套完善的环境法律体系。

---

[1] 〔美〕罗伯特·V.珀西瓦尔：《美国环境法——联邦最高法院法官教程》，赵绘宇译，北京：法律出版社，2014年，第74-82页。
[2] 诸如地震、台风、暴雨、大雪等自然灾害给日本经济社会带来较为严重的影响。
[3] 世界八大公害：比利时马斯河谷烟雾事件、美国洛杉矶烟雾事件、美国多诺拉事件、英国伦敦烟雾事件、日本水俣病事件、日本四日市哮喘病事件、日本爱知县米糠油事件和日本富山骨痛病事件。

（一）自然灾害预警体制

日本于 1961 年颁布了防灾减灾的根本大法，即《灾害对策基本法》。该法对防灾理念目的、防灾组织体系、防灾规划、灾害预防预警、灾害应急对策以及灾后的修复重建等事项做了明确的规定。该法第二条第一款就对"灾害"下了定义，即指暴风、暴雨、大雪、洪水、满潮、地震、海啸、火山喷发等异常自然现象。同时，《灾害对策基本法》对预警制度也有明确规定。

一是该法第八条要求国家及地方公共团体必须特别努力实施关于改善灾害预防及警报有关的事项。二是该法第五章第二节有关于警报信息传达的相关规定。第五十四条规定，发现有灾害发生可能者，应当及时向市町村长或警察官或海上保安官通报。而如果警察官或海上保安官获知预警信息，应当向市町村长通报。接到通报的市町村长，必须根据地区防灾计划的规定，向气象厅等有关机关通报。第五十五条明确规定了"都道府知事"在接到预警信息时，有依照相关法令亲自发布预警信息的义务，以及通知其他国家机关预警信息和提出相关要求的权责。[1] 第五十六条明确规定了"市町村长"有在接到预警通知或亲自得知预警信息时，根据相关法令向有关机关、居民和其他公私团体进行通知的法定义务。[2] 第五十七条则是关于发布预警信息的通信设备优先利用之规定。[3] 可以看出，日本灾害预警制度强调公共团体的参与，预警信息的传递模式属于"个人负责制"，且规定了清晰的逐级上报制度。同时，市町村长负责对居民和有关的公私团体发

---

[1] 日本《灾害对策基本法》第五十五条规定："都道府知事根据法令规定，接到气象厅及其他国家机关的有关灾害预报或警报的通知时，或者亲自发布有关灾害的警报时，要根据法令或地区防灾计划的规定，就设想的灾害状态及对此采取的措施，向有关指定地方行政机关首长、指定公共机关、市町村长及其他有关人员发出必要的通知或要求。"

[2] 日本《灾害对策基本法》第五十六条规定："市町村长在接到根据法令规定的灾害预报或警报通知时，亲自得知灾害预报或警报时，根据法令规定亲自发布灾害警报时，或者在接到前条通知时，必须根据地区防灾计划的规定，把该预报或警报或通知所涉及的事项传达给有关的机关以及居民和其他有关的公私团体。在这种场合，认为必要时，市町村长可以就设想的灾害状态及对此应采取的措施向居民及其他有关的公私团体发布必要的通知或警报。"

[3] 莫纪宏、林青译：《日本灾害对策基本法》，中国法学网，2018 年 10 月 25 日。

布预警信息，并享有发布预警信息有优先利用通信设备的权利。

（二）土壤污染调查制度

20 世纪 70 年代以来日本建立了较为完善的土壤污染防治法体系：《农业用地土壤污染防治法》《土壤污染对策法》《土壤污染对策法实施细则》。其中《土壤污染对策法》所规定的土壤污染调查制度在预防和治理土壤污染方面起了较大作用。该制度实施两年内，其污染调查的地块就已有 196 项。[1]

1. 实施调查的主体

法律规定土壤污染调查一是由土地所有者、管理者或是占有者实施。相对而言，土地权利人对地块本身的污染信息掌握得较为全面，其更接近于作为信息源的地块本身，并在使用过程中更易获取相应信息。在相反的向度上，对土地污染状况的掌握也是土地权利人知情权的一种具体体现。土地权利人在享有相应权利的同时，也应负担向指定的行政部门报告土壤污染情况的积极义务。二是由指定调查机关实施。需要说明的是，日本法律对调查机关选定作出了相对严格的限制性规定。一方面，实施调查的机关必须由环境大臣来指定。另一方面，这些受到环境大臣指定的调查机关必须首先符合开展调查业务的资质条件，满足相关法律规定的信誉等级、技术条件、资金基础等基本标准。

2. 调查的对象

作为土壤污染对策法调查对象的土地范围：有害物质使用设施废止时调查的土地、发生土壤污染的土地和依行政命令调查的土地，而依行政命令调查的土地最为关键。作为调查命令对象的土地，是指该土壤存在污染可能性高，且污染土壤存在暴露于人的可能性高的土地。土壤污染的可能性高，一般是指地块本身以及地块之下或相邻的地下水是否遭受污染之情况尚不明确。从污染状况和土地的使用记录看，

---

[1]　邱秋:《日本、韩国的土壤污染防治法及其对我国的借鉴》,《生态与农村环境学报》2008 年第 1 期,第 85–89 页。

与之相邻的地下水的污染原因被确定同样存在于该土地；"有暴露给人的可能性"同样也有着较为明确的判断标准。[1]

3. 调查的基本程序

当土壤污染导致人体健康损害或认为存在损害健康的威胁时，由土地所有者（包括管理者或占有者）或者指定调查机关进行调查，出具调查报告。调查报告若发现土壤污染状态不符合与环境省制定的基准时，将所调查土地定为指定区域，在都道府县进行指定、公告的同时，制定区域台账，并公开供公众查阅。[2]调查程序过程中的台账制度，是指对于指定区域，都道府县知事负有对地块本身土壤污染状况的记录义务，应通过台账形式登记造册，除法律规定的正当理由之外，都道府县知事无权拒绝相关主体查阅台账的要求。[3]

日本土壤污染调查制度既强调公众自身的参与，又强调政府行政机关的监管。而且对于土壤污染标准及调查对象都有着明确的规定，同时制有详细的土壤污染调查报告及台账。我国环境预警制度可以借鉴土壤污染调查制度中调查模式，使土地使用者或者可能影响土壤安全活动的参与者，自行进行土壤污染调查，并配合政府的指定调查模式公开调查报告，以此加强公民和社会团体的参与，为环境预警的信息发布提供更为可靠和准确的数据来源。

第四节　完善我国环境预警制度的思考

一、环境预警制度的基本理念

环境预警制度不能只在"纸面上运行"，还应在现实的经济社会

[1][3] 赵小波：《日本土壤污染调查制度研究——以《土壤污染对策法》为核心》，载《环境法治与建设和谐社会——2007年全国环境资源法学研讨会（年会）论文集》（第三册），2007。
[2] 窦小利：《日本《土壤污染对策法》及其对我国立法的启示》，载《环境法治与建设和谐社会——2007年全国环境资源法学研讨会（年会）论文集》（第三册），2007。

当中高效便捷地运转起来，使其在保护生活环境和生态环境的过程中发挥应有之功效。完善环境预警法律制度既满足了预防环境损害和生态破坏的迫切需求，也是防止环境污染和自然资源破坏所导致的人财物损失的关键所在。因此，在完善环境预警法律制度的过程中必须遵循正确的指导理念，把效率作为环境预警法律制度的价值追求，把预防为主、环境优先作为环境预警法律制度构建过程中所应遵循的基本原则，把公众参与作为实现环境预警价值和目标的重要手段。同时，环境预警法律制度的构建与完善还应遵循严格、合理的科学技术手段，符合现实的可操作性。

（一）效率——环境预警法律制度的价值追求

效率原则指资源配置最优原则，表示以有限的投入获取最大可能的产出。[1]制度经济学领域的效率标准最早由亚当·斯密（Adam Smith）运用于法学研究领域，并开创了以效率为标准评价法律制度的先河。其后，有关立法的效率问题也成了立法学研究的重要课题。[2]因此，环境预警法律制度的效率价值应体现为制度所得效益与制度运行成本之比，比值越大说明制度设计越合理，效率越高。那么，环境预警法律制度的构建与完善应当如何体现效率价值呢？

1. 环境预警制度本身是效率价值的体现

环境预警制度的一项重要功能就是通过对可能产生的环境问题及时警戒，使人们及时采取必要措施，保护人身安全和财产安全。我国经济高速增长的同时，仅 2015 年一年的自然灾害所导致的经济损失就达 2000 多亿元，而且 2015 年与往年相比受灾情况更轻。[3]可见，自然灾害对于我国经济造成的不利影响比较严重，此处还并未算入因次生环境问题而导致的经济损失，影响之大，可见一斑。

---

[1] 王倩，高翠云：《公平和效率维度下中国省际碳权分配原则分析》，《中国人口·资源与环境》2016 年第 7 期，第 53–61 页。
[2] 马燕：《地方环境立法公正和效率价值的平衡》，《河北法学》2004 年第 4 期，第 149–152 页。
[3] 数据来源：2015 全国自然灾害基本情况，中华人民共和国民政部门户网站，2016 年 1 月 11 日。

在中国经济高速发展的今天，自然灾害、环境污染及生态破坏所带来的经济损失，无疑成为经济发展的一个障碍。环境预警制度的主要功能就在于减少环境问题给经济带来的损失。沿海地区易发台风，沿海城市在建造房屋和其他公共设备时，必须将其抗台风的能力纳入考虑范围之内，从而避免财产损失。大雾预警指导人们通行，还能减少交通事故带来的损失。环境资源承载能力监测预警制度的构建，是为了防止人们利用环境资源时对环境资源造成不可逆的损害，其根本目的在于环境资源的可持续利用以及经济社会的可持续发展。

总之，环境预警制度就在于通过预防措施，减少因环境问题带来的经济损失，减少社会经济发展过程中的外部成本，以此提高社会经济发展的效率。

2. 环境预警制度的完善应降低制度运行的成本

前面提到制度的效率是制度的收益与成本的比值，也就是说制度运行的成本越低，效率值就越大。因此，环境预警制度的完善旨在降低制度运行的成本，从而提高预警制度的效率价值。一般来说，在法经济学的视野下，任何制度在运行过程中必将伴随一定的成本，这些成本又可进一步划分为直接成本和间接成本。所谓直接成本是指环境预警法律制度在制定和实施过程中产生的相关成本，如立法成本、执法成本等；间接成本是指环境预警制度的颁布与实施所导致的整个社会为之付出的间接性成本，如作为全新制度内容所引发社会认知成本、预警偏差所产生的成本，以及由预警本身所引发的"规制悖反"及其衍生的社会成本等。具言之，环境预警法律规范执行过程中产生的费用包括预警制度中工作人员的工资、工作人员在完成预警相关工作过程中产生的费用和监测预警设备的购置费用。相关费用的承担应按照法律规定予以确认。一般情况下，环境预警的这部分费用应由政府承担。但是，我国《深海海底区域资源勘探开发法》要求承包者对突发事件应及时发出警报，因此，该部分预警的费用应由承包者承担。预警不及时造成的成本，是指预警工作人员的过失或是预警设备的失灵，抑或是制度等导致预警信息传递不及时所造成的损失。该成本包括本可避免但因预警不及时而导致的人和财物损失。预警不准确造成的成本，是指预警标准的不明确或是其他人为原因未能准确发布预警信息而导致的损失。该成本包括本可避免但因预警不准确而导致的人和财物损失。应急成本，是指预警信息发布后，根据预警级别而采取相应措施所产生的费用。如提前疏散、转移可能受到危害的人员所产生的费用，安置人员所产生的费用，调集紧急人员和物资所产生的费用和加强环境监测所产生的费用等。由此，一定程度上来说，环境预警制度的完善，其目的就在于减少直接成本以及避免间接成本。目前，我国环境预警制度中出现的立法资源浪费、相关立法缺失、立法缺乏可操作性及法律条文间的相互矛盾等问题，均易导致制度运行成本的增加。

（二）预防为主、环境优先——环境预警制度所应遵循的基本原则

作为贯穿我国《环境保护法》始终的两项基本原则，预防为主和环境优先是任何环境法律制度均需坚持的基本原则。那么，这两项基本原则的含义是什么？我国环境预警制度是如何体现这两项基本原则的？我国环境预警制度的构建与完善应当如何遵守这两项基本原则？

1. 预防为主

预防为主，即预防原则是环境法上的一项重要基本原则。该原则是人类自食污染环境和破坏生态之恶果的反思。"据计算，预防污染的费用与事后治理的费用比例是 1 ：20"[1]。因此，各国环境立法开始由消极防治污染转变至积极预防污染。对于预防原则的含义，有的

---

[1] 陈泉生：《论环境法的基本原则》，《中国法学》1998 年第 4 期，第 116–121 页。

学者认为是指预防一切环境污染和破坏造成的危害[1]；也有的学者认为是指国家在环境保护工作中采取各种预防措施，防止开发和建设活动中新的环境污染和破坏。[2]上述各个环境学者对预防原则的定义大致相似，均是对环境污染和破坏的一种提前预防。值得注意的是，各学者对该原则仅限定于旨在防止人类行为导致的环境的污染和破坏，而对于大自然自身变化带给人们的不利影响却并未纳入其中。我国环境保护基本立法目的不仅要求保护改善环境，也要求保障公众健康和经济社会的可持续发展。因此，我们认为，预防原则不仅应体现对环境污染和破坏的预防，还应当包括大自然自身变化对人们生命和财产带来负面影响的预防。

环境预警制度本身就是预防为主原则的体现。其具体表现为：气象灾害预警方面，预警制度能保障气象灾害预警水平的不断提高，各部门各司其职，保证气象灾害预警的及时性和准确性。2015年，气象部门与水利部门在央视新闻联播天气预报节目中联合发布山洪风险预警，与国土资源部联合成功预警452起地质灾害，避免两万余人伤亡。[3]突发环境污染预警制度的目的：其一，为通过预警及时采取应急措施，约束人们的行为，防止环境污染事件的发生；其二，人们通过获取预警信息，作出相应对策，防止环境污染对自身造成的损害。环境资源承载能力监测预警制度则更加侧重于自然环境或是生态环境的保护，防止环境超过其自身容量而导致不可逆的损害。

环境预警制度的构建与完善应遵循预防为主的基本原则。首先，要构建完善的环境预警法律体系，弥补部分领域内环境预警的立法空白，力求做到"科技与制度同步，制度推进科技的发展"；力求做到在这一制度框架下制度运行成本的最小化。其次，完善现有法律的不

---

[1] 陈泉生：《论环境法的基本原则》，《中国法学》1998年第4期，第116–121页。
[2] 竺效：《论中国环境法基本原则的立法发展与再发展》，《华东政法大学学报》2014年第3期，第4–16页。
[3] 《践行发展理念 突出创新驱动 努力实现"十三五"气象事业发展良好开局——2016年全国气象局长会议工作报告》（摘编），《中国气象报》2016年1月28日第2版。

足之处。对于妨害制度运行、不利于保障预警的及时性和准确性的相关规定，予以剔除和完善。

2. 环境优先

我国学者已经对环境优先原则进行了研究。环境优先原则包括保护和恢复两个向度，相较而言，保护优先具有高于环境恢复的基础性地位。环境保护优先，包括自然资源的利用、保护和环境保护的优先。环境恢复优先，是指在环境损害救济中，应把恢复受损环境放在一个优先的位置。[1] 环境优先原则应当包括以下几个方面的内容：第一，当经济发展与环境保护相冲突时，确立环境保护优先的法律地位。第二，预设环境损害的救济制度和措施。第三，鼓励和支持有利于改善生态环境的活动。

环境预警制度中次生环境问题的预警，旨在防止环境质量的逆态演化，及时防止环境污染和生态破坏。预警信号的发出就意味着在经济活动和环境保护二者之间已经难以协调，也意味着必要时应当让"小鱼胜了大坝"（参考文献中有"了"字）[2]，否则，环境质量必然恶化。此外，环境预警标准的构建应充分遵循环境优先原则。环境预警的标准是环境预警和环境管理的重要依据。环境预警的标准意味着环境预警的准确性，并决定着预警后相关措施和政策的走向。因此，环境预警的标准旨在保护环境，而不能成为牺牲环境、发展经济的"借口"。

（三）公众参与——实现环境预警制度价值和目标的重要手段

"对公众来说，如何有效参与社会治理并'使民主运转起来'变

---

[1] 杨群芳：《论环境法的基本原则之环境优先原则》，《中国海洋大学学报（社会科学版）》2009年第 2 期，第 62–65 页。
[2] 1967 年，美国联邦议会批准在小田纳西河上修建一座用于发电的水库。在修建过程中，生物学家发现小田纳西河有一种濒危灭绝的鲈鱼，被称为蜗牛镖，属于《美国濒危物种法》保护范围。如果大坝建成，将会影响蜗牛镖的关键栖息地导致这种鱼灭绝。最终该案件上诉到联邦最高法院，法院于 1997年 6 月 15 日作出终审判决，维持上述法院的判决，停止大坝的建设，"小鱼胜了大坝"。

得比法律的规范作用更为重要"[1]，环境是以人为中心而言，无论是舒适还是难受，人们时刻感受着环境变化所带来的不同。2016 年 4 月 17 日，河北省邯郸市，52 岁的酒务楼村村民马某结束了一天在停车场打零工收停车费的工作，推着电动车走在回家的路上。"有钱就不住在这了，"马某一边说一边咳嗽，"有时候排的烟遇上北风，飘到村子里，都带着一股硫酸味，水蒸气像小雨点打在窗户上，形成一块一块的斑点。"酒务楼村村民宿大爷坐在自家小楼的门口，指着不远处邯郸钢铁厂的烟囱说："每天都排（烟），晚上冒烟更厉害。"宿大爷今年 68 岁，在酒务楼村几乎生活了一辈子。酒务楼村位于邯郸市西边，据村民介绍，2006 年时邯钢集团给了村民每人一万多元便买断了村民的耕地，在此建了新厂，如今新厂的烟囱与村子里的居民楼只有一墙之隔。位于酒务楼村村西口的灰色居民楼常年被工厂排出的浓烟笼罩，很多居民几乎一年四季都不开窗户。[2]这一简单的案例折射出政府环境治理的疲软。一墙之隔的烟囱，带有硫酸味的空气，雨后窗上的斑点，笼罩在居民楼上空的浓烟，哪一项不是对环境污染所发出的警报。村民们能感受到，难道环境预警的相关部门感受不到？答案显然是否定的。

在环境预警法律制度中，公众参与一方面可以为环境的监测数据提供更多可收集的渠道，如民间环境保护机构所监测到的数据。另一方面可以加强公民监督政府环境预警行为。公众参与的作用既可以降低制度运行的成本（既包括直接成本，也包括间接成本）、提高环境预警的效率，又可以防止政府相关部门的不作为或是乱作为，使环境保护及其资源的合理利用得到更好的保障。

（四）遵循严格、合理的科学技术手段

环境保护是一项科学技术性强、涉及范围广泛的工作。过去在总

---

[1] 杜辉：《论制度逻辑框架下环境治理模式之转换》，《法商研究》2013 年第 1 期，第 69–76 页。
[2] 《进退间的钢铁重镇》，手机凤凰网，2016 年 4 月 21 日。

结西方发达国家环境保护的成功经验时，人们将其归纳为"法律＋科学"[1]。"法律＋科学"的模式在环境预警领域内更是如此。

环境预警标准的制定应当遵循严格的科学技术手段；环境预警信息的来源要依赖环境监测的数据，而环境监测的数据又要依赖先进的环境监测仪器；环境预警类型的划分也依赖科学技术所能达到的范围。以气象灾害预警为例，气象预警科学技术的发展，使曾经无法预警的气象灾害被纳入环境预警的法律制度中。由于近几年霾预警技术的快速发展，霾预警被规定在气象灾害预警法律规范当中。同时，预警信息传播的途径也随着"互联网＋"的风潮，被纳入到法定传播途径之中。环境预警的标准，环境预警的监测，预警信息的发布主体、发布途径等无不跟随科学技术的发展而变化。因此，环境预警制度的构建与完善应当遵循严格、合理的科学技术规范，否则将是一纸空谈。

二、确立"谁监测、谁预警"原则

"谁监测、谁预警"原则是埋顺目前我国环境预警制度构建中监测与预警主体相互疏离的重要保障，该原则的确立也在一定程度上反映了"权责对等"的基本行政法理。在实践方面，就目前既有的成功事例而言，以监测机构作为环境预警信息的发布主体，是较为成功的制度设计模式，以享有监测之权者作为信息发布者，在既有实践中存在其合理性。因此，笔者倾向于在未来环境预警法律制度的设计中，确立"谁监测，谁预警"的基本原则，以有效统一监测和预警职责，同时兼顾不同监测部门间的横向协调问题。具体来说，坚持"谁监测，谁预警"原则的理据集中于以下两点。

第一，以监测主体作为预警信息发布主体的制度设计，有助于协调统合预警信息监测和预警信息发布的两方议题，有效避免监测主体

---

[1]　吕忠梅：《环境法新视野》，北京：中国政法大学出版社，2007 年，第 32 页。

和预警信息发布主体的两相疏离，防止由监测到预警的信息传递过程
中的部门阻隔。一方面，环境监测制度具有独立于环境预警的制度功
能与目的 [1]，突发环境事件的预警只是监测制度所要实现的目的之一。
另一方面，环境预警又要以环境监测所提供的各项数据为基础，两项
制度犹如同一硬币的两面，紧密关联。基于这一数据，坚持监测主体
和预警主体相统一的基本原则，能够有效地实现两者的有机统一，避
免在制度设计上的人为式隔断。同时，囿于环境监测制度的相对独立
性，如果在既有的环境监测制度体制外，另行设立全新的"环境预警
监测机构"势必会增加整个社会的运行成本，这种浪费社会资源的制
度设想并不符合既有的国情实际。因此，坚持"谁监测、谁预警"的
基本原则，以环境监测主体作为环境预警信息的发布主体更符合科学
立法的基本要求。

第二，以监测主体作为预警信息发布主体的制度设计，有助于降
低制度运行成本，避免不同部门间的衔接困局。相较于监测主体和预
警主体统一的制度设计，设立相互独立的监测和预警主体最大的问题
在于：不能有效解决监测和预警环节的衔接难题。以既有的制度实践
观之，监测主体和预警主体分离的制度设计包含了一个额外的衔接环
节，即"报告"或"通知"环节。具体来说，这种分离式的制度设计
在环境监测主体发现突发环境危险时，需要向相关部门"报告"或"通
知"，并由其他有权机关发布预警信息。在这一过程中，"报告"或"通知"
程序势必会引发额外的制度运行成本，在形成公共资源浪费的同时，
亦极易引发不同环节和部门间的衔接困局，从而降低制度运行的效率。

---

[1] 一般来说，环境监测的目的在于通过了解现有环境质量本底及其变化趋势，为环境政策与立法的制
定，为环境法律制度的运行提供相关数据和资料。参见黄锡生、张真源：《中国突发环境事件预警法律
制度的困境与出路》，《甘肃政法学院学报》2017 年第 2 期，第 27-33 页。

三、完善环境预警标准制度

（一）明确环境预警标准的法律性质

环境预警标准并非单一的标准化体系，其囊括了如下两个主要部分：一是反映环境问题可能发生的各项指标，二是环境预警分级的评判标准。首先，针对前者而言，反映环境问题可能发生的各项指标属于传统意义上的环境标准之范畴。其次，针对后者而言，环境预警分级的评判标准已经被我国环境法律规范予以确认。《突发事件应对法》第四十二条第三款规定："预警级别的划分标准由国务院或者国务院确定的部门制定。"《气象预警信号发布与传播办法》第十六条规定："地方各级气象主管机构所属的气象台站发布预警信号，适用本办法所附《气象灾害预警信号及防御指南》中的各类预警信号标准。"在现行环境立法框架下，环境预警分级标准主要是通过立法机关的"授权式立法"，以及隐含于各单行立法中的转致性条款和准用规则，而被纳入环境法律体系。质言之，环境预警分级评判标准具有鲜明的科学性和技术性，其在外在形式上表现为一系列关于环境预警分类评判问题的指标体系。此外，在制定主体和制度程度上，该类标准性规范与传统意义上的立法规范存在明显的区别界分。因此，这类环境预警标准与环境标准类似[1]，一旦被有关的法律法规所援引，或者被一定区域之内的环境行政机关所采纳，就具有了法律上的强制力。[2]

---

[1]　这种类似是指在法律性质上的类似。张晏在《我国环境标准制度存在的问题及对策》中认为："环境标准是由相关领域专家在科学认知基础上进行判断制定而成的，由一系列符号、代码、编号和其他技术规定组成的技术性规范，本身并不属于法的规范，具体适用需要依附于法定环境行政决定即公法上的判断"。

[2]　施志源：《环境标准的法律属性和制度构成——对新〈环境保护法〉相关规定的解读与展开》，《重庆大学学报（社会科学版）》2016年第1期，第159-163页。

（二）预警标准制度的若干建议

1. 制定突发环境事件预警级别的划分标准

根据《突发事件应对法》和《国家突发环境事件应急预案》的相关规定可以总结出突发环境预警大致可以分为以下四种类型：大气污染、水体污染、土壤污染和辐射污染。突发环境事件预警级别的分级标准可以归纳为以下三点：事件发生紧急程度、可能性大小及可能造成的危害程度。我国目前已在气象灾害领域明确了预警分级的标准，而且一些地方还出台了更为严格的预警分级标准。然而，与突发环境事件相关的仅有霾预警分级标准。上述三类模糊的分级标准仅能给执行机关提供判断预警级别的大致思路，同时易使得预警级别的判断流于个人的主观和经验。故此，突发环境事件预警级别划分标准的制定应当首先基于环境标准，同时联合相关执法部门的实践经验，在科学研判的基础上，制定统一、系统的标准体系。以突发性水污染事件预警标准为例，以水环境质量标准和水污染物排放标准为基础，将事件发生的紧急程度换算成预计在某一时间段内，将事件发生概率的大小及其危害程度换算成某些污染物在水体中可能的指标，以此作为突发性水污染事件预警的分级标准。

2. 完善制定环境预警标准的程序性规定

在法学研究的视角下，程序本身即具有其独立价值，依循法定的程序和形式展开环境预警标准各项工作，是依法行政的必然要求。首先，建立环境现状调查机制。"它山之石，可以攻玉。"在调查机制方面，有必要借鉴日本的土壤污染调查制度，确立地块权利人的调查义务，以及对相关信息的披露和报告义务。同时，在环境预警标准制定的过程中，通过该项调查机制广泛搜集资料，通过科学的监测方法和有效的监测手段掌握各区域的环境现状，根据以往环境污染事件的经验，为制定环境预警标准奠定扎实的基础。其次，环境预警标准制定、调整也应纳入环境监测社会化进程。环境监测社会化进程是针对传统上环境监测行政化的全新改革趋势。伴随环境公共服务范围的日渐扩张，传统上由环境行政机关"垄断"环境监测服务的单一模式已然无法适应社会发展的全新需求。因此，在环境监测服务社会化体制的完善过程中，环境预警标准的制定与调整应充分听取环境监测社会组织的建议，借鉴环境监测过程中的各项数据，完善环境预警标准。最后，建立环境预警标准实效评估机制。环境预警标准的实施效果，环境预警标准如何调整，有赖于环境预警标准的实效评估。构建环境预警标准的实效评估机制为环境预警标准的合理化和科学化提供制度保障。

3. 建立环境预警标准的动态调整机制

以环境标准作为依托的环境预警标准，同时面临与环境标准相同的困境，即现行有效的环境标准本身科学性不强，存在着标准滞后、空白、缺少专门针对公众健康设定的指标[1]，与经济社会的发展要求不相吻合的现状。因此，在环境标准与经济社会发展状况和科技水平发展之间动态调整的过程中，环境预警的标准也应当随之发生变化。

4. 注重环境预警标准制度与生态红线制度间的有效衔接

2014 年，国家环境保护部印发的《国家生态保护红线——生态功能基线划定技术指南（试行）》中，对生态红线的概念及其构成予以明确。生态红线的目的在于维护国家区域生态安全及经济社会可持续发展，保障人民群众健康，提升生态功能、改善环境质量、促进资源的高效利用。同时将生态红线分为生态功能保障基线、环境质量安全底线和自然资源利用红线。学术界对生态红线的描述也是多种多样，其中包括"生命线"[2]"高压线"[3]"底线"[4]"生态风险标准体系"[5]等。总而言之，结合国家生态环境部门的权威界定和学术界对生态红线的已有论述，我们认为，生态红线的实质就一项不可与之相违背的

---

[1]　张晏、汪劲：《我国环境标准存在的问题及其对策》，《中国环境科学》2012年第1期，第187-192页。

[2]　李干杰：《"生态红线"——确保国家生态安全的生命线》，《求是》2014年第2期，第44-46页。

[3]　李力、王景福：《生态红线制度建设的理论与实践》，《生态经济》2014年第8期，第138-140页。

[4]　郑华、欧阳志云：《生态红线的实践与思考》，《中国科学院院刊》2014年第29卷第4期，第457-461，448页。

[5]　曹明德：《生态红线责任制度探析——以政治责任和法律责任为视角》，《新疆师范大学学报（哲学社会科学版）》2014年第6期，第71-78页。

环境风险标准体系，其中就包括生态功能保障标准、环境质量标准和资源利用标准。

环境预警标准与生态红线之间有着密切的联系。两者同为标准，生态红线作为一项标准较之环境预警标准更为严格。若对环境预警进行分级，一级的标准代表最为严重的环境问题可能发生，而生态红线的逾越就代表着比一级预警所代表的环境问题更为严重。因此，这就意味着生态红线所代表的标准要比环境预警标准更为严格。环境预警标准的制定应当确保可能发生的环境问题不会逾越"红线"。可见，将环境预警标准制度与生态红线制度有机地结合起来，环境预警标准才更为科学、合理，环境预警工作才能更为有效地展开。

四、预警后应急措施之完善

预警后应急措施的适用是在突发环境事件尚未完全爆发的阶段。因此，这一阶段的措施应属"控制型"应急措施，即旨在防止事件发生、遏制事件发展或扩散殃及更大范围的公共秩序与公共安全的应急措施，主要包括应急强制和应急指导。由此，构建具有针对性的突发环境事件预警后应急措施应从行政应急强制和行政应急指导两方面着手。

一是针对各类突发环境事件，污染防治单行法中应明确各类突发环境事件预警后行政应急强制措施，该措施的制定应充分遵守行政法上的比例原则。二是政府及其有关部门应通过电视、广播、网络等各种途径告知公众及社会组织不同突发环境事件预警级别的行为规则。政府应充分发挥其所掌握的信息资源优势，通过建议、劝告、告诫特定或不特定主体为或不为某种行为。特别是行政应急强制未曾涉及行政领域，应以行政指导的方式引导社会公众的行为模式。

五、构建环境预警会商机制

会商机制是指以会议协商的形式，广泛吸纳多部门、多主体围绕公共议题展开协商的制度形式。会商机制是完善环境预警公众参与制度的绝佳阵地。我国目前涉及环境预警会商机制相关规定的法律主要有两部：一是 2007 年 8 月发布的《中华人民共和国突发事件应对法》；二是 2015 年 8 月发布的《中华人民共和国大气污染防治法》。两部法律对我国环境领域的会商机制都作出了初步规定。前者是应对可能发生的突发环境事件组织相关部门、专业技术人员和专家学者进行会商，其目的在于确定事件发生之可能及影响力之大小[1]；后者是要求设区的市级以上人民政府环保部门会同气象主管机构建立会商机制，以应对大气环境质量预报和预警。[2] 行政法规，如《森林防火条例》，其要求县级以上人民政府林业主管部门与气象机构建立联合会商机制，及时发布森林火灾预警预报信息。[3] 从上述三部法律文件中，我们可获知环境预警会商机制的目的是"合众人之力"，力求科学合理地对环境问题作出评估，确保环境预警信息的准确性。同时可以看出，我国目前现有的规定并不足以指导会商机制的有效运行，针对此前提到的几点问题，提出以下几点建议：

第一，明确环境预警会商机制的启动主体。环境预警会商机制的成员是由与环境相关的各个部门及其相关人员组成，而这些人员的召集就意味着可能发生环境问题，因此召集这些成员的主体即会商机制的启动主体。我们认为，由于环境预警会商机制的目的在于保证预警信息的科学性及其准确性，因此，应以负有环境预警职责的相关部门就应当作为会商机制的启动主体。

第二，环境问题的解决并不在于不断创造新的制度，而在于将缺

---

[1] 参见 2007 年 11 月 1 日起实施的《中华人民共和国突发事件应对法》第四十条。

[2] 参见 2016 年 1 月 1 日起实施的《中华人民共和国大气污染防治法》第九十五条。

[3] 参见 2009 年 1 月 1 日起实施的《森林防火条例》第三十条。

乏的部分纳入现有的制度当中，其不仅节约了立法资源，还大大降低了制度运行的成本。环境预警会商机制是保障公众参与环境预警制度的重要途径。然而，我国现有法律的相关规定并未明确将与之相关的公众纳入会商机制的范围。因此，将社会公众纳入会商机制当中，不仅有利于实现会商机制的目的，而且还有助于解决环境预警制度中缺乏公众参与的问题。

第三，明确环境预警会商机制的基本内容。我们认为环境预警会商机制主要应当包含以下几个方面的内容：一是环境问题的识别，是指根据环境监测数据及其相关其他信息，确定可能发生的环境问题的具体类型以及可能导致的其他衍生环境问题；二是会商评估，是指对可能发生的环境问题进行评估，确定环境预警级别及其信息可否向公众发布；三是根据相关法律法规规章或规范性文件的规定，依照环境预警级别，拟定相应的应对措施。

六、完善环境预警制度的法制保障

面对环境预警制度所存在的诸多问题，至关重要的一点就是通过填补立法缺失来完善我国环境预警法律体系，进而为解决环境预警的相关问题提供法律依据。具体来说，全面构建环境预警法律体系，尚需填补的立法缺失涉及以下几个方面。

1. 环境保护基本法对环境预警制度进行总领性规定

目前，我国《环境保护法》中零散地规定了三类环境预警类型。对我国环境预警制度的构建无法起到一种"统领"效果，使我国环境预警法律制度缺乏完善的制度架构。应当在环境保护基本法中规定：对于可以预警的自然灾害、环境污染及生态破坏等环境问题，应当结合其他相关法律、法规和规章的规定，做好与预警相关的各项工作。

2. 解决水污染防治中的立法缺失

建议在《水污染防治法》第六章水污染事件应急处理中规定以下

几个方面的内容：①国家建立水环境质量监测预警体系；②建立水环境质量预警信息统一发布制度；③明确水环境质量的预警级别及其标准；④明确水环境质量预警信息发布、调整和解除的主体；⑤明确水环境质量预警信息的发布途径；⑥对于重点流域的水环境质量，相关部门之间应建立会商机制，进行水环境质量预报；⑦建立重点区域内的水环境资源承载能力预警制度；⑧完善水环境质量预警后的应急响应机制；⑨明确相关主体的法律责任。

3. 填补土壤污染防治中的立法空白

目前，我国在土壤污染防治方面不仅没有专门性的单行法律、法规，而且防治土壤污染上的法律基本上是一项空白，缺乏系统、可操作性的具体法律制度。[1]《中华人民共和国土壤污染防治法草案》（征求意见稿）已经正式公布，但是并没有关于土壤污染风险预警的相关制度设置。因此，建议在《土壤污染防治法》中设专章规定土壤污染应对措施，并在该章中增加与土壤污染预警相关的法律规定。其中应当包括以下几个方面：①国家应建立土壤污染监测预警体系；②建立土壤污染预警信息统一发布制度；③建立农业污染源监测预警制度；④建立土地承载力预警制度；⑤区分土壤用途、明确土壤污染预警级别及标准；⑥确定土壤污染预警信息发布、调整和解除的主体；⑦明确土壤污染预警信息的发布途径；⑧制定土壤污染预警后的应急响应机制；⑨明确相关主体的法律责任。

4. 填补放射性污染防治中的立法缺失

由于放射性物质的开发利用涉及商业秘密和国家秘密，因此，在设计放射性污染预警制度过程中应当有所区别。建议在《放射性污染防治法》第二章放射性污染防治的监督管理中规定以下几个方面的内容：①为了预警信息的及时发布，应当由核设施营运单位、核技术利用单位、铀（钍）矿和伴生放射性矿开发利用单位作为环境预警信息

[1]　罗吉：《我国土壤污染防治立法研究》，《现代法学》2007 年第 29 卷第 6 期，第 99–107 页。

发布、调整和解除的主体，同时接受生态环境主管部门及其相关部门的监督。②明确放射性污染预警的分级及其标准。③明确放射性污染预警信息的基本内容和发布途径，放射性污染具有极强的危害性和紧迫性。因此，预警信息的内容应当要有很强的指导功能，同时预警信息的发布应当做到及时和快速。④明确放射性污染预警后的应急响应机制及其相关主体的法律责任。

5. 化解海洋环境保护中的立法缺失

建议在《海洋环境保护法》中增加"海洋环境污染应对"一章，并规定以下几方面的内容：①建立海洋环境污染监测预警体系；②就该法第五条规定的有关部门[1]联合建立相关区域内海洋环境污染监测预警机制，统一预警级别及标准；③建立重点区域内海洋环境资源承载能力监测预警制度；④明确海洋环境污染预警信息发布、调整和解除的主体；⑤明确海洋环境污染预警信息的发布途径；⑥制定海洋环境污染预警后的应急响应机制；⑦明确相关主体的责任。

6. 填补地方性法律中关于环境预警制度的立法缺失

因我国幅员辽阔、生态状况复杂且各地环境问题的不同情况，所以在环境预警法律体系的构建中应充分发挥地方立法的自主性。同时，地方性立法应注重环境预警法律法规的可操作性，避免过多的原则性规定。在不与上位法冲突的情况下，细化环境预警制度的相关规定，主要包括以下几方面内容：①建立地方重点环境保护区域内的环境监测预警体系；②明确各类环境预警信息发布、调整和解除的具体部门；③依地方环境问题的具体情况细化环境预警级别和标准；④对于地方频发的某类环境问题，应加强该类环境问题的预警法制建设；⑤制订符合本地情况的预警后应急响应机制。

---

[1] 国务院环境保护行政主管部门，国家海洋行政主管部门，国家海事行政主管部门，国家渔业行政主管部门，军队环境保护部门，沿海县级以上地方人民政府行使海洋环境监督管理权的部门。

第九章　生态补偿制度研究

　　现代工业文明发展衍生的一个副产品就是全球范围内日益严重的环境问题。在中国，自改革开放以来，随着"以经济建设为中心"的国家发展战略的确立，在经济快速发展的同时，付出了沉重的环境代价。时至今日，各类环境污染、生态破坏问题层出不穷，环境风险增大，不仅严重影响人民群众的生命财产安全，而且使经济社会发展不可持续。从利益分析的角度审视，环境问题的根源，在于不同主体对生态环境资源的利益诉求产生的冲突，核心的利益冲突体现为经济利益和环境利益的冲突。建立生态补偿制度，将其纳入法治化的轨道，依法明确各方利益主体权利义务的关系，平衡利益冲突，防止资源配置的不公和低效率[1]，协调环境利益与经济利益的关系，从而保证人民群众在分享经济发展成果的同时，享有良好的环境福利，已成为国家治理中的一项迫切的任务。

　　在政策层面，党的十八大提出生态文明建设的目标和要求，并将其作为"五位一体"的国家发展战略。十八届三中全会提出，建设生态文明，必须建立系统完整的生态文明制度体系，用制度保护生态环境。把资源产权、用途管制、生态红线、有偿使用、生态补偿、管理体制等充实到生态文明制度体系中来。2015年实施的《生态文明体制改革总体方案》对生态文明制度建设提出明确的目标和要求，即建立

---

[1]　史玉成：《生态补偿制度建设与立法供给——以生态利益保护与衡平为视角》，《法学评论》2013年第3期，第116–124页。

健全"自然资源资产产权制度、国土开发保护制度、空间规划体系、资源总量管理和节约制度、资源有偿使用和生态补偿制度、环境治理体系、市场体系、绩效考核和责任追究制度"等八项制度。十九大报告进一步对新时代生态文明建设和绿色发展任务提出了具体的任务。在法律层面，2014年修订的《环境保护法》的立法目的中增加了"促进生态文明建设"的内容，并新增了生态保护补偿制度的原则。2018年3月，十三届全国人大常委会第一次会议通过宪法修订案，把"生态文明建设"正式写入宪法。生态补偿制度，作为生态文明制度建设的重要内容，已经在政策和法律层面得到双重确认。本章从法理角度和政策法律实践的双重视角，对生态补偿制度做一探析，以期对这一制度的完善提供理论支持。

第一节 生态补偿制度概述

中国生态环境治理制度的变迁，大致经历了一个政策先行、试点实践、立法确认的过程，政策规范和法律规范均是环境治理的重要制度工具，在环境保护实践中发挥着各自的功能。生态补偿制度也是如此，早期的生态补偿是从政策层面开始的。作为政策工具的生态补偿，在我国已经有了20多年的实践探索和发展，积累了一定的经验。同时，由于各类生态补偿政策和生态补偿工程缺乏统一的顶层设计，存在较大的随意性和不稳定性。因此，需要通过立法保障，科学地界定维护生态系统服务功能的直接成本和间接成本，确定合理的生态补偿标准、补偿程序和监督机制，确保利益相关者的责、权、利相统一，把生态补偿纳入法治化轨道。在总结多年政策经验的基础上，2014年修订的《环境保护法》确立了生态保护补偿制度，将生态补偿纳入环境立法的视野。但是，《环境保护法》对生态补偿制度的确认，仅仅是通过一个立法条款确立了生态补偿的宏观架构，至今并没有出台国家层面的针对生态补偿的专门配套立法。因此，我国生态补偿制度的法治建设仍处于发展阶段。本节对生态补偿法学概念、理论基础以及生态补偿制度要素等问题进行分析论证。

一、生态补偿概念的法学界定

从发生学的角度考察，生态补偿最初源于生态学中的"自然生态补偿"，后来逐渐演变成为促进环境保护的经济政策和法律机制。生态学、经济学、公共政策学、法学等不同学科均从各自的立场出发，运用不同的方法、视角和进路，对生态补偿进行概念界定，使不同学科中生态补偿的概念差异性较大，并不存在统一的定义。其中，生态学对生态补偿概念的界定，反映了生态补偿应当遵从的自然规律；经济学的界定，体现了效益目标下生态补偿的经济规律。从规范分析的角度考察，对任何学科而言，概念都是构建学科理论和制度体系的基石。但是不同学科的概念如果不通过某种路径转换而直接加以套用，则容易造成概念认知上的疏离和偏差，这一问题在对生态补偿的概念认知中表现得尤为突出。笔者认为，作为一项法律制度，首先应当从理论上厘清生态补偿概念的内涵和外延。由此，对生态补偿概念的法学界定，应该在反映生态补偿自然规律和经济规律的基础上，以环境正义理念为统领，体现生态补偿法律规范和法律体系对利益主体权利义务的公平分配。

（一）不同学科对生态补偿概念的认识

生态学是研究自然界各生物种群及其相互关系的学科。生态学对生态补偿比较权威的定义："生态补偿是生物有机体、种群、群落或生态系统受到干扰时所表现出的缓和干扰、调节自身状态使生存得以维持的能力，或可以看作生态负荷的还原能力。"[1] 类似的观点还有：

---

[1]　《环境科学大辞典》编辑委员会：《环境科学大辞典》，北京：环境科学出版社，1991年。

"生态补偿就是从利用资源所得到的收益中提取一部分资金，以物质和能量的方式归还生态系统，以维持生态系统的物质、能量、输入、输出的动态平衡。"[1] 可见，生态学中的生态补偿，是生态运行规律达到自然生态系统的自我复原，或者通过人为活动对自然生态系统施加影响，最终使某些功能受损的生态系统重新实现生态平衡的过程。

经济学以成本效益分析为出发点，关注分析生态补偿行为的外部性因素及其解决之道。关于生态补偿的经济学概念，在早期的经济学论著中几乎是"污染者付费"的代名词，即对合法开发利用环境资源而带来的环境负外部行为进行补偿，即损害者补偿。20世纪90年代以来，经济学界对生态补偿的认识有了进一步深化，对生态保护、生态建设、生态修复等环境"正外部行为"的补偿，即受益者补偿也同时被纳入生态补偿概念的外延。[2] 可见，经济学中的生态补偿重点在于，通过经济手段实现环境问题外部成本的内部化，其本质上是一种环境经济激励措施。

（二）生态补偿法学概念的发展演变

关于生态补偿法学概念的研究，早期大多是在借鉴了生态学、经济学概念的基础上，从法律关系主客体界定、权利义务配置、补偿标准等要素出发，对生态补偿概念进行界定。例如，吕忠梅教授认为："生态补偿，从狭义的角度理解是指对由人类的社会经济活动给生态系统和自然资源造成的破坏及对环境造成的污染的补偿、恢复、综合治理等一系列活动的总称。广义的生态补偿则还应包括对因环境保护丧失发展机会的区域内的居民进行的资金、技术、实物上的补偿、政策上的优惠，以及为增进环境保护意识，提高环境保护水平而进行的科研、

---

[1] 张诚谦：《论可更新资源的有偿利用》，《农业现代化研究》1987年第5期，第22-24页。
[2] 代表性的概念如毛显强等认为："生态补偿，是通过对损害（或保护）资源环境的行为进行收费（或补偿），提高该行为的成本（或收益），从而激励损害（或保护）行为主体减少（或增加）因其行为带来的外部不经济性（或外部经济性），达到保护环境资源的目的。"参见毛显强、钟瑜、张胜：《生态补偿的理论探讨》，《中国人口·资源与环境》2002年第4期，第40-43页。

教育费用的支出。"[1]

　　早期环境法学界对生态补偿概念的界定比较笼统，缺乏法学概念应有的严谨性。第一，概念内涵不够明确，外延过宽。如按照吕忠梅教授的定义，一切对自然资源破坏和环境污染的补偿、恢复、综合治理等措施，甚至包括环境保护的政策优惠、环境教育等均被囊括其中。按照这一逻辑，环境法上一切保护、改善、治理环境的活动都有直接和间接对生态系统的功能进行某种"补偿"的功能，都可以纳入生态补偿范围，这样"生态补偿"成为一个箩筐式概念。第二，与已有的环境费税制度交叉重叠。作为经济刺激制度，环境费税虽然具有对生态环境的"补偿"功能，但制度目标和功能具有独特性。[2] 其中，资源和生态保护补偿费是实现生态补偿的制度措施，至于排污费、资源开发使用费、自然资源税以及环境保护税[3]，可以看作生态补偿的关联制度或上游制度，应当与生态补偿的概念有所区分而不宜笼统纳入。第三，补偿主体、受偿主体及其权利义务关系不明确。已有概念中，补偿主体与受偿主体的规定较为笼统，缺乏实操性。相互间的权利义务关系、补偿方式[4]、补偿标准等核心要素基本没有涉及，缺乏严谨性。

　　近期的研究者注意到这一问题，在概念的界定上，注重对生态补偿主体、受偿主体、补偿标准和方式以及各方权利义务关系等要素的

[1]　吕忠梅：《超越与保守：可持续发展视野下的环境法创新》，北京：法律出版社，2003年，第355页。此外，蔡守秋、曹明德、李爱年、杜群、黄锡生、钱水苗等众多学者均给生态补偿下过定义，本文不再一一列举。
[2]　例如，排污收费制度是我国环境法的一项传统制度，2003年国务院发布的《排污费征收使用管理条例》确定的排污费主要包括污水排污费、废气排污费、固体废物及危险废物排污费、噪声超标排污费。征收的目的是促使排污者加强经营管理，节约和综合利用资源，治理污染，改善环境。资源开发使用费，如《水法》中的水资源有偿使用，《矿产资源法》中的探矿权、采矿权有偿使用，《土地管理法》中的土地资源有偿使用等，是国家以自然资源所有者和管理者的双重身份，为实现所有者权益，保障自然资源的可持续利用，向使用自然资源的单位和个人进行的征收。
[3]　1993年颁布、2011年修订的《中华人民共和国资源税暂行条例》规定的资源税征收范围为原油、天然气、煤炭、其他非金属矿原矿、黑色金属矿原矿、有色金属矿原矿和盐七种。征税的主要目的是调节资源级差收入，有利于企业在同一水平上竞争，同时促进企业合理开发利用自然资源，与其他税种配合，发挥税收杠杆的整体功能。2016年12月25日经全国人民代表大会常务委员会审议通过，自2018年1月1日起施行的《中华人民共和国环境保护税法》，明确应税污染物是指大气污染物、水污染物、固体废物、建筑施工噪声和工业噪声以及其他污染物，征收环境保护税后，不再征收排污费。环境保护税是对排污收费的"费改税"，征收的目的：一是进一步绿化税制，促进经济发展方式转变；二是减少污染物排放和能源消耗，促进经济结构调整和产业升级；三是理顺环境税费关系，推动地方政府加强环境保护工作；四是加强部门配合，强化征管，保护纳税人合法权益。
[4]　补偿方式包括政府补偿和市场补偿等。

表述。比如，汪劲教授认为："生态补偿，是指综合考虑生态保护成本、发展机会成本和生态服务价值，采用行政、市场等方式，由生态保护受益者或生态损害加害者通过向生态保护者或受损者以支付金钱、物质或提供其他非物质利益等方式，弥补其成本支出以及其他相关损失的行为。"[1]可见，对生态补偿概念的界定经历了一个不断发展完善的过程。

（三）规范法学视角下生态补偿的概念界定

比较国内外关于生态补偿的立法与实践，对生态补偿概念的法学界定，首先需要厘清以下基本概念。

第一，生态保护补偿。生态保护补偿，是指对做出生态保护贡献，或者因保护生态而牺牲发展机会的个人和组织，由政府或特定的生态受益者按照一定的标准进行合理补偿，弥补其保护支出或机会损失。考察国外对生态补偿概念，与"生态服务付费"基本上是同义语，是增进生态价值的生态保护和服务者付费的机制，与我国的"生态保护补偿"含义一致，是对生态保护主体环境正外部性行为的补偿，其本质上是一种"受益者补偿"。

第二，生态损害补偿。生态损害补偿，是指合法开发利用环境与自然资源的行为，造成环境污染和生态破坏，导致大气、水、土壤等物质要素和动物、植物、微生物等生物要素的不利改变，以及生态系统功能的退化等生态损害，开发利用者应进行生态修复以补偿损害。补偿的主要方式是开发利用者对其造成的生态价值减损的后果直接进行生态修复，或支付资金，交给政府或者企业代为实施生态修复、增殖放流等活动。可见，生态损害补偿主要是开发利用主体对其合法行为导致的环境负外部性进行的补偿。也有论著或国家政策文件中将其称为"生态环境损害赔偿"，其本质上是一种"损害者补偿"。

---

[1] 汪劲：《论生态补偿的概念——以生态补偿条例草案的立法解释为背景》，《中国地质大学学报（社会科学版）》2014年第1期，第1—8页。

　　第三，生态环境侵权赔偿。生态环境侵权赔偿，是指环境与资源的开发利用者因开发利用行为侵害了特定主体的人身、财产权利，而依法应当承担的民事侵权赔偿责任，是侵权之债，是传统民事责任在生态环境领域的体现。在大多数情况下，开发利用生态环境的行为既会导致生态环境的损害，又会对特定主体造成生态环境侵权，从而应当承担生态环境损害赔偿或修复以及环境侵权赔偿的双重法律后果。也存在只造成生态环境侵权或生态环境损害一种情形，相应只承担一种责任的后果。[1]

　　在上述概念中，"生态环境侵权赔偿"属于环境民事侵权救济的方式，民法对此已有明确规定，因此不属于生态补偿的范畴。"生态保护补偿""生态损害补偿"是否属于生态补偿，长期以来，学界对此存在模糊认识，有对概念的外延和内涵交叉使用的情况。对此，应该做进一步讨论。

　　从广义上讲，针对环境正外部性的"生态保护补偿"和针对环境负外部性的"生态损害补偿"虽然出发点、补偿方式不同，但目的都在于通过"补偿"增进生态系统的服务功能，增进生态价值，改善生态环境，故都可以归类到生态补偿的范畴。我国早期的理论研究和实践中，对生态补偿概念的理解正是广义上的概念。而"生态损害补偿"是环境资源开发利用者对其负外部性行为承担法律责任，《环境保护法》及相关的环境与资源单行立法很早就将其设定为生产经营者的义务。因此，狭义的生态补偿应当仅指"生态保护补偿"，即对因保护生态而牺牲发展机会的个人和组织，由政府或特定生态受益者按标准进行合理补偿。国外近似的概念包括：环境服务付费（Payment for Environmental Services）、生态系统服务付费（Payment for Ecosystem Service）、环境服务付费（Compensation for Environmental Services）、生态系统服务补偿（Compensation for Ecosystem Services）、环境服务

---

[1]　参见《中华人民共和国民法典》第七编"侵权责任"第七章"环境污染和生态破坏责任"。

补偿（Compensation and Reward for Environmental Services）等。

考察我国现有立法，2014年修订的《环境保护法》对生态补偿制度做了原则性规定。[1]《环境保护法》第三十一条规定的"生态补偿"是指"生态保护补偿"，即对生态保护做出贡献的地区，由国家以财政转移支付的方式给予补偿；此外，生态受益地区和生态保护地区的地方政府之间，可以通过协商或以市场规则进行补偿。可见，《环境保护法》采用的是狭义的生态补偿概念，即"生态保护补偿"。

对于"生态损害补偿"，按照《环境保护法》的规定，在开发利用自然资源的同时，应当制定并实施生态保护和恢复治理方案。[2]"恢复和治理"隐含了对生态损害的补偿。此外，十八届三中全会明确提出针对环境生态的损害，严格实行赔偿制度。文件采用"生态损害赔偿"而非"生态损害补偿"概念，实质含义一致，采前者的用意应当是为了区别于"生态保护补偿"。2017年正式实施的"改革方案"明确，在政策层面生态环境损害赔偿实践开始全面启动，标志着我国初步建立了生态环境损害赔偿制度。

鉴于"生态损害补偿"和"生态保护补偿"的发生机理、制度功能、目标、实施机制等存在显著差异，生态补偿法律概念应当从狭义角度进行理解，即生态补偿是指针对增益性行为的"生态保护补偿"，指为保护和协调公众生态利益，由政府或生态受益地区向为生态保护做出贡献的地区，以财政转移支付、协商谈判、市场交易等形式进行合理补偿的法律制度。[3]而对于"抑损性"的"生态损害补偿"，与已经确立的"生态损害赔偿制度"虽然在名称上有区别，但其本质上是一致的，本课题将通过另外的专题进行专门研究。

---

[1]　《环境保护法》第三十一条规定："国家建立、健全生态保护补偿制度。国家加大对生态保护地区的财政转移支付力度。有关地方人民政府应当落实生态保护补偿资金，确保其用于生态保护补偿。国家指导受益地区和生态保护地区人民政府通过协商或者按照市场规则进行生态保护补偿。"

[2]　《环境保护法》第三十条规定："开发利用自然资源，应当合理开发，保护生物多样性，保障生态安全，依法制定有关生态保护和恢复治理方案并予以实施。"

[3]　史玉成：《生态补偿的制度建设与立法供给——以生态利益保护与衡平为视角》，《法学评论》2013年第4期，第116-124页。

二、生态补偿制度的理论基础

（一）生态资本理论与生态补偿

为了有效管理和合理配置生态资源，环境经济学领域提出"生态资本"理论。这一理论认为，地球自然生态系统为人类的生存发展提供的各种支持服务功能是一种"资本"即生态资本。生态资本包括：一定经济技术条件下可以被人类所开发利用的自然资源与能源；环境容量使得能量流动和物质循环过程中对某类污染物具有一定的自我消解能力；可预期的生态潜力等。生态资本作为参与经济活动的要素之一，具有资本的共同属性，即以保值增值为目的，遵循市场供求与竞争规律。但生态资本又具有独特性，比如，生态资本不同于生产资本，要受到生态系统整体性的制约而不能仅仅以某一类生态内部因子或环境要素来衡量；生态资本实现增值的基本前提是要保持生态系统内部因子的平衡协调；通过合理利用生态资本和系统内循环，生态资本将具有长期收益性；对生态资本的开发利用既要遵循自然生态规律，又要遵循市场竞争规律。在生态危机时代，生态资本成为日益稀缺的资源。人们在利用生态系统的生态服务功能时，生态资本总量会减少。为此，应当建立对生态系统补偿制度，以维护和增进生态资本总量。

（二）外部性理论与生态补偿

外部性理论分析经济行为主体对另一主体的影响[1]，按照影响效果划分，可分为正外部性和负外部性。实现外部性的"内部化"有两种路径：一种是政府干预，即"庇古税"路径；一种是市场手段，即科斯的"产权"路径。环境问题经常面临外部性现象。一方面，生态保护和建设增进了社会整体或个人利益；另一方面，某些开发利用环

---

[1] 按照微观经济学理论，外部性理论主要分析"某个微观经济单位（厂商或居民）的经济活动对其他微观经济单位（厂商或居民）所产生的非市场性影响"。

境资源的行为导致社会或个人利益减损。比如，在流域上游地区进行生态保护，增进了全流域特别是中下游地区的生态安全，上游地区的群众为此付出成本或做出牺牲，下游地区应该给予合理补偿。补偿形式可以是政府补偿，也可以是市场补偿。其本质是生态受益者为环境资源这种公共产品付费，实现受益者、提供者和维护者之间的利益平衡。

（三）公共物品理论与生态补偿

经济学把社会产品分为公共物品和私人物品两大类。纯粹的公共物品既没有"竞争性"也没有"排他性"，每个人对公共物品的消费不排除他人，也不会导致他人对此类物品消费的减少。公共物品在消费过程中容易产生两种后果：一个是"公地的悲剧"，在私人利益最大化的驱动下，会突破公地的承载极限而导致公地的毁灭；另一个是"搭便车"，即每个人都免费搭便车而不愿意支付费用，最终导致便车因运行成本得不到合理补偿而难以为继。自然资源大部分属于公共产品，而生态环境是典型的公共产品。生态补偿就是实现生态保护者和生态受益者利益平衡的制度安排：一方面，对保护者的成本给予合理补偿，激励供给；另一方面，对受益者课以补偿义务，限制搭便车行为，防止对自然资源和生态环境的过度使用。最终实现促进生态环境保护、促进自然生态平衡和促进社会生产力发展的目的。[1]

（四）环境正义理论与生态补偿

环境正义理论认为，虽然解决环境问题是全人类共同的责任，但不同区域、不同社会群体对环境资源施加的影响不同，故而应承担区别的责任，这样才符合公平、正义价值。考察环境问题的历史，经济先发达地区、强势群体的强势地位在某种程度上以牺牲资源环境为代价；经济落后地区、弱势群体对环境问题也有责任，但其生存、发展

---

[1]　龚高健：《中国生态补偿若干问题研究》，北京：中国社会科学出版社，2011 年，第 85 页。

的机会应当优先照顾。考察现实状况，我国的生态受益地区往往是经济发达的地区，而生态功能区、生态脆弱区大多集中在经济落后的地区，其发展能力有限，大量人口处于贫困状态，却面临艰巨的生态保护任务，甚至要求他们放弃发展机会。因此，应当既强调机会公平，也注重结果公平。建立生态补偿制度，平衡生态保护地区和生态受益地区、强势群体和弱势群体的利益关系，是实现环境正义的制度路径之一。

三、生态补偿制度的基本要素

生态补偿制度，即生态补偿主体之间以生态补偿权利义务的配置为内容而形成的一系列制度规范的总称。通常认为，生态补偿的制度要素，包括"权利义务主体、权利义务内容、行为方式和程序要求，可在实践中运行并诞生效果，行为人可根据法律预测行为后果和法律责任等"[1]。

（一）生态补偿的补偿主体

生态补偿的补偿主体，指补偿义务的承担者。在"生态保护补偿"的情形下，当生态保护和建设行为促进社会整体利益增进的情形下，受益者为全社会成员或不特定的多数人，此时政府作为公共利益的代表，负有补偿义务，成为补偿主体。当受益者是特定的自然人、法人或其他非法人组织时，则其负有补偿义务，成为补偿主体。在"生态损害补偿"的情形下，环境资源的开发利用者是补偿的主体。

第一类，政府。政府是公权力的行使者，保护、提供公共利益是其法定职责，故而政府是最主要的补偿主体。按照"社会契约论""人民主权论"等政治学理论，政府公权力来源于民众的让渡或授权，行

---

[1]　史玉成：《生态补偿的制度建设与立法供给——以生态利益保护与衡平为视角》，《法学评论》2013 年第 4 期，第 116–124 页。

使公权力必须以公共利益为目的。生态保护和建设增进了生态公共利益，受益者是不特定的多数人或全体公民，如果由受益者直接向各类主体补偿，交易成本会十分高昂，也无法操作。此时，政府作为公共利益的代表，具有补偿义务，也有学者认为政府实际上是替代的补偿主体。[1] 政府基于保护生态的目的，做出生态补偿决策并负责实施，故政府不仅是补偿主体，还是决策主体和实施主体，这是由公权力性质决定的。从法律关系的性质分析，政府作为补偿主体是基于公权力行使而做出的，属于行政法律关系的主体。

第二类，特定的生态受益者。在生态保护补偿的实践中，某些情况下，受益的主体是明确的，如饮用水水源地进行生态保护和建设，当地饮水群众受益。此时，双方通过协商谈判，或通过第三方机构达成补偿协议，不仅可操作，也有效率。在实践中，"特定的生态受益者"可能是单位、组织或个人，也可能是替代主体的地方政府或相关机构，需要根据实际情况来确认。从法律关系的性质分析，特定的生态受益者与生态保护和建设者之间达成的补偿协议是基于双方合意而形成的，体现一定的自主性，属于民事法律关系的主体。

第三类，资源开发利用者。资源开发利用者成为补偿主体，主要存在于生态损害补偿的情形。合法开发利用行为仍有可能造成生态环境损害的后果，使生态系统服务功能下降，引发各种环境问题。环境民事责任不以行为的违法性为承担责任的必要条件，环境法也确立了"开发者养护、利用者补偿"原则。在实践中，资源开发的合法利用者主要是企业法人，也包括其他法人、非法人组织。自然人只有基于生存发展需要而开发利用资源，才能成为补偿主体。资源开发利用者应当通过向政府缴纳生态补偿税费的方式进行补偿。政府是自然资源所有权的实际行使者和公共利益的代表，以公权力保障补偿的实施，因此，资源开发利用者属于行政相对人。

---

[1] 范俊荣：《论政府介入自然资源损害补偿的角色》，《甘肃政法学院学报》2011年第4期，第29-34页。

（二）生态补偿的受偿主体

生态补偿的受偿主体，指生态补偿权利的享有者。在"生态保护补偿"的情形下，受偿者大致包括两类：一类是生态保护和建设者，即从事生态保护和建设使生态利益产生整体增进，对其他主体产生正外部性的自然人、法人和非法人组织；另一类是生态保护政策影响下的利益受损者，即因国家生态保护政策法律的实施而影响到自身发展的自然人、法人和非法人组织。在"生态损害补偿"的情形下，政府是主要的受偿者。

第一类，生态保护和建设者。从经济学的角度看，生态保护和建设提供的生态公共产品具有正外部性，完全按照市场规则会出现供给不足，需要政府提供制度激励，否则其单向付出会因缺乏动力而难以为继。例如，从事沙漠绿化等生态保护行为，如果仅依靠行动主体自觉地投入人力、物力，很难持续坚持下去；如果政府可以通过补贴、给予一定的所有权等措施来激励私人投资沙漠绿化，则可以使沙漠绿化变得有利可图，从而形成长效而稳定的激励机制。生态保护和建设者，包括自然人、法人和非法人组织。其中，自然人是主要的受偿主体。政府作为补偿主体，在补偿方式上一般是由中央政府从财政预算中列支专门的生态补偿费（或其他补偿实物），以财政转移支付的方式给下级政府或部门，通过自上而下的方式最终落实到受偿主体，本质上是一种行政补偿。这一情形下，并不存在上级政府对下级政府或政府部门的补偿，各级政府对生态补偿的监督管理是其法定的公共管理职能。这个过程容易产生权力寻租，需要相应的监督机制，以充分保障受偿者的权利。

第二类，生态保护法律和政策影响下的利益受损者。这里的法律和政策是指国家以生态环境保护为目的而实施的法律制度、政策，也包括国家实施的各类大型生态工程，如草原植被保护政策、天然林和公益林防护工程、生态功能区制度等。有学者将其分为无因管理的特别牺牲者、基于生存需要的自然资源使用者、财产权限制的特别牺牲者、公权力行使随附效果的牺牲者、基于生态保护的移民几种类型。[1] 其中，"无因管理的特别牺牲者"指在未受委托或没有其他根据的情况下，代为管护生态资源的人。基于生存需要的自然资源使用者，是指在贫困的地区为了满足基本的生存需要严重依赖当地的自然资源、造成"贫穷污染"的人。财产权限制的特别牺牲者，是指因生态补偿政策而丧失发展机会，其财产权利受到一定限制的人。公权力行使随附效果的牺牲者，主要是指在野生动物保护领域，遭受保护动物侵害的人。基于生态保护的移民，指在自然保护区核心区等生态敏感地区，需要异地安置的人。

第三类，政府。政府作为受偿主体，主要存在于生态损害补偿的情形中。在我国，宪法规定了自然资源的国家所有权 [2]，实践中代表国家行使自然资源所有权的主体一般是中央政府或授权的地方政府。在生态损害补偿法律关系中，政府是自然资源所有权的实际行使者和管理者，所以也是主要的受偿者。关于政府代表全体国民行使自然资源所有权，最有影响力的理论是美国萨克斯教授的"环境公共信托理论"，这一理论认为，阳光、大气、水等环境要素为人类生活的必需，具有使用上的非竞争性和非排他性，并非无主物，而是属于全体国民的共有财产。全体国民作为委托人，将共有的环境资源委托给政府管理，政府是受托人，基于国民委托而获得对信托财产——环境公共财产进行管理的公权力。在萨克斯教授看来，在政府对信托财产行使监管权时，应维持并增进公众利用上的便利，并且信托财产不得让渡给私人。

（三）生态补偿的标准

生态补偿的标准，从理论上讲，大致有"价值评估法"和"机会

---

[1] 李爱年：《生态效益补偿法律制度研究》，北京：中国法制出版社，2008 年，第 70–71 页。

[2] 某些特殊情况下为集体所有权。

成本法"两种。[1] 其中，"价值评估法"是根据生态保护活动带来的生态系统服务功能的增值，或是开发利用活动导致的生态系统服务功能的减损来确定补偿的标准。这一标准是一种基于"生态价值"的外部视角方法，即以生态保护行为产生的生态价值实际的增进额度，或开发利用活动导致生态价值实际的减损额度来确定，体现了科学性。现有生态补偿标准存在以下问题：一是生态价值评估需要科学的评估指标和相应的技术支撑，在操作性上有一定困难；二是完全按照生态价值标准有可能背离一定时期的经济社会发展总体水平，因脱离实际而难以落实。

"机会成本法"是根据生态保护活动实际付出的成本，或开发利用活动的实际收益来确定的补偿标准，是一种基于"实际损失"的内部视角方法。依据这一方法，需要对生态保护和建设者实际支付的成本，如植树造林中的苗木费、管护费、人工费等，以及因遵守生态保护法律政策而受到的实际损失，如禁牧、封山等政策导致畜牧业收入下降等。机会成本法的特点是操作性强，但补偿不能体现生态保护正外部性行为产生的收益，不能完全体现公平。

主流观点认为，法学视角下生态补偿的标准，应当在公平目标和经济社会发展要求之间寻找平衡点。[2] 目前，我国的生态补偿标准大多采用机会成本法，有些地方的实际补偿标准甚至低于机会成本法，不利于建立稳定而长效的激励机制。未来生态补偿标准的完善，应当在"价值评估法"和"机会成本法"之间，确定一个合理的补偿标准，以"价值评估法"为最高补偿标准，以"机会成本法"为最低补偿标准。

（四）生态补偿的方式

生态补偿的方式，有经济补偿和非经济补偿两种补偿方式，其中

---

[1]　价值评估法，即根据对生态服务功能价值的评估来确定补偿标准；机会成本法，即根据各种因保护和改善生态环境而导致的自身实际收益损失来确定补偿标准。
[2]　李爱年、彭丽娟：《生态效益补偿机制及其立法思考》，《时代法学》2005 年第 3 卷第 3 期，第 65—74 页。

以经济补偿为主。

1. 政府主导下的财政转移支付

财政转移支付是以实现公共服务水平均等化为主要目的的财政制度，旨在解决财政资金分配纵向失衡和横向失衡的问题。纵向失衡指在公共服务中下级政府承担了更多的支出责任，与其财政收入不对称，需要上级政府予以财政支持；横向失衡指由于各种因素导致不同地区间经济发展水平不一，通过财政支付实现各地区公共服务能力均等化。

在生态补偿制度中，也主要有纵向财政转移支付和横向财政转移支付两种方式。纵向财政转移支付，实质是由国家或上级政府以财政转移支付的方式履行环境职责，同时也督促下级政府积极履行环境职责，从而使受偿者得到补偿，激励生态保护和建设行为的持续性。经立法确认，中央财政转移支付是我国目前生态保护补偿最主要的补偿方式。横向财政转移支付，指平等地方政府间相互转移财政资金。它将生态保护的正外部性内部化：保护区为受益区输送了生态利益，受益区为保护区提供补偿，协调两者的权利义务关系，有助于发展公平。《环境保护法》第三十一条规定了受益地区和生态保护地区人民政府通过协商的方式进行补偿，是对横向财政转移支付的立法确认，为尚处于起步阶段的横向财政转移支付制度提供了法律保障。

财政转移支付是最主要的补偿模式，本质上是一种经济补偿。此外，还有非经济补偿的模式。非经济性补偿主要分为替代性补偿、参与性补偿和政策性补偿三种。替代性补偿，指为保护、建设和恢复生态的贡献者和损失者提供非经济补偿，代替粮食、资金等补给性经济补偿，使他们在此基础上获得新的发展。例如，在某地兴办企业。在参与性补偿中，保护者在保护生态的过程中能得到持续稳定的收入，最典型的是发展生态旅游。政策性补偿，指通过政策优惠，如给予贷款优惠、减免税费等实现生态补偿目的。作为一种辅助，非经济补偿更注重实效，不仅能缓解政府财政压力，还能为生态保护者提供发展机会，解除其后顾之忧。当前，政策性补偿即政策优惠颇受欢迎。在实践运行中，不同模式之间互有交叉，各有侧重。因此，对生态保护者进行补偿时，一定要因地制宜，并综合运用不同的补偿方案，形成系统。

2. 市场机制下的交易补偿

市场机制下的交易补偿，指按照市场规则由生态受益者向生态保护者进行补偿。目前在我国应用较少，国际上主要有一对一交易补偿和配额交易补偿两种模式。一对一交易补偿，适用于双方主体明确，权利义务关系明晰，以谈判的方式确定受益区对保护区的支付金额数。政府在一对一交易中扮演着重要的角色，生态环境服务的核算标准、谈判平台、法律与技术支持以及环境仲裁等都需要政府的参与，能够有效降低交易成本。配额交易补偿，适用于主体较多或不确定，补偿金额能够按照一定的标准量化，也被称作开放式贸易。我国一对一交易典型案例是浙江省义乌—东阳水权交易。义乌市以每立方米 4 元的价格购买东阳市的水资源，合理补偿了东阳市保护水资源的付出，增加了双方利益。

四、生态补偿制度的基本原则

生态补偿制度是生态文明建设重要的制度保障之一。其基本价值目标和指导思想应当符合生态文明理念的要求，体现生态型社会的终极价值目标，应当坚持以下基本原则。

1. 公平补偿原则

生态补偿的实质是在生态保护建设者与生态受益者之间进行利益的平衡。因此，应当以公平原则为指导，体现补偿主体和受偿主体之间权利义务的一致性。公平原则首先应当体现出当代人之间的公平，不同区域、不同群体之间因生态保护和建设行为而成为利益相关方，受益的一方应当向因生态保护行为而付出成本的一方给予公平补偿。

其次，公平原则中还包含代际公平的要求，当代人对地球生态环境与自然资源的过度消耗，对后代人而言是不公平的，因而产生当代人对后代人生态利益补偿的问题。

2. 受益者付费、保护者得偿原则

生态补偿是利益相关方之间的利益补偿，明确界定补偿主体和受偿主体是开展补偿的前提。基于生态环境的公共属性，生态的保护、建设和治理具有很强的正外部性，从事上述活动组织和个人付出了成本，应当得到补偿；因生态保护而受益的组织和个人，享受了生态保护者所提供的生态公共产品，应当支付对等的费用给予补偿。

3. 政府主导、市场推进、公众参与相结合原则

环境资源具有公共物品的属性，因此政府在生态补偿中应当起主导作用。但是，单纯的行政管制费用高、效率低，应适当采用市场的手段作为补充。特别是在横向生态补偿的领域，补偿主体和受偿主体双方之间通过协商谈判等市场手段达成补偿协议，应当成为补偿的主要方式。此外，通过公众广泛参与补偿标准制定、补偿范围界定、补偿资金的监督管理等生态补偿各环节，可以有效地监督政府补偿中可能出现的权力寻租、补偿不公平等问题。

第二节　生态补偿制度的发展与实践

20 世纪 90 年代以来，随着我国环境问题加剧，为实现生态保护者和受益者之间的利益平衡，从制度上激励生态保护和建设的正外部性行为，抑制生态损害的负外部性行为，我国的生态补偿实践逐步展开。总体来看，生态补偿经历了从地方试点到全国推行，从"抑损型"生态补偿到"增益型"生态补偿、从单一环境要素补偿到多元环境要素补偿、从政策调整到法律保障的历程。

我国生态补偿始于森林生态补偿，逐渐向草原、湿地、矿产、流域、海洋等多领域展开，国家和地方的政策创新为我国生态补偿制度

的发展提供了依据，也为生态补偿制度的法律化奠定了基础。迄今为止，我国已形成一套比较庞杂的政策法律体系。

一、生态补偿制度的政策演进

（一）20 世纪 90 年代以前：萌芽阶段

20 世纪 90 年代以前，生态补偿的制度在我国尚未形成，相关的研究较少，未受到重视。但在生态环境保护的实践中，出现了类似生态补偿的相关制度。1953 年，《关于在国有林建立"育林基金"的决定》中首次在政策层面提出建立国家育林基金。[1] 育林基金制度，可以看作我国生态补偿的萌芽和开端。虽然并未以明确的"生态补偿"一词出现，但"育林基金"的内容具有一定的生态补偿色彩，包含了对受害者、付出者补偿的理念。1979 年《中华人民共和国森林法（试行）》中首次以立法形式确立了育林基金制度，规定从林木产品中征收部分费用用于修复、弥补森林资源的损失。[2] 1984 年的《森林法》将"育林基金制度"改为"林业基金制度"。

这一阶段可以看作我国生态补偿的萌芽阶段。其特点是某些领域的生态环境保护政策法律带有生态补偿的性质，但并未明确提出生态补偿的概念，生态补偿处于一种自发而"不自觉"的初级状态，开展的领域基本上限于森林生态补偿，范围单一，真正意义上的生态补偿制度远未建立。

（二）1990—2005 年：探索阶段

1990 年，国务院发布《关于进一步加强环境保护工作的决定》，

---

[1] 黄润源：《论我国生态补偿法律制度的完善》，《上海政法学院学报（法治论丛）》2010 年第 6 期，第 56—61 页。
[2] 参见 1979 年 2 月《中华人民共和国森林法（试行）》第十六条："为了适应林业生产周期长的特点，弥补历史上长期过伐所造成的森林资源的损失，从木材、竹子和林产品的售价中征收一定数额的育林费，建立育林基金制度。"

其中提出生态环境保护与自然资源开发利用实行"谁开发谁保护，谁破坏谁恢复，谁利用谁补偿"原则，这一规定视为建立生态补偿制度应当遵守的基本原则。其后，国家的多项政策文件中均体现了这一原则。比如，1992 年外交部、国家环保局《关于出席联合国环境与发展大会的情况及有关对策的报告》提出自然资源有偿使用原则，根据使用情况征收相应的费用。[1] 国务院《关于 1992 年经济体制改革要点的通知》指出森林资源的有偿使用，林价制度和森林生态效益补偿制度并行。[2]1993 年《关于进一步加强造林绿化工作的通知》提出森林生态补偿费制度。1998 年《森林法》"林业基金"替代为"森林生态效益补偿基金"，用于对森林的营造、抚育、保护和管理。[3] 从"育林基金制度"到"林业基金制度"、从"育林基金"到"森林生态效益补偿基金"的转变，从政策向法律制度转变，这为广义生态补偿的产生和发展提供了沃土。同时，生态补偿费逐步扩大到其他环境与自然资源领域，如 1993 年《关于确定国家环保局生态环境补偿费试点的通知》将生态补偿费的征收范围扩大到土地、矿产资源等领域，并确定试点进行征收。1997 年《关于加强生态保护工作的意见》中，明确了将生态补偿用于湿地保护并制定针对湿地破坏的生态补偿措施。

20 世纪 90 年代后期开始，生态补偿制度适用范围从退耕还林、天然林保护逐步扩展到自然保护区生态环境保护与建设等多个领域。1996 年 1 月，中共中央、国务院在《关于"九五"时期和今年农村工作的重要任务和政策措施》提出生态公益林的建设。[4]《关于 1997 年农业和农村工作的意见》中再次重申尽快建立森林生态效益补偿基地。

---

[1] 1992 年，外交部、国家环保局《关于出席联合国环境与发展大会的情况及有关对策的报告》提出："按照资源有偿使用的原则，要逐步开征资源利用补偿费，并开展对环境税的研究；研究并试行把自然资源和环境纳入国民经济核算体系，使市场价格准确反映经济活动造成的环境代价。"

[2] 1992 年，国务院转批国家体改委文件《关于 1992 年经济体制改革要点的通知》中提出："要建立林价制度和森林生态效益补偿制度，实行森林资源有偿使用。"

[3] 参见 1998 年 4 月 29 日第九届全国人民代表大会常务委员会第二次会议颁布的《中华人民共和国森林法》第八条第六款："建立林业基金制度。国家设立森林生态效益补偿基金，用于提供生态效益的防护林和特种用途林的森林资源、林木的营造、抚育、保护和管理。森林生态效益补偿基金必须专款专用，不得挪作他用。具体办法由国务院规定。"

[4] 1996 年 1 月，《关于"九五"时期和今年农村工作的重要任务和政策措施》中："逐步建立森林生态效益补偿费制度和生态公益林建设投入机制，加快森林植被的恢复和发展。"

1998 年《国家环境保护总局内设机构与职责》中，国家环保总局下设
生态环境管理处，将生态补偿政策的制定作为生态环境管理处的主要
职责，并组织实施。1998 年 11 月，国务院公布了《全国生态环境建
设规划》，明确提出：按照"谁受益、谁补偿，谁破坏、谁恢复"的
原则，建立生态效益补偿制度。其中，"谁受益、谁补偿"是对增进
生态价值的生态保护和服务者提供补偿，是对正外部性行为的肯定，
诠释了"增益型"生态补偿。体现了受益者对生态保护和服务者提供
补偿，是我国"增益型"生态补偿的正式开端，也与国际"生态服务
付费"相接轨。

21 世纪以后，我国生态补偿从以收费或基金制度为主的"抑损性"
生态补偿，逐步向生态保护者补偿为主的"增益性"生态补偿过渡。
2000 年《关于森林生态效益补偿基金问题的意见》重申，要加快森林
生态效益补偿基金的建立。2001 年，财政部、国家林业局印发的《中
央财政森林生态效益补偿基金管理办法》，是生态补偿发展史上的一
个节点。同年，环境保护总局将生态补偿制度纳入《生态功能保护区
规划编制导则》实施规则的保障措施中。2003 年，第十届全国政协会
议上，提出"建立生态补偿机制"的建议，受到党中央和国务院的重
视。2004 年 3 月，国务院发布的《关于进一步推进西部大开发的若干
意见》中，提出要建立生态建设和环境保护补偿机制，以激励方式引
导各方主体参与生态保护与建设。

这一阶段生态补偿的特点：生态补偿的概念中，包含了"抑损性"
生态补偿与"增益性"生态补偿；实践中对两类不同性质的生态补偿
并没有做出清晰的界分；生态补偿的适用范围，由最初的单一森林生
态补偿向矿产资源等其他环境要素领域扩展。

（三）2005—2010 年：发展阶段

2005 年 10 月，中共十六届五中全会首次提出了"加快建立生态
补偿机制"。其后，2006 年制定的国家"十一五"规划中也对建立生

态补偿机制的内容做了明确表述。中共中央政策文件和国民经济与社会发展规划中均对建立生态补偿制度提出明确的目标，这是我国生态补偿制度发展的里程碑[1]。自 2005 年起，生态补偿制度建设每年都成为国务院年度工作的重点。[2] 随后，国家制定了一系列生态补偿的政策和措施落实生态补偿任务。特别是 2007 年《国家环境保护总局关于开展生态补偿试点工作的指导意见》的出台，使生态补偿作为一项环境经济政策得以整体推进，初步确立了生态补偿的监督管理体制、运行模式，同时生态补偿的范围也有了一个比较明确的界定。从试点实践看，生态补偿的范围进一步扩大，从森林领域扩展到农业、湿地、自然保护区、矿产资源开发、流域、海洋、草原、重点生态功能区等领域。[3]2008 年，国务院实行机构改革，由国家发展改革委和财政部主要负责生态补偿工作的统筹安排、协调合作及重大问题的解决，国务院下属各部门分担具体工作，实现了生态补偿在国务院工作中的常态化。

这一阶段生态补偿的特点：生态补偿作为一项环境经济政策从整体上得以确立，总体思路日渐清晰，生态补偿的范围和补偿标准、监督管理体制、运行模式具备了初步框架。试点的实践使生态补偿发生了由量变到质变的跨越。生态补偿不但扩展了领域，方式也多样化。各级政府对生态补偿制度建设的投入力度加大，推动了生态补偿的发展。

（四）2010 年至今：初步完善阶段

2011 年，国务院发布《全国主体功能区规划》，使我国生态补偿机制的空间布局框架和制度基础正式建立。2009 年 3 月至 2017 年 3 月，全国人民代表大会 12 次议案建议制定生态补偿条例。2010 年，《生

[1] 2005 年，党的十六届五中全会《关于制定国民经济和社会发展第十一个五年规划的建议》。
[2] 2013 年 4 月 23 日，国家发展改革委主任徐绍史，关于《国务院关于生态补偿机制建设工作情况报告》。
[3] 2007 年《国家环境保护总局关于开展生态补偿试点工作的指导意见》确定的生态补偿试点领域涉及自然保护区、矿产资源开发、重点生态功能区、流域水环境保护四个领域。

态补偿条例》被国务院列入立法计划。2013 年 10 月全国人大宪法和法律委员会关于《环境保护法修正案（草案）》修改情况的汇报中指出要建立生态补偿的长效机制，明确了财政转移支付是生态补偿的主要方式，政府应确保资金落实和补偿到位。2014 年修订的《环境保护法》第三十一条规定了生态保护补偿制度，以政府补偿为主，市场补偿为辅。[1]

　　这一阶段生态补偿的特点：生态补偿制度正式迈入法治化轨道，生态补偿专门立法进入相关部门和学术研究的视野；《环境保护法》对生态补偿的立法确认，为生态补偿提供了法律依据，也为生态补偿单行立法和地方立法提供了上位法依据，生态补偿政策逐步纳入法律的规制。生态补偿的政策目标和任务更加清晰明确，生态补偿的领域、补偿方式和保障措施等日益健全。"增益性补偿"与"抑损性补偿"正式分野，生态补偿的概念趋于科学合理，基本上指向了单一的"生态保护补偿"。在制度建设层面，形成了"生态保护补偿制度""生态环境税费制度""生态环境损害赔偿制度"几种制度并行的模式。

　　表 9-1 是我国已出台的指导生态补偿的主要政策文件。

表 9-1　我国已出台的指导生态补偿的主要政策文件

年份	政策或文件	具体内容
1990	《关于进一步加强环境保护工作的规定》	按照"谁开发谁保护，谁破坏谁恢复，谁利用谁补偿"的原则进行生态保护
1996	《国务院关于环境保护若干问题的决定》	生态补偿按照"污染者付费、利用者补偿、开发者保护、破坏者恢复"的原则
2000	《全国生态环境保护纲要》	坚持"谁开发谁保护，谁破坏谁恢复，谁使用谁付费"制度。要明确生态环境保护的权、责、利，充分运用法律、经济、行政和技术手段保护生态环境

---

[1]　参见《环境保护法》第三十一条："国家建立、健全生态保护补偿制度。国家加大对生态保护地区的财政转移支付力度。有关地方人民政府应当落实生态保护补偿资金，确保其用于生态保护补偿。国家指导受益地区和生态保护地区人民政府通过协商或者按照市场规则进行生态保护补偿。"

续表

年份	政策或文件	具体内容
2004	《国务院关于进一步推进西部大开发的若干意见》	建立生态建设和环境保护补偿机制，鼓励各类投资主体投入生态建设和环境保护
2005	《国务院关于落实科学发展观加强环境保护的决定》	要完善生态补偿政策，尽快建立生态补偿机制，中央和地方政府转移支付应考虑生态补偿因素，国家和地方分别开展生态补偿试点
2006	《国民经济和社会发展第十一个五年规划纲要》	按照"谁开发谁保护，谁受益谁补偿"的原则，建立生态补偿机制
2006	《中共中央关于构建社会主义和谐社会若干重大问题的决定》	完善有利于环境保护的产业政策、财税政策、价格政策，建立生态环境评价体系和补偿机制，强化企业和社会节约资源、保护环境的责任
2007	十七大报告	实行有利于科学发展的财税制度，建立健全资源有偿使用制度和生态环境补偿机制
2007	《国家环境保护"十一五"规划》	落实流域治理目标责任制和省界断面水质考核制度，加快建立生态补偿机制
2011	《中国国民经济和社会发展第十二个五年规划纲要》	按照"谁开发谁保护，谁受益谁补偿"的原则，加快建立生态补偿机制
2013	《中共中央关于全面深化改革若干重大问题的决定》	要建立吸引社会资本投入生态环境保护的市场化机制，推动地区间建立横向生态补偿制度，进一步确定要实行生态补偿制度
2016	《关于加快建立流域上下游横向生态保护补偿机制的指导意见》	要开展横向生态保护补偿，并指出它是调动流域上下游地区积极性，共同推进生态环境保护和治理的重要手段，是健全生态保护补偿机制的重要内容
2017	十九大报告	要建立市场化、多元化生态补偿机制

二、生态补偿制度的立法进展

我国的生态补偿遵循的是"政策引领、试点先行、立法跟进"的思路。生态补偿经过多年的实践，已经形成了一个比较庞杂的政策体系。从法律保障的角度考察，目前还没有生态补偿的专门立法，除《环境保护法》对生态保护补偿作出原则性规定之外，有关生态补偿的法律规范散见于各类环境保护单行法律法规中。同时在地方性法规和政府规章中，呈现出"规范庞杂、各自为政"的特征。

（一）国家层面的立法现状及评析

由于生态补偿涉及众多领域，需要有相关的专门立法对生态补偿的基本原则、监督管理、补偿主体与受偿主体、各类主体的权利义务关系、补偿的领域和范围、补偿标准、补偿模式、法律责任等作出规范。但是，也正是由于生态补偿涉及众多领域、众多监管部门和利益主体，牵涉复杂的部门权力整合和多元主体的利益纠葛，导致生态补偿立法滞后于现实需要。迄今为止，我国的生态补偿领域的立法分散且杂乱，并不完善。

1.《环境保护法》对生态保护补偿的规定

2014 年修订的《环境保护法》第三十一条对生态保护补偿制度做了原则性规定，确立了生态保护补偿的法律地位，为生态补偿制度奠定了法律基础。但是，这一规定仅仅是一个原则性的"顶层设计"，需要有相应的专门规范加以细化，并需要相关单行立法的协同配合。

2.《生态补偿条例》的立法进展

早在 2010 年，我国的生态补偿专门立法这一课题就进入了立法者的视野。在理论界的呼吁和实践的推动下，《生态补偿条例》（以下简称《条例》）被列入国务院行政法规的立法规划，确定由国家发展改革委牵头，国土资源部、环境保护部、水利部、农业部、国家税务总局、国家统计局等 10 部委共同起草。2012 年，条例草稿已经初步形成，但由于各方意见分歧较大，《条例》草案虽然几经论证但仍进展缓慢。2013 年，国家发展改革委同国务院 10 部委向国务院提交《关于加快建立健全生态补偿机制的若干意见（送审稿）的请示》。

2017 年，《关于健全生态保护补偿机制的意见》发布，进一步明确制度目标和措施。虽然《生态补偿条例》至今仍然没有出台，但生态补偿立法的前期研究工作、《环境保护法》的规定以及《关于健全生态保护补偿机制的意见》，为《条例》的出台奠定了理论基础、法律依据和政策准备。

3. 环境与资源保护各单行法中对生态补偿的规定

随着生态补偿范围的不断扩展，相关的环境与资源保护单行法对各自领域的生态补偿也做了相应的规定。粗略梳理，主要涉及《矿产资源法》《防沙治沙法》《自然保护区条例》《海域使用管理法》《土地管理法》《水法》《水土保持法》《水污染防治法》《畜牧法》《农业法》《森林法》《草原法》等法律，大致可分为三类。

第一类，明确将生态补偿写入法律条文。比如，《水污染防治法》第七条规定，建立健全水环境生态保护补偿机制。《水土保持法》第三十一条针对江河源头区、饮用水水源保护区和水源涵养区建立生态效益补偿制度。《森林法》第八条规定了森林生态基金制度。《水土保持法》第三十二条规定的"水土保持补偿费"，则是关于生态损害补偿的规定。此类规定往往比较原则，缺乏可操作性，给政策层面的实施留下较大的灵活空间。

第二类，涉及生态补偿的相关内容。《矿产资源法》第五条涉及矿产资源开采的资源税和资源补偿费，第三十条规定对已合法批准的集体矿山企业进行关闭或更换开采点的给予合理补偿并妥善安置群众生活。《防沙治沙法》第三十三条对单位和个人进行防沙治沙活动进税费减免、资金补助、财政贴息等政策。《水法》第二十九条针对国家水工程开发相关的移民实行补偿。《海域使用管理法》第三十条对海域使用权期满前提前收回的使用权人给予补偿。《土地管理法》中"耕地补偿制度"内容也涉及生态补偿的内容。仔细审视，此类规定往往是体现为资源税费，本质上属于生态损害补偿，或体现为各种环境优惠政策，虽然带有生态补偿的性质，但还包含有其他政策目标。

第三类，授权相关立法主体就生态补偿进行立法。比如，《野生动物保护法》第十九条规定，对受法律保护的野生动物造成的人身财产损失进行补偿，但具体的补偿办法由省级人民政府另行制定。实践中，大多数省级人民政府并未出台相应的补偿实施办法，导致此类补偿无法真正实施。对这种现象，有学者称之为"立法不作为"，即得到授权的立法主体不能及时就相关事项进行立法，以致出现相关领域的"立法悬置"。如何解决这一问题，值得进一步研究。

总体而言，我国国家层面的生态补偿制度立法分散，缺少统合力，可操作性差，其主要不足表现在：第一，在概念理解上，各单行法中的生态补偿的内涵并不完全一致。一些立法条文中的生态补偿概念包含了生态保护补偿与生态损害补偿，如有的自然资源单行法把开发利用环境资源行为的费用征收、对生态保护和建设行为的补偿同时纳入生态补偿的范畴。另外一些立法条文中的生态补偿概念则仅指生态保护补偿，如《环境保护法》第三十一条规定的建立、健全生态保护补偿制度。第二，各单行法中相关条款并不完全是专门针对生态保护补偿的规定，但其规定与生态保护补偿制度有一定关联。如《土地管理法》《农业法》《草原法》等，通过修改和完善可以达到生态保护补偿的目的。第三，各单行法只针对各自领域内生态补偿的部分作出原则性规定，如基金建立、资金来源、费用征收等部分，并未对各自领域内生态补偿做系统化的制度设计。第四，立法上缺乏从生态环境与各环境要素作为动态整体的角度进行考虑，使各单行法之间缺乏互动和协作。

因此，出台《生态保护补偿条例》是当务之急。生态补偿专门立法可以为各单行法提供准确、具体、详细且具有可操作性的法律框架，以改变当前各部门法中概念混淆、杂乱无序的局面。通过统一立法，实现概念内涵和外延的统一，实现制度要素的规范化，有助于实现各部门法之间的相互协作。由此形成由《环境保护法》、生态保护补偿专门法、环境与资源保护单行法中有关生态补偿的规定、生态补偿地方性法律法规共同形成的生态补偿法律制度体系。

（二）地方层面的生态补偿立法现状及评析

根据笔者的初步统计，截至 2017 年 4 月，生态补偿的专门地方性法规有 1 部，地方性规范文件有 120 部，涉及资源、环境保护、财政、建筑业、林业、农业、水利、卫生等 10 多个领域。[1] 与生态补偿有关的地方性法规 196 部，地方政府规章 17 部，地方性规范文件 4 277 部。在与生态补偿有关的地方性法规中，有省级地方性法规 98 部、设区的市级地方性法规 64 部、自治条例和单行条例 30 部、经济特区法规 4 部。2014 年 10 月《苏州市生态补偿条例》发布，其作为生态补偿第一部地方性法规，填补了我国生态补偿专门立法的空白。2015 年 8 月 12 日，《苏州市生态补偿条例实施细则》颁布，对生态补偿的使用范围、部门职责、补偿范围、补偿标准、资金承担、申报程序、申报材料、申报审核、资金用途等具体细节进行了规定。

总体评判，我国生态补偿的地方专门立法供给不足，大多数涉及生态补偿的地方立法仅仅是有关环境资源地方性法规中的个别条款，且操作性不强；实践中多以地方政府规范性文件加以保障，位阶较低，稳定性不足，无法满足地方生态补偿的实践需要。虽然《环境保护法》对生态保护补偿制度作了宏观规定，以及各单行环保法对生态补偿作了相关规定，但生态保护补偿的专门立法与地方配套立法仍然不成体系。地方积极参与生态补偿立法实践和试点工作，但实际操作问题需要系统而明确的规定。建立具有中国特色的生态补偿法律体系，是生态补偿制度建设的未来方向。

---

[1] 数据来源：以"生态补偿"为全文关键词在"北大法宝数据库"中检索得出。

三、我国生态补偿实践的考察

我国生态补偿制度的建立起源于生态补偿实践，生态补偿政策的发展源自对生态补偿实践的经验总结。早期生态补偿多指环境资源收费制度，始于20世纪70年代。1983年，云南省针对磷矿开采对生态环境造成的破坏性影响收取恢复费用。成都市为了杜绝森林乱伐现象，实现青城山森林资源的恢复与保护，将青城山的门票收入的30%用于青城山的森林保护。这一尝试被认为是我国广义生态补偿实践的开始，基于这次创新型的实践，1989年10月在四川乐山召开了森林生态补偿研讨会，由此拉开了生态补偿实践的序幕。1990年以来，全国有14个省145个县市开展生态环境补偿费试点，包括了土地开发、自然资源开发、矿产开发、旅游开发等。按照项目的投资、收益、产量金额和生态破坏的面积比例征收费用，这也是最早的生态环境补偿的雏形。[1] 随后，森林生态补偿实践正式启动。自20世纪90年代起，森林生态效益补偿制度和生态效益补偿基金建立为我国生态补偿实践提供了示范性框架，带动起国内一系列生态建设工程的建立，如退耕还林（草）、天然林保护、荒漠治理、防护林体系建设、"三江源"生态保护等重点工程。2000年前后，我国生态补偿实践从森林保护领域逐渐向其他各领域延伸，如2000年启动的天然防护林工程、2003年启动的退牧还草工程、2000年启动的京津风沙源治理工程等。2006年起全国多个省市自治区对生态补偿进行了试点实践，实践内容包括水环境、河流、湿地等领域。2007年《关于开展生态补偿实践工作的指导意见》实施后，我国的生态补偿实践得以迅速发展，通过在重点领域进行开展试点工作，为生态补偿的标准体系、资金体系、保障体系等重要组成部分提出了具体要求，并明确了生态补偿的范围。

---

[1]　闫伟：《区域生态补偿体系研究》，北京：经济科学出版社，2008年，第57页。

（一）天然林资源保护工程实践

森林生态补偿始于 1978 年，是我国生态补偿实践的开端。1998 年，国家开始建立天然林资源保护工程的试点，2000 年 10 月正式启动了天然林资源保护工程。天然林资源保护工程把森林划分为生态公益林和商品林。目前国家主要采取的措施包括禁止和减少采伐数量、加强森林管护、个人承包制、荒山荒地植被恢复、积累林木资源、森林资源管理体制改革等。目前天然林工程以中央政府投入为主，从国家专项资金和国家基本建设基金中划拨，即以政府补偿为主，地方投入为辅。

（二）退耕还林（草）工程实践

1999 年，我国开始开展退耕还林（草）的工程试点，以四川、陕西、甘肃三个省为试点省份。2002 年 4 月 11 日，国务院发布《关于进一步完善退耕还林政策措施的若干意见》，标志着我国退耕还林工程全面启动。我国西部地区水土流失、土地沙化严重，为此国家设计了"退耕还林，封山绿化，以粮代赈，个体承包"的政策措施，实行政府补偿下的退耕还林资金和粮食补贴制度。补偿方式不仅限于资金补偿，还包括了粮食补偿、种苗造林费补偿，还生态林的至少补助 8 年、还经济林的补助 5 年、还草的补助 2 年等多种政策内容。

（三）资源税实践

矿产资源费早在 1994 年国务院发布的《矿产资源补偿费征收管理规定》中就得以确立并开始实行，1997 年发布的《国务院关于修改〈矿产资源补偿费征收管理规定〉的决定》，对矿产资源补偿费的征收作了调整。2016 年，我国进行资源税改革，财政部、国家税务总局下发《关于全面推进资源税改革的通知》，将矿产资源费等基金适当并入资源税，以矿产资源税的征收为起点，逐步对水资源、森林、草原、滩涂等自然资源开征资源税。自 2016 年 7 月 1 日起，率先在河北省开展水资源税试点工作。但《资源税暂行条例》没有根据自然资源登记进行资源登记分档定税，不能实现资源税原有的功能价值。

（四）跨界流域生态补偿试点实践

2007 年，《关于开展生态补偿试点工作的指导意见》实施后，流域水环境保护正式作为生态补偿的范围进入了试点实践。2008 年，江苏省在太湖流域开展环境资源区域补偿试点；2009 年，河南省在沙颍河流域和海河流域进行水环境生态补偿试点；2009 年，湖北省在汉江流域部分河段进行生态保护补偿试点；2009 年，陕西省和甘肃省在渭河流域实施流域水污染补偿试点。2012 年，我国首例跨省流域生态补偿试点，即新安江流域生态补偿试点在安徽和浙江两省展开。综合考察不难发现，跨界流域生态补偿涉及流域上下游地方政府和利益相关者之间的协调平衡，在实践中存在不同的模式。上述试点补偿案例有些是在中央政府主导下进行的，如新安江流域生态补偿试点；有些是地方政府自主协商达成补偿协议来实施的，如渭河流域水污染补偿。其中地方政府之间以自主协商为手段开展的横向流域生态补偿是难点，迄今仍处于探索阶段。

目前，我国生态实践面临以下主要问题：

第一，生态补偿法律保障不足。由于缺乏统一的立法，生态补偿概念内涵和外延界定不清，补偿主体和受偿主体缺乏统一界定，补偿标准和补偿方式不一，没有统一的"标准答案"，地方只能在实践中根据自己的理解去操作。目前生态补偿地方政策是紧跟实践需要而建立的，上位法缺失导致生态补偿实践存在"头痛医头脚痛医脚"的问题。

第二，政府补偿与市场补偿难以结合。首先，市场补偿并未在我国真正建立起来，政府补偿仍然是生态补偿中主要的补偿模式。例如：生态环境税作为市场补偿的重要方式，在我国还没有正式建立；生态补偿的市场交易模式中，排污权交易和碳汇交易才刚刚起步。其次，在实践中人为地将政府补偿和市场补偿割裂，认为两种补偿模式是单向通道式的补偿。

第三，补偿模式、范围、标准、方式等过于单一。补偿模式上，我国生态补偿以政府补偿为主，市场补偿在实践上处于起步阶段，实践中横向转移支付实例较少。补偿范围上，部分为生态保护和建设做出贡献的企业和自然人主体提供的生态服务未能充分享受补偿带来的惠益。补偿标准上，以本地政府能够提供的补偿为主，导致过度补偿和补偿不足的现象时有发生。补偿方式上，由于以政府补偿为主，部分提供生态服务的地区多为经济发展较为落后地区，补偿资金相较于发展机遇来说是杯水车薪。这些问题都需要在生态补偿法律框架下进行进一步的探索与改进。

第三节　国外生态补偿制度的经验借鉴

"生态补偿"是一个中国特有的概念，在国际上近似的概念有"生态环境服务付费""生态服务付费""生态效益付费"等。我国与国外生态补偿制度的主要差别在于：我国以政府补偿为主要形式建立生态补偿制度；国外主要根据不同的环境要素市场来构建付费制度。例如，森林生态补偿是国内外最先起步的补偿领域，我国主要是通过政府财政转移支付的方式向从事森林生态保护的各类主体提供补偿；国外主要通过政府购买环境服务、市场服务付费等手段来实现对环境服务的价值补偿。美国、德国、荷兰、爱尔兰、巴西、哥斯达黎加等国都已经建立了较为完善的生态付费制度和体系。因此，借鉴国外生态服务付费的经验，建立我国生态补偿制度，特别是基于市场服务的付费制度，具有重要的现实意义。

一、生态补偿制度的域外考察

国外生态补偿的雏形可追溯至 19 世纪 70 年代。美国马萨诸塞州大学的拉尔森等人建立了一个针对湿地开发的快速评价模型，用于辅助政府发放湿地开发补偿的相关许可。随后，美、英、德等国相继建立森林建设补偿金制度、矿区补偿保障金等制度，以补偿资金制度为起点在各环境领域展开实践工作。"随着实践工作的不断发展，20 世纪 70 年代美国经济学家塞尼卡和陶希格提出了探讨补偿关系的补偿发展论。补偿发展论指出生态环境在发展过程中被过度消耗，导致生态环境和自然资源要素逐渐成为稀缺品，在供求关系的影响下，获取生态环境和自然资源的成本在逐步提高，而为了调和经济发展与生态环境之间的矛盾，补偿生态环境为经济发展作出的'牺牲'，征收污染税是一个不错的选择。"[1] 这一理论为政府筹措补偿资金提供了理论基础。20 世纪 80 年代，可持续发展的理念逐渐获得越来越多的认可，可持续发展理念要求经济和环境的发展要具备可持续性。由于部分市场主体的市场行为产生的外部成本并未被纳入市场体系中，这就导致这部分主体将负外部性转嫁给环境，造成环境与经济发展的失衡，而生态补偿制度就是通过对外部性的调节来满足可持续发展对经济和环境平衡发展的要求。20 世纪 90 年代以后，国外生态补偿理论基础初步成型，西方发达国家在生态补偿机制方面进行了更深入、具体的研究，如补偿主体、主体行为、补偿经济原因、补偿途径等。2000 年以后，国外关于生态补偿的研究不再局限于理论探讨，在可持续发展要求下，生态补偿制度已经成为促进社会、经济和环境协调发展的重要制度，并通过立法加以确认。国外的生态补偿主要集中在森林、农业、流域、矿产资源、湿地等领域，下文选取若干国家的典型实践进行分析。

---

[1]　褚正中：《生态补偿理论研究述评》，《现代农业》2009 年第 12 期，第 66-68 页。

（一）森林生态补偿

工业革命以来，欧洲国家在经济发展的同时对森林资源造成了巨大的破坏，为解决森林资源的保护问题，欧洲各国很早就开展了森林生态补偿的立法和制度的建设。其中，德国于 1965 年施行了林业补助政策，至今形成了比较完整的森林生态补偿法律体系。森林保护基本法和单行法并行，主要包括《联邦环境保护法》《联邦森林法》《森林损害补偿法》《生态税费改革法》等。在政府保护资金的分配上，德国采取了联邦和州共同分摊的方式，其中联邦 60%、州 40%，缓解了各方主体的资金压力。德国对农户的损失补偿比例达到 85%~95%，基本上涵盖了各项成本的支出。

爱尔兰是实施生态补偿政策最早的国家之一。19 世纪 20 年代，爱尔兰的补偿资金并不充足，因而其采取分期付款方式对私有林进行补助。1989 年，在森林环境相对好转的情况下，爱尔兰又实施了森林奖励方案，以每年领取一次补助的方式来奖励增益的生态补偿行为。这一系列的环境保护计划促进了该国造林水平不断提高。

日本森林生态补偿包括林业补助金、林业专用优惠贷款和税收优惠。美国通过立法手段，以补偿退耕休耕等措施来保护农业和林业交叉的生态环境。美国实施了保护性退耕计划，"还与农民签订了 10~15 年的合同，以此为基础代表受益方向农民提供现金补助和技术援助"[1]。

哥斯达黎加的森林生态补偿制度起步较早，被其他国家广泛借鉴，其来源主要是该国在 1969 年《森林法》中规定的森林激励措施。[2] 哥斯达黎加的森林生态补偿制度对参与主体进行了比较明确的规定和分类，主要涉及森林生态服务提供方、生态服务支付方和国家森林基金（FONAFIFO）三方主体，通过明确主体的权利、义务和责任的方式

---

[1] 中国 21 世纪议程管理中心：《生态补偿的国际比较：模式与机制》，北京：社会科学文献出版社，2012 年，第 79 页。
[2] 丁敏：《哥斯达黎加的森林生态补偿制度》，《世界环境》2007 年第 6 期，第 66-69 页。

确保具体制度能够有效实施。

巴西实施了生态增值税、永久性私有自然遗产保护区和储藏量可交易三项制度来保护森林。生态增值税制度主要是为采取生态补偿措施的州提供税收返还，并规定其可以依据一定标准分配这部分资金进行生态保护，为其森林生态补偿制度的持续发展提供资金支持。自然遗产保护区制度则是为了激励私人加入生态保护的队伍。"储量交易制度与巴西法律中规定的'亚马孙河流域范围内的土地使用者必须保证其拥有的土地的森林覆盖率在 80% 以上'相对应。"[1]

（二）农业生态补偿

从各国的农业生态补偿治理经验来看，农业生态补偿主要集中在对退耕还林的补偿上，其与森林生态补偿存在交叉，但是林业生态补偿侧重于林地的种植和恢复，农业生态补偿主要是将已有的农业归还给森林等其他生态环境，两种补偿方式有所不同。

20 世纪 50—60 年代，美国政府针对不同时期的资金状况和所面对的问题采用多种方式来实施对农场主的补偿计划。1956 年《农业法》规定了"土壤银行计划"，即将长期或短期的土地"存入"银行来换取补助。1961 年的"紧急饲料谷物计划"，规定农场主停耕 20% 的耕地即可取得对应正常产量 50% 的现金或实物补助，停耕超过 20% 的可获得 60% 的补助。1965 年"有偿转耕计划"，细化了退耕休耕生态补贴的规定。"1959 到 1968 年的 10 年间，仅按照土壤银行计划退耕的耕地每年就有 445 万至 1174 万公顷。"1985 年，美国政府购买了一些生态敏感土地，建立自然保护区，实施"土地休耕计划"。此后，美国于 1996 年和 2002 年对《农业法》的规定进行了修改，将政府生态补偿作为法律规定写入法律。

瑞士于 1992 年在农业环境政策和《联邦农业法》中都对生态补

---

[1]　龚亚珍：《世界各国实施生态效益补偿政策的经验对中国的启示》，《林业科技管理》2002 年第 3 期，第 19—21 页。

偿制度进行了规定，其特别之处在于采用了生态补偿区域计划和生态税改革等措施。其补偿对象主要是农民，通过对农民的保护性农业生产活动、生态环境保护行为以及在生物群落计划中取得成绩的奖励性补助来提高农民参与的积极性。

（三）流域生态补偿

流域生态补偿的目的是保证水和生态资源的长期可持续发展与利用，而对流域的保护主要包含水质、水量保持和洪水控制三个方面。出于不同目的的生态补偿的各方主体略有不同，因而也需要针对不同保护目的制定适宜的生态补偿策略。生态补偿制度既要有利于环境保护，又要有利于改善当地居民的生存状态，这样才能保证生态补偿制度的常态化发展。

德国和捷克关于易北河的生态补偿是流域国际生态补偿比较成功的案例。"1990 年以后，为了应对易北河日益严峻的水环境问题，德国和捷克签订了关于易北河流域生态补偿的双边协议。"[1]整治过程中，德国作为下游受益方主要承担筹集资金的义务，而捷克则承担保护上游流域生态环境的义务。资金来源主要包括财政贷款、研究津贴、排污费、下游受益方缴纳的经济补偿。在德国国内，流域生态补偿资金支付的主要方式是横向转移支付，即受益区向补偿区直接支付，目的是达到享受环境收益区与提供环境服务区之间的利益均衡。

美国流域生态补偿中，大部分的资金由中央或州政府支付。美国对于补偿标准的确定并不是强制的，既可以通过协商的方式确定补偿金额，也可以借助竞标机制来确定，其优点在于缓解了各方针对补偿数额产生的矛盾，同时又能满足各方的需要，"纽约市与上游 Catskills 流域之间的清洁供水交易就是通过协商的方式确定各方责任与补偿标准的"[2]。

---

[1] 庞晓曦：《欧盟生态补偿法律制度研究》，西北大学硕士毕业论文，2012 年。

[2] 朱桂香:《国外流域生态补偿的实践模式及对我国的启示》,《中州学刊》2008 年第 5 期,第 69–71 页。

法国通过流域利益相关方直接市场交易的方式来进行流域生态补偿。其中最具代表性的就是 Vittel 项目，该项目中规定由流域内受益的居民或其代理机构向参加项目的农场主提供包括劳动力和土地租金等成本在内的资金和技术补偿。

菲律宾通过用水户直接付费的方式来获取生态补偿资金也是一个不错的模式。在菲律宾 Makiling 森林保护区中，水资源用户共同建立 Makiling 森林保护信托基金，并按照 0.03~0.04 美元 / 立方米的标准缴纳费用来维持基金保护环境工作的运转。

（四）矿产资源生态补偿

美国于 1977 年颁布了《露天采矿管理与（环境）修复法》，其将矿区生态补偿的原则界定为"谁破坏谁恢复"，"这意味着矿区生态补偿的费用由矿区的开发者承担，但是该法还规定弃矿由国家通过建立治理基金的方式进行治理"[1]。为了保证治理基金制度的实施，美国还要求在国库和州账册中设立"废弃矿恢复治理（复垦）基金"，保证政府对修复的资金来源和专款专用。为了保证矿产资源开发者能够切实履行矿产资源修复义务，美国规定开采许可证制度必须和生态补偿与修复挂钩，并且要缴纳恢复治理保证金制度，这一制度要求申请人在获得批准前先缴纳恢复治理保证金。

德国由中央和地方政府共同出资设立复垦公司负责生态恢复，资金来源上联邦政府与州政府按 3 : 1 的比例分担。立法后，德国规定新的开发者必须预留利润的 3% 作为矿区毁坏的草原、森林等生态环境的复垦资金，以此保证其履行矿山修复工作的能力。

哥斯达黎加采用增加税收的方式为矿产资源利用产生的环境问题提供修复资金，其在化石燃料中征收销售税，并明确规定这部分资金可以用于生态效益补偿金。

---

[1] 程琳琳：《我国矿产资源开发的生态补偿机制与政策》，《中国矿业》2007 年第 4 期，第 11–13, 18 页。

（五）湿地生态补偿

美国湿地生态补偿制度的发展经历了一段较长时间，目前主要由湿地银行补偿制度、湿地开发许可制度、替代付费补偿制度组成，这三个制度在湿地生态补偿中相互补充。湿地银行补偿制度是指承担湿地补偿义务的被许可人从湿地银行购买湿地信用，将补偿责任转移给湿地银行建设人。湿地开发许可制度适用于无法第三方补偿的情况，替代付费补偿制度是为较小湿地的补偿创造了条件，可以说这两个制度与湿地银行补偿制度相互配合，覆盖了湿地生态补偿保护应涉及的大部分情况。

（六）野生动植物生态补偿方面

英国《野生动植物和农村法》规定，对以生态补偿方式进行的野生动植物等生态资源的保护，要尽量在平等和自愿的前提下进行，对于保护野生动植物和生态环境的农场主，国家园林管理机关应在上述原则的要求下与其签订合同，并依合同进行补偿。

二、国外生态补偿制度的借鉴

上述各国对生态补偿制度的建构，都立足于本国国情，注重可操作性，注重以法律手段保证制度的长效性、稳定性。

（一）明确生态补偿的主体

从国外经验可以看出，大多数情况下补偿的实施行为都由各级政府部门作出，或由政府部门主导，但是部分国家也有私人补偿的案例。生态补偿是为了解决部分公共产品的外部性问题，要通过制度设计使市场机制能够调节到环境生态的保护与补偿，而国外最主要的做法就是将补偿的责任交给政府。

根据主体交易模式划分，"国外的生态补偿有政府购买模式、市场交易模式、生态产品认证计划的间接市场模式等多种方式"[1]。根据补偿主体的不同，有法国 vittel 流域保护项目、玻利维亚的 Los Negros 项目、厄瓜多尔的 Pimampiro 等私人付费的生态补偿模式。哥斯达黎加国家生态补偿项目（PSA）等大多数生态补偿项目采用的是公共生态补偿模式，津巴布韦本土资源公共区域管理项目（CAMPFIRE）则是公私混合生态补偿模式。其实质都在于区分补偿主体。尽管各国都在努力通过市场化的方式推动生态补偿，但起主导作用的还是政府，即使有市场化的成分，市场化也更多集中在资金的筹集方面，例如美国的非政府组织就在生态补偿资金的筹集上起到比较重要的作用。之所以要以政府为主导，是因为生态补偿需要大量的资金，在这种不以营利为目的的公共领域，资金的自发参与需要相应机制的激励。

（二）生态补偿的资金来源多元化

从法经济分析的角度，"生态补偿制度的意义在于将外部成本内部化，即将市场之外成本或者收益都由市场主体来承担或享有"[2]。理论上实现这一目标的方式有两种："庇古税"和科斯思路。而反观美国生态补偿资金的规定，其主要是通过联邦政府和州政府的财政收入按一定比例进行支付，而政府财政的主要来源无疑就是税收，如各种环境税和能源税、污染控制税等。德国等国还规定了包括排污费的专款专用、建立生态补偿专用基金、要求受益者缴纳费用等多种方式。同时，美国也有各种非政府组织、环保 NGO 通过募捐、建立基金会等方式筹措补偿资金，但是这种没有将成本内化到市场的方式都不算真正的市场机制的补偿，像法国 vittel 流域保护项目、玻利维亚的 Los

---

[1] 莫童：《发达国家农业生态补偿对我国稻作系统可持续发展的启示》，《湖南农业科学》2014 年第 11 期，第 71-73 页。

[2] 董小君：《主体功能区建设的"公平"缺失与生态补偿机制》，《国家行政学院学报》2009 年第 1 期，第 40-43 页。

Negros 项目、厄瓜多尔的 Pimampiro 项目等的资金是由个人自发组织本区域受益或者有改善环境需求的相关方筹措的，此方式就属于市场化的资金来源。这些国外经验中有很多都取得了不错的成效，生态补偿资金可以通过政府财政收入、财政转移支付、税收、专项基金等多种方式提供。私人可以通过协议、募捐、成立基金、受益者缴纳等多种方式筹措资金。

（三）生态补偿标准明确

国外通过谈判和合同方式解决补偿标准问题值得借鉴。美国的退耕补偿政策就是通过协议完成的。欧盟广泛采用"机会成本法"，其值得借鉴的重点在于因地制宜地确定补偿标准，即以环境保护措施所导致的收益损失为基础，以不同地区的不同现实情况为变量来制定有所区别的补偿标准。厄瓜多尔热带雨林经济价值核算项目中采用了"生态系统服务功能价值法"，但其局限性在于仅能用于能够度量生态系统服务功能经济价值的情况。阿根廷 GTZ 的碳折扣项目在存在水资源交易、碳排放交易等制度的前提下采用了市场价值法。Kabarta 湿地生态补偿则通过问卷调查的方式来估算补偿标准。美国环境质量激励项目在能够测算出机会成本的情况下采用了机会成本法。当然还有生态效益等价分析法、微观经济学模型法等多种衡量标准。可以确定的是，对于不同的资源要素和地域状况要因地制宜地采用适当的衡量标准，而各国的经验都有其可取之处。

当然，上述各国与我国的生态补偿制度建设存在体制、国情等方面的差异，仅做简单的照搬未必会适应我国的实际情况。近年来，我国在生态补偿方面也进行了自主探索，积累了一定的经验。因此，在借鉴国外生态补偿经验的同时，需要从结构功能主义的视角，具体分析制度变迁的内外部社会背景因素，根据自身实际需要，辩证分析，合理吸收借鉴国外的相关做法。

第四节　生态补偿制度的类型化研究

生态补偿制度是一个体系化的制度设计，从补偿的领域来划分，涉及不同生态系统与环境要素以及不同的自然地理区域。对生态补偿制度进行类型化研究，理论上有助于对这一制度从宏观和微观两个层面进行全面认识，立法上有助于对生态补偿制度进行统一立法和单行立法体系的协调和完善。森林、流域、生态功能区、矿产资源等领域是我国目前生态补偿制度实施的典型领域，本节选取上述典型领域的样本，解析不同特征，发现共同问题。

一、森林生态补偿制度

森林是陆地生态系统的重要组成部分，发挥着调节气候、涵养水源、保持水土、改良土壤等多种功能。同时，森林资源又具有重要的经济价值与社会价值。森林生态补偿制度通过重新分配相关主体的利益和责任，从而达到对生态利益的维护与增进的激励目的。

（一）森林生态补偿制度的发展和确立

森林是生态补偿开展最早的领域。20 世纪 50 年代，我国就建立了育林资金制度，可以看作森林生态补偿制度的萌芽。自 20 世纪 80 年代开始，我国出台了一系列政策和法律法规，森林生态补偿制度得以逐步确立。1984 年出台的《森林法》规定了国家建立"林业基金"；1998 年出台的《森林法》修订时将其替代为"森林生态效益补偿基金"；2004 年，国务院出台了《中央森林生态效益补偿基金管理办法》，对森林生态效益补偿的资金来源、补偿形式、补偿程序、资金分配与管理办法等进行了比较全面且具操作性的规定。至此，森林生态补偿制度经过多年建设，建立起了统一的制度框架。

与生态补偿的其他领域一样，我国的森林生态补偿也经历了一个

"从政策调整到国家立法、从地方试点到全国推广"[1]的发展演进过程。有关政策法律内容的前后变化较清晰地反映了我们对生态补偿制度的本质属性与基本功能的认识在不断地深入。早期的森林生态补偿制度的构建重心是征收生态环境补偿费，即针对森林资源的开发利用带来的环境负外部性影响的"损害补偿"。随着理论研究的深入和实践的不断发展，我们逐渐认识到对森林资源保护和建设带来的正外部性影响行为进行补偿的必要性和迫切性，应当对实施森林生态保护的单位、个人提供森林生态效益补偿资金，并建立稳定性的森林生态效益补偿基金制度，其制度构建的重心由侧重补偿责任的分配转向了对森林生态利益提供者的权利保护，即实现了从"损害补偿"向"保护补偿"的转型，这无疑是一个大进步。

（二）我国森林生态补偿的实践探索

从全球范围来看，森林生态补偿的模式主要为政府直接投资或提供补助资金、减免林业税收、受益人提供补偿资金、市场交易四种模式。我国当前的森林生态补偿实践在国家层面主要通过两种方式进行：一种是规范制度意义上的森林生态效益补偿。国家通过推行一系列以"保护—受益—补偿"为主要内容的生态保护工程，或建立相应的政策法律制度，实现森林生态效益补偿，前者如退耕还林工程、重点生态公益林的生态补偿，后者如《森林法》及其配套法规政策中确立的森林生态效益补偿制度。另一种是国家开展的以"保护—治理"为主要目的的生态保护工程，但其中包含森林生态效益补偿的内容，如天然林保护工程、三北防护林体系建设工程、京津风沙源治理工程等。

这些大型的森林生态保护工程以中央财政作为后盾，以国家政策的方式传递了政府加强生态保护的决心，彰显了生态保护理念和政策导向的功能。从项目工程实施效果来看，由于项目实施的针对性较强，

---

[1]　程亚丽：《我国生态补偿法律制度构建研究》，安徽大学 2010 年硕士学位论文，第 34 页。

项目实施地区的水土流失、天然林砍伐等生态破坏得到了一定的遏制，森林覆盖率有所上升。

（三）我国森林生态补偿制度存在的问题

森林生态效益补偿制度的探索最接近法学意义上的生态补偿概念，即运用激励的方式，通过对人的补偿来实现对生态的补偿。森林生态补偿政策和有关法律法规的实施对生态环境的改善发挥了一定的功效，森林生态补偿的实践为其他领域的生态补偿制度的构建积累了经验。然而，由于该制度还存在诸多问题，这一改善的作用是有限的。

1. 以项目、政策实施为主，缺乏长期稳定的生态补偿制度

在实践中，森林生态效益补偿主要通过大型生态建设项目、工程或以计划的方式实施，而这些项目、工程的实施方式一般有较明确的实施期限，如退耕还林、天然林保护和风沙源治理等工程。那么，这些项目、工程到期后必然面临后续保护能否持续进行的问题。如果在项目、工程期限结束后，他们为继续保护和增进森林生态服务功能而做出的努力得不到相应的补偿，则其保护和改善生态环境的积极性必然降低，为了生活或发展的需要，可能会选择对生态环境形成压力的生产生活方式。此种现象在退耕还林工程实施后表现得尤为突出。退耕还林工程第一期结束后，退耕农户甚至地方政府都普遍存在这种担忧，担心因无后续补偿资金而"断炊"，影响生产生活和持续从事退耕还林的积极性。由此，国家也一再延长退耕还林的补助期限。因此，缺乏稳定的、持续有效的生态补偿制度，给森林生态补偿的实施效果带来了较大的变数。

2. 补偿范围覆盖面不足

前述大型森林生态补偿项目均有其适用范围，因此以项目、工程等为主要方式来实施森林生态补偿可能会增强项目本身的针对性，但也带来了另一个局限：生态补偿范围的覆盖面有限，从而会影响生态补偿制度的实施效果。比如，《森林法》第八条规定的"森林生态效

益补偿基金"，并不是对所有的森林资源保护都实行补偿，而是只针对生态防护林和特种用途林。[1] 又如，《中央森林生态效益补偿基金管理办法》规定，只有被国家林业局认定的生态公益林才能享受补偿，因此，对生态公益林的区划标准也直接影响着对补偿范围的认定。从实际情况来看，一些具有重要生态服务功能的林地由于不被认定为生态公益林，因此被排除在补偿范围之外。

3. 补偿的标准过低，难以发挥激励功能

生态补偿制度的核心是通过对生态利益的维护者或增进者进行相应补偿激励来促使生态利益的正向供给，从而达到保护和改善环境与生态系统的目的。一个不言自明的道理是，如果生态环境的保护者或特别牺牲者得不到相对公平的补偿，则该制度难以有效地发挥其激励功能。采用"生态价值评估"标准，即根据森林保护带来的生态价值来确定森林生态效益补偿的标准，是最为理想的标准，也最符合环境公平正义的理念。但这种方法面临评估技术可操作性的制约，也受制于我国经济社会发展的总体水平，目前难以有效实行。"机会成本法"应当成为最低的补偿标准，即对为森林生态保护做出贡献的各类主体投入的成本进行补偿，以弥补其损失。目前我国森林生态效益补偿的标准偏低，甚至连直接成本的花费标准也达不到。据调查，目前一些地方的补助费用既不够营造费用，也不够管护费用，更不能弥补因禁伐而造成的经济损失。[2] 还有一些落后地区，地方财政的配套措施根本没有落实，补偿标准低于平均水平。过低的补偿标准无法弥补森林生态利益提供者的损失，难以发挥生态补偿制度的正向激励功能，影响了森林生态效益补偿制度的实施效果。此外，补偿标准既没有充分体现保护成本的地区差异，也没有考虑不同林种造林成本及收益的差异。以退耕还林为例，在补偿对象上只是简单将全国划分为长江流域

---

[1] 《森林法》第八条规定："国家设立森林生态效益补偿基金，用于提供生态效益的防护林和特种用途林的森林资源、林木的营造、抚育、保护和管理。森林生态效益补偿基金必须专款专用，不得挪作他用。具体办法由国务院规定。"

[2] 秦玉才、汪劲：《中国生态补偿立法——路在前方》，北京：北京大学出版社，2013年，第106–107页。

和南方地区、黄河流域和北方地区两个大区，每个大区实行统一的补偿标准，这样虽然简单易行便于操作，节约了交易成本，但因退耕地区社会经济发展水平不均衡、自然环境条件差异巨大，导致出现严重的政策效应，使补偿分配有失公平。比如，西北地区气候干旱、病虫害频繁，造林难度比长江流域大得多，但中央财政补助的种苗造林补助费是同一个标准，一些退耕还林区的种苗造林补助费不足以负担造林的成本。占退耕还林总面积 80% 的生态林因禁伐而造成的正外部性效应并未被纳入补偿标准的评价范畴。

4. 缺乏利益相关者的有效参与，难以充分反映权利主体的利益诉求

森林生态补偿制度的基本功能是通过激励来促进利益相关者保护和改善森林生态环境，权利主体能否有效参与有关规则的形成过程，权利主体的利益诉求能否得到充分表达和基本保障，是森林生态补偿制度能否取得实效的关键。然而，无论是补偿标准的确定，还是补偿范围的界分以及补偿对象的选择，都缺乏利益相关者的有效参与，部分弱势群体的利益被遮蔽，使生态补偿制度的具体操作偏离科学合理的标准并有违公平的价值取向。如在天然林里生活着的农、牧民，由于禁伐等规定限制了他们原有的生产生活方式，其损失却被排除在生态补偿的范围之外。类似的情形在生态公益林补偿中也同样存在。

（四）完善森林生态补偿制度的建议

我国生态补偿制度的研究还处于探索阶段，目前的森林生态补偿制度还存在诸多的问题。我们应当通过深入研究，针对森林生态补偿制度存在的突出问题，提出构建与完善该制度的优先领域。

1. 整合现有的政策和有关规定，形成稳定的森林生态补偿制度

以项目、工程、计划为主要实施方式的森林生态补偿实践为森林生态补偿制度的构建与完善积累了经验与研究的素材，但毕竟这些实

践与有关规定离体系化、连贯性、稳定性的制度化表达还有一定的距离。完善的森林生态补偿制度是保护与改善森林生态系统服务功能持续供给的长效机制。应整合现有的政策和有关规定的森林生态保护目标，建立稳定的、制度化的森林生态补偿制度，明确森林生态效益补偿的目标理念、基本原则，明确森林生态补偿制度的对象和范围、补偿方式，明确森林生态效益补偿的中央地事权划分、考核评价机制等。保证森林生态补偿不因工程、项目的期限而影响制度的长效性。

2. 明确适用条件，逐步扩大适用范围

森林生态补偿制度的最终目标是保护和改善森林生态环境，因此，所有能增进森林生态服务功能的林地均应纳入生态补偿的范围。良好的森林生态功能是各类森林共同作用的结果。不能否认的一个事实是，用材林和经济林在被采伐之前也发挥着与公益林相类似的生态功能。因此，森林生态效益补偿的范围应当逐步扩大，除了对防护林、特种用途林等类型的公益林进行生态效益补偿，还应关注对公益林之外的其他同样具有生态服务功能的林木的生态效益补偿，以激励不同类型森林生态保护和建设的积极性。可以考虑建立分类补偿标准，把公益林、用材林和经济林全部纳入补偿范围，按照不同的标准进行补偿。

3. 合理确定补偿标准

一般认为，生态补偿标准的确定应考虑保护者的成本，包括直接成本和机会成本。同时，考虑所增进的生态系统服务功能价值，并结合地方经济发展水平、支付意愿等因素。现阶段实际操作中确定的补偿标准仅相当于森林管护成本的弥补，大大低于应当补偿范围的标准。另外，统一的森林生态补偿标准不符合各地实际，未能体现不同区域、不同类型森林的建设、管护的难度与成本的差异。因此，生态补偿标准的确定，应当以科学的生态价值评价为基础，体现环境公平和社会公平，同时充分考虑一定时期的经济社会发展水平来综合确定[1]。但最低标准不应当低于对机会成本的弥补，针对不同地域、区域和类型的森林，还应当制定差异化的补偿标准：①合理补偿标准。合理补偿应当作为生态补偿的原则，即充分补偿保护者为森林生态保护而付出的全部直接成本，合理补偿他们为保护而丧失的发展机会成本，并结合支付意愿与经济发展水平相适应的支付能力，逐步在补偿构成中加入对增加的森林生态服务功能价值的考量。②差异化补偿标准。不同区域、不同类型的森林资源因自然禀赋、环境条件的差异，在培育管护成本、投入和产出等方面也存在较大的差异，使用一刀切的补偿标准显然有违实质公平。在确定补偿标准时应当充分考虑这种差异性，实施差异化的补偿标准，并且适时予以调整。[2]

4. 为利益相关者的有效参与提供途径，保障受偿主体的利益

无论是补偿标准的合理确定，还是补偿对象与补偿范围的选择，均涉及不同利益主体之间权利义务的公平分配，这是一个不断博弈的过程。借鉴域外生态补偿的成功经验，一个很重要的因素是在生态补偿制度的形成过程与具体案例中，均需各利益相关者充分有效地参与。相对而言，我国目前的森林生态补偿立法和实践基本上是由政府的单方意志决定的，自上而下地贯彻落实，难以充分关注不同类型的利益相关者的不同利益诉求，致使补偿标准脱离实际，补偿对象与范围的不合理就在所难免。我们应该为利益相关者的有效参与提供途径，充分保障受偿主体的利益。

5. 探索多元化的补偿模式

目前我国森林生态补偿在补偿方式、补偿资金等方面均较为单一。货币补偿是目前森林生态补偿的主要形式，应当因地、因时制宜，灵活运用政策补偿（如税收优惠，对造林营林者的税收减免措施等）、

---

[1]　李文华、李芬、李世东等:《森林生态效益补偿的研究现状与展望》,《自然资源学报》2006 年第 5 期,第 677-688 页。
[2]　梁增然:《我国森林生态补偿制度的不足与完善》,《中州学刊》2015 年第 3 期,第 60-63 页。

实物补偿、技术补偿等其他补偿方式，最大限度地发挥森林生态补偿的效益。在补偿责任主体上，我国森林生态补偿以国家财政支出为主要方式。由于森林生态功能的多面性与受益对象的广泛性，政府购买应该是支付森林生态系统服务的主要模式。但政府财力毕竟有限，单一的责任主体与融资模式势必影响森林生态补偿的长远、持续发展。森林生态效益的直接受益部门和企业也应当成为森林生态补偿的义务主体，确定政府与受益人相结合的补偿主体模式。积极探索森林碳汇等生态补偿的市场化机制，拓宽补偿资金渠道。

二、流域生态补偿制度

流域生态系统对人类的生存及农业、工业的发展均有着至关重要的作用，流域水资源的利用将流域上下游的不同区域变为一个"一荣俱荣、一损俱损"的利益共同体。生态利益与经济利益在上下游之间配置的严重失衡催生了流域生态补偿制度。流域生态补偿目前已经成为我国生态补偿制度构建的重点实践领域。

（一）流域生态补偿制度的概念厘定

现有的研究成果中，关于如何界定流域生态补偿的概念，学者们给出了各自的答案。[1]笔者认为，从狭义上流域生态补偿应当界定为流域生态保护补偿，是指平衡流域上下游生态保护者和生态受益者之间权利义务关系的制度，即流域生态受益者向生态保护者通过政府或市场手段进行合理补偿的制度。流域生态保护产生的正外部影响可以

---

[1] 比如，黄锡生、潘璟认为："流域生态补偿是中下游对中上游的一种单向性补偿体系，前提是中下游对中上游丧失的积极成本和机会成本进行补偿，该补偿体系主要包括流域的生态服务价值的评估、跨流域转移支付、生态补偿方面的管理等。"参见黄锡生、潘璟：《流域生态补偿制度浅析——兼论流域管理委员会的作用发挥》，《2007年全国环境资源法学研讨会（年会）论文集（第二册）》，2007年。谢玲、李爱年认为："流域生态补偿，是为了促进流域生态环境保护与改善，国家或流域生态利益的受益者，对实施了生态利益正向供给的非有责主体，包括地方政府、组织和个人，依公平补偿原则所给予的物质或其他形式之弥补的制度。"参见谢玲、李爱年：《责任分配抑或权利确认：流域生态补偿适用条件之辨析》，《中国人口·资源与环境》2016年第10期，第109-115页。

及于特定区域，也可能及于整个流域甚至全社会，因此作为受益者的补偿主体，可以是中央政府、地方政府，也可以是相应的组织、个人，作为流域生态保护者的受偿主体，可以是地方政府、组织或个人。补偿的方式，既有政府补偿的方式，也有基于市场交易而谈判协商达成补偿协议的方式。

（二）我国流域生态补偿制度的立法和模式

1. 政策文件和立法

其一，流域生态补偿政策。我国的流域生态补偿起步较晚，20 世纪 90 年代晚期才开始流域生态补偿的试点工作，2007 年国家环保总局发布《关于开展生态补偿试点工作的指导意见》，正式将流域生态补偿列为生态补偿的领域之一。这一时期的流域生态补偿试点主要是在政府主导下依靠行政命令来推进的，很少有市场补偿的实践。2016年，国务院办公厅发布了《关于健全生态保护补偿机制的意见》，财政部、环保部等四部委发布了《关于加快建立流域上下游横向生态保护补偿机制的指导意见》，对全面推进流域生态保护补偿进行了政策层面的安排，探索建立多元化的补偿机制，特别是把"流域上下游横向生态保护补偿"作为流域生态保护补偿的重点。

其二，国家层面的立法。2008 年《水污染防治法》确认了流域生态保护补偿制度。[1] 但《水污染防治法》的规定仅仅是一个原则性的规定，对流域生态保护补偿机制的构建缺乏相应的可操作性规定。除此之外，目前尚没有流域生态保护补偿方面的统一专门立法。2011 年，国务院仅针对太湖流域生态保护补偿出台了《太湖流域管理条例》。

其三，地方层面的立法。地方相关的立法有多种表现形式：有的在流域水污染防治地方性法规中对生态补偿以专门条款予以规定，如

---

[1] 《水污染防治法》第八条："国家通过财政转移支付等方式，建立健全对位于饮用水水源保护区区域和江河、湖泊、水库上游地区的水环境生态保护补偿机制。"

1998 年安徽省第九届人民代表大会常务委员会第七次会议通过的《巢湖流域水污染防治条例》；还有通过流域生态补偿的专门立法或政策文件来规定生态补偿的内容，如 2011 年青岛市环境保护局和财政局联合下发的《墨水河流域生态补偿暂行办法》等。

流域生态补偿的政策与立法，尤其是流域生态补偿的地方立法，为探究生态补偿的内涵和本质提供了丰富的素材，理论界对流域生态补偿制度的关注将生态补偿制度的研究引向深入。然而，由于缺乏上位法的指引，不同地区的地方立法对流域生态补偿的同一个问题却作出不同的规定，反映出地方立法对流域生态补偿的内涵与外延的认识并不统一。

2. 我国流域生态补偿实践的基本模式

与森林生态保护具有的受益主体极为广泛之特征相比，流域生态保护虽然也具有较强的公共服务属性，但其受益主体往往表现出较为明显的地域性。相对来说，流域生态保护补偿的受益主体更容易确认或识别，如取水的自来水公司，因上游地区提供的优质生态服务而从中受益的下游用水企业等。因此，相对于生态保护补偿的其他领域，流域生态保护补偿的主体更具多元性，除了国家纵向的生态补偿项目，也有地方政府之间的横向补偿，还有企业参与补偿的身影。同时，补偿的方式也更加多样。既有国家和政府的行政补偿，也有市场化补偿的有益尝试。依学界的主流观点，我国流域生态保护补偿可以概括为以下三种主要模式[1]。

（1）基于流域源头保护的政府项目补偿模式。流域源头水环境质量决定着整个流域的水环境质量，流域源头的生态保护属于比较典型的公共服务。由政府主导流域生态保护建设项目，投入资金对流域源头保护进行的补偿，是当前流域生态保护补偿的最典型模式。如中

---

[1] 有学者将这三种模式概括为："一是基于河流源头保护的政府项目补偿模式；二是基于水污染控制的奖罚责任制；三是基于水资源短缺的水权交易模式。"参见刘世强：《我国流域生态补偿实践综述》，《求实》2011 年第 3 期，第 49-52 页。

央政府主导的青海三江源自然保护区的生态保护项目、江西省对东江源头及五河源头区域的保护性投入等。水源涵养区的生态补偿对流域生态保护具有全局性的功能，因此国家应当承担主要责任，同时应加强地区上下游政府之间的横向财政转移支付力度，以确保补偿资金的稳定与充足。

（2）基于水污染控制的跨界区域补偿模式。水质恶化是我国流域生态保护所面临的主要问题，水的流动性意味着水体污染会在流域内的不同行政区域中转移，流域上下游的污染纠纷与保护责任分配争议不断，这一现实迫切要求有合理的制度安排来破解跨界水污染治理与区域利益衡平的问题。2012年新安江流域生态补偿机制的试点，就属于基于水污染控制的跨省流域生态保护补偿的模式。[1] 近年来流域生态补偿的地方立法肯定了这一补偿模式。该模式考虑了流域不同区域的主要污染物减排任务、总量控制目标等因素，以行政区域跨界河流断面水质的监测数据为依据对水质超标进行惩罚和水质改善进行奖励。水污染控制的跨界区域补偿模式在很大程度上是源于水污染控制目标的倒逼作用，这一模式提供了可借鉴的成功经验。但由于统一立法的缺位、不同地区之间协调机制的缺乏及对生态补偿认识的偏差，这一模式尚未得到有效推广，有的地方在实践中已经将流域生态补偿异化为另一种治污的责任归咎机制，与生态利益正向供给的激励功能定位已相去甚远。

（3）基于水资源短缺的水权交易模式。该模式是以市场为基础，通过水资源供需双方的协商谈判而形成的交易补偿模式。当然，水权交易并不完全等同于民法意义上的合同交易，交易结果的达成仍然需要政府的协调和指导。一个经常被援引的典型案例是"义乌——东阳

---

[1]　王晋：《效率与公平兼顾的流域生态补偿制度研究》，浙江理工大学2016年硕士学位论文，第25页。

的水权交易案"[1]。水权交易中的确涉及流域水环境的保护，但由于目前我国立法对水资源权益的界定不清，对水权交易是否属于流域生态补偿的范围这一问题，学界尚存在争议。目前这一模式也尚在初步探索阶段。

（三）我国流域生态补偿制度构建的几个关键问题

1. 明确流域生态补偿的适用条件

在何种条件下适用流域生态补偿激励是构建流域生态补偿制度必须明确的问题。主流观点均倾向于责任配置。但是，"从责任配置的视角未能给流域生态补偿之适用条件提供一个合适的标准"，反而导致流域生态补偿"实践中出现补偿主体关系混乱、环境正外部性与负外部性糅杂、补偿与赔偿混淆"[2]的困境。生态补偿制度的基本功能是对生态利益的正向供给激励而非约束。而这一制度功能的定位决定了生态补偿制度构建的重心在于权利确认，即明确界定在何种条件下对哪类主体进行补偿。我们认为，流域生态补偿的适用条件包括以下三个方面。

（1）有生态增益行为。流域水环境保护实现了生态利益的正向增进，提升了流域生态系统服务功能，促使流域生态系统整体功能发生了积极变化，如实现了水质改善、水生生物多样性趋于丰富、水源涵养功能提升等，"且这种增加的生态利益产生了游离于创造者之外的溢出效果，被其他主体共同分享"[3]。

（2）非有责主体。流域资源的开发利用者在合法开发利用过程中，造成生态损害的后果，由开发利用者履行生态损害修复责任时不适用

---

[1] 2001 年 11 月 24 日，浙江省的东阳和义乌两市经过五轮磋商，签订了城市间水权转让协议：水资源较为丰富的东阳市将境内横锦水库 4999.9 万 m³ 水的永久使用权以 2 亿元的价格转让给水资源短缺的义乌市，义乌市按年实际供水量 0.1 元 /m³ 支付综合管理费。此外，东阳市对水库的所有权不变，还要对水库进行维护以保证其正常运转；水库到义乌的引水工程由义乌出资、东阳负责实施建设。参见刘世强：《我国流域生态补偿实践综述》，《求实》2011 年第 3 期，第 49–52 页。
[2][3] 谢玲、李爱年：《责任分配抑或权利确认：流域生态补偿适用条件之辨析》，《中国人口·资源与环境》2016 年第 10 期，第 109–115 页。

流域生态保护补偿。换言之，流域生态保护补偿应排除本身对流域生态系统的恢复负有责任的利用主体，同理，污染者的治理性修复也不在生态补偿的适用范围之内。

（3）不问主观动机。流域生态保护补偿中，只要产生了有益流域生态环境的正外部性行为，就应当由受益者给予补偿，至于流域生态保护主体的主观动机是什么则在所不问。

2.科学界定流域生态补偿法律关系的主体

当前各地方实践中的流域生态"补偿主体关系混乱、环境正外部性与负外部性糅杂、补偿与赔偿混淆，甚至出现流域上下游双向可逆的'相互补偿'论"[1]，尤其是权利主体的利益诉求被遮蔽。流域生态补偿法律关系的权利主体即流域生态补偿的受偿主体，应当为流域生态利益的正向供给者，也就是为流域生态利益的增加做出贡献的主体，包括：①地方政府。地方政府作为流域生态利益的权利主体并非出于自然资源所有权主体身份，而是因为当确定具体的贡献者以及确定各主体的具体贡献份额存在困难时，由区域地方政府以贡献主体代表人的身份取得受偿权。②个体。主要是农户，如为保护水源改变生产或生活方式或植树造林、涵养水源的水源保护地居民。③企业。如已达标排污却为减少污染而进一步改进生产技术的企业。

义务主体即流域生态补偿的补偿主体或者责任主体，包括：①企业和个人。作为流域生态补偿受益主体的企业和个人，在能够明确界分的情况下，如自来水公司等主体，由其直接承担补偿义务具有正当性。如流域上游进行生态保护取得实效，水质或水量得到改善时，流域下游的用水企业和个人应当对上游地区进行补偿，个人承担补偿责任的方式主要采用在水费中缴纳生态附加费等方式。②流域地方政府。如流域上游地区政府牺牲经济发展而保护生态环境，有益于流域下游地区的经济发展，此时下游流域政府应当给予上游流域政府以生态补

[1] 谢玲、李爱年：《责任分配抑或权利确认：流域生态补偿适用条件之辨析》，《中国人口·资源与环境》2016年第10期，第109-115页。

偿。③国家。由于生态利益的辐射性和受益主体的非特定性，决定了受益主体的界分往往并不清晰，因此，除了能明确界分受益主体的情形之外，原则上生态补偿的责任主体应由生态利益的当然提供者——国家概括承受。

3. 建立统一的协调管理机制

流域生态系统是一个统一的整体，流域上下游不同区域与行政区划的不一致导致区域之间的利益协调和补偿合意难以形成。因此，在统一流域生态补偿的适用条件并明确补偿主体的前提下，需要建立全流域统筹规划的协调管理机构。可以考虑以已经成立的流域管理委员会作为流域生态补偿的协调机构，协调流域生态利益的受益者与提供者之间的利益诉求，并对流域生态补偿的具体实施进行监督管理，实现流域生态补偿制度的正向激励功能。

三、生态功能区生态补偿制度

区域发展不平衡问题已经成为中国未来发展的瓶颈。我国的主体功能区划中，将国土空间划分为"优化开发、重点开发、限制开发、禁止开发"四类主体功能区。在"主体功能区划"的管理模式下，不同功能区域之间的"外部性"将十分明显，限制与禁止开发区大都集中在西部贫困落后地区，东部经济相对发达的地区则成为生态保护受益地区。生态利益提供主体与受益主体在地理范围上的不对应导致出现"贫困地区负担、富裕地区受益"的不合理局面。生态功能区生态补偿制度正是着眼于维护整体的生态安全，促进区域之间的公平与协调发展机制。

（一）生态功能区生态补偿制度概述

生态功能区是根据不同生态系统服务功能的重要性和生态敏感度而划分出的。2008年，由环境保护部和中国科学院共同编制完成的《全国生态功能区划》将全国生态功能区进行三级分类，并要求建立国家与地方重点生态功能保护区。我国的重要生态功能区主要包括江河源头区、重要水源涵养区、水土保持重点保护区和重点监督区、江河洪水调蓄区、防风固沙区和重要渔业水域等。生态功能保护区生态补偿制度是指为促进区域协调发展，实现生态产品及服务的持续供给和社会公平，通过财政转移支付或协议等方式，由政府或其他社会主体对恢复、建设和增进生态功能保护区生态产品和服务供给的提供者、特别牺牲者的经济和非经济形式的回报和弥补的制度安排。

（二）构建生态功能区生态补偿制度的正当性基础

流域、森林等生态补偿着眼于单一生态要素，而生态功能区则属于承载多种功能且生态类型多样化的相对独立的一个整体。这就产生了一个显而易见的问题：如果把生态功能区所承载的多种环境要素分解开来，单独建立流域、森林、草原、河流、土壤等领域的生态补偿制度，那么建立生态功能区生态补偿制度还有什么意义？会不会和单一要素生态补偿产生重叠？如果基于生态功能区的整体性以及各环境要素之间的相互密切联系的关系，需要在单一环境要素生态补偿制度之外再建立生态功能区生态补偿制度，补偿主体是否会产生重复补偿而加重负担？ [1] 笔者认为，生态功能区生态补偿制度的建立有其正当性，但基于单一环境要素的生态补偿理论无法为其提供充分的正当性理论证成，生态功能区生态补偿需要更有说服力的理论依据。有研究者主张，生态功能区生态补偿的正当性依据，可以用"土地用途管制下的行政补偿理论""土地发展权理论"，以及"特别牺牲理论"等进行解释，为生态功能区生态补偿提供理论依据。[2] 笔者同意这一看法。

[1][2] 任世丹：《重点生态功能区生态补偿正当性理论新探》，《中国地质大学学报（社会科学版）》2014 年第 14 卷第 1 期，第 17–21 页。

1. 土地用途管制下的行政补偿理论

主体功能区划作为我国实施的一项新型土地用途管制制度，其目的是通过对国土空间进行区划，对重点生态功能区加以特殊保护，限制其土地利用的范围和强度，进而实现国家的生态安全。这种管制制度给重点生态功能区的土地利用收益带来了一定的减损，有学者认为，从法律性质判断，"主体功能区划"实际上带有对财产权的"准征收"性质，即国家基于公共利益的需要，对公民的财产权实行带有"征收"性质的限制措施。依据行政法原则，行政征收需要国家进行合理补偿。[1]因此，生态功能区生态补偿制度有其行政法上的理论依据。

2. 土地发展权限制理论

民法土地权利理论中，"土地发展权"被认为是一种从土地所有权中分离出来的物权，土地发展权是通过对土地的开发利用，或土地用途变更来谋取更大发展增益的权利，性质上属于他物权，是土地所有权的派生权利。[2]我国主体功能区划制度对重点生态功能区的有关产业进行限制和禁止，从而构成了对重点生态功能区域内土地发展权利人权利的限制。对正当权利的限制应当给予合理补偿。

3. 特别牺牲理论

依据公平原则，每个区域都平等地享有自主选择土地利用方式及开发强度的权利。而主体功能区划恰恰是通过政府的干预，抑制生态功能区内土地等环境要素的经济性功能利用，强调生态功能区生态服务功能的维持与增进。因此，与其他主体功能区相比，生态功能区承受了超越其社会责任的义务，构成了一种特别牺牲，理应得到相应补偿。

---

[1] 任世丹：《重点生态功能区生态补偿正当性理论新探》，《中国地质大学学报（社会科学版）》2014 年第 14 卷第 1 期，第 17–21 页。
[2] 陈柏峰：《土地发展权的理论基础与制度前景》，《法学研究》2012 年第 4 期，第 99–114 页。

（三）我国生态功能区生态补偿存在的问题

1. 补偿主体单一，纵向补偿为主要补偿形式

目前我国开展的生态功能区生态补偿实践中，与其他领域的生态补偿一样，中央政府是最主要的补偿主体，补偿方式表现为单一的自上而下的纵向财政转移支付，缺乏横向的转移支付方式。一方面，单一的纵向补偿受制于中央财政补偿资金的有限性和持续性，难以为生态功能区生态利益的增进提供持续、充足的补偿。另一方面，中央财政来源于全体公民，以纵向转移支付为绝对主导的补偿未能体现受益区域对增益区域的补偿，从而并未改变"贫困地区负担、富裕地区受益"的不合理局面。

2. 地方政府考核机制不合理

不同的主体功能区划具有不同的功能面向，其中，限制开发区、禁止开发区的主要功能是保护和改善生态环境，提供生态服务，维护全局生态安全。然而，目前生态功能区政府的管理职能和管理方式均未能进行根本性变革。在主要以 GDP 作为地方政府考核指标的机制下，经济欠发达的生态保护区在"要温饱还是要环保"的两难选择中首先考虑的是经济发展。不少地方政府在招商引资过程中竞相提供各种优惠条件，导致一些"产业层次低、高消耗、高污染的项目在经济欠发达的生态保护区落户"[1]。

3. 补偿标准低，建设与保护的资金短缺，补偿机制不完善

目前的生态补偿远远低于生态功能区相关利益主体因生态保护而支付的成本和受损的利益，达不到生态利益正向供给的激励效果。与森林生态补偿一样，目前生态功能区的生态补偿也大多依据政策、项目进行，缺乏完善的生态补偿制度来规制，因此仍存在诸多因生态保护而致使利益相关者权利受损而未能得到补偿的情形。

---

[1] 王健：《我国生态补偿机制的现状及管理体制创新》，《中国行政管理》2007 年第 11 期，第 87—91 页。

4. 补偿政策、立法部门主导，管理混乱

我国的生态补偿缺乏国家层面的专门立法，各领域的生态补偿政策的制定与执行实际上由不同的主管部门分割主导，各利益相关者的话语权不足、参与不足。[1]这种现象在实践中产生了一些消极影响：补偿资金的分配基本上由部门主导，实践中真正因生态保护实际利益受损的农民、牧民得到的补偿往往不足，甚至不能弥补其生态保护的直接成本；"输血式"补偿多，对生态保护区进行产业扶持等"造血式"补偿少；资金的使用效率低。

（四）健全我国生态保护区生态补偿制度的建议

1. 建立横向财政转移支付制度

中央财政对生态补偿支出的有限性意味着完全依靠纵向转移支付难以实现对生态效益供给区域的充足补偿，同时也有违公平。因此，在完善中央财政转移支付制度的同时，应建立地方政府间的横向转移支付制度，即由生态受益地区的地方政府向生态保护地区的地方政府进行补偿。在我国科层制的行政权力纵向配置体系中，地方政府只需要对上级政府负责，同级地方政府之间不需要相互负责；加上央地事权分配中复杂的利益博弈，实现地方政府之间的横向补偿在体制上存在较大障碍。但是，这并不能否定地方政府之间开展横向补偿的正当性。横向补偿机制的建立，有助于打破体制桎梏，实现生态受益地区与生态保护地区之间、发达地区与欠发达地区之间、城乡之间的社会公共服务的均等化，实现社会公平。如何突破体制束缚实现地方政府之间的横向补偿，是生态功能区生态补偿制度建设中的一个难题。有学者提出"横向补偿纵向化"的建议，笔者认为这是一个非常好的思路。即在建立横向财政转移支付制度的初期，由中央政府确定统一的横向补偿标准，由生态受益地区的地方政府将横向补偿资金转移支付

---

[1] 王健：《主体功能区建设与资源生态补偿机制》，北京：国家行政学院出版社，2009 年，第 9 页。

给中央政府，再由中央政府通过纵向转移支付的办法支付给限制和禁止开发区域的地方政府。[1]这一思路避免了地方政府直接开展横向转移支付体制上的障碍，又实现了横向转移支付的目标，是一条可行的路径。

2.改革地方政府的考核机制

依主体功能区划制度，禁止开发区与限制开发区的首要功能是进行生态修复和生态保护。习近平总书记指出："绿水青山就是金山银山"，禁止开发区与限制开发区是生态屏障区，保护好这些区域的生态环境，是实现国家生态安全的保障，也是实现国民经济持续发展的保障。在对生态功能区进行有效补偿的前提下，与主体功能区定位相对应，对禁止开发区与限制开发区地方政府的考核应当以"绿水青山指标"即生态环境质量指标为主，包括水质、水土流失、森林覆盖率、生物多样性、环境公共服务水平等，而摒弃以 GDP 为主要考核指标的传统做法。[2]令人欣慰的是，党的十八大以后，对不同生态功能区地方政府的考核指标正在朝着分类考核的方向发展。

3.完善生态补偿资金制度，增加生态补偿的覆盖面

生态补偿基金除用财政拨款外，还可以来源于对木材制品、野生动物产品等生产和销售征收的生态税，水、电产业的生态附加税等方面。同时，应当将生态补偿的范围逐步扩大至因生态保护而致使相关者权利受损、不进行补偿有违公平的所有情形。当前较为突出的矛盾是因生态保护区划而被禁采、禁伐、禁捕而返贫农牧渔民的经济补偿与再就业的问题，生态移民后的生存和发展补偿问题等。

4.出台国家层面的统一立法

我国现有的生态补偿政策与立法主要是针对森林、流域等单一生态要素或特定经济活动等区域内的局部问题，而生态系统是一个不同

[1]　王健：《主体功能区建设与资源生态补偿机制》，北京：国家行政学院出版社，2009 年，第 9 页。
[2]　周明：《发改委官员：国家级"主体功能区"规划年内完成》，《中国证券报》2007 年 6 月 8 日第 A10 版。

生态要素相互影响、相互作用的统一整体，科学合理的生态补偿立法应当具有全局性、系统性。鉴于现有部门立法与政策制定带来的种种弊端，应当在整合现有政策与立法的基础上，推动法律位阶较高的《生态补偿条例》的立法进程。

四、矿产资源生态补偿制度

我国已有一些法律法规涉及矿产资源的综合利用与环境治理，并确立了环境影响评价、"三同时"、矿产资源相关许可证制度等一系列的法律制度。但现有的以命令控制为特征的法律规制未能从根本上触及矿产资源开发者的经济利益，矿产资源开发利用后带来的严重生态破坏与环境污染未能得到及时的治理与修复。

我国矿产资源开发引发的环境问题具有明显的地域性，西部地区是矿产资源的主要分布区，同时也是因矿产资源开发而引发环境问题的重灾区，历史欠账很多。长期以来西部地区在为国家和其他地区贡献廉价资源的同时，却承受着严重的生态破坏和环境污染恶果，这一不公平又因西部地区本身经济发展落后、自身无力治理生态损害而进一步加剧。因此，迫切需要在法律制度上进行重新安排以矫正矿产资源的生态利益与经济利益在区域和不同主体间分配的不公，积极应对解决矿产资源开发利用引发的生态破坏与损害救济的问题。

（一）矿产资源生态补偿制度概述

矿产资源开发中对生态破坏的修复性还原和利益相关人的损失弥补问题，与森林、流域和重要生态功能区的生态补偿问题有着显著的区别。森林、流域生态补偿均是针对生态利益的正外部性的外溢而引发的对生态利益供给主体的补偿，而矿产资源开发中对生态破坏的修复与对利益相关人的补偿，均是对开发中所造成的负外部性影响的弥补。因此，如果将法学概念中的生态补偿严格限制在对因生态增益行为而产生之损失的弥补，则矿产资源开发利用中的生态修复与对受损者之弥补均不属于严格意义上的环境法学生态补偿概念范围。

（二）我国矿产资源生态补偿政策立法及实践

长期以来，由于对矿产资源的产权属性与资源稀缺性补偿及开发中的外部性缺乏清晰认识，从整体上来评价，我国尚未形成完善的矿产资源有偿使用制度与真正意义上的生态补偿制度，从而导致了对矿产资源掠夺式开发的"公地悲剧"，并给矿区居民带来了严重的损害后果。目前的税费制度未能真正针对矿产资源不可再生的稀缺性进行补偿，也不足以对因生态环境破坏造成的生态价值损害进行补偿。

首先，矿产资源产权制度存在严重缺陷。矿产资源产权包括所有权、勘查权、开采权、收益权等。我国法律规定矿产资源归国家所有，探矿权与采矿权称为矿业权，按世界惯例，矿业权属于特许权，其取得需征得公法的授权，办理一定的手续并缴纳一定的款项。矿业权作为一种无形资产不同于矿产资源资产，后者是指某矿产地中的矿产资源实物，如矿床、矿体等物质的所有权。我国矿产资源立法对采矿权做了如下界定："采矿权，是指在依法取得的采矿许可证规定范围内，开采矿产资源和获得所开采的矿产品的权利。"[1]这一规定将矿业开采行为的特许权扩展到矿产资源资产的所有权，由此导致的严重后果是："我国矿产资源领域的法律法规中，由宪法规定的国家对自然资源的财产权益无从体现。实践上，这种立法失误造成中国国有资产长期流失，可以说，它构成了我国矿产资源开发行业长期混乱的根源！"[2]

其次，矿产资源税及矿产资源补偿费等对矿产资源的生态价值的补偿不足。矿产资源税的征收目的在于调节资源的级差收益，并不是为了实现环境保护和资源节约的目的。而收取矿产资源补偿费，"初衷在于补充国家对资源勘探投入的不足"[3]。虽然矿产资源补偿费的

---

[1] 国务院：《中华人民共和国矿产资源法实施细则》，载《中华人民共和国国务院公报》1994 年第 8 期。
[2] 时红秀：《矿产资源产权制度及开发补偿机制改革》，载王健：《主体功能区建设与资源生态补偿机制》，北京：国家行政学院出版社，2009 年，第 207 页。
[3] 黄锡生：《矿产资源生态补偿制度探究》，《现代法学》2006 年第 28 卷第 6 期，第 122-127 页。

最终用途也有 20% 用于环境保护，但"我国矿产资源补偿费占矿产品销售收入的比例为 1%~2%，仅相当于矿业发达国家体现资源所有者权益的权利金的 10% 左右"[1]。目前矿产资源补偿的构成从性质上看主要体现于对矿产资源自身经济价值的补偿，未能体现对生态价值和公平价值的补偿。现行补偿制度对矿产资源经济价值的补偿也很不充分：在矿业权取得环节，无偿占有矿业权的现象仍然存在；在矿产资源生产与销售环节，矿业企业付费水平过低；征收难度大，欠缴问题严重。总之，"与矿业发达国家征收的权利金相比"，我国补偿费"只占很小的一部分，不足以体现矿产资源的实际价值，尤其是跨代间的资源耗竭性补偿价值"[2]。

最后，生态补偿制度的缺失。目前由矿产资源税、探矿权使用费等构成的矿产资源补偿制度，无论在立法意图、计税依据还是在资金的使用上，均不足以体现对生态环境破坏及受损居民的补偿。如矿产资源税的征收以采出矿产品数量而非矿产储量为计税依据，导致矿产资源开发中出现"采富弃贫"的现象，浪费严重。2001 年实施的《矿产资源补偿费使用管理办法》第三条和第五条规定，矿产资源补偿费"主要用于矿产资源勘查支出、矿产资源保护支出及矿产资源补偿费征收部门经费补助"，"矿产资源保护支出主要用于独立矿山企业为提高矿产资源开采及回收利用水平而进行的技术开发与技术改造支出"[3]。可见，这些税收用于矿区环境治理、生态恢复、居民生活救助的部分则寥寥无几，更未有适当的资金安排，对矿产资源这种不可再生资源的代际公平补偿。

---

[1] 黄锡生：《矿产资源生态补偿制度探究》，《现代法学》2006 年第 28 卷第 6 期，第 122–127 页。
[2] 向文：《中国矿产资源生态补偿法律机制研究》，载《资源节约型、环境友好型社会建设与环境资源法的热点问题研究——2006 年全国环境资源法学研讨会论文集（二）》，2006 年 8 月。
[3] 财政部、国土资源部：《矿产资源补偿费使用管理办法》，国家能源局网站，2011 年 8 月 17 日。

（三）构建和完善我国矿产资源生态补偿制度的建议

1. 理顺矿产资源产权，进一步完善矿产资源有偿使用制度

如前所述，目前将采矿权从矿业开采行为的特许权扩展到矿产资源所有权的立法失误是导致矿产资源滥采的重要制度原因。因此，首先需要修改相关立法，重新界定采矿权的内涵，理顺矿产资源产权制度，真正做到矿产资源的有偿使用。提高采矿企业的付费水平，使其真正体现矿产品的市场价格。

2. 设立矿产资源生态补偿专项基金制度

国外对新老矿区采用不同补偿政策的经验值得我们借鉴。"对于老矿区的历史遗留问题，主要依靠政府投入资金。"[1]根据我国的国情，在很长一段时间内，矿产资源主要归属国有企业无偿开发，而所得的利润上缴中央财政，中央政府成为矿产资源开发的最大受益者，当地政府与矿区居民则成为矿产资源开发利用后带来的生态破坏和环境污染问题的承受者。因此，解决老矿区的生态修复和居民的生态损害赔偿问题所需要的矿产资源生态补偿专项基金，主要应当由中央政府来提供。美国"废弃矿恢复治理基金"的资金来源既有按规定对煤产品征收的恢复治理费，也有治理恢复后土地的收益，还有一些社会捐款等，这种基金来源的广泛性值得我们借鉴。另外，对于非国有企业开采遗留的老矿区修复和受损主体的赔偿问题，如果能确认责任主体，应当由有责主体承担。如果有责主体客观上无法承担责任，则仍应从补偿专项基金中支出。

3. 设立矿产资源生态修复押金制度

对于新的矿产资源开发主体，应当严格遵守"谁开发谁保护，谁破坏谁恢复"的原则，矿产资源开利用者应承担资源开发活动过程中和结束后的生态修复责任。可以借鉴国外的有益做法，吸收我国浙江省的实践探索经验，规定矿产资源开发主体在领取采矿证的同时，需

---

[1] 黄晓艳：《环境负效应的生态补偿政策与策略分析》，《污染防治技术》2014年第2期，第77-87页。

要签订有具体复垦标准的矿山生态环境治理责任书，并分期或一次性缴纳矿产资源生态修复押金，押金的总数额不得低于治理费用，押金在完成恢复治理且验收合格后予以返还。

第五节　完善生态补偿制度的法律思考

为建立健全生态补偿制度，落实《环境保护法》对生态保护补偿的原则，平衡生态利益和资源利益的冲突，实现人民群众对良好生态环境的期待，2016 年 5 月，国务院办公厅颁布《关于健全生态保护补偿机制的意见》（以下简称《意见》），在政策层面全面提出生态补偿制度建设的目标、主要领域、工作任务、运行机制和保障措施等。《意见》既是生态补偿法律规定的具体政策落实，又为生态补偿制度的法律完善提供了基础。根据《意见》的精神和要求，结合我国生态补偿的实践经验和理论研究成果，需要从以下五个方面推进生态补偿制度的完善。

一、健全生态补偿监督管理体制

生态补偿监督管理体制，是对生态补偿的规划、运行、协调、具体操作等进行全过程动态监督管理的组织与机制，是实施生态补偿制度的重要保障。在科层制的行政权力体系架构中，我国的生态环境管理体制主要体现为单一的纵向层级式的监管模式，各监管部门在各自的职责范围内对相关领域的生态补偿实施监督管理。长期以来，生态保护补偿机制涉及的领域有森林、草原、湿地、荒漠、海洋、水流、耕地等重点生态区域，相应的监管部门涉及国务院发展改革、财政、林业、国土资源、农业、渔业、水利、海洋、城乡建设等，多达十几个部委。这种体制安排突出了部门分工、职责法定，符合公共权力分工制约的行政法原理。但是，生态补偿是以生态系统综合性理念为指导的制度安排，具有调整对象的综合性、调整手段的多样性等特征，需要跨区域、跨流域、跨行业、跨部门高效协作才能实现制度设计的目的。为此，应当充分考虑生态补偿涉及的不同生态环境要素的特性，统筹考虑部门分工及生态补偿的综合性、协调性、高效性的要求，完善生态补偿监督管理体制。

笔者认为，生态补偿监督管理体制的改革，涉及国家行政管理体制的改革和公共权力的重新配置，应当结合国务院机构改革的最新进展，分阶段、分步骤地稳步推进。

（一）组建专门机构，统一负责生态补偿监督管理工作

我国的环境保护监督管理体制经历了几次改革，形成了"统一监督管理与分级分部门监督管理相结合"的体制。但这种体制下，"统一监督管理"作用发挥有限，自然生态监管实际上处于各部门"各自为政"的状态，且自然资源的所有权行使主体和管理主体不分，已经不能适应新时代生态文明建设的需要。为此，理论界进行了多年的探讨，提出"生态环境部""大环境部"等多种观点。十九大报告提出：为加强对生态文明建设的组织领导，要"设立国有自然资源资产管理和自然生态监管机构"。为落实十九大精神，2018年3月，十三届全国人大一次会议通过了国务院机构改革方案。本次机构改革方案组建了新的自然资源部、生态环境部，这是我国生态环境监管体制改革的新进展。在笔者看来，新机构的设立，突出了行使全民自然资源资产所有权者职责、行使国土空间管理和自然生态修复监管等方面的监管职责，实现了所有权行使者和监督管理者的分离，是我国生态环境监管体制的改革进一步走向纵深，意义重大。新组建的自然资源部统一行使自然资源资产所有者职责，由其行使生态补偿的具体实施工作，符合其"自然资源资产所有者"的身份定位。生态环境部将整合原来分散在各相关部委的自然生态监管职责，由其统一行使对生态补偿监督管理职责，将极大地降低管理成本，提高管理效率。

（二）进一步完善生态补偿监督管理的部际协调机制

本次政府机构改革中，自然资源部、生态环境部的组建是一个引人注目的亮点，实现了自然资源资产管理和自然生态监管的职权职责的整合，实现了自然资源所有者和监管者的分离，在很大程度上改变了以往"各自为政"的局面。但是，就生态保护补偿而言，仍然需要相关部门的协同配合。比如，国家发展改革委原来承担的"组织编制主体功能区规划职责"划归新组建的自然资源部，其原来承担的对生态保护补偿的牵头、协调职能是否也一并划转尚需要更权威的解释。财政部承担的对生态保护补偿资金的预算、监督管理等职能，仍然需要保留。为此，在生态保护补偿领域，仍然需要强调部际协调。

部际协调机制，是指由专门的部委负责牵头，其他相关监管部门共同参与，在协调一致的基础上分工负责的监管机制。建立部际协调机制的重点，在于落实监管部门之间的横向协同。目前，我国处理类似的跨部门综合性问题的通常做法是建立部际联席会议制度，由相关的监管部门定期召开会议，共同商定、协调落实一些涉及多部门职责的综合性事项，其特点在于兼具纵向机构的强制性和横向机构的灵活性，比单一的纵向或横向机构更能解决复杂问题。部际联席会议制度在我国行政监管的多个领域已经有了成功的实践。建立生态补偿监督管理的部际协调机制，其目的就是在注重发挥各部门在自身相关领域形成的管理执行优势的同时，更加注重发挥该机制横向的统筹协调作用和纵向的管理执行作用，防止因生态补偿领域涉及面广、利益主体复杂而出现单一部门难以应对的不利局面，更好地发挥各职能部门的作用，共同推动我国的生态补偿工作。鉴于政府及其主管部门的引导、管理对生态补偿的顺利开展具有十分重要的意义[1]，《意见》提出："建立由国家发展改革委、财政部会同有关部门组成的部际协调机制，加强跨行政区域生态保护补偿指导协调。"这一规定针对生态补偿的现

---

[1]　汪劲、秦玉才：《中国生态补偿立法路在前方》，北京：法律出版社，2013 年，第 380 页。

实需要，又结合了我国生态补偿监督管理体制现状，是一条可行的路径。但是，在国务院机构改革组建了新的自然资源部、生态环境部的情况下，应当由自然资源部、生态环境部牵头比较恰当。此外，《意见》中提出的"部际协调机制"比较笼统、宏观，建议在未来的生态补偿专门立法中做进一步的细化规定：国家对生态补偿实行中央统一决策、地方分级负责、生态保护相关利益主体参与的运行机制；自然资源部门、生态环境部门、国务院发展改革部门、财政部门建立生态保护补偿部际协调机制，在各自的职责范围内分工负责相关领域的生态补偿工作。

二、科学确定生态补偿的标准

建立科学的补偿标准是完善生态补偿制度的重点和难点问题之一。补偿标准设定不明确、不科学，必然造成生态补偿权利义务的失衡，导致新的社会不公平，引起相关利益主体的抵触，使生态补偿制度的实施效果大打折扣。实践中，对补偿标准的确定常见的模式有：政府根据财力和补偿意愿等主客观情况，单方面决定生态补偿的标准、范围和补偿额度；以环境资源行政主管部门提供的监测数据是否低于、达到或优于考核目标，决定生态补偿的标准、范围和补偿额度。以森林生态效益补偿为例，从实践中反馈的情况来看，一些地方的补助费用既不够营造生态公益林的费用，也不够管护的费用，更不能弥补因禁伐而给当地群众造成的经济损失。中西部的一些落后地区，群众能拿到的补偿就更低了，甚至有些地区只有国家的补助而没有地方补助。

《意见》对生态补偿标准体系建设提出了要求，明确了重点领域，同时也提出要强化监测，建立生态补偿统计指标体系和信息发布制度、积极培育生态服务价值评估机构、深化研究等应对措施，为科学界定生态补偿标准提供了有益指导。笔者认为，建立科学的评估补偿标准，应该从以下几个方面入手。

（一）生态补偿统计指标体系和信息发布制度

生态补偿涉及我国的多个政府职能部门，这些政府部门对各自分管的领域都建立了相应的统计和监测系统，但彼此之间存在一定的交叉和空白，且监测方法、统计口径不尽一致。从总体上看，我国目前尚未建立系统科学、完整的专门针对生态补偿的统计与监测体系，不能适应生态补偿制度建设的实际需要，应当从以下几个方面加以完善。

首先，制定生态补偿的统计与监测的指标体系。我国的生态补偿范围比较广泛，既有生态保护补偿，也有生态损害补偿，都需要对相应的生态环境状况进行统计监测。目前我国的生态环境监测网络存在监测范围和监测要素覆盖不全、建设规划和标准规范不统一等诸多问题。2015 年 8 月，国务院办公厅印发的《生态环境监测网络建设方案》提出了"到 2020 年全国生态环境监测网络基本实现环境质量、重点污染源、生态状况监测全覆盖"的目标。这一监测网络也应包括生态补偿相关的监测活动。应当着手制定科学的生态补偿统计与监测的指标体系，既能反映生态环境质量的总体状况，又能反映生态补偿对生态环境要素领域及重点生态功能区的特殊要求。

其次，建立生态补偿数据综合平台。为改变目前我国生态环境数据的统计与监测数据方面存在的彼此割裂、缺乏统一性的现状，应当逐步完善包括生态补偿数据的生态环境数据综合平台。建立包括生态补偿数据的生态环境数据综合平台是国家生态环境监测网络建设的重要组成部分，国家发展改革委、生态环境部要积极协调各部门，定期对监测、统计进行协调，促进相关的各部门参与数据平台的工作，逐步改变不同部门在生态环境数据上各行其是的状态，为生态补偿提供全面统一的统计与监测信息，为生态补偿的实施提供科学保障。

最后，保障统计监测数据的准确性。我国环境保护实践中，一些地方政府及其部门为追求政绩，对生态环境监测数据多有干预甚至出现统计数据造假事件。党的十八届五中全会决定实行省以下环保机构监测监察执法垂直管理制度，其目的之一是保证监测数据的准确性，防止地方干预监测数据。对此，还应当规定环境监测工作的法律责任。2016 年出台的《最高人民法院、最高人民检察院关于办理环境污染刑事案件适用法律若干问题的解释》第十条明确规定，破坏监测规则的行为以破坏计算机信息系统罪或环境污染罪从重处罚。随着我国生态文明建设的推进，涉及包括生态补偿在内的生态环境数据统计与监测的犯罪可能会增多，因此，应当加强对涉及生态环境数据造假类犯罪行为责任的追究。

（二）确立合理的补偿标准

我国生态补偿实践中存在的一个突出问题是补偿标准设置不科学，补偿数额偏低，甚至不足以弥补生态保护建设的成本。笔者认为，生态补偿标准的确定，应当在"价值评估法"和"机会成本法"两种标准之间衡量，根据我国经济社会发展水平和各地的实际情况，确定一个合理的标准，以"机会成本法"为最低补偿标准。即以弥补生态保护活动实际付出的成本为最低限度的补偿标准，同时充分考虑生态保护活动带来的生态利益的总量增进情况，以激发生态保护建设的积极性，实现社会公平。

此外，我国地域广阔，生态类型、环境因素多样，呈现地区差异的特点。不同地区、不同物种的抚育成本不同，不同地区群众的生态保护成本和发展机会成本也存在较大的差异。如果采用统一补偿标准，不考虑不同地域的实际情况，势必削弱部分生态保护者的积极性，导致生态系统得不到及时有效的管理和保护。因此，在补偿标准确定上，还应当考虑不同地域的自然特殊性，以生态环境监测数据为科学依据，建立多层次的体系化补偿标准，根据不同条件和情况公平合理地分配补偿资金，激发人民群众在保护生态环境方面的积极性。

（三）建立第三方评估机制

生态价值评估、生态保护机会成本评估是确定生态补偿标准的科学基础，通过评估使补偿的内容具体化和定量化，为生态补偿的实施提供科学依据。[1]当前我国对生态系统服务价值有三种评估模式：第一种是政府作为政策的制定方，在制定相关政策时进行的内部评估；第二种是公众作为政策的相对方，对相关政策的评估；第三种是相对于政府部门、政策涉及民众之外的其他组织和个人实施的评估是外部评估，也称为第三方评估。生态系统服务价值评估的评估主体的中立角色是保证结果公正的前提，由第三方机构实施的评估活动，在评估主体的独立性、评估全过程的公信力、评估结果的可检验性和可比性等方面，均具有优势。

三、完善政府补偿机制

政府补偿是目前我国生态补偿的主要方式，政府主要通过制定财政政策来弥补生态保护地居民因生态保护和建设而付出的机会成本和发展成本，实现生态利益和经济利益的平衡，促进当地的产业转型。政府补偿的主要方式是财政支付转移，在新的形势下，我国提出并推进"精准扶贫"战略，生态补偿与扶贫之间产生了某种联系。进一步健全以财政转移支付为核心的政府纵向补偿机制，建立政府间的横向补偿机制，处理好生态补偿与扶贫的关系，实现政府补偿的形式多样化，是完善政府补偿机制的重点内容。

（一）健全政府纵向生态补偿机制

政府纵向补偿机制的主要形式是财政转移支付。根据《中华人民共和国预算法》，财政转移支付制度是国家财政领域的重要制度。财政转移支付自 1994 年我国实施分税制财政管理体制以来，已成为中央平衡地方发展的重要途径。从我国现实的基本国情出发，基本公共

---

[1]　黄锡生、何雪梅：《生态价值评估制度探究——兼论资产评估法的完善》，《重庆大学学报（社会科学版）》2014 年第 1 期，第 120-125 页。

服务均等化的内容包括基本民生性服务、公共事业性服务、公益基础性服务、公共安全性服务等，其中生态维护、环境保护等内容也包含在公益基础性服务当中。随着生态文明战略的推进，国家财政逐步将生态环境保护纳入财政转移支付的考量范围之中，并已发展成为当前我国最主要的生态补偿途径。从 2013 年至今，用于生态补偿的中央财政转移支付数额呈现逐年上升趋势。总体来看，我国生态补偿资金主要依靠中央财政转移支付，其他渠道的生态补偿资金的投入相对较少。

根据党的十八届三中全会精神，2014 年颁布的《国务院关于深化预算管理制度改革的决定》提出"改革和完善财政转移支付制度，加快转移支付立法"。财政转移支付制度的改革和完善，要通盘考虑生态补偿的需要，实现财政转移支付制度法律化，从而建立起生态补偿转移支付稳定增长的法律保障。地方政府应当根据本地实际情况，制定纵向财政转移支付的落实规范，促进地方的生态补偿机制的健全和完善。

（二）建立政府间横向生态补偿机制

生态受益地区和生态保护地区之间因为生态功能存在着广泛的联系。在国家没有介入的情况下，彼此没有行政隶属关系的不同地区通过协商或者按照市场规则进行生态保护补偿被称为横向生态补偿。横向生态补偿机制丰富了生态补偿机制的类型，能够有效弥补纵向财政转移支付资金不足，为生态功能相对富裕但是财力不足的地区争取更多的补偿用于生态保护和建设。然而，政府间的跨区域生态补偿虽然拥有诸多优点，但是推进较难，究其原因，主要表现为：①两个没有隶属关系的行政区域之间就涉及利益关系的生态补偿的问题平等协商，面临很艰难的体制障碍。②生态受益地区与生态保护地区之间的责任关系界定不明确、补偿的标准如何确定没有依据等都是客观存在的问题。③对于政府间的横向生态补偿机制，目前尚没有出台具体的、具有可操作性的国家法律法规和政策。

横向模式的形成不能仅仅依靠地方政府之间协商，需要由中央政府统一构建，建立横向补偿协商平台，制定宏观的指导原则，鼓励各级地方政府在平台上就生态保护补偿平等地进行协商。这样既保证了平台的权威性，也有助于各个地区之间的协调，发挥横向模式共享、平等、互利的优点和特点，同时也符合国家的宏观政策。此外，还需要制定在横向协商平台使用的宏观框架，为实施横向生态保护补偿奠定基础。

（三）处理好生态补偿与扶贫的关系

生态补偿与扶贫开发有着紧密的联系，二者之间在实施对象、资金来源、实施效果等方面具有相似性。在我国，生态补偿制度实施中接受补偿的地区往往是落后的贫穷地区。我国强调精准扶贫，发动全社会参与扶贫，不能只依靠生态补偿来解决贫困问题。

从性质上看，生态补偿是生态保护受益者与生态服务提供者之间通过协商达成一致。从补偿的法律形式上看，生态补偿包括行政补偿与民事补偿。[1]生态补偿更加注重双方的合意，而扶贫是一种社会工作，以帮助贫困地区和贫困户发展生产、搞活经济、摆脱贫困为目的，对贫困地区和贫困户是一种单方面的帮助和扶持。实施生态补偿，需要听取民众意见，尊重民众的意愿，不宜搞一刀切，引导民众自愿主动提供生态服务，参与到生态补偿当中去。当前，上级政府需要发挥好动员和支持的作用，为生态保护受益者和生态服务提供者之间搭建合作的平台，制定好宏观的指导原则，鼓励双方进行合作。

（四）实现生态补偿形式的多样化

目前生态保护补偿方式比较单一，主要是资金补偿，而且是中央

---

[1] 黄锡生、张天泽：《论生态补偿的法律性质》，《北京航空航天大学学报（社会科学版）》2015年第 4 期，第 53–59 页。

财政提供的财政转移支付。在现阶段中央政府的财政转移支付中要加大对生态补偿的支持力度，这是推动生态文明建设、加快生态补偿机制完善的必要之举。必要的财政转移支付资金为生态补偿提供了很好的资金基础。生态补偿机制的完善，需要加快转移支付方面的立法，并建立起生态补偿转移支付的稳定增长机制。在对贫困地区的补偿方面，形式更要多样化，包括资金、政策、培训、技术等多种方式。生态补偿机制的完善需要注重提升形式的多样性，以利于生态服务提供者根据自身实际进行选择。除采用资金补偿外，还配合采用政策补偿、技术补偿、智力补偿等形式帮助提供生态服务的欠发达地区。协助这些地区找到适合自身的经济社会发展和环境资源保护协调发展之路。

四、推进市场补偿机制

（一）市场补偿机制

市场补偿机制是指按照市场规则由生态受益者向生态保护者进行补偿。"输血型"生态补偿机制有着先天的缺陷和不足，欠发达的生态保护地区容易形成资金依赖，缺乏自身对生态环境保护的动力和意愿。市场补偿属于"造血型"的生态保护补偿。20 世纪 90 年代以来，特别是随着《21 世纪议程》的出台，我国明确提出了要采取经济手段和市场机制来促进经济社会的可持续发展。在政府财政转移支付总量难以获得较大增长的前提下，市场补偿机制和社会补偿机制将成为筹集生态补偿资金的新的增长点和突破口。目前，市场补偿机制在我国应用较少，应当有效推进这一补偿模式的发展，以弥补政府补偿的不足，实现环境公平。

关于生态保护市场补偿的模式，有研究者认为应当包括生态资本评估机制、环境资源产权、环保市场投融资、环境税费制度等方面内容。[1] 有研究者认为，市场补偿的主要形式包括市场交易模式和税费制度改革。[2] 关于生态补偿市场机制的形式，目前理论界和实践部门并没有形成统一的认识。笔者认为，环境税费制度是我国环境法中既有的制度，制度设计的目的主要针对"生态损害"而进行的补偿，即环境资源的开发利用者因其合法开发利用行为而导致生态损害的后果应当承担的责任，与对生态保护行为产生的正外部性的补偿有不同的制度机理。本书将"生态保护补偿"和"生态损害补偿"进行了界分，环境税费制度本质上是"生态损害补偿"，本部分不对其加以讨论。因此，生态保护补偿的市场机制，主要是基于市场交易模式的"一对一谈判交易"、配额交易补偿等，这一补偿模式实现的前提是生态资源产权必须有明晰的界定。

从我国的现实考察来看，目前生态补偿市场机制面临的主要问题是生态资源的产权不明、生态利益的量化困难等。我国的生态资源属于全体人民或集体成员所有。在名义上，人人都是生态资源的主人，均可享受生态资源带来的效益。然而模糊的产权安排影响了生态补偿的顺利推进。生态资源开发利用过程中出现了两难的困境。一方面，生态资源丰富地区，需要限制开发或禁止开发以保护生态环境、维护生态安全，当地居民追求经济发展的意愿难以实现，承受着"生态资源诅咒"；另一方面，经济发达地区经济的快速发展导致生态资源遭受破坏、生态资源稀缺，当地居民获取更高质量生态服务的意愿难以满足。单靠国家层面，运用财政转移支付的纵向生态补偿难以突破这一两难的困境。因此，需要推动生态补偿的市场交易，而市场交易的前提是要明确生态资源的产权。应该明确界定生态资源的所有权、经营权和开发使用权，而且要保证这些权利的可转让性，从而确保收益权的实现。

在交易双方主体明确、权利义务关系明晰的前提下，以谈判的方

[1] 闫伟：《生态补偿市场机制初步研究》，吉林大学 2009 年硕士论文，第 iii 页。
[2] 冶英豪：《我国生态补偿的市场机制研究》，中共重庆市委党校 2015 年硕士论文，第 29–30 页。

式达成受益区对保护区的补偿协议，是国外生态补偿的常见做法，如生态系统服务付费制度。我国在这方面的实践较少，其原因主要在于自然资源产权不明。在笔者看来，新组建的自然资源部被赋予了"自然资源的确权登记"职责，这为自然资源产权的进一步明晰提供了契机。借助自然资源产权的确权，大力推进一对一协商谈判，达成补偿协调，应当成为我国生态保护市场补偿机制的完善方向。其中，政府在一对一协商谈判中扮演着重要的角色，生态环境服务的核算标准、谈判平台、法律与技术支持以及环境仲裁等都需要政府的参与，能够有效降低交易成本。

（二）发展社会补偿机制

社会补偿是对生态保护有觉悟的非利益相关者通过某种形式的资金募集和捐助，包括国际、国内各种组织和个人通过物质性的捐赠与援助，与生态保护义务群体之间建立惠益关系。[1] 在我国的生态补偿制度发展到一定阶段后，可能其性质就不再单纯是政府补偿。社会补偿作为必要补充，分担政府和市场失灵的风险，不仅增加了筹集生态环境建设和保护资金的来源和渠道，而且也有利于提高广大人民群众的环保意识，有利于克服官僚体制运作的低效率和腐败等弊端。

1. 社会捐助

生态补偿社会机制的参与资金来源比较广泛，最常见、最大众化的方式就是直接捐赠。2017 年《中华人民共和国企业所得税法》第九条修改为："企业发生的公益性捐赠支出，在年度利润总额 12% 以内的部分，准予在计算应纳税所得额时扣除；超过年度利润总额 12% 的部分，准予结转以后三年内在计算应纳税所得额时扣除。"新规定是对企业公益捐赠做法的鼓励和支持，也是与慈善法衔接，有利于推动企业履行社会责任，进行公益性捐赠。要积极引导企业将公益性捐

---

[1]　丁任重：《西部资源开发与生态补偿机制研究》，成都：西南财经大学出版社，2009 年，第 155 页。

赠投向生态补偿机制，引导企业为生态环境的建设和保护做出更大的贡献。在鼓励企业的同时，也需要广泛动员个人、民间组织、环保组织、中介组织关注生态补偿机制的建设，为我国生态补偿建设出一份力。总之，应积极引导社会各方参与生态补偿，拓宽生态补偿社会化运作的路径，探索符合社会特点的多层次、多渠道、多形式的生态补偿方式，形成政府引导、市场推进、社会参与的多元化获取生态补偿资金的局面。

此外，还要积极进行生态补偿宣传，增进全社会对生态补偿意义的认识，增强生态补偿的意识，自觉投入生态补偿的实践中。要形成全社会重视生态补偿宣传的氛围，民间组织、环保组织和个人不仅是生态补偿的参与者，也可以是生态补偿的宣传教育者。要让广大民众认识到，生态环境不能免费无限制地使用，享受生态系统的服务，还应当支付相应的费用。同时，树立生态资源节约意识。

2. 生态彩票

彩票具有重要的集资功能，在西方甚至被称作第二财政。近年来，我国彩票业市场空间广阔，发展前景乐观。彩票业发展十分迅速，全国彩票销售额从 2005 年的 716 亿元迅速增长到 2015 年的 3679 亿元。根据《彩票管理条例》，彩票是指"国家为筹集社会公益资金，促进社会公益事业发展而特许发行、依法销售，自然人自愿购买，并按照特定规则获得中奖机会的凭证"。"环保彩票"已经在国外出现。学术界对生态彩票已经进行了多年的深入研究，研究成果涉及生态彩票的理论依据、社会基础、民众心理、发行的模式、发行条件等诸多方面。实践中多个地区已经进行了初步尝试。我国的彩票采取国家直营的模式，我们可根据我国《彩票管理条例》中的彩票定义和发行规定设立生态彩票，将彩票业和生态补偿结合起来，实现"取之于民，用之于民"。更重要的是让更多的普通民众在购买彩票的同时也关心生态环境建设和保护，增强民众的生态意识。

3. 生态志愿者

生态志愿者也称环保志愿者、生态义工，与生态保护民间组织都是环境保护公众参与的重要力量。生态志愿者在许多国家都是广大公众参与生态补偿机制建设的有效途径之一。20 世纪 30 年代美国罗斯福新政时实施的民间资源保护队计划，先后招募了 200 余万名青年从事植树护林、防治水患、水土保持、道路建筑、开辟森林防火线和设置森林瞭望塔等工作。日本东北地区发生海啸之后，政府在海水浸泡的土地上建立人行绿道，许多市民自愿担任维护工作。随着我国生态文明建设进程的推进，绿色发展的理念深入人心，我国民众的生态保护意识明显提升，民间环保组织和环保人士大量涌现。作为不同于政府和企业的第三方力量这些组织和个人拥有其自身的优势和特点。对此，我们要鼓励引导，要充分发挥他们的积极作用，为生态补偿机制建设提供必要的资金、劳动、技术和智力支持。

4. 国际社会补偿

在生态补偿领域国家间的合作是主要方面，但是来自非政府的组织和基金会也发挥着越来越大的作用，其影响力在不断增强。进行生态补偿机制建设，也包括国际团体或个人的资金资助。我国应积极争取国际组织、世界野生动物保护基金会等民间国际组织直接对我国受补偿地区或群体进行补偿，积极利用国际资金。但是这种形式的资金是有限的，适宜于典型的特别贫困地区。

五、完善生态补偿的立法策略

我国《环境保护法》第三十一条对生态保护补偿作了原则性规定："国家建立、健全生态保护补偿制度。"除此之外，目前尚没有一部国家层面的生态补偿专门立法，虽然相关的自然资源和环境保护单行法律法规中，对各领域的生态补偿作了原则性规定，但普遍缺乏可操作性和系统性。实践中对生态补偿的调整主要是依据国务院各部门出台的政策，以及地方政府颁布的规范性文件。由于政策的稳定性、权威性和约束性较弱，影响了生态补偿制度的实施效果。因此，急需实现生态补偿政策的法律化，按照法治原则和要求，完善生态补偿法律制度，为生态补偿实践提供充分的法律保障。

（一）出台生态补偿领域的专门立法——《生态保护补偿条例》

从 2010 年开始，国务院相关部委即着手组织研究《生态保护补偿条例》的论证、起草工作。由于牵涉部门众多，利益纠葛复杂，迄今为止并没有提出适宜的草案。笔者认为，尽快出台生态补偿方面的专门立法，为生态补偿提供法律依据和保障，是目前生态补偿制度建设的当务之急。这里重点讨论生态补偿专门立法中的几个需要注意的问题。

1. 生态补偿专门立法的名称

对生态补偿概念的内涵和外延的认识，经历了一个过程。早期的生态补偿概念，无论是在理论研究还是在政策文件中，既包括对生态保护的正外部性行为的补偿，也包括对生态损害负外部性行为的补偿。随着认识的不断深化，生态补偿的概念主要被限定在狭义的概念，即"生态保护补偿"，2014 年修订的《环境保护法》即采用了这一概念。与之关联的"生态损害补偿"则逐渐从生态补偿概念中剥离出来，通过完善环境税费制度、建立生态损害赔偿制度等予以规制。因此，生态补偿立法的名称，应当限定为《生态保护补偿条例》。

2.《生态保护补偿条例》的主要内容

《生态保护补偿条例》定位为生态补偿领域的专门立法。其基本框架应当包含以下内容：总则；生态保护补偿模式；生态保护补偿标准；生态保护补偿资金和程序；生态保护补偿工作考核机制；法律责任等。

"总则"部分，主要规定：生态保护补偿的立法目的；生态保护

补偿的概念界定；立法的适用范围；生态保护补偿的基本原则；生态
保护补偿的监督管理体制、各方主体的权利义务、公众参与等。

"生态保护补偿模式"部分，主要对生态保护补偿的领域、政府
补偿模式、市场补偿模式、补偿方案的制定等内容作出规定。

"生态保护补偿标准"部分，主要规定合理补偿标准、充分补偿
标准、地方差异化补偿标准、补偿标准的制定程序、监测和评估指标
体系等。

"生态保护补偿资金和程序"部分，主要规定补偿资金来源、资
金申报、政府财政转移支付、资金用途和分配原则、资金分类管理、
补偿合同签订、信息公开、审计监督等。

"生态保护补偿工作考核机制"部分，主要规定监测评估和考核
指标体系、政府及部门考核、补偿对象生态保护效果考核、考核结果
使用等。

"法律责任"部分，主要规定政府部门及其工作人员、受偿主体
等各类主体的违法犯罪法律责任。

3. 生态补偿专门立法中应当注意的几个问题

①关于生态保护补偿的补偿主体和受偿主体及其权利义务配置。
根据生态保护和建设行为产生的生态价值的公共性程度的不同，把生
态保护补偿的补偿主体界定为政府和特定的生态受益者，其中政府是
最主要的补偿主体。受偿主体应当界定为生态环境保护者、资源开发
活动中和污染治理过程中因资源耗损或环境质量退化的直接受害者。
在厘清生态补偿法律关系主体的基础上，运用生态学和应用经济学规
律，充分体现生态利益衡平的理念，对各类主体在生态环境保护与建
设、资源开发与利用、环境污染与破坏过程中所产生的生态效益的增
进或生态效益的减损进行界定，再根据这种生态效益的增进或减损结
果，均衡配置各类主体之间的权利义务关系。

②关于生态保护补偿的具体法律制度构建。应当从保障生态利益

的合理补偿、有效供给和公平分享等方面进行构建和完善。其一，以
"机会成本法"为最低补偿标准，同时综合考虑"生态价值评估法"，
建立合理的补偿标准，以及需要考虑不同领域、不同地区之间的差异
化补偿标准。其二，确立多样化的生态保护补偿模式，在政府补偿的
基础上，鼓励开展基于协商谈判的市场交易补偿模式、社会化补偿模
式。其三，建立促进生态产业发展的激励制度与强制制度、社会各主
体在生态生产和保护中的义务与责任制度等，保障生态利益的有效供
给。其四，建立完善的生态补偿统计指标体系和信息发布制度，保障
生态监测数据的科学性；建立第三方评估机制，保证生态价值评估结
果的科学公正。其五，建立科学的考核体系和问责机制，以及公众参
与监督机制，保证生态保护补偿实施的效果。

（二）实现环境与资源立法中有关生态保护补偿内容的协同

长期以来，我国针对不同的环境与自然资源要素分别进行生态保
护补偿立法，这一模式无法适应生态环境的综合性和整体性。"碎片化"
立法不可避免地带有较强的部门立法色彩，补偿标准、补偿模式和补
偿程序不统一，相互之间协调性不足。针对这些问题，在尽快出台专
门的生态补偿立法的同时，要对现行环境与资源法律体系中有关生态
补偿的内容进行修改与整合。对《森林法》《草原法》《水土保持法》
《野生动物保护法》等已确立的生态保护补偿制度要进一步具体化，
使之具有可操作性和科学性。对其他资源保护和污染防治法增加生态
补偿制度，尤其是生态补偿要融入《环境影响评价法》中。修改某些
环境保护标准，在对生态服务功能的指标、监测手段、计量技术、补
偿标准等方面的研究取得进展，对生态服务功能损益的数量化标准较
为统一后，修改环境保护标准中的某些环境质量标准和污染物排放标
准，消除其冲突与抵牾，弥补重要领域的立法缺失，提高生态保护补
偿不同立法之间的协调性，形成协调统一的生态补偿制度体系。

此外，我国 2020 年通过的《民法典》确立了"绿色原则"，即

民事主体从事民事活动，应当有利于节约资源、保护生态环境。绿色原则的贯彻落实，需要物权法、侵权法等民事部门法制度的配合，也需要环境保护法律法规相应制度的配合。生态保护补偿制度是实现生态保护和受益主体之间利益平衡的制度，应当成为体现公平原则、绿色原则的典范制度。

（三）实现生态保护补偿地方立法与国家立法的协同

我国《立法法》赋予设区的市以立法权，将过去较大的市才享有的地方立法权主体扩大至设区的市，明确规定可以对"城乡建设与管理、环境保护和历史文化保护等方面的事项，制定地方性法规"。在《立法法》对环境保护领域的立法权下移的背景下，完善生态补偿地方立法，实现地方立法与国家立法的协同配合，应当成为完善地方生态保护补偿立法的方向。

生态保护补偿的地方立法，从立法规范的事项，可以划分为地方实施性立法、地方创制性立法两种类型。地方实施性立法，就是对上位法的原则性规定进行细化，以增强其可操作性。我国国家层面的生态保护补偿立法大多原则性较强，也不可能顾及地方的差异性，这为地方立法留下了足够的空间。地方实施性立法的主要任务，就是在遵从地方立法"不重复、不抵触、可操作、有特色"等基本原则的基础上，结合本地实际情况，强化国家立法中对生态保护补偿的原则性规定，突出地方特色，增强可操作性，实现国家生态保护补偿立法与地方立法的协同。

地方创制性立法，就是涉及地方事务的领域，国家立法没有相应规定的，可以根据本地的特点，先行制定地方法规和地方政府规章。我国的生态保护补偿在一些领域尚没有出台国家立法，如湿地生态保护补偿、大气环境质量生态补偿立法等领域，但一些地方已经先行出台了相关的地方法律规范。这种地方创制性立法的价值在于：一是填补相关领域的立法空白，弥补国家立法的不足；二是通过地方立法先行为国家立法积累经验。创制性地方立法应当在符合上位法基本精神的前提下，针对本地的实际问题，在制度设计上有所创新，实现法律的统一性与灵活性的结合。由此，积极促进各地方政府对生态补偿出台相应的地方性法律规范有益于生态补偿制度的发展。

第十章　环境行政问责制度研究

第一节　环境行政问责制度的原理

　　近年来，作为对我国环境问题日益严重和全社会环境意识不断增强的理论呼求和制度回应，环境行政问责制度迅速成为一个热点和重点问题。十九大报告对法治政府、国家监察体制改革的强调体现出对行政的更高要求。自 2015 年环保督察制展开，至今已经组织了四批中央环保督察组开展环境督察工作，引发了新一轮的环境行政问责高潮。我国现行环境基本法和环境单行法虽有环境法律责任的规定，如《环境保护法》《大气污染防治法》均设专章规定"法律责任"，但这些责任旨在针对环境开发利用主体和环境监管主体的违法行为，属于事后制裁，亦是消极意义上的法律责任。本书主要研究新理念下环境行政问责制度，这一制度关注环境行政权力行使的全过程，侧重事前和事中的监督与互动，重视行政机关积极承担环境监管职责，强调问责主体与问责对象之间的沟通与交流，并借互动督促行政机关积极履行职责。环境行政问责制度不限于惩戒，有着多种问责形式与问责方式。

　　随着我国生态文明体制建设的纵深发展，环境行政问责制度规范的质量不断完善，数量不断增加，逐渐形成了环境行政问责制度的规范体系。我国环境行政问责制度法律渊源多样：既有一般法律规范，也有专门的环境法律规范；既有全国性法律规范，也有地方性法律规范；既有法律规范，也有大量的党内法规、行政文件等非法律规范。众多的问责规范，构成了不同层级环境行政问责制度的规范体系。

但是，我国目前还没有环境行政问责的全国性专门性立法，各地实践中环境行政问责制度亦存在诸多不一致的地方。因此，在正式研究这一制度之前，有必要明确本部分的讨论对象和范围：其一，环境行政问责的内涵。环境行政问责由"环境""行政""问责"三部分构成，其中"行政"是对外延的限定，表明了问责适用的具体对象；"问责"是核心概念，它又可以分为动态的"问"以及静态的"责"；"环境"则是对行政问责的限定，即该制度限于环境领域对权力行使主体进行问责的问题。其二，环境行政问责的理论基础。环境行政问责的对象是行政机关及其工作人员，为什么需要对行政机关及其工作人员进行环境行政问责，如何保证问责的合法、有效等，都需要从理论上进行解释，对制度理论基础的研究，为环境行政问责提供理论依据，从而更好地认识和完善这一制度。其三，环境行政问责的类型及发展趋势。对环境行政问责进行分类研究，可以更好地理解环境行政问责的价值以及不同类型环境行政问责制度的功能。通过对环境行政问责制度发展趋势的认识，把握环境行政问责制度的脉搏，以期日臻完善。

一、环境行政问责的内涵解析

（一）问责

1."问"与"责"

《汉语大词典》对"问"的界定为：第一，询问，诘问；第二，论难、探讨；第三，考察、过问；第四，审讯；第五，追究等。[1] "问"不仅包括否定性的追究，还有询问、交流的含义。

对"责"的解释，《辞源》的解释有：求取、诘斥、非难、谴责；要求、督促；处罚、处理、责罚、加刑；义务、责任、负责；债等。[2] "责"更多地体现为某种不利后果。[3]

法学上，"责"体现为：一是分内应做的事，这种责任实际上是一种角色义务；二是特定的人对特定事项的发生、发展变化及其结果负有的积极助长义务；三是做不好分内应做的事或没有履行助长义务而承担的不利后果或强制性义务。[4] 因此，法律上的责任包括第一性的积极责任和第二性的消极责任，前者指的是一种职责，而后者指的是没有履行其职责（即第一性责任）而应承担的否定性评价或后果。分内义务不仅是个人的角色义务，也可以是对其所负责的组织中人员行为承担的一种控制义务。这实际上是一种领导责任，即"对于拥有权力或者权威的人，它不仅要对自己所做的事情负责，而且还要对他所能控制的人或者事负责"[5]。这种责任理念区分了直接责任和间接责任，对研究环境行政问责具有重要价值。

2. 问责的内涵

字面理解，"问责"是"问"与"责"的结合，即对角色义务、助长义务等义务的询问、交流和对未完成前述义务的不利后果的追究。但"问责"的内涵却并非二者含义的简单合并。我国最早研究问责制度的学者周亚越认为：问责主要是要求问责对象承担的一种否定性后果。[6] 这一界定与消极法律责任的概念相同，已不符合现代行政问责

---

[1] 罗竹风：《汉语大词典》（第7卷），北京：汉语大词典出版社，1993年，第29页。另外《现代汉语词典》对"问"的解释也有多种，其中就有："审讯、追究"和"管、干预"的意思。参见中国社会科学院语言研究所词典编辑室：《现代汉语词典》（第7版），北京：商务印书馆，2016年。
[2] 《辞源》（修订本），北京：商务印书馆，1980年，第1220页。
[3] 另外，《汉语大词典》的解释也是如此。《汉语大词典》对"责"的解释有八种，如索取、期望、责令、遣责、惩罚、贬谪、责任、写下或立下。《汉语大词典》（下卷），汉语大词典出版社，1997年，第5954-5955页。
[4] 张文显：《法哲学范畴研究》，北京：中国政法大学出版社，2001年，第118页。
[5] 陶学荣：《公共行政管理学导论》，北京：清华大学出版社，2005年，第200页。
[6] 周亚越：《行政问责制的内涵及其意义》，《理论与改革》2004年第4期，第41-43页。

制度的基本实践情况。因此，有学者认为：问责是要求就其行为的某种权限承担责任的过程，涉及回应和担责。[1] 这一界定不再局限于责任的承担，也强调回应的要求，可以说接近了现代问责的内核。也有学者从问责制度基本构成进行界定，即"问责制是一个系统的构成，可将其看作由角色担当 (responsibility)、说明回应 (answerability) 和违法责任 (liability) 组成的'三段式'"[2]。这一界定明确了问责制的不同结构和功能，界定了现代问责制的基本要素。后两种界定属于现代行政问责制的界定，但仍然需要明确的是责任指向、责任确认、责任内容、责任缘由、责任追究等一系列问题。

从问责适用的对象来看，问责有广义与狭义之分。

第一，广义的问责可以适用于任何委托代理关系中代理方对委托方的负责与回应。由于现代社会中委托代理行为广泛存在，因而问责也包括一般问责与公共问责。[3] 即问责不仅包括对公权力行使者的问责，也包括对私权利行使者的问责，例如公司治理中的问责。其理论依据是：每个社会主体——个人、组织和国家都负有特定的角色，享有不同的权利或权力，负担不同的义务或职责，因此必须通过法律手段来监督这些角色性的权力、职责、权利和义务的遵守。[4]

第二，狭义的问责主要是对公权力行使过程中的问责，包括立法权、司法权和行政权的问责。本书所指问责属于狭义范畴，指行政权行使过程中的问责，即"问责常常与公共行政联系在一起，被视为一种行政结构和治理方式"[5]。公权力作为典型的委托代理性质的权力，容易产生权力的滥用和懈怠，需要通过问责来监督公权力的行使。现代法律制度一般主要是从狭义的角度来研究问责法律制度。

---

[1] 余凌云：《行政法讲义》（第二版），清华大学出版社，2014 年，第 391 页。

[2] 史际春、冯辉：《"问责制"的研究——兼论问责制在中国经济法中的地位》，《政治与法律》2009 年第 1 期，第 2-9 页。

[3] 陈党：《问责法律制度研究》，北京：知识产权出版社，2008 年，第 30 页。

[4] 史际春、冯辉：《"问责制"研究——兼论问责制在中国经济法中的地位》，《政治与法律》2009 年第 1 期，第 2-9 页。

[5] 宋涛：《行政问责概念及内涵辨析》，《深圳大学学报（人文社会科学版）》2005 年第 2 期，第 42-46 页。

3.本书对问责的界定

从最初的追究事后责任到事前的职责分配、事中的解释说明、事后的责任追究，"问责"的内涵有一个较为清晰的发展历程，它在不断适应新时代、新形势下社会发展的需要。与广义问责无边无际的适用对象和范围相比，狭义问责针对公权力的行使，与本书着力点相同。因此本书采用狭义上的问责概念，即公共权力的享有者在行使权力的过程中受到社会主体全方位的监督的一种法律制度。但概念的圈定不等于内涵一成不变，问责不仅包含事后惩罚问责，还包含事前的职责分配、督促和事中的解释、说明与回应。

（二）行政问责

1.行政问责的语义分析

本书从语法角度切入，对行政问责主谓结构进行分析。行政问责包含主动语态和被动语态两种语义。在主动语态中，"行政"为主体，即由有权的行政机关对问责对象进行问责；在被动语态中，"行政"为问责对象，即对行政机关进行问责。如果从主动语态去分析，那就是行政机关去追究责任，问责主体过于狭隘而且与本书研究的"环境行政问责"不符合，因此，只能从被动意义的角度去分析，即追究行政者的责任，这里的行政者包含行政机关及其工作人员。

2.行政问责的责任范围

行政问责的责任范围可以从广义与狭义角度分别解析。广义上，行政问责体现为从仅受评论或批评，到失去职务，再到对其犯罪行为进行起诉。而狭义的责任范围，则指现代行政问责的独特要素。例如我国有学者认为，行政问责应该更重视其回应性，甚至建议将行政处分加以剔除，因为这样的问责，更加纯正。[1] 相较而言，广义上的行政问责制的责任范围既包括了一般的责任追究制度，也包括了问责制

---

[1]　余凌云：《行政法讲义》（第二版），北京：清华大学出版社，2014 年，第 393 页。

度所独有的一些要素。而狭义上行政问责制的责任范围，主要指行政机关的解释说明这样的回应性义务。本书认为，从研究的角度来看，尽管狭义的行政问责制的责任范围在研究上更加集中，也有利于理解行政问责在现代发展的趋势与功能，但行政问责的目的是对行政权力的监督与控制，是一种综合性的体系，不能依赖单一的方式，广义的行政问责制的责任范围更有利于对行政权力的监督与控制，也更加符合实践形态的要求。因此，本书采用广义的行政问责制的责任范围。

3. 行政问责对象的范围

目前，我国的问责对象主要是行政机关及其工作人员，包括集体与个体。从我国现有的行政问责制的规范文本来看，个体主要包括行政首长、行政工作人员、党政领导干部。[1]值得注意的是，随着行政问责功能不断强化，问责对象也在发生变化，与公共职能存在一定关系的非公共权力主体，也会受到问责的调控。问责对象从政府向社会团体和企业扩展。[2]

4. 本书对行政问责的界定

关于行政问责的界定，有以下几种观点。有人认为："行政问责是指特定的问责主体针对各级政府及其公务员承担的职责和义务的履行情况而实施的，并要求其承担否定性结果的一种规范。"[3]这一界定将问责限定在责任追究的范围，强调问责对象的否定性后果。有人认为："行政问责是指行政人员有义务就与其工作职责有关的工作绩效及社会效果接受责任授权人的质询并承担相应的处理结果。"[4]这一概念扩大了行政问责的内涵，即行政人员要接受权力授予人的监督。但该概念中监督主体仅限授权人，排除了其他问责主体的监督，显得过于狭隘。也有人认为："行政问责是问责主体按照法定的程序和规则，

[1] 余凌云：《行政法讲义》（第二版），北京：清华大学出版社，2014年，第379页。
[2] 陈廷辉：《环境政策型立法研究——基于对中国环境基本法立法模式的思考》，北京：中国政法大学出版社，2012年，第47页。
[3] 周亚越：《论我国行政问责制的法律缺失及其重构》，《行政法学研究》2005年第2期，第85—91页。
[4] 宋涛：《行政问责模式与中国的可行性选择》，《中国行政管理》2007年第2期，第9—13页。

强制性地要求政府官员就其行政决策、行政行为和行政结果进行解释、正当性辩护和接受失责的惩罚。"[1] 这一概念指出了行政问责的本质，即一种对行政权力的监督制约方式，但该概念没有考虑问责所具有的预防性功能。

世界银行专家的研究认为："行政问责是一个具有前瞻性的过程，通过它，政府官员就要就其行政决策、行政行为和行政结果进行解释和正确性的辩护，并据此接受失责的惩罚。"[2] 该界定强调了行政问责的前瞻性和过程性特点，也反映了行政问责的实质，即行政问责包括两个部分：一是行政机关的解释说明义务；二是如果失责将受到的惩罚。这一定义将行政问责界定为一般性的回应要求和责任追究，内蕴事先预防的特性，符合现代行政问责的基本要求。现代行政问责本质上是一个系统的吏治过程，而吏治重在监督、制约，预防理念应该贯穿行政问责的始终，如果仅注重事后监督，则往往会偏离行政问责所要达到的目的。故而，也应重视行政问责的事前预防与督促功能。事后的惩罚虽然也能起到一般预防的作用，但往往很难弥补已经造成的损害，在环境领域尤其如此。环境损害往往无法在短时间内修复，坚持事前预防原则才是防止损失的根本之道。因而，现代行政问责包含一般性的回应要求、责任追究，以及内蕴其中的事先预防与督促的意涵。

（三）环境行政问责

1. 环境行政问责的概念

根据对问责、行政问责的界定，本书将环境行政问责界定为：行政机关及其工作人员在履行环境职责的过程中，对其行为的解释说明义务，以及当其存在违法或不当行为时，所应接受的惩罚。履行环境

---

[1]　田侠：《行政问责制度研究》，中共中央党校 2009 年博士学位论文，第 17 页。
[2]　世界银行专家组：《公共部门的社会问责——理论探讨及模式分析》，宋涛译，北京：中国人民大学出版社，2007 年，摘要第 1 页。

职责的行为，体现为环境立法、决策与执法行为等。环境行政问责是
对有关环境职责履行的事项进行问责。环境行政问责与相关概念的比
较如下。

（1）环境行政问责与政府环境责任。政府环境责任是指中央、
地方政府在环境保护领域依法承担的环境职责，以及因为没有履责或
履责不符合规定所应承担的不利后果。首先，二者侧重点不同。环境
行政问责强调"问"，是动态的过程；而政府环境责任不管是积极的
责任还是消极的责任都是一种静态的责任。其次，二者内容不同。本
书一直强调环境行政问责是一个系统的吏治过程，注重监督预防，不
仅包括事后的责任追究，还包括问责事由出现前的约谈督促；而政府
环境责任没有这样的丰富内涵，主要还是强调政府的积极责任和消极
责任。

（2）环境行政问责与环境行政责任。环境行政责任是指因行政
主体、公务员在履行环境职责过程中违反行政法律尚未构成犯罪的行
为而受到的行政处分。首先，环境行政责任中的责任仅限于行政法律
责任，而环境行政问责除了法律责任还有政治责任和道德责任。其次，
环境行政问责突出的是"问"的动态性特征，而环境行政责任更多呈
现的是一种静态的责任。

2. 环境行政问责的特点

（1）环境行政问责涉及较强的专业性、技术性。这受制于环境
治理所具有的较强的专业性和技术性要求。例如环境质量的测定、环
境数据的统计、环境容量的评估、环境损害的鉴定等都具有非常强的
专业技术性。更为复杂的是，在环境损害方面不仅要考虑当前的损害，
还要考虑未来的损害及其贴现等。环境行政问责显然不能脱离环境行
政的专业性、技术性要求等特征。

（2）环境行政问责具有跨区域、跨流域的特点。环境污染具有
流动性，它可能会跨越多个流域和行政区域，影响范围广、人数多，

以至于治理难度大。跨区域环境治理往往需要不同区域行政主体的相互协作，防止以邻为壑。基于环境治理的这种特性，我国《环境保护法》第二十条提出了要建立环境区域联防协作机制。[1]在这样的机制下，环境行政问责就需要突破固有的行政区域，从跨区域、跨流域治理的角度来确定各地区、各部门的环境监管职责，进行跨区域、跨流域的环境行政问责。

（3）环境行政问责需要考虑环境问题形成的累积性特性。从环境问题形成的时间来看，环境问题分为突发性环境问题和累积性环境问题。突发性环境问题的问责相对容易，但现实中大量出现的是累积性环境问题，这些问题往往历经几届政府而爆发，责任追究与溯源的难度就非常大，如果"几届政府的责任由某一届政府来承担"，不仅对现任官员是不公平的，也不利于培养官员的责任意识。如果要具体地分清每一届政府的责任，有时在技术上是不可能的，有时在政治上是不可行的，这是环境行政问责面临的重大困难。对此，党内文件规定了自然资源离任审计制度和领导干部生态环境损害责任终身追究制度[2]，这些措施正是根据环境问题累积性特征而制定的，有利于明确责任、确立各级领导干部的环境保护意识。

二、环境行政问责的历史发展

环境行政问责是问责制度在环境领域里的运用。环境问题在工业革命后加速累积，在 19 世纪 40 年代后逐渐爆发并加剧，催生了环境行政问责的正式出现。

---

[1] 《环境保护法》第二十条："国家建立跨行政区域的重点区域、流域环境污染和生态破坏联合防治协调机制，实行统一规划、统一标准、统一监测、统一的防治措施。"

[2] 2015 年 9 月中共中央、国务院印发了《生态文明体制改革总体方案》，在第九章规定了"完善生态文明绩效评价考核和责任追究制度"，第五十条规定"对领导干部实行自然资源资产离任审计"、第五十一条规定"建立生态环境损害责任终身追究制"。

（一）西方国家环境行政问责的历史发展

西方国家的环境行政问责包括议会问责、司法问责与行政问责等类型。议会问责体现为法律规定政府必须向议会汇报环境状况，接受议会关于环境行政的审议等。例如美国在 1969 年制定的《国家环境政策法》明确规定：总统应自 1970 年 7 月 1 日起，每年向国会提交环境质量报告。司法问责则主要是通过环境行政诉讼来对政府的环境立法、环境决策与环境执法行为进行监督。在这一点上，美国表现最为典型。美国的环境行政诉讼（包括环境行政公益诉讼）数量庞大，体现出司法对行政监督范围较广、监督能力较强的特点。对于行政问责，各国政府根据官僚制的特点实行上级对下级的监督，即使在联邦制国家，例如美国，也重视中央政府对环境治理的统一管辖与协调作用。在美国，美国联邦环保局可以依法授权州政府实行环境治理，同时也对州政府的环境治理行为进行监督，甚至可以收回对州的授权直接实施法律，以保证环境法在联邦范围内得到统一的实施。

（二）我国环境行政问责的历史发展

在我国当代行政问责制度发展初期，涉及环境领域的问责很少。我国生态环境急剧恶化，以及社会整体环境意识不断提高的背景下，党和政府不得不采取积极措施来改变原有的发展观念和发展模式，环境行政问责亦被广泛应用。这一过程中，我国环境行政问责制度不断被强化，方式方法也不断创新，例如出现了"河长制""区域限批""行政约谈"这样的新型问责方式。以"约谈"为例，"约谈"首次出现是在税务征收领域，后来在其他领域不断扩展，主要针对严重的突发事件，如公共卫生事件、环境污染、重大矿难等。近年来，我国的环境约谈制度不断发展，逐渐形成了具有鲜明特色的环境行政问责类型。山东省出台的《突出环境问题约谈制度》是"约谈"问责方式在环境领域最早的体现，2010 年河南省郑州市出台的《重大环境问题警示约谈制度》[1]，提出警示约谈这一新的思路。2012 年，十八大首次提出"生态文明建设"理念，把生态建设融入经济建设、政治建设、社会建设、文化建设之中，并将其摆在突出地位。在这一背景下，2014 年《环境保护部约谈暂行办法》出台，要求被约谈者对其履行职务的情况进行说明，并提出整改的措施、要求、时限等，这是环境行政约谈正式确立的标志。[2]而 2015 年《党政领导干部生态环境损害责任追究办法（试行）》等党内法规出台，标志着问责在环境领域发展的新台阶。

从我国环境行政问责的发展来看，不管是偶发、个案式的问责还是逐渐走向制度化的问责，一般都由党政机关实施，主要是一种党政机关内部问责，并且主要侧重于事后的责任追究，这些问责方式虽有其合理性，但仍然是不完善的。

三、环境行政问责的理论基础

（一）政治合法性理论

1. 政治合法性

政治合法性，又称政治正当性。就传统正当性理论而言，"只要权力是根据正当规则获得并行使，并且有证据表明其得到了同意，我们就称之为正当的或是合法的。"[3]但现代社会对政治正当性的要求更高，"正当性是指特定社会现象因其自身具有的特定价值而被公众普遍认同的那种属性或状态。这包含两个基本要素：一是价值要素，即获得正当性的社会现象本身必然要具有某种特定的价值。二是认同要素。一种社会现象具有正当性最直接的表现便是取得公众的普遍认

---

[1]　《郑州市政府实施重大环境问题警示约谈制度》，河南省人民政府门户网站，2010 年 10 月 11 日。
[2]　聂帅均：《行政约谈制度的产生背景、现实困境及完善途径》，《党政干部学刊》2015 年第 9 期，第 9-13 页。
[3]　〔英〕大卫·边沁、傅建奇译：《通往社会科学的合法性概念》，《清华法治论衡》2002 年第 1 辑，第 94-130 页。

同。"[1]

任何一个政府都会重视其自身的正当性问题。根据社会契约论的观点，人们组成政府的目的是维护其自身的人身和财产安全，这一目的体现出政府正当性的价值要素；而政府是否做到这一点，政府及其行为是否获得了人们的认同，则是判断是否具备认同要素的标准。如果政府满足了这两个方面的要求，就可以说其获得了合法性，是一个在政治上具有合法性的政府。否则，其合法性必然会受到质疑。[2]

2. 环境问题对党和政府行为合法性的影响

《宪法》序言对中国共产党和中国政府的合法性问题进行了有力的论述。中国共产党领导中国各族人民在经历长期的艰难曲折的武装斗争和其他形式的斗争以后，建立了新型的独立政权，结束了中国百余年的半殖民地半封建的状态，带领人民走向独立和自主，从而确立了新政府合法性的价值和认同要素。之后，在国家治理过程中出现了一些失误。我国在党的十一届三中全会以后将国家工作重心转移到经济建设上来。经过三十多年的建设，我国在经济上取得了长足的发展，不仅经济总量已经跃居世界第二，而且与经济总量位居第一的美国日益接近、与经济总量位居第三的日本不断拉大距离。可以说，新时代人民生活水平的极大提高，物质和精神文明建设、社会主义现代化建设以及生态文明建设的巨大成就，成为我国党和政府行为合法性之依仗。

然而，在以经济建设为中心的发展过程中，环境问题被过度忽略。日益严重的环境问题，还与腐败、贫富差距等各种问题交织，对党和政府的行为合法性产生了巨大的负面影响。一是全局性的环境问题不断显现。土壤、水、大气、海洋等环境要素都受到了不同程度的污染和破坏，资源短缺、生物多样性问题也不断显现。以大气污染为例，近几年北方地区的大面积严重雾霾，实际上是长期以来我国大气污染

---

[1] 司久贵：《行政权正当性导论》，武汉大学 2001 年博士学位论文，第 1 页。
[2] 邓可祝：《政府环境责任研究》，北京：知识产权出版社，2014 年，第 31-32 页。

物排放超出环境容量和承载力的集中爆发。虽然现在我们已经开始重视环境治理，但环境治理需要长期不懈地努力。由于人们的环境意识不断提高，对环境问题的容忍度不断降低，如果环境问题不能及时有效地得到缓解或改善，整个社会对政府的不满就会加剧，政府行为的合法性也会受到挑战。二是局部环境污染和生态破坏严重影响当地居民的生产生活，甚至有的已经威胁到他们的基本生存。例如，"癌症村"的出现。环境问题的持续和加剧，不仅严重威胁公众的人身与财产安全，也会让他们对政府心生不满，进而影响政府行为的合法性。三是环境邻避冲突的发生。有的环境决策引起了大量当地居民的不满以及对抗，导致冲突的爆发。长期以来，我国公众参与弱化、环境信息公开不足。但在环境意识不断增强、信息赤字的恐慌、经济利益考虑等因素刺激之下，不同类型的邻避冲突案件频发。邻避冲突案件涉及人数多、范围广，一旦处理不当，就会致使冲突升级，将严重影响政府行为合法性的建设。

3. 通过环境行政问责提高政府行为合法性

环境行政问责是政府维护自身合法性的努力。环境行政问责旨在提高各级行政机关及其官员的环境意识，改变过去"重经济、轻环保"的习惯做法，来加强环境治理，改善政府在环境治理领域的合法性状况。我国不断加强环境行政问责的实践和应用，希望提高环境保护的绩效，主要的做法如下所述。

首先，加强环境监管并施行环境执法责任制。在环境法的实施中，行政实施是最重要的一种实施方式。此前我国一直面临环境法实施和执法的难题。我国不断采取措施强化环境监管和执法，加强环境执法责任制的建设，防止行政机关及其工作人员的违法行为和怠于履行职责行为。例如，2014 年 11 月 27 日发布的《国务院办公厅关于加强环境监管执法的通知》，对加强环境监管执法提出了严格的要求，并提出要"强化监管责任追究"。通过环境监管和执法责任制，提升环境法绩效，体现了通过环境行政问责加强政府行为合法性的努力。

其次，掀起了一场场环境问责风暴。为了提高政府在环境保护上的合法性，我国政府作出了巨大的努力，行政机关不断主动创新环境问责方式，以提高环境保护绩效。有学者认为我国"同体问责比较普遍，但往往流于形式，异体问责日益兴起，但阻力重重"[1]。但这一观点并不全面，实际上我国的许多问责形式都是行政机关主动实施的，并且取得了良好的效果。我国行政机关主动开展的环境行政问责有：第一，2005—2007年由当时的国家环境保护总局实施了4次"环保风暴"，主要解决一些企业漠视环境影响评价制度、未批先建的行为和地方政府忽视环境保护、弱化环境执法的行为，特别值得重视的是对一些地方政府实行"区域限批"，以追究这些地方政府的责任，如2007年1月10日，国家环境保护总局对唐山市、吕梁市、莱芜市、六盘水市4个城市及国电集团等4家电力企业实行了区域限批，对这些地区产生了极大的震动，加强了环境法的威力。第二，在"十一五"规划期间，将节能减排作为一种拘束性指标纳入各地考核体系，并且在每一年都进行考核，特别是在"十一五"的最后一年里，不断强化节能减排指标的完成考核，对各地产生了巨大的压力，从而保证了节能减排任务的完成。第三，中央和地方都制定了大量的环境问责规范、创新了环境问责形式，例如"河长制"，不断地加强环境行政问责。这些措施对于加强环境法的实施，产生了良好的效果。

（二）责任政府理论

1. 责任政府的基本理论

责任政府是现代政治学和公法学的基本概念。"责任政府是现代民主政治的一种基本价值理念，它要求政府必须迅速、有效地回应社会和民众的基本要求，并积极采取行动加以满足。"[2]也有学者认为，

---

[1] 陈毅：《责任政府的建设——理性化构建与民主化善治》，北京：北京大学出版社，2012年，第14页。
[2] 韩兆柱：《责任政府与政府问责制》，《2013年区域经济与河北沿海地区发展学术研讨会论文集》，2013年。

责任政府是政府负责地行使公共权力，向选民、立法机关和执政党负责，积极地回应并满足公民的各种社会需求的一种政府模式，同时，责任政府也包括对政府不负责任的各种行为进行制裁与控制的一整套机制。[1] 两个概念均强调现代政府对社会与民众诉求的回应性，但后一概念还强调对政府失责的追究，更为全面。蒋劲松教授认为存在两个层面的责任政府概念。第一是宪法制度上的责任政府，其实质是指政府对选民负责，为选民服务，它以维护政府的民主性质为根本。第二是行政制度上的责任政府，包含如下三个方面内涵：一是行政机关内部决策权的配置，即是行政首长负责制还是合议制，二是权责一致，三是问责制。[2] 可见，责任政府主要是从权力的来源和行政权力的要求方面加以考察的。在我国，前者强调的是行政机关权力来源于各级人大，而人大的权力来源于人民，因此政府必须为人民服务，对人民负责；后者强调的是在行政机关内部的责任划分，主要旨在提高行政效率以及惩戒官员的渎职等。[3] 目前在我国，责任政府理论主要是行政制度意义上的，即政府对其履行职责的解释说明义务、政府应承担违法或失当行为的惩罚。

责任政府发端于民主政治，也是现代政治的基本要求。这一点在我国宪法中也有充分的反映，我国《宪法》第二条和第三条是关于国家权力来源与人民地位的规定。[4] 根据这些规定，我们可以看出：我国的国家权力属于人民，但人民并不直接行使国家权力，而是选举各级人民代表大会，再由各级人民代表大会来组织"一府两院"，一切国家权力必须对人民负责、受人民监督，同时，人民也有权利通过各

---

[1] 李军鹏：《责任政府与政府问责制》，北京：人民出版社，2009年，第13页。
[2] 蒋劲松：《责任政府新论》，北京：社会科学文献出版社，2005年，第36页。
[3] 陈毅：《责任政府的建设——理性化构建与民主化善治》，北京：北京大学出版社，2012年，第231页。
[4] 《宪法》第二条："中华人民共和国的一切权力属于人民。人民行使国家权力的机关是全国人民代表大会和地方各级人民代表大会。人民依照法律规定，通过各种途径和形式，管理国家事务，管理经济和文化事业，管理社会事务。"第三条："中华人民共和国的国家机构实行民主集中制的原则。全国人民代表大会和地方各级人民代表大会都由民主选举产生，对人民负责，受人民监督。国家行政机关、审判机关、检察机关都由人民代表大会产生，对它负责，受它监督。"

种途径来参与、管理国家和社会事务。我国《宪法》的这两个条款，体现了非常丰富的现代国家理论，即人民主权理论、代议制理论、责任政府理论。根据人民主权理念，国家权力属于人民，人民通过契约的形式来让渡部分权力给政府。人民之所以服从政府，"完全是一种委托，是一种任用"[1]。人民通过选举代表来代替自己行使公共权力、管理国家事务，从而形成了代议制政府。受托者不受委托者的直接控制，往往会产生违背委托者意志的现象，因而需要对他们的行为加以监督。"他们（政府人员——引者注）仅仅是主权者的官吏，是以主权者的名义在行使着主权者所托付给他们的权力，而且只要主权者高兴，他就可以限制、改变和收回这种权力。"[2] 责任政府，正是为了保证国家公共权力正当与依法运行，保证人民在享受公共权力服务的同时，免受公共权力的不当侵犯。

2. 通过环境行政问责加强责任政府建设

我国重视责任政府理论主要开始于 2000 年前后，在中国期刊网上以"责任政府"为题名进行检索，一共有 615 篇论文（包括硕士、博士论文，检索时间 2017 年 1 月 18 日），2000 年之前一共只有三篇论文，2000 年发表了两篇论文。[3] 此后，以责任政府为题的论文逐年增加，到 2007 年达到顶峰，共有 77 篇之多。出现这样的变化，离不开社会发展的需要：一方面，我国从无限政府向有限政府的过渡和变革，必须明确政府的权力与责任；另一方面，大量的腐败问题和严重的社会安全事件，加速了对责任政府和政府责任的研究。我国也开始重视责任政府的制度建设，各个领域出现的大量问责规范，其实就是实现责任政府的制度尝试。

环境行政问责是环境法律实施领域的责任政府建设要义。环境行

---

[1][2]　卢梭：《社会契约论》，何兆武译，北京：商务印书馆，1982 年，第 77 页。
[3]　其中一篇是张成福教授发表的《责任政府论》，《中国人民大学学报》2000 年第 2 期，第 75–82 页。该文在学术界有重大影响，截至目前（2017 年 1 月 18 日）总引用数达到了 1637 次。

政问责通过加强"监管环境监管者"[1]、追究执法责任，促进责任政府建设，具体如下：

（1）环境监管者责任的识别。长期以来地方政府经济建设竞争格局导致新型的环境负外部性现象。某地通过污染获利，而责任却由相邻地方政府承担；现任领导通过只顾经济建设获得政绩而得到升迁，将由此造成的环境问题留给当地民众和下任领导。这两种政府环境治理中的负外部性问题，与企业经济行为的负外部性非常相似，即一部分主体通过损害环境获得利益，而由其他主体来承担环境损害的成本。环境行政问责即为识别责任主体，将外部成本内部化。

（2）应对执法过程中的违法失职行为。环境执法人员的违法失职行为表现：一是收受贿赂而为他人谋利；二是违法行使职权，如滥用自由裁量权等；三是怠于履行职责，即行政不作为。环境行政问责不仅对执法行为展开问责，还对执法责任进行追究。责任政府要求政府应对人民负责，并对自己没有履行或者没有正确履行职责的行为负责。政府采取各种环境行政问责形式，可以有效地追究相应的责任，加强责任政府建设。

3."治理"对环境行政问责的要求

随着行政管制向多元共治的转型，更多主体参与环境事务，形成了新型治理结构。例如，在公私合作型环境治理中，一些企业承担了过去由政府承担的环境治理责任和功能。这一变化对责任政府提出了新的挑战，政府责任的形式也发生了变化。

不同主体、不同手段共同作用于环境治理，形成了从环境管制向环境治理的转型。新时期环境治理具有治理主体多元、治理的全方位以及治理方式灵活等特点。[2]现代环境治理中的问责，包括平等关系的问责（如协作者相互之间问责）和垂直关系的问责（如利害关系人

[1] 吕忠梅：《监管环境监管者：立法缺失及制度构建》，《法商研究》2009 年第 26 卷第 5 期，第 139–145 页。
[2] 邓可祝：《环境合作治理视角下的守法导则研究》，《郑州大学学报（哲学社会科学版）》2016 年第 49 卷第 2 期，第 29–34 页。

对他们的代议机关或部门问责）。[1] 环境治理的出现，对问责制度提出了新的要求：

（1）治理方式的变化要求改变问责方式。现代环境治理要求政府创新履行职责方式，积极履行职责。例如，在企业环境守法领域，政府可以帮助企业守法以节约其守法成本与制度建设成本。这不仅可以预防环境问题的发生，还有助于实现环境质量改善的目标，提高环境保护绩效。这是一种强调事先预防、重视弹性管制的治理思路。根据环境问题的特殊性，在环境问题发生之前积极预防是环境治理的首要选择。而使用弹性方式来进行管制，可以更加灵活、更好地节约环境治理成本。与此相对应的是，政府行使职权会采取更加弹性的方式，这要求问责方式的相应变化。一是鼓励政府采取事先预防的问责方式，采取更加弹性的监督方式等来行使职权。例如，在违法行为不严重、环境问题未发生时，及时进行问责（如约谈），可以更好地预防环境问题，提升行政绩效。二是注重政府的解释说明义务，加强对社会疑问的回应。这些新的问责方式，既适应了现代治理条件下政府职能的变化，也满足了责任政府的要求。

（2）多元参与主体对环境问责的影响。在现代环境治理中，越来越多的主体参与环境治理的过程，如公私合作环境治理热潮中涌现的"第三方治理"。其中以环境污染第三方治理制度最为典型，该制度打破了原有的行政机关与企业（或相对人）之间的二元关系，体现出行政机关——第三方——企业这样的三元关系，甚至是更多主体之间的关系。政府的责任也发生了变化，不仅要监管企业的环境行为，还要监管第三方的环境行为。环境行政问责也出现了相应的变化，同时还要避免公法责任向私法责任逃遁，即"在公私协力中，虽然国家的责任承担方式发生了改变，国家总体上转变为担保者的角色，但国

---

[1] Cameron Holley：Facilitating Monitoring，Subverting Self-Interest and Limiting Discretion：Learning from "New" Forms of Accountability in Practice. Columbia Journal Of Environmental Law，2010，35（1）：127-211.

家并没有完全免责"[1]。此时，国家担保责任就是政府在环境合作治理条件下的新型责任形式。由此可见，在多元主体参与环境治理的背景下，环境行政问责的形式与内容也会发生变化。此时行政机关的环境职责更加丰富和复杂，对其进行的环境行政问责也需要加以改变，以适应新形势下环境治理的变化。

（三）生态文明建设法治化理论

1. 生态文明

生态文明是一种高级文明形态。工业文明极大地满足了人们的物质和精神需求，但对环境污染、生态破坏的漠视引发了人们的反思。"生态危机是工业文明走向衰亡的基本标志，生态文明作为一种新的文明将逐渐取代工业文明，成为未来社会的主要形态。"[2] 由此视之，生态文明是工业文明危机后的人类新型需要，是社会发展的必然结果。马斯洛的"需要与动机"理论认为，人的需要分为缺失性需要和超越性需要，缺失性需要是人的基本需要，它的实现需要外部资源的支撑，超越性需要是在缺失性需要满足之后的一种自我实现。[3] 如果说，在传统农业社会甚至是原始社会时期，人类在物质生产方面非常落后，那时的物质生产能力是人类的一种缺失性需要，那么在工业文明之后，人类的物质生产能力有了极大的提升，在这方面的缺失性需要已经减弱了，生态问题日益严重，使得良好的生态环境已经成为一种稀缺性的资源。良好生态环境的需要成为人类的一种缺失性需要。正如恩格斯所言，在社会主义条件下，需求的丰富性会使某种新的生产方式和新的生产对象具有非常重要的意义。[4] 在现代社会，人类已经基本上

---

[1] 邹焕聪：《国家担保责任视角下公私协力国家赔偿制度的构建》，《天津行政学院学报》2013年第6期，第78-82页。
[2] 申曙光：《生态文明及其理论与现实基础》，《北京大学学报（哲学社会科学版）》1994年第3期，第31-37、127页。
[3] 胡静：《环境法的正当性与制度选择》，北京：知识产权出版社，2009年，第56页。
[4] 中共中央马克思恩格斯列宁斯大林著作编译局：《马克思恩格斯全集》，北京：人民出版社，1979年，第132页。

可以享受到良好的物质和精神物品时，良好生态环境就成为一种新的基本需要。而在生态恶化已经影响到正常的人类生活的地方，这种需求显得更为迫切。对良好生态环境的需求正是对生态文明建设的需求。

2. 生态文明建设的法治化

改革开放后，我国非常重视法治化建设。十八届四中全会作出"全面推进依法治国的总目标是建设中国特色社会主义法治体系，建设社会主义法治国家"的重大决定，对生态文明建设提出明确要求："用严格的法律制度保护生态环境……制定完善生态补偿和土壤、水、大气污染防治及海洋生态环境保护等法律法规，促进生态文明建设。"[1]生态文明建设的法治化是全面推进依法治国的应有之义。此外，我国《生态文明体制改革总体方案》对生态文明法治化问题也作了明确规定，例如该方案在"生态文明体制改革的原则"中提出"坚持激励和约束并举……逐步实现市场化、法治化、制度化"。在"健全自然资源资产产权制度"部分提出"推进确权登记法治化"，在"生态文明体制改革的实施保障"部分提出"完善法律法规，为生态文明体制改革提供法治保障"，这些都是对生态文明法治化的基本要求。

生态文明建设需要法治化的推动与保障。根据《中共中央关于全面推进依法治国若干重大问题的决定》中依法治国的要素来看，依法治国包括：科学立法、严格执法、公正司法和全面守法，这些要素对生态文明建设也具有重要的意义。其主要体现在：一是完善环境立法，保障环境法在生态文明建设中的基础地位。二是重视环境执法，使环境法的规定得到有效实施，"徒法不足以自行"，只有加强环境执法，才能发挥环境法律的作用，提高环境质量。三是加强环境司法，重视司法在生态文明建设中的地位，过去我们一直偏重环境行政执法，环境司法的功能没有得到有效的重视，环境司法可以有效地弥补环境行政执法的不足，也可以对环境执法起到良好的监督作用。目前，我国

---

[1]　参见《中共中央关于全面推进依法治国若干重大问题的决定》。

环境司法的功能正在增强，这对生态文明建设的法治化具有关键性的作用。四是推动全民守法和保障公众参与，法治化不能仅仅依赖于国家公权力机关的努力，还有赖于社会公众的努力，全民守法在环境保护方面具有重要的作用。环境守法包括企业的环境守法，也包括公民个人的环境守法，企业的环境守法可以减少监管成本并提高环境保护绩效，而公民个人的环境守法可以发挥每一个个体的作用，更好地提高环境保护水平。

3. 生态文明建设法治化对环境行政问责的要求

加强生态文明法治化建设，必须重视环境行政问责制度。关于这一点，《中共中央 国务院关于加快推进生态文明建设的意见》（2015年4月25日）在"健全政绩考核制度"和"完善责任追究制度"两部分，对环境行政问责做了相应的规定。可以说，环境行政问责是生态文明建设法治化的重要组成部分。其具体的要求如下：

首先，在法律中规定行政机关应履行的职责及其相应责任。从权责一致的角度看，行政机关的职责必须与其权力相一致，权力过大或过小都不符合权责一致的要求，因此在环境法律中，应确定行政机关的相应职责。同时，也应重视行政机关不履行职责的责任，当行政机关没有履行相应职责时，应该对其进行问责。过去，我国环境立法重视政府的经济责任，而忽视政府在环境保护方面的责任；重视追究企业的环境违法责任，而忽视追究政府环境责任；强调政府的环境权力，而轻视政府的环境义务等。[1] 这是环境立法的一种失衡，不利于促进政府履行环境职责。近年来，这一问题已经逐渐受到重视。在制定或修改的环境法律中，开始重视平衡行政机关的权力与责任，保证在环境行政问责方面有法可依。

其次，保证环境行政问责法律规范得到执行。环境行政问责，可以纠正政府长期以来重经济、轻环保的做法，促进政府树立正确的生

---

[1]　蔡守秋：《论政府环境责任的缺陷和健全》，《河北法学》2008 年第 3 期，第 17-25 页。

态文明观，有效实施环境法律。而在现实中，由于各种原因，行政机关对环境法的实施不够重视。政府在履行环境职责中常出现失灵现象，如政府不作为或作为不合法、能力不足、效率低下等，极大地影响生态文明建设的进程。环境行政问责，以问责方式督促政府积极履行环境监管职责，提高政府效率，落实环境责任，它为生态文明建设提供制度保障。当然，这又必须依赖于环境行政问责制度的有效实施，需要各级政府改变观念，同时强化环境信息公开，通过社会监督的方式来保证环境行政问责规范得到落实。

最后，环境行政问责必须依法而行。在进行环境行政问责时，必须依据法律的规定开展，必须遵守法律规定的程序。只有这样，才能实现问责的规范化和法治化。[1] 这是生态文明建设法治化的基本要求。第一，问责必须依法进行。根据法律规定的职责来判断问责对象是否需要问责，而不能根据其他因素来追究其责任。特别是，不能仅仅为了平息一时的舆论压力而追究其责任。第二，问责必须依照法律程序进行。在环境行政问责制度中，应明确相应的追究程序，问责主体也需要依照相应的程序进行问责。第三，问责必须公正。问责结果必须与被问责的行为相适应，问责结果不能过重或者过轻。第四，必须维护问责对象的合法权利。严格守法保证问责本身的合法性，才能真正促进环境法的实施，实现生态文明建设的法治化。

四、环境行政问责的类型及新发展

（一）环境行政问责的类型

1. 按问责主体分

按问责主体分，环境行政问责可以分为议会问责、行政问责、司法问责和社会问责。

---

[1] 陈毅:《责任政府的建设——理性化构建与民主化善治》,北京: 北京大学出版社,2012年,第230页。

（1）议会问责。环境议会问责指的是议会（在我国是各级人大及其常委会）对行政机关及其工作人员在履行环境职责过程中的行为进行的一种问责。议会是代议制机关，享有国家的立法权、财政权、人事任免权，同时也有监督权，可以在行政问责中发挥有效作用。在环境法领域，议会问责主要体现为要求政府对其汇报环境保护工作、对政府的环境保护工作进行检查监督、对相关人员进行质询，另外，议会还可以通过财政拨款的方式来对政府的环境保护工作进行制约。

（2）行政问责。环境行政问责指的是由上级行政机关对下级行政机关或者行政机关对本机关的工作人员在履行职责过程中的行为进行的一种问责。行政问责的问责主体与问责对象之间存在隶属关系。严格地说，环境行政问责是就行政人员遵守行政系统内部的环境组织纪律以及因违反工作职责、组织纪律所进行的问责。在现代行政系统中，特别是在单一制国家，上级机关与下级机关之间、行政机关与其公务员、上级公务员与下级公务员之间存在命令服从关系，这是保证行政机关统一与效率的必要条件。环境行政问责通过行政系统内部隶属关系促进环境职责的履行和责任的追究。

（3）司法问责。司法问责指的是由法院来对行政机关及其工作人员在履行职责过程中的行为进行问责的方式。司法问责主要包括行政诉讼和对行政机关工作人员的刑事犯罪进行的审判活动。前者主要是相对人不服行政机关的行政行为而向法院提起诉讼，而由法院审理并做出判决的活动，是对行政机关行为进行的一种审判活动；后者主要是指行政机关工作人员的行为涉及犯罪，而由检察机关起诉，由法院进行审理并作出裁判的行为，是对行政机关工作人员的个人行为所进行的一种审判活动。

（4）社会问责。根据世界银行的定义，社会问责依靠公众的参与形成一种独特的问责，它通过一般市民或市民组织基于特定行政程序而参与，以直接或间接的方式来推进行政问责。[1] 其主要形式有：参与式预算、行政程序法案、社会审计和市民报告卡。[2] 虽然社会问责一般没有法律上的强制力，但受到越来越多的重视。现在许多国家有将社会问责制度化的趋势，以探索不同形式的社会问责。同时，社会问责也可以为正式的问责制度提供有效的线索，启动正式的行政问责，在问责制度中也具有重要作用。

2. 按问责对象分

按问责对象分，环境行政问责可以分为个体问责和单位（集体）问责。

（1）个体问责。个体问责指的是针对履行职责的工作人员所进行的问责。政府的行为总是由具体的个人来履行的，特别是行政机关的领导者，他们对职责的履行具有重要的作用，因此需要对其行为进行规范和调控，而问责制就是对他们的行为加以规范和调控的一种主要方式。在问责制中，特别强调对个人尤其是担任一定职务的领导人员来承担责任，这是符合现代行政中公务员双重身份的，也可以避免公务员的寻租行为。在问责对象上，我国有一个发展过程，我国最早开展的问责就是针对各级领导干部，后来是对执法人员，再后来是履行相应职务的人员，最近在环境领域实行党政同责。问责对象发生的变化，反映出我国行政问责制度越来越成熟、越来越有针对性，更加适应新形势的发展需要。

（2）单位问责。单位问责也可以称为集体问责，是指针对某一机关所进行的问责。在现代行政法中，行政主体是一个基本的概念，指的是享有行政职权，能以自己的名义作出行为并独立承担责任的组织。行政主体制度，体现了行政权力的公共性，保证了行政权力不会因为具体人员的变化而改变，从而具备了稳定性。在行政法中享有独立法律地位的是行政主体，而不是具体实施其职权的公务员。因此，

---

[1][2]　世界银行专家组：《公共部门的社会问责》，宋涛译，北京：中国人民大学出版社，2007年，第20页。

如果相对人对某一行政行为不服，必须以作出决定的行政机关为被告，而不能以具体实施的工作人员为被告。虽然这与对行政问责的一般理解不尽相同，但符合现代行政法原理。其主要表现为：一是在议会问责中，往往是以某一级政府作为问责对象而不仅仅是针对某一公务员进行问责，如我国人大的检查制度、政府向人大汇报环境状况等，实际上都是对某一机关的问责，而不是对具体的领导人员问责；二是在司法问责中，行政诉讼都是以某一机关为被告而进行问责，而不是以具体公务员的问责，只有在刑事诉讼中是对公务员个人行为进行问责；三是在行政问责中，既存在大量的对公务员进行的个体问责，也存在以某一机关为对象的问责。例如，我国的区域限批制度，就是以某一行政区域为对象的制裁，是以机关为对象的问责，即使是现在运用较多的约谈制度，实际上也是以某一行政区域为对象的一种问责形式。而社会问责，虽然也有对个人的问责，但更多仍是对机关的问责，例如，现在较严重的雾霾，社会抱怨的对象是政府这一整体而不是某一具体的公务员。

3. 按问责主体与问责对象的关系分

按问责主体与问责对象的关系分，环境行政问责可以分为内部问责和外部问责。

内部问责主要是行政机关的问责，上级机关可以对下级机关或者本级机关对其所属的工作人员的问责，问责主体与问责对象之间具有隶属关系，因此适用于内部行政法律关系来处理。外部问责是指问责主体与问责对象之间不存在隶属关系情况下的问责形式，议会问责、司法问责和社会问责都属于外部问责。比较复杂的是通过行政复议的问责，如前所述，本书将行政复议作为外部问责形式，因为行政复议制度的法治化程度较高，主要是由相对人提起的，其启动程序与其他内部问责存在较大不同，而且行政复议与行政诉讼的关系密切、性质相似，更适宜作为一种外部问责形式。

（二）环境行政问责的责任类型

在具体的问责形式上，学术界存在不同的分类。有学者指出行政问责责任类型包括"法律责任、政治责任、道德责任和经济责任等"[1]。还有学者认为行政问责应当包含"政治责任、行政责任、法律责任、道德责任四种类型"[2]。除此之外，还有多种关于行政问责责任类型的观点，例如有学者认为行政问责制的责任形式有等级问责、职业问责、法律问责和政治问责。[3]可见，学界在行政问责的责任类型的划分上并没有达成一致，主要原因是在划分责任类型的标准上存在不同观点。

本书根据行政机关及其工作人员履行职责及承担义务在内容上的差异，将行政问责的责任类型分为环境政治责任、环境行政责任、环境法律责任和环境道德责任。

1. 环境政治责任

政治责任是政治官员履行制定符合民意的公共政策，推动符合民意的公共政策执行的职责，以及没有履行这一职责时所应承担的谴责与制裁。[4]政治责任的追究是由英国的弹劾程序逐渐演变而来的。在西方国家，因政策失败，政务类公务员对民众承担政治责任已经成为一种政治惯例。[5]随着社会的发展，政治责任也有了许多的变化，现行的政治责任机制主要有议会问责机制，包括质询、不信任投票、国会调查权、弹劾机制、议会监督专员机制等；政党问责机制，包括在野党对执政党责任的追究和执政党对其内部政治责任的追究；选民问责机制，主要形式是定期选举和全民公决制度。[6]由于我国不实行直接选举制度，问责实践是在非竞争性选举的框架下进行的[7]，政治责

[1] 景云祥：《问责制的构架是责任政府建立的关键》，《行政论坛》2005年第4期，第8-11页。
[2] 刘仁文：《官员问责呼唤制度化》，《学习月刊》2006年第6期，第60页。
[3] 宋涛：《社会规律属性与行政问责实践检验》，北京：社会科学文献出版社，2010年，第94页。
[4] 李军鹏：《责任政府与政府问责制》，北京：人民出版社，2009年，第118页。
[5] 曹鎏：《行政官员问责的法治化研究》，北京：中国法制出版社，2011年，第54页。
[6] 李军鹏：《责任政府与政府问责制》，北京：人民出版社，2009年，第118页。
[7] 谷志军：《决策问责及其体系构建研究》，浙江大学2014年博士学位论文，第7页。

任主要体现为政府接受人大的监督，我国《环境保护法》第二十七条的规定，就是政治责任的一种要求。[1] 因此，我国的环境政治责任主要体现为行政首长等政务官员，对环境决策、环境治理行为、环境治理结果是否符合各级人大的要求而应承担的责任。

环境政治责任对政务官员提出了较高的要求，它没有具体的、精确的外部客观标准作为依据，通常以公民的满意度（表现为公民选举出来的议员，我国是由公民选举出的人大代表）作为判断政治责任的标准。承担责任的程度亦根据公民对其失去信任程度的不同而不同，最严重则致被剥夺行使行政权力的资格。

2. 环境行政责任

行政责任主要是指行政机关对所属工作人员或者下级机关在履行职责过程中存在的违法或者不当行为进行责任追究的一种责任形式。环境行政责任是指行政人员遵守行政系统内部的环境组织纪律以及因违反工作职责、组织纪律所承担的否定性后果。在现代行政系统中，特别是在单一制国家中，上级机关与下级机关之间、行政机关与其公务员、上级公务员与下级公务员之间存在命令服从关系，这是保证行政机关统一与效率的必要条件。上级可以对下级的行为进行有效的监督，追究下级违法或者不当行为的责任。在我国，国务院是最高行政机关，负责实施法律和执行全国人大及其常委会的决定，全国各级行政机关必须服从国务院的决定与命令。同时，根据《公务员法》和《监察法》的规定，上级机关可以对下级机关，本机关可以其公务员给予行政处分。我国《环境保护法》和各种环境单行法中，都有对行政机关及其工作人员的违法行为进行追究的规定，如在《环境保护法》第六十七条和六十八条中关于行政机关工作人员的行政处分的规定，就是一种环境行政责任。

---

[1]　《环境保护法》第二十七条："县级以上人民政府应当每年向本级人民代表大会或者人民代表大会常务委员会报告环境状况和环境保护目标完成情况，对发生的重大环境事件应当及时向本级人民代表大会常务委员会报告，依法接受监督。"

3. 环境法律责任

环境法律责任是指环境行政机关及工作人员的行为违反环境法律法规的规定，由有关国家机关进行追责的责任形式。行政法律责任的问责主体与问责对象之间不存在隶属关系，问责主体依据法律的规定来行使问责权力。其主要的问责主体是法院，其他主体如行政复议机关、同级人大及人大常委会也具有一定的问责权力。由法院行使的问责权力主要是对行政机关的具体环境行政行为进行直接审查、对抽象环境行政行为进行附带审查、追究相关行政机关工作人员在履行环境职责中的职务犯罪行为。各级行政复议机关行使环境法律责任的问责权，一般的行政机关可以基于上下级关系追究问责对象的环境行政责任，而环境法律责任则由行政复议机关来追究，因为虽然行政复议机关与被申请人之间一般也存在上下级关系，但由于对行政法治的强化，我国行政复议逐渐呈现出法治化的趋势。[1] 此时行政复议决定更多具有了法律责任的特征，如行政复议程序的启动、行政复议决定中的维持决定、确认违法决定、要求被申请人履行法定职责等都与行政诉讼的裁判非常接近，因此本部分将行政复议制度中的责任作为法律责任而不是行政责任。人大也有一定的环境法律责任的问责权力，最典型的是人大常委会对各级人民政府的环境规范性文件的合法性审查。

4. 环境道德责任

环境道德责任是指环境行政机关及其工作人员在履行行政职权过程中所应该遵守的环境道德义务以及因没有履行环境道德义务受到的道德责任的追究。环境道德责任包含两个方面的内容：一方面行政人员应拥有一般公民所有的道德素质；另一方面行政人员应该有与其所承担的角色相应的道德品行，这也成为判断行政人员是否承担道德责任的标准。

与环境法律责任相比，环境道德责任有三个显著的特点：①环境

---

[1] 耿玉基：《超越权力分工：行政司法化的证成与规制》，《法制与社会发展》2015 年第 3 期，第 178-192 页。

法律责任是靠国家强制力保证实施的，而环境道德责任更多依靠行政人员的自觉性实现；②环境道德责任比环境法律责任适用更广，它贯穿于行政人员行使权力的全过程而不局限于某一特定阶段；③与环境政治责任类似，环境道德责任也没有法律明文规定而且常常是连带的。此外，环境道德责任侧重于事前预防，让行政人员事先有自律意识因而自觉履行义务，这对环境保护至关重要。

行政机关及其工作人员拥有治理国家的能力固然重要，良好的道德品质亦不能忽略。再严格周密的监督体制也不能完全左右行政人员的行为。行政人员在执行法律或者上级命令过程中不可避免地会加入自己的主观因素，从这个角度讲，提升行政人员的内在道德品质比外在的强制监督更有意义。只有行政人员具有高尚的道德才能在法律没有规定时也能严格执法，在法律有规定时不会规避法律。而且，行政人员具有良好的内在道德，可以节约执法成本和监督成本。当然，因道德责任不具有强制性而作用有限，因此很多国家已经将道德责任上升到法律层面，例如美国制定了《政府道德法》，我国可以加以借鉴。

环境法律责任与环境政治责任、环境道德责任的关系表现为：承担环境政治责任、环境道德责任不一定会承担环境法律责任，但承担环境法律责任往往需要承担环境政治责任、环境道德责任，而且环境道德责任、环境政治责任在一定条件下可以转化为环境法律责任。

（三）环境行政问责的新发展与新要求

我国环境行政问责的历史虽然不长，但发展得非常快速，也呈现出一些新的特点。

1. 从内部问责向内部问责与外部问责相结合转变

过去，环境行政问责侧重于行政机关内部问责，存在问责乏力的情况。其主要原因是行政系统内部专门的监督部门受制于双层领导体制，在业务上接受本系统上级机关领导，在人事及经费管理上却受制于本级人民政府，地方人民政府在环境行政问责中同时充当了"运动

员"与"裁判员"的角色，导致行政系统内部专门的监督部门在环境
行政问责方面过度依赖于本级人民政府的态度和决心。如果政府的环境
保护态度不坚决，监督部门要进行严格的环境行政问责是非常困难的。

近年来，为了打破内部问责的尴尬，行政体系以外的外部问责得
到迅速发展。一方面是人大不断加强问责力度，发挥权力机关对政府
环境治理的监督作用，同时创造出"党政同责"的环境行政问责新形
式，解决两种权力体系并存、党政机关职能交叉的问题。另一方面，
环境保护领域的公众参与更加广泛，公众更多地参与到环保的过程中，
彰显公众在环保中的主体地位，也是一种广义上的社会问责。更重要
的是，司法机关在环境行政问责中的地位和作用得以彰显，环境行政
诉讼不断强化。因此，我国的环境行政问责正在从传统的单一内部问
责向内部问责与外部问责相结合的方向发展，问责主体更加多元化，
主体结构也更加合理。

2. 从应急型问责向长效型问责转变

过去，环境行政问责通常针对突发性环境污染事故、重大环境事
件等引起社会强烈反应的环境问题，环境行政问责的初衷主要是应对
社会舆论或是平息公民情绪，体现出"应急型问责"特征。这种应急
型问责仅仅将问责作为一种责任追究机制或一种纯粹的惩戒措施。虽
然在重大事件发生后对有关机关和人员进行问责对整肃吏治具有重要
性，但是仅仅将问责作为一种善后程序，难以完全实现问责功能。应
急型环境行政问责作为一种事后惩罚性的问责更多是对其他官员进行
警示和震慑，而此时环境的污染和对公众利益的实际损害往往已是既
成事实。[1] 目前，从中央到地方制定一系列环境行政问责的法律规范，
这为环境行政问责的制度化、规范化和常态化提供了依据。[2] 随着环
境行政问责的不断完善，其适用范围必将扩展到政府环境立法行为、

---

[1] 张贤明：《当代中国问责制度建设及实践的问题与对策》，《政治学研究》2012年第1期，第11—27页。
[2] 例如2006年2月，监察部、国家环保总局联合颁布我国首部关于环境行政问责的部门规章《环境
保护违法违纪行为处分暂行规定》；2013年云南省人民政府出台《云南省环境保护行政问责办法》等。

决策行为和执法行为，成为监督政府依法履行环保职能的长效型问责制度。这体现出环境行政问责常规的监督预防及其对公众关注问题的回应功能。

3. 从行政单独问责向党政同责的转变

过去，我国实行严格的党政分开原则，党的领导主要是政治、思想和组织的领导。基于党政分开的体制，过去我国行政问责制度都是针对行政机关及其工作人员，对各级党委及其组成人员则没有相应的问责制度，自然没有环境治理的问责要求，因为从党政分开体制上说，环境治理属于纯粹的行政事务。但这种问责制度在环境保护上，出现了一定的疏漏，不利于加强环境保护工作。其主要体现在：一方面，我国各级政府的党委与政府之间的成员往往存在"兼职"，这决定了党委和政府对环境工作的结果上实质承担责任；另一方面，我国各级政府都建立了"三重一大"制度，引进各类重大项目通常都需要经过本级党委决议。因此，为了加强党委的环境意识和环境职责，需要明确各级地方党委的环境责任。[1]

"党政同责"正式应用于环保领域，首见于 2015 年全国环境保护工作会议，这次会议明确提出要着力推动"党政同责""一岗双责"。2015 年 7 月，中央全面深化改革领导小组第十四次会议审议通过了《环境保护督察方案（试行）》《党政领导干部生态环境损害责任追究办法（试行）》等文件，明确要强化环境保护"党政同责"和"一岗双责"的要求。至此，我国正式确定了环境保护的党政同责。

4. 从"问责有过"向"问责无为"转变

过去，领导干部除非受到刑事处罚，否则一般都是只升不降。这种只上不下的官员晋升机制，给办事拖拉、相互推诿等"机关病"的繁殖提供了土壤。对政府职权而言，权责一致是基本要求，有权必有责。责任不仅包含消极责任，还包括积极责任。政府只有积极地履

---

[1] 《环保"党政同责"是我国生态文明建设的重大进步》，宣讲家网，2015 年 8 月 20 日。

行职责，才能为社会提供服务，满足社会的需求。如果政府"不作为"和"不服务"，就会直接影响到政府的合法性和整个行政效率，对社会亦有害无益。在环境领域也是如此，需要政府更多地履行环境治理的积极责任，包括积极地执法、积极地为企业的守法提供指导与帮助、积极地征求社会意见等，只有政府积极有为，才能更好地实现环境改善的目标。为了促进政府的积极有为，就需要对环境行政问责进行改进，不仅"问责有过"，也要"问责无为"。环境行政问责应注重事前预防，督促享有环境职权的部门及行政人员履行环境积极责任，提高环境行政效率，预防环境事件的发生。

5. 从"属地问责"向"跨区域问责"转变

作为一个中央集权制国家，除中央人民政府外，我国各级地方人民政府的行政管理职权都具有"属地管理"的特征，地方各级人民政府的行政执法范围都仅限于本行政区域内，对超出本辖区的事务则没有行政管理权力。因此，行政管理的属地特征使环境行政问责具有"属地问责"特征。环境问题具有流动与扩散的特性，其影响通常具有跨区域性，甚至具有全国性乃至全球性。环境行政"属地问责"有可能导致各地政府相互推诿，难以确定责任主体，不利于监督政府履行环境保护职责，并且容易产生政府在环境治理上的"负外部性"（详见前文责任政府理论论述）。对跨区域环境治理，只有开展跨区域、跨流域政府间合作，才能取得良好效果。为了促进各级政府更好地治理污染、改善环境，《环境保护法》第二十条的规定打破传统行政管理的地域限制[1]，从环境保护整体性出发，确立了环保联防联治机制。《京津冀及周边地区2017—2018年秋冬季大气污染综合治理攻坚行动量化问责规定》切实落实跨区域间问责。跨区域联合防治使环境行政问责制度呈现出克服"属地管理"的局限，向"跨区域问责"模式转变的趋势。

---

[1]　《环境保护法》第二十条："国家建立跨行政区域的重点区域、流域环境污染和生态破坏联合防治协调机制，实行统一规划、统一标准、统一监测、统一的防治措施。"

第二节 环境行政问责制度的立法与实践

一、国内环境行政问责的立法与实践现状

（一）环境行政问责的立法现状

1. 中央层面的立法

环境行政问责的法律渊源数量众多、层级多样，这些复杂的法律规范构成了环境行政问责的依据。具体而言，环境行政问责的法律规范有以下四类。

一是宪法规范。《宪法》是我国的根本大法，具有最高的法律地位，在环境行政问责方面，宪法规范主要体现在对行政机关的环境保护职责和行政机关应受的监督等方面的规定。首先，《宪法》规定了国家的环境保护任务，行政机关当然具有这方面的职责。《宪法》第二十六条确立了国家保护环境的基本任务；第七十一条规定专门的调查委员会；第七十三条规定了全国人大及常委会的质询权。[1]其次，《宪法》还规定了国务院的权力与地位、司法机关对行政机关的监督权力等。

二是法律层级的规范。首先，一般性问责规范。2005年的《公务员法》，是我国对公务员进行行政问责的重要依据，规定了对公务员行政处分的类型、程序、救济方式等。另外，《监督法》和《行政监察法》也为环境行政问责提供了有效的法律依据。其次，环境领域的问责规范。这主要体现在环境基本法和环境单行法中，关于前者，

---

[1] 《宪法》第二十六条第一款："国家保护和改善生活环境和生态环境，防止污染和其他公害。"第七十一条第一款："全国人民代表大会和全国人民代表大会常务委员会认为必要的时候，可以组织关于特定问题的调查委员会，并且根据调查委员会的报告，作出相应的决议。"第七十三条："全国人民代表大会代表在全国人民代表大会开会期间，全国人民代表大会常务委员会组成人员在常务委员会开会期间，有权依照法律规定的程序提出对国务院或者国务院各部、各委员会的质询案。受质询的机关必须负责答复。"

2014 年修订后的《环境保护法》包含了许多环境行政问责条款，例如：第六条规定了政府的环境质量的责任；第十条规定了环保部门的环境监督管理责任；第二十七条规定了政府向本级人大及常委会报告环境保护状况并接受监督；第五十三条确立公民的知情、参与和对环境保护进行监督的权利；尤其值得注意的是该法的第六十八条，该条直接规定了不履行、不符合规定履行环境监管职责所应承担的法律责任，为环境行政问责奠定了坚实的法律基础。[1] 关于后者，我国的《大气污染防治法》《水污染防治法》和《海洋环境保护法》等环境单行法律中也有类似规定，此处不再赘述。

三是法规与规章、行政规范性文件层级的规范。虽然上述的宪法和法律提供了法律依据，但整体而言比较笼统。为了加强环境问责，我国还有一些关于环境行政问责的专门行政法规、行政规章，当然也包括一些行政规范性文件，对宪法与法律规定的问责情形进行了明确和细化，使环境行政问责制度更加具有操作性。例如 2005 年国务院办公厅印发的《国务院办公厅关于行政执法责任制的若干意见》和 2007 年施行的《行政机关公务员处分条例》，对环境行政机关工作人员的问责也有约束效力。2006 年 2 月，国家监察部和国家环保总局联合颁布《环境保护违法违纪行为处分暂行规定》（以下简称《暂行规定》)，这是中央层面最早的一部与环境行政问责较为相关的法律规范，其目的在于"惩处国家行政机关及其工作人员、企业中由国家行政机关任命的人员环境保护违法违纪行为"，是一种事后惩处型的责任追

---

[1] 《环境保护法》第六条："地方各级政府应当对本行政区域的环境质量负责。"第十条规定："国务院环境保护主管部门，对全国环境保护工作实施统一监督管理；县级以上地方人民政府环境保护主管部门，对本行政区域环境保护工作实施统一监督管理。"第二十七条："县级以上人民政府应当每年向本级人民代表大会或者人民代表大会常务委员会报告环境状况和环境保护目标完成情况，对发生的重大环境事件应当及时向本级人民代表大会报告，依法接受监督。"第五十三条："公民、法人和其他组织依法享有获取环境信息、参与和监督环境保护的权利。"第六十八条："地方各级人民政府、县级以上人民政府环境保护主管部门和其他负有环境保护监督管理职责的部门有下列行为之一的，对直接负责的主管人员和其他直接责任人员给予记过、记大过或者降级处分；造成严重后果的，给予撤职或者开除处分，其主要负责人应当引咎辞职……"

究制度。2014 年《环境保护部约谈暂行办法》[1]出台，标志着环境行政约谈正式确立，这也是环境行政问责制度中首次出现柔性问责方式，表明了环境行政问责理念的创新，是环境行政问责领域的新发展，其进步意义不容忽视。

四是党内法规。在我国，作为执政党的中国共产党近年来也非常重视环境保护问题，并制定了大量的党内规范来强化党员干部的环境保护意识，规范党员干部的环境保护行为。这些由党的中央组织制定的文件，被称为"党内法规"，在环境保护方面也起到了越来越重要的作用。主要的党内法规有：2009 年 6 月 30 日发布的《关于实行党政领导干部问责的暂行规定》，问责对象是党政领导干部。2015 年出台了《党政领导干部生态环境损害责任追究办法（试行）》等党内法规，环境行政问责受到了前所未有的重视。2015 年中央深改小组通过了《环境保护督查方案（试行）》，这种常态的"督政"有利于促使行政机关及行政人员自觉履行环境监管职责。2016 年 6 月 28 日，中共中央审议通过的《中国共产党问责条例》为规范和强化环保领域的党内问责提供了明确依据。该条例明确要求对各级党组织进行问责，是一种单位问责形式，弥补了以往仅对领导干部个人进行问责的制度缺陷；针对单位和个人两种对象进行问责，具有不同的效果和功能。该条例的出台为我国当下实行的环境行政问责制度提供了有力支撑，为我国环境行政问责制度的完善奠定了坚实的基础。

2. 地方层面的立法

由于缺乏一部全国性的环境行政问责法律法规，而环境事件又屡屡发生，一些地方就根据本地实际制定了地方性法规、地方政府规章及规范性文件，为环境行政问责实践提供了依据。

表 10-1 中各地的环境行政问责的法律规范，在环境行政问责主体、客体、程序、事由以及责任形式等方面存在一定差异，但大体上

---

[1]　2014 年《环境保护部约谈暂行办法》要求被约谈者对其履行职务的情况进行说明，并提出整改的措施、要求、时限等。

都是参照中央的规定，并结合各地自身情况进一步细化。这些地方性环境行政问责的法律规范，对于我国环境行政问责制度的构建和完善具有重大意义。下面对这些地方性环境行政问责的法律规范进行具体的分析：

（1）环境行政问责的主体。从各地方的相关规定来看，环境行政问责的问责主体主要包括以下三类（表 10-2）：第一类是各级人民政府及相关部门，这里的相关部门通常是指负有环境监管职能的部门，这也是各地方在设定环境行政问责主体时采用的主要类型；第二类是监察、纪检等专门机关，这类机关属于我国行政机关和党的内部专门监督机关，实行合署办公，承担比较全面的问责职能；第三类是设立单独的机构作为问责主体，这类问责主体的设定方式相较于前面两类来说比较少见，但是这种方式的优势也很明显，即可以更大程度地保证问责主体的独立性以及问责的有效性。

表 10-1　地方环境行政问责的法律规范（部分）

颁布地区	名称	颁布时间
四川省	《环境污染事故行政责任追究办法》	2005 年 2 月
北京市	《关于违反环境保护法规追究行政责任的暂行规定》	2001 年 8 月
山东省	《环境污染行政责任追究办法》	2002 年 4 月
云南省	《环境保护行政问责办法》	2013 年 7 月
湖北省	《湖北省环境管理责任追究若干规定（试行）》	2008 年 3 月
	《湖北省环保厅系统干部问责暂行办法》	2014 年 3 月
河北省	《环境保护局执法过错责任追究办法》	2000 年 9 月
广西壮族自治区	《党政领导干部环境保护过错问责暂行办法》	2012 年 10 月
北京市，天津市，河北省，山西省，山东省，河南省	《京津冀及周边地区 2017—2018 年秋冬季大气污染综合治理攻坚行动量化问责规定》	2017 年 8 月

资料来源：各政府门户网站及北大法宝数据库。

表 10-2　环境行政问责主体分类

类型	问责主体
第一类	各级人民政府及有关部门按照干部管理权限决定（四川、北京、山东）
第二类	由行政监察机关（部门）依照有关规定组织实施（云南） 纪检监察机关或者组织人事部门（广西、湖北）
第三类	成立环境管理行政监察委员会（湖北） 设立行政执法过错追究领导小组（河北）

（2）环境行政问责的对象。从表 10-3 中可见，各个地区在问责对象方面的规定，几乎覆盖了负有环境保护监管职责的各类主体，呈现出从"问责个体"向"问责单位"、从问责内部党政机关向问责外部机构发展的特征。大部分地区都将各级人民政府和其工作部门以及公务人员作为主要的问责对象，而有些地区则将问责对象的范围扩大，只要是与环境保护有关并且具有"公共属性"的单位都被纳入问责对象的范畴，例如贵州省的规定，具有以问责党政机关及其公务人员为主，兼顾企事业单位、第三方机构等其他主体为辅的特点。[1]

表 10-3　关于环境行政问责对象拓展的主要阶段

阶段	问责对象	代表地方区域
第一阶段	问责对象通常限于以个体为主的常规的"公务人员"	各级人民政府及其工作部门的工作人员和由国家机关任命的企事业单位工作人员（四川） 各级政府及其负有环境保护"一岗双责"职责部门（含内设机构）的领导和工作人员，各级政府及组织人事部门任命和管理的企事业单位的领导和工作人员（云南）
第二阶段	将单位作为问责对象，并且将党组织纳入了问责对象的范围	本市行政机关、国有、集体企事业单位（含控股公司）及其工作人员（上海） 自治区范围内发生较大以上环境污染、生态破坏事件（事故）的，对负有领导责任的县级以上党委、政府及其工作部门、工作部门内设机构的领导成员，企事业单位中由党政机关任命的领导人员问责（追究本级政府的责任）（广西）

[1]　贵州省《关于违反环境保护法律法规党纪政纪处分的暂行规定》（2003 年 7 月）第三条："各级党组织及其党员以及人大机关、政协机关、审判机关、检察机关、人民团体、国有企事业单位及其工作人员有违反环境保护法律、法规行为的，参照本规定执行。"

续表

阶段	问责对象	代表地方区域
第三阶段	问责对象扩大到第三方机构	环保系统实施环境管理的各职能部门、单位及其工作人员，以及提供环境保护技术咨询和评估的中介服务机构及其工作人员（湖北）

（3）环境行政问责的范围。环境行政问责的范围是指哪些行为会被问责。各地关于问责事由的规定众多，归纳起来主要有以下三类：第一类，各类主体在履行环境保护职责过程中存在不履职、不当履职、违法履职等行为，这几乎将所有的"失职"行为囊括在内，具有问责范围广、监督全面等优点，成为各地区问责事由规范的主要模式。第二类，针对特定事由展开环境行政问责，其中以环境污染事故为主，例如《广西壮族自治区党政领导干部环境保护过错问责暂行办法》将问责事由明确在"较大以上环境污染、生态破坏事件（事故）、较大以上辐射事故"的范围。这种模式虽然问责范围有限，但是问责事由明确具体，使得问责更具有针对性，问责的效用也更明显。第三类，问责事由具有"结果导向型"的特点，要求必须出现法定的危害结果才能启动环境行政问责程序。例如《云南省环境保护行政问责办法》规定只有"在落实环境保护职责过程中不履职、不当履职、违法履职，并导致严重后果或者恶劣影响"的情况下，才能启动环境行政问责程序。这种模式相较于前两种来说并不科学：一是环境危害后果的显现具有隐蔽性和长期性的特点，这种"结果导向型"模式导致对责任主体的问责不够及时，甚至可能成为责任主体推脱责任、逃避惩处的借口；二是"严重后果""恶劣影响"等用词本身是不确定的法律概念，在判定上比较困难，容易成为启动环境行政问责程序的障碍。

（4）环境行政问责的责任类型及表现形式。环境行政问责的责任类型主要包括主观层面的道德责任和政治责任与客观层面的行政责任和法律责任两类，相应地也存在两种"立法模式"：一种是仅针对政治责任和道德责任进行规定，责任形式为公开道歉、作出书面检查、通报批评、调离工作岗位、停职检查、引咎辞职、责令辞职和免职等；另一种是对行政责任和法律责任的规定，其中行政责任主要表现为《公务员法》第五十六条规定行政处分，而法律责任主要体现为《行政复议法》《行政诉讼法》所规定的责任形式，当然对于公务员个人的职务犯罪行为，还可以根据《刑法》的规定追究其刑事责任。此外，还存在一种追究第三方机构的行政法律责任的特殊情况，例如《湖北省环境管理责任追究若干规定（试行）》就规定可以"暂扣或吊销直接责任人的环境监测人员上岗证"。

（二）环境行政问责的实践困境

2015 年 7 月 1 日，中央全面深化改革领导小组通过了《环境保护督查方案（试行）》，中央环保督察组开始对全国的生态环境进行分批次督察问责，此次大规模的环境行政问责发生的时间较近，更容易发现这种问责形式所具有的特点与存在的问题。因此，本书实践考察部分着重讨论第一批中央环保督察组督察之后各地区的问责情况。至2016 年 11 月底，第一批中央环保督察组对 8 个省区的督察结束，根据反馈意见，各地掀起新一轮"环境行政问责风暴"，见表10-4。

表 10-4 第一批中央环保督察组督察结果反馈（只针对问责）

督察地	办结案件	约谈	责任追究
内蒙古	1637 件	238 人	280 人
黑龙江		32 人	560 人
江苏	2451 件	618 人	449 人
江西	1050 件	220 人	124 人
河南	2682 件	148 人	1231 人
广西	2341 件	204 人	351 人
云南	1234 件	322 人	681 人
宁夏	476 件	35 人	105 人

资料来源：央视新闻和中国环境新闻（2016 年 11 月 24 日）。

此次督察结果共约谈 2176 个，责任追究 3422 个，罚款 1.98 亿元。河南省的办结举报案件高达 2682 件，责任追究人数达 1231 人，是督察的 8 个省中处理案件最多的。从 2016 年起，中央环保督察组用两年时间完成了对全国各省市的督察，主要任务是解决环境突出问题，落实环境保护的责任主体。第一批中央环保督察组深入调查之后，提出的反馈信息有以下三点。

1. 环境行政问责范围狭窄

有些地方降低环保考核标准，环保履职不力。如黑龙江省降低污水处理标准，推迟建立钢铁企业安装脱硫设施，未完成环境保护目标的地区没有被问责；江西省领导干部没有认清环境保护的迫切性，对当前的环境状况盲目乐观等。但是，由于没有造成严重的环境后果，这些环境行政人员并没有被问责。

2. 环境执法仍然受到诸多干扰

在督察中发现，只要没有发生严重的环境问题或者没有受到社会广泛关注，环境执法就会比较软弱，主要原因是环境执法受到了经济发展的制约。以云南先锋化工有限公司为例，它是地方政府招商引资项目，主要生产甲醇、汽油和液化天然气等产品。其所排出的废水、废气给周围居民的人身财产安全造成巨大的损害。[1] 据报道，该企业周围地里麦子枯萎、蔬菜上长满了黑斑，当地居民多次向环保部门反映。云南省环保厅曾先后 4 次对该企业作出停止违法生产、限期整改和罚款的通知，但是企业仍擅自开工生产。在被采访时，企业负责人指出"所排出的气体没有危害，而且该企业很特殊"，经调查发现，所谓的"特殊"就是指先锋化工企业是地方政府财政的主要来源，受到政府的扶持，而且政府曾经同意该企业向市级工业发展引导基金借款来扩大生产。该事例发生在距中央环保督察组到来仅有几天的时间，由此可以看出，这些企业并没有"惧惮"中央环保组的督察。无

---

[1] 《央视：云南先锋化工拒不停工 只因它是地方财政摇钱树》，人民网，2016 年 12 月 5 日。

独有偶，江西九江市彭泽矿山工业园区周围的天气"说变就变"，为应对中央环保督察组的督察，该企业停止生产，这时天空变得明亮，空气变得清新，等到督察组刚走不久又恢复生产，这里又变得"乌烟瘴气"。[1]2016 年 11 月，中央环保督察组发现，江西省乐平市人民政府多次用财政资金为 36 家企业代缴排污费，总额超过千万元。[2] 可见，被督察的地方并没有真正重视环境保护工作，环境执法不力现象比较严重。

3. 政府的身份悖论导致环境监督问责不力

许多高污染企业都是政府招商引资进来的，它们是地方纳税大户，是地方财政的来源。从某种层面来讲，这些企业的污染行为是地方政府允许的，政府与污染企业处在同一"战线"。在这种情况下，生态环境部门的执法会受到政府的干预，即使生态环境部门能够秉公执法，企业也会因为有政府的支持而对生态环境部门的执法置之不理。地方政府对本地环境质量负责，是法定的保护环境的机关，但是这种既当"运动员"又当"裁判员"的身份不可能让政府依法监管企业，甚至牺牲经济利益来保护环境利益。这是环境监管职责落实不到位、环境质量无法得到有效改善的真正原因。

由以上事例可以看出，有些地方政府偏重经济发展而忽视生态环境保护，生态环境部门由于人财物都依赖本级人民政府，通常不敢严格监管，即使严格执法也可能得不到执行。因此，环境行政问责关键在于对各级人民政府及其主要领导人员进行有效环境行政问责，或者是生态环境部门能有效地避免本级人民政府的干预，近期我国开始试点的环境监察与监测的垂直管理改革就是一种思路。只有这样，才能真正实现生态环境质量的改善。

---

[1] 《九江彭泽两张面孔瞒骗中央督查！肆意排污空气辣眼睛》，央视网，2016 年 12 月 3 日。
[2] 王硕：《江西乐平政府为企业代缴千万元排污费》，《新京报》2016 年 11 月 18 日第 A14 版。

（三）我国环境行政问责制度存在的问题

1.缺乏统一的环境行政问责立法

一方面，全国范围内统一的环境行政问责专门性法律法规仍然缺失，中央层面与环境行政问责制度相关内容的规定分散于宪法、法律、行政法规和部门规章中，比较零散且缺乏系统性。在立法指导思想方面，现行的环境行政问责表现为在环境污染和生态破坏发生之后的行政问责，即以"消极性问责"为主，依然是一种事后责任追究机制，缺乏以监督为导向的"全程提醒"规范。[1]另一方面，现有的环境行政问责法律规范存在法律位阶低、权威性弱的问题，虽然在《宪法》以及《环境保护法》这类法律规范中也有关于环境行政问责的相关规定，但是这类规定过于原则化，在问责实践中实用性较差。《环境保护违法违纪行为处分暂行规定》作为我国第一部全国适用的专门性环境行政问责规范，虽然可以成为追究政府的环境违法违纪行为责任的直接依据，但其仅是部门规章，法律位阶较低，权威性不足，存在很大的局限性，在实践中可能还没有《关于实行党政领导干部问责的暂行规定》这类党内法规更具有效力。

除了中央的问责规范外，我国环境行政问责的依据主要是各种类型的地方性法律规范。从上文论述可见，虽然这些地方性法律规范非常广泛，几乎涵盖了环境行政问责的各个方面，例如关于问责对象，不仅涉及政府及其公务人员等一般对象，甚至延伸至第三方机构等特殊对象，可以说是非常全面的。但地方性法律规范的适用具有局限性，尤其是问责范围方面，不同地方性规范之间有巨大的差别，例如四川省出台的《环境污染事故行政责任追究办法》和山东省出台的《环境污染行政责任追究办法》都将问责重点放在环境污染上，重点关注在环境污染事件中政府的失职行为，而缺乏对政府其他环境监管职责，如环境治理和生态保护的关注。同时，地方环境行政问责规范也可能

---

[1] 孙芳：《环境保护行政问责制若干问题研究》，苏州大学 2007 年硕士学位论文，第 24 页。

出现一定的弊端，例如：对于同样的环境违法或不当行为，在此地会被问责，甚至可能是重点问责，在彼地却可能不会被问责；在此地承担的是党内处分，在彼地却承担的是行政处分。而且各地有关环境行政问责的主体、对象、程序以及责任形式和惩处力度等方面的规定都存在差异，就全国而言缺乏统一性和科学性。

此外，虽然这些地方性法律规范几乎涵盖了环境行政问责的各个方面，但是，由于缺乏统一标准，一些地方政府在制定环境行政问责的规定和办法时照抄照搬，内容过于笼统、简单，缺乏针对性和实用性。

2. 环境行政外部问责功能尚未得到有效发挥

首先，人大问责。人大不仅有法定的质询权、调查权等，更为重要的是人大拥有对行政官员的任免权，这本应是人大作为环境行政问责主体的至关重要的权力，而实际上人大问责在环境行政问责中作用较为薄弱，人大问责权运用的范围和力度都没有达到法律要求和社会预期。造成这种困境的主要原因是人大没有专门的问责机关，现实中人大及其常委会难以对政府展开日常的、全面的、具体的履责监督和责任追究。全国人大一般每年召开一次会议，会议期限是二十天左右，在此期间需要处理大量的工作，很难对政府履行环境职责的情况进行专门性的审查与监督。在人大闭会期间，其常委会也需要履行多项职责，无法有规律地、全面地对政府履行环境职责的情况进行监督。而根据我国法律规定，目前全国人大常委会的专门委员会又不具有独立的监督权，例如全国人大环境与资源保护委员会没有被赋予充分的问责权。[1] 可见，人大具有较强的法律监督权，但由于监督问责的能力受到了一定的限制，在环境领域的人大问责效果欠佳。

其次，司法问责。司法问责主要指由法院进行的问责形式，主要是行政诉讼制度。目前我国的环境行政诉讼制度已经得到了迅速发展，但离环境行政问责的理想状态还有相当长的距离。这将在后文进

---

[1]　娄焕英：《中国环境问责制研究》，中南林业科技大学 2013 年硕士学位论文，第 24 页。

行探讨。

最后，公众问责。现实中，由公众发起的环境行政问责并不多见。公众问责薄弱的主要原因在于：一是环境信息公开程度不高，公众环境问责需要建立在足够的环境信息基础之上，但我国目前环境信息公开还不够完善，不仅公开的信息较少，而且宣传也不普遍，公众对环境信息的有效利用能力也不高；二是公众的环境参与意愿参差不齐，一些公众对于环境公众事务并不关心；三是参与的权威不足，由于公众问责主要是一种舆论的问责，是通过一定的社会舆论向有权问责主体提供问责线索，由有权主体进行问责，或者是通过舆论压力来促进有权主体的问责，即公众问责的效用通常表现为广泛的新闻媒体报道以及舆论压力激起"民愤"，从而推动其他权力机关迅速介入展开行政问责，其自身的权威性有限；四是公众问责的制度保障还不完善，公众问责也需要有一系列的制度作保障，如公众参与制度、公益诉讼制度等，目前在这方面我国还处于欠发达程度。因此，我国的公众问责还没有起到应有的效果。

3. 环境行政问责对象的确定存在困难

按照"权责一致"的原则，凡是负有环境保护职责的组织及其工作人员，都应当是问责对象，但实践中存在问责对象混乱的现象。我国环境行政问责实践中，对于一定的环境问责事由，如何确定问责对象，如对哪一级政府、哪些部门，哪一级官员和具体的工作人员进行问责，并没有明确的法律规定，在具体操作上存在较多的主观性和随意性。环境行政问责体系混乱，以致在问责中，问责对象是谁，具体应当承担什么责任，模糊不清。在追究责任时，各类责任主体之间容易出现相互推诿的现象，导致问责对象难以确定，增加了问责的难度。其主要原因在于：上下级行政机关之间职责权限不清；政府与环保部门之间的职责权限不清；生态环境部门与其他部门之间的职责权限不清；个体之间责任划分不清。[1] 具体混乱表现如下：

　　首先，上下级人民政府之间的环境责任出现错位。在发生大范围甚至是跨区域的环境污染事故时，是问责本级政府还是上级政府，或是上下级政府共同问责，若要对上级政府进行问责，又具体应问责到哪一级政府，这些都难以判断。下级行政机关"权小责大"、上级行政机关"权大责小"成为我国环境行政问责制度一大弊端。其次，环保机关与本级人民政府责任出现错位。在一个地方进行问责时，只追究环境主管部门的直接责任，而忽略了同级政府的间接责任和领导责任。从过去环境行政问责的结果上可见，最后担责的大部分都是环保部门的领导，最高不过是地方政府分管环保的领导，对地方政府的主要领导并未展开问责。但实际情况是，我国的许多环境问题，是本级人民政府通过"集体决策"的行为导致的，生态环境部门往往只是执行者，而不是决策者，此时只追究环保机关的责任是不公平的。再次，环保机关与其他职能部分之间的责任错位。环境保护作为一个系统性工程，需要各级人民政府的职能部门之间共同协作。即由生态环境部门主管，其他部门在法定权限范围内负有相应的环境监管职责，这类主体数量众多，如水利、国土、农业、海洋等，而由于我国行政系统内部各个部门之间的职能划分不明确，使主管部门与分管部门之间、分管部门相互之间在生态环境领域存在职能上的交叉和重叠现象。也正由于环境行政问责涉及的分管部门众多，致使在问责实践中常常出现"法不责众"的情况，将问责重点放在生态环境部门身上，忽略了其他行政部门的责任。最后，在个人问责时，不同人员责任承担也存在模糊之处。在环境行政问责以"问责个人"为中心的实践中，各责任人员之间责任如何确定，以及党政之间、不同层级之间、正副职之间以及领导责任与直接责任之间的责任该如何确定，也是一个十分棘手的问题，权责划分不清晰，问责的效果就会受到影响。

---

[1]　严平艳：《我国政府环境责任问责制度研究》，重庆大学 2013 年硕士学位论文，第 20 页。

4. 专门环境行政问责机构设置不科学

根据 2010 年修改的《行政监察法》的规定，我国行政监察机构的设置呈现纵横结构的体系布局。纵向表现为，从中央政府中设立的监察部到县级政府内部设立的监察局；横向表现为，从国务院工作部门、直属单位内设的监察机构到地方政府的工作部门、监察机关内设监察机构和派驻监察机构。专门监察机关是监督政府及行政人员的机构，对其内部人员的要求较高，它应当具有专业性、独立性和法治性的"品行"。而事实上，我国行政监察机关受制于"双轨制"，行政监察机关在人员、财物的配置上与一般的行政机关并无实质差异，双重领导体制严重影响了行政监察机关的独立性，进而影响其有效发挥监督功能。因此，对环境行政问责来讲，实际上也存在专门的问责机关，但这些问责机关在环境行政问责的专业性方面存在问题，其在权力配置、独立性方面也存在一定的问题，影响到其客观、公正、独立地进行环境行政问责。当然，我国目前开展的监察工作试点正在试图加强行政监察工作的独立性，以提高其监督功效，具体效果如何，还需要进一步观察。

5. 环境行政问责方式单一

通过对中央层面和地方层面的立法考察，我们可以发现，我国目前的环境行政问责主要是对环境污染和生态破坏发生之后的行政问责，即以"消极性问责"为主，依然是一种事后的责任追究机制，缺乏以监督为导向的"全程提醒"规范。[1] 环境保护具有特殊性，事后惩罚这种单一的问责方式可能对其他事项有良好的预防效果，但对改善环境质量收效甚微。

例如，在环境保护领域，《环境保护法》第二十六条规定了环境保护目标责任考核制，第二十七条规定了地方政府改善环境质量要接

---

[1] 孙芳：《环境保护行政问责制若干问题研究》，苏州大学 2007 年硕士学位论文，第 24 页。

受地方人大的监督 [1]，这是人大问责在环保领域的适用。通常境况下，环境保护目标责任制和考核评价制是紧密相连的，环境保护目标完成情况是考核评价的重要依据，而考核评价则是为了实现环境保护的目标。然而，环境保护目标和指标的设定、环境保护指标的分配、环境保护指标的考核评价都是由行政机关内部决定和实施的。在环境保护目标考核实施的整个过程中，人大都未参与，仅仅是在实施结束后听取政府关于完成情况的工作报告。人大在环境保护领域的问责权力依然停留在事后监督层面，尚未渗透到环境保护目标考核制的实施过程中，这种现状与人大问责的权威性是不协调、不一致的，而且这种事后问责的方式与环境法坚持的"预防原则"也不符合。

　　6.环境行政问责程序不规范

　　环境行政问责由谁发起、正式程序由谁决定启动、具体责任如何追究、各种责任类型如何衔接、被问责对象权利的救济等内容，现行法律并没有作出统一规定，对实践中的做法也是莫衷一是。环境行政问责制度对权力的监督是一把双刃剑，程序规范是约束制度的规范，若缺乏相应的规范，要么造成行政问责的有名无实，要么问责对象的权利得不到保障，这都使权力得不到有效监督和规范。

二、环境行政问责的域外考察及经验借鉴

　　行政问责制，是现代各个国家行政法治中非常重要的组成部分，为了保证行政机关的行为合法、高效，各国都非常重视行政问责制度。但由于历史传统与法治体制不同，各国行政问责制存在相当大的差异。本部分将对不同国家的行政问责特别是环境行政问责制度进行研究，并与我国环境行政问责进行对比，以期为我国环境行政问责制度的完善提供有益的参考。

---

[1]　《环境保护法》第二十七条："县级以上人民政府应当每年向本级人民代表大会或者人民代表大会常务委员会报告环境状况和环境保护目标完成情况，对发生的重大环境事件应当及时向本级人民代表大会常务委员会报告，依法接受监督。"

（一）国外环境行政问责的现状考察

1. 美国

1）外部问责

美国的环境行政外部问责主要包括国会问责、司法问责和选民问责三类。

首先，国会问责。美国国会问责体现为：第一，国会调查权。尽管宪法未明文规定，但这一权力被认为是国会隐含的宪法权力。[1]为监督政府的日常工作，国会可以行使对政府的调查权。国会调查权体现立法权对行政权的监督，可以发挥国会对行政体系和行政官员特别是高级行政官员的监督作用。在环境法领域，根据美国《国家环境政策法》的规定，政府有义务向国会报告上一年度的环境保护状态，这也体现了立法权对环境行政权在履行环境监管职责方面的一种监督。第二，美国政府问责办公室（Government Accountability Office，GAO）的监督。政府问责办公室是国会为审计、监督政府的行政行为绩效而专门设立的问责机构，成立于 1921 年，原名为美国审计总署，2004 年该机构更名为"政府问责办公室"。该机构隶属于美国国会，是一个独立的无党派机构，主要负责调查和监督联邦政府对财政经费的使用情况，并且监督的范围不断扩大，审计范围涉及所有行政机关的活动，并且其经常对政府行为进行评价，以提高政府效能。该机构每年都要发布大量的关于环境保护方面的报告，对联邦环保局和其他机构在环境保护方面取得的成绩和存在的问题进行总结，如 GAO 在 2014 年发表了 EPA Should Improve Adherence to Guidance for Selected Elements of Regulatory Impact Analyses 报告，建议 EPA 应遵守联邦管理与预算办公室（Office of Management and Budget，OMB）的规制影响分析指南的要求。美国政府问责办公室的负责人是审计总长，其由

---

[1] 郑贤君：《国会调查权：一项独立的准司法权力》，《首都师范大学学报（社会科学版）》2013年第 3 期，第 62–69 页。

美国总统提名，参议院同意而任命，任期长达 15 年，这样保证了其独立性，有利于该机构对政府行为的监督。第三，通过质询与财政拨款进行问责。美国国会经常对联邦政府的主要行政官员进行质询，了解其政策执行情况，并且通过调控财政拨款的方式来控制联邦政府的运行，从而加强对政府的问责。

其次，司法问责。这是指由原告向法院起诉，由法院对行政行为进行审查并作出裁判的一种问责制度。司法问责，被认为是西方监督政府的最有力方式。美国司法审查的受案范围较广，包括抽象行政行为，如总统颁布的行政命令，部长颁布的规章或者是其他的一般规范性文件，包括具体行政行为以及其他行为，可以说行政机关的多数行为都可以被纳入司法审查范围之内。在美国，公民（或一些组织）只要具备原告资格，就可以向法院提起诉讼，要求法院审查有争议的行政行为。法院在对有争议的行政行为进行全面审查（包括事实审查和法律审查）后，可以作出相应的裁判，改正或者维护有争议的行政行为。

美国的环境行政诉讼非常发达，美国法院作出了大量的环境行政判决，对美国环境法甚至是行政法与宪法的发展起到了重要的作用。一些环境法案件，例如确立了"谢弗林尊重"原则的"谢弗林诉自然资源委员会案"，同时也是美国宪法和行政法上的经典案例。有学者指出：谢弗林案是行政法发展史上一个重要的判决，截至 2001 年 12 月该案在联邦一级法院的引用率已经超过 7000 次，超过了开创违宪审查先河的马伯里诉麦迪逊案，成为美国公法最重要的案例。[1] 作为环境保护的主要机关，美国联邦环保局也经常作为被告出现在美国法院，接受法院的司法审查。司法审查是行政环境法的基本成分，因为它支持对行政机关例如联邦环保局的问责，确保他们努力完成法定义

---

[1]　高秦伟：《政策形成与司法审查——美国谢弗林案之启示》，《浙江学刊》2006 年第 6 期，第 142–149 页。

务。[1]

通过审理大量的环境行政诉讼案件，美国法院积累了丰富的经验，对行政机关的司法问责也非常成熟，值得借鉴。例如著名的马萨诸塞州等诉联邦环保局一案，就涉及对行政机关进行司法问责应注意的问题：一是原告的资格问题。联邦环保局认为原告不是适格的原告，即没有原告资格（standing），而法院认为如果联邦环保局不对温室气体进行规制，将会导致海平面上升，损害原告的利益，符合"事实上损害"（injury in fact）的条件，因而具有原告资格。二是被告的职责问题。联邦环保局认为二氧化碳不是污染物，自己没有监管的职权，而法院认为二氧化碳符合美国法律对于污染物的广泛定义，因此联邦环保局有职责对其加以规制。三是联邦环保局作出的行政解释的法律效力问题。美国联邦环保局指出自己之所以无权规制温室气体，是因为气候变化科学存在很大的不确定性。而法院认为科学的不确定不应该成为美国联邦环保局拒绝对温室气体加以规制的理由，除非这种不确定的程度会导致美国联邦环境局无法得出温室气体是否会影响公共健康或福利的判断。[2] 在本案中，法院对行政机关的行为进行了审查，从原告与被告的关系、被告的职权、被告说明理由等方面审查了行政机关是否履行职权，体现了高超的司法问责能力。

最后，选民问责。美国宪法规定选民可以对官员进行问讯、弹劾和直接罢免，其中主要是通过罢免机制的确立来保障公民对政府及官员的监督，扩大公民的政治参与机会。选民们如果对政府官员的行为不满意，可以采取行动对其进行罢免。目前美国已有 15 个州可罢免州级官员。罢免程序为：第一，提出罢免申请；第二，征集支持者签名；

---

[1] William C. Mumby: Gulf Restoration Network v. McCarthy: The Necessity of the Clean Water Act's Necessity Determination Mechanism to Ensure Government Accountability. Ecology Law Quarterly, 2016（43）：495.
[2] 参见：李艳芳：《从"马萨诸塞州等诉环保局"案看美国环境法的新进展》，《中国人民大学学报》2007 年第 6 期，第 106—114 页；王慧：《气候变化诉讼中的行政解释与司法审查——美国联邦最高法院气候变化诉讼第一案评析》，《华东政法大学学报》2012 年第 2 期，第 77—85 页。

第三，罢免选举，即由选民投票决定特定官员是否免职。[1]公民在对政府不履行环境义务或者违法履行侵犯自己环境利益时同样可以行使问责权。选民问责主要体现为在选举中，对于持不同环境保护立场的候选人的选择方面，选民可以在选举中对不同的候选人的环境保护倾向进行选择，候选人要对自身的环境保护立场进行阐述，选举成功后要兑现这样的立场，并为以后的再次参选进行准备，这也体现为一种问责。

当然，美国也存在普通的公民问责制度。一是在行政程序中，存在大量的行政听证，一般公民可以申请参与环境行政决策程序；二是美国有发达的环境公益诉讼制度，而且主要是以行政机关为被告的环境行政公益诉讼制度，这实际上启动了正式的问责程序，是将公民问责与司法问责加以结合的方式。在美国，行政程序得到了极大的重视，行政机关在行政程序中对公众质疑的解释说明等回应方法，也是一种有效的问责形式。

2）内部问责

美国行政内部监督问责方式十分灵活，可以是非正式的会谈、要求被质询者提供必要的材料、视察、在给予地方财政援助时要求地方遵守必要的条件、审查地方政府的日常工作、任命地方官员等。内部问责的一个重要机构是政府道德办公室，它侧重于事前的监督预防。美国于1992年颁布2002年10月修订《美国行政机关工作人员伦理行为准则》对美国政府官员收受礼物、避免经济利益冲突、公务回避、离开公职之后的再就业、防范滥用职权等方面做出了详尽的规定。[2]此外，预防官员贪污腐败的监察长制度亦是美国内部监督的重要制度。

在环境行政问责方面，美国政府内部主要是通过专门机构与普通机构的监督来确保环境法的有效实施与提高环境法的实施绩效。在美

---

[1]　郑振宇：《国外行政问责制的实践及特点分析》，《宁夏党校学报》2010年第3期，第43-46页。
[2]　郎加、宋世明：《美国加强政府监督的做法与启示》，《国家行政学院学报》2005年第1期，第83-86页。

国，联邦环保局在进行环境规制时要进行成本效益分析，这方面受到了联邦管理与预算办公室的内部机构"信息与规制事务办公室"（Office of Information and Regulatory Affairs，OIRA）的监督。自里根总统后，美国各届政府都非常重视政府行为的成本效益问题，不断制定行政命令来要求联邦机构开展规制的成本效益分析，所有的联邦机构在进行规制时都必须要证明其规制收益大于成本。否则信息与规制事务办公室就不给予联邦登记，从而使规制丧失法律效力。

同时，在美国联邦环保局内部也有相关的监督部门对其行为加以监督。

2. 英国

1）外部问责

这里主要介绍英国外部问责中的议会问责和司法问责。

首先，议会的行政问责方式主要有：第一，不信任投票，它是指议会以投票表决方式对内阁的施政方针或阁员、部长的行为表示信任与否的活动。一旦议会表决表明对政府不信任，政府首脑（首相）可以提请国家元首（英国国王）解散议会，重新进行大选，否则就必须对议会承担政治上的责任，内阁集体辞职。不信任投票制度显示出对政府相当严厉的监督问责特性。[1] 第二，质询制度，是指在议会会议期间，议员针对政府施政方针、行政措施以及其他事项，向政府首脑或高级官员提出质疑或询问并要求予以答复的制度。在 18 世纪由英国议会首创，是英国议会监督政府的主要方式之一。大臣作为部门的政治领导者，必须对所有行动和失职行为做出答复，对其行政过失或失职所造成的后果承担责任。[2] 第三，议会行政监察专员制度。英国仿效瑞典于 1967 年设立了议会行政监察专员，行政监察专员具有较强的独立性，可以不受干扰地独立开展对行政机关的监督工作。议会行政监察专员配有 200 名工作人员协助其工作，负责调查和筛选案

---

[1] 覃祥：《西方问责制的比较研究》，上海交通大学 2011 年硕士学位论文，第 34 页。

[2] 傅思明：《英国行政问责制》，《理论导报》2011 年第 4 期，第 58 页。

件。[1] 从"红灯理论"和"绿灯理论"的角度看，如果将议会监察专员制度作为一个控制机关，将会令人失望，而如果将其作为预防机关（防火员），这一制度还是令人满意的。[2]

其次，司法问责。强调司法对权力的监督和对权利的救济，是普通法国家的基本特征。在英国，对公共机关的行政行为进行司法审查，在整个责任机制中居于主导地位。[3] 英国主要通过普通法院来监督行政机关。英国司法审查中的救济方式包括公法救济方式和私法救济方式，前者包括人身保护令、撤销令等，后者包括从普通法和衡平法发展起来的禁制令与宣告令。[4] 由于英国法院比较重视对权力的监督，司法的人权保障功能较为健全。特别是法院在对行政行为进行审查时，比较弹性地运用越权无效原则来强化对行政权力的监督，起到了较好的问责效果。

2）内部问责

英国的中央政府和地方政府不像我国那样具有严格的上下级从属关系，而是合作关系或者"三角关系"。也就是说，中央与地方政府之间、地方政府相互之间主要是一种法律关系，而不是行政隶属关系和领导关系[5]，其优势在于层级简单，因而可以减少中央在地方人事任用上的违法违纪现象。当然，中央对地方政府的组织机构、人员、财政、自由裁量权、地方税收等行使有限的控制权。英国行政机关内部也有大量的监督形式，例如部长必须对本部门的公务员行为进行监督。英国的行政监察问责也十分发达，行政系统也任命自己的行政监察专员，他们具有相当的独立性、负责监督某一领域的行政机构的活

[1] 〔英〕彼德·莱兰、戈登·安东尼：《英国行政法教科书》，杨伟东译，北京：北京大学出版社，2007年，第151页。
[2] 〔英〕彼德·莱兰、戈登·安东尼：《英国行政法教科书》，杨伟东译，北京：北京大学出版社，2007年，第188页。
[3] 〔英〕彼德·莱兰、戈登·安东尼：《英国行政法教科书》，杨伟东译，北京：北京大学出版社，2007年，第257页。
[4] 〔英〕彼德·莱兰、戈登·安东尼：《英国行政法教科书》，杨伟东译，北京：北京大学出版社，2007年，第534-539页。
[5] 张越：《英国行政法》，北京：中国政法大学出版社，2004年，第397页。

动。[1]一般由中央政府部门根据议会关于行政事务的立法而任命行政监察专员来监督该项事务的履行情况。[2]"这种监察专员在英国俯拾即是，如 1995 年的养老金（the Pensions Act）设立了一个养老金监察专员（Pensions Ombudsman）。"[3]

在环境法领域，值得一提的是环境绩效问责机制。英国行政内部有一种新型问责机制——绩效监督，其中部长信息管理系统在绩效监督问责中实施效果较好。该系统是英国环境大臣赫素尔廷于 1980 年在环境部实施环境绩效管制中提出来的。其主要步骤包括以下几个方面：首先，政府管理的每项事务的直接负责人向部长交一份工作陈述（包括工作内容、工作人员、工作程序以及工作所要达到的目标）；其次，部长负责审查各部门的工作陈述，并将各部门的工作目标和政府的总体目标进行结合，在确定好各部分的目标之后与各部门负责人讨论确立最终的工作目标；最后，各部门负责人按照最终达成的协议工作，并定期向部长报告工作完成情况，在部门完成有困难时，部长可以根据汇报内容找到不足、薄弱点，在方法、技术上给予指导，这就使部长对各部门由直接管理转变成了间接管理，效果显著。

3. 法国

此部分只介绍法国行政内部问责监督。法国的行政内部监察制度十分完善，该制度在法国确立较早，不仅包括事后的监督还包括事前的预防监督。"有几个监察机构负有跨部使命（比如隶属于内政部的政府部门总监察局），……监察机构的职责是，用挑剔的眼光审查公务运转状况，然后向部长汇报。"[4]设立在法国司法部的预防腐败中心，是一个事前预防机构。它由总理直接管理，中心每年向总理和司法部部长提交一份年度报告，汇报可能产生腐败的部门或者领域的分析研

---

[1] 张越：《英国行政法》，北京：中国政法大学出版社，2004 年，第 634 页。
[2] 廖原：《法治视野下行政内部监督研究》，北京：中国政法大学出版社，2015 年，第 157 页。
[3] 张越：《英国行政法》，北京：中国政法大学出版社，2004 年，第 634 页。
[4] 〔法〕让·里韦罗、让·瓦利纳：《法国行政法》，鲁仁译，北京：商务印书馆，2008 年，第 680 页。

究结果,提出预防性建议和制裁措施。[1]法国各部门还设立专职监察员,主要任务是监督本部门公务员的行为,并且对政府决策进行评估。法国的专职监察员和我国政府内部的行政监察制度本质上没有区别。除此之外,法国还设立共和国监察专员,又称调解专员,由部长会议任命,任期6年。监察专员署享有调查权、调解权、命令权和替代惩罚权、建议权,它是一个独立性很强的机构,其主要任务是受理公民对所有中央、地方行政机关、公共机构或带有公共性质机构的投诉,并进行调查。[2]

4. 加拿大

多年来,加拿大经济快速发展的同时生态质量也在提升,这源于对生态保护的重视。加拿大有成熟的生态问责制度,其生态问责法律体系非常健全。1999年的《加拿大环境保护法》授权各地政府设立环境保护机构,保护机构负责人由地方政府任命但又不受政府控制,这样环保机构有独立的执法权,当然也需要独立承担相应的责任。2006年制定的《联邦问责法案》是对政府进行问责的专门性法律;2008年的《联邦可持续发展法案》要求政府可持续发展负责人每三年提交给环境部部长可持续发展进程报告,部长再将报告交给议会,议会根据审查情况对政府监督问责;而2012年的《加拿大生态环境评价法》为公民对政府的监督与问责提供了依据。

1)外部问责

公民问责。加拿大非常注重公众参与和公民对政府行为的监督,长久以来形成了系统的环境公民诉讼制度和环境请愿制度。[3]环境公民诉讼制度,是指公民通过诉讼的方式来对政府的行为进行问责,实际上这是一种司法问责,包括公民针对政府的不作为和违法作为提起的环境行政诉讼和环境公益诉讼,公益诉讼的被告可以是政府职能部

[1] 孔祥仁:《国际反腐败随笔》,北京:中国方正出版社,2007年,第85页。
[2] 廖原:《法治视野下行政内部监督研究》,北京:中国政法大学出版社,2015年,第135页。
[3] 司林波、刘小青:《加拿大生态问责制述评》,《重庆社会科学》2015年第9期,第118-126页。

门、个人和企业。环境请愿制度主要是解决公民对政府行为的申诉、质询之后相关部门的回应情况，并由专门的环境审计署和可持续发展委员会监督。实践证明，加拿大的公民问责起到了良好的效果，这对我国的环境行政问责也具有启迪意义。

反对党问责。反对党通过参与执政党的决策讨论和对执政党行为的监督来问责。反对党是通过议会来对政府问责的，这种问责还具有提前预防的效果，即通过公开讨论和特别委员会审查的方式监督政府的行为，在发现政府行为问题时，提醒政府采取补救措施或者预防措施。值得一提的是，生态环境保护问题是加拿大执政党选举的重要问题，在竞选过程中，各党派必须对环境保护的策略、目标作出承诺，执政党上台之后，反对党会监督执政党行为，对没有达到目标或者没有按照宗旨、策略的行为予以问责。

新闻媒体问责。加拿大的新闻媒体问责也十分发达，它的独立性高，不受其他机关和个人的干涉。在新闻舆论机构中有专门负责追踪报道政府在生态环境保护方面的行政行为和相关政策的组织，通过曝光政府在环境保护中的不当行为或不作为，引起社会的广泛关注，促使其进行改正。[1]

2）内部问责

在政府机关内部设立专业的环境评价制度，对政府内部的项目和规划进行自我监督评价；在加拿大枢密院设立可持续发展委员会，以监督联邦政府可持续发展战略的实施情况；在环保部设立可持续发展办公室，其职能和可持续发展委员会一致。

（二）国外环境行政问责的经验

从上述的介绍可以得知，国外特别是西方发达国家在行政问责方面已经非常成熟，积累了丰富的经验，他们的做法值得我国借鉴。虽

---

[1] 司林波、刘小青：《加拿大生态问责制述评》，《重庆社会科学》2015年第9期，第118-126页。

然上述介绍的西方国家的一般行政问责制度多于专门的环境行政问责制度，但这些做法基本上可以运用于环境行政问责制度之中。具体而言，西方国家的环境行政问责的共同经验主要有以下五点：

1. 环境行政问责法治化

在现代法治国家中，对行政权的制约方式主要体现为：以国家公权力制约行政权力、以公民权利和社会权利制约行政权力、以社会道德制约行政权力。[1]对行政权力的这些制约，都最终依赖于法律的规范，只有通过法律来对不同权力（权利）之间的关系加以明确，才能确保行政权力运行与监督的法治化，因此，西方国家的环境行政问责最大的特点就体现为法治化。

首先，经过长期发展，西方发达国家行政问责制度已经形成了一整套比较完善的法律体系。上文提及英美法系的美国、英国和大陆法系的法国都通过法律的形式来监督政府的行为。从国外的环境行政问责的法律依据来看，其表现形式是多种多样的，既有一般性的法律规定，也有专门性的环境问责法律规范。整体而言，还是以一般性问责法律为主，专门性的环境行政问责立法较少，主要是在国家的行政问责法律体系中实现环境行政问责。只有个别国家有比较全面的生态问责法律，例如加拿大的环境行政问责法律规范就比较全面，包括 1999 年的《加拿大环境保护法》、2006 年《联邦问责法案》、2008 年《联邦可持续发展法案》和 2012 年《加拿大生态环境评价法》，这些法律都为环境行政问责提供了依据。

其次，国外非常重视专门问责机构的建设。专门问责机构具有独立性、公正性、效率性的特点，可以加强行政问责的效果、实现行政问责的目标。国外许多国家都建立了专门问责机构，例如，美国政府内部设立的道德办公室是为专门监督政府内部行政人员道德行为而设立的，实践证明，由于这种监督具有针对性，它在监督政府及行政

---

[1] 覃祥：《西方问责制的比较研究》，上海交通大学 2011 年硕士学位论文，第 44 页。

人员行为、提升行政人员内在道德素质方面有良好的效果。英国的行政监察专员制度是为监督政府某一项行政事务而设立的监察制度，如1995年设立的"养老金监察专员制度"。这些专门的监察机构具有独立性，在人事任命、财政支出、对谁负责方面都具有特殊性，这对我国建立环境行政问责专门监督机构有借鉴意义。

2. 注重环境行政问责的事前预防功能

法律的预防功能包括一般预防和特殊预防的功能，环境行政问责制度也具有一般预防和特殊预防的功能。环境行政问责特殊预防功能，指的是通过问责对特定的人员进行惩罚、对特定的行为进行纠正，而其一般预防功能是指通过对违法行为人或者违法行为追究不利后果，利用其威慑促进他人更好地依法行政，更重要的是，环境行政问责可以要求行政机关承担相应的解释说明义务，通过约谈制度等对行政机关起到警示作用。环境问责具有特殊性，事先的预防比事后治理更加重要。西方国家非常重视环境行政问责的预防功能，也采取了一些有效的措施，主要包括：首先，在一般性的问责法律制度中重视预防。西方国家监督问责政府的法律，很多都具有事前预防的效果。如1978年美国国会制定的《政府道德法》把道德责任上升到法律责任的层面；法国的预防腐败中心；加拿大的反对党问责同样具有提前监督预防的效果。其次，在环境行政问责中，有许多制度强调预防功能。第一，在环境规制之前进行成本效益分析，防止成本过高。美国通过专门问责机构审查政府规制行为是否符合成本效益要求，若不符合则拒绝环境规制决定在联邦公报上登记，否决环境规制决定的合法性，体现出事先预防功能。第二，对政府的环境决定，必须进行环境影响评价。美国《国家环境政策法》规定：联邦政府各个部门对可能产生显著环境影响的拟议行为（包括立法议案、行动计划等），都应当征询有关部门和专家等的意见，并进行环境影响评价。[1] 第三，重视行政程序

---

[1] 汪劲：《中外环境影响评价制度比较研究——环境与开发决策的正当法律程序》，北京：北京大学出版社，2006年，第74页。

中的说明理由制度。说明理由是行政程序的组成部分。前述马萨诸塞州等诉联邦环保局案中，美国法院就指出，如果联邦环保局认为不需要对二氧化碳进行规制，则需要说明理由，即只有建立在正当理由之上的规制（或者是不规制），才是符合法律要求的行政行为。在其他方面，如环境立法和其他环境规制，也需要行政机关说明其理由。通过说明理由，可以有效地制约行政权力的滥用，起到预防的作用。

3. 权力机关问责继续发挥作用

现代各国的民主制度都是代议民主制，在代议制国家的权力体系里，代议机关对行政机关具有监督权力，是监督行政机关履行职责的重要力量。在代议制下，议会通过行使质询权、调查权、弹劾权、不信任表决权、否决权等权力对政府进行问责，在行政问责中发挥了不可替代的作用。一是议会问责可以在政治责任方面来问责，而政治责任是司法所不能胜任的；二是议会可以对专门事项主动进行问责，即通过成立专门委员会进行调查问责；三是可以通过常规性的问责来监督行政权力的运行，如质询、听取政府的环境保护状况报告；四是可以通过人事权、财政权的行使来进行责任追究。这些都是法院无法解决的。当然，议会最重要的问责是一种隐含的问责，即通过对法律的制定及修改来确定行政机关职责的有无和大小，通过这样，可以起到更好的监督作用。　、

4. 重视环境司法问责

在环境行政问责中，许多国家的环境司法问责取得了巨大成就，主要体现在以下几方面：

首先，法院可以对绝大部分行政行为进行审查，包括行政立法行为、行政决策行为、行政执法行为以及相应的不作为。法院依法对行政行为的合法性进行审查并作出裁判，以确保行政行为的合法性。值得重视的是，需要加强对抽象行政行为的司法审查。抽象行政行为对公民和环境的影响十分巨大，而且这种影响可能是长期而深远的，如

果不能对其进行有效的审查，会导致对行政行为的监督出现一定的疏漏。在现代环境治理中尤其如此，在环境领域需要加强对抽象行政行为的审查。国外在对抽象行政行为的司法审查方面，已经积累了丰富的经验。例如在法国，行政法规和行政规章（统称"条例"）公布后，利害关系人如果认为条例违法，可以在公布之后 2 个月内向行政法院提起越权之诉，请求撤销不合法的条例；也可以在任何时候在其他诉讼中，主张条例无效，对于本案不能适用。[1] 而在美国，当事人可以在具体案件中要求法院对行政立法进行审查。

另外，对因政府不作为而导致的环境恶化问题，法院也可以进行司法审查，并作出一定的判决。环境问题具有一定的累积性，对于长期形成的环境恶化问题，在治理上存在一定的困难。但由于环境质量涉及公民的环境权和社会的可持续发展问题，又必须对政府的环境治理提出一定的要求。人权理论认为，这是一个关于经济、社会权利的可诉性问题，在国际人权理论界也存在争议。在环境法领域，这已经有了一定的司法案例，即通过法院判决要求政府承担环境治理责任。比较著名的是菲律宾马尼拉湾案和印度恒河治理案，在这些案件中，法院明确要求政府在一定期限里达到环境治理的目标，这是一种环境司法问责的创新，也引起了国际法学界的重视，例如美国《俄勒冈国际法评论》（*Oregon Review of International Law*）在 2010 年（第 12 卷）第 2 期中集中发表了一些论文对菲律宾马尼拉湾案进行讨论，认为该案是环境司法的巨大创新。

为了加深对这一问题的认识，本书对马尼拉湾案进行一定的介绍。[2] 马尼拉湾是一个具有特殊环境价值和历史意义的海湾，本来是一个环境优美的旅游胜地，但随着经济发展和周边人口增加，马尼拉湾的环境变得恶劣，一些地区的环境质量已经处于质量等级极低的状态。

---

[1] 王名扬：《法国行政法》，北京：中国政法大学出版社，1988 年，第 151 页。
[2] 邓可祝：《政府环境责任研究》，北京：知识产权出版社，2014 年，第 250 页。

　　1999 年 1 月 29 日，当地环保组织向法院提起诉讼，要求有关的行政机关履行环境责任，维护马尼拉湾的环境质量并治理已经形成的环境污染问题，使马尼拉湾能够像原来一样可以进行游泳、潜水和其他娱乐活动。最后，案件上诉到菲律宾最高法院，法院支持了原告的诉讼请求。菲律宾最高法院认为：被告的职责和义务是保持马尼拉湾的清洁，因此要求其在 2011 年 6 月 30 日前清理马尼拉湾。

　　这一判决意义重大：一是法院确定了被告具有保证马尼拉湾环境质量的义务；二是法院确立了被告应该履行这一义务，并明确了不同机关的职责，更有价值的是，法院以执行令（Mandamus）的形式确定了被告应当在规定期限内完成清理马尼拉湾的任务，并规定了行政机关履行职责所应达到的标准，即公众可以在马尼拉湾重新进行游泳、潜水和其他娱乐活动。[1] 该判决不仅明确了政府的职责，而且规定了政府履行职责的期限和应达到的标准，可以说在行政诉讼上具有重要的意义。

　　其次，在环境司法问责制度中，出现了大量的创新型审理和裁判方式。法院在对环境规制的司法审查中，需要处理不同的关系以应对环境问题，法院在对这些问题进行处理时，体现了高度的司法创新。第一，在环境司法中，法院尊重了环境行政的专业性和行政自由裁量权。现代行政越来具有专业性、技术性和政策性，需要赋予行政机关大量的自由裁量权，在进行司法问责时，法院必须考虑到这些特点，司法在强调对行政的监督的同时也应考虑到现代行政的这些特点，尊重行政机关的专业性和自由裁量权，这是司法审查中关于司法审查强度的问题。在著名的"谢弗林诉自然资源委员会案"中，美国联邦最

---

[1]　Juan Arturo Iluminado C. de Castro：Cleaning Up Manila Bay：Mandamus as a Tool for Environmental Protection. Ecology Law Quarterly，2010，37（2）：797–804.

高法院作出了著名"谢弗林尊重原则"[1]，实质上体现了对行政权的尊重，明确了司法与行政的界限。第二，在环境司法中强化行政程序的监督功能，通过行政程序来控制行政权。在强调对行政权尊重的同时，司法也强调对自由裁量权控制，防止自由裁量权滥用，法院特别重视行政机关对其作出的行政行为说明理由，后来进一步要求行政机关对环境规制的成本效益分析加以说明，当然法院也非常重视正当程序条款的适用。第三，重视环境规制不作为导致环境污染的国家赔偿制度的适用。这主要是日本法院的司法创新。在现代环境污染侵权案件中，往往会涉及环境规制不作为而导致污染损害的情形，原告会要求国家承担赔偿责任，这种国家赔偿制度与传统的国家赔偿存在较大的差异。在传统的国家赔偿制度中，行政机关及其工作人员是直接的侵权人，而在环境规制不作为导致污染损害的国家赔偿制度中，污染者是直接的侵权人，如何处理这类赔偿请求，对于司法也是一种考验。日本法院根据行政机关的不同作用，将国家赔偿责任分为补充性责任和固有责任，国家在大部分情况下承担补充性责任，只有在部分情况下才要求国家承担固有责任。[2] 这些判决，大大创新了国家赔偿制度，也加强了对行政机关的问责要求、保障了污染受害者的权利。

最后，环境司法问责将公众参与与司法的作用结合起来，充分调动了不同主体的问责功能。在环境司法中的公众参与，主要通过环境公益诉讼实现对行政机关的监督，实际上是环境法的私人实施机制。在现代环境司法中，出现了与传统的私益诉讼存在区别的环境公益诉讼制度。目前，许多国家都有环境公益诉讼制度。环境公益诉讼制度包括环境民事公益诉讼与环境行政公益诉讼制度。其中，环境行政公

---

[1]〔美〕詹姆斯·萨尔兹曼、巴顿·汤普森：《美国环境法（第四版）》，徐卓然、胡慕云译，北京：北京大学出版社，2016年，第50页。"谢弗林尊重原则"，即法院在审查行政机关对其所执行的法律的解释时，应当分为两个步骤来审查行政机关对法律的解释是否合法（"二步法"）：第一步，国会的立法是否明确，如果明确，法院只需要判断行政机关是否遵守了国会的授权即可。第二步，在法律没有规定或者法律规定的意义模糊时，法院应审查行政机关对法律的解释是否属于法律"允许"的解释，只要该解释合理，法院就要尊重行政机关的法律解释。

[2]〔日〕黑川哲志：《环境行政的法理与方法》，肖军译，北京：中国法制出版社，2008年，第249页。

益诉讼制度实际上是社会公众对行政机关的一种监督，但由于公众本身并没有直接监督权，只能借助司法权来行使监督权。各类环境行政公益诉讼可以有效地调动社会主体的积极性来监督行政机关，由他们启动司法问责程序，由法院对行政机关行使权力的行为进行问责。

5. 环境行政内部问责也得到了越来越多的重视

行政内部问责具有方便、高效、权威等特点，在行政问责制度中发挥着重要作用，各国都十分重视行政内部问责问题。在国外已经出现了重视行政自制的现象，例如，美国学者马萧认为，行政机构通过自己制定的规则可以对自身权力行使进行有效控制。[1] 伊丽莎白·麦吉尔认为，行政机关会常规性地进行自我规制。行政机关通过制定规则、指南以及解释，来对自己的选择进行实体上的限制；同时还会对自己的行为提出程序上的更多要求。[2] 内部问责通过行政机关的问责来提高行政权力运行的合法性和效率。

在环境领域，国外许多国家的行政机关内部也非常重视环境行政问责问题。例如，美国环境法中的行政机关的问责就非常有特色，根据美国环境法，美国联邦环保局授权地方政府实施环境法律，如果地方政府不实施或者是实施没有达到法律标准，美国联邦环保局是可以撤销授权而直接行使环境规制权力的，虽然这种情形是非常罕见的，但这也是一种行政内部问责。在英国，中央政府和地方政府不像我国那样具有严格的上下级从属关系，而是合作关系或者"三角关系"，中央政府对地方政府更多地通过指导与帮助来强化环境治理。环境保护需要先进的技术作支撑，下级政府在资金、技术方面存在薄弱之处，上级政府如果能在技术、方法上给予指导，环境保护就可能有明显成效。

当然，还有一种问责机制，即舆论与社会问责。由于国外的舆论

---

[1] 〔美〕杰里·L.马萧：《官僚的正义》，何伟文、毕竞悦译，北京：北京大学出版社，2005年，第17页。
[2] 伊丽莎白·麦吉尔：《行政机关的自我规制》，安永康译，《行政法论丛》2010年第1期，第505-552页。

监督非常发达，其监督问责功能也不可忽视，虽然它不是一种有权监督，但可以向有权问责机关提供线索，同时也可以启动有权机关的问责程序，是一种非常值得重视的问责方式。

随着社会的发展，环境行政问责机制也在不断发生变化。例如澳大利亚在新型环境治理中开始实行新型的问责形式，即可以采取各种水平形式问责（例如合作者之间的相互问责）和向下关系的问责（例如利益相关者对他们自己的部门或团体负责）。[1]

（三）国外环境行政问责的发展趋势

总之，在环境行政问责方面，国外的做法非常多。一般而言，在环境治理方面，公众参与式的社会问责作用非常重要，但就正式问责机制而言，司法问责与行政问责正发挥着越来越大的作用，在环境行政问责中起到了主导性的作用，特别是行政机关的内部问责机制的作用，更加值得期待。其主要体现在以下几方面：

1. 公众问责多限于舆论作用

在现代社会，公众问责是一种没有法律拘束力的问责形式，虽然也有一些国家存在罢免制度，但这一制度的真正使用是非常罕见的，同时也容易导致民粹主义的泛滥。这一制度有较大的负面影响，需要谨慎对待。而依赖民主选举进行的选民问责也存在相当的困难，例如选举之后需要等待下一次选举来问责，一般要等四到五年，时间太长。在选举中存在多种因素影响选民的投票倾向，不可能仅仅以环境政策作为选举的唯一因素，环境因素在选举中的作用如何，还需要重新考虑。因此，公众问责主要发挥社会监督和社会舆论的作用。

2. 议会问责影响有限

虽然国会也有调查权、质询权、罢免权等非常重要的权力，但这

---

[1] Cameron Holley: Facilitating Monitoring, Subverting Self-interest and Limiting Discretion: Learning from "New" Forms of Accountability in Practice. Columbia Journal Of Environmental Law, 2010, 35（1）: 127-211.

些权力的运用也有较多局限：一方面，现代国家中议会与政府之间存在一定的同质化，特别是在议会制国家，政府首脑一般是议会多数党领袖，这必然会影响议会对政府的监督；另一方面，议会没有能力对行政事务的专业性与技术性问题进行监督。虽然议会对政府环境报告的审计比较有效，但整体而言，议会对政府环境事务的影响是有限的。

3. 司法问责作用愈发显著

其主要原因如下：①司法是常设机关，法院数量和法官数量远远多于国会，适宜审理大量的环境案件；②司法机关有很高的权威，西方国家基本上形成了尊重司法的传统，对环境案件作出裁判能够得到整个社会的尊重；③司法机关在审查行政行为的合法性方面具有非常强的审理能力，在历史上形成了大量的有影响案件。例如美国法院和日本法院在环境行政诉讼中作出了大量的著名判决，在环境法历史上具有重要影响。当然，司法问责也有不足之处，如司法需要尊重行政机关的专业技术性和行政裁量权，会导致许多案件无法得到实质性解决；司法对行政行为的审查仍然存在一定的限制，一些行政争议如政治性案件、不成熟案件、已经生效的行为不能进行审查；司法对行政行为的审查是一种事后纠纷解决机制，无法起到有效的预防作用；等等。可见，虽然司法问责在环境行政问责中的作用愈发显著，但仍然存在一定的局限。

4. 行政问责优势非常明显

如前所述，公众问责、议会问责和司法问责都存在一定的限制，因此必须重视行政问责。正是在这个意义上，特伦斯·丹提斯与阿兰·佩兹提出：传统宪法学仅强调对行政机关的外部控制，而议会和法院没有能力进行持续性监督，其他"权力"分支——立法和司法——对政府施加的宪法控制，依赖于行政机关自身的结构与内部控制。所以应更多地关注行政机关的自我控制。[1]

---

[1] 特伦斯·丹提斯、阿兰·佩兹：《宪制中的行政机关——结构、自治与内部控制》，刘刚、江菁、轲翀译，北京：高等教育出版社，2006 年，第 4-5 页。

首先，行政问责可以根据上级与下级之间的关系，运用命令服从的方式进行强制性问责；其次，上级机关可以通过财政拨款的方式要求下级机关作出或者不作出一定的行为；再次，上级机关可以通过制定统一的程序或者守则、指南的方式要求下级机关保证行政行为的统一、合法和合理，起到事先预防的作用；最后，行政机关之间具有专业技术上的共通性，这种共通性确保了行政机关问责的有效性，可以通过事前、事中的问责来监督下级机关积极地履行职责。当然，行政问责也有其弊端，主要是行政问责是一种内部纠错机制，可能在公正性、独立性方面受到一定的质疑，行政机关进行行政问责时，在公开透明方面会存在一定的瑕疵。但即使存在这些不足，行政机关的内部问责仍然具有突出的优势，正因如此，现代各国行政机关的内部问责机制才越来越发达。

可见，在现代环境行政问责体系中，不同的问责形式各有优势与不足，现在各国更加重视行政机关的内部问责，当然需要利用司法问责对之加以补充与完善。

第三节　环境行政问责的法治化

环境行政问责的法治化是指通过制度设计，确保环境行政问责在法治轨道上运行。环境行政问责的法治化，是依法治国的基本要求。目前我国正处于经济社会转型时期，建设责任政府是我们的目标，环境行政问责法治化与责任政府关系紧密，是责任政府在环境治理领域的典型体现。责任政府将责任和权力的关系定位为"以责任为本位"，"首先应当先设置政府责任，然后再按照政府履责的实际需要配置相应与必要的政府权力，责任不仅包含对权力的限制还包括对权力的边界进行勘定"[1]。这些只有在法治框架下才能得以良好运行和全面落

---

[1] 陈国权：《责任政府：从权力本位到责任本位》，杭州：浙江大学出版社，2009年，第2页。

实。我国过去比较重视政府的环境管理职权，而忽视其应承担的责任，以致环境权力与责任的失衡，环境法律也未能得到有效实施，环境问题突出。环境行政问责法治化的目的就是以法定形式确定行政机关及其工作人员的责任，并对权力运行的全过程进行问责，督促其履行环境责任，维护整体的环境利益，改善环境质量。

目前，我国已具备环境行政问责法治化的理论基础和现实条件，也存在大量的环境行政问责实践。我们需要对这些理论与实践加以总结，分析我国现有制度存在的问题并提出完善路径，以更好地服务于我国的环境治理，为现代环境治理法治化做出贡献。

一、环境行政问责法治化的必要性与可行性

（一）环境行政问责法治化的必要性

环境法主要依赖于行政实施，而环境行政权是否严格依法运行关系到环境法的实施效果。为了促进行政机关依法实施环境法，必须对环境行政权加以监督，而这种监督应该建立在法治的基础上，保证环境行政问责的法治化。

1.环境行政权需要监督

"一切有权力的人都容易滥用权力，这是万古不易的一条经验，有权力的人们使用权力一直到遇有界限的地方才休止。"[1]在固有的实施难题面前，我国更需要加强对环境行政权的监督。对环境行政权进行监督不仅是防止环境行政权被滥用的要求，还是应对政府"重经济、轻环保"的惯性问题的特别要求。一方面，环境行政问责可以有效地防止环境行政权一般性的滥用，包括违法行为、腐败行为、怠权行为；另一方面，环境行政问责可以纠正各级政府的价值偏向，正确

---

[1]　孟德斯鸠：《论法的精神》，许明龙译，北京：商务印书馆，1994年，第154页。

处理环境保护与经济发展的关系，而不能仅仅考虑经济的发展，在各级人民政府偏向经济发展而忽视环境保护时，通过对主要领导人的问责和对某一行政区域的问责来限制领导人在政绩方面的收益和该行政区域在经济方面的收益。改革开放后的相当长一段时间内，我国地方政府普遍存在"政经一体化"的现象[1]，地方政府将 GDP 的增长作为地方第一要务，忽视环境保护。因此，不仅需要应对政府一般性的滥用权力，还需要矫正政府对环境保护的不当偏向。

2. 需要用法治的方式对环境行政权加以监督

通过环境行政问责来对环境行政权进行监督，促进环境质量的改善，就必须保证环境行政问责的法治化。环境行政问责法治化就是用科学化、常态化、制度化的问责机制监督、制约权力的行使，促进行政机关依法履行职责、加强环境保护力度。首先，法治是社会治理的基本方式。习近平同志提出的"法治是治国理政的基本方式"，为中国法治理念注入了新的要素。[2]法治化是实现社会治理体系与治理能力现代化的根本路径。其次，法治与程序相连，而程序保证了问责的公平性与必然性，避免了权力的恣意行使。程序"为权力主体的自律设计了内控装置，让他们服从自己的角色安排，依据规则行事"[3]。在现行实体问责法律不完善的情况下，可以用问责程序正义弥补问责实体方面的不足。而程序问责也被认为是超越实体问责的一种良好方式。[4]再次，法治化的内在要素保证了环境行政问责的统一与公平。依照党的十八届四中全会公报的精神，法治化包括科学立法、严格执法、公正司法和全民守法，是一种实质法治观的法治建设。[5]就环境行政问责而言，就是要重视环境行政问责的立法，同时依赖于严格的执法来保证环境行政问责的实现，还需要重视司法问责对行政权的监

[1] 张玉林:《政经一体化开发机制与中国农村的环境冲突》,《探索与争鸣》2006年第5期, 第26-28页。
[2] 张文显: 《运用法治思维和法治方式治国理政》, 《社会科学家》2014年第1期, 第8-17页。
[3] 张凤阳等: 《政治哲学关键词》, 南京: 江苏人民出版社, 2006年, 第229页。
[4] 毛寿龙: 《行政性问责与程序性问责》, 《决策咨询(安徽)》2004年第8期, 第45页。
[5] 刘作翔:《关于社会治理法治化的几点思考——"新法治十六字方针"对社会治理法治化的意义》,《河北法学》2016年第5期, 第2-8页。

督和控制，最后是发挥全民的监督作用。这样就形成了一个环境行政问责的法治体系，确保了环境行政问责的良好运行。

（二）环境行政问责法治化的可行性

环境行政问责法治化的必要性是毋庸置疑的，其可行性也值得研究。总体而言，其可行性主要体现在以下三方面：

1. 环境行政问责法治化已经具备了社会基础

目前全社会高度重视环境保护问题，环境保护的主要责任是各级行政机关，这已经成为社会共识。在这一共识下，全社会特别重视监督、促进行政机关积极履行环境保护职责，处理好环境保护与经济发展的关系。而加强环境行政问责，必须依靠法治思维与法治方式，环境行政问责法治化在良好的社会基础上应运而生。

2. 环境行政问责法治化已经具备了实践基础

近年来，在我国的环境保护实践中，不断强化行政机关的环境保护职责，环境行政问责的实践也日益丰富。过去的经验和教训为环境行政问责的法治化奠定了实践基础。环境行政问责制度可以对过去的环境行政问责实践进行总结，寻求既有利于环境保护又能调动行政机关及其工作人员积极性、重视行政人员权利保护的方法，促进环境行政问责的良性与合法发展，为我国的环境行政问责乃至整个社会的法治化建设做出更多贡献。

3. 环境行政问责法治化已经具备了立法基础

我们已经有了丰富的环境立法实践，现行的立法和政策为环境行政问责法治化指明了方向。如前所述，我国目前关于环境行政责任的立法与政策（包括党内法规）已经非常丰富，地方在环境行政问责方面的立法也十分丰富。这些丰富的立法与政策，为加强环境行政问责、探索统一的环境行政问责立法奠定了良好的基础。我国法治发展路径具有"政策先行、地方试点先行"的特点，环境行政问责也不例外，这些立法与政策对促进环境行政问责的法治化起到了重要作用。

二、环境行政问责法治化应注意的问题

（一）重视环境行政问责的预防功能

环境行政问责不能仅着眼于事后责任的追究，还应重视环境行政问责的预防功能，促进行政机关正确履行职责，这是现代环境行政问责的基本任务。

环境行政问责的预防功能在制度中表现为：①在环境决策前，通过说明理由，提高环境决策的正当性；②在履行环境职权的过程中，通过社会的质疑与行政机关的回复，实现良性互动；③环境事件发生之后，通过责任追究达到法律的威慑效果；④在问责主体对问责对象履行职权的行为中发现存在轻微违法或者虽不违法但涉及其他责任时，通过提前介入，约谈相关行为主体，督促其积极自觉履行环境职责，预防环境事件的发生。环境问题具有特殊性，事后惩罚这种单一的问责方式在环境保护和修复领域存在严重的缺陷，无法从根本上实现环境保护的目的。传统的环境行政问责一般都是事后惩罚，是对行为主体行为后果的一种评价，虽有警示作用，但更多的是惩罚后的威慑作用。[1] 在环境问题已经发生后，虽然也需要对责任主体进行处罚，但此时环境损害已经发生，事后的环境恢复成本远远高于预防的成本。"在缺乏对特定角色担当情形的信息积累，仓促之下进行的处置，可能会增加责任追究的成本和难度，同时影响责任追究效果，当事人在心理上也难以服从或认可。"[2] 因此，从制度功能的角度来看，应更加重视环境行政问责制度的事前预防功能。美国的环境规制成本效益分析、环境影响评价制度、欧盟对转基因产品按照预警原则进行风险评估，都体现了重预防而非事后惩罚的思路。

---

[1] 陈廷辉：《环境政策型立法研究——基于对中国环境基本法立法模式的思考》，北京：中国政法大学出版社，2012 年，第 49 页。

[2] 史际春、冯辉：《问责制的研究——兼论问责制在中国经济法中的地位》，《政治与法律》2009年第 1 期，第 2—9 页。

（二）完善环境行政问责应遵循的原则

法律原则是法律制度的灵魂。没有灵魂的制度是盲目的，容易导致不公平的结果，无法实现该制度的目的。在环境行政问责制度中，应树立以下几个原则：

1. 权责一致原则

问责的根据是对问责对象履行职责的作为或不作为。因此问责首先要解决"职责"问题。权责一致原则是指权力主体的职权与其职责相一致。权责一致是责任政府的基本特征，蒋劲松教授认为行政制度上的责任政府的一个要素就是权责一致。[1]

权责一致原则包括：第一，责任主体应当拥有足够其履行相应职责的权力。行政机关履行职责需要相应的权力，权责一致的目的在于明确政府权力与其应履行职责之间的对应关系，既不能过大也不能过小。责任主体履行职责和义务要与其拥有的权力相匹配。[2]这是从积极责任的角度而言的，属于第一性义务范畴。第二，责任与权力相伴而生，授予相应的权力就负有相应的责任。[3]这是从消极责任的角度出发的，是要求政府承担的第二性义务。当政府没有履行职责或者履行职责没有达到相应的要求，就要承担相应的不利后果。权责一致也内蕴于权责的有限性理念，即权、责都是有所限定，因而也是有限的。[4]所以对政府的不利后果的追究也应考虑这些有限性，而不能仅仅以后果来追究其责任。

权责一致原则对于环境行政问责制度具有重要意义。首先，权责一致原则要求明确不同行政主体在环境保护上的职责。公法主体的职责主要来自立法，需要在立法上对行政主体的环境职责加以明确，授予相应的权力和职责。其次，在明确行政机关的环境职责后，还应保

---

[1] 蒋劲松：《责任政府新论》，北京：社会科学文献出版社，2005 年，第 36 页。
[2] 张喜红：《权责一致：责任政治建设的基本前提》，《思想战线》2016 年第 6 期，第 64-68 页。
[3][4] 郭蕊：《权责一致：异化与纠正》，《沈阳师范大学学报（社会科学版）》2009 年第 2 期，第 28-31 页。

证其履行职责的能力。行政机关履行职责需要具备一定的人力、物力条件，这就是行政执法能力，只有保证具备这样的执法能力，才能要求行政机关履行相应的职责。再次，当行政机关在具备相应的能力而不履行环境职责时，就应对其进行制裁，要求其承担相应的不利后果。在行政机关具备相应的职权和相应的执法能力时，他们应在授权范围内积极、合法地履行职责，否则就应承担相应的责任，同时这也是责任政府的应有之义。最后，应规定行政机关责任豁免问题，如果行政机关具有法定的原因或者是不可抗力等原因，没有履行法定职责的，可以不追究责任。

2. 比例原则

比例原则原先是德国行政法上的原则，后来为多国法律所借鉴。在我国，比例原则也得到了学术界的重视，在立法与司法实践中有相当多的体现。比例原则由三个分支原则构成：一是适当性原则，指的是行政措施必须适合于增进或实现所追求的目标；二是必要性原则，指的是在实现目标的手段中，应选择对公民权利最小侵害的手段；三是均衡性原则，即实现目标的手段与对公民权利的限制应保持一种比例关系，不得过度。[1]这一原则近似于我国的合理性原则，但相对而言更加准确。

强调比例原则的目的，是控制环境行政问责的适用，注重对公务员的权利保护。公务员具有双重身份：一方面，他们是履行公共权力的人员，具有公职人员的身份和义务职责的要求，必须受到有权机关甚至是整个社会的监督；另一方面，他们作为普通的公民，也具有公民的身份和权利，需要加以保护。公职身份虽然具有公共性，但对公务员来说，也是一种获得报酬和职位的方式，其正当权利需要得到法律的保护。对公务员的合法保护也反映了国家的法治发达程度。

我国对公务员甚至是在对行政机关的问责中，都存在不理性的做

---

[1] 蒋红珍:《论比例原则：政府规制工具选择的司法评价》，北京：法律出版社，2010年，第40—41页。

法，违反了比例原则。例如，我国目前问责实践中还存在着为阻抑舆论而问责的现象[1]，即当一个事件发生后，引起了舆论的极大关注甚至是愤怒，某些上级机关为了平息舆论压力而无原则甚至不听任何陈述和申辩就对行政机关或者是相关公务员进行问责。这种问责为了平息民愤，却视法治要求而不见。这对公务员是一种不公平的处理，使其正当权利受到过度侵犯。对行政机关的问责附着管辖地区的利益。因而，在进行环境行政问责时，也需要从比例原则出发，从适当性、必要性和均衡性角度来考虑和平衡不同地区在环境保护上的职责与利益，防止对某些地区利益的过度侵犯，造成不公平的后果。

3. 正当程序原则

正当程序原则也是一项重要的公法原则。这一原则最早起源于英国《大宪章》，也是英美普通法的一个重要原则，指的是任何权力都必须公正行使，对当事人作出不利的决定之前必须听取他的意见。[2]这一原则可以从不同的角度来进行分析：从行政机关角度来说，在对相对人进行处分时，应听取受处分人的陈述与申辩，遵循回避原则，相关人员不得处理与自己有利害关系的案件；从相对人角度来说，一是有权要求行政机关公平对待自己，二是有权表达自己的意见，并得到有效的救济。作为一项公法原则，在行政问责时，主要涉及如何保障问责对象的权利问题。法治发达国家非常重视对公务员权利的保护，也有非常完善的程序保障其权利，公务员不服对其处分的，可以提起复议与诉讼。即使在对行政机关进行问责时，也强调其权利保障、公平地听取其意见。

我国还局限于特别权力关系理论，公务员的救济仅限于申诉，而不能提起复议与诉讼，对行政机关的处分也面临着相似的问题。强调环境行政问责的正当程序原则，不仅可以保障公务员或者行政机关的正当权利，也可以保障他们不受违法追究，从而严格地履行职责、无

---

[1] 沈岿：《问责官员复出规范化及其瓶颈》，《人民论坛·中旬刊》2010 年第 5 期，第 22-23 页。
[2] 王名扬：《美国行政法》，北京：中国法制出版社，1995 年，第 382 页。

后顾之忧地实施法律。在环境行政问责制度中，我国应重视公务员和行政机关的权利保障。

（三）正确认识内部问责与外部问责的关系

正确认识内部问责（同体问责）和外部问责（异体问责）的关系，是环境行政问责制度中必须考虑的问题。从理论上看，同体问责存在较多的局限，异体问责更具有客观性和独立性，更能保证问责的效果，加强对行政权的监督。但实际上，我国环境行政问责制度主要依赖于行政机关的内部问责，是一种同体问责，即使是党政同责这一问责方式，仍然是同体问责。因此，需要正确认识这种理论与实际存在的差异，以更好地分析我国的环境行政问责制度。

我国这种问责结构形成的原因，既有现代问责制度的共性因素，也有我国政治经济社会结构方面的特殊因素。从共性的角度看，如前所述，现代的行政问责主要依赖于行政机关的内部问责与司法问责，其他问责形式存在较多的缺陷；而从特殊性的角度看，我国司法问责能力的薄弱和行政问责能力的强大，决定了我国必然是行政同体问责占主导地位的局面。在我国，面对出现的大量的行政违法与不当问题，其他问责形式难以有效应对，为了解决政权运行的正当性问题，行政机关需要加强内部问责、改进执政方式。正是在这种自上而下的压力下，我国各种类型的行政内部问责形式才得以出现。正如有学者提出的：我国现有的行政问责，是对传统民主宪治制度的一个突破，实现了宪治结构中行政机关"经由议会向人民负责"向"对人民直接负责"的转变，以及科层制内的"对上级负责"向"对公众负责"的转变。[1]

我国内部问责占主导的具体原因包括：①我国行政诉讼还不发达，法院的环境行政问责能力有限。这体现为"环境行政案件呈现数量少、

---

[1] 余凌云：《行政法讲义》（第二版），北京：清华大学出版社，2014 年，第 392 页。

判决少、适用法律少、原告胜诉率低"[1]等特征。环境行政诉讼往往案情更为复杂，需要法院具有更强的审理能力，但目前法院还不具备这样的能力。而且，根据我国行政诉讼法的规定，环境决策案件、环境抽象行政行为，是不属于法院受理范围的，法院无法进行监督与问责；即使在对抽象行政行为进行附带审查时，法院的审查重点也是具体行政行为，而不是抽象行政行为，这对于法院的问责也是一种限制。对于一些具有政治性和政策性的案件，法院也无能为力。②我国行政机关上级与下级的关系更加刚性，上级对下级的问责更加有效。行政机关通过上级对下级的强制性要求，开展严厉的、广泛的环境问责，并且创新了一些环境问责方式，如环境约谈制度、区域限批制度、河长制等。这些新型问责方式，都是当时法律没有规定，由行政机关依据上级与下级之间的这种命令服从关系而强制性地建立起来的，并且取得了良好的效果。例如区域限批制度与河长制均通过行政压力促进环境法律实施、制裁环境违法行为。正是由于这些成功的实践，这些有效的制度在后来的立法中得到了采纳，成为具有法律依据的问责形式。同样可以预见的是，这些成为法律条款的问责形式如果在未来要真正发挥实效，行政机关的重视与实施仍是不可或缺的条件。

从上面的论述来看，"同体问责与异体问责之争是毫无意义的"[2]，行政机关的同体问责的力度更大，其效果也更加明显。当然，这并不是说异体问责不重要。在现代社会体制下，单一的问责模式存在缺陷，需要发挥不同问责方式的作用，系统性地发挥问责制度的功能。具体而言，在以行政为主导的问责模式下，我国还应重视其他问责形式的功能：

（1）我国人大问责虽有所改进，但仍相对薄弱，应予重视和加强。其改进体现在：①在修改后的《环境保护法》中，增加了人大问责条款，

---

[1] 吕忠梅：《环境行政司法：问题与对策——以实证分析为视角》，《法律适用》2014年第4期，第2-7页。
[2] 余凌云：《行政法讲义》（第二版），北京：清华大学出版社，2014年，第392页。

例如第二十七条的规定；②在实践中，近年来全国人大常委会加强了环境执法检查等监督工作，例如，"十二届全国人大常委会连续三年分别对大气污染防治法、水污染防治法、环境保护法实施情况进行执法检查，并听取报告。两次分别就水污染防治法和环境保护法实施情况开展专题询问"[1]。今后在人大问责方面，要重视政府向同级人大汇报环境保护工作与环境状况，人大应加强对环境法律实施的执法检查、加强对政府履行环境职责的检查与询问，对于特别事项也可以行使特别调查权；另外，可以借鉴国外的一些做法，加强专门委员会——环境与资源保护委员会的监督职能，赋予其更多的监督权限，从而更好地保证问责效果。

（2）在司法问责方面，我国还有很大的改进空间。目前，更应强调的是环境行政诉讼的问责功能。可以扩展环境行政诉讼的受案范围，例如规定法院受理对环境行政决策与抽象行政行为的诉讼。此外，还应重视司法对环境公共政策的审查。目前，我国在行政诉讼中已经加强了对规章的审查力度，这就是一个非常积极的信号。最高人民法院案例指导工作办公室在指导性案例5号[2]的"理解与参照"的结尾部分特别指出："对于那些被人民法院生效裁判认定为违反上位法进而不予适用的规章，制定机关或者其他有权机关也应当及时对相关条款依法予以修订或者废止。"[3]这实际上大大加强了对抽象行政行为的审查力度，也更有利于减少违反规范性文件的不利后果。

（四）加强相关制度建设

环境行政问责制度是一系列制度组成的规范体系。在这一制度体系中，不仅需要考虑环境行政问责制度本体的建设与完善，还需要考虑其他相关制度的建设与完善。只有这样，才能确保环境行政问责顺

---

[1] 王玮：《环境法治：春风一拂千山绿》，《中国环境报》2017年3月7日第08版。
[2] 鲁潍（福建）盐业进出口公司（苏州）分公司诉苏州市盐务管理局盐业行政处罚案。
[3] 王天华：《案例指导制度的行政法意义》，《清华法学》2016年第4期，第34-39页。

利有效地实施。

1. 说明理由制度

说明理由与回应，是行政机关对社会关切问题的应对与处理，体现了责任政府对社会公众负责的精神，是现代行政问责的重要组成部分。同时，说明理由也是行政程序的基本要求。在现代行政法中，通过程序控制行政裁量已成为基本共识，说明理由是控制裁量的一种有效方式。公众、媒体和网络，及其与政府的交流、对话，组成了行政问责的前端，形成了不可或缺的回应结构。[1] 这种回应结构，体现在行政行为的各个阶段，无论是具体的行政执法、行政决策，还是抽象行政行为，都需要行政机关说明理由，通过说明理由来回应社会的关切，体现了行政机关与社会之间的良性互动。

首先，在行政执法中需要向相对人说明事实与理由。在理由中不仅要说明所依据的法律，而且要说明行政机关进行裁量的理由，以证明行政行为的合法性和合理性。这时的说明对象是行政相对人或者利害关系人，但在特定情形下，还需要向社会进行说明，以回应社会的不满与关切。例如，2016 年，江苏省环保厅公布了对高邮市光明化工厂违法行为的处罚，有网友质疑罚款 603 元到底是惩罚还是鼓励。对此，江苏省环保厅表示，603 元只是针对废水 pH 值超标的罚款。而高邮市环保局说明了罚款 603 元的具体处罚依据，即为防止滥用执法自由裁量权，当地在罚款数额的计算方面制定了精确"数学模型"，对光明化工厂的处罚正是根据这个"数学模型"算出来的。[2] 这些解释虽然没有完全消除人们的质疑，但也是一种积极的回应，是行政问责一种体现。

其次，行政机关在行政决策中向利害关系人说明作出决策的依据与裁量理由，使利害关系人能理解、服从与支持行政机关的决策。如

---

[1] 余凌云：《行政法讲义》（第二版），北京：清华大学出版社，2014 年，第 391 页。
[2] 张可：《高邮化工厂超排废水仅罚 603 元？江苏省环保厅回应》，《扬子晚报》2016 年 2 月 28 日第 3 版。

果在决策中发生较大的争议，就需要给予多次回应。例如，我国目前经常发生的邻避冲突中，行政机关往往会进行多次说明，不断地回应社会的关切。再如，争议多年的重庆小南海水电站项目就因为环保组织多次呼吁不断进行论证，最终于 2015 年被环保部否决。[1] 在这一过程中，环保组织不断对行政机关的相关决策提出异议，而行政机关也不断地对异议进行解释说明，这些解释说明就是一种回应。

最后，在抽象行政行为中，特别是一些环境行政立法中，也需要说明理由。其中主要是向社会征求意见，然后在立法中对社会意见采纳与否及理由加以说明，当然也会对立法的必要性、可行性与合法性等事项进行说明。

通过说明理由制度，行政机关可以回应社会的关切、证明自身行为的合法与合理，体现出行政机关与社会的互动。当然，这种互动并不是一次性的，有时是多次往复的互动。例如，社会提供问责案件的线索、对相关案件的质疑引发政府的回应，社会对政府回应进行评判、政府再次回应等，这样使问责成为政府与公众对话的平台。[2] 正是社会关切与政府回应之间的互动，促进政府说明理由，保证政府行为的正当性与合理性。

2. 公众参与制度

在环境行政问责制度中，需要重视公众参与制度。"从现代民主理论看，公民直接参与管理的参与式民主已逐步成为一种重要的模式。"[3] 在现代行政法治中，公众参与是行政程序中不可或缺的一个组成部分。在环境法中，更加重视公众参与，不仅在一般性的行政程序之中，在其他方面也强调公众参与的价值与功能。这在一系列的国际环境公约中也得到了体现。例如《斯德哥尔摩人类环境宣言》《里约环境与发展宣言》《在环境问题上获得信息、公众参与决策和诉诸

---

[1] 王尔德：《重庆小南海水电站何以被否》，《环境经济》2015 年第 10 期，第 26 页。
[2] 余凌云：《行政法讲义》（第二版），北京：清华大学出版社，2014 年，第 391 页。
[3] 周亚越：《行政问责制研究》，北京：中国检察出版社，2006 年，第 54 页。

法律的公约（奥胡斯公约）》都规定了公众参与条款，特别是《奥胡斯公约》就是一个以公众参与为主要内容的国际公约，该公约明确其制定目的是："确认在环境方面改善获得信息的途径和公众对决策的参与，有助于提高决策的质量和执行、提高公众对环境问题的认识，使公众有机会表明自己的关切，并使公共当局能够对这些关切给予应有的考虑。"

公众参与具有多种体现。首先，行政机关执法中的公众参与。过去行政机关执法中的公众参与，主要是相对人与利害关系人的参与，例如他们具有陈述、申辩和提出救济的权利，就是一种有效的参与。在实践中还出现了新型参与形式，例如在安徽省合肥市开展的执法公众评议制度。[1] 这种类型的参与，不仅体现了公众的主体地位，而且要求行政机关对执法过程中的证据采集、法律适用、裁量依据等作出说明，通过这些说明来发现行政机关执法是否满足合法性与合理性的要求，对行政机关的执法行为提出了更高的要求。其次，环境治理中的公众参与。在环境治理中，我国也在不断探索公众参与的方式，以发挥不同群体、不同组织的环境治理功能，形成具有中国特色的环境多元共治模式。例如在江苏省太湖流域的环境治理过程中，出现了一种参与式的治理，即"注重地方政府、当地企业，特别是污染源企业、当地居民、渔民等利益相关者以及环保组织的作用"[2]。而在浙江省嘉兴也形成了有影响的环境治理的嘉兴模式。在嘉兴模式中，任何一个决策都是多方参与、持续互动、相互协商达成共识的。在治理主体上，嘉兴市的环保行政部门发挥枢纽功能，让普通群众、院校学者、行业企业、新闻记者、法律人士都成为环境治理的积极参与主体。[3] 这些现象说明，我国正在对传统的行政管制模式进行调整，尝试环境

[1] 庄媛、张建亚：《合肥试水行政处罚"群众公议"监督让自由裁量权更阳光》，中国广播网，2013年6月21日。
[2] 张慧卿、金丽馥：《苏南参与式环境治理：必要性、经验及启示》，《学海》2014年第5期，第180-183页。
[3] 朱狄敏：《社会复合主体与环境公共治理的走向——嘉兴模式的经验启示》，《环境保护》2014年第13期，第58-60页。

多元共治的实践。最后，公众通过诉讼来对行政机关的环境职权行为进行问责也是一种重要的参与方式。特别是环境公益诉讼，当公众（主要通过环保组织）对行政机关的行为不满而向法院起诉时，实际上是公众通过对环境治理的参与而启动司法问责程序，将公众问责与司法问责结合起来，利用公众的广泛监督，同时启动司法的有效问责。

通过公众参与，可以有效地发挥公众的监督作用，公众可以不断对行政机关的环境职权行为提出疑问、提出建议与意见，而行政机关及时予以回应。这不仅是公众问责，也可以作为其他有权问责主体启动问责的线索，有效地增强了问责的效果。

3. 行政信息公开制度

行政信息公开也是现代行政程序的重要内容，"阳光是最好的防腐剂，路灯是最好的警察"。在环境行政问责制度中，包括两种不同类型的信息公开：

一是环境信息的公开。环境信息的公开是环境行政问责的基础与前提，不仅让公众了解环境状况，避免不利环境对健康的损害，还可以使社会了解政府在环境治理上的成绩与不足，为进一步的环境行政问责提供线索。作为一种有效的环境治理工具，环境信息受到了各国的重视，例如德国专门制定了《环境信息法》，强化环境信息公开。美国于 1986 年制定的《紧急规划与地区居民知情权法》（Emergency Planning and Community Right-to-Know Act，EPCRA）建立了有害物质排放目录（Toxics Release Inventory，TRI）制度，要求符合条件的企业或机构每年报告有害化学物质的排放量和废弃物的移动量；联邦环保局通过因特网公开，所有人均可查看。[1] 这种环境信息公开制度，促进了企业自主地减少污染物的排放，最后远远低于国家要求的排放限额。目前，我国也非常重视加强环境信息监测制度、实行监测的垂直管理与环境监测的社会化，其目的就是强调环境信息的准确性。今

---

[1] 金自宁：《作为风险规制工具的信息交流——以环境行政中 TRI 为例》，《中外法学》2010 年第 3 期，第 61-74 页。

后还需要加强环境审计，特别是官员的环境离任审计，以及绿色GDP考核。通过这些环境信息的公开，人们可以对各地的环境状况和环境治理绩效进行有效的评价与问责。

二是对环境行政问责信息的公开。在环境信息公开的基础上，还需要对环境行政问责信息加以公开。环境信息公开本身并不是目的，而是作为一种环境规制工具。在行政问责制度中，"应当超越单纯的责任追究，还需积极回复公众的质疑，及时公开有关政府信息，作出必要的解释，告知处理的结果，向社会公开道歉"[1]。因此，环境行政问责信息公开具有多重目标：一方面，行政问责制体现了行政机关对社会和公众关切问题的回应，也促进了公众对行政问责本身的监督；另一方面，行政问责公开也通过向社会公开相应的处理结果来明确未来应该努力的方向。这样的公开在便于社会监督的同时，促进社会和公众进行新的监督，促使政府面临新的问责与回应的考验。这样可以形成良性循环，促进行政机关和社会的沟通与互动，从而有利于环境治理的顺利展开，提高环境治理绩效和实效。

三、我国环境行政问责法治化的具体路径

如前所述，我国环境行政问责的法律依据比较复杂、层级较低，因此有必要通过统一的立法来对全国性的环境行政问责加以规范，并提高环境行政问责的法律效力。在统一立法中，可以对各地的做法进行归纳吸收，统一不同的责任形式，保证不同责任之间的衔接，避免行政责任的遗漏；同时，还可以在统一立法中确立科学、合理的立法指导思想，体现环境法"预防为主"的理念，重视问责的预防功能；另外，可以在统一立法中科学配置不同的问责形式，衔接各种问责类型，根据不同的情形适用不同的责任类型，调和与弥补现有法律规范

---

[1]　余凌云：《行政法讲义》（第二版），北京：清华大学出版社，2014年，第395页。

之间存在的冲突与缺漏。

当然，统一立法也是相对的，不是建立完全自足的环境行政问责法律体系，而是需要与其他问责法律规范相互协调，依托现有成熟的、专门的问责法律制度，形成完善的环境行政问责法律制度。我国环境行政问责法律规范众多，要完全统一立法还非常困难，当前的立法经验和技术并不足以支撑。此外，根据国外的经验，环境行政问责也是由一般性问责法律与专门性环境问责法律相结合的，尚未发现有国家制定纯粹的专门性环境行政问责法律。由此，在我国现有的环境行政问责实践中，需要对相关要素进行完善，以形成一个良性互动的问责制度体系，并为今后相关立法的完善提供实践素材，更好地促进环境治理，实现环境善冶。具体而言，我国环境行政问责法治化还需要从以下方面加以完善。

（一）明确不同问责对象的责任

从上文的立法和实践考察来看，环境行政问责对象主要是行政机关及其工作人员，具体包括各级人民政府、地方生态环境部门、其他具有环境管理职责的部门及其领导干部和执法人员、各级党委及其组成人员。由于具体的问责对象众多，往往会产生权责不一致的现象，因此，需要明确问责的范围和边界，明确不同问责对象的责任。这涉及三种不同的情形：一是领导干部的责任与具体工作人员的责任；二是不同行政机关之间的责任；三是各级人民政府与环境主管机关之间责任。

1. 明确直接责任与间接责任

直接责任人是责任主体对自己实施的违法或不当行政行为承担责任，即责任人对自己的行为负责；间接责任人是指对直接责任人的违法或不当行政行为造成的后果承担责任的人。

从问责实践来看，自 2003 年"非典"事件以来，受到行政问责的官员都是行政机关的行政首长或主要负责人，他们承担的主要是一种间接责任。目前，我国环境行政问责非常重视对行政首长的问责，例如《党政领导干部生态环境损害责任追究办法（试行）》，海南省、重庆市、长沙市的问责对象仅限于行政首长或者主要领导人。[1]追究领导干部的责任，是因为"问责的本意是针对高级官员即领导干部，而不是一般工作人员"[2]。一般工作人员通常是直接责任人，而行政首长、领导干部很多都只是间接责任人。重视追究领导干部的责任：一是由于行政机关实行首长负责制，行政首长必须为本机关的行为负责；二是对领导干部的问责，可以促进领导干部加强对下属的监督，发挥行政机关内部监督的功能，如果没有履行好这一职责，要其承担相应责任也就在情理之中。但这一做法难免失之偏颇：其一，对领导干部往往会不公平，领导干部无法对其下属的任何行为都进行监督，在一些行为中，领导干部本身没有过错，例如公务员在执法过程中的暴力行为是领导干部无法预测和监督的，要求其对自己没有过错的行为承担责任，是不公平的；其二，对直接工作人员的违法或不当行为，如果不追究责任或者只追究较轻的责任，也起不到问责的应有效果。

因此，必须明确直接责任与间接责任之间的关系，根据问责事由判断领导干部与一般行政人员的责任，根据不同性质的责任来予以追究。这样，不仅更加公平，也有利于问责起到有效的一般预防作用。若领导干部是决策者或直接实施者，就应承担直接责任；若领导干部是决策者，一般行政人员是决策执行者，决策违法或者执行不力，则领导干部和一般行政人员都要被问责；若领导干部只承担一般的领导责任，则只能承担相对较低的责任。

2. 分清生态环境部门与其他部门之间的责任

环境本身具有整体性，一项环境要素被破坏可能导致整个生态系统功能的退化，这一特征也决定了环境规制是一个系统工程，传统的

---

[1]　海南省的《行政首长问责暂行规定》规定问责对象是省级政府职能部门和市、县政府的行政首长；重庆市的《政府部门行政首长问责暂行办法》明确问责对象只有市政府的行政首长；长沙市的《行政问责办法》也仅限于主要领导人。

[2]　张贤明：《官员问责的政治逻辑、制度建构与路径选择》，《学习与探索》2005年第2期，第56—61页。

"属地"管辖和单个部门治理很难实现环境整体质量的改善，需要各个行政区域、负有环境保护职能的各个部门相互配合、合作。这种合作包括同一人民政府的不同职能部门，如生态环境部门、水利部门、国土资源部门、农业农村部门等在环境治理中的合作，也包括不同行政区域的人民政府或其职能部门之间的合作。由于涉及不同的主体，要实现环境行政问责，就必须明确不同职能部门的环境保护职责，明确生态环境部门与其他部门之间的权力范围，避免主管部门之间、主管部门与分管部门之间以及分管部门之间职责的交叉和重叠，只有明确不同部门的环境保护职权与职责，才能有效地进行环境问责。

一些地方人民政府的职能部门具有特定的环境保护职能。如林业行政主管部门、土地行政主管部门，负责对国家重点风景区的保护监督、指导城市规划区地下水的开发利用与保护、指导城市市容环境治理等，应根据这些部门的环境职责范围和大小确定具体的责任。法律法规授权具有管理环境事务的组织，虽然本身并不是行政机关，但是如果被授权行使公共权力，就具有了行政主体的性质，也要为对自身的行为负责，应纳入环境行政问责。

3. 明确各级人民政府与其环境保护职能部门的责任

行政机关是环境保护的主导力量，其中各级人民政府具有全面而统一的环境管理职责。但各级人民政府具有多种职能和任务，在这些职能和任务的选择上，他们往往会偏向于经济发展而忽视环境保护，正如上文所言"政府的身份悖论导致环境监管不力"。环境保护职能部门作为各级人民政府的职能部门，必须服从本级人民政府的命令，如果各级人民政府在环境保护上持消极态度，必然会影响环境保护的效果；同时，政府还需要对不同的环境保护职能部门进行协调，这是环境保护职能部门无法做到的。因此，为有效引导各级人民政府积极履行环境职责，必须重视对各级人民政府的环境行政问责。

政府对环境行政问责担责的前提是政府环境责任，包括第一性的环境责任和第二性的环境责任。政府负有对环境这一公共物品加以保护的职责，当环境被损害时，政府负有对这一公共物品加以治理的职责，如果政府没有履行这方面的职责，就应被问责。例如，我国《环境保护法》第六条规定的地方人民政府的环境质量责任。[1]

各级人民政府不仅要对自己的行为承担责任，还要对下级部门的行为负责。具体如何负责，应处理好两方面的关系：第一，各级人民政府与其职能部门之间的责任划分。政府必须承担本行政区域的所有环境责任，对于下级机关作出的执法与决策行为，各级人民政府应承担领导责任。第二，作为决策主体和领导主体应承担的责任。各级人民政府都有环境决策权，如果违法行使了这样的决策权，则应当承担相应的直接责任；各级人民政府也可以做出一定的行为，特别是直接对其职能部门进行的不当干预，此时，也应承担直接责任；当各级人民政府只是作为监督与协调主体时，则应承担间接的领导责任。

（二）完善环境行政问责的内容

环境行政问责的内容指环境行政问责"问什么"，即环境行政问责的范围。环境行政问责范围为环境行政权的行使设置了阈值。为了确保环境行政问责的效果，环境行政问责范围应具有有限性、明确性、可操作性。[2] 那么环境行政问责范围如何体现和设计呢？我国台湾地区采取的是列举式方法 [3]，香港地区则采用的是概括式方法 [4]，而美国、英国是通过判例法来确立问责范围。根据我国国情，我国环境行政问责范围应采用列举式与概括式相结合的方式，具体来说就是根据

---

[1] 《环境保护法》第六条："地方各级人民政府应当对本行政区域的环境质量负责。"
[2] 曹鎏：《行政官员问责的法治化研究》，北京：中国法制出版社，2011年版，第141页。具体参照该书"问责范围所应具有的品格"部分。
[3] 我国台湾地区"政务人员法"第二十一条采用肯定列举式："政务人员有下列各款情事之一，应辞职以示负责：（1）因决策错误，或主管政务发生重大失误，对国家或人民造成重大损害者；（2）对部属执行政策疏于监督，严重影响人民权益；（3）因言行重大瑕疵，影响其声誉及政府形象者；因健康或者其他原因难以行使职权者。"
[4] 我国香港地区《问责制主要官员守则》对问责范围的界定主要采用概括式，根据第一章第二条及第二章第二条规定，问责制主要官员因个人操守和政策成败向行政长官承担政治责任。

实践经验和现实需要对问责范围的类型进行总结、归纳，并辅以兜底条款。下文将对环境行政问责范围进行列举。

1. 环保绩效考核问责

绩效考核问责是指对未达到绩效考核目标的行政机关及其工作人员进行问责。循此逻辑，环保绩效考核问责就是指对未达到环保绩效目标的行政机关及其工作人员进行问责。环境绩效问责关注行政人员履行环境职责的成果和效益，在绩效考核之下，"无过"并不能成为逃避责任的借口，行政机关及其工作人员需要满足履行环境职责的绩效要求，否则就会因为未达到应有的绩效水平而被问责。绩效问责对行政机关及其工作人员提出了更高的要求，是行政问责制度的进一步深化和发展。[1] 绩效问责更多的是要求政府积极履行行政职责、提高行政效率、树立政府形象，问责前提和依据是对政府绩效水平的评估。政府绩效水平可以通过成本、效益、工作效率、服务质量和客户满意度等绩效指标来测量。定义、测量和运用这些指标的过程称为绩效评估。[2] 考核地方政府绩效有多重指标，而环保绩效指标只是政府绩效指标的一部分。为加强环境保护，实现生态文明建设目标，可以提升环境保护指标在政府绩效指标中的比重，促使各级政府更加重视环境保护工作。

针对前文实践考察部分出现的"降低环保考核标准，环保履职不力"的问题，必须落实环保绩效考核责任。《环境保护法》第二十六条规定了环境保护目标责任制和考核评价制度，环保绩效问责可以通过环境保护目标的完成情况来实现。而环境保护目标仅仅表明了环境保护的基本方向，其最终落实需要确定相应可量化、可转换和可评估

---

[1] 徐元善、楚德江：《绩效问责：行政问责制的新发展》，《中国行政管理》2007 年第 11 期，第 29～31 页。
[2] 〔美〕西奥多·H. 波伊斯特：《公共与非营利组织绩效考评：方法与应用》，肖鸣政译，北京：中国人民大学出版社，2005 年，第 20 页。

的环境保护指标。[1] 但是目前关于环境考核评价的规定，除《环境保护法》第二十六条、《大气污染防治行动计划》《水污染防治行动计划》外 [2]，没有其他依据。后两者适用专门领域，不具有普遍性，前者规定过于原则，现实中如何操作是个亟待解决的难题。

环保绩效考核问责的运行可以从以下三个方面着手：

（1）环境保护目标的确立。环境保护目标的确立既要符合社会经济发展的客观需求，又要体现一定阶段社会成员的普遍意愿，是客观性与主观性相结合的产物。[3] 地区的经济发展水平、环境承载能力、公民发展经济的意愿等都可能成为影响环境保护目标的因素。所以应当根据该地区的环境保护目标设置具体的环境保护指标值，这些指标有上限和下限，其中下限有一个最低底线值，它是决定奖惩的重要参考标准。

（2）环境保护目标的分配。先由中央制定统一的环境保护目标，然后应用科层制层层向下分配，层级越低，目标分配越细致，大致呈现"金字塔"结构。各地的经济发展水平、环境承载力不同，因此地方政府发现环境保护目标的分配不合理可以与上级政府协商。

（3）环境保护目标考核。根据分配目标的完成情况对政府进行评价。①考核内容。考核内容要根据上文提到的环境保护指标的确立

---

[1]　王清军：《文本视角下的环境保护目标责任制和考核评价制度研究》，《武汉科技大学学报（社会科学版）》2015 年第 1 期，第 68-72 页。以 2013 年《大气污染防治行动计划》为例，环境保护目标是指：1. 经过五年努力，全国空气质量总体改善，重污染天气较大幅度减少；2. 京津冀、长三角、珠三角等区域空气质量明显好转；3. 力争再用五年或更长时间，逐步消除重污染天气，全国天气质量明显得到改善。环境保护指标是指：1. 到 2017 年，全国地级及以上城市可吸入颗粒物浓度比 2012 年下降 10% 以上，优良天数逐年提高；2. 京津冀、长三角、珠三角等区域细颗粒物浓度分别下降 25%、20%、15% 左右，其中北京市细颗粒物年均浓度控制在 60 微克每立方米左右。

[2]　《环境保护法》第二十六条规定，国家实行环境保护目标责任制和考核评价制度。县级以上人民政府应当将环境保护目标完成情况纳入对本级人民政府负有环境保护监督管理职责的部门及其负责人和下级人民政府及其负责人的考核内容，作为对其考核评价的重要依据。考核结果应当向社会公开。2013年国务院发布的《大气污染防治行动计划》提出"构建以环境质量改善为核心的目标责任考核体系"；2014 年国务院办公厅关于印发《大气污染防治行动计划实施情况考核办法（试行）的通知》；2014 年《中华人民共和国大气污染防治法》（修订草案征求意见稿）是明确提出了"国家实行以环境空气质量改善为核心的大气环境保护目标责任制和考核评价制度"等。2014 年国务院发布的《南水北调工程供用水管理条例》要求"水质保障实行县级以上地方人民政府目标责任制和考核评价制度"；2015 年《水污染防治行动计划》规定了水环境保护的总体要求、工作目标和主要指标。

[3]　王清军：《文本视角下的环境保护目标责任制和考核评价制度研究》，《武汉科技大学学报（社会科学版）》2015 年第 1 期，第 68-72 页。

而定，既要重点考核水、大气、土壤等影响环境的重要因素，也要考核自然资源的开采利用情况、生态环境的保护情况等。②考核方式。一般可以分为季度考核、年度考核、离任考核。③考核结果。这是决定环保绩效问责的关键，上文提到可以把环境保护目标设定在一个区域范围内，这个区域的最大值是环境保护目标完全实现，是最理想的状态；最小值是底线，底线以下是没有实现目标，是应该被问责的情形；中间区域根据目标实现的具体情况予以奖励。

除此之外，根据环保绩效考核本身的特点及考核过程中可能存在的问题，必须注意以下几点：第一，限制环保绩效考核适用的范围。并不是每一项工作都可以通过指标来测评，应明确指标及其考核的适用性。第二，建立覆盖全国的环保绩效信息系统，信息对外公开，接受社会监督。第三，考核结果不是问责的唯一依据，还应该参照其他影响因素进行问责。

2. 环境决策问责

环境决策问责是指行政机关及其工作人员就其所做出的环境行政决策行为接受问责主体的监督并对环境决策失责行为承担不利后果的制度。党的十八届四中全会决议也明确提出要"建立重大决策终身责任追究制度及责任倒查机制"。我国行政决策的法治化要求推进行政决策问责的法治化。正如某学者所言："对中国问责的深化研究，需要重点关注决策问责领域，如何实现决策问责是当前中国问责研究的核心和关键领域。"[1]

决策问责的目的不仅在于通过事后问责加强对决策失误的惩罚，更重要的是通过事前问责纠正和减少决策失误的发生。[2] 环境决策是环境行政行为做出前的选择，是环境行政行为的指南。加强决策监督、减少决策失误，环境决策问责显得尤为重要。以往的问责仅仅关注外

---

[1] 谷志军、王柳：《中西不同政治生态中的问责研究述评》，《甘肃行政学院学报》2013 年第 2 期，第 22-34 页。
[2] 谷志军：《决策问责及其体系构建研究》，浙江大学 2014 年博士学位论文，第 47 页。

在变量，即问责本身的问题，忽视了行为主体对行为的影响这一内在变量，如果说前者注重的是违法责任（客观责任），那后者就是过错责任（主观责任），环境行政问责的责任类型是客观责任与主观责任的结合，这种追责方式有利于督促环境行政人员提高行政能力和行政素质。环境决策问责是一个过程，包括环境决策执行前、环境决策执行中、环境决策执行后三个阶段。环境决策执行前的监督问责与本书一再倡导的环境预防理念是一致的，在此阶段决策问责关注的是程序规则，对决策的过程进行评估，即问责主体要审查决策的作出是否符合规定的程序设计，不符合规定的要进行事前问责。环境决策执行中发现有不合法或不合理的情形时也要问责，这涉及决策责任和执行责任，根据具体情形追究各自责任。环境决策执行后指向的是环境绩效问题，环境决策的预期目标是否实现，原因何在，这些是环境决策责任的关键。这与上文的"环保绩效考核问责"所关注的内容相同，即预期的环境目标是否实现，所不同的是"环保绩效考核问责"的责任主体主要是执行主体，而环境决策问责的责任主体是决策主体。

3. 干部提拔问责

环境事件的发生很多是行政人员自身文化素质低、知识结构与思维方式达不到环境管理的要求导致的。这些人员往往不符合提拔用人条件或者提拔之后没有予以有效监督。在这样的情形下，应该把用人失察导致被任用人员能力不足、效力低下等问题纳入环境问责范围，提醒决定干部任用人员应审慎，在干部任用过程中考虑环境保护因素，并在干部任用后做好监督工作。目前，领导干部选拔任用中还有任人唯亲、"带病提拔"、权钱交易等现象，被提拔的领导干部不符合任用条件、能力不足、效力低下，尤其是在环境保护领域。干部提拔问责对提拔主体形成隐性激励，督促其按规定提拔并做好提拔后的监督工作。

我国古代就有关于提拔官员承担连带责任的制度。如宋初省台高官可荐举京官幕职及州官为朝内职官。但为了防止因缘附会，滥举不实，严申荐举者的责任，如被荐举人违法犯赃，荐举人要受连带之罚。[1] 明代荐举不实也要求负连带之责。[2] 在西方议会内阁制国家，内阁成员的提名权由首相（总理）行使，首相（总理）要对提名人的行为负连带责任。

为保障生态环境部门行政人员整体素质，实现环境保护目标，应该强化提拔人的责任意识，借鉴古代和西方民主国家的经验。提拔干部要坚持"谁提拔，谁负责"原则，不管是组织联名提拔，还是个人提拔，只要提拔之后发现有不符合提拔条件、提拔理由等情形都要与被提拔人承担连带责任。

（三）创新环境行政问责方式

问责方式是问责对象在问责程序中受到的制约形式，它是从实体层面确保问责机制发挥价值的关键。现阶段，我国在问责方式上有很多方面的创新，但不管是针对公务人员的处分，还是针对单位的制裁，主要还局限于行政责任这一内部监督的范畴，并且主要是事后问责，因此需要设计出体现环境治理特殊性、更具针对性的环境行政问责方式。本书认为，环境行政问责方式不仅要有事后的惩罚功能，还应当有事前的激励、预防功能，应重视环境风险，在日常环境管理过程中促进行政机关重视长期的环境效益，积极预防、应对和治理环境问题。理想化的环境行政问责方式应该呈现体系化的特点，即问责方式应适应不同问责内容并且相互之间软硬搭配、刚柔相济，以形成前后衔接且严密细致的环境行政问责方式体系。基于这些理念，本部分对环境行政问责方式的创新进行探索。

---

[1] 张晋藩：《中国法律史》，北京：群众出版社，1991年，第384页。
[2] 张晋藩：《中国法律史》，北京：群众出版社，1991年，第406页。

1. 环境行政约谈

广义的行政约谈指有权行政机关，对其下级机关或行政相对人，采取谈话、听取意见、普法教育、提供信息、违法预警等方式，对有关事项予以规范纠正或加以预防的行为，包括内部行政约谈与外部行政约谈。[1] 而狭义的行政约谈，仅指行政外部约谈，即行政主体与行政相对人之间的约谈行为。[2]2014 年《环境保护部约谈暂行办法》，就是内部约谈制度，属于广义的行政约谈。环境行政问责的问责主体主要是行政机关，而问责对象是行政机关及其工作人员，是内部行政约谈。

环境行政约谈制度，是一种新型的环境行政问责方式，它将存在环境风险隐患的环境行政行为纳入监督问责范围，突破了传统上将问责仅仅作为事后惩罚方式的习惯做法。从西方国家环境行政问责经验中可以发现，美国、英国已经开始应用柔性方式来监督行政机关及其工作人员的行为，政府上下级之间已经不是绝对服从关系，而是朝着相互合作、配合的方向发展，这样有利于培养上下级之间的信任关系，更具有弹性。

目前我国的环境行政约谈，主要针对未履行环境职责和履行环境职责不到位的情形。我国的环境行政约谈主要有两个问题：一是缺乏一种事先的提醒式约谈；二是没有重视社会主体在约谈启动程序中的作用。因此，环境行政约谈制度还需要完善。首先，重视环境约谈的预防功能，不再局限于行政机关不履行或者不严格履行环境职责的情形，例如除在《环境保护部约谈暂行办法》第三条中列举的十种主要情况外，还可以在发现行政机关履行职责的困难时进行约谈，以提醒行政机关相关的注意事项，再如，对于一些存在风险的事项，也可以预先对行政机关进行约谈，以提高其风险预防的意识。其次，重视及时收集环境约谈的线索，充分吸纳公众提供的相关线索。环境行政约

---

[1][2]　孟强龙：《行政约谈法治化研究》，《行政法学研究》2015 年第 6 期，第 101–120 页。

谈制度，不仅需要行政机关主动地搜集线索，还需要行政机关根据社会公众提供的相关线索进行核查并约谈。例如在环境事件发生之前或者存在发生环境事件的可能性时，社会公众可以向地方人民政府、各级政府的环境职能部门、人大和新闻媒体进行举报，有权行政机关可以根据这些举报线索进行约谈。最后，利用多种形式来提高约谈效果。有权机关在经过形式调查后约谈相关问责对象，就履行环境职责的情况及应注意的事项，与问责对象进行交流，听取问责对象意见后作出一定形式的决定。如提出整改措施和时限，在整改期间进行区域限批等，也可以向其宣传环保法律政策以防因对法律政策不了解而发生重大环境事件，并告知不履行环境职责作为政绩考核、违法责任的加重处罚情节，除此之外，也可以在环境执法技术和方法上予以指导，降低执法成本，对问责对象形成激励。

约谈制度因发挥的作用有限而又被人们称作"撒娇的小粉拳"，这种问责形式不具有强制执行力，那么环境行政约谈是否会因此而丧失其价值呢？其实不然，本书探讨的环境行政约谈与其他行政强制行为所要达到的目的不同，后者主要是惩罚问责对象以达到威慑效果，从而维护法律的尊严，而前者启动的缘由是贯彻环境法中的"预防原则"，通过警告等方式引起相关机关与人员的警觉，从而增强其责任感、积极履行环境职责。而且，问责主体与问责对象进行交流，可以减少二者之间的直接冲突，更加有利于问责对象理性认识自身的问题，自觉主动地履行环境职责。

2. 环境侵害国家赔偿

广义的国家赔偿是指以国家的名义对国家机关及其工作人员行使国家公权力及其私经济行为所造成的损害承担赔偿责任；狭义的国家赔偿仅指国家对公权力行使造成损害所承担的赔偿责任。[1] 根据 2012 年修正的《国家赔偿法》的规定，国家机关和国家机关工作人员行使

---

[1] 贺思源：《环境侵害国家赔偿责任研究》，北京：中国政法大学出版社，2015 年，第 49 页。

职权……造成损害的，受害人有依照本法取得国家赔偿的权利。这里的行使职权，也包括相应的不作为。因此，从一般的国家赔偿角度来看，因行政不作为而造成公民、法人和其他组织的人身权与财产权损害的，也应承担国家赔偿责任。经过大量的司法解释和司法实践，我国已经确立了行政不作为国家赔偿责任[1]，但是这里的行政不作为国家赔偿，是指因行政机关没有履行保护公民、法人或者其他组织合法权益的职责，导致损害而应承担的赔偿责任，不履行职责的行为与损害结果之间有直接的因果关系，例如公安机关没有履行保护职责，导致公民受到人身伤害，公安机关的不作为与公民的人身伤害之间存在因果关系，这时国家应承担国家赔偿责任。但是，对于怠于履行或违法履行环境职责造成环境污染的，国家是否要对受害人承担国家赔偿责任，我国还没有这方面的案例。

本书认为，为了促进行政机关履行职责，同时更好地保护公民等的人身权和财产权，需要在环境行政问责制度中引入环境侵害国家赔偿制度。当行政机关怠于履行环境职责或者违法履行职责导致公民人身权与财产权受到损害时，公民可以要求行政机关承担相应的国家赔偿责任。

环境侵害国家赔偿有充分的理论依据。其一，国家负有环境污染侵害的危险防止责任；其二，普通民众高度依赖政府的环境污染危险管理。[2]我国政府正处于社会转型时期，这种转型在国家与公民之间的关系上表现为：逐渐从"消极行政""秩序行政"向"积极行政""给付行政"转变，国家必须尊重和保护公民的权利。在经济发展过程中，

---

[1]　《最高人民法院关于劳动教养管理所不履行法定职责是否承担行政赔偿责任问题的批复》（〔1999〕行他 11 号）指出："重庆市西山坪劳动教养管理所未尽监管职责的行为属于不履行法定职责，对刘元林在劳动教养期间被同监室人员殴打致死，应当承担行政赔偿责任。人民法院在确定赔偿的数额时，应当考虑重庆市西山坪劳动教养管理所不履行法定职责的行为在造成刘元林死亡结果发生过程中所起的作用等因素。" 这个批复是对第三人过错侵权与行政怠于履行职责共同致害情形的确认。《最高人民法院关于公安机关不履行法定行政职责是否承担行政赔偿责任问题的批复》（法释〔2001〕23 号）指出："由于公安机关不履行法定行政职责，致使公民、法人和其他组织的合法权益遭受损害的，应当承担行政赔偿责任。在确定赔偿的数额时，应当考虑该不履行法定职责的行为在损害发生过程和结果中所起的作用等因素。"
[2]　贺思源、刘士国：《论环境监管失职致害的国家赔偿责任》，《河北法学》2013 年第 12 期，第 170-177 页。

国家需要加强对企业环境利用行为的监管，如果行政机关怠于履行监管职责或者违法行使环境职权造成环境污染的发生，公民有权要求国家赔偿。

由于此时形成了国家、污染企业、受害人三者之间的关系，如何在国家与污染企业之间进行赔偿责任的分配就非常关键。参考日本环境法的理论与实践，可以根据行政机关的不同作用，将国家赔偿责任分为补充性责任和固有责任，国家在大部分情况下承担补充性责任，只有在部分情况下才要求国家承担固有责任。[1]这种责任划分对于我国环境行政问责也具有重要的借鉴意义。

3. 完善官员辞职制度

辞职制度最早发源于英国的大臣负责制度，即大臣对自己的行为和其所管辖部门的行为负责，这已经成为英国的一个政治惯例。随着辞职制度的发展，这种大臣负责制度逐渐被大臣的说明义务所取代。美国继承了英国的辞职制度，但仍然只是作为一种政治惯例，在制定法中并无明文规定。而法国的辞职制度别具特色，作为一个大陆法系国家，法国在宪法中明文规定，当出现国民议会通过对政府的不信任案或者否决政府纲领或大政方针时，总理必须辞职。

自引咎辞职制度引入我国，就以迅雷不及掩耳之势应用到各种类型的责任追究中，我国专门制定了《党政领导干部辞职暂行规定》（2004年4月8日公布），将辞职分为因公辞职、自愿辞职、引咎辞职和责令辞职等类型，规范了不同类型辞职的条件及其要求。从问责的角度看，主要是引咎辞职和责令辞职的问题。但在实践中，我国引咎辞职制度还存在一定的问题。首先，出现了相关责任人员借助引咎辞职逃避其他责任的情况，引咎辞职本身所具有的宪治价值并没有得到实现。在问责法律制度中，引咎辞职只是问责制度的一种形式，而且主要是针对领导干部而开展的问责形式，如果领导干部存在其他的法律责任，

---

[1] 黑川哲志：《环境行政的法理与方法》，肖军译，北京：中国法制出版社，2008年，第249页。

还必须追究其法律责任，不能因为引咎辞职就忽视了其他责任的追究。另外，还需要加强引咎辞职制度的解释与说明义务，在引咎辞职制度中，需要向社会公开问责的事由和处理的结果，只有这样才能得到社会的理解，真正发挥引咎辞职制度的功能。其次，引咎辞职制度在实效性方面存在问题。行政人员主动引咎辞职具有高效便捷、重塑政府形象等优势，但在我国现实国情之下，引咎辞职的实效性是值得商榷的。引咎辞职本身是一种政治责任，依靠责任主体内心的道德约束得以实现。当然，西方的引咎辞职是以弹劾制度、不信任案制度作为保障的，这些制度倒逼行政人员自觉主动承担责任。[1]但我国几千年来深受"官本位"思想的影响，行政官员对职位的依赖性较强，要让他们放弃其经过多年努力而获得的职位和所熟悉的业务，对行政官员而言是一个非常艰难的抉择，在现实中这些官员也很难主动要求辞职。正如有学者所言：完全依靠行政人员的道德自律主动接受惩罚的引咎辞职，注定只会逐渐蜕变成一纸空文。[2]因此，加强引咎辞职的强制性，要求相关人员必须承担相应的责任，就成为环境行政问责的重要任务。

在我国，《环境保护法》第六十八条规定了适用引咎辞职的情形，也同样会存在能否得到有效实施的问题。根据我国国情，为加强对相关责任人员的问责，需要强化责令辞职的问责方式，责令辞职本身既具有辞职制度所承载的宪治价值，也有强制性的威慑力，因而更具有合理性。责令辞职应当成为环境行政问责最严厉的问责方式之一，问责主体根据问责情形认为问责对象情节严重，不适合再担任现职务，可以要求或者命令其辞去现职务。

（四）协调内部问责与外部问责的关系，重视问责机构建设

在进行环境行政问责时，需要重视"谁来问责"的问题。我国目前的行政问责主体主要是行政内部问责，包括基于权属问责和专门监

---

[1][2]　曹鎏：《行政官员问责的法治化研究》，北京：中国法制出版社，2011 年，第 166 页。

察机构问责，这种问责机制具有不可替代的优势。但是，不同问责主体和问责机制具有各自的优势和不足，需要多元化的问责主体和问责机制来互为补充。需要正确认识外部问责与内部问责，即异体问责与同体问责的关系，实行综合性的环境行政问责，提高环境行政问责的效果，更好地保护环境。同时，在现代行政问责制度中，也存在建立专门问责机构来进行问责的趋势，如何处理好专门问责机构与现有问责主体之间的关系，协调不同问责主体之间的功能，也是一个值得重视的问题。

1. 强化内部问责、完善外部问责

在我国，行政内部问责占主导地位，在我国实际上也发挥了有效的作用，但行政内部问责只是一种问责形式，还需要其他的外部问责加以配合。

行政内部问责在环境事前监督问责中扮演着重要角色，作为一种行政措施，通过交流谈话、引导、激励等非强制性的方式来督促执法，更容易让行使环境职权的行政机关及其工作人员接受，也有利于在相互的沟通中了解行政机关在行使职权过程中存在的问题与困难，以利于今后更好地行使职权。事后的内部问责具有高效、便捷、权威的特点，在传统的问责中占据重要地位。尽管如此，环境行政内部问责的弊端也是显而易见的，侧重于自我约束监督的特征注定了这一问责形式在"客观性""独立性"方面的不足，行政内部问责经常受到部门利益的影响，尤其是在环境领域，政府为了发展地方经济会宽容地方环境污染严重的企业，也会影响到内部问责的实施和效果，必须辅以有效的外部监督，"离开外部问责的问责制是苍白无力的、缺乏持续性的问责制"[1]。因此，强化外部问责是解决这些问题的出路。前面已经对司法问责有了较多的论述，下面主要对人大问责和社会问责进行简单的阐述。

---

[1] 杜钢建：《走向政治问责制》，《决策与信息》2003 年第 9 期，第 3 页。

　　首先，完善人大环境行政问责。人大作为权力机关具有多种问责的手段和能力，且问责具有很高的权威和效力，人大处于行政体制之外，在问责过程中可以摆脱行政部门的利益干涉。因此，必须确立人大在环境行政问责中地位，完善人大问责程序，包括：加强人大对政府环境工作报告的问责；完善人大的质询权、罢免权和撤职权，这是人大环境行政问责监督的"尚方宝剑"；健全人大对政府公共预算的监督机制，严格对政府公共预算的审查与审批。除此之外，还要强调人大的事前监督作用，提前介入环境行政行为中，如对于环境保护目标的设定、环境保护指标的分配、环境保护指标的考核与评价等。这样，可以发挥人大在环境保护中的预防监督功能。

　　其次，还要重视公众问责。在环境治理中，公众参与是一种关键性的制度设计，通过广大公众的参与，可以有效地发挥问责功能，促进行政机关及时地回应社会公众的关切，共同促进环境治理。在我国，社会公众的环境意识越来越强，也为公众问责提供了良好的条件。具体而言，要促进公众问责，需要重视如下方面：一是加强环境教育、转变公众观念，鼓励公民积极参与环境事务。在我国，一般公众对公共事务的参与热情不够，需要通过环境教育和广泛地参与实践来提高公众参与环境问责的热情。二是保障公民的知情权、参与权，增强公众问责的效果。在公众问责中，知情权是基础，只有保证足够的知情权，才能实行有效的问责。同时，要探索建立不同的参与方式，保证公众有效参与。三是规定公众问责的程序。由于公众没有直接问责的权力，只能依赖有权机关根据公众参与信息来进行有法律效力的问责，因此，有权机关应重视收集公众问责的线索：对于一般性的疑问，需要及时地予以回应；对于产生重大影响的质疑，则应组织相应的调查并向社会公布；而对于相应的举报，则由有权机关负责登记、处理与回复，做好书面记录作为问责政府的依据。

　　最后，重视新闻媒体的问责。新闻媒体具有专业性，在对政府的监督方面具有重要的作用，被称为"第四种权力"，发挥新闻媒体的问责对于促进环境治理也有非常重要的作用。近年来，新闻媒体在一些重要的环境事件中发挥了有效的作用，加快了政府对一些环境事件的处理，例如无论是甘肃腾格里沙漠排污事件，还是内蒙古的类似事件，事件之所以能够大白于天下，其中都有媒体记者的功劳。[1] 但我国媒体在进行环境问责方面还面临着一些困难，今后需要进行相应的改进：一是保障新闻媒体环境采访权，保障媒体可以自由地采访、报道、披露环境负面信息，避免对新闻媒体的干涉和限制，必要情况下，可以组织相关媒体进行专门的采访与调查。二是在政府、媒体和公民之间搭建一个信息交流平台，增强三者间的沟通。三是对于具有影响的媒体的质疑，政府应该及时作出回应，以回答社会的关切。四是有权机关应及时对新闻媒体的相关线索进行处理，并对政府的回应情况进行检查监督。

环境行政外部问责主体具有"客观性""独立性"的特征，这是环境行政内部问责所不具备的，从这个角度说，环境行政外部问责比内部问责更具优势。但是，正如前述的理由，我国现阶段还主要应集中于行政内部问责与司法问责，不能否定内部问责的价值。由此看来，内部问责与外部问责各有优势，应该重视内部问责与外部问责的结合，相互补充、配合，实现二者的有效衔接。

2. 完善环境行政问责机构建设

在行政问责制度中，是建立一般性的问责机构，还是建立专门性的问责机构，是一个重要问题。现代各国都存在大量不同类型的问责机构，如何协调处理这些机构的关系，是各国行政问责都需要解决的问题。从理论上说，专门性的问责机构具有独特的优势，如问责更有针对性、问责效率更高、更具有独立性等。美国"政府道德办公室"、英国的"行政监察专员制度"都已被证明是有效监督行政机关及其工

---

[1] 新京报社论：《驱逐记者是自掘环保的城墙》，《新京报》2015 年 4 月 7 日第 A02 版。

作人员的方式，虽然并不是在环境领域，但仍然具有借鉴意义。建立专门性的问责机构，也是现代各国行政问责制度的一个重要趋势。"在当前的传统问责改革中（此处的传统问责，指的是公共权力的问责，与社会公众问责相对。——引者注），最常见的做法是建立独立传统问责机构。"[1]常见的独立的传统问责机构有自治的反腐败机构、独立的选举机构、审计部门、人权监察部门和公诉人，后来发展中国家也开始建立独立的问责机构。例如，1977年有十几个国家成立了议会专员制度（Ombudsman），而1997年时，已经有80多个国家建立了这一制度。[2]可见，建立专门性的问责机构具有一定的优势，也成为一种趋势。

在我国，有许多的问责主体，除了法院和上级行政机关，还有相当多专门性的问责机关（或机构），如各级监察机关、纪检机关、审计机关等，这些机关都具有专门的问责功能，在行政问责制度中也发挥了重要作用。就环境行政问责而言，我国近年来特别重视环境行政问责，在原有的行政问责机构基础上，生态环境部门还使环境约谈制度化，形成了对地方政府环境约谈的程序化、制度化，起到了良好的效果。另外，我国于2016年7月起实行中央环境保护督察制度，第一批组建了8个环境保护督察组对内蒙古等8个省（自治区）开展环境保护督察工作，环境保护督察组其实也是一种临时的专门性的环境问责机构。可见，我国已经基本形成了一般性的问责机构和专门性的环境问责机构相配合的问责体系。

但这一问责体系目前还存在一定的问题，主要表现在：一是仍然以一般性的问责机构为主，专门性的环境行政问责机构较少；二是生态环境部门的约谈制度和环境保护督察制度，虽然在问责中具有较强的效力，但很难形成长期的制度，特别是后者无法成为长期的、制度化的问责机构。从这些方面来看，建立相对独立的环境行政问责机构

也具有必要性。但由于我国行政人员庞大，需要问责的事项众多，如果都按这一原理来建立各行业的独立问责机构，也是不可能的。因此，可以根据我国目前监察体制改革的思路，在监察体制改革的基础上加以尝试，建立具有一定独立性、专门性的环境问责机构。

2016 年 11 月，中共中央办公厅印发《关于在北京市、山西省、浙江省开展国家监察体制改革试点方案》，2016 年 12 月 25 日第十二届全国人民代表大会常务委员会第二十五次会议通过了《全国人民代表大会常务委员会关于在北京市、山西省、浙江省开展国家监察体制改革试点工作的决定》（以下简称"监察试点"），目的在于扩大监察范围，丰富监察手段，实现对公职人员行为全方位的监督覆盖。"监察试点"指出，监察委员会由省人民代表大会产生，试点省成立监察体制改革的工作小组，由省委书记担任组长，从而确立了我国监察体制改革的基本框架。

"监察试点"规定监察委员会由人大产生，具有相当强的独立性，保证了问责的客观与公正，可以促进行政问责的法治化。这样，关于环境行政监察就可以有两种方案：一是在监察委员会内部设置专门的"环境行政监察局"；二是在监察委员会内部设置主管几种事务（包括环境事务）的监察局，参考国际上 EHS（Environment、Health、Safety）管理体系的做法，将几种相关事务加以集中，如设立"环境保护、食品安全、药品安全、生产安全行政监察局"（以下简称"环境行政监察部门"），对行政机关及其工作人员的环境职权行为进行监察。

这一问责机构的优势是兼顾了专门性和独立性，也符合问责法治化的要求。这种监察体制类似于香港廉政公署，在未来的环境行政问责机构的具体制度安排上，可以借鉴香港廉政公署制度设置内部机构。内部机构可以分为：立案处，负责接收各个主体举报的有关环境责任主体行为的环境案件；调查处，负责对所举报的案件进行审查，责令问责对象说明或者作出处罚；宣传处，负责环境行政问责信息公开，并得到公民的支持。环境问责制机构要实现应有的效果必须保持它的独立性，由于其属于监察委员会的内部机构，由人大产生，不仅负责环境案件的受理、调查，而且负责问责决定的最后做出，财政经费由本级人大每年单独拨出，可以保证其相应的独立性。同时，还要赋予这一机构独立的调查权、处罚权，如搜查、扣押等，不受其他机关、组织的干涉。

环境行政监察部门要重视环境行政监察部门人员的培训，不仅要培训监察专业，还需要培训与问责事务的专业技术和法律规范方面相关的技能，只有这样才能有针对性地问责。环境行政监察部门本身也要受到来自社会各方面的监督，定期向所属的监察委员会汇报环境行政问责的情况，监察委员会可要求环境行政监察部门的相关人员对环境行政问责的情况进行说明，公民与新闻媒体也可以就环境行政监察部门的履职行为进行监督。

当然，建立统一的监察委员会在具体实施方面还涉及几个问题：第一，如何处理"环境行政监察部门"与原有问责主体在问责上的关系。在现代环境治理中，必然会涉及上级机关对下级机关的问责或行政机关对其公务员的内部问责，内部问责的权威性、效率性是非常明显的，例如上级政府对下级政府的环境质量或绩效的考核、生态环境部门对各级政府的环境约谈是环境行政监察部门的问责所无法取代的。第二，其他问责方式，例如人大问责与司法问责也有其优势，是环境行政监察部门的问责所不能取代的。环境行政监察部门应主要侧重于对行政机关工作人员违法行为的问责，即对行使公权力的公职人员的问责。第三，环境行政监察部门的问责形式与其他问责形式的衔接问题。从我国的监察体制改革试点可以看出，目前的监察体制主要针对职务违法和职务犯罪行为，但环境问责还涉及政治责任，因此需要处理好政治责任、行政处分与刑事犯罪这几种责任的衔接与移送工作。

（五）规范环境行政问责程序

问责程序是问责主体在对问责对象进行问责时应当遵循的方式、步骤、时间和顺序的总和。[1]程序具有独立价值，对环境行政问责来讲，合法有效的程序可以促进环境行政问责在法治轨道上运行，问责法治化的实现很大程度上体现为问责程序的法治化。设置环境行政问责的基本步骤和方式，是环境行政问责法治化的最基本要求，也是问责有序化、理性化的根本保障。尤其是在现阶段，我国环境行政问责实体法律还不完善，实体法律难以实现对行政行为的全方位调控，程序正义可以弥补实体法律调控的不足，"程序的实质是管理和决定的非人情化，其一切布置都是为了限制恣意、专断和裁量"[2]。环境行政问责程序化有利于问责主体与问责对象权利（力）义务之间的平衡，防止问责主体滥用权力，对于维护法律的公平正义有重要意义。根据上文所提到的环境行政问责程序性问题，有必要从以下几个方面予以完善。

1. 环境行政问责程序的启动

根据环境问责启动主体的不同，可分为应申请启动和依职权启动。应申请启动是指公民、法人或其他组织、新闻媒体等主体向问责主体提供问责线索，问责主体在法定权限内对问责线索进行初步的形式审查以决定是否正式启动环境行政问责程序。需要说明的是，问责对象本身也可以基于内心的良知申请启动问责程序，问责对象主动申请启动，可以减少人力、物力、财力的支出，也有利于预防环境问题的发生，应予以鼓励。依职权启动是指有权机关发现环境问责事由，依法在其职责范围内直接启动问责程序。与应申请启动问责不同，依职权启动问责可以对有关问责事由进行立案，启动问责审查程序。行政机关、环境行政监察部门和司法机关既是环境行政问责程序正式启动的决定

---

[1] 曹鎏：《行政官员问责的法治化研究》，北京：中国法制出版社，2011年，第147页。
[2] 季卫东：《法律程序的意义（增订版）》，北京：中国法制出版社，2011年。

机关又是问责决定的最终作出机关。

在案件初步审查阶段，可以采取形式审查的方式。其内容包括：有明确的问责对象；有问责对象环境行为违法的初步证据；被问责事项属于该环境问责机构管辖。初步证据不要求全面、深入，有具体举报的事实依据即可。管辖分为级别管辖和地域管辖。级别管辖可以采用"上级对下级"的原则，根据现行的行政监察的管辖方式进行。地域管辖可以采用"属地管辖"原则，以"损害发生地"为例，这种规定同时照顾到案件的调查和环境问题的特殊性。依照初步形式审查的结果，对于符合启动程序的，作出问责启动的决定，通知问责对象和申请主体，保障问责对象的知情权，并要求配合调查；对于虽有问责事实但不归本机关管辖的，应当连同案件材料移送有管辖权的机关处理；对于案件来源不清、不符合初步形式审查要求的，作出不予以启动的决定，并向申请主体说明理由。

由于行政机关、环境行政监察部门和司法机关都既是环境行政问责正式程序启动的决定者又是决定的最终作出者，因此需要对三者的职权范围进行划分。司法机关主要是事后法律责任的追究，较好区别，关键是前两者的区分。环境行政监察部门作为专门的环境行政问责机构应当成为主要的问责主体，即一般情况下由其问责，但是如果问责事由涉及事前的监督预防、行政组织体系内规则、秩序时，应当由上级行政机关问责，在进行这种问责时，环境行政监察部门仍然可以监督行政内部机关的行为。

2. 环境行政问责的责任追究

1）案件调查阶段

与环境行政问责启动的形式审查不同，该部分是实质审查。问责决定机关应当要求问责对象配合调查，根据掌握的证据作出处理决定。定案证据必须客观、真实、合法，案件中的每一个事实都有证据证明，证据之间相互呼应，形成证据链条。问责主体应该将环境行政问责事由通知问责对象，问责主体与问责对象有利害关系的，问责主体可以主动回避，问责对象也可申请其回避。本书在第一部分就已经强调环境行政问责不仅是对问责对象的责任追究，还包括问责对象的解释说明、申诉辩解，因而必须保障问责对象程序权利。"兼听则明，偏信则暗"，问责主体在决定正式启动环境行政问责程序之后，要求被问责的行政人员就自身做出的环境行政行为充分阐释自己的观点、看法。虽然听取意见程序不能完全保障案件得到公平合理的处理，但是这对于有效查清案件事实、保障问责对象合法权利具有重要价值。同时，问责对象在得到程序上的保障和尊重之后，将有益于化解内心对问责决定的不满，从而能主动接受问责，真心悔过。举证责任方面，可适用过错推定原则，即只要案件进入了实质审查阶段就推定问责对象有过错，需要追究责任，除非问责对象有证据证明问责事由不属实或者有减责、免责情形，这样设计的目的在于最大限度地保障环境公共利益，发挥环境行政问责监督制约环境行政权力的作用。

2）作出问责决定阶段

问责调查结束后进入问责决定作出阶段，在形成最终问责决定之前必须听取问责对象的陈述和申辩，这与案件调查阶段问责对象的解释说明作用不同。虽然二者都在于充分保障问责对象的正当程序权利，但前者在于查清案件事实，后者更多的是一种程序上的权利，保障问责对象的陈述申辩权。除非问责对象明确放弃这项要求，否则最后听取问责对象的陈述与申辩是问责主体的一项义务。对于合理有效的陈述申辩，问责主体应该予以考量，不予采纳陈述申辩理由时应该告知理由。

在问责启动阶段，问责对象主动申请问责的，在问责结果的基础上从轻、减轻处罚，对于情节轻微，初犯且对社会危害不大的，可以免除处罚。这样做的目的是鼓励违法者主动改正错误，作出有利于自己的选择。如果问责事由是问责对象没有履行好符合民意的公共政策，则根据无过错原则追究政治责任，政治责任没有明确的法律依据，主要看实施的结果，通过环保绩效评估和民众评议反映出来。如果是问责对象违反了道德行为规范，则根据过错责任原则追究道德责任，可以借鉴法国公务员过错理论判断是否承担道德责任。如果问责对象的行为违反了法律的明确规定，则根据过错推定原则承担法律责任。

对于事实清楚、证据确实充分符合环境行政问责情形，问责主体应当出具书面的问责决定书；经调查阶段查明，环境行政问责理由不属实、问责证据不充分、问责对象有免责情形或者情节轻微不属于问责范围的，作出不予追究的决定。

送达程序，将问责决定书送达问责主体、问责对象及问责对象所属单位，送达采用直接送达为主，委托送达、邮寄送达、留置送达等为辅的方式。

3. 环境行政问责对象的救济

救济制度是环境行政问责不可缺少的一部分，行政机关及其工作人员在环境行政管理关系中处于强者地位，但作为问责对象时又往往处于较弱的地位，需要救济制度来保障其合法权益。环境行政问责也会对行政机关及其工作人员作出不合法或不合理的决定，此时需要救济程序来保障其权益。现行法律规范对行政机关及其工作人员问责救济还存在较多不足，需要重视环境行政问责的救济制度，这不仅有利于维护行政人员的合法权益，也是环境行政问责制度本身完善的需要。

环境行政问责主体是各级人大（或人大常委会）、行政机关、环境行政监察部门及司法机关。由于问责主体和问责对象的不同，环境行政问责的救济方式也存在差异。人大问责的救济，人大问责主要形式是政治责任，在西方国家通过质询、不信任投票的方式问责，并具有相应的救济方式，如不信任投票中，首相可以要求进行重新选举；在我国，人大的问责形式还较少，主要是通过检查监督的方式进行，对相关人员质询与罢免，救济方式也不够完善。司法问责的救济，司法问责主要是诉讼的方式，在现行的诉讼体制上，可以通过国家赔偿等来进行救济，应该说基本能满足环境行政问责的需要。

存在较多争议的是行政机关内部问责的救济问题，包括以行政机关为问责对象和以公务员为问责对象的救济。以行政机关为问责对象时，由于问责主体与问责对象之间具有上下级关系，因此一般不进行救济，因为下级要服从上级。但如果是没有直接上下级关系的行政机关之间的问责，如生态环境部门对一些地方的区域限批制度，生态环境部门与这些行政区域之间并没有直接的上下级关系，此时如何救济，在我国现行法律制度下还缺乏有效的方式。

本部分主要讨论以公务员为问责对象时的救济问题。根据《中华人民共和国公务员法》的规定，公务员对行政处分不服的可以申诉，但不能进行行政复议和行政诉讼。本书认为，环境行政人员对问责决定不服的，可以申诉，申诉的对象是作出问责决定的机关或者其上一级机关。对于向原决定作出机关申诉的，根据"自己不能做自己案件法官"原则，为避免先入为主，可以由原审理人员之外的人员作为案件的审查主体。如果问责主体是最高行政机关、监察机关，则申诉主体只能是原机关，但也应该按照上述原理，即由原审理人员之外的人员参与审查。申诉应当采用书面审理的方式，根据案件的具体情况，必要时也可以重新调查。申诉要满足相应的条件：首先，必须要由被问责的公务员提起；其次，要有明确的被申诉人，即问责主体；再次，要有申诉的请求和理由；最后，申诉请求属于被申诉主体管辖。申诉期间原环境行政问责决定的效力不受影响。问责决定一旦作出就具有拘束力，问责对象必须执行，对于申诉主体撤销或改变原问责决定的，对问责对象所受的损失，原问责机关应采取相应的补救措施。关于申诉的处理决定，申诉主体可以根据案件的调查情况作出维持问责决定、变更问责决定、撤销问责决定、撤销并责令重新作出问责决定的处理。

环境行政问责的司法救济。在我国，对公务员的行政处分是不允许司法救济的，这无疑是我国环境行政问责救济制度的一大缺陷。如前所述，现代各国对传统的特别权力关系进行了改造，允许公务员不服行政处分时提起行政复议或行政诉讼，以充分保障其权利。公务员本身也是普通人，不能因为成为公务员就剥夺其合法权益，应当允许其在不服问责处理决定时寻求司法救济。他们在诉讼过程中还可以委托他人为自己辩护，依法保障其程序性权利。为了避免增加诉讼负担，降低行政效率，需要为诉讼设置条件：一是必须穷除诉讼外的所有救济手段；二是问责决定限于对问责对象具有重要影响的行为，如责令辞职、免职等严重处分，如果仅仅是警告、记过、公开道歉之类的处分不予受理。

4. 环境行政问责对象的复出

环境行政问责对象的复出是指环境行政官员的复出。从立法、实践考察来看，我国官员复出程序还存在较大问题。近年来环境事件频发，各地纷纷上演了"治吏风暴"，某些被问责的环境行政官员被高调问责后往往又在异地低调复出，对广大公民来讲，这些轰轰烈烈的环境行政问责无异于取悦他们的"政治时装秀"，某些环境行政官员并没有真正认识到自身的错误，公民的参与权、知情权、监督权也没有得到保障。被问责官员的这些非常规复出方式，不仅损害了政府、复出官员的形象，也影响了环境行政问责在促进环境保护方面的功能。要使问责制充分发挥作用，必须在制度上解决被问责官员的出路问题。[1] 如果没有科学的制度作支撑，官员复出缺乏严格的程序性，会令官员问责制的权威性和严肃性受到损害。[2] 被问责官员的复出本身也是行政问责制度一个有机组成部分。被问责官员的复出具有一定的必要性，我们需要关注的是被问责官员如何在受监督的条件下规范地复出。

---

[1] 毛寿龙：《引咎辞职、问责制与治道变革》，《浙江学刊》2005 年第 1 期，第 45—49 页。
[2] 李松：《厘清"官员复出"机制》，《瞭望》2008 年第 39 期，第 41—43 页。

1）被问责行政官员复出的必要性

被问责官员的复出问题是检验问责实效的一个方面。环境行政官员之所以被问责，是因为他们的环境行政行为违反了环境法律、损害了环境利益，这是环境行政问责的根本原因。但保护环境利益也不能毫无限度地牺牲行政官员的权益，问责必须符合比例原则的要求。对于一个偶然犯错的行政官员"一棍子打死"，这种严厉的制裁方式会使环境行政问责成为惩罚行政官员的工具。我们需要理性看待环境行政问责，特别是被问责官员的复出问题，既不能在问责之后允许其随意复出，也不能因为一次错误让其"永世不得翻身"。"对一个本身颇有才能而偶然犯下错误的官员永不重用，这无论对本人还是社会都是一种浪费。……让有能力的被问责官员合理复出，也是一种政治理念与制度的理性。"[1] 其实，被问责官员经合法程序复出后，会比之前更具责任感，更能吸取过去的经验教训从而更谨慎地履行职责。因此，环境行政官员被问责后，只要符合一定的条件，就应积极地推动其复出。

2）被问责行政官员复出的基本条件

①复出的标准。被问责环境行政官员能否复出取决于其被问责的错误、错误的性质和后果、认错态度、工作能力等，当然还要满足相应的复出时限要求。我国在许多问责法律规范中明确规定问责对象在一定的时限里不得重新担任一定的职务，这就是关于复出时限的规定，必须严格遵守。在决定被问责官员是否复出时，应根据这些因素来加以判定：一是对于主动申请问责、充分认识到自身错误的官员，如果他们在新的工作岗位上做出成绩，重新得到公民信赖支持的，有合适的岗位时允许其复出。二是对于承担政治责任的官员，如果涉及侵犯重大社会公共利益、不良政治倾向，甚至违反宪法的，不允许其复出；反之，认错态度好、工作能力强、得到民众拥护的，按照法定程序允

---

[1] 李松：《厘清"官员复出"机制》，《瞭望》2008年第39期，第41-43页。

许其复出并公布其复出信息。三是对于承担道德责任的官员，如果违反的是职业道德，情节严重的不允许复出；反之可以复出。四是对于承担法律责任的官员，承担刑事责任的不允许其复出，承担其他责任的视具体情况决定其是否复出。

②复出的程序。第一，民主推荐。被问责官员所在地的民众认为被问责官员符合复出条件可以联名向当地有关机关推荐，相关部门也可以进行推荐，不管以何种方式推荐，都应该说明推荐理由。第二，实质审查。要对推荐的复出官员进行实地调查，走访群众，倾听真实的心声，防止有人利用权力"暗箱操作"。第三，公示监督。作出允许复出的决定后应尽快予以公示，不服决定的主体可以质询，增加监督主体与官员之间的交流。

③除此之外，还需要考虑复出官员的职务、级别和试用期问题。复出后的官员其职位不得高于之前的职位、级别，待遇也应该相应降低，但是，在新工作岗位上表现突出，符合晋升、提拔条件的应当允许其晋升、提拔。在被问责官员的重新任用过程中，要保障公众的知情权，不断更新被问责官员复出的信息，新闻媒体可以跟踪报道，行使调查权，复出官员要时刻接受监督。可以为复出官员设定试用期，接受各方主体的监督，试用期规定以一年为宜，复出官员如果在新的岗位上再次出现了以前的错误，应当责令其辞职，如果所犯错误与之前有所不同，则可根据具体情况决定问责形式，直至再次免除其职务。

第十一章 生态环境损害赔偿制度研究

党的十八大报告指出：要健全环境损害赔偿制度。党的十八届三中全会进一步指出：对造成生态环境损害的责任者严格实行赔偿制度。党的十九大报告指出：要像对待生命一样对待生态环境，实行最严格的生态环境保护制度。生态环境损害赔偿制度的核心要义在于，生态环境不再是传统人身、财产侵权的媒介，相反，生态环境自身成为侵权的客体和损害的对象。在制度设计上，生态环境损害赔偿制度是生态文明体制改革核心制度之一，形成路径是一种自上而下的建构模式典型。[1]2015 年，中央审议通过了生态文明体制改革总体方案和相关配套方案，统摄生态环境损害赔偿制度的《生态环境损害赔偿制度改革试点方案》（以下简称"试点方案"）便是六项配套方案之一。2016 年，国务院批准重庆等 7 个省市开展生态环境损害赔偿制度改革试点。作为典型的自上而下建构的环境保护法律制度，生态环境损害赔偿制度急需逻辑自洽的理论支撑与新旧兼容的制度设计。2017 年发布"改革方案"，相较于"试点方案"而言并未做较大的变动，其主要是明确指出于 2018 年 1 月 1 日起在全国范围内实行生态环境损害赔偿制度。例如，生态环境损害赔偿有怎样的制度内涵，国家索赔的理论基础何在，全国开展试点将面临怎样的机遇和挑战，域外如何因应生态环境自身损害，我国的生态环境损害赔偿制度又该怎样构建与

---

[1] 根据制度发展路径的不同，环境保护法律制度的形成可以划分为实践先行、立法确认或是政策先行、地方试点的自上而下的建构模式。

完善？本章拟通过三个小节对上述问题作出解答，以期对我国的生态文明建设有所裨益。

第一节　生态环境损害赔偿制度概述

长期以来，生态环境基于自然资源强烈的排他性和资源性价值，世界各国普遍通过物权或财产权制度来保障其使用秩序。然而，生态环境自身作为一种不隶属于任何个人的、原则上对任何人都开放的集体性利益，并不具有排他性，因此也就无法通过产权制度来保障其使用秩序，这也是生态环境沦为容纳整个社会污染物的排污场的根源。生态环境损害赔偿的实质便是将生态利益从应然法益转化为实定法益，从而将作为公共产品的"生态环境自身"纳入法律的保护范畴，通过法律责任的制度设计来引导公众有序使用作为共用物的生态环境。

环境利益是指生态系统服务功能在满足人的各种需求时，给人类带来的物质利益和非物质利益的总称。循此逻辑，环境利益可以细分为资源利益和生态利益。资源利益是可以被特定人享有的，具有排他性的物质性利益；而生态利益则是生态系统提供给人的安全性利益和精神性利益，具有非物质性和非排他性。[1]

在正式构建具体制度之前，我们有必要通过专节讨论以下内容：其一，生态环境损害赔偿制度的相关概念。根据术语学单义性原则的要求，专业术语应当一词一义。尹田教授就指出："为提高交流的效率，避免无益的争论，一项讨论的展开应该首先明确其讨论的对象。"[2]由于理论界与实务界对"生态环境损害"的名称和概念未形成统一观点，导致"环境损害""生态损害""生态环境损害""自然资源损害"在实践中处于混用状态。因此，为了避免理解和信息传递的混乱，

---

[1]　史玉成：《生态利益衡平：原理、进路与展开》，《政法论坛》2014年第2期，第28–37页。
[2]　尹田：《民法思维之展开——尹田民法学演讲集》，北京：北京大学出版社，2014年，第7页。

本课题论证之初有必要明确揭示"生态环境损害"的名称和概念。其二，生态环境损害国家索赔的理论基础。"改革方案"规定行政机关是本行政区域内生态环境损害赔偿权利人，这实际上赋予了行政主体一个公法性质上、私法操作上的请求权。为了确保行政主体索赔能够"师出有名"，首要任务便是明确生态环境损害国家索赔的理论基础。其三，生态环境损害赔偿制度的功能定位。传统民法理论认为，损害赔偿制度的功能在于填补损害。然而，在生态环境损害中，已发生的事故，其损失属于沉没成本，相对于未来无穷多个潜在事故的损失总额，当下的事故损失再大，在比例上也会趋近于零。[1]因此有学者提出，生态环境损害赔偿制度的功能应该定位于预防，即通过惩罚性赔偿等责任方式实现对将来环境侵害行为的遏制。补偿和预防是两种有着明显区别的制度功能，而不同的功能定位将会直接影响整体制度的规范构建。因此，为了保证生态环境损害赔偿制度不偏离既定轨道，在设计具体的制度之前明晰生态环境损害赔偿制度的功能定位便成为现实所需。

一、生态环境损害与生态环境损害赔偿责任

（一）生态环境损害的概念

1. 生态环境的概念

"生态环境"一词在我国的适用频率颇高，上至宪法与其他法律[2]，下至政府文件（如2016年环保部印发的《生态环境大数据建设总体方案》）、科研院所（如"中国科学院生态环境研究中心"）、学术期刊（如CSCD来源期刊《生态环境学报》）等均将"生态环境"

---

[1]　桑本谦：《"法律人思维"是怎样形成的——一个生态竞争的视角》，《法律和社会科学》2014年第1期，第1-25页。
[2]　据笔者不完全统计，在法律中直接使用"生态环境"一词的有《海洋环境保护法》《防沙治沙法》《水土保持法》《水法》《草原法》《渔业法》《水污染防治法》《大气污染防治法》《土地管理法》《农业法》《农村土地承包法》《城乡规划法》等。

作为特定行业的术语使用。然而，该词使用的广度并未与其被认可的程度成正比，相反，诸多专家、学者质疑该词的科学性。2005年，钱正英、沈国舫、刘昌明三名院士上书中央提议修正"生态环境建设"一词的提法。其根据在于：其一，"生态环境"在含义上既可理解为偏正短语，又可理解为并列短语，其含义将因构词法的不同而多义，使其不具有作为学术用语的资格；其二，将其理解为"由生态组成的环境"时，"生态"一词实为赘语[1]；其三，"生态环境"一词属于中国制造，国际上并无与之对应的"ecological environment"一词，在学术界和官方层面使用该词不利于对外的沟通交流。值得一提的是，"生态环境"一词是由黄秉维院士在全国人大讨论宪法草案时提出来的，该词虽然写入了1982年宪法，但数年之后，黄秉维院士坦承："生态环境就是环境，我这个提法是错误的。"[2]为此，国务院要求全国科学技术名词审定委员会对该名词进行探讨并提出意见。此次讨论的观点以论文的形式收录在2005年的《科技术语研究》第2期。[3]然而，激烈的讨论并未碰撞出有说服力的结论，学界对"生态环境"的科学性仍然各执一词。

"生态"属于生态学的专有名词，而"环境"则属于环境科学的专有名词，对于"生态环境"一词是否科学，由于专业所限，笔者无力解答。但是，从语义学和法教义学的角度分析，可以得出以下更为务实的结论。

（1）"生态"与"环境"的叠加使用，是一种语言策略选择。其一，"生态"和"环境"是一对既有区别又有联系的科学术语，在日常使用时，也许并不能分清到底是"生态"还是"环境"，二者叠加使用

---

[1] 竺效：《论环境侵权原因行为的立法拓展》，《中国法学》2015年第2期，第248–265页。

[2] 黄秉维：《地理学综合工作与跨学研究》，《陆地系统科学与地理综合研究：黄秉维院士学术思想研讨会文集》，北京：科学出版社，1999年，第12–13页。

[3] 关于"生态环境"一词科学性的论战可参见：王孟本：《"生态环境"概念的起源与内涵》，《生态学报》2003年第9期，第230–234页；王如松：《生态环境内涵的回顾与思考》，《科技术语研究》2005年第2期，第28–31页；钱正英、沈国舫、刘昌明：《建议逐步改正"生态环境建设"一词的提法》，《科技术语研究》2005年第2期，第20–21页。

便成为规避犯错的策略选择。根据《辞海》的定义，"环境"是指"围绕人类生存和发展的各种外部条件和要素的总体，分为自然环境和社会环境"[1]。也就是说，《辞海》以环境受人类影响的程度为标准将其划分为自然环境和社会环境。"生态"一词并未收录在《辞海》中，根据《现代汉语词典》的定义，生态是指"生物在一定的自然环境下生存和发展的状态，也指生物的生理特性和生活习性"[2]。二者基本达成共识的区别是，生态属于生命科学，研究生物与外界的动态关系；而环境属于地学，研究生物与外界的静态关系。[3]然而，这样晦涩的界分并不能为政府官员或普通公众提供清晰的区分指引，相反，二者连用便成为规避犯错的绝佳方案。至于黄秉维院士所提的"生态环境就是环境"这一问题，其实也很容易从语义学的角度得出答案。我们之所以不用"环境"来指代"生态环境"，原因很简单，因为"环境"是一个多义词。例如现实生活中惯常使用的"社会环境""居住环境""工作环境"，其"环境"都指向特定的内涵，倘若只说"环境"，往往不能明确其所指，一般还需加上其他语言成分加以限定。其二，在汉语中，将区别细微的"生态"与"环境"两个词叠加使用，可以起到增强气势、强调对象的效果。"生态环境"一词源于 20 世纪 80 年代，正处于我国环境问题凸显与环境意识觉醒的阶段，将"生态"与"环境"组合使用具有强调环境保护重要性的效果。汉语中这样的例子不胜枚举，如"思想意识""团结互助""庄严肃穆"等均是通过同义词叠加来加强语气的。

（2）"生态环境"的使用与普及可以被认为是"法律拟制"的结果。所谓法律拟制，是指对可能之事不问其真实与否而认作事实的假设。[4]"生态环境"一词，经过学者不自觉地提出与使用，再经国

---

[1] 夏征农、陈至立：《辞海》，上海：上海辞书出版社，2009 年，第 947 页。
[2] 中国社会科学院语言研究所词典编辑室：《现代汉语词典（第 7 版）》，商务印书馆 2017 年 9 月重印，第 1169 页。
[3] 王祖望：《我对"生态环境"及"生态建设"两词的看法》，《科技术语研究》2005 年第 2 期，第 35 页。
[4] 郑成良：《无罪推定论》，《吉林大学社会科学学报》1988 年第 4 期，第 58—65 页。

家最高权力机关制定的最高法典所采用，然后由诸多自然资源保护法律和污染防治法律所重申，使其最终流行于国家社会生活的各个层面。这一法律拟制和社会使用过程使"生态环境"一词已经具备了区别于"环境"和"生态"的特定内涵。具体而言，"环境"强调影响人类生存和发展的外界因素，其隐含着"环境为人类服务"与"人类对环境具有改造力"的含义，体现的是一种"以人为本"的、单向度的人与自然观。而"生态环境"则摒弃了这种"人类中心主义"观念，将人类与其他生物统归为生态的重要组成部分，并且强调人与自然界的相互作用和互相影响。"生态"虽然强调生物与外界的动态关系，然而"生态"一词却容易给人一种将"人"排除在研究范围之外的错觉，即"生态"过于强调自然界本身，而忽视了人在环境中的作用。一言以蔽之，"生态环境"一词有效地调和了"生态"与"环境"视野狭隘弊端，在宪法采用"生态环境"一词之后，该词也已通过法律拟制和使用习惯获得了具有独立意义的特定内涵，将其作为社会科学的研究术语或政府用语并无大碍。

还需强调的一点是，我国的环保政策正在从"保护环境"向"建设生态文明"过渡，"生态文明建设"较之传统的环境政策，对参与主体、规制手段、治理效果等方面均提出了更高的要求。在"环境"前加上贴合国家政策的"生态"二字无疑具有积极的社会昭示作用和教育意义。[1] 基于上述原因，不宜从学理上认为"生态环境"是错误提法，其已经成为具有相对独立性的法定名词，根据上述分析，"生态环境"的概念可以界定为：对包括人类在内的生物的生存和发展有影响的自然因子的综合。

2. 损害的概念

与我国在单行法中设计违约之债、侵权之债的立法模式不同，传统大陆民法体系提取"损害"的概念，构建统一适用的损害赔偿法，

---

[1] 侯甬坚：《"生态环境"用语产生的特殊时代背景》，《中国历史地理论丛》2007年第1期，第116–123页。

不问损害发生究竟为违约抑或侵权，均以损害为启动原因。[1]也就是说，符合损害的要件是触发赔偿责任的充分条件。那么，损害究竟有怎样的内涵呢？

根据《说文解字》的解释："损，减也"；"害，伤也"。可以看出，汉语中的"损害"主要是指财产的减损和人身伤害。作为法律术语的"损害"又该如何理解呢？德国学者莫姆森通过"差额假说"揭示了"损害"的核心内涵："损害事件发生后某人在特定时间上的财产数量"与"如果某个损害事件不发生，该人在上述时间点上的数量"之间的差额。在此基础上，莫姆森得出结论，这一差额利益"正是"损害赔偿。[2]"差额假说"直接影响了《德国民法典》对"损害"的定义，该法第 249 条规定：负损害赔偿义务的人，应恢复损害发生前的原状。王泽鉴先生也认为，损害"系指权益受侵害时所生的不利益"[3]。换言之，损害发生前的状态与损害发生后的状态进行比较，被害人所受的不利益便是损害之所在。

然而，这一广为流传的定义并不完美，因为损害并非两个财产数量之差。例如"差额假说"指导下的"损害"概念就无法对非财产损失提供保护。基于此，《奥地利民法典》第 1293 条就将损害界定为："对财产、权利以及人格所施加的不利益。"也就是说，损害是指权利人受法律保护的权利和利益遭受不利益的影响。这一界定拓展了"损害"的范围，弥补了"差额假说"指导下的"损害"概念适用范围有限的不足。需要强调的是，权利人权益遭受的某种不利益能否被认定为损害，或者认定为多大程度的损害，是受一定的社会价值观念和一定的法律秩序影响的。[4]自古罗马以来，损害的客体便局限于人身和财产，到了近代社会，生态环境日益恶化，良好的生活环境逐渐成为一种奢

---

[1] 李兴宇：《论我国环境民事公益诉讼中的"赔偿损失"》，西南政法大学 2016 年硕士学位论文。
[2] 〔德〕格哈德·瓦格纳：《损害赔偿法的未来——商业化、惩罚性赔偿、集体性损害》，王程芳译，北京：中国法制出版社，2012 年，第 15 页。
[3] 王泽鉴：《债法原理第二册：不当得利》，北京：中国政法大学出版社，2003 年，第 52 页。
[4] 李承亮：《损害赔偿与民事责任》，《法学研究》2009 年第 3 期，第 135–149 页。

侈品、稀缺品,而稀缺性正是权利产生的基础,这就为后文提及的将"生态环境"纳入损害范围提供了可能。

3. 生态环境损害的概念

在系统阐释"生态环境"与"损害"概念基础上,有必要对"生态环境损害"进行整体把握。"试点方案"及"改革方案"均对"生态环境损害"作出了较为全面的界定,即"生态环境损害"是指因污染环境、破坏生态造成的环境要素和生物要素的不利改变,以及上述要素构成的生态系统功能的退化。需要说明的是,此处的"不利改变"和"退化"并非指任何造成生态环境不利益的行为。因为与传统的物品有别,生态环境具有一定的损害修复能力,即借助自然界中的环境要素和生物要素,生态环境具有的能够对入侵的污染物进行无害化处理的能力。但这一能力将根据当地环境承载力的不同而映射出不一样的阈值,当侵入物限定在这一阈值内时,生态环境的损害修复能力将得以正常发挥;只有当侵入物超出这一阈值时,才会触发本书所构建的生态环境损害赔偿制度。为了探究"生态环境损害"的全貌,除了对"生态环境损害"概念本身作出解读,还有必要明晰其与相关概念的区别和联系。

（1）生态环境损害与传统的人身、财产损害的界分。长期以来,生态环境损害都被视为是造成人身、财产损害的媒介,即环境危害行为首先作用于生态环境,当危害程度超出环境承载能力造成生态环境损害之时,环境危害便以生态环境为介质,造成传统法律所保护的人身和财产损害。[1] 其实这一理解并不严谨。因为环境要素与生物要素除了具备自然属性,往往还具备资产属性,属于私权的范畴。举例说明,一片竹林因为酸雨而衰竭、死亡,当这片竹林构成《森林法》规定的个人财产,竹林的损害便同时具备了生态环境损害和财产损害的各自要件,但实际上仅是同一事物损害的不同方面。因此,将生态环境损

---

[1]　陈慈阳：《环境法总论》，北京：中国政法大学出版社，2003年，第328页。

害视为传统损害的媒介是不适宜的。随着生态环境的恶化与社会各界对生态环境重视程度的逐渐提高，生态环境正成为一种具有独立价值的损害形式。

（2）生态环境损害与环境损害、生态损害、自然资源损害的区别。经过文本分析可知，学界使用的"生态环境损害""环境损害""生态损害""自然资源损害"等术语均指向"环境自身的损害"这一特定内涵，也就是说，上述术语同义不同名。例如，俄罗斯《环境保护法》、欧盟《关于预防和补救环境损害的环境责任指令》采用了"环境损害（environment damage）"的名称来指代"环境自身的损害"，而美国《油污染法》则采用了"自然资源损害"来表述同一事物。需要说明的是，虽然我国学界倾向于认为"环境损害"与"生态环境损害"属于同一概念，但我国的官方文件有意区分了"环境损害"与"生态环境损害"。环境保护部于2014年发布《环境损害鉴定评估推荐方法（第Ⅱ版）》，该文件将"环境损害"界定为因污染环境或破坏生态行为导致的人身、财产以及生态环境损害；2016年6月，环境保护部发布《生态环境损害鉴定评估技术指南》，将"生态环境损害"界定为"环境自身的损害"。也就是说，在实务部门看来，"环境损害"区别于"生态环境损害"，"环境损害"是一个集合性概念，其与"生态环境损害"构成属种关系。也就是说，"环境损害"囊括了传统损害与"生态环境损害"，"生态环境损害"成为我国表述超越传统侵权法调整范围的、表达"环境自身的损害"的专有名词。

（二）生态环境损害赔偿责任概说

法谚有云："无救济则无权利，有损害必有赔偿。"那么，前文提及的"生态环境损害"在我国已经建成的社会主义法律体系中能否获得赔偿呢？其赔偿范围又为何？赔偿权利人都有谁？索赔顺序又是如何安排的？下文拟对这些基础问题作出解答。

1. 生态利益——被遗漏的法益

损害往往预示着责任的承担。根据责任类型的不同，我国的法律责任主要有三类，即民事、行政和刑事责任。根据当前的法律制度设计，生态环境损害是否需要承担法律责任呢？

（1）民事手段力有不逮。通过民事侵权救济手段填补生态环境损害是世界各国极为普遍的做法，其实际是对人身、财产利益进行保护的反射利益，对生态环境的保护而言，具有间接性、滞后性和救济不足的特点。实践中，当行为人的环境违法行为侵害生态环境时，倘若该行为同时侵害了特定民事主体合法的民事权益，受害人便可诉诸民事手段维护自身权益，此时，生态环境保护便成为传统人身、财产权利保护的附带结果。这种间接模式实质上是利用生态环境损害与传统环境侵权损害的部分重叠实现对生态环境的部分保护。[1] 这一模式应用广泛，如《德国环境责任法》第一条便将人身或财产损失作为环境责任的构成要件。[2] 然而，这种"私益外溢"的间接通过民法来完成的保护方式，无论是在力度上还是在范围上都极其有限。[3] 因为这种诉讼在本质上是以维护私益为根本目的的，其救济无法超出由财产和人身损害所构成的范围，对生态环境仅能提供附带性和间接性的保护。甚至可以说，以财产权为核心的权利体系是产生环境问题的直接原因。

（2）行政手段心余力绌。前文已述，"改革方案"实际上赋予了环境保护行政部门一个公法性质上、私法操作上的请求权。然而，不少环境法学者对此持有异议。他们认为，环保部门拥有行政权力来预防和控制"对环境本身的损害"，环保部门倘若放弃"环保行政监管权"，而诉诸"生态环境损害索赔权"向法院提起民事公诉，则构

---

[1] 李承亮：《侵权责任法视野中的生态损害》，《现代法学》2010 年第 1 期，第 65–75 页。
[2] 杜景林译、卢堪校：《德国环境责任法》，《国际商法论丛》2005 年第 7 卷，第 69 页。
[3] 〔德〕克里斯蒂安·冯·巴尔：《大规模侵权损害责任法的改革》，贺栩栩译，北京：中国法制出版社，2010 年，第 81 页。

成了"怠于履行行政职责"[1]，而且会引起行政权和司法权作用的次序问题[2]。由此，他们得出结论：如果环保机关连最基本的"分内工作"都无法完成，我们就更不能期待他们能够完成环境民事公诉的"兼职工作"。[3]事实果真如此吗？答曰非然！上述学者的论述看似有理，却弄错了前提，而错误前提推导出的结论无论多么惹人注目，也仅算得上是海市蜃楼。也就是说，"环保行政部门拥有权力来预防和控制'对环境本身的损害'"这一前提本身就存在问题。

　　环境行政责任形式多样，根据环境保护部办公厅制作的《法律、行政法规和部门规章设定的环保部门行政处罚目录》可知，警告、罚款、责令停止生产或者使用、责令关闭、限期改正、恢复原状等是环保部门最主要的行政处罚手段。看似繁多的处罚种类却无法有效遏制或填补生态环境损害。与其说"警告"是一种行政处罚，毋宁说是承担真正责任的提醒程序。责令停止生产或者使用、责令关闭的处罚方式看似有力，但也仅能起到防止同一污染源进一步损害生态环境的预防效果，对于已经造成的生态环境损害，明显不在其范围之内。限期改正是否属于行政违法责任备受质疑，因为行政处罚应当具有惩罚性，而限期改正实际上是强制行为人从违法状态恢复到合法状态中来，本应是常态的合法状态的恢复无疑是一种义务，哪里算得上处罚？[4]最后就只剩下罚款和恢复原状责任具有填补生态环境损害的可能。

　　据学者统计，罚款是使用频率最高的环境行政处罚手段。[5]然而，对生态环境损害而言，其作用却极其有限。为了解决环保领域"违法成本低、守法成本高"的难题，新出台的环境保护法律纷纷作出回应。例如，《水污染防治法》第八十三条摈弃了以往设定环境行政罚款最

[1] 王小钢：《为什么环保局不宜做环境公益诉讼原告？》，《环境保护》2010年第1期，第54–55页。
[2] 王明远：《论我国环境公益诉讼的发展方向：基于行政权与司法权关系理论的分析》，《中国法学》2016年第1期，第51–70页。
[3] 沈寿文：《环境公益诉讼行政机关原告资格之反思——基于宪法原理的分析》，《当代法学》2013年第1期，第61–67页。
[4] 张梓太：《环境法律责任研究》，北京：商务印书馆，2004年，第175页。
[5] 徐以祥、梁忠：《论环境罚款数额的确定》，《法学评论》2014年第6期，第152–160页。

高限额的做法，规定造成重大水污染事故的，根据直接损失的一定比例计算罚款；《环境保护法》第五十九条则确立了学界长期倡导的"按日计罚"制度。这些新的处罚规定无疑使环境行政责任的威慑力大幅提高，然而，环境行政罚款的制度设计与生态环境损害赔偿制度并不兼容。环境行政罚款的目的是惩罚和预防违法，而非填补损害。《环境行政处罚办法》第六十六条规定，罚没款项全部上缴国库，任何单位和个人不得截留。也就是说，根据罚缴分离、收支两条线的处罚原则，环境行政处罚作出后，款项直接上交财政，环保部门作出再多的处罚决定，款项也不会直接用于生态环境的治理。恢复原状似乎是环保部门拥有的最有可能填补生态环境损害的责任形式。2014 年修订的《环境保护法》的确写入了"恢复原状"这一责任形式。然而，根据该法第六十一条的规定，"恢复原状"的责任形式仅适用于建设项目环评违法中的"未批先建"这一种情形，而生态环境损害的原因行为千态万状，适用范围有限的"恢复原状"责任形式显然无法承担填补生态环境损害的重任。

诚如学者所言："即使环保部门依法行政、勤勉执政，杜绝一切渎职、滥用、贪污等违法行政行为，也可能鞭长莫及、力不从心。"[1] 一言以蔽之，生态环境损害赔偿制度具有公法与私法相结合的属性，该制度的核心是遏制和填补生态环境损害，其与环境行政并不存在重叠或者冲突，相反，二者相互衔接形成合力，才是实现生态环境损害预防和补救的关键。

（3）刑事手段功能错位。一般认为，法律责任具有惩罚、威慑和救济三种功能，为所有法律制度兜底的刑事责任，其惩罚和威慑功能远远大于救济功能，期望通过刑事手段实现对生态环境损害的填补无异于缘木求鱼。根据现行《刑法》的规定，我国的刑罚可以分为主刑和附加刑两类，其中唯一与生态环境损害赔偿挂钩的，只有附加刑

[1] 杨朝霞：《论环境公益诉讼的权利基础和起诉顺位——兼谈自然资源物权和环境权的理论要点》，《法学论坛》2013 年第 3 期，第 102–112 页。

中的罚金刑。然而，与行政罚款的性质和处罚程序类似，刑事罚金一来不具有填补生态环境损害的功能，二来基于收支两条线的制度设计也不具有救济生态环境损害的可能。再者，刑罚因为受到法律保留原则的严格约束，法院无权针对生态环境损害创设与之切合的刑罚种类。

此处的结论是，虽然生态环境损害真真实实地存在，但是生态环境损害责任制度却远未成形。"一项没有出现在损害清单中的无形财产，会被潜在的加害者所遗忘。如果人们知道无须为某种损害承担责任，也就没有避免损害的动力了。"[1] 传统民事、行政和刑事责任在生态环境损害上的"懈怠"，促成了生态环境损害赔偿制度的诞生。当务之急是总结生态环境损害赔偿试点省市的经验和教训，进而完善相关理论与制度设计，使生态利益早日成为法律保护的实定法益。

2. 生态环境损害赔偿责任的适用范围

虽然我国生态环境损害赔偿制度尚不健全，但是该制度已经具备一定的法律与实践基础。1999 年修订的《海洋环境保护法》第九十条第二款是公认的最早对生态环境予以救济的法律条款。2007 年国务院《关于核事故损害赔偿责任问题的批复》第二条规定，营运者对核事故造成的环境损害承担赔偿责任。2012 年修订的《民事诉讼法》第五十五条规定，对损害环境公共利益的行为可以提起环境公诉。环境公共利益与本文所论述的生态环境在本质上均指向"环境自身的损害"，因此这一条款也被视为生态环境保护的法律依据。2014 年修订的《环境保护法》第六十四条规定，因污染环境和破坏生态造成损害的，应当承担侵权责任。污染环境和破坏生态是生态环境损害的原因行为，其也可以作为我国生态环境损害赔偿制度的寄居条款。需要指出的是，建立生态环境损害赔偿制度最大的障碍和瓶颈是对生态环境损害进行准确评估，倘若无法得出统一的、客观的、科学的评估结论，行政机关将无法开展磋商程序，司法机关也将对索赔案件无所适从。为此，

---

[1] 〔德〕格哈德·瓦格纳：《损害赔偿法的未来——商业化、惩罚性赔偿、集体性损害》，王程芳译，北京：中国法制出版社，2012 年，第 33 页。

环境保护部陆续出台了《环境污染损害数额计算推荐方法（第Ⅰ版）》《环境损害鉴定评估推荐方法（第Ⅱ版）》《生态环境损害鉴定评估技术指南》等评估文件；同时，各地也建立了诸多具备生态环境损害评估资质的司法鉴定机构，如重庆市环境损害司法鉴定中心、西南大学司法鉴定所均具有生态环境损害评估的司法鉴定资质，这就为生态环境损害赔偿制度的顺利开展奠定了基础。此时我们有必要问，哪种形式或程度的生态环境损害可能触发赔偿制度呢？

"改革方案"对此给出了答案，其通过正反两方面限定了生态环境损害赔偿责任的适用范围。正面来讲，包括：①突发环境事件；②重点生态功能区、禁止开发区所发生的环境事件；③其他严重影响生态环境的事件。反面来讲，排除：①涉及人身伤害、财产损失要求赔偿的；②涉及海洋生态环境损害赔偿的。

突发环境事件是根据污染或破坏环境的时间长短来界分的，与之相对的是累积性环境事件。累积性环境事件之所以未被纳入生态环境损害赔偿的适用范围，可能的原因有：其一，累积性环境事件的发生不具有道德上的可非难性。产生污染物是人类发展的必然结果，企业通过排污生产的商品或服务某种程度上增加了整个社会的福利，因此，分散的企业在环境管制标准之下排放污染物被认为不具有道德上的可谴责性。其二，累积性环境事件的责任追究较之突发性环境事件更为困难。环境损害往往具有较长的潜伏期，在难以确定具体的侵权人、侵权人免责或侵权人无力承担等情形中，都难以启动生态环境损害赔偿制度。"法律的生命在于实施"，在法律中写入无法启动的原因行为将损害法律的尊严。因此，将累积性环境事件排除在外具有一定的合理性。然而，我们不得不发问，损害毕竟是真真切切发生的，其对居民的影响也不会比突发环境事件小，难道对这部分损害就应当放任不管？其实，政府作为公共利益的代表者，此时由其承担兜底责任是合适的。但需要强调的是，在能够明确具体责任人、责任人恢复赔偿能力等情形下，应当赋予政府对责任人的追偿权。例如，欧盟《关于预防和补救环境损害的环境责任指令》第十条便规定，主管机关根据该指令采取的任何环境治理的措施，有权在措施完成之日或责任人被确定之日 5 年内，对责任人提起费用索赔程序。[1]

"改革方案"将海洋生态环境损害赔偿排除出生态环境损害的索赔范围，并非海洋污染或破坏算不上生态环境损害，而是因为较之陆地，海洋生态环境损害赔偿制度更为完善。前文已述，1999 年修订的《海洋环境保护法》第九十条是公认的最早对生态环境（海洋生态）损害予以救济的法律条款。为了保障海洋生态环境损害的索赔，国家海洋局先于环境保护部出台了关于海洋生态保护的《海洋溢油生态损害评估技术导则》《海洋生态损害评估技术指南（试行）》，与 2015年底出台的"试点方案"功能相似、侧重不同的《海洋生态损害国家损失索赔办法》早在 2014 年便已颁布并全面施行，并且后者内容更为清晰，指引性也更强。我们不禁要问，将环境保护当成"副业"的国家海洋局，为什么在生态环境损害索赔一事上领先将环境保护当"主业"的环保主管机关呢？其实原因很简单，因为海洋不归属于任何个人。"在自然资源中，土地既是人类社会生存和发展最重要的物质基础，又是诸多自然资源中最易划分、界定和分配的生产资料，所以最早进入私法调整范围。"[2] 相比之下，海洋因其特殊的自然属性，世界各国都普遍规定海域归属国有，公众可根据一定的许可程序享用。因此，依据传统侵权法逻辑救济生态环境的制度设计在海洋中便失效了。即使部分公民依据渔业权、身体权提起损害赔偿，但由于其有限的诉讼能力、狭隘的诉讼目的等，对作为整体的海洋生态环境损害仍然无法起到实质性的填补作用。此时，国家基于其公共利益代理人的身份与海域的所有权人身份，由其出面向损害者索赔便是符合效益原则的制

---

[1]　王轩译、戴萍校：《欧盟〈关于预防和补救环境损害的环境责任指令〉》，《国际商法论丛》2008年第 9 卷，第 397-424 页。

[2]　马俊驹：《国家所有权的基本理论和立法结构探讨》，《中国法学》2011 年第 4 期，第 89-102 页。

度设计。

总之，"改革方案"将累积性损害排除出生态环境损害赔偿制度的索赔范围，符合制度设计之初的谨慎原则，但是应当在正式制度中引入"追偿权"的制度设计。同时，《海洋生态损害国家损失索赔办法》与"改革方案"是互为补充的关系，在陆地生态环境损害赔偿制度逐步完善之际，不排除会将二者整合成统一的生态环境保护机制。

3. 生态环境损害国家索赔与其他主体索赔的关系厘清

"改革方案"通过授权的方式，对环境民事公益诉讼的诉讼主体进行了扩张，即赋予了环保行政部门以生态环境损害索赔的主体资格。沿用相关学者的分类，我们将其称为"生态环境损害国家索赔"[1]。除此之外，加上法律已经确立的社会组织索赔和正在试点的检察机关索赔，同一诉讼标的已经出现三种性质的请求权人，这在给生态环境损害赔偿确立多重保险的同时，也导致了请求权冲突、重叠的现实操作等问题。

环境法学界对此问题有着较为一致的看法，即国家索赔为优先，社会组织索赔为补充，检察机关垫后。[2]其原因可以概括为两个方面：第一，国家索赔优先是由其法定职责所决定的。行政机关具有保护环境公共利益的职责，而提起公益诉讼是其履行责任的重要方式。因此，行政机关的诉权是权力性的、第一性的，而社会组织的诉权是权利性的、第二性的。第二，国家索赔优先是由其优势地位所决定的。较之传统诉讼，环境民事公益诉讼具有调查取证难、诉讼时间长、涉及范围广等特点，需要投入的金钱或精力可想而知。我国的环境公益组织发展尚不健全，其调查取证能力、协调沟通能力、经费供应能力较之行政机关都有着质的差距。因此，行政机关索赔权优先是由其职能优势和社会组织索赔的能力劣势所决定的。

---

[1] 竺效：《生态损害综合预防和救济法律机制研究》，北京：法律出版社，2016年，第168页。

[2] 相关论述可参见竺效：《生态损害公益索赔主体机制的构建》，《法学》2016年第3期，第3-12页；杨朝霞：《论环境公益诉讼的权利基础和起诉顺位——兼谈自然资源物权和环境权的理论要点》，《法学论坛》2013年第3期，第102-112页。

　　实践证明，学者的"沙盘推演"并不能解释复杂的社会现实。本书通过前往生态环境损害赔偿制度改革试点省市的生态环境部门调研得知，与学界的推演相反，行政机关并不愿意充当生态环境损害的第一顺位索赔人，相反，其希望扮演一个兜底的角色，即在社会组织和检察机关都不行使诉权时才出面索赔。不只是生态环境主管部门，其他分管部门也表达了同样的意向。原因在于，国家赋予行政机关提起环境公益诉讼的权力，却未给予行政机关相应的激励，在部门经费、人员都无变动的情况下，徒增工作量并非其所愿。如此看来，环保行政机关这种懈怠心理是理性的。除此之外，环保行政机关提起环境民事公诉还面临着诸多理论难题。例如，在诉前阶段，环保行政机关与违法行为人是不平等的行政法律关系，此时，基于其行政职能，行政机关有权对违法行为人进行调查、取证（行政责任的证据），而相对人则负有配合、服从调查的义务；而调查取证的结果却可以成为行政机关以"原告"身份对违法行为人提起索赔的"民事证据"，这显然违背民事诉讼中双方当事人平等获取证据的原则，因为民事诉讼中不存在一方配合另一方取证的荒谬情形。[1] 在此种情形下，行政机关便有"既当运动员，又当裁判员"之嫌。因此，行政机关的行政处理权与民事诉权如何衔接便是一个急需解决的课题。

　　本书认为，环保行政机关提起环境民事公诉的确存在上述难题，但诸如经费、人员配备等均是可以补救的技术问题，相反，其起诉的优势具有某种不可替代性。因此，由环保行政机关充当环境民事公益诉讼第一顺位权利人仍然具有重要的现实意义。为了防止环保行政机关、检察机关和社会组织在生态环境损害索赔诉讼上的错位和无序，应当确立诉权阻断制度，即国家索赔启动之后，社会组织和检察机关的诉权将被限制。同时，为了防止权力寻租，保障公众的参与权，具备法定条件的社会组织可以原告身份参加诉讼，而检察机关则充当法

---

[1]　沈寿文：《环境公益诉讼行政机关原告资格之反思——基于宪法原理的分析》，《当代法学》2013年第1期，第61–67页。

律监督机关，对诉讼中的和解、撤诉、执行等程序起到制约作用，保障社会公共利益。至于行政机关的行政处罚权与民事索赔权的衔接问题，仍有待学界进一步探索。

二、生态环境损害国家索赔的理论基础

"改革方案"规定，试点地方省级政府是本行政区域内生态环境损害赔偿权利人，省级政府可指定相关部门负责赔偿的具体工作。为了保证政府出面索赔"师出有名"，我们有必要对该制度的理论基础进行论述。一般认为，政府既是公权力机关，也可以成为私法人；自然资源既承载着经济利益，又兼具生态利益。当政府作为公权力机关时，基于公民环境权理论，其有权力作为全民生态利益的代表人进行损害求偿；当政府作为私法人时，基于自然资源国家所有权理论，其有权利针对受到损害的自然资源提起生态环境损害赔偿。因此，无论是基于公民环境权理论还是自然资源国家所有权理论，政府都是生态环境损害赔偿权利人的不二人选。

（一）公民环境权理论

有学者指出，农业文明的核心权利是地权，工业文明的核心权利是知识产权，而生态文明的核心权利则是此处所论述的环境权。[1] 国务院先后制订了四个以人权为主题的国家规划，分别是《国家人权行动计划（2009—2010年）》《国家人权行动计划（2012—2015年）》《国家人权行动计划（2016—2020年）》《国家人权行动计划（2021—2025年）》，这四个计划均明确地指出：环境权连同生存权利、政治权利等构成人权的重要组成部分。可以看出，"环境权是一项基本人权"的观点已超越学术界，得到了中央政府的认同。具体而言，从人权历史分期的视角看，环境权是第三代人权的核心权利。17世纪的欧

[1] 杨朝霞：《环境权的理论辨析》，《环境保护》2015年第43卷第24期，第50-53页。

洲启蒙运动提出的"天赋人权"观念，既是近代资产阶级革命的理论基石，也是现代人权思想研究的发端。第一代人权的核心权利是自由权，其要旨是区分政治国家与市民社会，基于国家的消极不妨碍义务构建一个政治国家不能插手的市民社会领域，进而为资本主义的自由发展提供广阔的空间。第一代人权的标志性文件是美国的《独立宣言》与法国的《人权宣言》。第二代人权的核心权利是生存权，开始于第一次世界大战结束后。这一时期，自由资本主义完成向垄断资本主义的过渡，社会阶层趋于固化，备受现代社会推崇的财产权制度，成为社会底层民众维持其贫困的枷锁，要求国家和社会积极提供物质保障的生存权由此而来。《世界人权宣言》《公民权利和政治权利公约》是第二代人权的标志性文件。随着生态环境的恶化与环境抗争的增多，国家保障公民享有的环境品质不发生倒退的义务成为其统治正当性和合法性的重要一环，环境问题也由此成为世界各国普遍关注的核心议题。此时，我们就迎来了第三代人权，即环境权，其标志性文件是《人类环境宣言》与《里约环境与发展宣言》。[1]

　　遵循"三代人权"的划分逻辑，笔者将我国的环境权研究也划分为两个阶段，即对环境权做"加法"的第一代环境权与对环境权做"减法"的第二代环境权。第一代环境权研究始于 20 世纪 80 年代，是指环境权理论在我国正式提出后，不断有学者在权利的主体、内容和权利的实现等方面做"加法"的研究进路。这一时期的代表有蔡守秋教授、吕忠梅教授和陈泉生教授。[2] 蔡守秋教授认为，环境权是指"公民有享受良好适宜的自然环境的权利"。在此基础上，第一代环境权论者将环境权的主体逐渐从公民扩展到"法人""国家""自然体""后代人"；权利内容则从"享有良好的环境"扩展到自然资源

---

[1]　徐祥民：《环境权论——人权发展历史分期的视角》，《中国社会科学》2004 年第 4 期，第125–138 页。
[2]　参见蔡守秋：《环境权初探》，《中国社会科学》1982 年第 3 期，第 29–39 页；蔡守秋：《论环境权》，《郑州大学学报（哲学社会科学版）》2002 年第 35 卷第 2 期，第 5–7 页；吕忠梅：《论公民环境权》，《法学研究》1995 年第 6 期，第 60–67 页；陈泉生：《环境权之辨析》，《中国法学》1997 年第 2 期，第 61–69 页；吕忠梅：《再论公民环境权》，《法学研究》2000 年第 6 期，第 129–139 页。

使用权、知情权、参与权和请求权。实体环境权进一步细分为"清洁空气权""清洁水权""景观权"等具体权利。此外，环境权还囊括了"国家、法人、公民保护自然环境免遭污染所应尽的义务"。这一融合实体环境权与程序环境权、现实环境权与理想环境权的权利被学者戏称为"权利托拉斯"[1]。笔者认为，第一代环境权论者构建的环境权是一个自己领域的乌托邦，其站在道德制高点上设计的环境权充斥着泛道德主义色彩，后代人权利、自然体权利的提出更是让传统法学界大跌眼镜，进而从根本上消解了环境法与其他部门法的有效交流与共识。

21 世纪初，逐渐有学者以更为务实的态度对第一代环境权理论做起了"减法"，他们删繁就简，直指核心，此时的环境权理论我们称之为第二代环境权。在权利主体方面，他们提出，法人、国家、后代人和自然体均不能成为环境权的主体。其原因在于：法人不存在"身心"的实体，也就无法对环境品质提出要求[2]；国家不享有环境权，其享有的应当是国家对内的环境管理权与对外的主权[3]；后代人的环境利益可以理解为最大范围的社会公共利益，而权利不可能拓展到后代人身上，后代人享有的环境利益应当转嫁为当代人的环境义务[4]；与财产权、人格权的命名逻辑类似，环境权是以权利客体为名称的权利类型，也就是说，环境权中的"环境"是权利的客体和指向对象，而不是指环境自身享有权利，无论是基于传统理论还是现实操作，自然体均无法成为环境权的主体。[5] 在权利内容方面，他们认为，环境权与自然资源使用权唯一的关联在于二者的权利客体均是自然资源，如果以客体是自然资源来界定环境权，那么，我国物权法精心构筑的

---

[1] 吴卫星：《环境权法律化实证研究——兼议我国环境权研究的几个误区》，《青海社会科学》2006年第 3 期，第 148–151 页。
[2] 吕忠梅：《沟通与协调之途——论公民环境权的民法保护》，北京：中国人民大学出版社，2005 年，第 253 页。
[3] 徐祥民：《环境权论——人权发展历史分期的视角》，《中国社会科学》2004 年第 4 期，第 125–138 页。
[4] 刘卫先：《后代人权利论批判》，《法学研究》2010 年第 6 期，第 94–113 页。
[5] 即使我国的民法典仿效德国民法典，写入对动物的特殊保护，也仅能说明人道主义关怀延伸至动物，而不能说它们成了权利的主体。参见周训芳：《环境权论》，北京：法律出版社，2003 年，第 166 页。

自然资源物权体系都将转归环境权之下，这显然是环境权无法承受之重[1]；"环境知情权、参与权和请求权"属于程序性权利，是为保障环境权的实现而派生的权利，其本身并不属于实体性环境权的范畴。[2] 环境权与环境义务一一对应的观点反映出一种典型的民法思维，实际上混淆了公法权利和私法权利的区分。私法权利的对立面是公民的义务，而公法权利的对立面不再是公民的义务，而应当指向国家的环境保护"义务"。[3]经过第二代环境权论者对环境权的"瘦身"，环境权集中指向一种"公民享有的在良好的环境品质中生存和活动的生态性权利"。其权利主体是全体自然人，权利内容是公民享有的生活环境免受破坏的权利，权利客体则指向环境要素的人居支持功能。

那么，上文论述的环境权与我们提及的生态环境损害国家索赔权又有着怎样的关联呢？根据性质的不同，环境权可以划分为私权性质的环境权和公权性质的环境权。私权性质的环境权指向的对象是私主体，调整的是平等主体间的法律关系。即私主体不得侵犯其他公民的环境权，倘若侵权行为被证实，其他私主体便可以环境权受到侵害为由提出停止侵害或恢复原状等环境民事公益诉讼。也就是说，私权性质的环境权是公众提起环境民事公益诉讼的权利基础。与之相对，公权性质的环境权指向的对象是国家，属于宪法中的基本权利。较之私权性质的环境权，公权性质的环境权的内容可以概括为以下三个方面：第一，对国家的防御权，即公民的环境权免受来自政府的侵害；第二，请求国家做出保障的权利，即要求政府维持当前环境状况的权利；第三，要求国家给付的权利，即对已经遭受损害的环境有获得改善的权利。从国家机关的权力分工原则和工作职能定位来看，生态环境部门的核心任务便是保障公权性质的环境权。针对公民作为基本权利的环境权受损的情形，生态环境部门有职责和义务开展环境民事公益诉讼，

---

[1]　侯怀霞：《关于私法环境权问题》，《理论探索》2008年第2期，第135-139页。
[2]　杨朝霞：《环境权的理论辨析》，《环境保护》2015年第43卷第24期，第50-53页。
[3]　徐以祥：《环境权利理论、环境义务理论及其融合》，《甘肃政法学院学报》2015年第2期，第29-38页。

通过司法手段强迫行为人开展环境修复、替代性修复等措施以保障公民的环境权利。此时，公权性质的环境权理论便成为生态环境损害国家索赔的理论基础。

（二）自然资源国家所有权理论

在论述自然资源国家所有权之前，我们有必要先了解一下自然资源和生态环境的关系。根据《辞海》的解释，"自然资源"是指天然存在的并有利用价值的自然物。[1] 值得一提的是，自然资源是一个总括性概念，对于自然资源的具体组成部分，则随着科技的发展与社会的进步而不断增多。例如，《宪法》第九条明确提及了七种自然资源的国家所有权。[2] 而2012年《黑龙江省气候资源探测与保护条例》则突破上述限定，该条例第七条创设性地规定："气候资源为国家所有。"这一规定是否违宪的问题，引起了学界不小的争论。但从《宪法》第九条的条文来看，该条使用了表示概括的"等"以及表示总括的"都"，"未穷尽列举"之意非常明显。这样看来，该条例第七条属于同义反复，并未创设新的权利义务关系，因此不构成违宪。[3] 此处想说明的是，自然资源是一个发展中的概念，资源的具体种类会随着人类认识程度的加深而逐渐丰富，在我国绝大多数的自然资源属于国家所有。需要特别强调的是，国家所有权有别于传统民法中的所有权，前者是一种公权性质的所有权，其制度设计的初衷是保障自然资源的有序利用；而后者是一种私权性质的所有权，保障的是权利人合法的占有、使用、收益和处分权能。由于二者性质不同，因此并未突破《民法典》"物权编"的一物一权原则。

本章第一节已经论述，生态环境是指对包括人类在内的生物的生存和发展有影响的自然因子的综合。那么，生态环境与本节论述的自

---

[1] 夏征农、陈至立：《辞海》，上海：上海辞书出版社，2009年，第3066页。

[2] 《宪法》第九条：矿藏、水流、森林、山岭、草原、荒地、滩涂等自然资源，都属于国家所有，即全民所有。

[3] 巩固：《自然资源国家所有权公权说》，《法学研究》2013年第4期，第19—34页。

然资源有怎样的关系呢？笔者认为，生态环境与自然资源是一种形式与载体的关系，即生态环境要素就是自然资源本身。其原因在于，作为自然资源，其基于资源可排他的使用价值构成民法意义上的物；又因自然资源所包含的非排他性的净化空气、涵养水源、消解污染物等功能而构成生态环境。也就是说，自然资源之上既有可供交换的使用价值，又有建基于自然资源之上的生态价值。发生污染环境或破坏生态行为时，无论是作为使用价值客体的自然资源还是生态价值客体的生态环境均会遭受一体性损害。这使得既可以将环境品质的受损概括为生态环境损害，又可以将自然资源的功能性障碍概括为自然资源所有权人的财产权益损害。两种损害客体相同，只是法律表述不同，这就为我们借助民法中自然资源物权制度的相关理论对自然资源的生态价值损害提供救济增加了可能。即可以通过自然资源国家所有权与生态环境建基于同一客体这一事实，将生态环境损害等量替换为自然资源所有权损害，并借助物权法的权利构造向侵权人求偿。[1] 此处必须回应一个问题，即为何前文认为借助人身权、财产权来保护生态环境达不到理想效果，此处又将物权侵害作为生态环境损害赔偿的理论基础呢？其原因在于，前文所指的是私权性质的财产所有权，其具有排他性、独占性和有限性的特征；而"自然资源国家所有权"中的"自然资源"不再是私权性质的所有权的对象，而是一种公权性质的国家对自然资源的管理制度，此处的自然资源并非国家的"私有财产"，而是基于"公共信托"，政府对全民所有的自然资源进行管理和保护。此时，自然资源便成为一个集合概念，涵盖所有天然存在并有利用价值的自然物，这就与私人所有的财产权制度存在着本质区别。因此，自然资源国家所有权理论可以成为生态环境损害国家索赔的理论基础。

其实扩充自然资源的概念以达到生态环境保护目的的做法并非我国独创。例如，依据《德国民法典》第 960 条的规定，自然界中的

---

[1]　邓海峰：《海洋油污损害之国家索赔主体资格与索赔范围研究》，《法学评论》2013 年第 1 期，第 71–77 页。

动物属于无主物，无法归到个人权利项下，由此便容易产生法律保护的漏洞，为了解决这个问题，德国提出"土地的生态结构意义上的组成部分"这一概念，此时，作为生态环境必要组成部分的动物被划分到私法保护的土地所有权项下，实现了环境要素和生物要素的统合保护。[1]笔者认为，自然资源和生态环境之间的耦合关系也是美国将"环境自身损害"定名为"自然资源损害"的原因所在。由于我国采用自然资源公有制，绝大多数自然资源都归国家所有，政府代表公众行使所有者的损害求偿权较之美国在判例中逐一确认自然资源托管权就更为方便。

目前，我国已经形成了以《宪法》为统帅、《民法典》为核心，自然资源法为细目的自然资源国家所有权体系。其中，《宪法》第九条是自然资源国家所有权的根本法依据；经过《野生动物保护法》《海域使用管理法》《海岛保护法》《水法》《土地管理法》《草原法》《森林法》等法律细化，明确了自然资源的管理体制，完成了自然资源国家所有权的确立。再借助《民法典》"物权编"第二百五十五至二百五十九条对国有财产的管理、保护、损失等方面作了规定，第二百四十六条规定：国有财产由国务院代表国家行使所有权；再到"改革方案"规定的：试点地方省级政府经国务院授权后，作为本行政区域内环境损害赔偿权利人，可指定相关部门或机构负责生态环境损害赔偿权利具体工作。由此，便形成了一个自上而下的、体系周延、逻辑自洽的索赔权法律基础。

综上，无论是根据公民环境权的政府保障义务，还是根据自然资源国家所有权的政府管理职责，政府都是理想的第一顺位索赔人。在公民环境权理论中，基于对公民环境权的保护而获得的诉权是政府履行职责的具体方式，这一索赔权较之公民基于环境权而获得的诉权，是义务性的、第一位的，只有在政府不作为或者乱作为的情形下，公

---

[1] 〔德〕克里斯蒂安·冯·巴尔：《大规模侵权损害责任法的改革》，贺栩栩译，北京：中国法制出版社，2010年，第78页。

民才有必要行使其权利性的、第二位的索赔权。在自然资源国家所有权理论中，行为人对自然资源造成损害的，政府基于全民所有的自然资源的代理人，有权作为第一顺位索赔人，公民只有在作为代理人的政府怠于行使代理权时，方可以被代理人的身份提出索赔请求。

三、生态环境损害赔偿制度的功能定位

损害赔偿制度是一个私法性质的求偿权，私法对侵权行为当事人之间的法律关系调整，可以概括为以下两条进路：一是保护受害人，弥补受害人的实际损失；二是惩罚侵权人，惩戒侵权人的不当行为。[1]前者的功能主要定位于补偿，而后者的功能主要定位于预防。不同的功能定位将直接影响制度的设计走向，如果将生态环境损害赔偿定位于补偿，则势必要以损害赔偿为中心，而非以惩罚侵权人为取向。相反，如果将生态环境损害赔偿的功能定位于预防，则需要更多地设计惩戒、处罚侵权人的制度，如将惩罚性赔偿作为损害赔偿的主要责任形式。不难想象，预防功能和补偿功能指导下的损害赔偿归责原则和构成要件将会产生本质上的差异。对于生态环境损害赔偿制度的功能应当定位于何处，学界展开了激烈的讨论。[2]下文将对双方的论战观点作简要回顾和评析，然后提出本文认为合理的生态环境损害赔偿制度的功能定位。

（一）补偿论

私法上的"补偿功能"也称为"救济功能"，其核心要义是，损害赔偿的范围以修复损害到侵权行为发生时的状态所需支付的金钱为

---

[1]　王利明：《我国侵权责任法的体系构建——以救济法为中心的思考》，《中国法学》2008 年第 4 期，第 4–16 页。
[2]　关于补偿和预防功能的论战，可参见〔德〕格哈德·瓦格纳：《损害赔偿法的未来——商业化、惩罚性赔偿、集体性损害》，王程芳译，北京：中国法制出版社，2012 年，第 112–137 页；竺效：《论环境污染赔偿责任的特殊要件——兼评〈侵权责任法〉（草案）二审稿第 68 条》，《政治与法律》2009 年第 12 期，第 11–18 页；张辉：《论环境民事公益诉讼的责任承担方式》，《法学论坛》2014 年第 29 卷第 6 期，第 58–67 页。

标准。"预防功能"也称为"威慑功能"，其核心要义是，以私法机制担当公法所承载的惩罚与威慑功能的特殊责任形式。可以看出，前者侧重对过去和当下的损害填补，而后者注重对未来的规制。根据法理，司法的目的不仅是解决当下的纠纷，还需要通过纠纷的解决向市场和社会释放正确的激励。未来远比过去和当下更重要，过去无法改变，当下的案件再重要，和未来无数个同类案件相比，它在比例上的重要性也会趋近于零。[1] 基于此，为了遏制将来可能发生的生态环境损害，将生态环境损害赔偿制度的功能定位在预防，并在损害赔偿中引入公法性质的惩罚性赔偿便有了理论基础。为了反驳这一分析，学界提出了如下观点：

第一，刑罚是刑法的事情，私法只能承载补偿功能。制裁思想作为应对不公正现象的法治策略，应当归属于刑法，而私法与之则相对疏远。王利明教授便指出，"侵权法的首要价值取向仍然是补偿，而不是制裁"[2]。倘若在生态环境损害赔偿中设置具有公法性质的惩罚性赔偿制度，则可能将道德和刑法观点引入私法领域。而众所周知，刑罚需要得到刑事诉讼法律的严格程序保障，而私法程序显然不具备这一形式要件，因此在私法中施加刑罚是违背法治原则的。[3]

第二，惩罚性赔偿制度有违"得利禁止原则"。大陆法系国家一般都在私法中确立得利禁止原则，其核心是"全部损害可赔，但也仅限于损害"，即受害人所获的赔偿不得多于其损失。而与该原则相悖，生态环境损害赔偿中倘若设计惩罚性赔偿，将导致受害人无故获得暴利。

第三，惩罚性赔偿可能被环境污染责任保险所分担。2013 年，环境保护部与保监会联合下发《关于开展环境污染强制责任保险试点工作的指导意见》，启动了环境污染强制责任保险的试点；2014 年修订

---

[1] 桑本谦：《理论法学的迷雾——以轰动案例为素材》，北京：法律出版社，2015 年，第 122 页。
[2] 王利明：《侵权责任法制定中的若干问题》，《当代法学》2008 年第 5 期，第 3-13 页。
[3] 〔德〕格哈德·瓦格纳：《损害赔偿法的未来——商业化、惩罚性赔偿、集体性损害》，王程芳译，北京：中国法制出版社，2012 年，第 127 页。

的《环境保护法》也规定，国家鼓励投保环境污染责任保险。正在试点阶段的环境污染责任保险尚不成熟，保险责任赔偿范围根据地方的不同而表现出极大差异。其中，惩罚性赔偿是否具有可保性已经成为学界研究的热点[1]，可以预见，如果损害赔偿责任被环境污染责任保险所涵盖，生态环境损害惩罚性赔偿制度的报复目的便落空了。在这种情况下，承担多倍赔偿的责任人便不再是损害生态环境的行为人个体，而是整个投保人群体。此时，环境污染责任保险便具有了稀释惩罚和报复的功能，并且报复也顺理成章地被课加在不具有过错的主体之上，而这明显是违背法治精神的。[2]

综上所述，在补偿论者看来，生态环境损害赔偿不宜承载预防功能，其赔偿范围限于实际损害，而公法性质的惩罚、威慑和预防功能则应当诉诸刑法来承担。那么，补偿论者的论述是否揭示了问题的全部呢？以下，我们有必要梳理出预防论者对上述观点的反驳，以明确生态环境损害赔偿制度合理的功能定位。

（二）预防论

在预防论者看来，侵权人违背权利人的意志损害其财物的，如果仅要求等额赔偿便相当于施加了一个权利人不会轻易接受的买卖合同。潜在的侵权人会考虑，如果实施侵权行为，最不利的后果只是支付损害的市场对价。相比这种极端情形，更常见的情形是，在生态环境损害中，即便部分受害人可以诉求某次损害的完全赔偿，但其他受害人可能基于不敢、不愿、不能等原因不请求赔偿。由于侵权人不用为所有损害负责，以补偿为功能定位的损害赔偿制度便无法遏制侵权人继续实施该行为。此时的"等额赔偿"便构成了对受害人的权利限制和对侵权人的纵容，从而使损害赔偿制度呈现出"预防不足"的弊端。

---

[1]　叶延玺：《论惩罚性赔偿的可保性》，《河北法学》2016年第3期，第50–59页；关淑芳：《论惩罚性赔偿责任的可保性》，《当代法学》2006年第20卷第1期，第95–100页。
[2]　〔德〕格哈德·瓦格纳：《损害赔偿法的未来——商业化、惩罚性赔偿、集体性损害》，王程芳译，北京：中国法制出版社，2012年，第128页。

根据法理，"决不允许一个人从错误的行为中获利"，当侵权人从侵权行为中得到超过其赔偿责任的利益时，法律就必须作出回应，向侵权人表明"侵权不盈利"。为了使作为稀缺物品的生态环境不被肆意损害，将生态环境损害赔偿的功能定位在预防，并适用惩罚性的民事赔偿，方能对未经授权的"买卖行为"起到真正的抑制作用。基于补偿论者对惩罚性赔偿的质疑观点，预防论者认为：

第一，由民法主要地或附带地承担辅助管制政策是私法公法化的必然趋势。刑罚，特别是人身刑公认是最具威慑力的惩罚措施。然而，在以法人侵权为主要特征的经济社会，其功能正逐渐弱化。从实务部门调研得知，企业对刑罚的敏感度正逐渐减弱，其原因在于，由于法人制度的确立和普及，公司的实际控制人往往通过层层控股退居幕后，而公司的法定代表人则是名义上的代表和承担法律责任的责任人。一旦发生生态环境损害事故，实际控制人便会通过支付"对价"找"傀儡"服刑。例如2015年发生的天津港爆炸事故中，瑞海国际的法人代表仅是定期领取工资的职员，而实际控制人则另有其人，此案的实际控制人已受到法律制裁。因此实务部门认为，能够真正触动到实际控制人最敏感的神经的，莫过于超过其预期收益的惩罚性损害赔偿金，只有确立生态环境损害的多倍赔偿，方能激励企业纠正环境违法行为、履行应尽的环保义务。

第二，容忍受害者得利可以有利于环境公共利益的保护。其一，较之惩罚性损害赔偿对将来可能发生的生态环境损害所起到的预防收益，对受害者给予高于其损害的赔偿金是可以接受的，即得利禁止原则应当在社会收益大于成本时存有例外。其二，与传统的私人损害不同，生态环境损害的对象是公众的环境权益，而索赔人则是代表公众的政府，此时超过损害的赔偿金在性质上区别于私人获利，因此，在生态环境损害赔偿的场合下，得利禁止也存在适用的不兼容性问题。

第三，环境污染责任保险使企业基于惩罚性赔偿而产生的谨慎动力被削弱，但未完全消除。一方面，如果保险人有充分信息去了解被保险人从事被保险活动时是否存在过错，那么涵盖"过错导致的生态环境损害"的保费将比"不具有过错的行为所致环境损害"更高；另一方面，如果保险公司基于信息不对称无法获知被保险人的过错情况，那么，保险公司通常不会对全部的生态环境损害进行承保，此时，未被保险涵盖的那一部分损害赔偿责任，仍然能够起到激励被保险人采取合理注意水平的作用。[1] 可以看出，惩罚性损害赔偿产生的激励机制在存有生态环境污染责任保险的场合下，保险公司可以借助私益诱因维持企业与无保险时并无本质区别的最优注意义务。

除此之外，支持惩罚性赔偿的学者还提出：补偿性的损害赔偿制度可能使受害人遭受的损失无法获得完全赔偿。例如，精神损害由于其难以用金钱予以准确估量，导致其难以纳入生态环境损害赔偿范围之内。同时，由于生态环境损害的责任人往往是极具经济实力的中大型企业，传统的补偿性赔偿无法对其起到威慑作用，也就无法激励其规避生态环境损害的重复发生；由于惩罚性赔偿是实际损失的数倍，即使对"富裕"的责任人而言，这样的赔偿额也能起到一定的警示作用，进而产生预防生态环境损害的效果。[2] 也有学者从公众的角度出发，认为惩罚性损害赔偿具有平复社会负面情绪的功能。[3]

（三）二元构造论

虽然生态环境惩罚性赔偿能够起到良好的遏制环境违法的效果，然而，该制度适用于生态环境保护领域，既与法理相悖，也与我国当前的社会发展实际不兼容。其一，惩罚性赔偿只有针对"过错行为"才具理性意义，而生态环境损害是典型的不具道德责难性的责任类型。

---

[1] 〔德〕格哈德·瓦格拉：《损害赔偿法的未来——商业化、惩罚性赔偿、集体性损害》，王程芳译，北京：中国法制出版社，2012 年，第 129 页。
[2] 竺效：《论环境污染赔偿责任的特殊要件——兼评〈侵权责任法〉（草案）二审稿第 68 条》，《政治与法律》2009 年第 12 期，第 11–18 页。
[3] 张辉：《论环境民事公益诉讼的责任承担方式》，《法学论坛》2014 年第 29 卷第 6 期，第 58–67 页。

当行为人对其行为具有过错时，通过报复"弥补过错"就被认为是理性的。从我国已经确立的惩罚性赔偿的条文中看，无论是《消费者权益保护法》第五十五条，还是《食品安全法》第一百四十八条，均规定惩罚性赔偿的责任构成需"明知""欺诈"等蕴含故意的情节。就连惩罚性赔偿发源国的美国在《侵权行为法重述》第 908 条也强调，惩罚性赔偿得因被告之"邪恶动机"或"鲁莽弃置他人权利于不顾"为要件。然而，生态环境损害被认为是社会发展过程中无法规避的附带性损害，实施生态环境损害的多数企业在客观上是推动了社会整体福利的，因此，较之生态环境保护，人类自愿选择了发展，继而承受发展所带来的环境风险。此时，对发展成果由民众共享，而损害责任却由特定主体承担的做法便不具有道德上的合理性。[1]其二，保护生态环境仅是社会发展的一个面向，除此之外，还有生存问题。在传统的人身权、财产权之上，新增的生态环境损害等额赔偿已经构成对侵权人新的负担。当生态环境损害所产生的成本大于其收益时，企业选择"死亡"便是减少进一步损失的必然选择。众所周知，发展是人类永恒的主题。预防不足和预防过度均是忽略社会效率和公共福利的零和博弈，二者均会使生态环境损害赔偿制度偏离保护生态环境的初衷。因此，考虑到我国的发展现状，将生态环境损害定位于补偿性赔偿似乎更能贴合"发展"这一时代主题。

那么，此处的论述是否说明我们站在了补偿论者一边，而抛弃了生态环境损害赔偿的预防功能呢？其实不然。我们认为，补偿功能和预防功能并不像论辩双方的学者臆想的那样，被清楚地划分在部门法律。不同法律部门的划分在给法律人带来研究便利的同时，也不断给研究者戴上无形的思想枷锁。德国学者瓦格纳教授便指出："尤其不能忽视的是，任何责任和威胁都带有预防作用，私法一直以来都在利用这一点。"这一论点也在《欧洲侵权法原则》中得以体现，该法第

[1] 〔德〕格哈德·瓦格纳：《损害赔偿法的未来——商业化、惩罚性赔偿、集体性损害》，王程芳 译，北京：中国法制出版社，2012 年，第 127 页。

10：101 条规定，损害赔偿的本质和目的，除了使受害人回复到伤害未发生的状态，而且同样服务于预防损害的目的。[1]本章开篇便已强调，生态环境损害赔偿制度是一个公法性质上、私法操作上的请求权，在这一融入公私法不同属性的法律制度中，其兼具公法上的惩罚威慑功能与私法上的损害填补功能。

第二节　国外生态环境损害赔偿制度的立法与实践

一、生态环境损害赔偿制度的域外考察

（一）欧洲生态环境损害赔偿责任的立法及其经验借鉴

1.欧盟层面生态环境损害赔偿责任的立法与实践

1）《卢伽珞公约》

1993 年 6 月 21 日，欧洲议会在卢伽珞通过了《关于危险活动对环境造成的损害的民事责任公约》（Lugano Convention，简称《卢伽珞公约》），在欧洲层面首次对广义的"环境损害"进行了民事责任的公约规范。按《卢伽珞公约》第 17 条规定，其覆盖的可赔偿的"环境损害"既包括对人的损害（生命的丧失和人身伤害）和财产的损失，还包括修复环境的损失或损害（loss or damage by impairment of the environment）以及预防措施的费用和任何因采取预防措施而产生的损失或损害（the cost of preventive measures and any loss or damage caused by preventive measures）。不过，《卢伽珞公约》不适用于核损害，因为核损害已经被 1960 年的《巴黎公约》和 1963 年的《维也纳公约》所调整。公约除了对废物处置的个别例外，也没有溯及力。因而，《卢

---

[1]　欧洲侵权法专家小组：《欧洲侵权法基本原则》，于敏译，《环球法律评论》2006 年第 5 期，第 620-625 页。

伽珞公约》不仅规范传统的环境侵权损害，还规范新型的生态环境损害（对环境本身的损害），使该公约成为在欧洲层面重要的生态环境损害赔偿责任立法，意义重大。

在归责原则方面，该公约对危险活动引起的环境损害赔偿采取严格责任。这些"危险活动"涉及广泛的环境风险，包括危险物质、转基因生物体、危险微生物、废物。其中，"危险物质"按照公约附件1援引的不同的欧洲委员会指令（EC Directives）来定义。关于废物，公约规范废物的焚烧、处理或循环利用的安装和场地，还规范废物的永久处理场地。责任人是危险活动的运营者，在公约第2条中，"运营者"被定义为"对危险活动进行控制的人"。公约中的"人"是任何自然人、合伙或公法及私法规范的主体，不限于自然人。按第9条，公约规定的减免责任的事由包括共同过失。"在赔偿责任的因果关系方面，公约没有改变受害人的举证责任规则，仍然由其证明危险活动与损害之间的因果关系。不过，却增加了要求法庭在确定因果关系时应当适当考虑危险活动引起这种损害的增强的风险因素，并对多个污染源致害情形规定承担共同、连带责任。"[1]公约还建立了由公共主体（相关政府机构）和运营者提供的信息机制，以保障公众的环境信息知情权。考虑到当时的可行性，公约没有规定强制性的财务安全机制，只要求缔约方确保"适当的"运营者须参加一种财务安全机制或者获得并维持达到一定限额的财务保证。对于诉讼时效，该公约规定为3年，从索赔人知道或者合理地应当知道损害并能确认运营者时起算，起诉权在损害发生后30年终止。

与人身损害、财产损害不同，公约将生态环境损害赔偿限制于实际上采取或将要采取的修复环境的费用。相应地，"环境修复"是指任何目的为修复损坏的环境部分的措施或者将具有同等功能的要素部分引入环境中以进行替代性修复的合理措施。"不过，按照公约第2

[1] Monika Hinteregger: Environmental Liability and Ecological Damage in European Law. Cambridge: Cambridge University Press, 2008: 4.

条第 7 款，环境损害并不包括这种环境修复所产生的经济损失。"环境的定义极其广泛，包括"生物体和非生物体在内的自然资源，例如空气、水、土壤、动植物以及上述要素之间的联系，构成文化遗产部分的财产，风景的特征方面"。"按公约，采取环境恢复和预防措施的权利由各成员国的法律规定。环保协会和基金会有提起公益诉讼的权利，要求禁止非法的严重威胁环境的危险活动和要求运营者采取环境修复措施。成员国法律可以规定环保组织为取得法律资格而必须遵守的更多条件。"[1]

2）《关于预防和补救环境损害的环境责任指令》

2004 年，欧盟颁布了《关于预防和补救环境损害的环境责任指令》，标志着欧洲在生态环境损害赔偿的制度建设方面的重要进展。实际上，欧盟（及其前身）在过去二十多年来一直试图建立一套统一的欧洲环境责任机制。"为此，分别提出过对废物、废物填埋等具体领域的责任指令草案，规定对运营者施加严格责任，但都很遗憾地未能通过和生效。随后，欧洲委员会开始讨论建立一套统一、综合的环境责任机制并出版了《关于救济环境损害的绿皮书》，提出建立一套实行严格责任、同时覆盖欧洲委员会规制的危险活动造成的传统损害和生态损害的框架指令目标。"[2] 在 2004 年 4 月 21 日，欧洲议会通过了《关于预防和补救环境损害的环境责任指令》，该指令于 4 月 30 日生效，成员国必须在 2007 年 4 月 30 日之前完成国内法的转化适用义务。

从标题可以看出，该指令的宗旨在于预防和补救环境损害。它基于预防原则和污染者付费原则构建，以促进经济、社会和环境的可持续发展。关于环境责任与预防原则的关系，对运营者的危险活动施加有威慑力的经济责任可以刺激其采取措施、减少环境风险。该指令强调对污染场地及生物多样性损失的预防和修复。值得注意的是，《关

[1] Monika Hinteregger: Environmental Liability and Ecological Damage in European Law. Cambridge: Cambridge University Press, 2008: 5.
[2] Monika Hinteregger: Environmental Liability and Ecological Damage in European Law. Cambridge: Cambridge University Press, 2008: 6.

于预防和补救环境损害的环境责任指令》仅仅适用于狭义的"环境损害（生态环境损害）"，明确排除了对传统的人身损害、财产损害的适用。这一点可以从指令的第2条第2款看出，该款规定，"环境损害，是指自然资源的可量化的不利改变或自然资源服务的可量化的修复"，明显排除了将传统的人身、财产权作为保护对象。这与《卢伽珞公约》相比大大缩小了保护范围，更加集中于保护生态环境损害，使其成为生态环境损害保护的专门指令，意义重大。具体看，该指令的第2条第1款，作为其保护范围的"环境损害"包括：①对保护物种和自然栖息地的损害；②水的损害；③土地损害。从国际视野看，和1992年的联合国《生物多样性公约》相比，该指令对"生物多样性"的保护范围明显更窄，指令不采取像《生物多样性公约》一样对"生物多样性"的宽泛界定，而仅限于对"保护物种和自然栖息地"的保护。进一步讲，哪些"保护物种和自然栖息地"受到指令的保护？按欧盟现有立法，仅仅在1979年4月2日颁布的《野鸟保护指令》和1992年5月21日颁布的《保护野生动植物自然栖息地指令》中规定的"保护物种和自然栖息地"才受到指令的保护。"环境损害"主要涉及对保护物种和自然栖息地的"有利保护状态"的破坏，"有利保护状态"强调生态环境的长期自然分配、机构和功能的状态。对造成生态环境损害的不利影响只有达到"重要"的程度才产生责任，如何评估不利影响是否"重要"呢？对此，指令规定，应参考指令附件1规定的"基线情况"（Baseline Condition）和具体标准。"基线情况"是指如果损害没有发生，自然资源和服务在损害时应有的状况。"水的损害"是指按2000年10月23日颁布的《欧盟水框架指令》规定产生的对水质分类的损害。值得注意的是，海洋水域的环境损害在《关于预防和补救环境损害的环境责任指令》第4条第2款中被明确排除，这就使该指令的适用范围具有一定的局限性。"土地的损害"是指由于土壤和地下土壤污染产生的对人类健康的重大风险。

　　各成员国可以指定一个或几个"胜任机构"负责环境损害的预防和救济。一旦损害发生，"胜任机构"就有责任和权力开展行动，确定哪个运营者引起了环境损害、评估损害的重要程度、决定应当采取哪些救济措施。相应地，运营者有义务向进行调查的"胜任机构"提交自己的评估与提供相关信息和数据。不过，"胜任机构"在作出行政决定过程中要受到程序法的限制，须向相关运营者通知作出的决定及其确切理由和可以进行的国内法法律救济。"胜任机构"为预防和救济环境损害采取的决定仍然要受到司法审查，在司法审查过程中，必须要向法庭陈述作出决定的确切理由。除了作为管制主体的"胜任机构"可以采取行政行动，受环境损害影响或可能受其影响的自然人、法人可以把任何对即时环境损害的观测材料（相关信息和支持数据）提交给"胜任机构"，或者按成员国的相关法律规定，在此类环境损害有紧急威胁时可以要求"胜任机构"采取行动。在发生环境损害紧急威胁时，"胜任机构"可以要求运营者采取必要的预防措施，如果采取措施之后威胁仍然存在，则运营者必须尽快通知"胜任机构"。"胜任机构"有权结合运营者提交的信息、数据和环境损害状况而指导运营者采取必要的预防措施，或者在运营者不能被识别、无力采取措施等情况下自己直接采取必要的预防措施。救济措施的处理程序也和前述预防措施的处理程序相似，不过，比较特殊的是，在救济措施的处理程序中，如果自然资源的修复已无可能，则运营者可以提供一个相等的替代性自然资源或服务，例如，通过购买、整理与受损害的栖息地有一定生态联系的土地，以进行"环境修复"。

　　3）其他欧盟指令等

　　除了《卢伽珞公约》《关于预防和补救环境损害的环境责任指令》这样的环境损害责任公约或指令外，欧盟的其他一些指令中也间接涉及生态环境损害赔偿责任，这里仅作不完全、简要列举分析。例如，经过数年的准备和深入讨论之后在 2008 年 6 月 17 日颁布的

《欧盟海洋战略框架指令》（以下简称《框架指令》），旨在很好地保护欧洲海洋环境，使其在 2020 年时达到"良好环境状态"（Good Environmental Status，GES）并保护海洋相关的经济和社会活动的资源基础。"它是欧盟第一个旨在保护海洋生物多样性的立法工具，明确规定'到 2020 年生物多样性必须得到保持'的立法目标。为此，基于地理、环境标准，指令建立了欧洲海洋地区和分区。成员国在 2010 年 7 月 15 日之前有完成指令的国内法转化的义务，并被要求发展自己的海洋水域策略，且必须每 6 年更新一次。"《框架指令》的生物多样性目标及其"良好环境状态"都为欧盟海洋领域的生态环境损害赔偿责任提供了规范基础。

2. 欧盟典型成员国生态环境损害赔偿责任的立法与实践

1）德国

德国是欧盟的重要成员国，也是环保先进国家，其环保立法（包括生态环境损害救济立法）都有值得借鉴的经验。为应对各种污染、加强对受害人权益的保护，德国在 1990 年底颁布了私法性质的《环境责任法》，强调对人身、财产等私权的保护。该法第 1 条（环境影响设备的责任）规定："由于附件一列举之设备对环境造成影响而导致任何人身伤亡、健康受损或财产损失，设备所有人应对受害人产生的损害负赔偿责任。"它明确了其保护客体为传统的人身、财产权益。第 3 条（定义）第 1 款规定："损害由于环境影响造成，指损害由已在地面、空气、水中蔓延的物质、振动、噪声、辐射、烟雾、热能和其他现象所造成。"该法规定的绝对免责事由为不可抗力，相对免责事由（减轻责任）为受害人的共同过错，时效则直接适用《德国民法典》侵权行为部分的规定。从上述简要介绍可以发现，作为纯私法的《环境责任法》对生态环境损害的保护是很有限的，其对自然资源的保护仅限于私人对自然资源拥有所有权的情形。其实，"德国《环境责任法》在第 16 条努力承认自然资源在严格的经济价值之外的特殊价值。

该条允许受损害的自然资源所有人获得不限于市场价值的恢复成本返还"[1]。笔者认为，这是传统私法对生态环境损害的赔偿性制度建构尝试，但毕竟受私法本身性质的限制，能发挥的功能极其有限。

作为欧盟成员国，德国负有将相关环境指令进行国内法转化适用的条约义务。为了在国内法层面转化 2004 年欧洲委员会颁布的《关于预防和补救环境损害的环境责任指令》，德国在 2007 年颁布了《环境损害预防及恢复法》。"该法具有公法性质，立法目的是在强化经营者预防义务的前提下，通过行政手段恢复自然环境本身受到的损害并建立损害赔偿机制。"[2] 由于该法的性质是公法，传统的人身损害和财产损害不属于其调整范围，而仍然由《德国民法典》《环境责任法》等私法调整。和欧盟《关于预防和补救环境损害的环境责任指令》的范围相同，德国《环境损害预防及恢复法》也适用于以下三类环境损害：①生物物种及栖息地的损害。显然，这是为落实欧盟在 1979 年 4 月 2 日颁布的《野鸟保护指令》和 1992 年 5 月 21 日颁布的《保护野生协植物自然栖息地指令》中规定的"保护物种和自然栖息地"而进行的保护。在国内法层面，也与此前的德国《联邦自然保护法》第 2 条"物种和栖息地的损害"规定相衔接。②水质的损害。强调对水质的保护，与此前的侧重私权保护（赔偿权人为私人土地所有权人或管理人）的《水管理法》相互协力，从公法角度进行生态环境损害的保护。③土壤损害，即对土壤功能的损害。与此前的《联邦土壤保护法》相衔接，《联邦土壤保护法》中对"土壤功能"进行了法律界定。在责任人方面，按《环境损害预防及恢复法》规定，自然人、法人都可能成为责任人，且不管其经营活动是公益性是私益性，只要造成环境损害或有造成环境损害的危险，都应当承担责任。在归责原则方面，对不同的活动类型实行两种不同的归责原则：①以法律明确规定为限，对废弃物管理、

---

[1]　M Bowman、A Boyle：Environmental Damage in International and Comparative Law Problems of Definition and Valuation. Oxford：Oxford University Press，2002：238.
[2]　陶建国：《德国〈环境损害预防及恢复法〉评介及启示》，《中国环境管理干部学院学报》2015 年第 2 期，第 7—10 页。

排水、有害化学物生产等污染许可行为采取无过失责任；②对其他污染行为采取过错责任原则。在调整的活动范围方面，农业、林业和渔业等传统"弱势产业"不再作为豁免对象，只要造成环境损害或环境损害的危险，仍然要承担相应的法律责任。《环境损害预防及恢复法》规定了责任可以类型化为：信息提供义务、危险预防义务、恢复义务、费用承担义务等。"《环境损害预防及恢复法》强化了公众参与权，在环境行政机关确定恢复措施时，公民（包括环保组织）有权参与决定程序并发表意见。在行政机关对责任人没有采取措施时，有权请求行政机关采取适当措施。"[1] 该法第 11 条还建立了环境行政公益诉讼制度，规定：在符合法定要件的环保组织就环境损害事件向环境行政机关举报后，如果行政机关在 3 个月内没有对责任人签发行政命令，那么，环保组织就有权对该环境行政机关的不作为提起行政诉讼。不过，该法并未构建起环境民事公益诉讼制度，属于立法的缺漏，导致其环境公益诉讼制度呈现不完整的面貌。

2）法国

法国对生态环境损害的承认经历了一个从判例到立法的发展过程。1999 年发生的"Erika 油轮案"造成的严重生态环境损害震惊世界，对法国的生态环境损害立法影响深远。1999 年 12 月 12 日，由于海上恶劣天气影响，在马耳他注册的 Erika 油轮在离法国的布列塔尼地区海岸 79 千米处断裂为两部分，当时油轮满载着大约 3 万吨原油。其中，19800 吨原油流出，污染了大约 400 千米的海岸线。这一原油泄漏量相当于 1998 年世界的原油泄漏总量，成为航海史上最严重的原油污染事件之一。经过 10 年的审判探索后，法国最高法院终于在2012 年 10 月 25 日的"Erika 油轮案"终审判决中作出了一个"先例"，"明确承认了生态环境损害的独立存在，将其与精神损害、经济损害等相区分，并将之定义为'因侵害而使环境遭受到的直接或间接的损

---

[1] 陶建国：《德国〈环境损害预防及恢复法〉评介及启示》，《中国环境管理干部学院学报》2015 年第 2 期，第 7–10 页。

害'"[1]。受该案影响，法国在 2012 年 11 月 2 日颁布了一项条例，规定："所有进入法国水域的轮船都必须拥有充分的保险和出示财务保证或者一项由第一流机构给予的保险证书"，"当轮船不遵守海洋主管部门签发的航行指示时可以课以惩罚性赔偿"，从而在海洋生态损害救济领域有限地建立了强制保险制度和惩罚性赔偿制度。2014 年 9 月，法国国会曾经派代表团非正式访问厄瓜多尔共和国的"亚马孙地区"（现在称为苏昆比奥斯省和奥雷利亚纳省），研究其污染和生态环境损害法律救济问题。[2] 到 2016 年，法国国会正式将生态环境损害法律化，不过，其立法过程有一定的曲折。2016 年 1 月 19 日，法国参议院"一读"通过了新的《生物多样性法》草案，其中规定了一个新条款："任何引起严重和持续的环境损害的人应负有修复环境的责任。"这种修复主要是将环境整合修复到损害发生之前的初始状态。或者，如果这种修复是不可能的话，通过"经济赔偿给国家或国家指定和受影响的主体，以保护环境"。"一读"程序之后，让人惊讶的是，政府引入了一项修正案，质疑生态环境损害。在遭受各种批评之后，政府又撤回了这项修正案。此后，该条款顺利通过参议院"二读"立法程序……该条款建立了法国的生物多样性机构，提高了对受保护物种的非法贸易的惩罚力度，把关于利用自然资源的《名古屋议定书》的国际法规定转化为法国国内法，并明确规定了生态环境损害责任，意义重大。

同时，生态环境损害的民法化思路也逐渐开始进入法国立法者的视野。受"Erika 油轮案"的影响，在 2012 年 5 月和 2013 年 4 月分别有两份相似的提案提交到法国参议院。以 2013 年 4 月提交的第 519 号提案为例，其内容主要包括："提议在《法国民法典》中增加第

---

[1]　竺效：《论生态损害综合预防与救济的立法路径——以法国民法典侵权责任条款修改法案为借鉴》，《比较法研究》2016 年第 3 期，第 15—29 页。
[2]　在 1964 年到 1990 年的 26 年间，一家名叫 Texaco 的美国石油公司在厄瓜多尔的"亚马孙地区"大量开采原油。该公司离开后，留下广泛的生态环境损害，导致 1 041 人死于癌症。在其后的诉讼中，厄瓜多尔法官判决该公司支付 95 亿美元的生态环境损害赔偿。

1386-19 条条文，规定'任何人对环境造成的损害都必须进行修复'，增加第 1386-20 条规定'环境损害的修复主要以实物偿付为主，如遇损害无法修复时，可以经济赔偿的形式支付给国家或由政府指定的法定的环保机构'，增加第 1386-20 条规定'一旦这些活动行之有效，为预防即将发生的损害、避免加重或减轻损害后果而付出的费用，可以获得赔偿。'"[1] 可见，该规定明确了环境修复责任、生态环境损害赔偿责任以及二者各自的适用条件和关系，承认了预防措施费用作为可赔偿损害的合法性等，在生态损害预防和救济领域对传统民法责任体系进行了一定程度的重构，具有探索性，意义重大。

3）意大利

意大利也是欧盟的重要成员国，其生态环境损害赔偿责任制度处于欧盟公约推动下的发展进程中，其发展历程具有一定的代表性和启示意义。"意大利法中，生态环境损害的独特责任体制的出现是由意大利行政法院在司法实践中提出的，特别是国家审计法院（State Auditors's Court）宣称：'基于生态环境损害应当视同对政府的账户的财务损害而对环境损害案件拥有管辖权。生态环境损害被看作公共物品的损害，政府作为整个国家社会的信托人有权获得赔偿，因而，总检察长可以在国家审计法院起诉要求赔偿生态环境损害。'"[2] 国家审计法院在判例法中确立的一些原则后来在 1986 年的一项法律中得到法典化，同时，按该法律建立了意大利环境部和生态环境损害的责任规则。在个人权利侵害的侵权责任仍然可以援引的同时，建立了《意大利环境法》第 18 条这一生态环境损害的唯一责任基础。该条规定："违反法律或者依法颁布的行政命令的行为，故意或过失地对环境造成损害结果，导致环境改变、恶化或全部被毁坏，行为人要对国家负损害赔偿责任。如果损害无法准确确定，法官将考虑下列因素

---

[1] 竺效：《论生态损害综合预防与救济的立法路径——以法国民法典侵权责任条款修改法案为借鉴》，《比较法研究》2016 年第 3 期，第 15—29 页。

[2] Peter Wetterstein：Harm to the Environment：The Right to Compensation and the Assessment of Damages. Oxford：Clarendon Press，1997：105.

而公平裁定：①环境恢复成本；②污染者由此的获利。"[1] 对于生态环境损害案件，普通法院就有管辖权。该条对生态环境损害赔偿责任确立了过错责任的归责原则，以行为人"违反法律或者依法颁布的行政命令的行为"且有"故意或过失"为前提。

在生态环境损害责任的归责原则方面，意大利法和国际公约存在一定背离，在国内法系统中也存在不统一的因素。一方面，意大利法的生态环境损害责任的归责原则和国际公约存在一定背离。例如，1986 年颁布的《意大利环境法》第 18 条对生态环境损害采取过错责任归责原则，而此后在 1993 年通过的《卢伽珞公约》在归责原则方面对危险活动引起的生态环境损害赔偿采取严格责任，因而，《意大利环境法》第 18 条和《卢伽珞公约》的归责原则精神不符合，需要在适用方面进行解释或修改法律。就《卢伽珞公约》条款的解释，虽然公约对成员国在条款执行方面留下了太广阔的空间，但公约条款是成员国的最低标准。因而，法官在案件中对法律适用的解释不应违反《卢伽珞公约》的底线标准，这意味着在生态环境损害责任的归责原则方面应当通过解释适用《卢伽珞公约》的严格责任原则。从学理上讲，法官在环境损害案件中对涉及《意大利环境法》第 18 条和《卢伽珞公约》的关系进行法律解释时，至少有三条法律规则可以运用：其一，从国际法层面，按条约义务必须遵守和一致性原则，应当优先适用《卢伽珞公约》关于生态环境损害的严格责任原则规定；其二，按照特别法优先于一般法的规制，应当优先适用《卢伽珞公约》关于生态环境损害的严格责任原则规定；其三，按照新法有优先于旧法的规则，意大利参加签署的《卢伽珞公约》生效于《意大利环境法》之后，属于其法律渊源中的广义"新法"，应当优先适用《卢伽珞公约》关于生态环境损害的严格责任原则规定。总之，在《卢伽珞公约》适用范围

[1] 〔德〕克里斯蒂安·冯·巴尔：《大规模侵权损害责任法的改革》，贺栩栩译，北京：中国法制出版社，2010 年，第 1 页、第 88 页；黄锡生、段小兵：《生态侵权的理论探析与制度构建》，《山东社会科学》2011 年第 10 期，第 63-66 页。

内的生态环境损害领域，该公约应当优先于《意大利环境法》第18条。不过，须注意的是，《卢伽珞公约》仅仅适用于"因危险活动引起的生态环境损害"，也就是说仅仅在"因危险活动引起的环境损害"的适用范围内公约优先适用。

另一方面，意大利法的生态环境损害责任的归责原则在国内法系统中也存在不统一的因素，体现在对内海、外海的环境损害责任二元归责原则体系问题上。意大利签署了1961年的《关于来自化合物污染损害的民事责任的布鲁塞尔公约》，该公约对海洋水域环境污染引入了严格责任规则。为转化该公约义务，意大利在1982年通过的《海洋保护法》中也引入了相同的严格责任规则，规定"如果损害是由于商船向海洋排放禁止的物质造成，船的管理人、所有人或建造人将负共同、连带责任，赔偿政府清理水域和海滨的费用和海洋资源损害"。然而，对于其他一般领域的环境损害责任，1986年颁布的《意大利环境法》在第18条规定："违反法律或者依法颁布的行政命令的行为，故意或过失地对环境造成损害结果，导致环境改变、恶化或全部被毁坏，行为人要对国家负损害赔偿责任……"[1] 即《意大利环境法》对外海领域之外的生态损害赔偿采取过错责任的归责原则，以其行为具有过错和违法性为前提。"这就在意大利国内法层面造成尴尬、混乱的双轨制规则局面：对内水的生态环境损害实行过错责任规则，对外海的生态环境损害实行严格责任规则……"[2] 同样是生态环境损害，作这样截然不同的责任基础的区分，其正当性理由何在呢？很难回答这一问题。事实上，长期以来，意大利法在侵权责任领域根植于过错责任的传统，严格责任并不发达，为履行国际条约义务又在海洋水域环境责任领域被动引入严格责任规则，所以，基于历史传统和国际条

---

[1]〔德〕克里斯蒂安·冯·巴尔：《大规模侵权损害责任法的改革》，贺栩栩译，北京：中国法制出版社，2010年，第1页、第88页；黄锡生、段小兵：《生态侵权的理论探析与制度构建》，《山东社会科学》2011年第10期，第63—66页。

[2] Monika Hinteregger: Environmental Liability and Ecological Damage in European Law. Cambridge: Cambridge University Press, 2008: 133.

约义务而出现上述不统一的责任规则格局。这种原因在法理逻辑上缺乏一致性，难以成为二元归责体系的正当性理由。

此外，由于生态环境损害评估规则的缺失，直接影响到《意大利环境法》第 18 条的司法适用。因为意大利的立法、行政管理规则等都没有关于怎么评估生态环境损害的标准，这就导致法官难以评估环境损害，影响案件审理中的统一性、科学性。事实上，《意大利环境法》第 18 条留给法官唯一的抽象的裁量责任规则是："如果损害无法准确确定，法官将考虑下列因素而公平裁定：①环境恢复成本；②污染者由此的获利。"但"环境恢复成本"如何计算仍然是法官必须面对的一大法律难题。

对于生态环境损害公益诉讼的原告资格问题，按《意大利环境法》第 18 条规定，私人不能提起诉讼，只有政府（state）、损害发生在其辖区的市或地区可以起诉主张"环境损害"。然而，实践中，政府并没有充分的动力及时起诉。意大利法也没有承认像美国一样的"公民诉讼"制度，公民不能提起环境损害公益诉讼。对于环保组织，法律也没有赋予其生态环境损害公益诉讼的原告资格，而只有权利"通知"公共机构已经发生生态环境损害。可见，意大利法对环境损害公益诉讼的原告资格问题态度较为保守，远不及美国"公民诉讼"制度开明、发达。

总之，意大利的生态环境损害赔偿责任制度仍处于欧盟公约推动下的发展进程中，其发展历程具有一定的代表性。与美国相比，其生态环境损害赔偿责任制度远未完善，和德国、法国相比也不够成熟。尤其是经过三十多年的运行，1986 年颁布的《意大利环境法》第 18 条的缺点尽显，为克服其不足，法院正在探索、尝试基于第 18 条立法基础之上的其他新解决方法。

4）比利时

比利时是欧盟成员国，虽然是小国，但其生态环境损害赔偿责任制度具有一定的特色和代表性，值得研究。"比利时在国家体制方面是联邦制国家，因而，其生态环境损害赔偿责任主要通过联邦法律调整。相反，在这一领域，地方政府在有限的程度上颁布了法律，主要是关于抽取地下水和土壤环境卫生引起的环境损害方面的法律。"[1]虽然在该国内对于地方是否在生态环境损害赔偿责任制度领域应该有立法权还存在争议，不过，主流观点认为，考虑到特定损失的分配是环境政策的必要构成部分，地方政府对此应当是胜任的。这种观点也被比利时的仲裁法院在 1994 年 7 月的一项裁决所肯定。

比利时的环境责任基本规则建立在《比利时民法典》第 1382 条和 1383 条的过错责任条款的基础上。在比利时法中，从宏观视角模糊地说，"过错"的观念指向社会接受行为，如果行为人的行为不具有"社会接受性"，则具有过错。立法上规定了很多具体的标准来认定过错，其中最重要的是违反制定法或法规的条款，如果没有正当理由的话，将构成过错，从而承担接着发生的损害责任。虽然"过错责任"与"严格责任"貌似具有明显的鸿沟，但在污染案件中，法院倾向于越来越严格地运用"过错责任"，使在此类案件中"过错责任"与"严格责任"实际上没有多少区别，从而进行了从"过错责任"到"严格责任"的责任原则的"偷渡"。同时，从 20 世纪初开始，比利时的法院和立法已经发展出了一套特别适用于环境损害领域的严格责任规则。其中，"比利时法中最重要的严格责任规则是基于对《比利时民法典》第 1384 条第 1 款的扩张解释。该条对缺陷物体（defective object）的管理人课以了对缺陷引起的损害负严格责任。《比利时民法典》第 1384 条第 1 款对环境损害责任（尤其是缺陷安装引起的环境损害责任）很重要，一些判例中甚至将该条扩展适用于将一条污染的河流或污染的土壤作为'缺陷物体'的特定案件，以便将对河流具

---

[1] Peter Wetterstein: Harm to the Environment: The Right to Compensation and the Assessment of Damages. Oxford: Clarendon Press, 1997: 141.

有监管权的公共机构或土地的管理人认定为负有环境损害责任"[1]。一些地区行政令（regional decrees）也规定了某种形式的严格责任，例如分别在 1984 年 5 月 5 日和 1985 年 10 月 11 日颁布的佛兰德行政令和瓦隆行政令涉及关于抽取地下水引起的严格的环境损害责任，1995 年 2 月 22 日颁布的关于土壤环境卫生的佛兰德行政令规定了行为人对污染土地的承担清理费用的严格责任，等等。

　　由于生态环境损害产生在为个人所拥有的生态系统之上，按照比利时侵权法适用的话在法理方面会发生重大问题，因为比利时侵权法通常只处理个人利益损害，不承认"纯生态损害"这种损害类型。如果承认"纯生态损害"的话，谁有资格起诉索赔、如何评估生态损害？这些都是未决的法律难题。在传统侵权法看来，原告只有能证明其个人利益受损或遭受事实上的个人损害，才具有起诉资格和获得赔偿。按此侵权法理，"如果单个的公民对其没有个人权利或没有进行个人利用的自然资源提起修复的诉讼，将不能得到支持。因此，现在就诸如海水、空气、臭氧层、气候等共有物或野生动物之类的自然物而提起的损害主张很少或几乎没有成功的"[2]。那么，是否可以由比利时政府提起生态损害的"侵权"之诉呢？按旧法律，答案是否定的，即政府和其他公共主体不能作为共有的自然资源的所有人或信托人而起诉要求生态损害赔偿，因为按比利时法律对政府和其他公共主体的权利主张仍然要求损害的个人特征要件。由此可见传统比利时法在生态损害法律救济领域的保守性。不过，对于依法负有保护水质和鱼类数量的主管部门，其污染事件后提起的要求赔偿补充购置新鱼类的费用得到过法院判例的明确支持。在笔者看来，这种补充购置新鱼类的费用在性质上既有"财产损害"填补的一面，也有生态环境要素修复费用的一面，因而在私法的框架下对生态损害进行了一定保护。

---

[1]　Peter Wetterstein：Harm to the Environment：The Right to Compensation and the Assessment of Damages. Oxford：Clarendon Press，1997：144.
[2]　Peter Wetterstein：Harm to the Environment：The Right to Compensation and the Assessment of Damages. Oxford：Clarendon Press，1997：152.

　　自 20 世纪 70 年代以来，比利时法开始对传统的保守立场进行反思、变革，探索规避个人损害要件的路径，允许提起旨在保护环境公共利益的私人诉讼。在实践中，这种诉讼的原告资格被赋予各种环保组织，他们可以对生态损害提起诉讼，诉讼请求包括禁止令救济和损害赔偿（仅限于象征性赔偿）。然而，比利时最高法院在 1982 年 11 月 19 日作出了一个标志性判决，逆转了这一相对宽松的生态损害公益诉讼模式，判决认为：环保组织必须证明个人的、直接的利益受到损害才能具有原告资格；相反，单纯地保护公共利益不是损害主张正当化的充分理由。这显然是一种生态损害公益诉讼模式的司法态度倒退。这引起了各界的长期争论，最后，在 1993 年 1 月 12 日，比利时最高立法机关通过了新法律，授权大量的环保组织、特定的公共服务者和公共检察官有权在有生态损害事实或生态损害的危险情形下提起禁止令之诉。不过，有意思的是，对于生态损害的赔偿诉讼仍然延续了最高法院在 1982 年的判决立场，没有进行不同的规定，即原告的生态损害赔偿请求要得到支持必须证明其损害具有个人的、直接的损害特征。可见，在 1993 年通过新法之后，比利时法在生态损害赔偿制度方面仍然维持了保守立场，对生态损害的保护力度不够。随后，许多法院在个案中作出解释性应对，开始支持一些原告的下述观点：按《比利时民法典》第 714 条的共用物（不属于任何人却被每个人利用的物）规定，每个人拥有使用环境的共同部分的共同权利，如果该环境的共同部分遭受损害，将导致私人不能行使利用环境的共同权利而遭受应受法律救济的"个人损害"。个人和环保组织都可以援引《比利时民法典》第 714 条的共用物规定而要求赔偿这种"个人损害"。不过，法院仍然只支持象征性赔偿。笔者认为，这种共用物利用权的"个人损害"更多的是某种纯经济损失，只能基于一些法政策考虑而予以有限保护，在性质上并非单纯的生态损害，因而，比利时法院将生态损害依附在纯经济损失之上进行救济的做法在法理逻辑上不是成功的探索。

总之，比利时已有的环境责任法律不能满足实践需要而在法律体系中出现冲突，有必要整合环境损害的责任法律体系。"这种立法努力首先在佛兰德地区进行了尝试，该地区颁布了一项环境政策法案，内容包括一般原则、规则制定、执行、安全措施、责任和在土壤、废物、水和噪音方面的部门条款。"[1] 该行政令引入了环境损害的严格责任一般规则和财务保证机制，诉讼时效为 3 年，最长诉讼时效为从排放之日起 30 年。尤其值得注意的是，佛兰德行政令承认了生态损害并将其纳入侵权法的范围调整，区分了个人利益损害和环境要素损害，并正确地定位了环境要素损害的救济措施（环境修复或环境修复费用的返还），即引入了环境损害的定义和赔偿，尤其规定了"环境修复的赔偿"，并将其限于恢复环境采取的合理措施的费用。从国际视野看，这是比利时法的主要创新。不过，和美国法不同，比利时的佛兰德行政令在界定生态损害赔偿时排除了自然资源的金钱价值评估方式。总体而言，比利时法在生态环境损害赔偿责任领域进行了一定的创新性探索，但相关制度仍不成熟。

3. 欧洲生态环境损害赔偿责任的立法经验借鉴

欧洲生态环境损害赔偿责任的立法包括欧盟层面、成员国层面两个层次。在欧盟层面，欧盟试图通过公约、指令等构建起一个统一的、高水平的生态环境损害赔偿责任法律体系。其中，1993 年 6 月 21 日通过的《卢伽路公约》将新型的生态环境损害纳入广义的"环境损害"的调整范围，以严格责任为基本归责原则，强调保障公众的环境信息知情权、对生态环境损害赔偿实行环境修复费用的限制性构建等，对生态环境损害赔偿制度进行了系统构建，直接影响欧盟及其成员国的立法走向，意义重大。2004 年颁布的《关于预防和补救环境损害的环境责任指令》标志着欧洲在生态环境损害赔偿的制度建设方面的重要进展，建立一套统一、专门、综合的环境责任机制，影响深远。

[1] Peter Wetterstein: Harm to the Environment: The Right to Compensation and the Assessment of Damages. Oxford: Clarendon Press, 1997: 147.

此外，欧盟的其他一些指令中也间接涉及生态环境损害赔偿责任，例如，2008 年 6 月 17 日颁布的《框架指令》。在欧盟成员国层面，各成员国具有对相关欧盟公约、指令等的转化适用义务，但各自在生态环境损害赔偿责任制度构建方面具有多样性和不同特点，有的制定《环境责任法》等专门法律（如德国），有的在相关法律中规定生态环境损害赔偿责任条款并探索在民法典中的生态损害责任制度构建（如法国），有的尝试通过判例对民法典危险活动侵权归责原则的扩展解释来适用生态环境损害赔偿责任的发展并引入责任保证机制，等等。

笔者认为，虽然欧盟范围内成员国的法律转化状况离预期理想状态尚有一定差距，但就其立法和生态环境保护总体而言是比较成功的法律范本，值得我国将来的生态环境损害赔偿立法借鉴。其立法经验包括：①对生态环境损害赔偿的专门立法。从《卢伽珞公约》走向《关于预防和补救环境损害的环境责任指令》的立法轨迹可以看出，生态环境损害赔偿日益区分于传统环境侵权损害赔偿责任而走向专门立法，以充分体现其制度价值和特殊性。②针对生态环境损害特殊性的系统性制度构建。欧盟及其成员国的立法中，针对生态环境损害的特点，进行了从归责原则到责任形式、责任限制、责任保证机制等在内的系统制度构建，具有重要的启示意义。③从公法、私法协调的视角进行了生态损害赔偿责任构建的系统化探索。欧盟及其成员国立法中，开始逐渐认识到，除了公法，私法对于生态环境损害赔偿责任的构建同样具有重要的制度功能，应当在私法范围内进行制度重构。

不过，欧盟的生态环境损害赔偿立法也有值得反思的不足或教训：①执行的效率欠佳、保护水平差异明显。尤其因为成员国众多且各自有不同的国情和法律传统，导致欧盟生态环境损害赔偿的相关公约、指令等的执行效果不够理想，这与欧盟"邦联制"的政治架构有关。从理论上讲，在这一点上我国能更好地克服中央生态环境损害赔偿责任立法的地方执行效率问题。②保护范围的局限。欧盟立法并未全面保护生态环境损害，具有进一步立法完善的空间。以海洋生态环境损害为例，由于海洋水域的环境损害在《关于预防和补救环境损害的环境责任指令》第 4 条第 2 款中被明确排除，这就使得该指令的适用范围具有一定的局限性。这一点在 1999 年发生的"Erika 油轮案"处理过程中得以凸显，其在《关于预防和救济环境损害的环境责任指令》内没有直接规范基础。为弥补这一局限性，应进一步完善生态损害赔偿的欧洲机制。有学者就建议，"应当扩展 2004 年第 35 号环境责任指令的适用范围，在依据 1969 年的《油污损害民事责任国际公约》不能转移责任到所有人的情况下，应当可以援引《海洋策略框架指令》，特别是基于像 Erika 油轮案判决认定中的不可原谅的过错的情况"。对此，我国将来的立法中应当建立较全面的生态环境损害赔偿责任制度。

（二）美国生态环境损害赔偿责任的立法及其经验借鉴

1.《石油污染法》

在美国，处理生态环境损害赔偿责任的联邦法律主要是《石油污染法》（OPA）和《综合环境响应、补偿和责任法》（CERCLA，又称为"超级基金法"）。和欧洲不同的是，美国法主要强调对自然资源损害的赔偿及修复。

首先介绍《石油污染法》中的生态环境损害赔偿责任制度。1990年通过的《石油污染法》是美国联邦层面处理船舶污染的基本法律，地位重要。它的制定深受 1989 年的"埃克森·瓦尔迪兹号油轮事件"影响，该事件是 20 世纪下半叶美国最严重的海洋污染事件之一，震惊世界，也对美国当时的海洋生态环境损害赔偿法律制度提出了挑战。应运而生的《石油污染法》适用于美国的同航水域和专属经济区，且加强了对在美国管辖范围内的石油生产和运输主体的监管和责任。按照该法，石油污染生态环境损害的责任主体是极其广泛的，包括任何拥有、运营、光船租赁船舶的人以及陆上设施的所有人和运营人，离岸设施领域的承租人或允许人，输油管的所有人和运营人，深水港的许可人。而且，上述广泛的主体之间可以承担共同、连带责任，以赔偿清理费用和损害。在归责原则方面，《石油污染法》对责任人实行严格责任原则，只有三项免责事由可以适用，即如果石油的排放是单独由于不可抗力（act of God）、战争行为、第三方的行为或疏忽。其中，"第三方的行为或疏忽"似乎给人以宽泛的免责事由的感觉，然而，"根据该法对'第三方'的定义，作为免责事由规定中的'第三方'范围非常狭窄，不包括责任人的一个雇员或代理人、责任人的一个独立的合同方。因此，第三方免责事由不适用于石油泄漏是由于拖船甚至是义务领航员引起的情形"[1]。此外，如果责任人在发生石油污染事故后没有主动报告石油排放事故或拒绝遵守清理命令，则连上述免责事由也不能享受。由此，可见《石油污染法》中对责任人课以的"责任"的严厉性。

为避免责任人的责任漫无边际，《石油污染法》规定了下列责任限额："①对油船或更大的船，1200美元每吨，或者3000吨及其以下的船为2百万美元，3000吨以上的船为1千万美元。②对其他船，责任限额为600美元每吨或50万美元之中较大的一个数额。③任何陆上设施或深水港的责任限额为3.5亿美元。④对离岸设施（除了深水港），责任限额为7500万美元的损害，但清理费用的责任没有限制。⑤对移动离岸钻探单位，责任按油轮的限制首先分配给所有人或运营人。对于超出限额的责任，则由船舶或设施的承租人或许可人承担。"[2]并且，一旦责任人有故意、违反联邦安全、建设和运营管制，则不能享受上述免责待遇。在《石油污染法》规定的6种损害类型（自然资源损害、不动产或个人损害、生存使用损害、税收损害、利润损害、公共服务损害）中，自然资源损害是一个重要的核心部分。

---

[1] Peter Wetterstein：Harm to the Environment：The Right to Compensation and the Assessment of Damages. Oxford：Clarendon Press，1997：160.

[2] Peter Wetterstein：Harm to the Environment：The Right to Compensation and the Assessment of Damages. Oxford：Clarendon Press，1997：161.

2.《综合环境响应、补偿和责任法》

《综合环境响应、补偿和责任法》的制定有其特定的历史背景，下面做简要介绍。"在 20 世纪下半叶，土地和地表水的有毒废物污染已经成为可能让美国面对的最重要和烦人的水质问题。随着需处理才能使用的水大量增长，处理从全国成千上万的使用中的、废弃的废物场所渗透和流出的污水，其成本巨大并对各级政府官员经常引发有争议的清理和公众健康问题。" 20 世纪 70 年代的既有法律无力应对废弃有毒场所污染问题，尤其是"爱渠"（Love Canal）事件曝光后这一尴尬局面逐渐呈现在公众面前。"爱渠"事件的经过大致如下："1953 年，Hooker 化学和塑料用品公司将一块 16 公顷的土地以 1 美元的价格转让给尼加拉瓜秋天教育机构。Hooker 公司承认将大量化学用品埋在地下并用一层土遮盖，却协议规定其不对由化学品掩埋造成的任何伤害负责。之后一所学校和 1000 户人家在该地块上安营扎寨。1978 年一次大雨时，有毒的化学物质（包括多种致癌物）渗入住户的地下室，导致 1000 户家庭被迫迁移……" [1] 经媒体曝光，"爱渠"事件迅速产生巨大的社会影响，人们要求制定新法律来应对有毒废物的呼声日益高涨。1980 年 12 月 11 日，国会通过了《综合环境响应、补偿和责任法》，以解决有毒废物处理的法律问题。

《综合环境响应、补偿和责任法》规定的"有毒物质"的范围非常广泛，涵盖了《资源保护和恢复法》《清洁水法》《清洁空气法》《有毒物质控制法》等所规定的"有毒废弃物""有毒水污染物""有毒气体污染物""有毒化学物"等。不过，由于石油、天然气已经被《清洁水法》第 311 条特别规制，不包括在《综合环境响应、补偿和责任法》的调整范围之内。《综合环境响应、补偿和责任法》对"排放"也作了非常广义的界定，以至于几乎任何导致有毒物质泄漏的行为都构成"排放"。当然，也有例外，即受《联邦杀虫剂、杀菌剂和杀鼠剂法》

---

[1] 〔美〕罗伯特·V. 玻利瓦尔：《美国环境法》，赵绘宇译，北京：法律出版社，2014 年，第 115 页。

规制的农药、受《资源保护和恢复法》《清洁水法》等规制的"联邦准许的排放"属于豁免范围，不受该法规制。

《综合环境响应、补偿和责任法》的核心在于其责任条款。其中，规定了宽泛的责任主体，潜在责任方包括：船舶或场地的所有人和管理人、被倾倒地块的所有人和管理人、任何人通过合同或其他方式安排有害物质的运输或倾倒处置、运输者。简单地说，土地的所有人和管理人、有害物质的经营者、运输者和安排者都是潜在的责任主体。其中，值得注意的是，土地的现在所有人也要承担责任，也就是说，如果土地购买人运气不好或者在购买土地之前对所想购买的土地没有进行污染调查而贸然购买，将遭受污染土地治理的责任或生态环境损害赔偿责任。而这种后果并非购买者造成的，在传统观点看来并不公平。可见，《综合环境响应、补偿和责任法》中责任主体的宽泛和责任的严厉性。不过，后续立法中缓和了这种责任的严厉性，"在《2002年小型企业减轻责任和灰色地块恢复法》中，国会再次考虑了那些在所有排放发生后才购买土地的所有者，规定将未来善意购买人排除在土地所有者和管理者责任之外"[1]。在对多个主体的责任配置方面，《综合环境响应、补偿和责任法》对多个主体实行严格责任、连带责任。严格责任归责使政府不用去举证证明有害物质的泄漏是被告的故意或过失造成的；连带责任是推定的，即除非被告能证明其导致的损害具有可分性，否则要承担连带责任。这种严格责任、连带责任非常有利于生态环境损害赔偿责任的追究，尤其考虑到许多有毒地块已经被抛弃或者所有人已经陷入破产境况的情形时，拓展责任主体的意义很现实。不过，有争议的是《综合环境响应、补偿和责任法》甚至将责任主体拓展到了有害物质的生产者，课以其和其他责任人的连带责任。这是否公平和过于增加了生产者的责任？对此，在法理上不无疑问。政府成立了"超级基金"，其来源是对化工企业的征税和财政拨款等，

---

[1] 〔美〕罗伯特・V. 玻利瓦尔：《美国环境法》，赵绘宇译，北京：法律出版社，2014年，第104页。

用于事先支付环境清理的费用。在环境清理费用产生之后，政府有权向各种潜在责任人追偿，以补足"超级基金"，以维持基金的可持续利用。用于潜在责任人之间承担连带责任，对造成有害物质泄漏后果具有不同贡献的责任人之间有必要公平分配其内部责任份额和进行追偿之诉。为保证分配责任的公平性，《综合环境响应、补偿和责任法》第133条规定"在解决贡献问题时，法院应考虑合理的平衡因素分配费用"。此外，《综合环境响应、补偿和责任法》还具有溯及既往的效力，它对该法颁布许多年之前的危险废物倾倒、泄漏仍然施加严厉的责任负担，这一点与传统法律的立场有很大背离，也是在诉讼中屡屡遭遇质疑的地方。

《综合环境响应、补偿和责任法》在实践中取得了巨大成功，对于治理美国大量遗留的运营中的和遗弃的"毒地"贡献卓著，同时它也面临着资金短缺、治理效率低下等一些现实问题。

3. 美国生态环境损害赔偿责任的立法经验借鉴

经过长期的发展，美国建立了世界上最为先进的生态环境损害赔偿责任制度，其立法经验值得我国借鉴。笔者认为，其成功的立法经验至少包括：①专门、系统化的立法。针对生态环境损害频发的现实需要，美国先后颁布了《石油污染法》和《综合环境响应、补偿和责任法》等法律，进行专门应对。此外，在《清洁水法》《清洁空气法》等一系列相关法律中也有一些和生态环境损害赔偿相关的制度，例如，著名的公民诉讼制度（citizen suit）等，以构建完善的生态环境损害赔偿责任的实施机制。因此，美国在生态环境损害赔偿责任领域已经构建起了一套专门、系统化的立法，且经过多年的实践而成效卓著。这一成功的经验值得我国立法时借鉴，构建专门、系统化的生态环境损害赔偿法律体系。②严厉的法律责任体系。美国生态环境损害赔偿责任立法以责任的极其严厉性为特点。如前所述，这种"严厉性"的体现是全方位的：宽泛的责任主体、多数主体之间的严格责任和连带责任、责任的追溯力等。这一经验同样值得我国将来的立法借鉴，毕竟生态环境保护涉及公民的生存权、发展权等一系列重要的社会公共利益，与短期经济利益相比具有保护的优先性，应当通过严厉的法律责任制度来保障。当然，笔者同时也认为，这种责任的"严厉性"也应当有一定的限度，正如美国法中后来对这种责任的"严厉性"的适当缓和做法一样。③通过基金和责任的社会化制度应对生态环境损害。按美国法的经验，通过构建基金制度，既让污染者纳税将外部性内部化，又使生态环境损害的"响应"具有长效的资金机制，非常成功。责任的社会化分摊制度可以适当减轻行为人的责任负担，减轻生态环境损害保护对经济发展的冲击，从而在生态保护与经济发展之间寻求更好的平衡。这一经验值得我国将来的立法借鉴，应构建科学的生态环境损害赔偿基金制度和责任的社会化制度。

二、我国生态环境损害赔偿的现状梳理

（一）我国生态环境损害赔偿的立法现状

1. 生态环境损害赔偿的民事立法

近年来，我国开始逐渐构建生态环境损害赔偿的民事立法，但在理论基础上仍然存在一些缺陷，导致相关规定的逻辑一致性存在有待论证清晰的问题。在民事基本法层面，2009 年 12 月通过的《侵权责任法》在第五条规定："其他法律对侵权责任另有特别规定的，依照其规定。"该条规定了侵权责任法与其他侵权特别法之间的一般法与特别法的关系，但并未明确生态环境损害责任是否属于此处所谓的"侵权责任"的范围。2015 年 6 月 1 日颁布的《最高人民法院关于审理环境侵权责任纠纷案件适用法律若干问题的解释》适用于"污染环境、

破坏生态造成损害的民事案件"[1]。该解释第十四条同时规定了环境修复责任和生态环境损害赔偿责任。[2] 其中，该解释第十四条"并同时确定被告不履行环境修复义务时应当承担的环境修复费用"就是生态环境损害赔偿的规定，即在被告不履行环境修复义务的条件下应以环境修复费用为标准进行生态环境损害赔偿。该解释的上述规定代表生态环境损害赔偿制度在民事立法领域的发展方向，其进步性值得肯定。[3] 不过，该解释对生态环境损害赔偿制度的特殊性构建方面似乎有待进一步厘清。2019 年 6 月发布的《最高人民法院关于审理生态环境损害赔偿案件的若干规定（试行）》，以"试行"的方式，对司法实践中亟待明确的生态环境损害赔偿诉讼案件的受理条件、证据规则、责任范围、诉讼衔接、赔偿协议司法确认、强制执行等问题予以规定。首次将"修复生态环境"作为生态环境损害赔偿责任方式。根据生态环境是否能够修复对损害赔偿责任范围予以分类规定，明确生态环境能够修复时应当承担修复责任并赔偿生态环境服务功能损失，生态环境不能修复时应当赔偿生态环境功能永久性损害造成的损失，并明确将"修复效果后评估费用"纳入修复费用范围。明确了赔偿资金的管理使用依据，与土壤污染防治法关于建立土壤污染防治基金等规定相衔接，规定赔偿资金应当按照法律法规、规章予以缴纳、管理和使用。该规定坚持保护优先、自然恢复为主的方针，进一步完善了我国生态环境保护法律体系。

2. 生态环境损害赔偿的环境立法

2014 年修订通过的《环境保护法》吸收先进的理论研究成果，对环境民事公益诉讼制度进行了构建，规定了其适格的原告资格，以加

---

[1] 《最高人民法院关于审理环境侵权责任纠纷案件适用法律若干问题的解释》第十八条规定："本解释适用于审理因污染环境、破坏生态造成损害的民事案件，但法律和司法解释对环境民事公益诉讼案件另有规定的除外。"
[2] 《最高人民法院关于审理环境侵权责任纠纷案件适用法律若干问题的解释》第十四条规定："被侵权人请求恢复原状的，人民法院可以依法裁判污染者承担环境修复责任，并同时确定被告不履行环境修复义务时应当承担的环境修复费用。"
[3] 在我国背景下，司法解释具有某种"准法律"的法律渊源性质，在"活法"的视角可以视为广义的"立法"范围。

强生态环境损害赔偿制度的可操作性。[1]不过，其对环境民事公益诉讼的原告资格限制过严，不利于环境民事公益诉讼的开展，遭受的理论质疑较多。此外，此前的《海洋环境保护法》（1999年修订）较早规定了海洋生态环境损害赔偿制度，意义重大。[2]不过，其规定的过于粗糙，缺乏可操作性，导致司法实践中的尴尬。为增强该条的可操作性，国家海洋局在2014年10月21日颁布了《海洋国家生态损害损失索赔办法》，对海洋生态损害涉及的行为范围和生态损害范围、主管部门和索赔权的行使等具体问题作了较系统的规定，具有现实意义。不过，由于其作为行政规章，效力较低，权威性不够。最高人民法院在2015年颁布的《最高人民法院关于审理环境民事公益诉讼案件适用法律若干问题的解释》，对《环境保护法》第五十八条规定的环境民事公益诉讼制度进行了系统"解释"和补充，以增强其可操作性，通过司法解释发展了法律，值得肯定。2019年颁布的《最高人民法院关于审理生态环境损害赔偿案件的若干规定（试行）》进一步完善了生态环境损害立法。

3. 生态环境损害赔偿的"政策法"

在我国现行体制下，比较特殊的是存在"政策法"现象，即由中央党政部门联合发文颁布的"政策"文件，其对立法具有重大影响，在一定意义上具有"准立法"的性质。生态环境损害赔偿的"政策法"目前主要是2017年12月中共中央办公厅、国务院办公厅印发的《生态环境损害赔偿制度改革方案》。该方案旨在对在全国范围内形成生态环境损害赔偿制度提出一套进行试点的政策框架要点。按其内容的性质本来应该主要属于民事立法领域，不过，通观该文件的内容，其

---

[1] 《环境保护法》第五十八条规定："对污染环境、破坏生态，损害社会公共利益的行为，符合下列条件的社会组织可以向人民法院提起诉讼：（一）依法在设区的市级以上人民政府民政部门登记；（二）专门从事环境保护公益活动连续五年以上且无违法记录。符合前款规定的社会组织向人民法院提起诉讼，人民法院应当依法受理。提起诉讼的社会组织不得通过诉讼牟取经济利益。"
[2] 《海洋环境保护法》第九十条规定："造成海洋环境污染损害的责任者，应当排除危害，并赔偿损失；完全由于第三者的故意或者过失，造成海洋环境污染损害的，由第三者排除危害，并承担赔偿责任。对破坏海洋生态、海洋水产资源、海洋保护区，给国家造成重大损失的，由依照本法规定行使海洋环境监督管理权的部门代表国家对责任者提出损害赔偿要求。"

前四部分（总体要求和目标、试点原则、适用范围和试点内容）与民事立法密切相关，第五部分（保障措施）则与环境立法紧密联系。可见，该方案是具有民事立法和环境立法综合性的生态环境损害赔偿的"政策法"，对后续的全国性生态环境损害赔偿立法将产生重大影响。

（二）我国生态环境损害赔偿立法的实践不足

我国已经有了生态环境损害赔偿的一些立法，也有了一定的实践探索。例如，最高人民法院 2015 年发布的"环境侵权十大典型案件"中，就有两例和生态环境损害赔偿相关，分别是"北京市朝阳区自然之友环境研究所、福建省绿家园环境友好中心诉谢知锦等人破坏林地环境民事公益诉讼案""中华环保联合会诉德州振华有限公司大污染民事公益诉讼案"。前一案件是《环境保护法》实施后全国第一例环境民事公益诉讼案，涉及原告资格的确认、判令（林地）环境修复责任、环境修复费用的赔偿、原告律师费的补偿等重要理论问题，具有探索性价值。后一案件在司法和行政部门的联合协调下，以被告的主动关停生产线和迁厂而得以解决，在环境民事公益诉讼的程序解决方面有启示意义……类似的司法探索对我国将来进一步完善生态环境损害赔偿立法具有重要的检讨意义。

总体而言，我国生态环境损害赔偿立法在实践层面存在严重不足，这尤其体现在环境民事公益诉讼制度的现实尴尬中。在全国范围内，虽然生态破坏日益严重，但进入法庭得到处理的生态环境损害案件却非常少。以重庆为例，虽然重庆是国务院指定的生态环境损害赔偿制度"改革试点"省份之一，但至今似乎只在万州发生了一例生态环境损害赔偿的案例，本地环保法庭基本处于热切期待环境民事公益诉讼的来临以增加存在感的尴尬局面。相似地，许多地方的一些环境民事公益诉讼案件更多地具有"作秀"的色彩，不具有普遍意义。当然，这具有多方面的复杂综合原因，既是现有制度的过度约束（典型的是环境民事公益诉讼制度对原告的资格限制过严）或不完善造成，也与现阶段国内环保 NGO 不发达、诉讼成本和难度过大等现实因素有关，需要进一步解决生态环境损害赔偿立法的可操作性的制度障碍。

第三节　我国生态环境损害赔偿的制度完善

近年来，伴随经济社会的高速发展，吾人以前所未有的规模改变着自然生态环境，社会发展的背后裹挟着惨痛的生态代价。面对层出不穷的环境公害事件，人们逐渐摒弃"自然无价"的传统观点，"环境有价，损害担责"的理念日渐深入人心。然而，由于我国环境损害救济制度相对落后，大量环境损害案件的处理因缺乏立法支撑而陷入无法可依的尴尬境地。目前我国社会层出不穷的环境问题与制度供给上的不足和缺失存在密切关系。[1] 鉴于传统环境行政管制和民事侵权制度在环境损害填补方面的僵化，通过构建契合于环境损害公共性和复杂性特质的生态环境损害赔偿制度，以惩戒相关违法行为并保护环境公共利益已成当务之急。在此背景下，党的十八届三中全会明确提出对造成生态环境损害的责任者严格实行赔偿制度。2017 年 12 月，中共中央办公厅、国务院办公厅印发的"改革方案"明确规定，经国务院授权的省级人民政府是本行政区内生态环境损害的赔偿权利人，有权依法向造成生态损害的相关责任人主张赔偿。由此拉开了构建环境行政机关主导的生态损害赔偿制度之帷幕。循此为进，如何具体细化"改革方案"相关内容，进而构建并完善我国生态损害赔偿法律制度，乃是本节分析和论述的重点。

一、生态环境损害赔偿制度立法模式选择

从顶层设计的立法模式选择角度来看，生态环境损害赔偿制度的

---

[1] 张锋、陈晓阳：《环境损害赔偿制度的缺位与立法完善》，《甘肃社会科学》2012 年第 5 期，第 114–117 页。

立法模式选择是推进该项制度体系化建设的重大议题。具体来说，建立我国生态环境损害赔偿制度的立法模式主要有如下四种途径：第一，环境基本法统一规定的路径。在现行《环境保护法》中加入生态环境损害修复与赔偿的行政管制、赔偿磋商与诉讼保障等制度内容，并针对赔偿范围、赔偿当事人权利义务、鉴定评估规则及公众参与机制进行集中的原则性规定。第二，生态环境损害赔偿特别法的路径。以"改革方案"为基础，综合把握试点地方的成功经验与不足，针对我国生态环境损害赔偿制度的构建，制定一部专门立法。第三，环境单行法分散规定的路径。采用各环境单行法分散立法的模式，在不同环境要素领域构建契合环境要素特性的损害赔偿制度。例如，在水生态环境损害赔偿领域，以《水法》和《水污染防治法》等相关规范的修改和完善为核心，侧重结合水环境本身的整体性、流动性和易变性等特质，构建富有特色的证据搜集制度、评估鉴定制度及责任承担方式。第四，环境一般法与环境特别法相结合的路径。这种立法模式实则是对前三种模式的折中之法，是以环境基本法的统一规定为原则指引，制定一部生态环境损害赔偿领域的专门法，并在此基础上对各环境领域单行法进行修改和完善。

（一）环境基本法统一规定的立法模式

环境基本法统一规定的立法模式有利于节约立法成本，同时也是较为稳定和一劳永逸的立法路径。更为重要的是，将环境损害修复与赔偿的各项制度规定于环境基本法意味着对整个生态环境损害制度体系立法层级的提高，同时也对生态环境损害制度与其他环境保护制度间的衔接和协调具有重要意义。环境基本法统一规定的立法模式的核心是在现行《环境保护法》中加入生态环境损害修复与赔偿的行政管制、赔偿磋商与诉讼保障等制度内容，并针对赔偿范围、赔偿当事人权利义务、鉴定评估规则及公众参与机制进行集中的原则性规定。具体来说，第一，应在现行《环境保护法》第二章和第四章有关企事业单位环保义务部分，统一规定企事业单位的生态环境损害责任。出于生态环境风险和损害的难以恢复性之考量，生态环境损害制度应尽量实现与环境事先预防性制度间的对接。因此，应在企事业单位环境义务相关章节增加高环境风险企业的日常预防义务，以贯彻预防为主的基本原则。第二，在《环境保护法》第三章"保护和改善环境"部分规定县级以上地方政府应监督和指导企事业单位建立针对生态环境损害事件发生的预防机制；明确省级地方政府在生态环境损害发生后的索赔职责，以及其在赔偿磋商和司法诉讼中的赔偿权利人地位；同时赋予环境行政机关于紧急情况或赔偿义务人怠于履行的情况下，有权另行委托具有生态环境修复资质的第三方机构代为修复，相关费用由赔偿义务人承担的代履行规则。第三，在《环境保护法》第六章"法律责任"部分，设置独立于该法第六十四条关于"生态环境侵权责任"的相关规定，明确生态环境损害义务人预防、修复和赔偿的相关责任。

（二）生态环境损害赔偿特别法的立法模式

生态环境损害赔偿特别法的立法模式集中体现为研究和制定一部独立的"生态环境损害赔偿法"，从而统摄整个生态环境损害赔偿制度并承接环境基本法的各项立法原则与精神。现代环境理论认为，生态环境损害赔偿对生态利益的救济和填补功能使其与传统民事侵权规制保有一定的契合性，但环境损害与民事侵权间在价值立场、规范目标以及调整对象和方式上的根本性差异，决定了该项制度的构建必然在相当程度上脱离于传统民事侵权规则而呈现特有的环境议题特质。因此，有必要制定一部独立于传统民事侵权规则的"生态环境损害赔偿法"，其在性质上应属于社会法之涵摄范畴，即从属于环境保护法律制度体系而非传统民事侵权体系。具体来说，以特别法进路观之，"生态环境损害赔偿法"应围绕生态环境损害赔偿的立法目的和原则、适用范围和调整对象、程序性保障机制以及环境损害制度与其他相关制度间的衔接和协调等主要立法内容给出集中统一的规定。在核心法律制度中应当包括赔偿磋商制度和司法诉讼制度，并对各方当事人在上述两项制度中的权利义务内容给出合理安排。在程序性保障机制部分，须因应环境公益的公共性特质，突出强调信息公开和公众参与的重要地位。同时应侧重强调生态环境损害赔偿制度的特殊性，构建有别于传统民事侵权的归责原则、构成要件、举证规制等制度内容。另外，应就生态环境损害赔偿的资金保障问题给予足够关注，围绕环境责任保险和赔偿责任社会化分担等核心内容作出具体且便于操作的制度安排。

（三）环境单行法分散规定的立法模式

环境单行法分散规定的立法模式是指在不同环境要素领域构建契合于环境要素特性的损害赔偿制度，采用成熟一个环境领域就建立一个赔偿领域制度的分散渐进式立法思路。总体来说，这种立法模式主要适用于土壤、水环境、大气环境、野生动植物等资源要素领域生态环境损害的具体情形。例如：在土壤生态环境损害赔偿领域，以目前《土壤污染防治行动计划》（"土十条"）为规范基础，在未来即将制定的《土壤污染防治法》中加入相关生态环境损害赔偿的制度内容，针对土壤污染的长期性、累积性等特质，建立富于操作的因果关系判定制度和相关举证规制，因应土壤要素本身难于恢复等自然属性，构建与之配套的修复责任承担方式；在水生态环境损害赔偿领域，以《水法》和《水污染防治法》等相关规范的修改和完善为核心，侧重结合水环境本身的整体性、流动性和易变性等特质，构建富有特色的证据搜集制度、评估鉴定制度及责任承担方式；在大气生态环境损害赔偿领域，空气的流动性特征使得整个大气环境的损害具有区域化和一体化，单体污染行为的损害事实难于捕获而形成法律上的证据。因此，大气生态环境损害赔偿领域的制度构建应以相关环境监测数据为基准，突出强调环境监测数据的法定效力。同时，对大气环境系统的破坏在责任承担方式上应更多采用替代性修复的方式，而非经济赔偿的责任承担方式。例如，要求赔偿义务人对其非法排放的细微颗粒（PM2.5）以及受到总量控制的 SO_2、NO_x 和 CO_2 等有害气体，采取补种树木或直接通过碳排放交易市场购买相应配额的方式实现。

（四）环境一般法与环境特别法相结合的立法模式

环境一般法与环境特别法相结合的立法模式实则是对前三种模式的折中之法，是以环境基本法的统一规定为原则指引，制定一部生态环境损害赔偿领域的专门法，并在此基础上对各环境领域单行法进行修改和完善。一般法与特别法相结合的立法模式既有利于发挥一般法的统领作用，协调生态环境损害赔偿制度与相关制度间的衔接关系，又有利于突出特别法对生态环境损害赔偿制度及不同环境要素具体特质的差异化关注，从而提高立法精度，回应现实中多元富变的环境问题。具体来说，首先，环境一般法与环境特别法的立法模式要求在一般法层面做好总则性的统律和原则性指引，建议在现行《环境保护法》第三章"保护和改善环境"部分与生态保护红线、生态保护补偿等现行制度相并列，加入生态环境损害赔偿制度的立法内容，同时在第六章"法律责任"部分，明晰生态环境损害赔偿与传统环境侵权责任之间的衔接关系。其次，此种立法模式在特别法部分体现为两个不同层次，即包括制定统一的"生态环境损害赔偿法"，以及对现行环境单行法的相关章节予以全面修正两方面。"生态环境损害赔偿法"主要起到承上启下的作用，其既是环境基本法中有关生态环境损害赔偿制度的具体细化，又是各环境单行法环境损害内容更高位阶的统一规定。各环境单行法是各自环境要素领域生态环境损害赔偿的直接性法源，是对环境基本法和"生态环境损害赔偿法"相关精神和内容的具象落实，同时也包含了结合不同环境要素自身差异性而在各自环境领域作出的具体权变。

综上比较而言，第一，通过环境基本法进行统一规定的立法模式虽有助于提升生态环境损害赔偿制度的法律位阶并增强其源于基本法之统律而产生的体系性说服力，从而妥善协调生态环境损害赔偿制度与其他环境保护制度间的有效衔接。然而，考虑到《环境保护法》修改时间不久，短期内进行大幅度变动的可能性不大。因此，单纯通过环境基本法进行统一规定的立法模式无法因应现实中生态环境损害赔偿工作的迫切需求。第二，在生态环境损害赔偿制度立法模式选择的问题上，目前理论界的主流论调主张制定统一的"生态环境损害赔偿法"统摄整个生态环境损害赔偿中各专项制度，并与中央生态文明总体方案形成呼应，逐步完善"1+6"型生态环境损害赔偿改革路径。[1]然而，这种特别法的立法模式同样存在其自身难以克服的固有局限。一方面，制定统一的生态环境损害赔偿特别法看似"统律"了整个生态环境损害赔偿制度，但囿于该法法律位阶的限制，其难以协调自身与相关平行制度间的衔接问题，所谓的"统律"仅体现为生态环境损害赔偿制度内部的统一规定，并非秉持环境基本法情怀而立基于整个环保领域的"统律"。另一方面，依靠制定一部"生态环境损害赔偿法"的立法进路亦面临着"特别法不够特别"的学理质疑。一般认为，"生态环境损害赔偿法"是立基于整个生态的大环境视域针对生态环境损害赔偿的各专项制度作出的统一和集中式的规定，并不考虑不同环境要素领域的具体差异。以证据规则为例，统一的"生态环境损害赔偿法"只须考虑一般情况下环境损害共性要素而建立一种普适性的证据规则，其并不会具体区分水环境的流动性、易变性与土壤环境的长期性、累积性之间的差异。第三，环境单行法分散规定的立法模式虽有效避免了前两种立法路径对具体环境要素领域差异性的关注不足，但过于分散的立法路径同样会因缺乏总则性的指引而再次面临政出多头、部门争利的尴尬境遇。

---

[1]　2015 年 9 月 17 日，国务院新闻办公室在其主办的新闻发布会上宣布，中央审议通过了生态文明体制改革总体方案和相关配套的"1+6"方案，其中，"1"指生态文明体制改革总体方案，"6"包括环境保护督察方案（试行）、党政领导干部生态环境损害责任追究办法（试行）、编制自然资源资产负债表试点方案、生态环境损害赔偿制度改革试点方案。参见佚名：《生态文明体制改革方案打 1+6 组合拳》，新华网，2015 年 9 月 17 日。

综合以上分析，我们认为，鉴于环境损害的公共性及环境议题的特殊性，生态环境损害赔偿制度的构建是独立于传统民事侵权规则的全新努力，采取环境基本法和环境特别法相结合的立法模式应是最为适宜的立法途径。具体来说，在环境基本法层面，我国《环境保护法》短期内虽然没有重新修订的立法计划，但这并不排斥生态环境损害赔偿制度未来在《环境保护法》相关实施细则及司法解释中给出相应立法安排之可能。进一步的，在特别法层面，环境损害特别法的构建囊括了制定统一的"生态环境损害赔偿法"和细化各环境单行法两个方面，体现为"统一规范＋细化落实"的立法思维。其中，"统一规范"要求制定专门的"生态环境损害赔偿法"对整个生态环境损害赔偿制度进行立法目的、立法原则等总则性的框定，同时就赔偿范围、鉴定评估、赔偿磋商以及司法诉讼等核心制度给出集中统一的规定；"细化落实"要求各环境单行法在各自环境要素领域结合自身特性进行富于操作的差异化规定。详言之，鉴于特别法层面可进一步细化为"统一规范"和"细化落实"两个方面，因此，环境基本法和环境特别法相结合的模式实际上包含了三个层次的立法工作：①在环境基本法层面，通过未来《环境保护法》相关实施细则和司法解释的制定，加入生态环境损害赔偿的相关制度内容，从而实现生态环境损害赔偿制度在基本法层面的立法统摄，厘清生态环境损害赔偿与其他相关制度间的衔接关系；②制定统一的"生态环境损害赔偿法"以集中规范整个生态环境损害赔偿制度；③经由各环境单行法的具体细化落实，形成凸显各环境要素领域自身特性的差异化规则体系。总体而言，这种层层递进的立法进路既有利于保持生态环境损害赔偿制度与其他制度间的协调关系，进而增进其基于基本法而产生的体系性说服力，同时也有利于体现生态环境损害赔偿及其在不同环境要素领域的差异性权变，提升制度整体的可操作性。生态环境损害赔偿制度的构建是一项"环境基本法＋环境特别法＋环境单行法"三位一体的整体化、系统化的制度图景。

二、生态环境损害赔偿制度的赔偿范围

　　现代环境理论认为，面对责任人的环境污染和生态破坏行为，"生态环境"不论是作为污染物的接纳场所还是人们开发建设行为的作用对象，其本身都是损害行为的直接受体。[1] 生态环境损害有别于传统的人身、财产或精神损害，是以填补和救济环境本身之损失为己任而"专指环境（或生态）公共利益的新型损害"[2]。因此，在整个生态环境损害赔偿的制度构建中，生态环境已不再是传统环境侵权理论中造成个体人身或财产权益减损的媒介，而是生态环境损害赔偿制度的保护对象。基于这一认识，环境损害的赔偿范围亦须因应环境本身的特殊性而呈现出有别于传统民事侵权的制度内容。

　　在讨论生态环境损害赔偿范围之前，尚有一个前提性的问题需要予以明确：既然生态环境损害是"专指环境（或生态）公共利益的新型损害"，那么我们自然可以得出这样的结论，即环境公益乃是生态环境损害赔偿制度所欲保护的核心法益。循此为进，生态环境损害的赔偿范围亦可化约为因环境公益遭受损失所需赔偿的范围，在这方面，我国已有相关探索值得借鉴。2014 年，最高人民法院颁布的《关于审理环境民事公益诉讼案件适用法律若干问题的解释》（以下简称《环境公益诉讼司法解释》）曾就因环境污染和生态破坏行损害环境公益的诉讼赔偿范围作出间接列举式的规定，包括"预防性措施费用、修复性措施费用和鉴定评估等服务性费用"[3]，其中的预防性措施费用是指"为防止生态环境损害的发生和扩大"产生的费用[4]，修复性措

---

[1] 李挚萍：《论由国家机关提起的环境民事公益诉讼》，《法治论坛》2010 年第 2 期，第 2—14 页。
[2] 竺效：《生态损害公益索赔主体机制的构建》，《法学》2016 年第 3 期，第 3—12 页。
[3] 以上三种责任承担方式系既有研究者的学理总结。参见竺效：《论环境民事公益诉讼救济的实体公益》，《中国人民大学学报》2016 年第 2 期，第 23—31 页。
[4] 《最高人民法院关于审理环境民事公益诉讼案件适用法律若干问题的解释》第十九条规定："原告为防止生态环境损害的发生和扩大，请求被告停止侵害、排除妨碍、消除危险的，人民法院可以依法予以支持。"

施费用是指"将生态环境修复到损害发生之前的状态和功能"[1]产生的费用，鉴定评估等事务性费用是指因调查取证及后续诉讼而产生的"检验、鉴定费用，合理的律师费"[2]。2017 年 12 月中共中央办公厅、国务院办公厅颁布的《生态环境损害赔偿制度改革方案》明确指出，生态环境损害赔偿范围主要包括消除污染费、环境修复费、修复期间生态服务功能损失费、生态服务功能永久性损失费、相关的调查、鉴定评估费。[3]2020 年 12 月最高人民法院根据《民法典》规定，修改了《环境公益诉讼司法解释》，在第九条、第十五条、第十八条、第二十条、第二十一条、第二十四条中强调了"修复"，且第二十二条中原告可以主张的费用也修改了很多。[4]综合以往规范内容，我们认为，环境损害的赔偿范围主要包括预防性措施费用、污染清除性措施费用、修复性措施费用、事务性措施费用和赔偿性费用五个方面。

（一）预防性措施费用

传统的环境行政侧重单一的事前预防，而传统的侵权责任侧重于单一的事后救济，两者均难以适应当前环境保护的新形势。[5]鉴于环境损害的风险性和不可逆性，环境损害的修复和填补不应限于对损害本身的事后性修复，而应同时兼顾有关损害风险的事前性预防。由此，生态环境损害赔偿范围必然是兼顾事前预防性费用和事后填补性（修复和赔偿）费用的统筹安排。

预防性措施费用主要包含两种具体情况：其一，在污染环境或破坏生态的行为已经存在损害环境公益的重大风险之时，赔偿权利人有

---

[1] 《最高人民法院关于审理环境民事公益诉讼案件适用法律若干问题的解释》第二十条规定："原告请求恢复原状的，人民法院可以依法判决被告将生态环境修复到损害发生之前的状态和功能。无法完全修复的，可以准许采用替代性修复方式。"

[2] 《最高人民法院关于审理环境民事公益诉讼案件适用法律若干问题的解释》第二十二条规定："原告请求被告承担检验、鉴定费用，合理的律师费以及为诉讼支出的其他合理费用的，人民法院可以依法予以支持。"

[3] 相关立法还包括《海洋生态损害国家损失索赔办法》《环境损害鉴定评估推荐方法》（第Ⅱ版）等，为了行文紧凑，此处不过多展开，相关内容将在下文予以阐释。

[4] 参见最高人民法院：《最高人民法院关于修改〈最高人民法院关于人民法院民事调解工作若干问题的规定〉等十九件民事诉讼类司法解释的决定》，中华人民共和国最高人民法院官网，2020 年 12 月 31 日。

[5] 竺效：《生态损害综合预防和救济法律机制研究》，北京：法律出版社，2016 年，第 67 页。

权要求相关责任主体采取必要的预防性措施，或自行进行预防并就因采取预防措施而发生的合理费用向相关责任主体追偿。例如，《环境公益诉讼司法解释》（2014）第十九条规定，当事人为现实危险或损失扩大所采取的合理预防、处置措施行为及其产生费用，有权向致害人请求赔偿。其二，在环境损害已经发生并有进一步扩大之虞的情况下，赔偿权利人有权要求相关责任主体针对可能产生的进一步之损害采取相应的预防措施，或自行采取预防措施后向相关责任主体追偿。质言之，前者乃是在损害尚未发生但存在显著性的发生可能之时，针对现实存在之风险本身所支付的预防性措施费用，因此可称之为风险预防性费用；后者是在损害已经发生后，针对或可发生的进一步损失所支付的预防性措施费用，本质上是一种减损性预防费用。"改革方案"未能将预防性措施费用纳入生态环境损害赔偿的范围，体现了试点初期立法者的局限性和保守性。我们认为，环境问题的处理乃是一种综合性的社会议题，生态环境损害赔偿范围必须摆脱传统侵权理论仅局限于事后填补的理论桎梏，而应是兼顾事前预防和事后救济的全局式制度构建。

（二）污染清除性措施费用

所谓污染清除性措施的费用也称"清除污染的费用"，是指在环境损害发生后由责任主体或其他主体为清除既有环境污染所采取的清污措施及其他相关费用。在课题组以重庆市为样本进行的调研工作中发现，实践工作中的污染清除性措施与突发性环境事件的处理工作存在诸多规制竞合。依照《国家突发环境事件应急预案》的权威界定，突发环境事件主要包括因人为或自然原因所导致的大气、水体、土壤等环境介质的污染，及其引发的环境质量下降等突发性事件。调研中了解到，除去历史遗留的长期性污染问题外，相当比例的环境污染事件在污染物清除方面存在着不同程度的紧迫性，从而产生了生态环境损害赔偿中污染清除措施与环境应急措施两相竞合的现实难题。我们认为，鉴于污染清除的紧迫性、技术性和公共性，以具备专业处理技术、应急设备和应急物资的行政机关负责环境突发事件的应急清理工作应为较适恰的制度路径。需要明确的乃是污染清除性费用的最终承担问题，即污染清除性费用最终责任主体的确定问题。基于前文分析，"环境有价、损害担责"是整个生态环境损害赔偿的指导性原则，造成环境损害的相关责任人是承担污染清除性费用的最终责任主体。因此，应在环境损害的赔偿范围中明确"污染清除性费用"的赔偿类型，将行政机关的应急性清污处理行为视作一种环境代履行，其所支出的相关应急处置费用应由赔偿义务人承担。

（三）修复性措施费用

修复性措施是旨在实现受损生态环境原有功能或状态而由责任人或其他主体所采取的生物的、物理的、化学的恢复性措施。修复（remediation）是指通过物理、化学或生物等手段，使遭受破坏的生态环境恢复到接近于未污染之前的生态环境功能，从而促使受到污染的生态系统再度恢复生机。[1]现代环境修复理论认为，修复应包括对环境本身生态功能的修复，同时也包括在无法对原有生态系统进行彻底恢复时，适当地引入替代物的修复方式。[2]毋庸赘言，对环境损害的填补与救济应以对环境的修复为首要方式，修复性措施费用是整个环境损害填补责任的主要支出。在广受关注的泰州天价赔偿案中，该案一审判决中所列明的"污染者赔偿的环境修复费用"实质上就是一种责任人因其生态破坏行为而承担的修复性措施费用。[3]进一步而言，有关修复性赔偿类型仍须说明的是，修复性措施虽是环境公益填补的

---

[1] 周启星、魏树和、张倩茹等：《生态修复》，北京：中国环境科学出版社，2006年，第3-4页。
[2] 例如，2004年欧盟颁布的《关于预防和救济环境损害的环境责任指令》第2条第11项将修复界定为"减轻或临时的恢复、修复或替换被损害的自然资源和服务的措施，或者向这些资源或服务提供一种功能替代物的任何行动或组合行动"。
[3] 吕忠梅：《环境司法理性不能止于"天价"赔偿：泰州环境公益诉讼案评析》，《中国法学》2016年第3期，第244-264页。

主要手段，但其必须保持在必要的限度范围内。这是因为修复行为本身也存在着造成显著环境影响的风险，将生态环境修复至未受损害前的极致完美状态是没有现实可行性的，片面强调环境的过度修复必将导致其他次生性损害的发生。因此，修复性措施的赔偿范围须以相关科学数据为基准，在必要且适度的范围内进行，于无法修复或进一步的修复措施将衍生更大次生损害之时，应采用替代性恢复措施或直接采用由责任人承担金钱赔偿义务的解决方案。

（四）事务性措施费用

生态环境损害事实的认定和评估是具有高度技术性的科学议题，对生态环境损害事实的鉴定评估是整个生态环境损害赔偿工作的基石。从学理角度来说，广义上的事务性措施费用包括行政事务性费用和第三方鉴定评估机构的事务性费用。狭义上的事务性措施费用仅包括在生态环境损害发生后，为探知损害事实的性质、损害结果等相关核心问题所投入的测算费用、监测费用、修复性措施的研判费用等评估鉴定性费用。在事务性措施费用方面尚有如下两点问题亟待厘清：第一，第三方鉴定评估费用无论在西方国家还是立足于我国既有法制实践，都已受到官方文本规范的普遍肯定。例如：美国 1972 年的《国家海洋保护区法》第 1432 条第 6 款将"损害"界定为包括"损害评估费用以及对受害的、被回复的或更换的资源进行恰当的检测的合理费用"。我国《海洋生态损害国家损失索赔办法》明确指出，"为确定海洋生态损害的性质、范围、程度而支出的监测、评估以及专业咨询的合理费用；修复受损海洋生态以及由此产生的调查研究、制订修复技术方案等合理费用"，属于海洋生态损害国家索赔范围。由此，狭义层面事务性措施费用（即第三方鉴定评估费用）属于生态环境索赔范围自无疑问。第二，行政事务性费用是否属于环境损害的赔偿范围？依据国家环境保护部《环境损害鉴定评估推荐方法》（第 II 版）的权威界定，事务性措施费用主要包括各级政府和其他相关主体在生态环境损害发生后，出于维护社会公益的目的，因采取修复措施、环境监测、信息公开、现场检查、执行监督等相关工作所支出的费用。[1]在国外立法方面，2004 年欧盟《关于预防和补救环境损害的环境责任指令》第 2 条第 16 项将界定赔付范围时提到的"为确保本指令被正确有效地执行的目的，而可被证实的费用"，包括"行政管理性、法律和执行费用"等。在调研工作中，本书课题组发现几乎所有环境损害事件无不或多或少地掺杂着行政机关的身影，从前文提及的环境突发事件的应急处理，到对损害后果的实时监测，再到为了避免损害进一步扩大的现场检查和执行监督，都与行政权的行使密切相关。从赔偿范围角度而言，我们认为有必要对此进行分类讨论。首先，如果行政机关的行为本身是为了实现行政处罚如采取查封、扣押、罚款等而采取的先期调查、检测等行为，因其在行为目标上的公法性特质，而应划归为传统的环境行政范畴。因此，围绕行政执法目标所产生的相应成本不应包括在生态环境损害赔偿范围内。其次，如果行政机关是出于进行赔偿磋商或赔偿诉讼的目的，而采取的实时监测、检测等行为，以及前文提到的环境突发事件中的应急处理，则应划归到生态环境损害赔偿的范围，并在后续的磋商或诉讼程序中提出相应的求偿主张。

（五）赔偿性费用

赔偿性费用在顺位上后于修复性费用，是当生态环境损害无法修复或要求修复将面临难以承受的巨大成本时，相关责任人所应支出的金钱赔付性费用。有论者将赔偿性费用描述成"象征性赔偿"，是一种在生态环境确实无法修复的情形下，由责任人以金钱形式负担的环境损害之象征性赔偿。[2]我们认为,这种表述存在一定程度上的误导性,

[1] 参见 2014 年 10 月 24 日国家环境保护部办公厅颁布的《环境损害鉴定评估推荐方法》（第 II 版）（环办〔2014〕90 号）第 4、第 7 部分。
[2] 竺效:《生态损害事实及其可填补之类型研究》,《北京林业大学学报(社会科学版)》2008 年第 2 期,第 7–12 页。

其暗含了一个生态环境损害赔偿标准的深刻议题。在我国现阶段环境问题空前严峻的形势下，生态文明建设的重要地位及"保护优先"的原则理念已经得到国家层面的全面认可。因此，有关环境损害的赔偿必然是足额的、全面的赔偿原则，而非补偿性的、象征性的。此外，从赔偿的法学语义来讲，赔偿在法律层面意味着对损害的足额填补，"象征性赔偿"的概念在法律话语中等同于"补偿"概念。纵观我国现行法律体系，有关"补偿"的规定只有在基于公共利益、合法行政或紧急避险等合法行为导致损害的情形中方存在适用空间，责任人对环境公益造成损害的行为应属"赔偿"的范围，而无"补偿"之意。

三、生态环境损害赔偿鉴定评估制度

生态环境损害兼具科学性和社会性的双重面相：一方面，生态环境损害事实的认定和评估离不开技术性的科学研判；另一方面，生态环境损害的最终解决在根本意义上仍是协调公益与私益的社会性议题。在生态环境损害双重面相中，科学性一面居于首要的基础性地位，整个生态环境损害赔偿工作的展开，须以科学研判为前提和支撑。正如有论者指出，生态环境损害的评估是确认损害发生及其程度、认定因果关系和责任主体、拟订最终修复方案的技术依据，鉴定评估报告是生态环境损害赔偿磋商程序和司法诉讼程序中的重要证据。[1]

（一）构建鉴定评估主体资质管理规则

生态环境损害鉴定评估是一项具有极高专业性和技术性的科学研判活动，鉴定评估活动的开展离不开充足的资金、科研场地和设备以及一定数量专业技术人员的支持，因此，明晰鉴定评估主体资质管理规则是构建环境损害评估鉴定制度的关键所在。

第一，有关鉴定评估主体资质管理规则历来存在着政府管理和社

---

[1] 王金南、刘倩、齐霁等：《加快建立生态环境损害赔偿制度体系》，《环境保护》2016 年第 44 卷第 2 期，第 25－29 页。

会自治（行业自治）[1]两种不同倾向。鉴于我国目前环境损害评估制度仍不十分健全，完全自治或由社会主导鉴定评估机构的管理工作仍为时过早。因此，采取一种由政府主导为主、社会管理（行业自治）为辅的环境损害评价机构管理模式，应是较为适宜的制度构建方向。

第二，合理构建鉴定评估机构主体资质准入标准。资质准入标准在鉴定评估机构主体资质规制中起到基础性的基线作用，明晰合理的资质准入标准是构建生态环境损害评估主体资质制度的核心。我国目前环境损害评估师的门槛要求为从事鉴定评估工作五年以上，在实践调研中我们发现，整个重庆市省级行政区划内具备环境损害评估资质的仅有重庆市环境科学研究院一家单位。由于机构脱钩后部分具备专业评估资质从业人员的调离和升职，该机构具备评估资质的从业人员已接近评估机构资质标准的临界值。根据重庆市环境科学研究院的相关工作人员的反映，如何保"证"（即保住环境损害鉴定评估资格证）成为该单位目前首要工作。然而，与之形成鲜明对比的是，目前以及"改革方案"实施后生态损害赔偿案件数量的逐年上升所产生的实践工作对鉴定评估机构的急迫需求。吕忠梅教授在对我国环境损害评价鉴定工作进行充分调研基础上得出了相近结论，"目前我国有资质的环境污染鉴定评估机构异常缺乏，即使是有资质的机构，也大都是事业单位"[2]。我们认为，鉴于我国生态环境损害评估鉴定工作尚处于起步阶段的实际情况，制定符合和实际国情的过渡性资质审查标准是当前生态环境损害赔偿鉴定工作的迫切需求。在可控范围内适度降低鉴定评估人员和鉴定评估机构的资质标准，乃是改革试点阶段的适恰选择。

（二）构建生态环境损害鉴定评估机构管理体系

目前，我国生态环境损害鉴定评估的管理体系仍然十分混乱，有

---

[1] 既有研究表明，西方发达国家普遍倾向于后者的自治式管理模式，其对环境损害评估机构的管理强度和关注程度都远低于国内，对评估机构的准入、资质和效力等一般不做明确的要求，评估结果的可信度和客观性以严格的法庭程序审查和评估机构自身的社会公信力和良好信誉约束为主。参见张红振等：《环境损害评估：构建中国制度框架》，《环境科学》2014年第10期，第4015—4030页。

[2] 吕忠梅：《生态环境损害赔偿法的理论与实践》，北京：中国政法大学出版社，2013年，第206页。

关生态环境损害鉴定评估的工作机制亟待完善。具体来说，《环境保护部关于开展环境污染损害鉴定评估工作的若干意见》（2011），提出应加快生态环境损害赔偿方面的立法工作，逐步完善相关工作机制的总体要求。同时，包括农、林、渔业等资源部门和国家海洋局各自制定了相应的鉴定评估技术规范，从而形成了目前农业部门主导农田污染等环境损害，林业部门主导林业用地破坏环境损害，海洋部门主导海洋环境污染环境损害，环保、工商、公安等部门主导室内环境污染、噪声、震动、污染场地等环境损害，生态环境损害鉴定评估工作中的部门衔接和协作问题仍然普遍存在。[1] 在此背景下，构建一个由生态环境部门主导、资源部门分工协作、工商和公安等其他部门联动配合的环境损害鉴定评估管理体系尤为必要。我们认为，在生态环境损害评估鉴定方面，应当肯定生态环境部门的主导性管理地位，其他具体资源部门处于从属性的分工配合地位。另外，有关环境突发事件、污染场地治理事件的处理往往牵涉工商、公安、检察等传统部门的介入（例如重大血铅事件和重大环境污染事件），构建生态环境部门主导下多部门协同配合的信息共享机制，是当前阶段较为适恰的制度选择。

（三）构建鉴定评估机构独立评价的制度体系

保持鉴定评估机构独立性是确保鉴定评估报告科学性、客观性的核心，从目前的国情现状来看，我国环境损害鉴定评估机构的建立仍然处于起步阶段，绝大部分鉴定机构仍保留着官方或半官方性质，并在组织机构和人员配置等方面与环保或各个资源部门保持着紧密关联。由此，确保鉴定评估工作的独立性与客观性，建立第三方机构独立评价的制度体系，乃是当前阶段的关键所在。进一步而言，这种关涉独立性的制度构建主要包括两方面内容：①鉴定评估机构的独立性

---

[1]　张红振等：《环境损害评估：构建中国制度框架》，《环境科学》2014 年第 10 期，第 4015–4030 页。

与我国环评制度相同，始终存在着行政垄断的"红顶机构"问题。在环境损害评估机构培养建设的初期，官方的主导应属必需，但这种"政府干预"更多应体现为扶持、指导和管理的关系，而并不是利益上的输送或联动。另外，依据《环境保护部关于开展环境污染损害鉴定评估工作的若干意见》第十一条的相关规定，环境损害鉴定评估还须与环境执法相互分离，确保鉴定评估的独立性和科学性。[1]②明确鉴定评估机构法律责任。权利（力）义务对等的基本法律原则使人们清楚地认识到在没有义务限制的情况下，权利（力）的恣意也就成了可能。基于一般法学理论，法律责任是第二性法律义务，是在行为人违反法定义务时所应负担的否定性评价和不利后果。因此，为了确保第三方机构鉴定评估的独立性与客观性，构建并强化其法律责任从而对失范评估行为形成潜在法律威慑，具有重要意义。《环境保护法》第六十五条规定了环境服务机构与污染者的连带责任，但该条规定的环境服务机构仅包括"环境影响评价机构、环境监测机构以及从事环境监测设备和防治污染设施维护、运营的机构"，并未涵盖"生态环境损害评估鉴定机构"。我们认为，应当肯定生态环境损害鉴定评估机构与相关责任主体的连带责任。从目的解释的视角出发，《环境保护法》第六十五条的立法规定意在明确相关提供环境服务机构与污染者的连带性责任，而生态环境损害鉴定评估机构显然应当涵摄于"环境服务机构"这一立法目的之有效射程。

（四）完善鉴定评估技术标准制度

科学完善的鉴定评估标准是构建生态环境损害鉴定评估制度的核心环节。在既有的制度实践中，鉴定评估工作存在着过度的主观性倾向，究其根本是因为现行鉴定评估技术标准的宏观性使鉴定人员享有过分宽泛的裁量空间。因此，当前阶段评估技术标准制定中首先应当

---

[1] 《环境保护部关于开展环境污染损害鉴定评估工作的若干意见》（环发〔2011〕60号），中华人民共和国环境保护部网站，2011年5月25日。

考虑的是如何解决评估标准的宏观性与鉴定工作具体性之间的矛盾，即制定兼具具体性与可操作性的鉴定评估技术标准的问题。

第一，我国生态环境损害评估鉴定制度尚处于立法探索阶段，相关鉴定评估技术标准仍在摸索中推进，因此需要充分发挥地方环护部门、环保组织以及高校等科研单位的积极性，促进政府与科研机构间、环保组织间的交流与合作。在具体工作推进方面，应坚持"试点先行、逐步完善"的改革思路，以"先易后难、成熟一项推出一项"为原则，针对各类环境要素与污染因子逐步制定、完善相关技术规范与标准。

第二，在制定法层面，原环境保护部在环境损害鉴定评估领域已先后发表新旧两版鉴定评估推荐方法，一定程度上解决了我国生态环境损害赔偿鉴定评估工作无法可依的尴尬局面。然而，由于内容上过于宏观，两版鉴定评估推荐方法在实践中的可操作性较低。另外，基于前文分析，目前我国生态环境损害鉴定评估工作尚处于制度探索阶段的现实国情，两版鉴定评估推荐方法在具体规范内容上大量使用"可考虑采用""综合采用……方法"和"如果、比较确定"等模糊化立法语言[1]，从而进一步弱化了环境损害鉴定评估推荐方法的规范性和具体性。我们认为，改革初期"宜粗不宜细"的立法思维仍不过是过渡阶段的权宜之策，制定具体的、可量化的、便于操作的环境损害鉴定评估技术标准乃是未来立法的完善方向，建议根据生态环境损害赔偿制度的总体设计，结合不同环境要素领域的差异性要求以及生态环境损害调查、评估、修复方案制订等不同环节，构建适用于不同环境要素领域和不同环节的生态环境损害鉴定评估技术标准体系。

第三，生态环境损害鉴定评估技术标准制度的构建离不开完善的环境基准制度和健全的环境监测制度。首先，完善的环境基准制度是明确环境损害鉴定评估的基准性数据。环境基准是指生态环境系统中

---

[1]　例如，环境保护部 2016 年 6 月颁布的《生态环境损害鉴定评估技术指南（总纲）》8.2.2 关于环境损害评估方法的规定："优先选择资源等值分析方法和服务等值分析方法。如果受损的生态环境以提供资源为主，采用资源等值分析方法；如果受损的生态环境以提供生态系统服务为主，或兼具资源与生态系统服务，采用服务等值分析方法。"

的污染物质对人体和其他动植物不产生不良影响的最高浓度和最大阈值。[1] 环境基准能够表明一定时间和条件下污染物的含量达到一定数值时受污染的客观对象的反映。[2] 因此，环境基准一般被视为环境损害鉴定评估工作所必须参考的基础性数据，同时也是判定环境损害是否存在的主要标准。目前，我国环境基准制度仍然面临大量现实挑战，集中体现为环境基准确立过程中系统性和整体性的缺失、有权进行环境基准研究的机构主体资格混乱、公众参与缺乏必要的程序性保障等现实问题。[3] 建议加快推进我国环境基准的研究制定工作，确立环境损害鉴定评估参考的基本阈值。其次，健全的环境监测制度有利于正确评估环境损害和最终实现环境保护目标。环境损害鉴定评估工作与环境监测是紧密相连的。依照环境保护部 2016 年 6 月颁布的《生态环境损害鉴定评估技术指南（总纲）》5.2.1（a）关于环境损害鉴定基线之确定规则的相关规定："利用污染环境或破坏生态行为发生前评估区域近三年内的历史数据确定基线，数据来源包括历史监测、专项调查、学术研究等反映生态环境质量状况的历史数据。"其中，历史监测数据即污染区域近三年内的环境监测数据。由于一定区域内环境质量始终处于变动状态，环境损害发生前的环境状况总是高于或低于环境基准值，因此，环境监测的历史数据相较于环境基准或环境质量标准而言，具有更强的参考价值和意义。我们认为，环境监测数据是在环境损害发生前所测量和记录的历史数据，其对污染区域遭受破坏前的环境状况具有更为客观和权威的反映与解释力。建议逐步完善我国环境监测法律制度，扩大环境监测的环境领域和地理范围，有序推进第三方环境监测的社会化、市场化改革。同时还须加快推进环境监测数据的信息公开制度以及环境监测机关与鉴定评估机构间的信息共享制度，为生态环境损害鉴定评估工作提供坚实的数据支撑。

---

[1] 周启星：《环境基准研究与环境标准制定进展及展望》，《生态与农村环境学报》2010 年第 1 期，第 1—8 页。
[2] 徐本鑫：《生态环境损害赔偿的实践难题与制度供给——以江苏泰州环境公益诉讼案为例》，《环境保护》2015 年第 20 期，第 55—58 页。
[3] 毕岑岑、王铁宇、吕永龙：《环境基准向环境标准转化的机制探讨》，《环境科学》2012 年第 33 卷第 12 期，第 4422—4427 页。

四、构建生态环境损害赔偿磋商制度

尽管增加环境违法成本加大环境行政管制力度的呼声愈发高涨，但生态环境损害赔偿终究是以保障环境公益为核心并关涉多元主体利益的综合性议题，强调责任主体对最终赔偿方案的可接受性及其后续履行上的积极态度，乃是现代生态环境损害赔偿制度所应考虑的问题。"试点方案"中涉及的赔偿磋商制度正是对上述问题的及时回应。行政机关与相关责任主体进行的赔偿协商实质上是彰显公民参与性的行政治理方式。[1]然而，目前我国生态环境损害赔偿磋商制度的相关规制仍然过于宏观，有关参与主体的权利义务内容、赔偿磋商中的程序性规则、赔偿磋商制度本身的民事抑或行政法律属性以及合作磋商机制下如何确认责任性等核心问题，亟待立法厘清。

（一）生态环境损害赔偿磋商制度的法律属性

引入强调民主协商机制的生态环境损害赔偿磋商制度，无疑是本次"试点方案"的最大亮点。但这一全新制度引发了关于赔偿磋商法律属性的激烈争议。目前，有关这一争议至少存在两种不同派别：一方面，基于"损害赔偿"本身的救济填补意蕴以及赔偿磋商制度与后续环境公益诉讼的紧密关联，一些研究者主张赔偿磋商本质上是依循平等协商精神的私法规则，政府及其部门只是扮演着公益代言人的角色，其在法律身份上与负担赔偿义务的私人主体并无二致。这一观点一定程度上得到了部分官方人士的认可。[2]另一方面，部分研究者从赔偿磋商行为和法律关系入手，认为政府及其部门的磋商行为裹挟行

---

[1] 王金南、刘倩、齐霁等：《加快建立生态环境损害赔偿制度体系》，《环境保护》2016年第44卷第2期，第25—29页。
[2] 例如，环境保护部环境规划院副院长王金南认为："（赔偿）磋商虽有政府参与，但并非行政法律关系而是民事性质的关系，因为在磋商的法律关系中，赔偿权利人不再是命令式治理生态环境损害，而是作为生态环境的代表者参与生态环境损害修复方案的确定。"王金南：《实施生态环境损害赔偿制度落实生态环境损害修复责任——关于〈生态环境损害赔偿制度改革试点方案〉的解读》，《中国环境报》2015年12月4日第02版。此外，在课题组调研中发现，重庆市环保局关于赔偿磋商制度的法律属性问题，同样被认为是一种平等主体之间的民事协商。

政权行使的公法意味，其在身份地位上并不完全等同于民事主体，而只是在借用平等协商的私法机制完成维护环境公益的公法目标，属于现代行政法上协商行政的调整范畴。[1]

我们认为，生态环境损害赔偿磋商制度是行政主体与负担赔偿义务的私人主体于平等自愿基础上就环境修复和赔偿问题进行的协商，磋商过程本身并不带有任何行政强制性，但这并不足以抹去其公权运作的行政法色彩。首先，在赔偿磋商程序最初的调查阶段，行政主体基于其公法身份享有广泛的行政调查权，例如，对环境监测数据的搜集、涉案地区历史数据的调查，以及凭借行政调查的公法身份直接进入涉案企业场地，对相关设备、记录、账目等资料进行调查取证。"试点方案"明确指出，行政机关作为赔偿权利人应积极"组织开展生态环境损害调查、鉴定评估、修复方案编制等工作，主动与赔偿义务人磋商"。简言之，"试点方案"明确规定了行政机关"组织开展损害调查"的法定义务，而手握公权的行政机关对此等"调查"义务的履行不可能也无须是严守平等自愿的私法进路，我们很难设想行政机关通过请求或申请的方式向负担赔偿义务的私人要求调查取证。事实上，以行政机关作为赔偿义务人的制度设计最主要的立法考虑正是在于环境行政机关基于其行政身份所掌握的大量数据资料以及对其他相关证据的查阅权和调查权。其次，在赔偿磋商程序的最后执行阶段，行政机关享有就赔偿协议的单方执行权。"试点方案"在第四条第（六）项"加强生态环境修复与损害赔偿的执行和监督"中明确规定："赔偿权利人对磋商或诉讼后的生态环境修复效果进行评估，确保生态环境得到及时有效修复。"从该条的标题来看，条文涉及的是有关损害赔偿的执行与监督方面的制度安排；从该条的具体内容来看，条文明确了行政机关对修复进行评估和确保修复实际效果的执行义务，属于应为式的强制性规范。简言之，从行政职责角度来说，该条明确肯定

---

[1] 张梓太：《填补制度空白 力促损害担责——对〈生态环境损害赔偿制度改革试点方案〉的解读》，《中国环境报》2015 年 12 月 8 日第 02 版。

了行政机关对赔偿协议中生态修复内容的执行与监督义务。这里的执行显然不同于普通民事当事人向对方提出的履行协议之请求，而是以行政公权为后盾的强制性行政执行行为。综合以上两点，行政机关开展的生态环境损害赔偿磋商行为带有着明显的公权运作色彩，实质上是行政机关借用私法协商的手段，完成维护环境公益的公法目标的协商行政行为。

（二）生态环境损害赔偿磋商制度的主体规则

1. 生态环境损害赔偿磋商制度的权利主体规则

赔偿磋商制度与行政机关两相结合是一件非常有趣的研究课题。[1]现代协商行政理论虽然为行政主导下的赔偿磋商提供了一个公私融合的解释框架，但协商行政的理论阐释仍然与生态环境损害赔偿磋商制度存在一定程度的跳跃。协商行政实质上是一种合作治理的理论进路，其试图围绕联合解决问题与远离控制裁量权从而重新定位管制事业[2]，但其所遵循和依据的仍然是相关公法规范。例如，1995 年，美国克林顿政府签署了一份名为"重塑环境管制"的文件，根据该文件所开展的"杰出领袖工程"（excellence in leadership）允许环保署可以批准单一的综合性许可，取代传统上为控制同一场所多种源头的排放而要取得的多重许可。通过双方协商，环保署可以与被规制公司签订"最终方案协议"（FPA）；并在其允诺实现"更优环境绩效"目标后颁发综合性行政许可。[3]不难看出，上述行政活动摒弃了传统的公权管制路径而代之以柔性的协商手段，但其本质上仍然是一种颁发行政许可的公权活动，遵循有关行政许可的公法规则。在生态环境损害赔偿磋商制度的语境下，相关的情况则有所不同。虽然政府及其部

---

[1] 依据《生态环境损害赔偿制度改革试点方案》的相关规定："试点地方省级政府经国务院授权后，作为本行政区域内生态环境损害赔偿权利人，可指定相关部门或机构负责生态环境损害赔偿具体工作。"
[2] 〔美〕朱迪·弗里曼：《合作治理与新行政法》，毕洪海、陈标冲译，北京：商务印书馆，2010 年，第 34 页。
[3] 〔美〕朱迪·弗里曼：《合作治理与新行政法》，毕洪海、陈标冲译，北京：商务印书馆，2010 年，第 77 页。

门在整个磋商过程中享有着调查和执行等行政公权，但整个磋商过程所依循的却是平等协商、损害填补等私法规则，模拟侵权纠纷解决的模式与机理。由此引发的问题是，虽然协商行政革新了传统政府行为的方式，但其整个协商过程仍是在公权主导的背景下进行的。而生态环境损害赔偿磋商则在相当程度上跳出了传统公权行政的固有语境，转而寻求损害填补的私法救济模式。简言之，行政机关由熟悉的行政执法领域僭越到其并不擅长的损害填补的私法领域，由此在赔偿主体规则层面引发了有关行政主体尤其是基层行政组织是否具备赔偿磋商专业能力的深切担忧。

进一步而言，这种担忧实质上是关于行政机关在面对新型行政任务时的能力建设问题，并且这一问题会随着生态环境损害赔偿制度的全面铺开以及相关案件数量的逐渐上升而更加凸显。我们认为，首先，鉴于赔偿磋商中所涉及的私法规则与传统行政执法的差异性与专业性，未来立法应当准许行政机关在赔偿磋商中聘请专业律师人员，所产生的费用纳入"事务性措施费用"的赔偿范围。其次，在行政机关内部机构间的权责划分层面，囿于上述法律规范方面的专业性要求，赔偿磋商组织的具体构成应至少包括法规部门和调查、评估部门的案件主办人员。最后，为应对未来赔偿磋商案件数量逐渐上升的问题，单纯依靠生态环境主管部门（生态环境厅、生态环境局等）的努力是远远不够的，相关资源部门的充分参与和分工合作实属必需。具体来说，林业部门应负责因破坏林业生态系统而造成的环境损害案件、水利部门负责因破坏水环境而造成的生态环境损害案件等。生态环境主管部门负责生态环境损害案件的整体统筹和协调，以及涉及多项环境要素领域的生态环境损害赔偿案件。

2. 生态环境损害赔偿磋商制度的义务主体规则

有关生态环境损害赔偿磋商制度的义务主体问题在实践中主要包括存在较为清晰的赔偿义务主体和赔偿义务主体不明或免责两种

情形。

　　第一，义务主体的一般规则。赔偿磋商制度义务主体的一般规则因应的是现实中存在较为清晰的赔偿义务主体之具体情形。依据"改革方案"的相关规定，生态环境损害赔偿磋商制度的义务主体为"违反法律法规，造成生态环境损害的单位或个人"。我们认为，为了全面贯彻《环境保护法》"损害担责"基本原则，应将该条进行扩张解释，即"造成生态环境损害的单位或个人"既包括造成生态环境损害的直接责任主体，如污染者、造成环境事件的肇事者等，也包括造成生态环境损害的间接责任主体，如违规环评造成生态环境损害事件中存在过错的环境影响评价机构等。

　　第二，义务主体不明或免责时的社会分担规制。某些特定领域的生态环境损害存在着长期性和累积性，在损害发现时造成生态环境损害的主体可能已经不复存在（如在污染场地治理中），或由于监测数据不完善而无法确定真正的责任主体但损害又确实存在（如无法确定主体的水污染事件中）。同时，基于某些法定的免责事由，造成生态环境损害的主体存在着免除责任的可能。这些具体情形被理论界统称为义务主体不明或责任主体不明。于此情形中，推行并逐步完善环境保险等社会分担机制则显得尤为重要。具体来说，生态环境损害赔偿的社会分担主要通过两种途径得以实现：一是构建完善的环境保险制度；二是建立生态环境损害赔偿基金制度，在无法确认责任主体或责任主体资格消灭、责任主体免责的情形中，由保险人或生态环境损害赔偿基金代为支付相关修复费用，并保留对实际责任人的追偿权。当然，在相关社会分担机制建立以前，政府基于公共供给理论，负有在责任人不明时的"兜底"性修复义务。

　　（三）生态环境损害赔偿磋商制度的程序性规则

　　目前我国生态环境损害赔偿磋商制度仍处于试点起步阶段，有关程序性的内容规则亟待立法完善。简言之，生态环境损害赔偿磋商主要囊括前期调查与评估程序、赔偿磋商程序以及协商一致情形中赔偿协议的执行程序。

第一，生态环境损害赔偿磋商的前期调查与评估程序旨在对整个环境损害事实进行初步调查和评估。其中，"调查"是指行政机关凭借其公法调查权针对损害事实发生与否、是否"足够显著"（即是否达到需要启动磋商程序的基本条件）、责任人的初步确定等内容进行初步调查与研判；"评估"是指环境行政机关在确认需要启动生态环境损害赔偿磋商程序后，委托具有专业鉴定评估资质的第三方机构对损害事实的大小、责任人与行为之间的因果关系以及初步拟定修复方案等相关问题进行鉴定和评估的程序。需要指出的是，"调查程序"乃是完整意义上的公法程序，行政机关于此过程中享有完整的调查权限，有权进入相关企业进行调查、要求企业提供相关数据和资料等。"评估程序"所形成的评估报告在后续磋商中居于核心地位，行政机关的磋商行为原则上应以评估报告确定的相关数据作为基准，并于作出有悖于报告结论的磋商允诺时，注明相关理由并形成书面记录进行备案。

第二，磋商程序是整个生态环境损害赔偿磋商制度的核心，在此程序中，行政机关应当首先向相关责任主体发出"生态环境损害索赔函"[1]。若赔偿责任人无异议，行政机关应与其签订赔偿协议；赔偿责任人提出异议的，应及时通过协商、仲裁、诉讼等方式解决。索赔期间，行政机关可以自行或申请人民法院对相关证据进行保全。此外，行政机关在磋商过程中，必须始终以鉴定评估报告为基础，原则上不得作出低于评估报告的索赔决定，同时兼顾"损害事实与程度、修复启动时间与期限、赔偿的责任承担方式与期限等具体问题与赔偿义务人进行磋商，统筹考虑修复方案技术可行性、成本效益最优化、赔偿义务人赔偿能力、第三方治理可行性"等内容进行综合把握。但在具体的修复方式上、赔偿责任的承担方式上以及履行期限上，可作适度

---

[1] 关于《环境损害索赔函》的内容，可以参考国家海洋局《海洋生态损害国家损失索赔办法》第九条的相关规定。

的裁量和权变。当然，作为体现民主协商和关涉公共利益的磋商程序，整个磋商过程必须始终坚持信息公开和公众参与的原则。[1]

第三，协商一致情形中赔偿协议的执行程序。前文已述，"试点方案"第四条第（六）项明确规定了行政机关对赔偿协议生态环境修复部分的执行和监督义务，这种执行和监督体现在两方面：一是对修复效果进行评估；二是防止因修复方法不当导致污染进一步扩散的现象出现。另外，有关赔偿协议的金钱赔付部分的执行监督规则，"试点方案"并未给出相关具体规定。我们认为，鉴于赔偿磋商程序的协商行政属性，赔偿协议应属行政法上的行政合同之概念范畴，基于行政法的一般原理，行政机关对行政合同的内容具有单方的行政执行权，同时也可向法院提出执行申请。

（四）生态环境损害赔偿磋商的监督机制

生态环境损害赔偿磋商制度的特殊性在于其兼具行政权力运作和平等协商的双重面貌，坚持平等协商的私法机理乃是该项制度对传统行政模式的最大革新。这里隐含了一个十分有趣的矛盾议题："协商"意味着适当的妥协让步，而由行政机关作为环境公益的代表与相对方进行的妥协让步，始终伴随着利益俘获与合谋的风险。换言之，有关赔偿磋商制度主要的担心在于协商所自带的妥协意味将会引发不受限制的裁量权，进而导致行政机关责任性的缺失。于此情形下，构建健全的信息公开和公众参与规制意义重大。

第一，这种公众参与必须摆脱断续式的传统桎梏，体现为公众对磋商程序的全程参与。生态环境损害赔偿磋商中的公众参与应渗透于前期调查与评估、赔偿磋商以及协商一致情形中赔偿协议执行等主要程序。首先，在前期调查与评估程序中，公众的参与权体现在三个方面：①对其所发现的环境损害事实有权进行举报并请求相关主管部

---

[1]　有关公众参与的具体制度性内容，会在下文"生态环境损害赔偿磋商的监督机制"部分详细阐述。

门启动生态环境损害赔偿程序，行政机关收到公众举报后应及时进行处理并给予书面答复 [1]；②有权就行政机关作出的否定性书面答复提出复议申请或提起行政诉讼；③在负有启动赔偿磋商程序的主管部门怠于履行职责之时，有权向人民检察院提出申请，要求检察机关对其进行调查和提出检察建议。其次，在行政机关与赔偿义务人的协商过程中，诸如鉴定评估报告、修复方案等关键信息必须进行全面公开。在签订赔偿协议和制定修复方案时，应当听取相关利害关系人的意见并取得他们的支持，以避免公私勾结侵害公共利益。最后，在赔偿协议执行程序中，公众监督主要体现为行政机关对修复后评估结论的信息公开，以及对修复结果提出异议的复议权和请求检察机关或相关环保组织提起环境公益诉讼之权利。

第二，在体现全程性监督的公众参与制度外，司法审查的事后性监督同样十分重要。19 世纪以来，伴随国家职能的一再扩张，议会大权逐渐旁落，行政机关通过大量行政立法以及非正式性的指导意见、政策说明等方式统领着整个国家机器。于此背景下，通过政府向议会负责的"责任政府"理论日渐势衰，作为三权分立另一制衡点的司法审查制度成为人们关注的焦点。在环境赔偿磋商领域，政府及其部门与私人主体就环境公共利益而进行的磋商，始终存在着极大的利益俘获与合谋的风险，因此，构建赔偿监督制度的司法审查制度是规制磋商中不受限制的行政裁量权并重构司法外部监督机制的关键所在。进一步而言，我们认为，基于赔偿磋商制度协商行政的法律定位，法院在此环境作出的审查在性质上属于以行政权力行使为对象的行政诉讼，主要包括：公民或团体对行政机关怠于启动赔偿磋商程序所提起的诉讼；公民或团体对行政机关执行赔偿协议过程中的失范行为所提起的诉讼；公民或团体因程序或实体原因，针对最终赔偿协议及修复

---

[1]　这一问题的具体规则在"试点方案"中亦有体现："对公民、法人和其他组织举报要求提起生态环境损害赔偿的，试点地方政府应当及时研究处理和答复。"参见中共中央办公厅、国务院办公厅 2015 年 12 月发布的《生态环境损害赔偿制度改革试点方案》。

方案的合法性提起的诉讼。

五、完善生态环境损害公益诉讼制度

行政机关作为原告提起环境公益诉讼的立法和实践并非"改革方案"的首创，早在 2010 年 6 月，最高人民法院出台的《关于为加快经济发展方式转变提供司法保障和服务的若干意见》明确认可了行政机关提起生态环境公益诉讼的原告地位。[1] 作为对以往司法解释和地方性立法之整合，本次"改革方案"明确授予了国家行政机关作为赔偿权利人提起生态环境损害公益诉讼的资格，经国务院授权的省级政府有权指定相关具体部门提起环境损害公益诉讼。总体来说，"改革方案"关于行政机关提起环境损害公益诉讼的制度规制仍然过于宏观，亟待相关配套立法的细化和完善。

（一）生态环境损害公益诉讼制度的一般描述

本次"改革方案"中规定的生态环境损害公益诉讼制度与以往环境民事公益诉讼最大不同之处在于其将原告范围延展至政府及其相关部门，但这并不意味着整个诉讼法律属性的变化，其仍然属于环境民事公益诉讼之范畴，作为赔偿权利人的政府及其部门只是民事诉讼的一方主体，并不产生向行政公益诉讼的变异。循此为进，既然这种由行政机关作为原告提起的环境损害公益诉讼与普通民事公益诉讼在本质上并无二致，那么，两者在制度设计层面是应完全保持一致抑或存在一些区别？我们认为，两种本质属性趋同的法律制度在原则上或在制度设计的主要方面应当保持一致。但由于前者原告身份的特殊性，即由政府及其部门充当公益诉讼的原告，故在诉权主体规则、管辖规则、证据规则以及公益维持规则等方面存在一定的差异。鉴于最高人

---

[1] 最高人民法院《关于为加快经济发展方式转变提供司法保障和服务的若干意见》第十三条规定，人民法院应当"依法受理环境保护行政部门代表国家提起的环境污染损害赔偿纠纷案件，严厉打击一切破坏环境的行为"。

民法院《环境公益诉讼司法解释》（2014）已就环境民事公益诉讼制度给出了较为详尽的规定，本节的论述将有意避开对相同规则的重复阐述，而围绕行政机关作为原告的生态环境损害公益诉讼的特殊性规则以及此种诉讼制度与行政磋商、社会团体提起的环境民事公益诉讼等相关制度间的衔接机制展开分析与论证。

（二）生态环境损害赔偿诉讼制度的特别规则

这里的特别规则是相对于普通环境民事公益诉讼而言的，由于原告主体身份的不同，生态环境损害赔偿诉讼制度在诉权主体规则、管辖规则、证据规则以及公益维持规则几个方面，有别于普通民事公益诉讼的相关规制。

第一，诉权主体规则。最高人民法院《环境公益诉讼司法解释》（2014）第十一条规定："检察机关、负有环境保护监督管理职责的部门及其他机关、社会组织、企业事业单位依据民事诉讼法第十五条的规定，可以通过提供法律咨询、提交书面意见、协助调查取证等方式支持社会组织依法提起环境民事公益诉讼。"可见，在"改革方案"出台前，最高人民法院对环境民事公益诉讼原告主体范围的态度仍是保守的限于"法律规定的社会组织"，而将包括环境行政机关在内的政府机关视为"提供法律咨询、提交书面意见、协助调查取证"等"支持起诉"的地位。简言之，行政机关在以往环境民事公益诉讼中扮演的是"幕后支持者"的身份角色。鉴于"改革方案"的相关规定以及目前已有的制度实践，我们认为，应在未来立法中明确政府及其部门，尤其是各级生态环境主管部门以及相关资源部门提起环境损害公益诉讼的原告主体资格，环境行政机关应由"幕后"走向"台前"。

第二，管辖规则。以重庆市为例，在目前的试点推进中，作为经国务院授权的试点地方省级政府，重庆市政府指定重庆市生态环境局统管生态环境损害赔偿制度的试点改革工作。本书课题组在调研中了解到，重庆市目前在生态环境损害赔偿试点工作中的统筹和管理全部集中于重庆市生态环境局一家，其他资源部门和下级环保机构只是一种辅助性身份，并不具备"赔偿权利人"的主体资格。换言之，试点改革期间重庆市发生的环境损害事件磋商无果时，提起环境损害公益诉讼的主体只能是重庆市环保局。这一现象或许只是改革推进中的过渡性问题，但它却从实践的问题导向角度向我们折射出一个有关诉讼管辖规则的特殊议题，即作为原告提起环境损害公益诉讼的行政机关与管辖案件的一审法院在权力层级上是否面临着非对等性问题，由省级行政政府及其部门作为原告提起的诉讼，存在着中级甚至基层法院管辖的可能。[1] 从理论上来说，既然行政机关是以平等民事身份参与诉讼程序，则其行政身份层级与受案法院的差异性并不存在理论上的逻辑窒碍。但从现实意义上而言，我国当前社会行政优位的理念、身份层级的观念以及司法并未完全独立的现实背景，导致这种身份层级上的不对等性易于产生强化行政机关诉讼话语权的流变，甚至引发政府及其部门僭越司法独立之墙帷而或明或暗地影响法院裁判的最终结论。因此，我们认为，由于行政机关特殊的身份属性，有关行政机关作为原告提起的生态环境损害公益诉讼的管辖规则应有别于传统环境民事公益诉讼。参考行政诉讼管辖规则的相关内容并结合环境诉讼自身的特殊性，应是一条可行之路。具体来说，传统行政诉讼以行政机关作为诉讼被告，生态环境公益诉讼以行政机关作为诉讼原告，两者身份地位在司法层面具有趋同性，《行政诉讼法》第三章"管辖"的相关规定一定程度上应当成为生态环境损害赔偿公益诉讼的参考蓝本。另外，生态环境损害作为广义环境议题的一种，受环境公益、牵涉范围及自身复杂性的影响，因此应在参考行政诉讼相关制度的同时，结合环境损害议题的特殊性，参照最高人民法院《环境公益诉讼司法解释》有关环境公益诉讼管辖规则的具体内容，进行生态环境损害公

---

[1]　最高人民法院《关于审理环境民事公益诉讼案件适用法律若干问题的解释》第六条规定："第一审环境民事公益诉讼案件由污染环境、破坏生态行为发生地、损害结果地或者被告住所地的中级以上人民法院管辖。中级人民法院认为确有必要的，可以在报请高级人民法院批准后，裁定将本院管辖的第一审环境民事公益诉讼案件交由基层人民法院审理。"

益诉讼管辖规则的统筹设计。

第三，证据规则。首先，生态环境损害公益诉讼各方当事人之间具有平等的法律地位，因此，生态环境损害公益诉讼应当明确"在诉讼过程中，行政机关及其代理人不得自行向被告询问、搜集证据"的基本规则。行政机关负有组织调查、评估鉴定等法定职责，但其调查权的行使应止于诉讼程序启动之时，换言之，进入诉讼程序的时间节点是行政机关"脱下制服，换上便装"，即转换法律角色的时刻。诉讼过程中的行政机关不再基于公权身份享有单方询问和搜集证据的调查权力。其次，生态环境损害公益诉讼与传统诉讼程序最大的不同在于，它总是或多或少地与行政处理、赔偿磋商等相关程序存在一定关联。由此引发的问题是，行政处理过程中（或称行政执法）行政机关职权行为所获得或形成的证据，是否应在举证规则层面其他普通民事证据存在一定区隔。进一步说，如果作为被告的私人主体对上述公权行为所获得或形成的证据提出异议，应依循普通的质证规则还是另行提起行政告诉？我们认为，社会公益的确定和维护乃是行政机关的核心职责，行政权在公共利益的界定问题上具有天然的优越地位，因此，对待上述问题的基本态度是法院应当给予行政机关推定的尊重，仅对其公权行为获得或形成的证据进行程序上的审查，而不应对行政活动进行过多干涉。之所以出现上述困惑的根本原因在于行政机关凭借公权行为所获得或形成的证据，既是诉讼中的一种证据类型又是一种具体的行政行为。我们认为，依照程序法的基本法理，如果对此类证据的行政合法性存在质疑，当事人应当另行提起行政诉讼。

第四，公益维持规则。公益维持是司法对环境公益的维护和保障功能的体现。由于公共利益本身的模糊及其利益归属主体上的虚化，围绕环境公益之争诉始终面临着利益合谋之风险。[1]一方面，为了逃

---

[1] 例如，曾有论者指出，应通过制度设计确保环境损害诉讼不因原告能力不足或动机不纯而导致公益求偿的丧失。参见竺效：《生态损害综合预防和救济法律机制研究》，北京：法律出版社，2016年，第174页。

避修复和赔偿义务，赔偿义务人存在进行利益俘获的动力，其往往情愿付出一定的利益俘获成本获取行政机关在赔偿诉讼中的"关照"；另一方面，作为环境公益的代言人，行政机关享有较为宽泛的自由裁量，在没有约束的情况下易于衍生权力的恣意。因此我们认为，有必要在生态环境损害公益诉讼中引入司法的公益维持规则，明确当事人在达成调解或自行和解情形下，法院对调解或和解内容的公告及审查义务。[1]

（三）生态环境损害公益诉讼与相关制度的衔接机制

1. 生态环境损害公益诉讼制度与生态环境损害赔偿磋商制度的衔接

如前所述，赔偿磋商制度的首次引入为本次试点改革增彩颇多。"改革方案"明确提出了"主动磋商"的原则，要求政府及其部门在损害发生后积极主动地向赔偿义务人进行赔偿磋商。另一方面，"改革方案"同时规定了生态环境损害发生后，"未经磋商或磋商未达成一致，赔偿权利人可依法提起诉讼"。由此引发的疑问是，在生态环境公益诉讼与赔偿磋商程序的衔接中，赔偿磋商是否为诉讼的必要性的前置程序。我们认为，与司法诉讼相比，赔偿磋商程序有利于降低诉讼成本，并凸显在环境损害领域享有专业队伍、设备、技术的行政机关的主导地位，从而强化效率避免因诉讼引发的令人难以忍受的拖沓。赔偿磋商机制本质上是在行政机关主导下，各方利益攸关者广泛参与的协商与谈判，它是在诉前程序中为各方主体搭建的充分表达意见并进行利益（而非立场）交换和妥协的平台。由此，赔偿磋商原则上应当成为司法诉讼的前置性程序，而仅允许特殊情形下的法定例外，例如赔偿义务人已明示或默示地表明其不予配合、拒绝磋商的态度立

---

[1]　例如，最高人民法院《关于审理环境民事公益诉讼案件适用法律若干问题的解释》第二十五条规定："环境民事公益诉讼当事人达成调解协议或自行达成和解协议后，人民法院应将协议内容公告，公告期不少于三十日。""公告期满后，人民法院审查认为调解协议或者和解协议的内容不损害社会公共利益的，应当出具调解书。当事人以达成和解协议为由申请撤诉的，不予准许。""调解书应当写明诉讼请求、案件的基本事实和协议内容，并应当公开。"

场等情形。从环境损害制度的整体架构层面而言，这种前置性的制度构建既有利于凸显协商的效率，避免不必要的冗余诉累，也有利于厘定赔偿磋商与司法诉讼在程序上的衔接顺位，明晰不经磋商直接诉讼的具体情形。

2. 生态环境损害公益诉讼制度与其他主体提起的环境民事公益诉讼制度的衔接

诉权理论认为，公共利益维护涉及公民、社会、政府之间的关系协调，法律应当承认公益诉讼中诉权主体的多元化。[1]在"国家—社会"的现代分析框架下[2]：一方面，在社会层面，社会组织、公民个体通过民事公益诉讼的形式维护公益具有正当性；另一方面，在国家层面，行政机关和人民检察院通过诉讼的方式维护公共利益同样具有一定正当性。然而，在对当前环境公益诉讼制度予以合法确认和制度设计之时，不容忽视的问题在于两个层面多个主体进行环境公益诉讼的顺位和次序问题。在当前环境公益诉讼实践中，由《民事诉讼法》和《环境公益诉讼司法解释》（2014）确定的社会组织提起的公民诉讼、《检察机关提起公益诉讼改革试点方案》确定的检察机关提起的公益诉讼，以及本次"改革方案"确定的行政机关提起的公益诉讼，处于共存并行的局面。上述两个层面（即国家与社会）四个主体（即行政机关、检察机关、社会团体或许未来还会包括公民个体）共同上演的环境公益诉讼剧目，可以说是蔚为壮观。

正如研究者所指出的那样，"环境的损害本质上是公众生态环境利益的损害，政府机关、环保组织、公民个人都具有起诉资格，但并非所有具有起诉资格的主体均享有同等的主体资格"[3]。赋予各方主体差异性的起诉顺位乃是协调环境损害公益诉讼与其他相关诉讼制度

---

[1] 韩波：《公益诉讼制度的力量组合》，《当代法学》2013 年第 1 期，第 31–37 页。

[2] 有关"国家—社会"的分析方法及视角可参见邓正来：《国家与社会》，北京：北京大学出版社，2008 年，第 1–5 页。

[3] 王金南、刘倩、齐霁等：《加快建立生态环境损害赔偿制度体系》，《环境保护》2016 年第 44 卷第 2 期，第 25–29 页。

的关键所在。我们认为，应从生态环境损害的公益属性明确行政主体优先提起诉讼的主体资格；从权力监督的角度赋予检察机关督促行政机关提起公益诉讼并于其怠于履责时自行提起公益诉讼的主体资格；从民主参与的角度赋予社会团体和公民要求行政主体和检察机关提起公益诉讼的权利，并于其拒绝提起时由法律授权的社会组织自行提起公益诉讼的主体资格。由此，环境公益诉讼的全局性制度设计应体现为"行政机关—检察机关—社会团体"逐层递进的次序安排。具体来说，基于公共利益和生态环境损害复杂性和技术性的考量，行政机关的求偿顺位应优先于检察机关和社会团体及公众。其他主体在发生环境损害事实且行政机关未采取相应措施时，享有法定的举报和请求处理权。在行政机关仍然拒绝或怠于行使职责时，方才产生后续主体的求偿权利。此外，在检察机关和社会团体及公众的关系衔接上，检察机关可以自行就其所发现而行政机关尚未采取行动的生态环境损害事件向主管部门发出检察意见，也可应社会团体或公众举报和请求向主管部门发出检察意见，并在行政机关怠于提起诉讼之时，自行提起环境公益诉讼。最后，社会团体和公民享有向前述机关举报和请求提起赔偿诉讼的权利，并于二者怠于履行之时，由法律授权的社会组织直接提起环境公益诉讼。当然，三者之间虽然体现先后次序但仍是并行不悖的相互配合、相互协调的关系。未来的环境公益诉讼应当充分关照当下生态环境损害赔偿制度的现实诉求，通过相应的实体和程序配置致力于搭建一个内部协调统一的环境公益救济司法保障机制。[1]

六、构建生态环境损害赔偿资金保障制度

资金问题是整个环境损害制度构建及工作开展的物质支撑，在本书课题组针对重庆市环保局进行的调研中发现，资金方面的问题是实

---

[1] 程多威、王灿发：《论生态环境损害赔偿制度与环境公益诉讼的衔接》，《环境保护》2016 年第 44 卷第 2 期，第 39-42 页。

务部门在改革初期关注的焦点。资金问题这个常常被理论研究者们忽视或有意弱化的问题在实务部门眼中却格外重要，究其根本是因为资金制度设计往往会涉及如下两方面的敏感议题，即"资金由谁而来，又向谁而去"的利益问题。具体来说，一方面，生态环境损害的索赔需要大量资金投入的支持，这既包括改革初期试点推进中规则设计上的制度构建成本，还包括数字惊人的环境鉴定评估费用的先期承担，即资金"由谁而来"解决的是启动资金支付问题；另一方面，生态环境损害索赔工作所追回的赔偿款亦是一笔十分巨大的可观的收益，这笔收益最终应归何处乃是各组织机构所竞相追逐的对象，即资金"向谁而去"解决的是索赔收益的归属问题。

目前，在启动资金方面，由国家和地方两级财政按一定比例安排专项资金用于生态环境损害赔偿工作的启动，已经形成各界共识。主要的分歧在于生态环境损害赔偿金的流向问题。有关这一问题主要存在两种不同主张：一是财政部门所提出的生态环境损害赔偿金应纳入地方财政，由财政部门进行统一收支管理的资金管理方案；二是生态环境部门主张的，建立财政专户进行专项收支管理或建立专门生态环境损害赔偿基金的方案。例如贵州省改革过程中的做法是，建立生态环境损害赔偿统一归口管理，赔偿资金统一归入专门基金账户，专门用于生态环境损害修复、应急处置、支持环境公益诉讼活动及调查取证、评估鉴定等活动的相关合理费用。[1] 贵州省的上述做法得到了环保部门和最高人民法院的支持与肯定，但在具体实施中却受到来自财政部门的巨大阻力。[2] 我们认为，生态环境损害赔偿制度的两项主要内容，即有环境行政机关提起的生态环境损害赔偿磋商和生态环境损害赔偿诉讼，实质上是向环境行政机关课以了一项全新的法定义务，

---

[1] 杜涛：《贵州生态赔偿制度改革试点方案上报》，《经济观察报》，2016 年 7 月 4 日第 777 期。
[2] 财政部门主要认为按照赔偿法规定，行政单位获得赔偿基金应该进入国库，进行赔偿修复时再从财政支出。针对赔偿金流向问题，最高人民法院环资庭与财政部经建司进行过沟通，但是没有取得进展，贵州省环保厅与财政厅也进行过四次沟通，效果不甚理想。参见杜涛：《贵州生态赔偿制度改革试点方案上报》，《经济观察报》，2016 年 7 月 4 日第 777 期。

这项义务虽一定程度上有助于提高企业违法成本，督促潜在污染者更正错误行为，但考虑到环境行政机关本已十分繁重的工作内容，这种新型任务的引入必然会面临环境行政机关积极性不高的局面。而破解这一现实困境的关键正在于给予行政机关必要的行为激励。[1] 由此，肯定环境行政部门就追偿所得的生态环境损害赔偿款设立专门账户或专门基金，并将其用于环境修复等项目，从而为环境行政履责提供资金支持，应为一条各方利益平衡后的适恰立法进路。综上，基于公共投入理论和宪法层面国家环护义务理论，由国家财政安排专项资金用于支付生态环境损害赔偿的先期启动费用是未来立法的恰当选择；另一方面，通过索赔所获得的生态环境损害赔偿款应再次归入专项户头或专门基金从而形成一个资金循环，为其后生态环境损害赔偿案件的先期资金垫付以及政府集中安排大型环境修复项目提供资金支持。

进一步讲，在资金制度方面另一个需要关注的问题是，生态环境损害赔偿资金的使用问题。将赔偿资金用于垫付后续损害案件追偿中的调查取证、鉴定评估等先期费用，自不待言。需要着重讨论的是，赔偿资金与环境修复间的关系问题。调研中我们了解到，目前国家环境规划院的官方观点强调生态环境损害赔偿制度应"重修复，弱赔偿"，对于修复成本过高或是修复所带来的生态价值远远低于其修复成本的具体情形，应采用异种替代性修复还是直接支付赔偿金的方式，实践操作中存在很大争议。一方面，依照目前官方"重修复，弱赔偿"的论调，当修复成本远高于其生态收益时，应采取替代性修复的责任承担方式，例如企业污染了一片土地，但对这片土地的修复成本远高于修复后的生态价值，则可通过判令企业补种树木或采用其他替代性方式对生态进行修复。另一方面，调研中部分实务部门工作人员提出了"大替代"的全新解决路径，即将官方论调中的替代性修复视为微观

---

[1] 现代环境行政理论认为，在国家环境义务论的视角下，激励的手段应当超出私人领域范畴而延展至对行政机关积极履责的利益鼓动。参见巩固：《政府激励视角下的〈环境保护法〉修改》，《法学》2013年第1期，第52—65页。

视野中的"小替代"，而将政府通过专门账户或基金的逐步积累，集中力量上马大型修复项目进行专项治理的方式视为"大替代"。[1] 我们认为，面对我国当前环境污染和破坏问题的严重和复杂现状，基于环境的整体性和资金使用中的效率原则，"大替代"的全新视角和模式较微观的"小替代"具有一定的制度优势。例如，以腾格里沙漠污染事件为背景，如果以单个企业的赔偿金进行种植树木的替代性修复，或许不需太多时日，所种植的树木即会再次被沙漠吞噬。单靠一事一例的"小替代"所起到的修复实效在一些特殊领域并不能够尽如人意，而通过资金积累采取的"大替代"更能彰显效率价值。因此，针对修复成本极高与修复后的生态收益不相匹配的情况，修复和赔偿的关系处理应作具体而灵活的把握。

---

[1] 这一做法并非课题组成员的学理想象，而是在调研中了解到的我国浙江地区的实践真实做法。通过设立资金专户进行资金积累，政府集中安排资金上马河流和近海海域治理的大型环境修复项目。参见孙晶晶：《杭州河道整治今年又下新计划表，整治完成 20 条河道》，浙江在线—钱江晚报，2015 年 3 月 23 日。

第十二章　生态文明法律体系建设研究

第一节　生态文明法律体系的形成

一、环境问题与生态环境保护法的演进

（一）生态环境问题及其应对

1. 生态环境的概念界定

"环境"（environment）一词使用广泛，但对于环境的解释在不同的语境下呈现出不同的样态。一般而言，环境是就围绕某一中心事物而言，这一中心事物被称为主体。在这一意义上，环境是指围绕主体所存在的周围世界，包括空间、条件和状况，就构成主体周遭的"环境"。[1] 可以看出，环境是一个相对的、可变的概念，即环境的内涵随着主体的变化而变化。仍需强调的是，有关环境概念的界定要求我们须始终持有一种历史的、具体的时空观。即便是同一事物，在不同的时期或状态下，环境概念的内涵和外延也会发生相应的改变。1972年，斯德哥尔摩举行的第一次人类环境会议通过了人类历史上第一个保护环境的全球性宣言，即《人类环境宣言》，该宣言从正面阐释了

---

[1]　黄锡生、李希昆：《环境与资源保护法学》，重庆：重庆大学出版社，2002年。

人类与环境的相互依存关系，并概括提炼出"人类环境"的概念。如此，环境是以人类为主体的外部世界，是人类赖以存续的天然的、人工的物质因素的综合体。2014年第十一届人大常委会第八次会议通过了《环境保护法修订案》，修订后的《环境保护法》第二条对"环境"一词进行了概括——环境是指影响人类生存和发展的各种天然的和经过人工改造的自然因素的总体。在这一概括总结之后，《环境保护法》还列举了诸多具体的环境形态，如大气、水、土壤等。概括加列举的方式和欧洲立法的解释方法相同，对于法律的适用显得更加灵活，不会过于抽象而在适用时难以把握，也便于立法机关未来对该定义作出扩充解释。目前，部分学者认为，《环境保护法》对环境的定义包含三种寓意：第一，将环境的范畴限定在对人类生存与发展有影响的自然因素范围内，不包括社会、经济等其他因素；第二，环境要素既包含天然的环境，也包含经过人工改造的环境；第三，与自然因素融合的自然资源、历史遗迹及自然状态（例如作为自然因素的复合体景观），也因其自然的本质属性而属于环境的范畴。[1]

有关环境内涵的理解直接影响环境保护法制的目的、适用范围和效力。在早期研究中，依循人类中心主义的传统思维进路，"环境"概念被严格限定在以人类为中心的环境利用行为（environmental utilization behavior）。据此，人类并没有意识到生态作为"关系网"和"血脉"包裹、联结环境的作用，仅看到"环境"而没有意识到"生态环境"。随着科学的不断发展，人类对环境概念的理解日趋深化，在生态文明先进理念的影响下，生态环境一词必然会更多地替代环境一词，给予环境概念更加丰富的内涵。一般来说，生态（ecology）一词通常讲的是一定环境中所有生物的生存和繁衍状态，以及它们与环境之间相互影响的动态关系。"生态"与"环境"结合为"生态环境"一词，产生了复合含义，即生态环境是由生物的各种生态关系组成的环境整

---

[1] 汪劲：《环境法学》，北京：北京大学出版社，2014年，第2-3页。

体，是人类赖以生存和发展的空气、水、土地、生物、矿产等资源数与量的总和。

2. 生态环境问题的概念界定

环境问题指的是因为人类的生产生活或者自然现象使环境条件产生变化而对人类造成损害的现象。学界普遍认可将环境问题依照诱因不同分成原生环境问题和次生环境问题两类。原生环境问题也称为第一类环境问题，指由大自然本身活动变化对人类造成损害，如各类地质灾害。次生环境问题也称为第二类环境问题，指的是由人的生产生活等行为作用于环境并致使其产生变化损害人类自身的现象，包括环境污染或者自然破坏两部分主要内容。[1] 需要强调的是，原生环境问题与次生环境问题并不是泾渭分明的，而是更多表现为一种相互影响、协同作用。例如大型水库往往诱发地震，滥伐森林可能加剧洪涝灾害等。在环境保护立法的初始阶段，其调整对象主要针对第二类环境问题，即次生环境问题，但随着人们认识的深入和人类影响环境能力的增强，部分自然原因引起的第一类环境问题也可能受到人类的影响，因此法律的控制范围逐步向第一类环境问题扩张，但占据主导地位的仍然是第二类环境问题。

根据第二类环境问题的不同表现形态，学界通常将其进一步细化为生态破坏问题和环境污染问题。生态破坏与环境污染最大的不同在于，前者是"取出型"损害，后者是"注入型"损害。具体而言，生态破坏是指人类对自然资源进行不合理的开发利用，尤其是自然界中获取矿产、林木、水等自然资源时，因超出环境自身承载能力所造成的环境不利变化，以及由此引发的物种灭绝、水土流失、土地沙化、失态失衡等结果。具体来说，生态破坏主要表现为"取出型"特质，即将维系生态系统良性运转的环境要素"取出"生态系统。另一方面，环境污染也称"投入型"损害，是指人类在工业生产、建设施工及日

---

[1]　黄锡生、李希昆：《环境与资源保护法学》，重庆：重庆大学出版社，2002 年。

常生活等过程中，将大量污染物和未能完全利用的能源在未经无害化处理的状态下，直接排放于生态环境而引发环境质量的不利变化，如二氧化硫的过度排放常引发酸雨、二氧化碳的过度排放促使气候变暖、氟氯烃的过度产生引发臭氧层空洞现象等。自然生态破坏与环境污染的生成机理虽然不一，但二者最终却共同损害人类赖以生存的环境及其他条件。

通过上述论述可以得知，"环境问题"更准确的称谓应当是"生态环境问题"，生态与环境密不可分，两类环境问题更多的时候是同时作用于人类生产生活。譬如在开采矿产资源活动时，可能同时引起生态破坏和环境污染。生态环境问题的本质是人类对自然资源过度的开发、利用造成的生态环境功能和质量退化现象。换言之，对环境的污染和破坏应包括对生态功能的损害和自然资源的破坏。从这个角度讲，生态环境问题既是生态问题，也是资源问题。

3. 人类文明不同阶段的生态环境问题

生态环境问题与人类的开发利用有着怎样的关联性？对于这一问题，可以通过历史学方法予以概括、明晰。按照人类文明进程，可以将其划分为原始社会的生态环境问题、农耕社会的生态环境问题、工业革命后的生态环境问题和全球化时代的生态环境问题。

1）原始社会的生态环境问题

原始社会时期人类尚处于采集渔猎阶段，主要依靠采集果实、捕猎动物、水产等方式取得食物，并以木石料作为生活器具。由于生产力低、人口密度小，人类向环境取用的物资和排放到环境里的废物都在环境的承受范围之内。如是，虽然人类高度依赖生态环境，但其活动本身对环境的干扰程度较低。这个时期出现的生态环境问题，绝大部分原因是人类祖先在聚居地周边过度地采食林木果实、捕杀野生动物，从而引起小范围生态问题，也包括一些因没有谨慎地照顾火源所导致的森林大火、草原大火等人为灾害。[1]

2）农耕社会的生态环境问题

伴随人类文明步入农耕时代，人类社会生产力日趋提高，人口稳定增长，平均寿命延长。与之相对，农业、畜牧业、手工业成为主要产业。在此过程中，一些人口聚居地区逐渐成了商贸中心，商贾往来，贸易繁荣。这一时期人类影响自然、改造自然的能力较原始社会有了很大提高。农业和畜牧业作为一种劳动性生产活动，依赖于自然条件的同时也伴随垦荒等改造活动，对生态环境产生较为严重的破坏。例如，为了增加农地面积而砍伐森林、放火焚烧草原等垦殖活动，无论是在西方的美索不达米亚还是东方的黄河流域，都留下了人类发展历史上的显著一笔。[2] 人口集中的地方常出现过量的生活垃圾、排泄物堆放问题及手工作坊的废弃物污染问题等。但总体而言，作为一种生物性的种植活动，在进入现代社会以及大规模喷洒农药、化肥之前，农业生产活动向环境排放的污染物并不多，且生产和排放的废物仍可纳入物质生产的小循环，一般不会超出环境的自净能力。由此，农耕社会的生态环境问题表现并不突出，相较于后世的工业生产和城市化产生的生态环境问题要小很多。

3）工业革命后的生态环境问题

18 世纪，西方工业革命后，机械生产代替了手工劳作，人类社会生产力有了质的飞跃，卫生医疗水平的提升使人类平均寿龄显著提高，人口呈爆炸性增长。人类利用和改造环境的能力和自信心也越来越大。这一时期，由于生产力的大幅提升，大量自然资源在工业化进程中遭到难以逆转的过度消耗，因工业生产所排放的废水废料对生态环境形成了巨大的现实压力。

这一时期最为突出的环境问题是环境污染，环境污染的来源主要是工业生产所排放的废气、污水和固态废物（即通常所称的"工业三

---

[1]　金瑞林：《环境法学》，北京：北京大学出版社，2013 年，第 10 页。
[2]　金瑞林：《环境法学》，北京：北京大学出版社，2013 年，第 11 页。

废"）。同时，较之于大型污染源，城镇化进程中骤增的汽车尾气排放也构成了空气污染的主要来源。虽然这些大规模的环境污染一般只对污染源附近的场地造成极端影响，但由于居住场地的集聚效应以及工业聚落效应，环境问题被指数性放大。较为典型的是世界八大公害中的伦敦烟雾事件、洛杉矶光化学烟雾事件、日本熊本水俣病事件等。此外，基于生态环境整体性和环境要素流动性，仍有部分污染事件超出了地域范围产生公害，譬如欧洲大陆国家为妥善应对多瑙河流域性污染所开展的联合治理活动。除了环境污染问题，这一时期的生态破坏现象也是触目惊心的。现代工业以资源和能源为载体，催生了采掘业、采伐业和捕捞业等新兴产业。作为为工业社会提供"原料"的基础行业，工业化和城镇化进程的不断深入极大地激发了上述产业的生产积极性，在日夜不停的采掘（伐）、捕捞活动中，自然资源和生态环境日趋达至极限，并最终造成了资源的稀缺和枯竭，打破了区域间的生态平衡。到 20 世纪 50 年代，西方的生态环境问题越发凸显，甚至发展到了巅峰。

严峻的环境污染和生态破坏严重威胁着人类的生存和健康，一些科学家对此忧心忡忡。与之相对，经历过工业革命的国家，仍有大多数人沉浸在征服自然的兴奋之中，认为不能为了保护环境而放弃发展。"科技万能论"受到普遍追捧，科学技术的发展被视为能够有效降低开发对生态环境造成的影响或者修复生态环境受到的损害。在此背景下，世界各国的环境法律与政策仍然停留在临时应急式的制度草创阶段，未能提出应对生态环境问题的完整方案，在法律上也多采取对污染受害者进行事后损失补偿的措施。[1]

4）全球化时代的生态环境问题

当各国将发展经济作为其主要发展目标时，自然开发、原材料的输入输出、工业生产及贸易往来造成的生态环境问题日益增多，人类

---

[1] 汪劲：《环境法学》，北京：北京大学出版社，2014 年，第 8 页。

向环境排放的污染物质已经大大超过了环境的承载能力。由于全球的大气循环和水循环运动，区域的环境问题开始向全球扩散，演变为全球性问题。在世界经济一体化、全球化进程中，由于经济发展程度不同、产业区位分工存在差异等，生态环境问题在发达国家和发展中国家的具体表现和变化趋势亦不同：发达国家在其崛起过程中对生态环境的破坏和污染仍没有完全去除；发展中国家人口众多，以惊人的数量和速度开发利用自然资源，造成资源匮乏，引进的技术密集产业产生的大量废弃物也造成了环境破坏，即使各国采取了相应的措施，也只能使自己国境内的环境问题得到缓解，但污染物的长期累积和生态系统的逐渐破坏、臭氧层破坏、全球气候变暖、生物多样性破坏、海洋污染和危险废弃物越境转移等问题在 20 世纪 80 年代开始逐渐显露，环境问题也朝向全球化方向演变。[1]

（二）生态环境问题的应对

1. 西方国家生态环境问题的应对

面对日益严重的生态环境问题，20 世纪中叶，西方国家开始有针对性地解决环境问题。有学者根据资本主义的生产方式特征，提出资本积累和资本垄断是环境问题产生的根源，也有学者针对人口增加和资源有限性之间的矛盾，提出"零增长理论"，还有学者针对自然资源的开发和破坏提出回复原始状态的理论等。[2] 在这一阶段，多学科研究以及环境治理实践不断深入，极大促进了全体人类对环境问题的深入认识。1972 年《人类环境宣言》系统性阐明了人类与环境的相互依存关系，指出保护及改善环境是世界各国共同努力的目标。伴随着环境科学和现代环境治理理论在世界各国的迅速发展，环境保护的方法与手段也逐渐整合。以经济手段和成本效益分析优化环境政策，以

---

[1] 汪劲：《环境法学》，北京：北京大学出版社，2014 年，第 8–9 页；黄锡生、李希昆：《环境与资源保护法学》，重庆：重庆大学出版社，2002 年，第 4 页。
[2] 汪劲：《环境法学》，北京：北京大学出版社，2014 年，第 12–13 页。

行政手段推行环境管理、控制环境污染、合理利用自然资源，以法律手段规范人类行为、确定环境权益和环境责任等理论与思潮，都为生态环境保护的相关立法奠定了坚实的理论基础。

2. 我国生态环境问题的应对

我国的生态环境问题自 20 世纪 50 年代就已经显现。经过长期的战争，当时国家百废待兴，经济建设因缺少经验造成了政策偏差。加之人口增长失调，基础设施落后，日常生活所产生的环境问题同样触目惊心。[1]总体而言，当时的环境问题主要表现为森林和草原滥伐滥垦，植被毁坏严重，水土流失和土壤沙化加剧。由于生产规模有限，这一时期的生态环境问题仍然以"区域性"为特征。到"大跃进"时期，由于"左"倾路线的影响，工业"大跃进"过程中形成的"小钢铁"遍地开花，使我国城乡环境破坏严重。尤其需要补充的是，在大炼钢铁过程中大量林木被砍伐用作炼钢薪柴，以及矿产资源的滥采滥挖，给生态环境造成了难以估量的损失。回首反思，"大跃进"是严重违背科学规律的社会运动，其对我国的环境和自然资源造成了不可忽视的负面影响，我国环境问题在这样的背景下更加凸显和严重。

"文化大革命"时期，我国的经济濒临崩溃的边缘，对生态环境的破坏也更加肆无忌惮。其主要表现在：①工业片面追求高产出，导致资源的极大浪费；②"三线"建设使许多污染严重的企业搬迁至深山峡谷，导致污染转移无法集中控制；③农业"以粮为纲"的指示，使围湖造田、毁林开荒获得制度支持，最终严重地破坏了各地的生态平衡。该时期的环境问题迅速扩散，被学者称为环境问题的"爆发期"。[2]1972 年，我国参加联合国第一次人类环境会议之后，我国的环境保护事业正式起步。但由于政治运动造成的不稳定，无法形成治理污染的系统性制度，无法阻挡自身产生的环境问题。应当说，"文

---

[1] 吕忠梅：《〈环境保护法〉的前世今生》，《政法论丛》2014 年第 5 期，第 51-61 页。
[2] 《中国环境资源保护行政二十年》编委会：《中国环境资源保护行政二十年》，北京：中国环境科学出版社，1994 年，第 5-6 页。

化大革命"前期存在的工业盲目发展、农业污染、植被破坏等问题在 1978 年之前均未获得有效解决。上述因素最终导致土地、森林、矿产和水资源超负荷开发，人口与资源、环境的矛盾日益突出。[1]

改革开放之后，我国的环境保护事业得到迅速发展。国家先后颁布了大量环境保护法律法规，生态环境问题得到一定程度的控制。然而，由于历史遗留欠账较多，加之粗放型经济仍在延续，环境问题在各级政府围绕经济发展的"晋升锦标赛"中，并未得到根本性遏制。经济发展和环境保护之间的内在矛盾始终存在，主要表现在：①环境污染依然严重。酸雨面积逐渐增大，农药污染影响粮食安全，工业污染造成大规模环境抗争；②生态破坏触目惊心。根据《全国生态环境建设规划》的记载，水土流失自 1949 年起呈上升趋势，土地荒漠化已占国土总面积的 27%，生物多样性遭受冲击，动植物种群受到环境区域锐减的威胁。此时，生态环境问题已然成为我国经济发展的桎梏，并且成为影响社会和谐与稳定的主要因素。[2] 为了应对各个时期各具特色的社会环境问题，国家采取了具有针对性的环境政策，这也构成了我国生态环境法律体系形成和演变的基本脉络。

二、我国生态环境保护法的产生和演变

（一）中华人民共和国成立初期的生态环境保护法（1949—1965 年）

中华人民共和国成立到 20 世纪 60 年代中期，是我国生态环境保护法缓慢发展阶段。此时的国家百废待兴，缺乏必要的建设经验，也经历了一些错误与曲折。环境立法上，国家针对比较集中和迫切的生态环境问题，制定出一定数量规范资源开发和利用、保护人居环境的

---

[1] 黄锡生、李希昆：《环境与资源保护法学》，重庆：重庆大学出版社，2002 年，第 5 页。
[2] 黄锡生、李希昆：《环境与资源保护法学》，重庆：重庆大学出版社，2002 年，第 6 页。

零散立法。例如，《矿业暂行条例》《政务院关于发动群众开展造林、育林、护林工作的指示》《国家建设征用土地办法》《农业部帮助农业生产合作社进行土地规划的通知》《关于注意处理工矿企业排出有毒废水、废气问题的通知》《关于加强水利管理工作的十条意见》《矿产资源保护试行条例》等 [1]。

详言之，中华人民共和国成立初期的生态环境保护法具有如下特征：第一，在全面学习苏联社会主义建设经验的时代大背景下，这一时期所形成的环境立法在形式和内容上，都镌刻着模仿苏联的鲜明印记。应当说，苏联作为世界上第一个社会主义国家，是其他社会主义国家开展国家建设的主要样本，我国的经济体制、政治体制、法律体制均受到苏联的深刻影响。第二，污染防治方面的法律较少，涉及自然资源的利用与管理的法律比较多。由于当时我国的国民经济仍以农业为主，故而某些地方发生的工业污染没有被当作环境问题，法律规制的着眼点更多在防治由其引起的职业病等卫生问题。第三，在法律位阶上，立法级别低、效力级别低，并以地方行政法规和规章为主。1954 年《宪法》[2] 只简单规定了土地和自然资源的所有权问题。第四，相关法律法规形式与内容都较为分散，也比较粗糙，指导性原则比较多，缺乏操作性、执行性。

（二）"文化大革命"时期的生态环境保护法（1966—1976 年）

"文化大革命"时期，不但国家管理体制陷入相当程度的混乱，我国生态环境问题也日趋严峻。在社会运动激烈的年代，生态环境保护法处于艰难的创业时期。"文化大革命"期间的生态环境保护法也被称作创业时期的生态环境保护法。这一时期的环境保护法仍然以防治污染为主要目标和任务，并且受到世界环境保护运动的较大影响。

20 世纪 70 年代是国际环境保护运动兴盛时期，在国际环境保护

---

[1] 黄锡生、李希昆：《环境与资源保护法学》，重庆：重庆大学出版社，2002 年，第 41–42 页。

[2] 1954 年《宪法》规定："矿藏、水流，由法律规定为国有的森林、荒地和其他资源，都属于全民所有。"

思潮的影响下，我国的环境保护也开始起步。1972 年 6 月，中国政府派代表团出席在瑞典斯德哥尔摩举行的联合国第一次人类环境会议。正是受到此次会议的影响，我国在 1973 年 8 月召开了第一次全国环保会议。这次会议较为全面地审视了我国环境污染和生态破坏的总体情况，通过了《关于保护和改善环境的若干规定》。应当说，《关于保护和改善环境的若干规定》是中华人民共和国成立后的第一部综合性的环保法规，该法规确立了环境保护的"三十二字方针"："全面规划，合理布局，综合利用，化害为利，依靠群众，大家动手，保护环境，造福人民。"该法规同时还规定了发展生产和环境保护"统筹兼顾、全面安排"原则、"三同时"制度以及综合利用的激励政策，对促进我国环境保护法的发展具有历史意义。[1]同年 11 月，国家计委、国家建委、卫生部联合颁布《工业"三废"排放试行标准》。次年的11 月，国务院颁布了中华人民共和国历史上第一个治理环境污染的行政法规——《防治沿海水域污染暂行规定》。1977 年 4 月，国务院环境保护领导小组发布了《关于治理工业"三废"开展综合利用的几项规定》，对企业在工业生产过程中的"三废"（废水、废气、废渣），给出了"尽量消除在生产过程"的总体要求。在此背景下，1978 年《宪法》顺应环境保护新形势，在该法第十一条第三款明确宣示"国家保护环境和自然资源，防治污染和其他公害"。

　　具体来说，这个时期的生态环境保护法具有以下特点：首先，确立了较为全面的保护生态环境的目标，环境保护的总体方针和原则有了较为综合的规定，从而为我国环境资源保护法律的深入发展打下了基础。然而，这一时期环境法治理论的相关研究十分薄弱，相关环境法治理论未能得到深入发展，法制观念不足，立法的系统性、融通性较差。其次，前一发展阶段中立法级别低的问题并未获得圆满解决并且得以延续。尤其是在生态环境保护立法领域，由于缺乏宪法规范基

---

[1]　黄锡生、李希昆：《环境与资源保护法学》，重庆：重庆大学出版社，2002 年，第 42 页。

础，而其他相关立法级别又普遍偏低，国家在生态环境保护领域的规制力度十分有限。除行政法规、行政规章之外，甚至会议纪要、领导批文等都成为主要"法律"形式。最后，"三重三轻"问题十分突出。所谓"三重三轻"是指，重工业污染防治，轻生态和资源保护；重治理，轻管理；重行政手段，轻法律与经济手段。

（三）改革开放时期的生态环境保护法（1979—2011 年）

党的十一届三中全会以后，我国进入了改革开放的全新时代，伴随着经济的高速增长，环境问题前所未有地凸显。与之相对，在巨大的资源与环境压力面前，我国生态环境保护法顺势而上，全面、迅速地成长起来。该时期我国社会以市场经济和改革开放为时代背景，因此这一时期的生态环境保护法又被称为"经济转型时期的生态环境保护法"。

1979 年 9 月，第五届全国人民代表大会第十一次会议通过了《环境保护法（试行）》。作为环境领域的综合性立法，《环境保护法（试行）》根据我国当时的生态环境状况，并在吸收借鉴先进国家的治理经验的基础上，对环境保护的对象、目标、适用范围和原则都做出了相对系统的规定，确立"谁污染，谁治理"等原则，从立法上落实了环境影响评价、"三同时"、排污收费、限期治理、环境标准、环境监测等环境保护基本制度。可以说，这部法律内容是比较全面和系统的，作为我国进入生态环境保护立法高潮的开端，学者们通常将该法视为环境保护法的独立标志。在此之后，我国先后制定了《海洋环境保护法》（1982）、《水污染防治法》（1984）、《大气污染防治法》（1987）、《草原法》（1985）和《水法》（1988）等污染防治与自然资源保护方面的法律法规。1989 年 12 月，第七届全国人大第十一次会议正式通过《环境保护法》，学者将其视为该阶段立法高潮的顶点。具体来说，修改的原因主要包括三个方面：①中国经济体制逐渐放弃计划经济，转向有计划的商品经济，为了回应这一转向，对尚不完善的环境保护法律进行修改就成为现实所需。② 1982 年《宪法》的修改构成了《环境保护法（试行）》修改的外在动因。1979 年《环境保护法（试行）》是根据 1978 年《宪法》制定的，而我国《宪法》于 1982 年进行了修改，在"母法"依据发生变化的情况下，《环境保护法》亦应相应改变。③《环境保护法（试行）》作为具有"先行先试"特征的实验性立法，其本身存在规范性和约束性不强及制度框架的不稳定性。在处于下一位阶的各部环境单行法已经更为超前的背景下，为了缩短并弥合基本法与单行法之间的差距，进行法律修改也就成为完善生态保护法律体系的重要议题。[1] 自此之后，《环境保护法》成为中国生态环境保护工作的依据和支柱，环境保护法律作为中国特色社会主义法律体系的组成部分，也成为发展最为迅猛的法律部门。

　　1992 年 6 月联合国环境与发展会议召开，它促使全世界的生态环境保护工作进入"可持续发展时代"。1992 年 8 月，环境与发展十大对策获得党中央和国务院的批准，它宣示我国将转变发展战略，明确提出化解我国经济与生态环境保护的矛盾必须走"可持续发展"之路。1993 年 3 月，环境与资源保护委员会（隶属全国人民代表大会）正式成立，是我国生态环境保护立法进入第二次高潮的标志。委员会一经成立，就提出了"我国环境与资源保护法律体系框架"，从 1994 年起，它在加速制定新的环境与资源保护法律法规的同时，对原有的环境与资源保护的法律法规也进行了整理、修改。比如《大气污染防治法》（1995 年 8 月修改）、《固体废物污染防治法》（1995 年）、《水污染防治法》（1996 年 5 月修改）、《环境噪声污染防治法》（1996 年）、《淮河流域水污染防治暂行条例》（1995 年）、《国务院关于环境保护若干问题的决定》（1996 年）、《自然保护区条例》（1994 年）、《煤炭法》(1996 年）、《防洪法》（1997 年）、《节约能源法》（1997 年）、《防震减灾法》（1997 年）、《森林法》（1998 年 4 月修改）、

---

[1] 周珂、竺效：《环境法的修改与历史转型》，《中国地质大学学报（社会科学版）》2004 年第 8 期，第 73–79 页。

《土地法》（1998 年 8 月修改）等。此外，地方人大和政府也根据当地情况制定和修改了地方性法规与部门规章。

概言之，改革开放时期生态环境保护法具有如下主要特点：第一，可持续发展思想被确立为统摄社会发展的指导思想。受联合国环境和发展会议影响，我国政府决定全面实施可持续发展战略。《中国 21世纪议程》使深入贯彻可持续发展的行动纲要得以实行。应当说，可持续发展理念的确立，全面深刻地影响了我国的生态环境法制建设。第二，立法的综合性得到加强。在这一阶段，经济社会与环境保护之间的张力关系，迫使人们逐渐认识到只有建立全面、综合的生态环境法律体系，才能够切实保障可持续发展。因此，这一时期的生态环境保护法呈现出鲜明的"统合性"特征，逐步地将保护生态环境和发展经济相结合，将保护生态环境和开发资源相结合，基本形成了以保护生态环境为主要任务，综合调整生态环境与经济发展关系的可持续发展的法律体系。第三，受到西方国家环境理论与实践影响，环境民主和公众参与等现代环境理论得到理论界普遍关注，并逐渐发展为我国生态环境保护法的基本原则与制度。1999 年，我国确立了依法治国的基本国策，并将"依法治国，建设社会主义法治国家"写入了宪法，我国环境法制建设也随之在依法治国的主题下进入崭新的发展阶段。在依法治国的时代背景下，环境民主和公众参与等全新理念逐渐被立法吸收。第四，这一时期的生态环境保护法镂刻着鲜明的"交叉性"印记，相关的理论研究及立法中的制度展开都与其他学科紧密相连。首先，环境立法规制与市场经济的理论与实践发展紧密相连。在具体制度展开层面，该阶段环境立法大量运用市场机制和经济手段，主要体现在通过税费等经济杠杆来实现保护生态环境的目的。例如，征收排污费（2018 年 1 月 1 日起改为排污税）、矿产资源补偿费、资源税、耕地占用税，鼓励回收利用废物，建立林业基金，发放造林和育林优惠贷款，促进清洁生产，建设生态产业等。其次，生态环境保护与环境科学技术革新紧密相连。经过长期探索，这一时期的生态环境保护法已形成了一系列以科学技术为依托的法律制度，如环境影响评价制度、环境标志制度、环境标准制度、清洁生产制度等。同时，与上述制度相关的环境检测、污染治理等技术手段均有大幅革新。[1]

（四）生态文明建设时期的生态环境保护法（2012 年至今）

以往学者相关研究成果表明，从重视污染治理到重视污染预防是环境立法的第一次跨越式发展，而第二次跨越式发展则是从重视污染防治，到重视生态环境保护立法的发展。对于第一次跨越式发展，可以概括为对西方国家"先污染后治理"道路的反思与扬弃。对于第二次跨越式发展，则可以概括为对"先破坏后恢复"路径的反思与扬弃。我国环境保护立法中的两个跨越式发展集中体现在环境法的历史转型中。[2] 进一步而言，这种历史转型的需求和实践集中体现在生态文明建设及其法律制度展开的整个过程。生态文明对环境法的要求是，环境法应体现人与自然和谐的理念，用制度保护生态环境。[3] 这不仅要求法治与生态文明有机契合，也要求构建具体可行的生态文明制度，从而为修订《环境保护法》提供了新的契机。

为了回应民众对环境问题的普遍关切并有效平衡不同团体之间的利益，全国人大常委会经过四审才通过新的《环境保护法》。[4] 新的《环境保护法》在审议稿的基础上进行了多处修改，条文也从以往的旧法的 47 条增加到新法的 70 条。在立法目的上增加了生态文明，具体制度方面增加了生态红线制度、环境污染责任保险等制度，同时对环境公益诉讼制度进行了立法细化，并在环境行政方面针对包括按日计罚

---

[1] 黄锡生、李希昆：《环境与资源保护法学》，重庆：重庆大学出版社，2002 年，第 43-45 页。
[2] 周珂、竺效：《环境法的修改与历史转型》，《中国地质大学学报（社会科学版）》2004 年第 8 期，第 73-79 页。
[3] 徐祥民：《环境质量目标主义：关于环境法直接规制目标的思考》，《中国法学》2015 年第 6 期，第 118-137 页。
[4] 一般的法律制定和修改，由全国人大常委会三审三读，但这个惯例在《环境保护法》的修改过程中被突破，即由"三审"变为"四审"。

在内的诸多制度内容做出了详细规定。[1]可以认为，新的《环境保护法》既是对《中共中央全面深化改革若干重大问题的决定》提出的"建设生态文明，必须建立系统完整的生态文明制度体系……用制度保护生态环境"精神的立法贯彻，也是对社会公众有关"美丽中国"殷切期待的立法回应；既是"史上最严环保法"，也是我国生态环境保护立法的里程碑。

第二节　生态文明法律体系的基本架构

法律体系指的是一个国家现行的全部法律法规，按照一定标准划分为多个法律部门，从而形成内部相互联系、逻辑自洽的有机整体。[2]有论者指出，法律体系不同于立法体系，立法体系是立法机关以法定权限和程序制定的各种规范性法律文件所构成的整体。[3]概言之，立法体系着眼于法律文件的产生方式、表现形式和效力层级，又被称为"法的渊源体系"[4]。法律体系的有效建立并非把与立法主题相关的各种法律法规进行简单的叠加，而是为了更好地发挥法律的作用，遵循逻辑科学去建立一个层次分明、分工明确、有机联系的规范体系。

因此，生态文明法律体系的应有之义是调整保护生态环境、防治各类污染、综合利用自然资源的社会关系的各种规范性法律文件所组成的协调一致的规范体系。从社会主义法治体系的整体视角观之，生态文明法律体系在整个中国特色社会主义法律体系中承担了生态文明建设的法治保障功能，与其他法律部门相互配合、有机协调。从环境法的内部视角观之，生态文明法律体系的有效建立旨在实现各项生态环境立法之间的协调与互补，周全而谨慎地规范人们在开发利用自然资源、享受生态环境利益的各种行为以及由此产生的社会关系。在这

---

[1] 吕忠梅：《〈环境保护法〉的前世今生》，《政法论丛》2014 年第 5 期，第 51–61 页。

[2] 高其才：《法理学》，北京：清华大学出版社，2011 年，第 57 页。

[3] 徐显明：《法理学教程》，北京：中国政法大学出版社，1994 年，第 203 页。

[4] 徐祥民、巩固：《关于环境法体系问题的几点思考》，《法学论坛》2009 年第 2 期，第 21–28 页。

一意义上，构建科学的生态文明法律体系有助于统合生态环境法律规范，促进整个生态环境法律规范与其他部门法律规范相协调，并最终落实生态文明建设和可持续发展目标。概言之，生态文明法律体系的架构应以生态环境基本法为核心，以环境污染防治法、自然资源保护法、生态保护法为主干。

一、生态环境基本法

（一）生态环境基本法的概念

基本法的含义在不同语境下具有不尽一致的法学意涵。具言之，在法律法规效力层级的语境下，基本法指的是一个国家或地区拥有的最高法律效力的法律，等同于宪法的含义。在部门法体系架构的语境下，基本法指的是在体系中起统领作用的法律。我国根据立法机关级别不同，将全国人民代表大会制定的法律称为基本法，将全国人大常委会制定的法律称为普通法，在一定程度上引起了用语的混乱。本文中的生态环境基本法是在第二种语境下的基本法意涵，是指经国家制定和认可的，全面调整生态环境法律关系的法律文件。在这一意义上，生态环境基本法以保护和改善生态环境为首要和基本目的，并以人对自然资源和生态环境的影响行为为调整对象，以规范行政公权力和公民私权利为基本表现形式。生态环境基本法既可视为一个国家保护生态环境的法律基础和依据，也可视为生态环境法律秩序的核心。

（二）生态环境基本法的地位

一般认为，法的地位指的是它在国家的法律体系中所占的位置，包括对外地位和对内地位两个主要向度。具体到生态环境基本法，对外地位是指它在一个国家整个立法体系中的地位，对内地位是指该法在生态环境法律体系中的地位。学界的一个传统是，倘若某个法律的制定处于社会中的主导地位，则称为"某某法时刻"，例如"民法时刻""宪法时刻"。台湾学者叶俊荣教授认为，全世界范围，包括东亚地区都处在"环境时刻"[1]，各国的国家政策应当顺势而为，制定操作性强的、体系完整的环境保护基本法和综合法。基于现代社会环境问题的强大压力，生态环境基本法以及由其统领的各项法律法规在我国现行法律体系中占据举足轻重的地位。

在我国，围绕《环境保护法》是否具有生态环境基本法地位的学理争议从未停息。然而，拂去各方争议中有关基本法界定、特征等纯理论上的唇枪舌剑之后，我们认为《环境保护法》至少具有"环境基本法的地位"是较为妥当的。在生态环境法律体系内部，《环境保护法》占据着基础与统领的地位，任何生态环境法律法规不得与其规定相抵触。2014 年修订的《环境保护法》虽然在立法内容与立法技术上得到大幅提升，但仍然存在着立法结构失衡、与具体法不衔接等问题，难以承担生态环境基本法的重任。正如学者所指出的那样，从理论上讲作为生态环境基本法的《环境保护法》，应当主要规定国家在环境保护中的基本原则、管理体制、具体制度，以及相关责任主体的权利和义务，就具体制度而言，既应当包括环境经济政策市场手段，也应涵盖行政处罚规则。只有满足这些条件，才称得上是生态环境"基本法"。[2]

（三）生态环境基本法的体系结构

生态环境基本法的体系结构应与其作为基本法的地位和功能相互映衬。在总则部分，生态环境基本法应着力明确我国生态环境保护的立法目的、基本原则、适用对象、基本权利与义务等宏观性、基础性

---

[1] 叶俊荣教授在"2012 中达环境法论坛"的发言中提出了环境时刻（environmental moment）这一概念，认为环境法是一种很不同的法律，环境法学者应该在像环境法修改的这种特定的时刻发挥出应有的作用，推动社会发展，是不可多得的重要时刻。
[2] 杨朝飞：《通向环境法制的道路：〈环境保护法〉修改思路研究报告》，北京：中国环境出版社，2013 年，第 72–73 页。

问题。在具体制度方面，生态环境基本法应针对保护和改善环境、防治污染、维护生态平衡做出总领的制度规定，并设计与之配套的权利救济途径与法律责任追究方式，通过"引致性规范"的管道条款功能，实现与民法、行政法、刑法、诉讼法的有效链接。至于具体某种环境要素的保护，则应依赖于相关单行法。作为我国生态环境基本法的"雏形"，2014 年修订的《环境保护法》共有 7 章 70 条，以生态文明建设为其立法理念，并围绕着这一理念进行制度设计。在经济发展与环境保护孰先孰后的问题上，《环境保护法》明确了环境优先原则。另一个新的基本原则——损害担责原则，是原先污染者承担原则的突破，它将生态破坏行为也纳入环保法管控，更加全面、精准地对影响环境的行为予以归类。此次修法在管理模式上的创新，如加强环境风险评估、许可管理、信用管理等，在法律责任上的创新，如按日计罚、引咎辞职、行政拘留等，反映了环保形势的严峻，需要强有力的执法手段，也表明了国家治理生态环境的决心。

（四）生态环境基本法的完善

在生态环境基本法的完善与实现路径方面，已有研究大多倾向于从改造《环境保护法》入手，借由改良式的温和策略实现我国生态环境基本法的体系化构建。例如，蔡守秋教授曾指出应将我国的环境保护法修改为"环境法"，并提出环境法要"贯彻生态系统方法，推广综合生态系统管理，加强其生态法性质；确认公民环境权、参与权、知情权，规定公众参与制度；规范政府行为，规定政府环境责任制度；规定'制定法律、政策和规划等宏观活动环境影响评价制度'和'公益环境诉讼制度'"[1]。应当说，2014 年修订的《环境保护法》基本是按照打造生态环境基本法的目标去执行的，但此次修法还留有很多遗憾。一是"重污染防治、轻生态保护"的弊病仍未消解。从法律的

---

[1]　蔡守秋：《修改〈环境保护法〉为〈环境法〉的基本构想》，《贵州社会科学》2008 年第 5 期，第 27–32 页。

篇章结构来看，《环境保护法》对生态环境的功能和价值确认未做到充分且全面，更多是以传统环境污染防治为核心的规则体系。也就是说，在管理体制上，国家环境保护主管部门的职责仍然限于污染防治，至于与其一体两面的自然资源保护议题，则交由其他负责经济管理的部门负责。[1] 二是执法主体权限不足。生态环境主管部门是法定的监管部门，是否有权实施强制措施还有待论证，面对有行政级别的国有企业，一个地方的生态环境主管部门到底敢不敢实施查封、扣押等权力呢？生态环境主管部门的地位直接影响职能的发挥，如果地方生态环境主管部门的相关决策需要向市长汇报请示，公众如何能够期待它去关停某个招商引资项目。三是环境公益诉讼制度急需出台配套完善的实施细则。目前各级人民法院关于环境公益诉讼试点工作正在如火如荼地进行。应当指出的是，环境公益诉讼有其自身的特点，尤其在举证责任分配、环境责任承担方式、执行等方面有许多问题亟待解决。因此，有关部门应加快相关制度规范的制定步伐，推动环境公益诉讼与环境执法之间的有效衔接，真正发挥公益诉讼制度对生态环境保护工作的司法监督作用。

二、环境污染防治法

（一）环境污染的概念

环境污染的定义最早是由经济合作与发展组织环境委员会在1974年的一份建议书中提出的。简言之，环境污染是指自然资源在经过人类使用之后被直接排放至生态环境，在超出生态环境承载能力时，危及以自然为依托的人类自身，以及损害环境的舒适性等合法用途的现象。按照此定义，只有被人利用的物质和能量才能够造成污染，主要

---

[1] 周珂、竺效：《环境法的修改与历史转型》，《中国地质大学学报（社会科学版）》2004年第4期，第73-79页。

包括固体、液体和气体形式的有形物质以及无形的噪声、震动、光、电磁辐射、放射性物质等。同时，这一概念亦对危险程度提出了要求，只有在损害人类的健康、生态系统的健康平衡，或者损害了环境的合法用途时，才会被视为污染。中国相关环境立法采用"环境污染和其他公害"，其中的"公害"概念源自日本环境法，一般将其视为环境污染的同义词。据考证，"公害"概念"只是欧美国家环境立法中的'环境污染'概念和日本环境立法中'公害'概念的复合词，而其本质含义可以作'环境污染'解释。"[1] 如此，纵观环境法学者对环境污染的定义均未突破 1974 年经济合作与发展组织给出的定义，只是在其框架下进行细化，故此处仍采用此概念界定"环境污染"。

（二）环境污染防治法的概念

环境法学者汪劲教授指出，环境污染防治法有广义和狭义之分。广义的环境污染防治法是指与预防、减少、消除污染，或恢复、治理污染的有关法律的总称。而狭义的环境污染防治法，是指以特定的污染因子控制为目的的法律，如对噪声、放射性污染等的法律规制。[2] 余耀军教授指出，环境污染防治法是指以防治污染为对象的一类法律法规。严厚福教授同样认为，环境污染防治法并非一部真正存在的法律，而是环境法体系中一系列以治理和预防污染为核心的法律总称，其核心是对污染的成因行为进行管控，从而达到生态环境保护的目的，最终实现人与自然的有序与和谐。[3] 可以看出，学者大都赞同将环境污染防治法作为一种"类概念"下的同一类特别法律规范的总称。具言之，环境污染防治法是指有关预防、治理环境污染和其他公害的法律规范的总称，是环境法体系的有机组成部分，其具有统一的调控对象和调控策略，呈现鲜明的综合性和统一性特点。[4]

---

[1]　金瑞林：《环境法学》，北京：北京大学出版社，2013 年，第 134 页。
[2]　汪劲：《环境法学》，北京：北京大学出版社，2014 年，第 169 页。
[3]　金瑞林：《环境法学》，北京：北京大学出版社，2013 年，第 137 页。
[4]　黄锡生、李希昆：《环境与资源保护法学》，重庆：重庆大学出版社，2002 年，第 191 页。

（三）环境污染防治法的体系

目前，我国环境污染防治方面的单行法共有 6 部，分别是针对大气、水、环境噪声、固体废物、海洋和放射性污染防治的法律。在行政法规方面主要包括两种不同类型：一类是对上位法进行细化的实施细则，如《大气污染防治法实施细则》；另一类是上位法未有规定，国务院行政法规予以先行立法的事项，如《防治海岸工程建设项目污染损害海洋环境管理条例》等。[1]有论者指出，《清洁生产促进法》《循环经济促进法》也属于环境污染防治法体系的组成部分。本书课题组对此持保留意见，因为从立法目的、调整对象和调整方法的划分来看，《清洁生产促进法》和《循环经济促进法》更适宜纳入生态环境法的涵摄范畴。

（四）环境污染防治法的修改

土壤、水和大气构成人类生活最重要的组成部分。在水污染立法方面，2016 年第十二届全国人大常委会审议了《水污染防治法修正案》，此次草案主要从两个方面予以完善：一是将作为环境领域基本法的《环境保护法》与污染防治核心的《水污染防治法》予以制度衔接；二是根据《水污染防治行动计划》的要求，对《水污染防治法》予以修改。修正案草案由 8 章扩展到 9 章，新增了信息公开与公众参与章节，而且将学术界热议的检察机关提起环境公益诉讼纳入其中。条目从 92 条扩充到 143 条，将之前的"水污染事故处置"修改为"水环境风险监控预警与水污染事故应急处置"，扩大了适用范围。在水污染具体治理维度上，原管理机构设计上"九龙治水"，形成了不同部门之间利益争夺的混乱局面，由不同部门牵头制定的规范文件一定程度上形成了"法律拥堵"现象。应当说，近期国家机构改革过程中"生态环境部"的设立在相当程度上消解了机构权责配置上的交叉，

---

[1] 黄锡生、史玉成：《中国环境法律体系的架构与完善》，《当代法学》2014 年第 28 卷第 1 期，第 120-128 页。

但在相关部门权责梳理以及地方各相关部门职责衔接上，仍然有待进一步的制度细化。此外，需要说明的是，在上位法没有作出调整修改的情况下，国家以"先行先试"的改革实践精神，在全国多地推行"河长制"的全新治理模式，将保护水质的责任落实到个人，取得了不错的成效。草案也顺应形势，明确党政同责、一岗双责，在第四条"政府责任"中，增加了地方各级党政主要负责人对行政区域内水污染防治工作负责。草案新建立有毒有害水污染物名录制度，加强跨界流域监管，规定了比较重的处罚，比如按日计罚。为防止环评机构弄虚作假，草案规定环评机构、检测机构与排污单位承担连带责任。2017年6月，全国人大常委会正式通过《水污染防治法》的修正案。新法确立了总量控制、排污许可、监管者责任等内容，但不无遗憾的是草案中的诸多内容被删减，章节和条文都大幅缩小。在大气污染立法方面，面对当前大气污染形势严峻、雾霾污染频频登上头条的现实困局，国家立法机关针对《大气污染防治法》的修改十分必要且及时。2016年全国人大常委会表决通过的新修订的《大气污染防治法》，从7章66条扩展到8章129条，极大地丰富了内容。首先，新法从国家环境保护职责角度突出强化了政府在大气污染领域中的治理责任。新修订的《大气污染防治法》第三条明确规定，县级以上人民政府应当将大气污染防治工作纳入国民经济和社会发展规划，加大对大气污染防治的财政投入。地方的各级人民政府也要对自己行政区域内的大气质量负责任，必须制订相应的规划和计划，采取有效措施，逐步地减少污染的排放，改善大气质量，使之符合标准并向更高水平发展。其次，考虑到大气污染问题的累积性、复杂性和难于治理性，新法秉持"源头治理"的基本立法理念。此次修改从制定产业政策、调整能源结构、提高燃煤质量、防治机动车污染治理等几个方面着手，从推动转变经济发展方式、优化产业结构、调整能源结构的角度完善相关的制度。再次，针对社会关注的雾霾问题，尤其是对重点区域联防联治、重污染天气的应对措施都做了明确要求。最后，加大了处罚力度，取消罚款封顶，增加按日计罚、对主管人员增加罚款等措施。

我们应当看到，治理水污染、治理雾霾与经济发展、地方利益的矛盾并非一部《水污染防治法》《大气污染防治法》可以化解的，实践的发展往往会超越立法和理论，新能源、新工艺的发展对治理雾霾的帮助更大，在此方面未来立法完善的空间仍相当大。公众参与的方式也必须更加实在、有效，对政府执法形成真正的监督和制约，形成有效的意见上升渠道，反映出人民群众的真实诉求和民间治理智慧，才能够真正地利国利民，造福后代。

三、自然资源保护法

（一）自然资源保护法的概念

依照《辞海》的权威界定，自然资源是指"天然存在的（不包括人类加工制造的原材料）并有利用价值的自然物，如土地、矿藏、水利、生物、气候、海洋等资源，是生产的原料来源和布局场所"。联合国环境规划署将自然资源定义为"在一定的时间和技术条件下，能够产生经济价值，提高人类当前和未来福利的自然环境因素的总称"。简言之，自然资源是指在自然界中天然形成或存在的，当前或未来可为人类开发用于生产和生活的，具有经济价值的自然因素的总称。自然资源保护法是规范人们在开发、利用自然资源的过程中发生的各种社会关系的法律法规的总称。自然资源保护法是这一类法律法规的总称，并不是单一的一部法律，在这一类社会关系中，既有财产关系，也有管理关系；既有私法规范内容，也有公法规范内容，呈现出纵横交织的综合性。

从法律部门角度，我们可以把自然资源保护法的调整对象分为四个种类：自然资源的民事法律关系、自然资源的刑事法律关系、自然资源的行政法律关系、自然资源的诉讼法律关系。自然资源的民事法律关系是指平等主体之间关于自然资源的民事权利和民事义务，在这里主要涉及的是财产性自然资源的权利和义务，以规范自然资源的权属和流转为主。自然资源的刑事法律关系主要指国家与犯罪人之间涉及自然资源犯罪的刑罚权和刑事责任，其主要任务就是打击自然资源犯罪，打击侵犯自然资源的管理秩序、造成严重的社会危害、应受刑罚处罚的行为。自然资源的行政法律关系指的是受自然资源行政法律规范调控的因自然资源的行政活动而产生的各种权利义务关系。它是自然资源行政法的调整结果，主要涉及自然资源的管理。至于自然资源的诉讼法律关系，一般被视为前三种实体法律关系的程序性保障。考虑到自然资源及其在环境领域呈现出的特殊性，自然资源在诉讼程序上应有别于传统民事诉讼程序、刑事诉讼程序和行政诉讼程序，加以区别对待。在这里，颇具代表性的是目前我国理论界与实务界如火如荼进行的环境公益诉讼程序试点改革。

（二）自然资源保护法的立法目的

顾名思义，自然资源保护法应该以保护自然资源及促进资源合理利用为立法目的。这一终极立法目标看似简单易行，实施贯彻却面临很多现实的困境。在我国目前既有立法体系下，由于立法体系内部"规制分野""结构陷阱"以及理念滞后等问题普遍存在，保护自然资源及促进资源合理利用之立法目的并未得到有效贯彻。具言之，一是我国现行自然资源保护法律规范处于一种条块分割的"规制分野"状态，体系内部的混乱、规制重点的失调形成了立法中的"结构陷阱"。"以化石燃料为主的能源消费结构和以重工业为主的产业结构必将致使中国环境法的发展是为了彰显'突出性的成效'和'抓重点问题'"[1]，自然资源的立法必须重视能源、产业、城乡和区域问题，"变革现有

---

[1]　张梓太、郭少青：《结构性陷阱：中国环境法不能承受之重——兼议我国环境法的修改》，《南京大学学报（哲学·人文科学·社会科学）》2013 年第 2 期，第 41–48 页。

资源管理体制、能源消费结构和能源利用状况，否则在巨大的结构性陷阱面前，环境法只能是软弱无力的"[1]。二是传统思维观念注重自然资源对人类社会发展的经济意义，强调自然资源利用和开发过程对工业生产和生活品质的促进性效用。受此影响，基于自然资源开发利用及其所带来的巨大经济利益，国家和个人都希望设计出实现"物尽其用"的制度，而忽略自然资源的保育。实际上，自然资源在体现经济价值的同时，同样包含了十分重要的生态价值。这些生态性效用承载并附属于资源之上，且随着资源本身的开发消耗归于消灭。如此，有关自然资源的立法在关注资源"物尽其用"的同时，更要注重自然资源在作为传统"物"之外的生态价值的保育。自然资源保护法的立法目的应重在资源的保护，针对不同资源可否再生的特性，制订不同的开发和利用制度，确保自然资源开发利用的持久性和永续性，为子孙后代留有发展的资本。

（三）自然资源保护法的体系

自然资源保护法体系的科学展开是落实生态文明战略的重要保障。一般认为，立法体系的科学与否集中体现在规范体系内部的完备性、系统性与逻辑自洽性。一方面，整个规范体系内部必须具备较为完备的子项立法内容，力求做到各项事务均能有法可依，避免立法空白。另一方面，各个子项立法之间必须依循共通性的立法目标、原则及逻辑线条加以展开，以实现不同子项间的协调与融通，避免因立法冲突所导致的"法律拥堵"问题。具言之，我国现行有效的自然资源保护法律有 7 部：《矿产资源法》《水法》《土地管理法》《草原法》《森林法》《野生动物保护法》和《渔业法》。国务院制定的行政法规主要有：《野生植物保护条例》《土地管理法实施条例》《基本农田保护条例》《森林防火条例》《森林采伐更新管理办法》《森林资

---

[1] 张梓太、郭少青：《结构性陷阱：中国环境法不能承受之重——兼议我国环境法的修改》，《南京大学学报（哲学·人文科学·社会科学）》2013 年第 2 期，第 41-48 页。

源档案管理办法》《森林病虫害防治条例》以及《草原防火条例》等。随着生态文明理念的提出和生态文明体制改革逐渐走向纵深，我国自然资源领域的相关立法日趋完善并取得相当程度的进步。《野生动物保护法》的修改是一个成功例证。2016 年 7 月 2 日，第十二届全国人大常委会第二十一次会议高票表决通过了《野生动物保护法》三审稿，新修订的法律将于 2017 年 1 月 1 日起施行。修订后的《野生动物保护法》实质上承认动物福利，明确不得虐待野生动物，并将第二章的标题"野生动物保护"改为"野生动物及其栖息地保护"，从而彰显了立法在指导观念上的整体性、相关性的进步。诚如学者所言："如果说野生动物名录是按照动物种类规定'总许可'，那么，自然保护区则是按地理区域规定'总许可'。"[1] 此外，在处理野生动物与周边居民的关系上，采取相对温和可行的立场，没有脱离实际地站到道德高峰对密切接触野生动物的人做出忽视其生存权利的要求，并规范了野生动物的合理利用与致害补偿。

应当说，自然资源立法在注重单项立法水平提升的同时，也应关注各单项立法之间的协调性与逻辑自洽性。通过科学合理的顶层设计和立法布局，强化自然资源保护领域的系统性安排。据此，在自然资源保护法体系中，我们认为应该包括但不限于以下部门的法律法规：水资源保护法、海洋资源保护法、土地资源保护法、湿地资源保护法、森林资源保护法、草原资源保护法、渔业资源保护法、矿产资源保护法、野生动植物资源保护法、矿产资源保护法、新能源资源保护法。

---

[1]　徐祥民：《环境质量目标主义：关于环境法直接规制目标的思考》，《中国法学》2015 年第 6 期，第 118–137 页。

四、生态保护法

（一）生态的概念

"生态"一词起源于古代希腊，根本意思是指"栖息地"。人类社会步入现代文明以来，"生态"一词最早的科学引进，是德国生物学家 E. 海克尔（E. Haeckel）在 1866 年提出"生态学"这一概念。按照海克尔的界定，生态学是研究生物与生物之间以及它们和环境之间的关系，以及对生态系统的影响的学科。在日本，东京帝国大学著名植物学家三好学教授将"Ecology"翻译成"生态学"，并开创了日本自然资源保护的先河，后经旅日研习的武汉大学张挺教授介绍到我国。虽然生态学起源于对生命个体的研究，但时至今日已逐渐发展为侧重于对生物与环境之间关系的研究与探索。如今，伴随生态环境问题的持续升温，"生态"一词已深入人心并渗透到各个学科、行业的研究实践。譬如，政治生态、经济生态、文化生态等新颖词汇，重在研究关系的平衡。此外，不同的文化背景下对"生态"一词的解读也不尽一致。应当说，在法学研究的视角下，我们所探讨"生态"概念是法律调整框架下的生态保育活动。如此，这里的"生态"概念并非作为与"良好、和谐、平衡"同义的形容性词汇，而是指向客观具体的生态环境实体。在此语境之下，我们所讲的生态是一定环境中所有生物的生存和繁衍状态，以及它们与环境之间相互影响的动态关系。

（二）生态保护法的概念

生态保护法是调整保护生态系统结构、功能和保护生物多样性以及特定自然过程中所发生的社会关系之法律规范的总称。[1]生态保护法是环境法发展的最新趋势，也是人类对环境科学从以往单一环境要

---

[1]　梅宏：《论我国生态保护立法及其完善》，《中国海洋大学学报（社会科学版）》2008 年第 5 期，第 49~55 页。

素到生态系统整体功能的"整全性"认识过程。[1] 有论者指出，我国已经基本实现污染防治立法的跨越式发展，当务之急是从污染防治立法向生态保护立法转变，前一种转变更为基础，而后一种转变则是由表及里的"质的转变"。我国环境法要实现后一种"质的转变"需要突破两个瓶颈：其一，通过生态环境立法代替污染防治立法；其二，通过管理和财产法相结合的思路代替行政管理法的行为模式。[2] 在建设生态文明的背景下，生态保护法应当得到应有的重视，并承担起突破传统环境法律制度中利益分割、治理低效等瓶颈的时代任务，推动生态环境保护立法与国家环境治理政策的现代化。

（三）生态保护法的现状

生态文明法律制度体系是一系列较为成型且彼此联结、互为补充的法律制度所共同组成的有机整体。我国现行生态保护立法在 20 世纪 90 年代前基本表现为以命令强制制度为主导，90 年代以后，逐步转向命令强制制度与市场激励制度相结合，并开始重视公众参与的作用。这些制度在生态环境保护实践中发挥了重要作用，但也存在很多不足，不能完全适应生态文明建设的需要。比如，在制度功能上，以追究个体责任的"谁污染，谁治理"为指导原则，以区域和生产环节控制如"点源控制""排放控制"为基本要求和内容，功能单调，适用范围窄，不能全面有效控制污染和生态破坏。已经建立并运行的制度往往"头痛医头、脚痛医脚"，制度之间缺少内在的关联性和协调性，配套性差，特别是环境污染防治与自然资源保护的法律制度之间相互割裂，各成体系，严重削弱了制度的综合效率和效力。一些重要的制度如生态修复与生态补偿制度、生态红线和环境预警制度、生态环境损害责任制度还没有完全建立，普遍存在"轻重不均"的问题。此外，

---

[1]　整全性概念是源自美国法学家罗纳德·德沃金提出"整全法"概念。简单来说，这里的整全性认识意指一种融贯性、整体性与系统的性理解与认识。

[2]　周珂、竺效：《环境法的修改与历史转型》，《中国地质大学学报（社会科学版）》2004 年第 4 期，第 73—79 页。

现阶段的生态保护立法还存在较为突出的"重城市轻农村"倾向。环境要素的整全性、污染物质的流动性、地域分割的管理体制之间存有张力。伴随国家环境规制力度日趋加大以及城市工业化过程中的结构性升级，一些"高消耗、高污染"的资源密集型产业开始向广大农村等欠发达区域进行"产业转移"。

在立法上，现阶段的环境立法多注重城市的污染防治，然而由于生态环境的整体性和环境要素的流动性，众多污染企业在"产业转移"浪潮中扎根农村，并在缺乏有效监管的情形下，使农村污染问题日益突出，而农村的环境恶化会反过来影响城市的生态环境。可以认为，城市与农村无论在经济上，还是环境保护议题上，都是共损共荣的。从这个角度分析，制定专门规制农村环境问题、协调城乡资源分配的法律或许是更为有效的制度安排。[1] 习近平总书记在主持十八届中央政治局集体学习时指出：良好生态环境是人类社会赖以生存的根本，要坚持预防为主、综合治理，强化对水、大气和土壤等环境要素的污染防治。要实施重大生态修复工程，推进重点行业重点区域的污染防治。这为我国生态环境保护领域立法进一步完善提供了方向性指引。

（四）生态保护法体系

按照以往研究者的类型化梳理，生态保护法可以分为三个大类，分别是生态系统保护法、生物群落保护法和物种保护法。详言之，生态系统保护法是指对生态系统整体的保护法律，根据属性的不同，又可以分为陆域生态系统保护法和水域生态系统保护法；生物群落保护法重在保护生物群落整体；物种保护法是对单一类的物种进行保护的法律，如动物物种、植物物种，也包括物种入侵方面的法律。[2] 本书课题组认为，这一划分过于强调生物这一单一环境要素，倘若从生物

---

[1] 张梓太、郭少青：《结构性陷阱：中国环境法不能承受之重——兼议我国环境法的修改》，《南京大学学报（哲学·人文科学·社会科学）》2013 年第 2 期，第 41—48 页。
[2] 徐祥民、巩固：《关于环境法体系问题的几点思考》，《法学论坛》2009 年第 2 期，第 21—28 页。

资源的角度来看，完全可以将这些分类纳入自然资源保护法体系之中。生态保护法律框架应当是生态保护基本法与各种单行法、区域保护法、生态保护标准等共同构成的法律框架。概言之，基本要求是法律框架内部协调统一，分类周全。从这一角度来看，生态保护单行法应当根据保护对象的不同分为三类：生物多样性保护法、特定自然区域保护法和生态系统保护法。[1] 为了避免生态保护法缺乏实效性，出现空洞化现象，应当综合运用多种管理和调整手段。例如，在生态环境损害赔偿这一议题上，应当配套建设生态损害风险评估制度、生态价值评估制度、生态利益补偿制度、生态审计制度和生态修复制度，并充分调动公众参与，通过信息公开使公众与政府有效互动，发挥有效机能。

五、资源循环利用法

（一）资源循环利用的概念

资源的循环利用，是指将生产和生活中的废弃物品通过回收、加工，使之变成可再利用材料的过程。正如罗马俱乐部在《增长的极限》一书中指出的那样：“如果经济增长是依赖于一个有限世界的无限索取，那么这种增长势必难以持久。”由于地球资源的有限性，资源的循环利用是大势所趋和必不可少的过程。根据美国环境保护署公布的资料，美国 13% 的固体垃圾（即通过垃圾收集系统处理的垃圾）已经实现循环式处理。循环利用提供了一种既能减少垃圾填埋又能节约自然资源的方法，因其对资源利用和人类社会发展的永续性效用，受到世界各国的普遍认可。20 世纪 80 年代后期，随着环保意识的增强，公众逐渐认识到“循环”是实现可持续发展与保护环境的关键。如今，

---

[1]　梅宏：《论我国生态保护立法及其完善》，《中国海洋大学学报（社会科学版）》2008 年第 5 期，第 49-55 页。

购买可回收利用材料制成的商品已经成为政府鼓励和商家宣传的一种新的消费倾向。从短期来看，虽然循环利用并不一定是经济的，"变废为宝"的过程也许比使用原生材料更加昂贵。但从长远观之，资源的循环利用是生态文明社会必须具备的能力和品德，有利于可持续发展目标的实现。

（二）资源循环利用法的概念

资源循环利用法是调整人们在将生产和生活中的废弃物品，通过回收、加工，使之变成可再利用材料的过程中所形成的社会关系的法律规范的总称。循环利用法主要采用行政手段实现对企业或个人的鼓励或者处罚，也有学者认为其属于经济法的范畴。资源的循环利用是保护生态环境的根本之策。为此，应当大力发展循环经济，促进生产、流通消费过程中的减量化、再利用和资源化。通过相关立法，推动资源的集约化开发与循环利用，实现社会永续发展。

（三）资源循环利用法的体系

从当前的发展趋势来看，循环经济发展模式替代传统粗放型的经济发展模式是必然选择。将减少废弃物产生、废弃物再利用的相关法律规范予以整合，便形成了环境法的一个新的分支体系，即本章所言的"资源循环利用法"。当前，我国这类法律主要包括《循环经济促进法》以及《清洁生产促进法》。这两部法律都以"促进"二字为名称，内容多以激励性、引导性条款为主，通过采用名录制度规范一些对生态环境有重大影响的废弃物的回收处理。由于缺乏实质性和义务性条款设计，上述两部立法性质仍然过于"柔性"，没有落实相关主体的生产责任、消费责任和监管责任。

本书课题组认为，资源循环利用法应该至少包括以下内容：生活垃圾分类处理法、工业废弃物处理法、循环经济法、清洁生产法、绿色消费法。生活垃圾分类处理法要求市政部门承担主要责任，引导公民形成垃圾分类回收的生活习惯，对回收市场作出规范。工业垃圾处理法指的是由生产监管部门承担主要责任，规范工业垃圾的无害化处理和回收利用。之前我国的《固体废物污染环境防治法》将工业固体废物、生活垃圾以及有关的危险废物一并列为防治对象，废物、废弃物、垃圾的概念混乱不清，且工业废弃物不限于固体，工业企业的废水、废气、废渣的排放标准等相关法律法规应该与工业废弃物的回收管理实现有机结合，建立更加科学有效的管理体制。至于循环经济法、清洁生产法、绿色消费法应该注重市场规律，综合运用财政支付补贴、媒体宣传等措施，形成新的经济增长点，引领消费新风尚，促进资源的循环利用。

六、能源法

（一）能源的概念

能源作为现代国家发展的重要物质性依托，同时承载着经济利益、生态利益、国家战略利益及安全价值。能源概念在不同的学科中呈现出不尽相同的内涵。《科学技术百科全书》将能源定义为获得光、热和动力能量的资源；《大英百科全书》则将能源定义为人类用适当的转换手段将燃料、流水、阳光和风等转换成能量的物质；按照《日本大百科全书》的界定，能源是指各种生产活动中需要的热能、机械能、光能和电能等能量的各种自然界载体；我国《能源百科全书》将能源定义为可以直接或经转换提供光、热和动力等能量的载体资源。上述不同界定之间的共通性在于均认可能源与能量可以相互转化。由此可以得出有关能源概念的基本界定，即能源是指自然界中能为人类提供能量的物质资源。在具体分类上，由于能源与能量之间存在着相互转化关系，因此能源也被称为能量资源。其中，直接可以取得的称为一次能源，如石油、天然气、煤炭、水能、太阳能、地热能、生物能、核能等；通过人类加工和进行转换的称为二次能源，如电能、热能、汽油、柴油等，以及其他品种的新能源或者可再生能源。我国《节约能源法》中所称的能源概念，是指煤炭、石油、天然气、生物质能和电力、热力以及其他直接或者通过加工、转换而取得有用能的各种资源。

（二）能源法的概念和体系

能源法是调整各种能源在开发利用过程中所形成的社会关系的法律规范的总称。能源法是以能源开发利用所形成的特定社会关系为调整对象，以使能源得到有序、高效的开发利用，并以解决能源开发过程中的生态问题及其可持续供给为目标。由于不同的种类能源具有自身特性，因此与之相匹配的法律规制侧重点也不尽一致。总体而言，核能重在安全开发，煤炭重在维持周遭环境的健康，石油炼化重在品质的把关等。广义的能源法包括能源基本法、节约能源法、石油法、煤炭法、电力法、原子能法、可再生能源法，以及有关具体能源的行政法规、规章和地方性法规。当然，起到统领作用的还有关于鼓励节约和循环利用一类的法律。目前，我国有关节能减排与能源开发利用的法律主要有四部：《煤炭法》《电力法》《节约能源法》以及《可再生能源法》。

七、防灾减灾法

（一）灾害的概念

人类畏惧灾害，所谓灾害是指对人类和环境造成破坏性影响的事物的总称。一般认为，灾害不表示程度，而是通常指局部可以扩张和发展，并对人类生产生活产生负面影响的现象。具言之，基于发生原因不同，灾害包含社会事件和自然灾害两个主要方面，也称人为灾害和自然灾害。人为灾害如生产中的各种灾害，自然灾害如地震、泥石

流等。根据自然灾害的原因、发生部位和发生机理不同，又可以分为
地质灾害、天气灾害、海洋灾害等。中国是全球遭受自然灾害最为严
重的国家之一。由于地理条件复杂多样，中国自然灾害种类多、频率高、
分布广，每年因各类灾害所造成的直接社会损失亦十分巨大。2008 年
发生的震惊世界的 8.0 级汶川大地震，是中华人民共和国成立以来破
坏性最强的地震灾害，仅在四川省就造成 68712 人死亡，失踪 17912 人。
汶川大地震带给国家和社会公众带来了巨大的心灵创伤。

（二）防灾减灾法的概念和体系

防灾减灾法是指调整防治自然灾害或者减轻自然灾害的法律规范
的总称。由于灾害本身的公共事务属性，加之在巨大灾害面前个人的
力量往往有限，因此有关的治理手段大多是从公共视角加以探讨。伴
随国家的出现及现代国家的职能扩张，防治自然灾害已经成为政府部
门的重要职责。因此，在立法体系层面，防灾减灾法律规范主要是以
规范政府部门管理性的行政职权与行政职责为轴心，并由此形成相对
具体化的制度。

面对现代社会频繁发生的各类灾害事件人们经常反思的现实议题
是在大自然面前人类是否真的束手无策？在现有的科技水平下，是否
有抵御灾难或者说尽量减少损失的能力呢？本书课题组认为，在立法
层面，上述问题的法律解答应当从转变立法理念、强化立法体系性和
突出预防性制度构建（即"预警制度"）三个主要方面加以展开。具
言之，从灾害发生的客观性出发，尤其是从地震、海啸、台风等自然
灾害的发生不以人的意志为转移的角度来说，防灾减灾立法的重心应
聚焦于预防性制度设计。首先，不断提高社会公众的防灾减灾意识。
例如，2008 年 6 月，山西省太原市政协委员提议设立"防灾减灾日"
（也称"中国赈灾日"），一是向汶川地震的遇难者表示哀思，二是
为了提醒全民族具备灾患意识，提高防范能力。后经国务院批准，从
2009 年起每年 5 月 12 日是中国的"防灾减灾日"。其次，面对灾害，

我们一方面要努力发展科学技术，提高预测和救灾能力，更重要的是日常的防灾减灾教育和应急演习，且在建筑质量、施工水平上必须严格要求。前事不忘、后事之师，只有加倍重视防灾减灾，才能尽量减少生命和财产损失。再次，在立法体系的构建上，我国目前的防灾减灾法主要包括《防洪法》《防震减灾法》和《气象法》。需要注意的是，人类砍伐森林、开垦草原引起的土地荒漠化，以及因为污染、杀害而造成的物种灭绝等不属于自然灾害，因而不是防灾减灾法体系的范畴。最后，基于预防性的立法理念，防灾减灾立法中应建立与不同灾害类型相匹配的灾害预警制度。通过灾害监测、预警信息发布和相应等级的应急响应程序等具体制度设计，实现灾害的源头预防和全过程治理相结合的制度安排。[1]

八、生态环境专项管理法

所谓生态环境专项管理法，指的是涉及国家环境综合监管的立法。目前，我国立法体系中较为典型的生态环境专项管理法是《环境影响评价法》，同时还包括《建设项目环境保护管理条例》《规划环境影响评价条例》和《环境信息公开办法》等相关配套性法规和规章。徐祥民教授指出，上述法律可以概括为"环境手段法"，与"环境事务法"相对应。"环境事务法"是指针对具体的环境事务而生成的法律，关注的是具体环境问题的防治和特定环境区域的保护，如《水污染防治法》《海洋环境保护法》等；"环境手段法"则是指规制服务于环境保护的手段和方法的法律规范系统，如上文提及的《环境影响评价法》《规划环境影响评价条例》《环境保护税法》等。[2] 本书课题组认为，法律总是包含着特定的调整对象和调整手段，二者不可分割。也就是说，在论者概括的"环境事务法"中，实际上包含着环境手段，而在"环

---

[1] 有关"预警制度"的具体探讨，详见本书第八章"环境预警法律制度研究"的相关内容。
[2] 徐祥民、巩固：《关于环境法体系问题的几点思考》，《法学论坛》2009 年第 2 期，第 21–28 页。

境手段法"中，也包含着特定的调整对象，即"事务"。因此，这样的划分并不严谨。鉴于此，本书课题组将这类法律概括为生态环境专项管理法。

第三节　生态环境法律体系建设的不足

生态环境法律体系是生态文明制度的核心内容和重要保障，统一性和系统性是法律体系的重要特征。一般认为，法律体系的研究对于立法预测与规划的科学性、适用法律解决纠纷的正确性以及进行法律汇编与法典编纂的全面性、划分学科的合理性有着重要的意义。[1] "法律文件的归属和法律规范的性质是法律体系框架研究的两个基本向度，研究法律文件的归属有助于描述中国立法的现状，而法律规范性质的研究有助于分析不同性质的法律规范是如何在各个法律部门分布的。" [2] 概言之，生态环境法律体系作为我国法律体系的一个子系统，是由相互联系并协调一致的防治污染以及保护生态环境的各种规范性文件组成的，它是以保护和改善生态环境为目的，调整人类对生态环境的利用关系的法律规范的总称。在形式上，生态环境法有广义和狭义之分。广义的生态环境法既包括环境法典或环境基本法、环境与资源保护单项法，也包括行政法规、规章、环境标准及其他部门法中的生态环境与资源保护规范。因此，生态环境法律体系的建设实际上是在广义的生态环境法层面上的构建与完善。

从法律体系的整体性出发，生态环境法律体系是中国特色社会主义法律体系的有机组成部分，一方面与其他法律体系协调，保证整个法律体系的和谐统一，另一方面通过内部的各种规范之间的协调补充，

---

[1]　葛洪义：《法理学》，北京：中国政法大学出版社，1999年，第312页。
[2]　朱景文：《中国特色社会主义法律体系：结构、特色和趋势》，《中国社会科学》2011年第3期，第20—39页。

使环境法发挥整体功效，以维持环境法体系的独立存在。[1]生态环境法律体系并非一个既成事实，而是属于历史的、动态的范畴。具体而言，人类在进入奴隶社会和封建社会时，由于人类影响环境的能力与环境承载力悬殊，因此也就不会形成生态环境法律体系。即使在个别朝代出现了关于调整人与自然关系的法律，也只不过是建立在传统农耕文明形态基础上朴素的环境伦理思想的法律文件。[2]这一从无到有的过程，是由中国现代社会中经济、政治、社会结构与意识形态的变迁所决定的。[3]现阶段，生态环境保护的立法已经成为我国最为活跃的立法领域。

我国环境法学创建于20世纪70年代，至今已有40多年了。我国生态环境法的发展与我国环保事业的发展、环境法治的进步有密切的联系。随着经济的发展，环境问题日益显现出来，我国出现了与之相适应的部门法乃至法律体系。所以说，生态环境法律体系也是国家为促进生态环境保护和资源可持续利用而制定的相关法律的集群。从理论意义上说，一个国家生态环境法律体系是否完善，是影响该国生态环境法发展的一个重要因素。这是因为生态环境法研究离不开具体的法律规定，需要把各种规范性文件联系起来进行系统分析、综合研究，并提升到较高水平。从实践意义上说，一个国家有没有比较完备的生态环境法律体系，是衡量该国环境法制建设和监管水平的标志。所以对生态环境法律体系进行研究，将有助于国家制定立法规划，分清主次轻重，使各种生态环境立法相互配合、补充，构成协调一致的整体。经过几十年发展，我国初步形成了环境法体系。

然而，考察我国环境法调整对象的完备程度后，不难发现我国环境法体系存在很多不足。诚如学者指出："迄今为止，环境法学尚未完全系统性地形成能够体现法学学科性质和本质特征的基础理论。"

---

[1] 刘先辉：《环境法的体系化及其发展方向》，《可持续发展环境保护防灾减灾——2012年全国环境资源法学研究会（年会）论文集》，2012年，第210-213页。
[2] 吕忠梅：《环境法导论》，北京：北京大学出版社，2010年，第33页。
[3] 鄢斌：《社会变迁中的环境法》，武汉：华中科技大学出版社，2008年，第89页。

作为指导的理论基础，主要来源于其他环境科学和经济学，环境科学将环境问题产生的原因归结为人类开发利用自然的行为超过了自然的承受能力。经济学理论将环境问题的原因归结为基于产权不明导致的政府失灵和市场失灵。从法学的视角审视，我国现行生态环境保护法律在立法价值上仍带有浓厚的人类中心主义痕迹，生态文明理念、可持续发展理念、生态系统综合管理理念、多元共治理念、生态利益衡平理念等，未能很好地体现。上述缺失产生的后果是生态环境法律制度体系不能完全体现环境问题的关联性、综合性、区域性、利益区分性等性质。

一、法律体系系统化程度不高

法的体系价值以及基于体系所产生的逻辑性与说服性是评判法律体系现代化程度的重要标志。依据整体性理论，确定生态环境法律体系的系统化程度应综合考虑以下因素：法律体系的组成要素、各要素的组成合理与否、要素是否多余、还未充分发挥其功能的要素以及新的要素之补充等。[1] 由于长久以来生态环境立法的滞后性和草创性，我国现行生态环境法律体系内部缺乏有机联系。其原因主要有以下两个方面：

首先，生态文明的内涵尚未清晰厘定并贯彻运用到立法活动之中。目前许多法律在立法宗旨、理念上，仍停留在满足人对环境的充分利用和经济发展优先，未能从中央"五位一体"的总体布局以及生态文明建设的战略高度出发，真正考虑生态环境本身的价值以及人与自然和谐相处的关系。相关生态环境立法具有明显的"应急性"色彩，即当出现严重环境问题和生态压力的时候，才重视生态环境立法的功能，甚至当环境问题逐步演变成现实的环境危机时，人与自然的关系才开

---

[1]　路轶：《从系统论角度看环境法律体系的发展方向》，载《2014 年〈环境保护法〉的实施问题研究——2015 年全国环境资源法学研讨会（年会）论文集》，2015 年，第 568—570 页。

始重新被审视。

其次，我国生态环境法律体系缺乏稳定性。为了应对突发的环境问题，各个法律组成部分会经常变动或者临时造法，致使法律丧失稳定性、严肃性特征。另外，生态环境法律体系内部一些法律法规缺失，不能很好地回应现实。例如，我国在生态保护、生物安全等方面的立法缺失，在排放总量控制、排污许可交易等方面的立法缺失。政府环境责任考核制度、政府环境责任追究制度、环境贷款制度、环境保护市场准入制度、环境风险预警制度、环境污染保险制度、环境法律援助制度以及政府部门联防联控机制等，尚需进一步细化和完善，而不是空成口号，或者一地一个做法，朝令夕改。由此可见，我国生态环境立法的系统化程度亟待加强。

二、整体协调性与逻辑自洽性不足

整体协调性与逻辑自洽性不足是我国生态环境法律体系面临的又一困局。一方面，在现代组织学和公共管理学的视角下，整体协调性是指组织公共关系部门的机构设置应当使得组织内部各部门之间相互协调，并在有冲突的情景下作出适当调整以避免矛盾。为了各部门能够协调工作，组织的整体协调性是首先要考虑的问题。在法学研究领域，法律体系建设的整体协调性应表述为，各个法律部门之间在立法、执法、司法、守法等动态适用法律规范的过程中协调一致，无原则上的冲突和障碍。另一方面，研究法律体系的逻辑自洽性，必须首先正确认识自洽性的基本含义。自洽性源于逻辑学，属于自然科学领域，具体是指主观层面的自我认同、自我允准和自我控制，表现为提出的概念、观点和假设与结论之间具有逻辑上的内在一致性。理论体系的自洽性，是指根据社会发展阶段和人的发展需要，不断对相应的理论进行自我更新、自我完善和自我建构。以生态环境法律体系建设为例，从静态意义上要求各种法律规范文本能够来源于实践，并相互协调，相互改造；从动态的角度看，要求各种理论与规范实现自我批判和自我超越。

　　总体而言，我国目前生态环境法律体系未能达成体系整体协调与逻辑自洽。首先，生态环境法律体系的架构存在差异化认识。有论者指出，除了循环经济法、应对气候变化与低碳减排等新兴法律之间存在部门法归属争议之外，自然资源法、生态保护法等环境法亚法律部门的认识也仍处于模糊状态。[1] 除此之外，实践中生态环境保护法也尚未被视为一个真正意义上的独立且重要的综合性法律部门，尚有诸多重要的生态环境保护规范未纳入这一法律体系。从法理上看，生态环境法律体系忽视了生态系统和生态规律，如生态学中的物物相关律、有限的资源承载律、输出动态平衡律等。上述有关生态环境法律体系基本问题的模糊认识，直接或间接地导致生态环境法律体系的整体性和协调性阙如。其次，生态环境保护基本法与各单行法之间独立性过于彰显而协调性不足。集中表现为法律体系中存在相互冲突的诸多内容。《环境保护法》具有一定程度的环境基本法色彩，但是与单行的污染防治法有很多不一致的规定，而它们的法律位阶确是相同的，其作为基本法的统摄力仍有待探讨。单行法各自为政，在执法层面，表现为职权冲突、管制过度或管制不足。理想状态是以生态环境基本法为核心，以环境污染防治法、自然资源保护法、生态保护法、防灾减灾法、节能减排法、资源循环利用法和环境侵害责任法为主干，核心与主干之间结构完整、逻辑自洽。毋庸置疑，生态环境法律体系建设对我国生态文明建设以及社会可持续发展具有重要意义。随着经济、社会和环境的变化，生态环境法律体系所调整的社会关系也处于不断的变迁之中。生态环境法律体系应当根据调整对象的变化而相应改变。然而，由于现阶段整体协调性和逻辑自洽性不足，这种动态的演进总是表现出被动和盲目。它们无法按照法律部门内在规律，剔除不合时

---

[1]　黄锡生、史玉成：《中国环境法律体系的架构与完善》，《当代法学》2014 年第 28 卷第 1 期，第 120–128 页。

宜的法律规范，吸纳新的法律规范，从而使整个生态环境法律体系吐故纳新的开放性和生命力明显不足。

三、法律体系内部重要领域的立法缺失

从现实需要以及法律体系的逻辑自洽角度来审视，可以发现，我国生态环境法律体系尚未覆盖全面，立法空白和"空洞立法"问题普遍存在，有待进一步补充与完善。

第一，生态环境保护领域中的制度供给不足。生态环境立法在时间维度上远远短于传统部门法的发展历程。此外，我国环境问题的集中爆发，导致立法存在研究者所言的"时空压缩"现象，这意味着我国生态环境立法需要在较短的时间内解决复杂的环境问题，导致立法带有"应急性"色彩。在环境问题较为凸显和社会矛盾较为突出的领域，相关的立法更为完善，而在那些问题不太突出的领域，立法资源的分配则较为匮乏，导致在环境执法过程中出现无法可依的问题。

第二，生态保护性立法相对匮乏。生态环境保护法是调整维持生态平衡过程中形成的社会关系的法律规范的总称。[1] 我国以往对生态价值的认识不够深入，生态保护方面的立法也比较欠缺，只涉及风景名胜区、自然文化遗迹保护、自然保护区、国家森林公园保护以及野生生物的保护等单一立法，而没有建立生态利益的供给制度、公平分享制度、合理补偿制度等制度，导致实践中对公民在治理荒山沙漠、发展生态产业，局部生态系统的改善等方面缺乏相应的激励与补偿。

第三，立法较为原则、空洞。立法中环境义务性条款和责任性条款普遍缺失，导致实施过程中面临强制力不足的困局。我国生态环境领域的理论研究大多集中于理念式、权利式的研究，关于环境义务和环境责任方面的研究成果相对匮乏。这也导致法治实践中义务性和责

---

[1]　黄锡生、史玉成：《中国环境法律体系的架构与完善》，《当代法学》2014 年第 28 卷第 1 期，第 120–128 页。

任性内容缺失与安排不合理。传统的环境侵权责任法中的规定，已经不能满足我国现实的需要，会导致生态环境法威信受到质疑、公众利益严重受损。应当说，空洞的立法会导致国家环境策略无法实现。

第四节 生态环境法律体系的完善路径

生态环境法律体系的完善依赖于全局式安排，以生态环境问题的特殊属性为基本依托，构建与之相映衬的制度规范体系。同时，通过重新整合基本法与单行法、行政法规、规章、环境标准，理顺它们的逻辑关系。此外，应从社会主义法律体系的高度，要求生态环境法律体系与其他部门法律体系实现有效衔接。具体而言，我们可以从以下路径展开对生态环境法律体系的完善。

一、生态环境法律趋同化背景下的立法移植与本土化

法律趋同化是指随着国际交往的深入与社会发展的需要，不同国家的法律相互渗透、相互吸收，逐渐表现出立法的趋同化现象。[1]法律趋同化的原因也可以概括为，国内立法对国际社会的普遍实践和国际惯例进行吸收，并积极参与国际立法活动，使国内法律与国际法律互相融通。[2]法律趋同化的目的在于，通过在全球范围内确立正确的法律理念，指导人类通过制定普遍适用的法律，避免偏执的、武断的结论出现在立法、司法、执法和守法实践中。[3]自 20 世纪末以来，伴随环境问题的全球化，以及环境治理技术的趋同，全球环境立法的趋同化成为各国环境立法的显著特征。事实上，这一趋势并非偶然。一般认为，生态环境保护领域中的法律趋同化趋势源自 20 世纪末人类

---

[1] 李双元：《法律趋同化问题的哲学思考及其他》，长沙：湖南人民出版社，2006 年，第 113 页。
[2] 黄文艺：《全球结构与法律发展》，北京：法律出版社，2006 年，第 13 页。
[3] 李双元、李赞：《全球化进程中的法律发展理论评析——"法律全球化"和"法律趋同化"理论的比较》，《法商研究》2005 年第 5 期，第 153–160 页。

社会伦理观所发生的"一体化"改变。[1] 伴随着可持续发展观、修正的生态中心主义、代际公平等基本价值与理念在全球范围内的广泛传播与普遍认同，作为社会治理"重器"的法律制度亦进行了相应的回应，并表现为世界各国蔚为壮观的生态环境立法和修法活动。

（一）生态环境立法体例趋同化的一般表现

从立法体例的视角观之，各国生态环境立法往往先在宪法中规定生态环境保护的基本理念、国家环境保护义务、环境权利等内容，并以此指导具体的生态环境立法。具言之，宪法作为国家根本大法，对生态环境政策的规定将指导和统摄法律法规的制定。各国在环境立法过程中，一般通过宪法确立保护环境、维护生态平衡的国家责任，明确环境保护的基本国策以及公民、企业、社会团体在生态环境保护中的权利义务。因此，宪法中生态环境保护的基本内容成为生态环境立法的原则和依据。例如，《美国联邦宪法》修正案第 1 条、第 9 条和第 11 条，有关人民和各州保留权力的条款被联邦高等法院视为美国环境立法和联邦政府环境管理的宪法依据。[2] 几乎所有发展中国家的宪法均将环境保护作为国家的义务和职责。例如，印度《宪法》规定，国家努力保护并提高生态环境质量，保卫国家森林及野生生物。[3] 我国《宪法》虽然未明确规定环境权，但在宪法中明确规定，"国家保护和改善生活环境和生态环境，防治污染和其他公害"，被学者们普遍视为生态环境保护法律的宪法依据。[4]

此外，在生态环境法律体系内部，基本法普遍成为各国制定其他环境保护单行法的依据。日本 1993 年制定的《环境基本法》规定了环境保护的基本政策，并提出了全球环境保护、可持续发展、国家保护环境等重要理念。美国 1969 年制定的《国家环境政策法》在美国

---

[1]　汪劲：《论全球环境立法的趋同化》，《中外法学》1998 年第 2 期，第 32-42 页。
[2]　王曦：《美国环境法概论》，武汉：武汉大学出版社，1992 年，第 165 页。
[3]　孙林：《环境法与可持续发展：联合国环境规划署沿着新道路前进》，王之佳等译，北京：中国环境科学出版社，1996 年，第 146、165 页。
[4]　蔡守秋：《论环境权》，《金陵法律评论》2002 年第 2 卷第 1 期，第 83-119 页。

环境法体系中处于基本法的地位。受此影响，我国 2014 年修订的《环境保护法》在结合我国环境保护现状的前提下，确立了环境法的基本原则、基本制度与法律责任等，并对环境污染的防治和资源保护作出全局性规定。虽然各个国家环境保护基本法的名称不尽相同，但基本功能定位和体例架构存在趋同化态势。另外，各国根据其环境问题的特点和类型，都在特定领域制定了专门的单行法。许多国家通过制定单行法来防范水体、大气、噪声、固体废弃物、有毒化学物质等污染，并通过单行法对水体、土地、动植物、矿藏等资源进行保护。例如，美国制定了《清洁水法》和《清洁空气法》等进行污染防治；瑞典制定了《水法》《森林法》《矿产法》等进行资源保护；我国也制定了《水污染防治法》《水法》《大气污染防治法》《环境噪声污染防治法》《矿产资源法》和《野生动物保护法》等来防治污染、生态破坏和动植物资源保护。

（二）生态环境立法内容趋同化的一般表现

由于生态规律的普遍性与环境问题的同质性及技术发展，全球生态环境立法内容趋同化日益明显。这主要表现在各国环境立法的体系、法律原则、立法目的、法律责任与法律制度等方面。生态环境立法的趋同化提供了一个广泛的交流平台，给各国借鉴和吸收他国生态环境立法的先进经验创造了机会，有助于用发展眼光和宏观思维审视环境立法的未来，并分析环境立法对经济、社会发展的作用与功效，对本国生态环境的立法和未来发展提供了契机。充分吸收生态环境法律体系趋同化的利好，对建设和完善我国的生态环境法律制度是非常有意义的。

在立法内容上，各国普遍出现由"目的二元论"向"目的一元论"转变。"目的二元论"是指生态环境立法将环境保护和经济发展作为同等重要的目的取向，强调在环境资源承载力的范围内发展经济，并力求实现人与自然的和谐。[1]不可否认，"目的二元论"具有一定程度上的现实性。然而，由于经济发展的成果具有及时显现的特征，而环境保护的成果往往具有很强的滞后性，加之法律本身所裹挟的滞后性特征与惯性依赖，一国法律政策的修订往往更加滞后于社会现实。这些因素共同造成了经济发展成果在较短的时间内得到"放大"而生态环境损害"缩小"。故而为追求一时利益，各国政府往往倾向采取"重经济发展，轻环境保护"的治理策略。如此，环保和经济协调发展，最终成为"经济发展优先"。为了达到纠偏的目的，现阶段世界各国普遍采用"目的一元论"，即将生态环境立法目的确定为唯一性的生态环境保护，传达环境优先的理念。我国环境立法也应适时接纳"目的一元论"并采取积极的法律移植。目前，《环境保护法》在立法原则部分明确规定了"保护优先"的基本原则，体现了"目的一元论"的核心精神。但在其他具体领域，尤其是能源立法领域，保护优先在具体内容中仍然有待进一步贯彻。

此外，在具体制度方面，由于生态规律的普遍性，世界各国面临的环境问题在生成机理方面具有相当程度的一致性，这使各国在制度设计上采取了近似的处理方式，也为发展中国家进行立法移植营造了相对广阔的空间。以生态环境问题的潜伏性、累积性和难于恢复性为例，世界各国普遍采取了"预防为主"的治理策略。美国《环境政策法》首次确立了环境影响评价制度[2]，在此之后，包括中国在内的众多国家广泛采用这一从源头规制环境问题的制度，中国甚至专门为该制度制定了《环境影响评价法》《规划环境影响评价条例》等专门的法律法规，这种对特定制度立法的现象甚为少见。在规制环境犯罪方面，经过了私法手段、行政手段再到刑罚手段的过渡。鉴于频发的环境事故及其造成的严重影响，20 世纪 70 年代，发达国家采用了刑事

---

[1] 陈泉生：《环境法原理》，北京：法律出版社，1997 年，第 28 页。

[2] 赵国青：《外国环境法选编》，北京：中国政法大学出版社，2000 年，第 6 页。

手段来规制环境犯罪。[1] 随着工业化和城镇化进程的加快，环境问题的类型及其危害不断扩大，我国一些重大环境灾难频繁爆发，对社会安全和公共利益造成了重大危害。仅仅追究环境侵害行为人的民事责任和行政责任已不足够。各国也普遍进行了大规模的环境刑事立法，将严重的环境违法行为入罪。例如，美国《清洁空气法》《固体废弃物法》《有毒物质法》等均对严重的环境污染行为设置了刑事处罚。[2] 德国2002年修改《刑法典》的过程中，将污染水域、污染空气、固体废物污染环境等行为纳入犯罪处罚的范围，从而加强了对生态环境的保护力度。[3] 与之相称，我国刑事立法也应适时加入生态内容，将"生态法益"纳入刑事立法的保护范畴。应当认为，环境犯罪需要刑法惩治，生态文明保障需要刑法机制。[4] 目前，虽然我国《刑法》经过历次修改及司法解释的补充完善，形成了环境犯罪专章专节的立法设计（我国《刑法》第六章第六节专节规定了"破坏环境资源保护罪"），但"生态法益"作为刑法所应调整与涵摄的全新的法益类型，司法实践中并未得到充分重视。因此，基于我国当前环境污染事件频发、违法成本偏低的国情，应该加强刑法在生态环境领域的规制力度。

应当认为，基于生态规律、社会发展规律的普遍性，我们天然需要进行法律移植。然而需要反思的是，环境问题在呈现相近性的同时，亦裹挟着强烈的本土化特征。由于各国自然条件和资源禀赋上不尽相同，以及经济社会发展水平、环境污染程度、科技能力等方面的巨大差异，环境问题必然镌刻着深深的"本土化烙印"。如此，在享受法律移植带来的利好的同时，也应基于我国环境治理现状，充分注重本土化改造。

---

[1]　肖剑鸣、欧阳光明等：《比较环境法专论》，北京：中国环境科学出版社，2004年，第283页。
[2]　王曦：《美国环境法概论》，武汉：武汉大学出版社，1992年，第279页。
[3]　徐久生、庄敬华译：《德国刑法典》，北京：中国方正出版社，2004年，第142、162页。
[4]　焦艳鹏：《生态文明保障的刑法机制》，《中国社会科学》2017年第11期，第75—98页。

二、以法典化路径构建生态环境法律体系

伴随生态文明理念的提出，以及我国体制改革逐渐走向纵深的现状，我国生态环境立法在数量上虽然很多，但规范效能并不高，立法也面临体系性缺失和逻辑自洽性不足的困局。正如学者所言"我国环境立法中存在的缺陷问题已经上升为宏观性、整体性的环境立法缺陷"[1]。这一缺陷弥补的可行方法是通过"法典化"路径，实现生态环境立法的体系化整合。具言之，法典化不仅是现实的需要，也是立法技术的要求，法典化从长远来看代表着环境法发展的方向与归属。法典化路径是克服我国生态环境法律体系缺陷的有效途径。

（一）环境法法典化的域外经验及借鉴意义

注重体系性和逻辑性的立法传统，塑成了大陆法系国家不懈追求编撰统一法典的风格。以法国和德国为代表，20世纪80年代末至90年代初发生的"环境法法典化"运动，是两国环境法立法进程中的重要事件。例如，在1994年德国制定环境保护的《教授草案》、在1998年法国制定的《环境法典》等都是"环境法法典化"的体现。概言之，环境法法典化是指通过环境领域中不同的法律部门的编纂和汇编，实现法体系内部的统一和不同法律规则的有机联系，增进环境法律在体系上的统一性和逻辑上的清晰性。从功能主义视角看，环境法法典化有助于在生态环境立法中彰显其形式合理性与实质合理性，促使生态环境保护和生态环境法治有机结合。法典是现行法系统化的一种表现形式，是通过编纂某一现行的部门法而形成的比较系统的立法文件。为解决生态环境法律体系的碎片化缺陷，有必要在一定的编纂原则指导下，科学分类并合理编排各种生态环境领域内的规范性法律文件。

---

[1] 孙佑海：《提高环境立法质量对策研究》，《环境保护》2004年第8期，第3-9，11页。

　　一般认为，法典化主要通过法典编纂和法规汇编两种形式完成。在世界范围内，生态环境保护领域比较有代表性且相对成熟的立法样本包括德国、法国和日本三个主要大陆法系国家。虽然这三个主要大陆法系国家在生态环境立法领域均采取了制定统一环境法典的策略，但它们在具体模式抉择上仍然存在一定差异。

　　第一，法国的法典化路径。统一完备的法典规范对于法国人来说似乎具有极为强大的吸引力。作为传统大陆法系国家之一，法国的努力甚至可以被归纳为一种"法典化的迷思"。正如研究者指出，单行法、框架法、形式性法典、实质性法典阶段是环境法自身发展完善的必然经过，国内环境法典与国际环境法典通过进一步的融合过程形成全球的环境法。[1]上述法典工程在法国立法中得到圆满落实。截至目前，法国法律通过不断法典化形成了大约五十部环境法律规范，并通过系统化梳理和编排初步实现了生态环境立法的法典化。一般认为，以简单排列和分类集中的方式形成的部门法集合称为形式性法典。形式性法典的目标是把现行的法条予以集中，有助于部门法形成内部协调、逻辑自洽的相对开放的法律体系。法国生态环境领域法典化的最大特征在于它对"形式化法典"路径的尝试。它是通过确立统一的总则，将以往的相关法律法规进行系统化编排。具言之，法国《环境法典》在体例安排和内容规定上具有形式化法典的特征：首先，环境法的目标和基本原则在其总则部分得以确立；其次，在编排体系上表现为先自然保护后污染防治；再次，仍保留其他法律中一些重要的环境保护的规定，例如，有关森林资源和矿产资源的规定还是保留在既存的《森林法典》和《矿业法典》中；最后，从立法程序上而言，保留了修改的便利性。法国的环境法典对现行的法律虽然没有进行修改，也未能形成任何新的立法原则，但汇编式的立法努力本身具有积极意义。虽然距离"实质化法典"之路仍有相当距离，但不可否认的是，法国在

---

[1]　彭峰：《法典化的迷思——法国环境法之考察》，上海：上海社会科学院出版社，2010年，第56页。

生态环境法法典化中就形式性法典的形成做了成功尝试。

第二，日本的法典化路径。由于社会发展滞后于西方先进国家，加之早期环境公害事件的急迫压力，日本在生态环境立法之初较多采取"照搬照套"的立法移植策略，具有较强的应急性立法色彩。这一时期日本的生态环境立法大多是翻译欧陆国家法律，尤其是德、法两国既有的立法文本，以填补本国的制度空白。随着本国立法日渐成熟，日本开始日渐重视法律移植中的本土化问题。受法国生态环境立法"形式化法典"路径的影响，日本采用了将所有法律法规按照不同主题分门别类汇集成编的方法。例如，沿循法国环境法典的编撰经验，日本制定了本国的《环境六法》。应当说，日本采用具有法国特色的法律汇编方式，既满足了生态环境法律体系内容的更新和协调，也保证了生态环境法律体系的稳定和权威。

第三，德国"实质化法典"工程的努力。德国《环境法典》的立法讨论由来已久。早在 1976 年，当时的联邦德国政府在其环境报告中曾抛出如下问题：是否可能将环境法体系化为一部环境法典？由此揭开了德国《环境法典》立法讨论的序幕。在联邦环境局随后的委托研究中，得到了肯定性的答案，至少就环境法典总则部分进行体系化编纂是可能且适当的。以此为基点，联邦德国政府先后委托多位著名法学家组成编纂委员会，并在 1990 年完成《环境法典总则编》草案，1994 年完成《环境法典分则编》草案。两部立法草案至少向世人揭示，系统编纂"实质化法典"在生态环境立法中是完全可行的。不过学者们认为，这两个草案在学术研究上的价值更大。因此德国环保部在 1992 年设置"独立专家委员会"处理实际适用以及接受度的问题，组成成员包括行政机关、司法机关、律师界、学界的代表们。历经长达 5 年的努力，独立专家委员会于 1997 年 9 月初步完成长达 775 个条文的《环境法典草案》，也被称为"委员会版"草案。在此之后，囿于内化欧盟环境法规定的需要，德国政府在 1999 年制定《环境法典（第一编）草案》，但因立法权限原因最终宣告破产。2006 年德国各界对环境法法典化的改革方案基本达成共识，并修改了环境基本法的相关条文。根据新的基本法内容，联邦政府几乎获得了所有重要的环境领域的立法权限。德国政府在 2008 年 5 月公布了新版《环境法典草案》，并计划于同年将最终版本送交国会审议，后因巴伐利亚执政联盟的反对而失败。此后，面对短期内难以制定统一环境法典的困局，德国联邦政府在 2009 年提出四项法律草案作为替代方案，希望原计划在国会本会期内能部分实现。这四项法律草案分别是水法、自然保育法、辐射保护法的修正案，以及环境法律整并法。纵观德国环境法典的立法历程可知，德国环境法法典化绝不仅是法条的调整编纂而已，它更是对整个环境法体系的彻底反省和改造过程，尤其是对欧盟异质法令挑战的积极回应。德国政府对环境法法典化项目一再重启，就是希望通过制定环境法典而根本性地变革德国环境法。德国环境法学界普遍认为："将环境法的必要因素进行整合、统一、协调、发展和更新，以形成一部环境法典，是一项巨大的任务，但同时也是一个值得的目标。"[1]

　　总而言之，上述大陆法系国家在生态环境保护立法领域的法典化尝试，极大地推动了生态环境立法体系的进步，在现代国家环境管理职能变迁的时代背景下，标志着世界各国生态环境立法技术的纵深发展。我国环境立法也应适时作出调整，以"适度法典化"的策略促进我国生态环境法律的体系化建设。

　　（二）落实基本要求：生态环境法律体系内部协调统一

　　实现法律体系内部协调统一是对生态环境法律体系的一项基本要求。环境法想要发挥应有的作用，必须完善结构和内容，建立内在协调统一、和谐自洽的生态环境法律体系。实现生态环境法律体系内部

---

[1]　夏凌：《德国环境法的法典化项目及其新发展》，《甘肃政法学院学报》2010 年第 2 期，第 110–115 页。

协调统一的基本路径应为：首先，以《宪法》中国家保护生态环境的目标为基本点，兼顾宪法序言增加的"新发展理念""生态文明""和谐美丽"等价值宣誓内容，形成宪法层面的理解与构建；其次，通过进一步改造现行的《环境保护法》，使其与《宪法》中所确立的各项基本理念相互映衬，强化其环境基本法的定位并逐步完善各项具体生态环境保护制度；再次，需要理顺及整合生态环境法律体系内部各单行法的关系，逐步实现规范之间的统一与协调。此外，也要应注重法律清理工作的基础性意义。立法机关要以可持续发展为指导思想进行统筹考虑，并以宪法和环境基本法为依据，全面审视生态环境法律体系内部各法律、规章、法规等，及时废改相关的法律法规。[1]

在对生态环境法律体系进行完善时，立法机关应当统筹考虑内部框架的合理性，以宪法序言第 7 自然段增加的"新发展理念""生态文明""和谐美丽"等宣誓内容为价值指引，坚持"绿色发展"和"生态安全"的理念，并结合我国生态环境立法中已有的规范和制度，采取有逻辑、有体系、渐进式的立法整合，及时废除体系中不合理的规定，并根据实际情况补充新的内容。在具体制度设计上，首先，应在强调传统行政手段的同时，注重市场规律和利益激励措施的应用，补充市场机制下生态补偿、排污权利等方面的内容，找出各单行法之间相互冲突的法律法规并进行清理。其次，剔除无效的"政策法"，提高法律的可操作性。应当注意到，目前我国许多生态环境立法的政策性色彩过于浓重。一方面，许多条文本身没有什么实际效用，而只是为了响应口号而颁布。另一方面，由于政策本身的易变性，这些条文严重滞后于社会现实。最后，立法应该结合实际情况，在整体语境下进一步完善生态环境法律，确保法律的可操作性。在"生态文明"理念统筹下，重新整理环境法律体系，增加防治电磁辐射污染、保护湿地等问题的立法，解决管理缺位问题，明确环境责任，加强我国生态环境

---

[1] 黄锡生、史玉成：《中国环境法律体系的架构与完善》，《当代法学》2014 年第 28 卷第 1 期，第120-128 页。

法律体系的整体性。

（三）优化逻辑层次：生态环境法律体系结构清晰有序

　　法律体系是各个法律之间有机联系而形成的整体。目前我国生态
环境法律体系已基本形成，但结构还不够清晰，逻辑层次也较为混乱。
一是具有较高位阶的《环境保护法》以及其他单行法，未起到统领整
个生态环境保护或特定环境领域的作用。虽然《环境保护法》（2015）
在内容上有很大完善，但在自然资源的开发利用、水环境、水土保持、
野生生物保护等方面的规定很少，使基本法因综合性不足而无法实现
有效统领的作用。另外，作为生态环境保护领域的单行法，《大气污
染防治法》《水法》和《森林法》等，属于全国人大常委会通过的法律，
位阶与《环境保护法》相同。上述立法在各自领域具有环境基本法的
地位。然而，由于立法理念和内容上的不足，这些单行法并未起到统
帅的作用。二是环境管理体制亟待完善，相关部门的职能配置依然相
对模糊。由于立法的冲突及其引发的"法律拥堵"现象，导致环境管
理交叉重叠，很难区分和协调统一监督管理关系和分工监督管理关系。
伴随新一轮政府机构改革，我国生态环境部和自然资源部设立，"大
部制"格局基本形成。然而，各部门及其下设机构、地方对口部门的
相应职权配置，仍然有待立法的进一步深化。以上问题的回应需要统
一的规则指导，而法典化有利于这一问题的解决。

（四）科学修法：生态环境法律体系内容的完备

　　我国生态环境法律体系的完善应始终坚持内在协调统一、逻辑自
洽的基本目标。从目的实现的角度看，需要从根本上改造现行的环境
基本法，全面审视不同层级、不同领域的法律法规的协调性。生态环
境法律体系内容的完善需要始终围绕如何打造中国特色的环境基本法
而展开。目前，我国生态环境保护领域的修法仍以"单行法"为导向，
这种修法思维难以从宏观上把握生态环境问题的实质，无法有效回应

现实的需求。因此，我国的生态环境立法应当立足于基本法，逐步开展法典化从而实现生态环境立法的跨越式发展，并以此为契机，将解决原体系的结构性问题。

首先，更新生态环境立法的基本理念。生态文明作为当前社会发展的核心议题，需要贯穿于各项生态环境保护规范的立法目的、基本原则、基本制度、权力（权利）义务，以及法律责任之中。通过将保护生态环境与建设生态文明内化为政府的公共职能，实现"发展"服务于维护公民权利和自由之功能。同时，要对生态环境法律体系中没有涉及的领域进行补充，在基本法中增加排污权交易、环境协议等市场化机制。

其次，消除单行法之间的冲突条款，增强法律的权威性和可操作性。生态环境领域单行法的冲突，有深刻的社会原因。具言之，基于经济人的假设，政府及各部门是有着自身利益和行为逻辑的团体，部门的权力直接决定其"权力范围与收益"。在这一意义上，法律的制定和修改表现为一幕幕围绕利益博弈的盛大剧目。当利益足够丰厚，既得利益团体将动用各种资源阻挠新的利益格局生成。上述问题在我国生态环境立法中较为突出，集中表现为部门裹挟立法的现象，并最终导致生态环境立法体系的分散化和碎片化。例如，水资源的生态价值和经济价值是水作为环境要素的一体两面，需要将保护水资源和保护水环境进行协调立法。然而，由国家环境保护部和水利部分别制定的《水污染防治法》与《水法》，将同一立法议题进行了人为割裂。应当说，在目前缺少环境法典的背景下，环境领域的立法与执法始终面临割裂的尴尬局面。

最后，加强生态环境立法同其他部门立法的融合。生态环境法需要联合各部门法一齐发力以应对环境问题，正是"法律生态化"这一观点的集中表达。"生态文明法律体系建设在本质上要求法律体系建

设的生态化。"[1] 生态环境立法不再"就事论事"，而是将经济发展
与环境保护进行综合评估后，从整体效应出发建构法律制度。从法律
体系生态化的对象看，可以将法律体系生态化分为宪法的生态化、环
境资源法律的生态化、与环境资源有关的其他法律的生态化。法律体
系生态化从内容上看是对传统法律目的、法律价值、法律调整方法、
法律关系、法律主体、法律客体、法律责任和法律原则的生态化[2]。
法律体系生态化的目标不仅要求污染防治、资源保护、生态保护方面
的立法需要从生态化方面着手，还需将环境单行法与能源法、产业法
等其他部门法相统一。另外，《环境损害责任法》《生态补偿条例》
等应该尽快进入立法轨道。要实现以上目标，就应通过授权立法的方
式保证环境法典的可操作性和开放性。

综上所述，生态环境立法适度法典化，有利于拓展环境立法的广
度。目前，我国在生态环境领域具体且可操作的规定还比较少，宣誓
性或者倡导性规定比较多；激励性、市场性规范较少，压服式、威慑
式命令规范较多；规范政府义务的条款较少，赋予政府环境管理权力
的条款较多。此外，部门主导立法使生态环境法律体系缺乏协调性，
部门利益博弈使法律明确性不足，进而直接影响环境执法和环境司法
的效能。为了解决生态环境法律体系建设中存在的问题，有必要以更
广阔的视野和思路，通过适度法典化，对现行生态环境法律体系予以
协调与修正。

三、未来展望：生态环境法的法典化研究

我国正处于生态环境法律迅速发展、部门法律生态化的关键阶段，
生态环境法的修改和完善需要在更高的视阈下完成，以此克服部门立
法的逻辑。有论者指出，我国生态环境法律在实践中效果不佳的根本

---

[1] 蔡守秋：《论我国法律体系生态化的正当性》，《法学论坛》2013 年第 2 期，第 5–20 页。
[2] 蔡守秋：《调整论——对主流法理学的反思与补充》，北京：高等教育出版社，2003 年，第 689 页。

原因是，我国社会经历着"压缩的现代化"，转型期特定的国情导致我国的能源结构、产业结构、区域结构和城乡结构，均处于与生态环境法律相龃龉的阶段。[1] 诚如学者所言，我国正处在"环境时刻"，生态环境法律体系的建设不仅是完善一个部门法的过程，也是将生态环境法置于更广阔视野之下，使之与环境民主、环境公民、法律体系生态化有机结合的契机。因此，生态环境法律体系的完善应当以中国问题为出发点，秉持全局视野、科学观念，在生态化的框架内进行修改。

以"适度法典化"实现生态环境法律体系的整合，具有较为深厚的逻辑依据：①法典化有助于联系不同的法律规则，使环境法律规则形成逻辑清晰的法律体系；②法典化有助于使环境法获得形式合理和实质合理的价值追求；③法典化是生态文明建设的根本手段。

与之相对，也有研究者对环境法典化路径提出了颇具针对性的质疑：①作为一个政策性较强的法律部门，分散性、针对性和常新性是环境法律制度的重要特征，不适宜通过一部环境法典对其进行整合；②环境法法典化可能会阻碍环境法理念更新、调整方法改进和调整领域拓展等；③完全统一的环境法律制度不仅无助于法律的实施，还可能构成环境法律实施的障碍。[2]

上述争论告诉我们，当前的生态环境法制尚未达到成熟的状态。由此，鉴于当前生态环境法律制度存在重要制度和理念的缺失，以及内部协调性和逻辑性不足的问题，对各相关法律进行有针对性的修改可能是较为现实的解决路径。当然，在我国未来生态环境法律体系更成熟后，法典化也是可供选择的理想路径。

（一）未来我国生态环境法法典化的可能

"法典化是大陆法系国家立法的最大成果之一，反映了一个部门

---

[1] 张梓太、郭少青：《结构性陷阱：中国环境法不能承受之重——兼议我国环境法的修改》，《南京大学学报（哲学·人文科学·社会科学版）》2013 年第 2 期，第 41—48 页。

[2] 张梓太：《论法典化与环境法的发展》，《华东政法大学学报》2007 年第 3 期，第 42—49 页。

法在国家法律体系中的地位。"[1]我国生态环境法律体系的内部架构始终处于快速变换和发展的阶段，环境法典的顺利出台，需要以生态环境法律体系内在的协调性和逻辑性为基本前提，这就需要立法工作者用法典化的思路对法律进行整合。诚然，法典化对生态环境立法大有裨益，若欲实现前文所述目标及可能性，法典化还需满足以下条件。

1. 法典化的前提：独立且重要的部门法的存在

囿于传统法学理论的局限性和环境问题的复杂性，由各传统法律部门单一地采取变通和例外措施，并不能全面解决环境问题。为此，从保护环境和人类权益的需求出发，应将传统法律部门为解决环境问题而提出的新理论、新原则和新方法加以归纳，并将它们集合在一起来推动生态环境法的生成。环境法以人们在利用环境的过程中产生的社会关系为调整对象，因此，环境法在我国法律体系中是一个独立的部门法。相对于传统的部门法，环境法具有调整方法的综合性、保护法益的共同性、条文科技性等特征。独立的法律部门更有可能实现法典化。

2. 法典化的诉求：回应和解决现实立法缺陷

在不同的发展阶段，我国各部门基于授权，根据社会经济发展的需要拟订出诸多生态环境单行法。但这些"早期立法"表现出如下不足：①立法权限不明，法律冲突严重。一般而言，不同的生态环境亚法律部门都有自己独立的立法宗旨与目标，针对特定问题会形成特定的环境基本法律制度。生态环境法律规范内部互不协调，各自为政、重复立法的现象凸显。②立法空白较多并且环境立法严重滞后。我国法规虽然较多但还没有全面地囊括各种良好的制度，尤其是一些重要的法律欠缺，严重影响了生态环境法的整体效果。另外，环境立法理念不统一，致使有些立法仍停留在"边污染边治理"的"经济发展优先"的阶段，无法充分体现时代性与前瞻性，不能满足保护生态环境的需

---

[1] 范在峰：《从知识产权法律体系存在的问题看法典化的必要性》，《知识产权》2003 年第 13 卷第 4 期，第 39—43 页。

要。③法律规定粗糙、立法水平较低。在我国，往往是在环境问题非常明显才出台相关的环境政策或法规，制定过程具有一定的应急性，往往不符合法律规范性的要求，普遍适用性也大打折扣。而法典化将在一定程度解决问题。

3. 法典化的参考：法典编纂的经验和影响

法典编纂是指在对某一部门法的全部现行法律规范进行审查、整理、修改以及补充的基础上，系统化地制定新法典的活动。法典编纂作为重要的立法活动只能由有关立法机关进行，要求的立法技术较高。一定数量的同类法是法典编纂的基础。如前文所述，法国与德国自20世纪末掀起环境法法典化运动。法国于1994年开始环境法典的编纂工作，经过4年的努力，于1998年颁布了法国《环境法典》。该法典气势恢宏，由卷、编、章、节、分节、条和附件组成。相比之下，德国的环境法典运动开始得更早。1990年德国第59届法学会年会讨论的主题便是"环境法典制定的必要性及其应有内容"[1]。值得一提的是，自20世纪70年代开始，发展中国家就开始了环境法法典化过程。例如菲律宾、多哥等国家编纂了本国的环境法典。生态环境法作为一个全新的法律部门，由于多采用临时、临事的立法模式，法律规范之间协调性不强，甚至出现相互冲突的规定。这些问题的出现，严重损害了生态环境法律的实施效果和法律权威，成为生态环境法律体系的障碍，也成为环境法法典化的现实原因。各国普遍通过环境法法典化来强化环境立法的体系性和综合性，正是在这样的背景下，环境法法典化运动蓬勃开展。他国法典化的经验和教训值得我国参考和学习。

4. 法典化的保障：完整的法律体系

目前，我国正逐步形成较为完善的生态环境法律体系。2014年修订的《环境保护法》是具有统摄性的环境基本法。后来针对各污染源和环境要素，相继出台和修订了许多单行法。倘若以1979年《环境

---

[1] 陈慈阳：《环境法总论》（修订版），北京：中国政法大学出版社，2003年，第165页。

保护法（试行）》视为我国环境法治元年，迄今为止，我国的环境法制建设已进行了 40 多年。权力机关在这期间累计颁布近 30 部关于污染防治、能源开发、资源保护和循环经济等方面的法律，对扭转环境污染局势、遏制生态环境恶化起到了积极作用。同时，随着国家对公民环境权的逐渐重视，其他部门法中也衍生出保护生态环境的制度，如环境公益诉讼、环境刑罚等。应当说，我国已经初步形成了以《环境保护法》为核心，以污染防治、资源保护、生态修复为骨架，专项立法并行的生态环境法律体系。因此，以德国和法国的环境法典编纂经验为镜鉴，我国已经初步具备了法典化的条件。

（二）我国生态环境法法典化之应然

"法律规范彼此之间有着多种多样的联系，作为社会关系的反映具有一致性或者秩序性，法律规范体系化的过程也就是其一致性或者秩序性的过程。生态环境法律规范的发展也遵循这一基本规律。从习惯法到单行法，然后经由基本法到最后成型的法典，是大陆法系国家法律体系发展的基本规律。" [1] 从这一角度而言，生态环境法法典化是不可阻挡的历史趋势，而我们所面临的实际上是我国生态环境法法典化的时机问题，即生态环境法律体系化是否必然导致环境法法典化，生态环境法法典化如何开始，该采取什么样的模式来进行等。[2]

在我国，已经制定实施了近 30 部环境与资源保护、清洁生产、能源合理利用以及循环经济等有关的法律，而且也有与之对应的民事、刑事责任条款。但是，我国生态环境法律体系尚不健全，基本理论研究还不充分。另外，我国在法典编纂上没有太多的经验。因此，由全国人大制定环境法典即实质性法典化的时机尚不成熟，而由全国人大和国务院组织进行环境法典编纂工作，可能是最切合实际的做法。由

---

[1] 张梓太：《论我国环境法法典化的基本路径与模式》，《现代法学》2008 年第 30 卷第 4 期，第 27–35 页。
[2] 林灿铃：《中国环境立法之必然趋势》，《绿叶》2010 年第 9 期，第 7–12 页。

全国人大环资委和环境保护部分别牵头，组织专家在法律清理工作的基础上，对法律法规进行编纂。这一点，可以参考和借鉴法国的经验，从事一种汇编型的法典编纂活动。[1] 环境法的法典编纂不仅需要汇编现行的环境法律法规，而且还包括对成文法的法律解释。总之，结合我国环境法治的需要以及生态环境法法典化的优势与局限，我国现阶段应进行适度的法典化。

1. 立法的渐进式和阶段性并存

学术界曾认为，法典编纂的核心就是将一个完整的法律部门囊括在一个部门法典之内，并应尽可能地通过统一法典规范该领域的调整对象，要求除了统一法典之外，应当排除其他类型的法律渊源。然而，这种极端的、理想化的法典编纂在实践中是难以实现的。因为基于立法者能力、信息收集成本的限制，立法者永远无法预见所有的社会发展走向，进而一劳永逸而又一览无余地进行规定。当立法者意识到法典编纂的理想情景难以实现时，就会寻找一种"次优"的状态，即通过部分法典化实现法律整合的目的。[2] 因此，应当摒弃一蹴而就的理想化路径，转而采取渐进式和阶段性的立法路径来实现我国环境法的法典化。这一阶段的主要任务包括：①确立并巩固立法理念；②构建清晰完整的生态环境法律制度体系；③厘清总则与分则规定的事项；④以《环境保护法》为统领设计总则中的核心理念、环保政策、基本原则和核心制度。通过建构生态环境法律体系，不仅有利于消除单行法中的冲突、重叠，而且还能提升单行法的施行效能，并引领后续立法的前进方向。

2. 环境法法典化在体例构成上应当是环境法典与单行法共存互补

法典编纂是整合单行法的过程，但不意味着它们非此即彼。事实上，环境法典实难取代单行法而独立存在。也就是说，在环境法典之

---

[1] 汪劲：《环境法的法典化：迷思与解迷》，《中国地质大学学报（社会科学版）》2010年第10卷第3期，第56—61页。

[2] 范健、邵建东、戴奎生：《中德法律继受与法典编纂：第四届费彝民法学论坛文集》，北京：法律出版社，2000年，第256页。

外，还会有一定数量的、难以整合的单行法与之共存。其原因包括立法技术的障碍、立法体制的掣肘、法典编纂难度大等。在法国，环境法典和单行环境法就是共存的，二者相互配合构成生态环境法律体系。此外，从法的一般理论而言，法典法具有凝滞效应。与单行法比较，法典法缺乏必要的灵活性，这也使法典法需要单行法作补充。也就是说，"单行性法律、规章和法规的存在和不断完善，将是中国环境法法典化模式的必然内容"[1]。能够与法典相融合的单行法，将以分则的形式出现在环境法典中。从理论上讲，环境法典分则可以根据调整对象的不同，分为污染防治编、生态环境保护编、自然资源保护编等。"法典法与单行法共存，要特别防止'去法典化'现象的出现。"[2]由于环境问题牵涉方方面面的利益，为了防止一些部门通过特别立法，架空、消解法典的功能，应当重视"去法典化"问题。一般认为，"去法典化"的解决之道是"再法典化"，就是说，时机成熟时，要将统一法典和单行法进行整合，在旧的法典基础上铸造新的法典，使之重新具有理性化和内在一致性。[3]

综上所述，生态环境法的法典化是需要较高的理论水平和技术水平的立法过程。法典化工程庞杂浩大，牵涉面广，达成学界共识有一定困难。我国现有生态环境法的规模及内容与德、法等大陆法系国家相去甚远，仅通过基本法条文的整合不能达到预期效果。因此，现阶段更迫切的任务是认真对待每一个实际出现的环境问题、深化每一个立法问题的探讨与研究。唯有打下稳定的根基，才能奠定环境基本法整合的基础。因此，我国应当根据实际情况，进行适度法典化，将环境基本法的完善作为法典化的初级阶段，整合基本理念、原则、制度，逐步地形成完整的生态环境法律体系。

---

[1]　张梓太：《论我国环境法法典化的基本路径与模式》，《现代法学》2008 年第 30 卷第 4 期，第 27-35 页。
[2]　石佳友：《民法法典化的方法论问题研究》，北京：法律出版社，2007 年，第 22 页。
[3]　范健、邵建东、戴奎生：《中德法律继受与法典编纂：第四届费彝民法学论坛文集》，北京：法律出版社，2000 年，第 257 页。

主要参考文献

（一）著作类

［1］〔美〕爱蒂丝·布朗·魏伊丝：《公平地对待未来人类：国际法、共同遗产与世代间衡平》，汪劲、于芳、王鑫海译，北京：法律出版社，2000年。

［2］赵奎礼：《利益学概论》，沈阳：辽宁教育出版社，1992年。

［3］王浦劬：《政治学基础》，北京：北京大学出版社，1995年。

［4］沈宗灵：《法理学研究》，上海：上海人民出版社，1990年。

［5］苏宏章：《利益论》，沈阳：辽宁大学出版社，1991年。

［6］颜运秋：《公益诉讼理念研究》，北京：中国检察出版社，2002年。

［7］北京大学哲学系外国哲学史教研室：《十八世纪法国哲学》，北京：商务印书馆，1963年。

［8］〔法〕霍尔巴赫：《自然的体系》（上下），管士滨译，北京：商务印书馆，1977年。

［9］张江河：《论利益与政治》，北京：北京大学出版社，2002年。

［10］叶平：《环境的哲学与伦理》，北京：中国社会科学出版社，2006年。

［11］〔英〕E.库拉：《环境经济学思想史》，谢扬举译，上海：

上海人民出版社，2007年。

［12］严奉宪：《中西部地区农业可持续发展的经济学分析》，北京：
中国农业出版社，2005年。

［13］王伟光：《利益论》，北京：人民出版社，2001年。

［14］周珂、高桂林、楚道文：《环境法》（第四版），北京：中国
人民大学出版社，2013年。

［15］赵震江：《法律社会学》，北京：北京大学出版社，1998年。

［16］〔美〕罗斯科·庞德：《通过法律的社会控制》，沈宗灵译，
北京：商务印书馆，2010年。

［17］时显群：《西方法理学研究》，北京：人民出版社，2007年。

［18］〔美〕E.博登海默：《法理学：法律哲学与法律方法》，邓
正来译，北京：中国政法大学出版社，1999年。

［19］〔德〕卡尔·拉伦茨：《法学方法论》，陈爱娥译，北京：商
务印书馆，2003年。

［20］杨炼：《立法过程中的利益衡量研究》，北京：法律出版社，
2010年。

［21］张玉堂：《利益论：关于利益冲突与协调问题的研究》，武汉：
武汉大学出版社，2001年。

［22］凌厚锋、蔡彦士：《论利益格局的变化与调适》，福州：福建
教育出版社，1996年。

［23］张文显：《法理学》（第四版），北京：高等教育出版社、北
京大学出版社，2011年。

［24］黄锡生、李希昆：《环境与资源保护法学》（第三版），重庆：
重庆大学出版社，2011年。

［25］廖华：《从环境法整体思维看环境利益的刑法保护》，北京：
中国社会科学出版社，2010年。

［26］黄锡生：《自然资源物权法律制度研究》，重庆：重庆大学出

版社，2012 年。

［27］黄锡生、邓禾：《行为与规制：建设"两型社会"法制保障研究》，北京：科学出版社，2010 年。

［28］黄鼎成、王毅、康晓光：《人与自然关系导论》，武汉：湖北科学技术出版社，1997 年。

［29］张云飞：《天人合一——儒学与生态环境》，成都：四川人民出版社，1995 年。

［30］徐春：《人类生存危机的沉思》，北京：北京大学出版社，1994 年。

［31］郑易生、钱薏红：《深度忧患：当代中国的可持续发展问题》，北京：今日中国出版社，1998 年。

［32］丁四宝、王昱：《区域生态补偿的基础理论与实践问题研究》，北京：科学出版社，2010 年。

［33］李道军：《法的应然与实然》，济南：山东人民出版社，2001 年。

［34］张明楷：《法益初论》，北京：中国政法大学出版社，2003 年。

［35］〔法〕莱昂·狄骥：《〈拿破仑法典〉以来私法的普通变迁》，徐砥平译，北京：中国政法大学出版社，2003 年。

［36］〔美〕理查德·A.波斯纳：《法律的经济分析》，蒋兆康译，北京：中国大百科全书出版社，1997 年。

［37］程燎原、王人博：《赢得神圣——权利及其救济通论》，济南：山东人民出版社，1993 年。

［38］卢代富：《企业社会责任的经济学与法学分析》，北京：法律出版社，2002 年。

［39］厉以宁：《社会主义政治经济学》，北京：商务印书馆，1986 年。

［40］厉以宁：《经济学的伦理问题》，北京：生活·读书·新知三联书店，1995 年。

［41］蔡守秋：《调整论——对主流法理学的反思与补充》，北京：

高等教育出版社，2003年。

［42］张文显：《法哲学范畴研究》，北京：中国政法大学出版社，
2001年。

［43］张恒山：《义务先定论》，济南：山东人民出版社，1999年。

［44］陈慈阳：《环境法总论》，北京：中国政法大学出版社，2003年。

［45］孙笑侠：《法的现象与观念》，济南：山东人民出版社，2001年。

［46］王如松：《复合生态与循环经济》，北京：气象出版社，2003年。

［47］曹明德：《生态法原理》，北京：人民出版社，2002年。

［48］吕忠梅：《超越与保守：可持续发展视野下的环境法创新》，
北京：法律出版社，2003年。

［49］史玉成、郭武：《环境法的理念更新与制度重构》，北京：高
等教育出版社，2010年。

［50］薛勇民：《走向社会历史的深处：唯物史观的当代探析》，北
京：人民出版社，2002年。

［51］〔美〕罗斯科·庞德：《法理学》（第三卷），廖德宇译，北
京：法律出版社，2007年。

［52］中国生态补偿机制与政策研究课题组：《中国生态补偿机制与
政策研究》，北京：科学出版社，2007年。

［53］张永民译：《生态系统与人类福祉：评估框架》，北京：中国
环境科学出版社，2007年。

［54］〔美〕约翰·罗尔斯：《正义论》，何怀宏、何包钢、廖申白
译，北京：中国社会科学出版社，1988年。

［55］何新：《中外文化知识词典》，哈尔滨：黑龙江人民出版社，
1989年。

［56］黄河清：《近现代辞源》，上海：上海辞书出版社，2010年。

［57］万斌：《论社会主义文明》，北京：群众出版社，1986年。

［58］虞崇胜：《政治文明论》，武汉：武汉大学出版社，2003年。

［59］〔美〕菲利普·巴格比：《文化：历史的投影》，夏克、李天纲、陈江岚译，上海：上海人民出版社，1987年。

［60］〔美〕易明：《一江黑水：中国未来的环境挑战》，姜智芹译，南京：江苏人民出版社，2012年。

［61］〔日〕岩佐茂：《环境的思想：环境保护与马克思主义的结合处》，韩立新、张桂权、刘荣华译，北京：中央编译出版社，1997年。

［62］李可：《马克思恩格斯环境法哲学初探》，北京：法律出版社，2006年。

［63］尹伯成：《西方经济学简明教程》（第六版），上海：格致出版社、上海人民出版社，2008年。

［64］钭晓东：《论环境法功能之进化》，北京：科学出版社，2008年。

［65］沈宗灵：《法理学》，北京：高等教育出版社，1994年。

［66］陈德敏：《资源法原理专论》，北京：法律出版社，2011年。

［67］陈泉生、张梓太：《宪法与行政法的生态化》，北京：法律出版社，2001年。

［68］张宝:《环境规制的法律构造》,北京:北京大学出版社,2018年。

［69］蔡守秋：《基于生态文明的法理学》，北京：中国法制出版社，2014年。

［70］萨拉·萨卡：《生态社会主义还是生态资本主义》，张淑兰译，济南：山东大学出版社，2008年。

［71］汪劲：《环境法律的理念与价值追求——环境立法目的论》，北京：法律出版社，2000年。

［72］金瑞林、汪劲：《20世纪环境法学研究评述》，北京：北京大学出版社，2003年。

［73］李挚萍：《环境基本法比较研究》，北京：中国政法大学出版社，2013年。

［74］信春鹰：《中华人民共和国环境保护法释义》，北京：法律出

版社，2014 年。

［75］汪劲：《环境法学》（第三版），北京：北京大学出版社，2014 年。

［76］〔美〕美国环境保护局等：《美国饮用水环境管理》，王东、
文宇立、刘伟江等译，北京：中国环境科学出版社，2010 年。

［77］焦艳鹏：《刑法生态法益论》，北京：中国政法大学出版社，
2012 年。

［78］宋光周：《行政管理学》（第四版），上海：东华大学出版社，
2015 年。

［79］郑少华：《生态主义法哲学》，北京：法律出版社，2002 年。

［80］〔美〕罗伯特·V. 珀西瓦尔：《美国环境法——联邦最高法
院法官教程》，赵绘宇译，北京：法律出版社，2014 年。

［81］竺效：《生态损害综合预防和救济法律机制研究》，北京：法
律出版社，2016 年。

［82］周启星、魏树和、张倩茹等：《生态修复》，北京：中国环境
科学出版社，2006 年。

［83］王曦：《美国环境法概论》，武汉：武汉大学出版社，1992 年。

［84］孙林：《环境法与可持续发展：联合国环境规划署沿着新道路
前进》，王之佳等译，北京：中国环境科学出版社，1996 年。

［85］赵国青：《外国环境法选编》，北京：中国政法大学出版社，
2000 年。

［86］肖剑鸣、欧阳光明等：《比较环境法专论》，北京：中国环境
科学出版社，2004 年。

［87］〔德〕克里斯蒂安·冯·巴尔：《大规模侵权损害责任法的改革》，
贺栩栩译，北京：中国法制出版社，2010 年。

［88］〔德〕格哈德·瓦格纳：《损害赔偿法的未来：商业化、惩罚
性赔偿、集体性损害》，王程芳译，北京：中国法制出版社，
2012 年。

［89］周训芳：《环境权论》，北京：法律出版社，2003 年。

［90］尹田：《民法思维之展开——尹田民法学演讲集》（修订本），北京：北京大学出版社，2014 年。

［91］曹鎏：《行政官员问责的法治化研究》，北京：中国法制出版社，2011 年。

［92］周亚越：《行政问责制研究》，北京：中国检察出版社，2006 年。

［93］蒋红珍：《论比例原则：政府规制工具选择的司法评价》，北京：法律出版社，2010 年。

［94］陈国权等：《责任政府：从权力本位到责任本位》，杭州：浙江大学出版社，2009 年。

［95］〔美〕詹姆斯·萨尔兹曼、巴顿·汤普森：《美国环境法》（第四版），徐卓然、胡慕云译，北京：北京大学出版社，2016 年。

［96］张越：《英国行政法》，北京：中国政法大学出版社，2004 年。

［97］宋涛：《社会规律属性与行政问责实践检验》，北京：社会科学文献出版社，2010 年。

［98］闫伟：《区域生态补偿体系研究》，北京：经济科学出版社，2008 年。

［99］龚高健：《中国生态补偿若干问题研究》，北京：中国社会科学出版社，2011 年。

［100］〔德〕茨威格特、克茨：《比较法总论》，潘汉典、米健、高鸿钧等译，北京：中国法制出版社，2017 年。

［101］封丽霞：《法典编纂论：一个比较法的视角》，北京：清华大学出版社，2002 年。

［102］〔日〕穗积陈重：《法典论》，李求轶译，北京：商务印书馆，2014 年。

［103］彭峰：《法典化的迷思——法国环境法之考察》，上海：上海社会科学院出版社，2010 年。

（二）论文类

［1］周旺生：《论法律利益》，《法律科学（西北政法学院学报）》2004 年第 2 期，第 24-28 页。

［2］焦艳鹏：《生态文明保障的刑法机制》，《中国社会科学》2017 年第 11 期，第 75-98 页。

［3］王莉：《反思与重构：生态利益损害的侵权法救济机制》，《重庆大学学报（社会科学版）》2009 年第 15 卷第 6 期，第 96-100 页。

［4］黄爱宝：《生态思维与伦理思维的契合方式》，《南京社会科学》2003 年第 4 期，第 26-32 页。

［5］梅宏：《"生态损害"的法学界定》，载徐祥民主编《中国环境资源法学评论》（2007 年卷），北京：人民出版社，2008 年。

［6］巩固：《环境法律观检讨》，《法学研究》2011 年第 6 期，第 66-85 页。

［7］张璐：《矿产资源损害法律责任的结构失衡与矫正》，《甘肃政法学院学报》2011 年第 4 期，第 21-28 页。

［8］张锋：《自然的权利与环境法的变革》，《政法论丛》2005 年第 2 期，第 38-43 页。

［9］钭晓东：《论环境法的利益调整功能》，《法学评论》2009 年第 27 卷第 6 期，第 84-91 页。

［10］江国华：《论立法价值——从"禁鞭尴尬"说起》，《法学评论》2005 年第 23 卷第 6 期，第 82-89 页。

［11］阳东辰：《公共性控制：政府环境责任的省察与实现路径》，《现代法学》2011 年第 32 卷第 2 期，第 72-81 页。

［12］何宏怀：《儒家生态伦理思想述略》，《中国人民大学学报》2000 年第 2 期，第 32-39 页。

［13］张明楷：《新刑法与法益侵害说》，《法学研究》2000 年第 22 卷第 1 期，第 19-32 页。

［14］刘芝祥：《法益概念辨识》，《政法论坛（中国政法大学学报）》2008 年第 26 卷第 4 期，第 95–105 页。

［15］杨立新、王海英、孙博：《人身权的延伸法律保护》，《法学研究》1995 年第 2 期，第 21–29 页。

［16］熊谞龙：《权利，抑或法益？——一般人格权本质的再讨论》，《比较法研究》2005 年第 2 期，第 51–57 页。

［17］黄辉明：《利益法学的源流及其意义》，《云南社会科学》2007 年第 6 期，第 76–80 页。

［18］董兴佩：《法益：法律的中心问题》，《北方法学》2008 年第 2 卷第 3 期，第 27–34 页。

［19］纪骏杰：《我们没有共同的未来：西方主流环保关怀的政治经济学》，《台湾社会研究季刊》1998 年第 31 期，第 141 页。

［20］董正爱：《社会转型发展中生态秩序的法律构造——基于利益博弈与工具理性的结构分析与反思》，《法学评论》2012 年第 5 期，第 79–86 页。

［21］邓禾、韩卫平：《法学利益谱系中生态利益的识别与定位》，《法学评论》2013 年第 5 期，第 109–115 页。

［22］彭峰：《法律进化与环境法法典化的未来》，《东方法学》2010 年第 6 期，第 60–67 页。

［23］王小钢：《义务本位论、权利本位论和环境公共利益——以乌托邦现实主义为视角》，《法商研究》2010 年第 27 卷第 2 期，第 58–65 页。

［24］梅宏：《生态损害：风险社会背景下环境法治的问题与思路》，《法学论坛》2010 年第 25 卷第 6 期，第 118–123 页。

［25］焦艳鹏：《自然资源的多元价值与国家所有的法律实现——对宪法第 9 条的体系性解读》，《法制与社会发展》2017 年第 23 卷第 1 期，第 128–141 页。

［26］李启家：《中国环境立法评估：可持续发展与创新》，《中国

人口·资源与环境》2001 年第 11 卷第 3 期，第 23-26 页。

［27］孙佑海：《提高环境立法质量对策研究》，《环境保护》2004
年第 8 期，第 3-9，11 页。

［28］李爱年：《关于征收生态效益补偿费存在的立法问题及完善的
建议》，《中国软科学》2001 年第 1 期，第 30-34 页。

［29］叶俊荣：《大量环境立法：我国环境立法的模式、难题及因应
方向》，《台大法学论丛》1992 年第 22 卷第 1 期，第 115-117 页。

［30］张梓太：《论法典化与环境法的发展》，《华东政法大学学报》
2007 年第 3 期，第 42-49 页。

［31］王明远：《"环境法学的危机与出路：从浅层环境法学到深层
环境法学"研讨会纪要》，《清华法治论衡》2014 年第 2 期，
第 56-80 页。

［32］江山：《法律革命：从传统到超现代——兼谈环境资源法的法
理问题》，《比较法研究》2000 年第 1 期，第 1-37 页。

［33］卢现祥：《转变制度供给方式，降低制度性交易成本》，《学
术界》2017 年第 10 期，第 36-49 页。

［34］赵鹏：《风险评估中的政策、偏好及其法律规制 以食盐加
碘风险评估为例的研究》，《中外法学》2014 年第 1 期，第
28-45 页。

［35］吕忠梅、焦艳鹏：《中国环境司法的基本形态、当前样态与未
来发展——对〈中国环境司法发展报告（2015—2017）〉的解
读》，《环境保护》2017 年第 45 卷第 18 期，第 7-12 页。

［36］梁高峰、李录堂：《正外部性问题法律解浅议》，《甘肃理论
学刊》2007 年第 4 期，第 101-102 页。

［37］杜健勋、陈德敏：《环境利益分配：环境法学的规范性关怀——
环境利益分配与公民社会基础的环境法学辩证》，《时代法学》
2010 年第 8 卷第 5 期，第 44-52 页。

［38］吴鹏：《浅析生态修复的法律定义》，《环境与可持续发展》2011 年第 36 卷第 3 期，第 63-66 页。

［39］吕忠梅：《中国生态法治建设的路线图》，《中国社会科学》2013 年第 5 期，第 17-22 页。

［40］石垚、王如松、黄锦楼等：《生态修复产业化模式研究——以北京门头沟国家生态修复示范基地为例》，《中国人口·资源与环境》2012 年第 22 卷第 4 期，第 60-66 页。

［41］李树：《我国生态产业的发展模式及政策支持》，《经济问题》2008 年第 11 期，第 24-27 页。

［42］陈海嵩：《中国环境法治中的政党、国家与社会》，《法学研究》2018 年第 40 卷第 3 期，第 3-20 页。

［43］马波:《论环境法上的生态安全观》,《法学评论》2013 年第 3 期，第 83-89 页。

［44］蔡守秋、吴贤静:《生态法: 修改〈环境保护法〉的新视角》,《福建政法管理干部学院学报》2008 年第 10 卷第 4 期，第 32-36 页。

［45］陆爱勇：《论〈老子〉"自然"的生态伦理内蕴》，《河南师范大学学报（哲学社会科学版）》2012 年第 1 期，第 69-72 页。

［46］吴元元：《信息能力与压力型立法》，《中国社会科学》2010 年第 1 期，第 147-159，224 页。

［47］吴元元：《规则是如何形成的——从哈耶克的"自发演化"论开始》，《西南政法大学学报》2006 年第 8 卷第 4 期，第 3-12 页。

［48］张欣：《大众媒体、公共事件和立法供给研究——以 2003—2013 年公共事件为例》，《法学评论》2016 年第 5 期，第 126-137 页。

［49］罗艳、杨树华、徐淑升：《云南省楚雄州生态功能区划研究》，《长江流域资源与环境》2009 年第 18 卷第 6 期，第 574-578 页。

［50］张建伟：《论政府环境责任问责机制的健全——加强社会公众问责》，《河海大学学报（哲学社会科学版）》2008 年第 10 卷第 1 期，第 14–17 页。

［51］张欣：《我国立法电子参与有效性的提升——基于公众参与法律草案征求意见（2005—2016 年）的实证研究》，《法商研究》2018 年第 35 卷第 2 期，第 71–82 页。

［52］李传轩：《环境法法典化的基本问题研究》，《华东政法大学学报》2007 年第 3 期，第 50–56 页。

［53］张梓太：《论我国环境法法典化的基本路径与模式》，《现代法学》2008 年第 30 卷第 4 期，第 27–35 页。

［54］王明远：《论我国环境公益诉讼的发展方向：基于行政权与司法权关系理论的分析》，《中国法学》2016 年第 1 期，第 49–68 页。

［55］王明远：《美国妨害法在环境侵权救济中的运用和发展》，《政法论坛（中国政法大学学报）》2003 年第 21 卷第 5 期，第 34–40 页。

［56］彭春凝：《论生态补偿机制的财政转移支付》，《江汉论坛》2009 年第 3 期，第 32–35 页。

［57］杜辉：《环境司法的公共治理面向——基于"环境司法中国模式"的建构》，《法学评论》2015 年第 4 期，第 168–176 页。

［58］舒基元、姜学民：《代际财富均衡模型研究》，《中国人口·资源与环境》1996 年第 3 期，第 45–48 页。

［59］王曦：《论环境公益诉讼制度的立法顺序》，《清华法学》2016 年第 6 期，第 101–114 页。

［60］董锁成：《自然资源代际转移机制及其可持续性度量》，《中国人口·资源与环境》1996 年第 3 期，第 49–52 页。

［61］徐以祥：《行政法上请求权的理论构造》，《法学研究》2010 年第 32 卷第 6 期，第 29–39 页。

［62］赵时亮、高海燕、谭琳：《论代际外部性与可持续发展》，《南
开学报（哲学社会科学版）》2003 年第 4 期，第 41-47 页。

［63］徐祥民：《对"公民环境权论"的几点疑问》，《中国法学》
2004 年第 2 期，第 109-116 页。

［64］陈亮：《环境公益诉讼"零受案率"之反思》，《法学》2013
年第 7 期，第 129-135 页。

［65］丁海俊：《民事责任的预防功能》，《现代法学》2001 年第
23 卷第 2 期，第 144-148 页。

［66］沈满洪、陆菁：《论生态保护补偿机制》，《浙江学刊》2004
年第 4 期，第 217-220 页。

［67］李爱年、彭丽娟：《生态效益补偿机制及其立法思考》，《时
代法学》2005 年第 3 卷第 3 期，第 65-74 页。

［68］杜群：《生态补偿的法律关系及其发展现状和问题》，《现代
法学》2005 年第 27 卷第 3 期，第 186-191 页。

［69］常纪文：《中国环境行政责任制度的创新、完善及其理论阐释》，
《现代法学》2002 年第 24 卷第 6 期，第 60-65 页。

［70］曹明德：《森林资源生态效益补偿制度简论》，《政法论坛（中
国政法大学学报）》2005 年第 23 卷第 1 期，第 133-138 页。

［71］付子堂：《对利益问题的法律解释》，《法学家》2001 年第 2
期，第 29-35 页。

［72］董立刚：《利益概念研究述评》，《福建商业高等专科学校学
报》2009 年第 5 期，第 92-95 页。

［73］林灿铃：《中国环境立法之必然趋势》，《绿叶》2010 年第 9
期，第 7-12 页。

［74］汪劲：《环境法的法典化：迷思与解迷》，《中国地质大学学
报（社会科学版）》2010 年第 10 卷第 3 期，第 56-61 页。

［75］秦天宝：《国际法的新概念"人类共同关切事项"初探——以〈生

物多样性公约〉为例的考察》，《法学评论》2006 年第 24 卷第 5 期，第 96–102 页。

［76］范在峰：《从知识产权法律体系存在的问题看法典化的必要性》，《知识产权》2003 年第 13 卷第 4 期，第 39–43 页。

［77］黄锡生、史玉成：《中国环境法律体系的架构与完善》，《当代法学》2014 年第 28 卷第 1 期，第 120–128 页。

［78］蔡守秋：《论我国法律体系生态化的正当性》，《法学论坛》，2013 年第 2 期，第 5–20 页。

［79］巩固：《政府激励视角下的〈环境保护法〉修改》，《法学》2013 年第 1 期，第 52–65 页。

［80］汪劲：《论全球环境立法的趋同化》，《中外法学》1998 年第 2 期，第 32–42 页。

［81］蔡守秋：《论环境权》，《金陵法律评论》2002 年第 2 卷第 1 期，第 83–119 页。

［82］孙佑海：《提高环境立法质量对策研究》，《环境保护》2004 年第 8 期，第 3–9，11 页。

［83］侯怀霞：《关于私法环境权问题》，《理论探索》2008 年第 2 期，第 135–139 页。

［84］杨朝霞：《环境权的理论辨析》，《环境保护》2015 年第 43 卷第 24 期，第 50–53 页。

［85］巩固：《自然资源国家所有权公权说》，《法学研究》2013 年第 4 期，第 19–34 页。

［86］关淑芳：《论惩罚性赔偿责任的可保性》，《当代法学》2006 年第 20 卷第 1 期，第 95–100 页。

［87］张辉：《论环境民事公益诉讼的责任承担方式》，《法学论坛》2014 年第 29 卷第 6 期，第 58–67 页。

［88］李挚萍：《论由国家机关提起的环境民事公益诉讼》，《法治论坛》2010 年第 2 期，第 2–14 页。

［89］竺效：《生态损害公益索赔主体机制的构建》，《法学》2016
年第 3 期，第 3-12 页。

［90］毕岑岑、王铁宇、吕永龙：《环境基准向环境标准转化的机制
探讨》，《环境科学》2012 年第 33 卷第 12 期，第 4422-4427 页。

［91］韩波：《公益诉讼制度的力量组合》，《当代法学》2013 年
第 27 卷第 1 期，第 31-37 页。

［92］王金南、刘倩、齐霁等：《加快建立生态环境损害赔偿制度体
系》，《环境保护》2016 年第 44 卷第 2 期，第 25-29 页。

［93］程多威、王灿发：《论生态环境损害赔偿制度与环境公益诉讼
的衔接》，《环境保护》2016 年第 44 卷第 2 期，第 39-42 页。

［94］徐元善、楚德江：《绩效问责：行政问责制的新发展》，《中
国行政管理》2007 年第 11 期，第 29-31 页。

［95］王克稳：《论我国环境管制制度的革新》，《政治与法律》
2006 年第 6 期，第 15-21 页。

［96］季卫东：《法律程序的意义——对中国法制建设的另一种思考》，
《中国社会科学》1993 年第 1 期，第 83-103 页。

［97］史玉成：《生态利益衡平：原理、进路与展开》，《政法论坛》
2014 年第 2 期，第 28-37 页。

［98］竺效：《论环境侵权原因行为的立法拓展》，《中国法学》
2015 年第 2 期，第 248-265 页。

［99］王灿发：《论生态文明建设法律保障体系的构建》，《中国法
学》2014 年第 3 期，第 34-53 页。

［100］邓水平：《环境污染公共预警机制探析》，《环境保护》
2015 年第 43 卷第 11 期，第 58-60 页。

［101］罗吉：《我国土壤污染防治立法研究》，《现代法学》2007
年第 29 卷第 6 期，第 99-107 页。

［102］石佳友：《物权法中环境保护之考量》，《法学》2008 年第 3 期，
第 82-90 页。

［103］ 郑华、欧阳志云：《生态红线的实践与思考》，《中国科学院院刊》2014 年第 29 卷第 4 期，第 457–461，448 页。

［104］ 任世丹：《重点生态功能区生态补偿正当性理论新探》，《中国地质大学学报 (社会科学版)》2014 年第 14 卷第 1 期，第 17–21 页。

［105］ 黄锡生：《矿产资源生态补偿制度探究》，《现代法学》2006 年第 28 卷第 6 期，第 122–127 页。

［106］李挚萍：《环境法基本法中"环境"定义的考究》，《政法论丛》2014 年第 3 期，第 48–54 页。

［107］ 韩兆柱：《责任政府与政府问责制》，《中国行政管理》2007 年 2 期，第 18–21 页。

［108］ 吕忠梅：《监管环境监管者：立法缺失及制度构建》，《法商研究》2009 年第 26 卷第 5 期，第 139–145 页。

［109］ 邓可祝：《环境合作治理视角下的守法导则研究》，《郑州大学学报（哲学社会科学版）》2016 年第 49 卷第 2 期，第 29–34 页。

［110］ 王宗廷：《论制定自然资源基本法》，《中国地质大学学报（社会科学版）》2005 年第 5 卷第 1 期，第 72–77 页。

［111］ 汪庆华：《自然资源国家所有权的贫困》，《中国法律评论》2015 年第 3 期，第 120–129 页。

［112］ 史玉成：《环境利益、环境权利与环境权力的分层建构——基于法益分析方法的思考》，《法商研究》2013 年第 5 期，第 47–57 页。

［113］ 黄锡生、峥嵘：《论资源社会性理念及其立法实现》，《法学评论》2011 年第 29 卷第 3 期，第 87–93 页。

［114］段厚省：《环境民事公益诉讼基本理论思考》，《中外法学》2016 年第 28 卷第 4 期，第 889–901 页。

（三）外文类

[1] William Thomas: The Law and Policy of Ecosystem Services. Natural Areas Journal, 2009(4): 404-406.

[2] Jonas Ebbesson: The Rule of Law in Governance of Complex Socio-Ecological Changes. Global Environmental Change, 2010, 20(3): 414-422.

[3] Matthew C. Stephenson: Legislative Allocation of Delegated Power: Uncertainty, Risk, and the Choice Between Agencies and Courts. Harvard Law Review, 2006, 119(1035): 1035-1070.

[4] Anthony C. Fisher and John V. Krutilla: "Economics of Nature Preservation". In: A. V. Kneese and J. L. Sweeney (edited). Handbook of Nature Resource & Energy Economics, 1985.

[5] Hinteregger: Environmental Liability and Ecological Damage in European Law. Cambridge: Cambridge University Press, 2008.

[6] Peter Wetterstein: Harm to the Environment: The Right to Compensation and the Assessment of Damages. Oxford: Clarendon Press，1997.

[7] Ephraim N、John P、Edward K: Who Knows, Who Cares? The Determinants of Enactment, Awareness, and Compliance with Community Natural Resource Management Regulations in Uganda. Environment and Development Economics, 2008, 13(1): 79-101.

[8] Adrian Vermeule: The Delegation Lottery. Harvard Law Review, 2006, 119(4): 105-111.

[9] Cameron Holley: Facilitating Monitoring, Subverting Self-interest and Limiting Discretion: Learning from New Forms of Accountability in Practice. Columbia Journal of Environmental Law, 2010, 35(1): 127-211.

［10］ Juan Arturo Iluminado C. de Castro: Cleaning Up Manila Bay: Mandamus as a Tool for Environmental Protection. Ecology Law Quarterly, 2010, 37(2): 797-804.

［11］ Nigel Haigh: The Introduction of the Precautionary Principle into UK, in Tionthy O'riordan & James Cameron(eds): Interpreting the Precautionary Principle: Cameron May Ltd., 1994.

［12］ Adhikari S、Kingi T、Ganesh S: Incentives for community participation in the governance and management of common property resources: the case of community forest management in Nepal. Forest Policy & Economics, 2014, 44: 1-9.

［13］ J M Acheson、A W Acheson: Factions, Models and Resource Regulation: Prospects for Lowering the Maine Lobster Trap Limit. Human Ecology, 2010, 38: 587-598.

［14］ Boskovic B、Nostbakken L: The Cost of Endangered Species Protection: Evidence from Auctions for Natural Resources. Journal of Environmental Economics and Management, 2017, 81: 174-192.

［15］ Harrison T A、Collins D: Sustainable Use of Natural Resources Indicator. Proceedings of the Institution of Cilvl Engineers, 2012, 165(ES2): 155-163.

［16］ Lange G M、Hassan R、Alfieri A: Using Environmental Accounts to Promote Sustainable Development: Experience in Southern Africa. Natural Resources Forum, 2003, 27(1): 19-31.

［17］ Ronnie Harding、Elizabeth Fisher: Introducing the Precautionary Principle, in Perspectives of The Precautionary Principle. Sydney: The Federation Press, 1994.

［18］ Michael E Porter、Class van der Linde: Toward a New Conception of the Environment-Competitiveness Relationship. Journal of Economic Perspectives, 1995, 9(4): 97-118.

［19］ Gary S Becker、K M Murphy: The Division of Labor, Coordination Costs, and Knowledge. The Quarterly Journal of Economics, 1992, 107(4): 1137-1160.

［20］ Neil Gunningham、Peter Grabosky: Smart Regulation: Designing Environmental Policy. Oxford: Clarendon Press, 1998.

［21］ Bayless Manning: Hyperlexis: Our National Disease. Northwestern University Law Review, 1977, 71(6): 767-787.

［22］ Schuck P H: Legal Complexity: Some Causes, Consequences, and Cures. Duke Law Journal, 1992, 42(1): 1-52.

［23］ Patrick Abercrombie: The Preservation of Rural England. Town Planning Review, 1926, 12(1): 5-56.

［24］ Gorge Pring、Catherine Pring: Greening Justice: Creating and Improving Environmental Courts and Tribunals. Planning News, 2010, 36(6): 6.

［25］ Susanne Raum: The Ecosystem Approach, Ecosystem Services and Established Forestry Policy Approaches in the United Kingdom. Land Use Policy, 2017(64): 282-291.

［26］ Leon Green: Tort Law Public Law in Disguise. Texas Law Review, 1959, 38(1): 1-13.

［27］ Catherine Knight: The Nature Conservation Movement in Post-War Japan. Environment and History, 2010, 16(3): 349-373.

［28］ Charles D Kolstad、Thomas S Ulen、Gary V Johnson: Ex Post Liability for Harm vs. Ex Ante Safety Regulation: Sustitutes or Complements? The American Economic Review, 1990, 80(4): 888-901.

[29]　John Sheail: From Preservation to Conservation: Wildlife and the Environment, 1900–1950, Biological Journal of the Linnean Society, 1987, 32(2): 171-177.

[30]　Joks Janssen: Protected Landscapes in the Netherlands: Changing Ideas and Approaches. Planning Perspectives, 2009, 24(4): 435-455.